给以恒七

建设尚未

贺教育部

新文向项目

心王主任

李鹏林

教育部哲学社會科学研究重大課題攻關項目

"十四五"时期国家重点出版物出版专项规划项目

太行山和吕梁山抗战文献整理与研究

THE COLLECTION AND RESEARCH ON THE DOCUMENTS OF THE WAR OF RESISTANCE AGAINST JAPAN IN TAIHANG MOUNTAINS AND LVLIANG MOUNTAINS

岳谦厚

等著

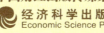

中国财经出版传媒集团

经济科学出版社
Economic Science Press

·北 京·

图书在版编目（CIP）数据

太行山和吕梁山抗战文献整理与研究/岳谦厚等著
. －－北京：经济科学出版社，2023.12
教育部哲学社会科学研究重大课题攻关项目 "十四
五"时期国家重点出版物出版专项规划项目
ISBN 978 - 7 - 5218 - 5372 - 8

Ⅰ.①太…　Ⅱ.①岳…　Ⅲ.①抗日战争 - 史料 - 研究
- 中国　Ⅳ.①K265.06

中国国家版本馆 CIP 数据核字（2023）第 225184 号

责任编辑：孙丽丽　戴婷婷
责任校对：齐　杰
责任印制：范　艳

太行山和吕梁山抗战文献整理与研究

岳谦厚　等著

经济科学出版社出版、发行　新华书店经销

社址：北京市海淀区阜成路甲 28 号　邮编：100142

总编部电话：010 - 88191217　发行部电话：010 - 88191522

网址：www.esp.com.cn

电子邮箱：esp@esp.com.cn

天猫网店：经济科学出版社旗舰店

网址：http://jjkxcbs.tmall.com

北京季蜂印刷有限公司印装

787 × 1092　16 开　25.5 印张　490000 字

2023 年 12 月第 1 版　2023 年 12 月第 1 次印刷

ISBN 978 - 7 - 5218 - 5372 - 8　定价：102.00 元

（图书出现印装问题，本社负责调换。电话：010 - 88191545）

（版权所有　侵权必究　打击盗版　举报热线：010 - 88191661

QQ：2242791300　营销中心电话：010 - 88191537

电子邮箱：dbts@esp.com.cn）

课题组主要成员

首 席 专 家　岳谦厚

主 要 成 员　张　玮　郝正春　张宏华　梁金平

　　　　　　　张文俊　宋　儒　李瑞峰　原汇蔷

　　　　　　　成二平　杨　曦

总　序

哲学社会科学是人们认识世界、改造世界的重要工具，是推动历史发展和社会进步的重要力量，其发展水平反映了一个民族的思维能力、精神品格、文明素质，体现了一个国家的综合国力和国际竞争力。一个国家的发展水平，既取决于自然科学发展水平，也取决于哲学社会科学发展水平。

党和国家高度重视哲学社会科学。党的十八大提出要建设哲学社会科学创新体系，推进马克思主义中国化、时代化、大众化，坚持不懈用中国特色社会主义理论体系武装全党、教育人民。2016 年 5 月 17 日，习近平总书记亲自主持召开哲学社会科学工作座谈会并发表重要讲话。讲话从坚持和发展中国特色社会主义事业全局的高度，深刻阐释了哲学社会科学的战略地位，全面分析了哲学社会科学面临的新形势，明确了加快构建中国特色哲学社会科学的新目标，对哲学社会科学工作者提出了新期待，体现了我们党对哲学社会科学发展规律的认识达到了一个新高度，是一篇新形势下繁荣发展我国哲学社会科学事业的纲领性文献，为哲学社会科学事业提供了强大精神动力，指明了前进方向。

高校是我国哲学社会科学事业的主力军。贯彻落实习近平总书记哲学社会科学座谈会重要讲话精神，加快构建中国特色哲学社会科学，高校应发挥重要作用：要坚持和巩固马克思主义的指导地位，用中国化的马克思主义指导哲学社会科学；要实施以育人育才为中心的哲学社会科学整体发展战略，构筑学生、学术、学科一体的综合发展体系；要以人为本，从人抓起，积极实施人才工程，构建种类齐全、梯队衔接的高校哲学社会科学人才体系；要深化科研管理体制改革，发挥高校人才、智力和学科优势，提升学术原创能力，激发创新创造活力，建设中国特色新型高校智库；要加强组织领导、做好统筹规划、营造良好学术生态，形成统筹推进高校哲学社会科学发展新格局。

哲学社会科学研究重大课题攻关项目计划是教育部贯彻落实党中央决策部署的一项重大举措，是实施"高校哲学社会科学繁荣计划"的重要内容。重大攻关项目采取招投标的组织方式，按照"公平竞争，择优立项，严格管理，铸造精品"的要求进行，每年评审立项约 40 个项目。项目研究实行首席专家负责制，鼓励跨学科、跨学校、跨地区的联合研究，协同创新。重大攻关项目以解决国家现代化建设过程中重大理论和实际问题为主攻方向，以提升为党和政府咨询决策服务能力和推动哲学社会科学发展为战略目标，集合优秀研究团队和顶尖人才联合攻关。自 2003 年以来，项目开展取得了丰硕成果，形成了特色品牌。一大批标志性成果纷纷涌现，一大批科研名家脱颖而出，高校哲学社会科学整体实力和社会影响力快速提升。国务院副总理刘延东同志做出重要批示，指出重大攻关项目有效调动各方面的积极性，产生了一批重要成果，影响广泛，成效显著；要总结经验，再接再厉，紧密服务国家需求，更好地优化资源，突出重点，多出精品，多出人才，为经济社会发展做出新的贡献。

作为教育部社科研究项目中的拳头产品，我们始终秉持以管理创新服务学术创新的理念，坚持科学管理、民主管理、依法管理，切实增强服务意识，不断创新管理模式，健全管理制度，加强对重大攻关项目的选题遴选、评审立项、组织开题、中期检查到最终成果鉴定的全过程管理，逐渐探索并形成一套成熟有效、符合学术研究规律的管理办法，努力将重大攻关项目打造成学术精品工程。我们将项目最终成果汇编成"教育部哲学社会科学研究重大课题攻关项目成果文库"统一组织出版。经济科学出版社倾全社之力，精心组织编辑力量，努力铸造出版精品。国学大师季羡林先生为本文库题词："经时济世　继往开来——贺教育部重大攻关项目成果出版"；欧阳中石先生题写了"教育部哲学社会科学研究重大课题攻关项目"的书名，充分体现了他们对繁荣发展高校哲学社会科学的深切勉励和由衷期望。

伟大的时代呼唤伟大的理论，伟大的理论推动伟大的实践。高校哲学社会科学将不忘初心，继续前进。深入贯彻落实习近平总书记系列重要讲话精神，坚持道路自信、理论自信、制度自信、文化自信，立足中国、借鉴国外，挖掘历史、把握当代，关怀人类、面向未来，立时代之潮头、发思想之先声，为加快构建中国特色哲学社会科学，实现中华民族伟大复兴的中国梦做出新的更大贡献！

教育部社会科学司

摘　要

太行山和吕梁山作为华北重要战略支点，在全面抗战中既是"两个战场"相互配合、相互呼应的支撑平台，又是"三种政权"交互渗透、激烈争夺的主要场域，亦是"四方力量"犬牙交错、彼此博弈的展演舞台，这种复杂的政治军事生态能够很好地诠释当时的各种权力关系并整体地呈现中国的全面抗战史和全面抗战时期的中国史，同时更能彰显中共及其领导的八路军在中国抗日战争中的中流砥柱作用。基于此，"两山"就成为研究中国抗战史特别是八路军抗战史和中共革命史绕不开的话题。

本书共分八个部分，除绪论关于"两山"抗战文献收集、整理与研究的概述总括外，主体内容计由七章组成，其具体内容分述如次：

第一章"中共发动农民走向抗战"，从参军动员机制、英模运动开展和军婚保障体系三个层面，阐述了中共是如何发动乡村农民参军参战或建设根据地的。太行根据地是中共在华北敌后重要的根据地之一，亦是八路军在华北坚持抗战的"兵站"基地。在严酷的战争环境中，兵员补充成为巩固根据地和对敌斗争的基本要务，中共将参军动员与减租、清债、反恶霸斗争等群众运动相结合，形成了以群众路线为方针、以党内党外组织为依托、以优抗保障制度为支撑的参军动员体系，提高了民众参加抗日军队的自觉性。树立英雄模范作为典型示范则是中共推动全面抗战动员的一个重要工作方法，晋察冀根据地因之开展了大规模的英雄模范运动，英雄模范的选拔既着眼其本身表现又兼顾整体大局，既强调经济生产与战斗工作又突出组织能力与政治意识，整个工作标准清晰、过程完整、宣传有序、学习有力、成效明显。而军婚保障事关军心士气，其法律制度安排、行政支持体系、舆论运作机理、民间社会因应等措置均须与之同频共振，并在实践中妥善地规范女性活动及解决"婚姻自由"与"一切为了抗战"间的矛盾。

第二章"根据地党政军民整合"，从八路军根据地落地扎根及党军和军政民关系三个层面，检视了党政军民各种力量聚力统合的过程。八路军在晋西北根据地扎根是中共党政军一体化运作的结果，军队既是根据地开辟的后盾又是党组织战略展开的前提，而党组织则是根据地开辟的核心。此外，中共进入晋西北，对晋绥军驻军将领和地方士绅的成功统战亦是其根据地扎根不可或缺的必备条件。"党指挥枪"是中共领导军队的政治原则和制度设计，即军队必须服从于党的领导意志、执行党的政治任务、维护党的核心利益。全面抗战爆发后，在中共中央战略指导下，八路军挺进太行山区，在地方党协助下扩大武装力量，军队则帮助地方党发展党组织，两者相互配合、相得益彰，奠定了根据地创建的政治军事组织基础。同时，以对党组织的建设及与国民党顽固派、日伪敌对势力的斗争，进一步稳固了党对军队的绝对领导地位。军队政治工作的不断强化理顺了党军关系，地方党与军队党团结协力，确立了根据地党的"一元化"领导的基本组织架构，党政军民同心同力结合为一体，中共由此获得源源不断的抗战动力。太行根据地还开展了大规模的"双拥"运动，此则在党的一元化领导之下自上而下地贯彻，又以由点至面不断渐进，"军政民一家亲"观念逐渐"入脑""入心"，推动了中共敌后游击战的成功实践，展示了中共与农民新型关系构建的政治智慧。

第三章"根据地基层政权建设"，从村选、整风审干及村级财政整理三个层面，考察了中共在抗日根据地时期国家政权建设的种种努力。晋西北抗日政权成立之后，中共运用各种方法调动民众政治参与的积极性，以实现"大家事大家办"的乡村政权整合目标，各阶层农民亦进行了某种程度的政治参与并在村选过程中表现出不同的政治取向。在村选中讲公道、会办事的能人支持率较高，中农因经济政治上的中间地位成为新政权的重要力量。中共榆社县的整风审干运动则是中共领导下的一次自上而下的思想改造运动，目的是纯洁干部队伍，达到全党干部思想统一；通过整风审干，纠正了党内不正确的思想意识，为抗战胜利奠定了组织基础。村财政是根据地财政体系的基础，为减轻人民负担并保证战争供给，晋察冀根据地展开了持续发力的村财政整理工作，力图达成村级财政数目字管理的制度化建设目标，但仍存在整顿不平衡及规章制度难以有效落实的情形。

第四章"根据地新风新婚推广"，从女性婚姻冲突、女性离婚问题、女性英模生活日常三个层面，分析了中共在抗日根据地时期的婚姻新政及其推行效力。婚姻问题是整个社会问题的一部分，稍有不慎或以简单方式处理就会酿造纷争，而解决实际问题时仅套用法律条文远远不够，应关注当地群众生活习惯与社会舆论。同时，婚姻解放要服从抗日大局，一旦妇女解放与之发生冲突，根据地政权须在政策实施力度与方式方法上进行妥协。女性英模的生成逻辑及其组织机理则展示了其鲜活的生活本相。

第五章"沦陷区民众生产生活"，主要以晋中平遥县南政村、晋东南潞泽地区和太原市为例，描述了沦陷区农业生产、农家经济和城市居民生活的基本情形，反映了全面抗战时期该地区乃至整个山西沦陷区农村经济衰退、农民生活每况愈下和市民生活负担沉重的客观历史面相。

第六章"太行地区所受损失调查"，主要立足于大量档案资料、时人调查统计资料、当时报刊资料及已版档案资料选编，以太行地区为例，通过对日军强征占用土地资源、掠夺毁坏粮食资源及人口资源损失程度的分析，阐明了该地区农业和人口资源受损的显性与隐性影响。

第七章"善后重建中的国共博弈"实际是一个"余论"，即通过以国共双方围绕战后善后救济与重建问题展开的一系列斗争为切入点的具体考察，揭示了随着中国内战危机的不断加剧和战争的全面升级，中共解放区的善后救济活动深深地渗入了国共双方的政治角力，乃至演变成一场激烈的民心争夺战。

Abstract

Taihang Mountains and Lvliang Mountains featured very largely in the total resistance against Japan as the important strategic fulcrums of north China. They are supporting platforms where "two battlefields" cooperate with each other and respond to each other, main fields where "three kinds of political power" had reciprocal penetration and intense contention, and showing stage where four forces from all directions crisscrossed each other's game. This complex political-military ecosystem was a good interpretation of various power relations at the time, an overall presentation of the history of total Chinese Anti-Japanese war and the history of China in the period of total Anti-Japanese war, and a better manifestation of the mainstay role of the CCP and its Eighth Route Army in the Anti-Japanese war. Consequently, "the two Mountains" becomes a necessary subject for study of the history of Chinese Anti-Japanese War, especially the history of the Eighth Route Army and the Revolutionary History of the Chinese Communist Party.

This paper is divided into eight chapters. Aside from the introduction that generalizes the collection, collation and research of "two mountains" Anti-Japanese war literature, the main body is composed of seven chapters, with specific content respectively as follows:

The first chapter presents the Chinese Communist Party's mobilization of the peasants for the Anti-Japanese war. It expounds how the Communist Party of China mobilized the rural peasants to join the army and participate in the war or build the base areas from three aspects: the mobilization mechanism of joining the army, the development of the hero model movement and the security system of military marriage. The Taihang Mountains base area, one of the Chinese Communist Party's important bases behind enemy lines in northern China, was the "depot" base of the Eighth Route Army in north China during the Anti-Japanese war. In the harsh conditions of war, the replenishment of troops became an essential task in consolidating the base areas and in fighting against the enemy. Therefore the Chinese Communist Party combined mobilization by joining the army with mass campaigns to reduce rents, clear debts, and fight against bullies, formed a mobilization system for joining the army that was guided by the policy of mass line, backed by organizations inside and outside the Party and supported by the system of superior protection against attack , and raised the people's consciousness of joining the Anti-Japanese army. An important way that the Chinese Communist Party promoted all-out mobilization against Japanese aggression was to set up a model hero as a model. Hence a large-scale heroic model movement was launched in Shanxi-Chahar-Hebei base areas, wherein the selection of heroic models not only focused on their performance and but also took the big picture into account, emphasizing economic production and war work as well as highlighting political consciousness. The whole work was progressing well with clear standard, complete procedure, orderly propaganda, efficient study and remarkable results. Security of military marriage is a matter of morale, whose corresponding measures like legal system arrangement, administrative support system, public opinion operation mechanism and civil society response should be in resonance to guide women's activities properly in practice and to resolve the contradiction between "freedom of marriage" and "everything for the resistance war".

Next in the following chapter, a clear exposition is given about the integration of the Party, the government, the army and the people in the base areas. It examines the process of the unity of various forces of the party, government, army and people, in terms of the establishment of the Eighth Route Army base area as well as the relationship between the party, the army, the military and the people. The Eighth Route Army that took root in the northwest base area of Shanxi was the result of the integrated operation of the Communist Party of China. The army was not only the backup force of the base area but also the premise of the party organization strategy, with the Party organization as the core of the base area. In addition, the advancement of the Chinese Communist Party into Northwest Shanxi was indispensable for the successful united front of the generals of the Jin-Sui army and the local gentry. That "The party commands the gun" was the political principle and institutional design of the Chinese Communist Party leading the army, i. e. , the army must obey the party's will, carry out the party's political tasks and safeguard the party's core interests. After the outbreak of all-out war of resistance, under the strategic guidance of the Central Committee of the Chinese Communist Party, the Eighth Route Army advanced into the Taihang Mountains and expanded its armed forces with the assistance of the local party, and in turn the army helped local party development organizations. Two sides complemented each other by cooperation, laying the foundation of political and Military Organization for the establishment of base areas. In the meantime, by the construction of the Party organization and the fight against the enemy forces of the Stubborn Army and Japan and the puppet regime, the Party's absolute leadership over the army was further consolidated. The continuous strengthening of the political work in the army straightened out the relationship between the Party and the army. The local party and the military party united and cooperated, establishing the basic organizational structure of the "unitary" leadership of the Party in the base areas. The party, the government, the army and the people were united as one, providing a steady flow of Anti-Japanese power for the Chinese Communist Party. There was also a large-scale "dual support" movement in the Taihang Mountains base areas, which had the top-down implementation and constant progression from points to the area under the unified leadership of the Party. The concept of "the military, the government and the people as one family" gradually entered the mind and the heart, which promoted the successful practice of guerrilla warfare behind enemy lines of the Chinese Communist Party and displayed the political wisdom of constructing the new relationship between the Party and the peasants.

Chapter Three offers a presentation of the basic-level political power construction in the base. It investigates the efforts of the Chinese Communist Party in the construction of state power in the base area, from three levels of the village election, rectification audit and village fiscal consolidation. After the establishment of the Anti-Japanese government in northwest Shanxi, the CCP used all kinds of methods to arouse the enthusiasm of people's political participation, with a view to achieving the goal of the integration of the village political power. Peasants from all walks of life also participated in politics to some extent, demonstrating different political orientation in the process of village election where the man of justice and capability are highly approved. The Middle Peasants became the important power of the new government because of their middle position in economy and politics. The rectification campaign in Yushe County was a top-down ideological reform movement under the leadership of the Party, aimed to purifying the ranks of the cadres and unifying the thinking of all Party cadres. Through rectification, the incorrect ideology within the party was corrected and dissidents were purged from the party, thus laying the organizational foundation for the victory of the Anti-Japanese War. The village finance, the basis of the finance system in base areas, worked to lighten the people's burden and guarantee the war supplies. In the Shanxi-Chahaer-Hebei base area, a sustained and vigorous work of village financial consolidation was carried out in order to achieve the goal of institutional construction of village-level financial number management, yet there were still imbalances in rectification and difficulties in the effective implementation of rules and regulations.

Promotion of new marriages in the base areas in the fourth chapter analyzes the Chinese Communist Party's new marriage policy in the Anti-Japanese Base area and its implementation effect from the three aspects of women's marital conflict, women's divorce and the daily life of female models. As part of the social problems, marital problem could breed disputes due to slight indiscretion or simple approach. It was not enough to solve practical problems to the letter of the law. Attention should be paid to the local people's living habits and public opinions. Meanwhile, the liberation of marriage should be subject to the overall situation of resistance war. The political power in the base area must compromise on the policy implementation in case of conflict. The formation logic and organization mechanism of the female hero models presented the reality of their life.

The fifth chapter is about the production and life of the people in the occupied areas, primarily in the case of Nanzheng village of Pingyao County, Luze area of Southeast Shanxi and Taiyuan City. With a general description of agricultural production, peasant economy and urban residents' life in the enemy-occupied areas, it reflects an objective historical scene of the receding rural economy, declining peasant life and worse and the burdensome civic life in these areas and even the whole occupied area of Shanxi during the period of total resistance.

In Chapter Six, the survey of losses suffered in Taihang Mountains during the Japanese Invasion of China is mainly based on a large amount of archival data, current people survey statistics and selected newspapers and periodicals materials and published archival materials at that time. Take the Taihang Mountains area for example. By the analysis of the fact that the Japanese army commandeered the land resources, plundered and destroyed the food resources as well as the loss of the population resources, it presents a clarification of the explicit and implicit effects of the damage to agricultural and population resources in the area.

As for the game between the Nationalist Party and the Communist Party in the relief and reconstruction in the last chapter, it is actually an afterthought. Through specific inspection that started with a series of struggles between the he Nationalist Party and the Communist Party on the issues of relief and reconstruction after the war, it is revealed that with the intensification of the civil war crisis and the overall escalation of the war in China, the relief activities in the liberated areas of the Chinese Communist Party, had really penetrated deep into the political struggle between the Nationalist Party and the Communist Party, or even evolved into a fierce battle for hearts and minds.

目　录

Contents

Contents

绪　论

　　"左手一指太行山，右手一指是吕梁"，这既是山西地理坐标的形象指称，又是山西战略地位的精辟表述，更暗含了山西尤其太行山和吕梁山（以下简称"两山"或文中多以"两山"称之）在中国抗日战争史和中共华北革命根据地史上的独特意义。① 有关"两山"抗战文献的收集、整理与研究，实际上早在抗日根据地时期或全面抗战时期就已开始，至今数十年来特别是改革开放以来取得了引人注目的成就，但亦存在明显不足。而笔者在此的学术史梳理主要围绕战时"两个战场"（正面战场和敌后战场）、"三种政权"（中共根据地政权、国民党政权、日伪政权）、"四方力量"（国、共、日、伪）的研究状况展开。

一、抗日根据地史研究的学术回顾与分析

　　在近代中国，华北有着极其重要的历史地位。有关华北社会、经济、文化的研究，向来为国内外学界所重视。而作为华北重要战略支点的"两山"则是中国共产党及其领导的八路军等抗日武装坚持华北抗战的坚强堡垒，"两山"亦由此成为中国共产党争取民族独立与解放过程中最具魅力的区域之一。中国人谈到中国革命必然会想到"两山"，谈到"两山"又必然会想到中国革命，因为"两山"书写了中国抗日战争和中共革命的英雄史诗，是中国抗日战争和人民革命走向胜利的奠基石。基于此，"两山"就成为研究八路军抗战和中共

---

① 　岳谦厚：《太行山是八路军坚持华北抗战的"兵站基地"》，载于《军事历史》2017 年第 3 期。

革命绕不开的话题。

抗战全面爆发之后，中国共产党及其领导的八路军等抗日武装依托吕梁山、太行山等山脉开辟了晋察冀、晋绥、太行、太岳、冀南、冀鲁豫等抗日根据地。多年来，学界一直将"两山"根据地视为研究现代中国革命的重要课题，特别是自20世纪80年代以来华北地区各高等院校及科研机构乃至海外学界陆续开展抗战时期"两山"地区社会历史变迁或"两山"抗战史研究，目前已整理出版的资料总体上分为两类：一类是有关政治、经济、文化建设等方面的馆藏档案资料，另一类是党史部门征集整理的党史资料汇编；研究成果主要集中在根据地经济建设、政治建设、文化建设、军事建设等宏观领域，而对生活日常档案文献和民间文书的整理与研究则十分薄弱。下面就学界比较关注且取得一定成就的太行、太岳、晋察冀和晋绥抗日根据地等分述之。

（一）太行抗日根据地历史文献整理与研究现状

早在抗战后期，中共太行区党委就着手整理太行革命历史资料，为之后学术研究保存了十分珍贵的史料。中华人民共和国成立之后，最早公开介绍太行革命根据地历史的国内著作是齐武编写的《一个革命根据地的成长——抗日战争和解放战争时期的晋冀鲁豫边区概况》，这是国内第一本系统论述晋冀鲁豫革命根据地发展过程的著作，其中以较大篇幅记述了太行革命根据地的基本情形。[①] 在此之前，山西省军区曾组织撰写《太行军区战史》，概述了太行革命根据地地方武装发展情况，但其当时未能公开出版。[②] 1961年6月21日刘伯承发表《我们在太行山上》回忆文章，简单叙述了八路军一二九师创建、保卫、发展以太行山为基地的晋冀鲁豫抗日根据地的历史，客观地介绍了太行革命根据地开辟、巩固和发展的全程。[③]

改革开放之后，学界开始比较系统地研究太行革命根据地史，如山西省委省政府就将太行革命根据地史列为本省哲学社会科学规划重点项目。1982年，中共中央党史资料征集委员会召开华北五省市区党史资料征集工作会议，促成中共山西省委、中共河北省委与中共河南省委合作组成总编委会，并经11年时间完成总计600万字17册的大型太行革命根据地历史丛书（山西人民出版社、河北人民出版社、河南人民出版社1983－1995年版）。《太行革命根据地史料丛书》包括《大事记述》《党的建设》《地方武装斗争》《政权建设》《土地问题》《财

---

① 齐武：《一个革命根据地的成长——抗日战争和解放战争时期的晋冀鲁豫边区概况》，人民出版社1957年版。

② 山西省军区编：《太行军区战史》，未刊稿，1953年印。

③ 刘伯承：《我们在太行山上》，载于《解放军报》1961年6月21日。

政经济建设》《群众运动》《文化事业》《公安保卫工作》《交通邮政》《中共左权党史简编》《冀西民训处与冀西游击队》《豫北战斗》13 种著作，成为研究太行根据地最重要的资料之一；邓小平亲自审阅了《太行革命根据地史稿》、《太行革命根据地画册》（山西人民出版社 1987 年版）并为之题写书名。中共山西省委党史资料征集委员会、太行革命根据地史编写组编写的《太行革命根据地大事记述》则从纵向方面记述了太行革命根据地发展过程中的重大战役、重大事件、重要会议和遇到的重要问题，资料以太行革命根据地时期形成的档案文献为主，亦参考了 1949 年后出版的相关历史著作、回忆文章等，为编写太行革命根据地史提供了比较详细的资料。① 从 1989 年起，山西省档案馆陆续编辑出版了 7 卷本 500 万字的《太行党史资料汇编》，所辑史料大部分是未曾公布的重要档案资料；其中以太行区党委历史档案为主，部分利用了中央档案馆、中国人民解放军档案馆等单位保存的历史资料，这是一部比较系统翔实的太行党史资料汇编。②

与此同时，军史、战史编写工作陆续展开，解读革命历史人物亦是太行革命根据地史研究的重点，成果主要体现在对邓小平、刘伯承等的研究上。1961 年，《一二九师暨晋冀鲁豫军区抗日战争战史》《中国人民解放军第二野战军暨西南军区第三次国内革命战争战史》两书草稿完成，1962 年又编辑了附件之一《战例选编》和附件之二《资料选编》，这是新中国成立之后第一次组织专门机构研究一二九师、二野历史及刘伯承、邓小平太行十年史的成果。虽然这一成果没有公开出版，但研究水平和资料价值在当时是国内外最好的。草稿和附件将邓小平太行十年史以翔实的资料系统地记述下来，真实地反映了邓小平和刘伯承一起在抗日战争与解放战争中指挥军队开展抗日游击战争、自卫战争及领导创建、发展根据地中所表现出的才能和建立的功勋。在附件之二《资料选编》中收录了 665件资料，其中邓小平太行十年中所写文章及报告和讲话、发布命令和指示共 92件。1985 年，原一二九师参谋长、太行军区司令员李达回忆录《抗日战争中的八路军一二九师》出版，以其亲身经历记述了一二九师在抗战中转战晋冀鲁豫边区的历史。③ 1988 年，中共中央军委决定以 1961 年二野战史草稿为基础重新修订出版二野战史。在以原太行军区司令员秦基伟为组长的修订领导小组领导下，1990 年解放军出版社正式出版两卷本《中国人民解放军第二野战军战史》。原二野老战士杨国宇、陈斐琴于 1988 年通过上海文艺出版社出版《第二野战军纪事》，1989 年和 1990 年又出版《二十八年间——从师政委到总书记》和续集。

---

① 中共山西省委党史资料征集委员会、太行革命根据地史编写组编：《太行革命根据地大事记述》初稿，1983 年印。
② 山西省档案馆编：《太行党史资料汇编》，山西人民出版社 1989 ~ 2000 年版。
③ 李达：《抗日战争中的八路军一二九师》，人民出版社 1985 年版。

同一时期，上海文艺出版社于 1981 年、1985 年、1987 年相继出版三卷本《刘伯承回忆录》。这些原晋冀鲁豫边区、一二九师、二野老同志撰写的回忆录和著作具有较高史料价值。1993 年邓小平女儿毛毛撰写了《我的父亲邓小平》上卷（中央文献出版社），其中以五分之一篇幅、10 余万字记述了邓小平太行十年经历。1998 年《李雪峰回忆录——太行十年》（中共党史出版社）出版，2001 年宫力等的《邓小平在重大历史关头》（中共中央党校出版社）、郭胜伟的《邓小平军事谋略》（中央文献出版社）出版，其中均介绍了邓小平在太行十年的业绩。

在其他专题史料整理方面，主要有中共山西省委党史研究室、山西省档案馆编的《太行革命根据地土地问题资料选编》辑录了太行区社会经济状况及在执行党的土地政策中发生的变化以及太行区党委重要指示、总结、报告和部分领导人文章与典型村调查材料[①]；何正清主编的《刘邓大军卫生史料选编》所录资料时间起止自一二九师成立至西南军区初期，内容主要包括军政机关暨首长文电、指示及医政工作、卫生防疫、保健、医疗救护、教育训练、药材工作、接管工作、政治工作、统计工作等[②]。

有关太行革命根据地研究的代表性成果主要有魏宏运主编的《20 世纪三四十年代太行山地区社会调查与研究》，该著作对太行山自然环境和社会制度、小农社会农业变革、农村借贷网络、商业与集市贸易、工矿业兴衰、村落与家庭及家族变迁、新文化和新风尚进行了比较系统的考察[③]；澳大利亚学者大卫·古德曼所著《中国革命中的太行抗日根据地社会变迁》是一部专门研究中共革命与太行山区社会变迁的著作[④]；美国学者韩丁的《翻身——中国一个村庄的革命纪实》则是作者 1948 年春夏间深入太行山下潞城县张庄进行调查研究而撰写的一部揭示中国农民通过土改"翻身"的纪实性历史作品，亦是一个外国人了解中国农民革命的最好读本[⑤]。

（二）太岳抗日根据地历史文献整理与研究现状

太岳革命根据地史研究工作是在中共中央十一届三中全会以后逐步开展起来的。1982 年 7 月，在华北五省市区党史资料征集工作会议上组成以薄一波任组长的晋冀鲁豫根据地史编审领导组，并议定太岳革命根据地史以山西为主成立编写

---

① 中共山西省委党史研究室、山西省档案馆编：《太行革命根据地土地问题资料选编》，山西人民出版社 1983 年版。

② 何正清主编：《刘邓大军卫生史料选编》，成都科技大学出版社 1991 年版。

③ 魏宏运主编：《20 世纪三四十年代太行山地区社会调查与研究》，人民出版社 2003 年版。

④ ［澳］大卫·古德曼：《中国革命中的太行抗日根据地社会变迁》，田西如等译，中央文献出版社 2003 年版。

⑤ ［美］韩丁：《翻身——中国一个村庄的革命纪实》，韩倞等译，北京出版社 1980 年版。

组。1983 年 7 月，中共山西省委组建太岳革命根据地史编写组。通过集体努力，
至目前出版的主要成果有：中共山西省委党史研究室编写的《太岳革命根据地纪
事》《太岳革命根据地财经史料选编》《太岳革命根据地简史》《太岳革命根据地
党的建设》①，以及李长远主编的《太岳革命根据地农业资料选编》②、山西日报
新闻研究所编写的《太岳新闻事业史略》③、李田定编写的《太岳革命根据地教
育简史》④、柳增发等主编的《太岳革命根据地人民武装斗争史料选编》⑤、李茂
盛等主编的《太岳抗日根据地重要文献选编》⑥ 等。

除此之外，还有很多宏观研究晋冀鲁豫边区史或太行太岳根据地的综合性成
果。如魏宏运主编的《抗日战争时期晋冀鲁豫边区财政经济史资料选编》，全书
分两辑，第一辑包括综合、财政两部分，第二辑包括工农业生产、金融、商业贸
易和附录（太行区社会经济调查）四部分，是研究晋冀鲁豫抗日根据地财经史最
重要的史料；⑦ 中国作家协会山西分会整理编写的《晋冀鲁豫革命根据地文艺作
品选（太行太岳部分）》收录了抗日战争和解放战争反映太行太岳人民革命斗争
的小说 21 篇、散文和报告文学 15 篇、诗歌 30 多首。⑧ 同时，据统计，现可见的
有太行太岳刊名及基本资料的报刊和有实物的报刊总计 208 种，其中实物资料 96
种，存目有简单资料的 112 种，由此可知太行太岳革命根据地报刊资源覆盖面
广、时间跨度大，这些刊物能够体现出根据地报刊的繁盛和当时新闻工作的原
貌，亦为研究太行太岳革命根据地人民日常生活提供了丰富的史料。⑨

（三）晋察冀抗日根据地历史文献整理与研究现状

晋察冀抗日根据地是中共在华北敌后创建的第一个根据地，被誉为"敌后模
范的抗日根据地及统一战线的模范区"。自其建立之日起，各方面的探讨与研究
就已开始，如立波的《晋察冀边区印象记》⑩、左权和陆定一的《晋察冀边区怎

---

① 中共山西省委党史研究室编：《太岳革命根据地纪事》，山西人民出版社 1989 年版；《太岳革命根
据地财经史料选编》，山西经济出版社 1991 年版；《太岳革命根据地简史》，人民出版社 1993 年版；《太岳
革命根据地党的建设》，山西人民出版社 1994 年版。

② 李长远主编：《太岳革命根据地农业资料选编》，山西教育出版社 1991 年版。

③ 山西日报新闻研究所编：《太岳新闻事业史略》，书海出版社 1991 年版。

④ 李田定编：《太岳革命根据地教育简史》，山西经济出版社 2002 年版。

⑤ 柳增发等主编：《太岳革命根据地人民武装斗争史料选编》，山西人民出版社 2003 年版。

⑥ 李茂盛等主编：《太岳抗日根据地重要文献选编》，中央文献出版社 2006 年版。

⑦ 魏宏运主编：《抗日战争时期晋冀鲁豫边区财政经济史资料选编》，南开大学出版社 1984 年版。

⑧ 中国作家协会山西分会编：《晋冀鲁豫革命根据地文艺作品选（太行太岳部分）》，山西人民出版
社 1982 年版。

⑨ 齐峰、李雪枫：《山西革命根据地出版史》，山西人民出版社 2013 年版。

⑩ 立波：《晋察冀边区印象记》，读书生活出版社 1938 年版。

样粉碎了敌人的进攻》①、李公朴的《华北敌后——晋察冀》②、周而复的《晋察冀行》③ 等。

中华人民共和国成立之后，相关省市档案馆对根据地时期各类档案进行编类整理以妥善保存珍贵的历史资料，这一时期山西省档案馆整理了有关晋察冀根据地档案资料 1 000 余卷，河北省档案馆整理的则达 2 000 余卷。相对而言，1979 年之前晋察冀根据地研究进展缓慢，据粗略统计共发表文章 34 篇且绝大部分是回忆性和介绍性文章，研究内容主要限于根据地建立、巩固和发展过程及人民抗日斗争，而经济和文化教育等领域涉及很少。④ 1951 年 7 月 3 日，《人民日报》刊登《共产党人在抗日战争中的一个大的创造——追记冀中平原的地道战》，这是 1949 年后第一篇有关晋察冀抗日根据地的文章。⑤ 从 1958 年开始，研究文章渐多，如吕明灼的《抗日战争时期日本在华北推行的“治安强化运动”》⑥、朱仲玉的《抗日战争时期的平北抗日根据地》⑦ 等。“文革”时期晋察冀根据地史研究基本处于停顿状态。

1979 年以来，晋察冀抗日根据地档案文献整理与研究出现空前活跃局面。据不完全统计，1979 年至 1999 年的 20 年时间内出版专著专集 50 多部、发表各类文章 340 余篇。这些论著不仅在数量上远远超过前 30 年且在研究广度和深度上都较前有了很大提高，标志着晋察冀抗日根据地档案文献资料整理与研究进入一个新阶段。⑧在史料征集、整理和出版方面，1981 年晋察冀人民抗日斗争史编委会编印了《晋察冀人民抗日斗争史参考资料》，冀中人民抗日斗争研究会编印了《冀中人民抗日斗争史资料》；1987 年冀热辽人民抗日斗争史研究会编印了《冀热辽人民抗日斗争》（文献回忆录）。1983 年，河北省社会科学院历史所、河北省档案馆等合作编辑出版了《晋察冀抗日根据地史料选编》，这是 1949 年以来关于晋察冀抗日根据地的第一部较系统的综合性文献资料集。⑨ 1984 年，魏宏运主编的《晋察冀边区财政经济史资料选编》出版，全书分总论、农业、工商合作

---

① 左权、陆定一：《晋察冀边区怎样粉碎了敌人的进攻》，新华日报华北分馆 1939 年版。

② 李公朴：《华北敌后——晋察冀》，太行文化出版社 1940 年版。

③ 周而复：《晋察冀行》，阳光出版社 1946 年版。

④⑧ 刘庆礼：《建国以来晋察冀抗日根据史研究概述》，载于《文物春秋》2000 年第 4 期。

⑤ 曾文经：《共产党人在抗日战争中的一个大的创造——追记冀中平原的地道战》，载于《人民日报》1951 年 7 月 3 日。

⑥ 吕明灼：《抗日战争时期日本在华北推行的“治安强化运动”》，载于《山东大学学报》1961 年第 3 期。

⑦ 朱仲玉：《抗日战争时期的平北抗日根据地》，载于《历史教学》1962 年第 7 期。

⑨ 河北省社会科学院历史所、河北省档案馆等编：《晋察冀抗日根据地史料选编》，河北人民出版社 1983 年版。

和财政金融 4 册，内容丰富、资料翔实。① 此外，还有晋察冀边区北岳区妇女抗日斗争史料编辑组编的《晋察冀边区妇女抗日斗争史料》②、王谦主编的《晋察冀边区教育资料选编》③、晋察冀边区史料丛书编审委员会编的《晋察冀抗日根据地》史料丛书④、河北省新闻出版局出版史志编辑部编的《中国共产党晋察冀边区出版史资料》⑤、中央人民广播电台研究室与北京广播学院电台新闻系编的《解放区广播历史资料选编（1940－1949）》⑥、杜敬编的《冀中报刊史料集》⑦、中央档案馆等编的《晋察冀解放区历史文献选编（1945－1949）》⑧ 等。与此同时，一些党史军史工作者对当时仍健在的根据地创建者、领导者进行调查访问并协助他们撰写回忆录，如《聂荣臻回忆录》⑨、吕正操《冀中回忆录》⑩、杨成武回忆录《敌后抗战》⑪ 等。

在晋察冀抗日根据地相关论著方面比较引人注目的是谢忠厚等主编的《晋察冀抗日根据地史》，该书阐述了晋察冀抗日根据地在军事、政治、经济、文化等各方面的政策措施和主要成就，总结了根据地党的建设、统一战线、民主建政、发展经济和繁荣科技文化事业的经验。⑫ 其他著作则择取晋察冀抗日根据地的不同专题展开研究，如河北省社会科学院历史所编著的《晋察冀抗日民主政权简史》叙述了晋察冀抗日民主政权创立和发展过程及其组织机构⑬；河北省金融研究所编写的《晋察冀边区银行》叙述了华北敌后建立的第一个根据地银行诞生、发展过程⑭；河北省新闻出版局出版史志编委会和山西省新闻出版局出版史志编委会合编的《中国共产党晋察冀边区出版史》叙述了晋察冀边区新闻出版事业发

① 魏宏运主编：《晋察冀边区财政经济史资料选编》，南开大学出版社 1984 年版。

② 晋察冀边区北岳区妇女抗日斗争史料编辑组编：《晋察冀边区妇女抗日斗争史料》，中国妇女出版社 1989 年版。

③ 王谦主编：《晋察冀边区教育资料选编》，河北教育出版社 1990 年版。

④ 晋察冀边区史料丛书编委委员会编：《晋察冀抗日根据地》，中共党史资料出版社 1991 年版。

⑤ 河北省新闻出版局出版史志编辑部编：《中国共产党晋察冀边区出版史资料》，河北人民出版社 1991 年版。

⑥ 中央人民广播电台研究室、北京广播学院电台新闻系：《解放区广播历史资料选编（1940－1949）》，中国广播电视出版社 1985 年版。

⑦ 杜敬编：《冀中报刊史料集》，河北教育出版社 1995 年版。

⑧ 中央档案馆等编：《晋察冀解放区历史文献选编（1945－1949）》，中国档案出版社 1998 年版。

⑨ 聂荣臻：《聂荣臻回忆录》，解放军出版社 1984 年版。

⑩ 吕正操：《冀中回忆录》，解放军出版社 1984 年版。

⑪ 杨成武：《敌后抗战》，解放军文艺出版社 1985 年版。

⑫ 谢忠厚等主编：《晋察冀抗日根据地史》，改革出版社 1992 年版。

⑬ 河北省社会科学院历史所编：《晋察冀抗日民主政权简史》，河北人民出版社 1985 年版。

⑭ 河北省金融研究所编：《晋察冀边区银行》，中国金融出版社 1988 年版。

生、发展、壮大的历史。① 此外，魏宏运主编的《晋察冀抗日根据地财政经济史稿》②、王剑清等主编的《晋察冀文艺史》③ 等均从不同角度对晋察冀抗日根据地进行了研究。

2000 年之后 10 余年间，晋察冀根据地文献资料收集整理进展缓慢，只有晋察冀日报史研究会编的《〈晋察冀日报〉通讯全集（1938－1948）》④ 及《程子华回忆录》⑤、张明远《我的回忆》⑥、《姚依林百夕谈》⑦、张军锋主编的《八路军老战士口述实录》⑧ 等。

（四）晋绥抗日根据地历史文献整理与研究现状

学界对于晋绥抗日根据地的研究在"两山"抗日根据地中起步最晚，但却呈现出"后来居上"的强劲发展势头，特别是近年来在文献资料搜集利用与研究上明显地走在了其他根据地前列。其主要表现在三方面：一是文献资料整理出版；二是报刊资料充分发掘；三是学术著述不断涌现。

首先，文献资料整理出版。主要有晋绥边区财政经济史编写组和山西省档案馆合编的《晋绥边区财政经济史资料选编》，内含总论、工业、农业、财政、金融贸易五大部分，选录了抗日战争和解放战争时期晋绥边区党政机关及其主要负责人关于经济建设的政策、法令、决议、指示、总结，以及边区军民进行经济建设等方面的重要历史文献⑨；山西省史志研究院编辑的《晋绥革命根据地政权建设》收录了 1937～1949 年间晋绥边区政权建设方面的某些重要史料，包括专题概述、文献资料、大事记、组织机构沿革和领导干部名录等⑩；山西省妇女联合会编辑的《晋绥妇女战斗历程》辑录了大量晋绥边区妇女运动的历史资料。⑪ 除晋绥边区专题史料汇编外，其他资料选编亦收录了不少晋绥根据地档案文献，如李忠杰主编的《抗日战争时期八路军人员伤亡和财产损失档案选编》就辑录了大

---

① 河北省新闻出版局出版史志编委会、山西省新闻出版局出版史志编委会编：《中国共产党晋察冀边区出版史》，河北人民出版社 1991 年版。

② 魏宏运主编：《晋察冀抗日根据地财政经济史稿》，档案出版社 1990 年版。

③ 王剑清等主编：《晋察冀文艺史》，中国文联出版社 1989 年版。

④ 晋察冀日报史研究会编：《〈晋察冀日报〉通讯全集（1938－1948）》，中共党史出版社 2012 年版。

⑤ 程子华：《程子华回忆录》，中央文献出版社 2005 年版。

⑥ 张明远：《我的回忆》，中共党史出版社 2004 年版。

⑦ 姚锦：《姚依林百夕谈》，中共党史出版社 2008 年版。

⑧ 张军锋主编：《八路军老战士口述实录》，中央文献出版社 2005 年版。

⑨ 晋绥边区财政经济史编写组、山西省档案馆编：《晋绥边区财政经济史资料选编》，山西人民出版社 1986 年版。

⑩ 山西省史志研究院编：《晋绥革命根据地政权建设》，山西古籍出版社 1998 年版。

⑪ 山西省妇女联合会编：《晋绥妇女战斗历程》，中共党史出版社 1992 年版。

量太行山、吕梁山抗战文献①，《红色档案：延安时期文献档案汇编》编委会编辑的《红色档案：延安时期文献档案汇编（八路军军政杂志）》收录了八路军在晋西北抗战的原始资料②，中共中央文献研究室和中央档案馆编辑的《建党以来重要文献选编（1921－1949）》收录了中共对晋西南、晋西北抗战工作的重要方针指示③，共青团中央青运史工作指导委员会编辑的《中国青年运动历史资料》（第14～16册）收录了山西革命根据地的青运工作报告及相关政策文件④，师文华主编的《中共中央北方局·抗日战争时期卷》选取了抗战时期中共中央、中央领导人、北方局、北方局领导人对北方地区党的工作的重要指示、决定、决议、工作报告、工作总结、重要讲话、文章等史料⑤。

　　其次，报刊资料充分发掘。抗战时期，山西境内因游击战的快速发展，战地新闻报刊纷纷涌现且异常活跃，有大型、小型、日型、三日刊、周刊、旬刊等百余种之多。晋西北抗日根据地创办的报纸有1938年创办的《西北战线》《新西北》《西北妇女》；1939年战动总会编印的《动员周报》《老百姓周报》，临县公牺中心区编印的《临县战号》；1940年创办的报纸有30余种，较具代表性的有四区专署油印的《导报》、八区专署油印的《晋源报》、十一区专署石印的《抗救报》、山西省政府第二游击区行署石印的《晋西北报》、临县中心区油印的《战号报》、岢岚中心区油印的《抗战生活》、太原中心区油印的《太原战旗》、公牺晋绥边区工作委员会油印的《塞北吼声》、中阳县委会油印的《大众周刊》、兴县县委会油印的《公牺战旗》、离石县委会油印的《七月》等。晋绥边区党报主要有1940年9月18日创刊于兴县的《抗战日报》，1946年7月1日更名《晋绥日报》，1949年5月1日停刊。与此同时，各部队政治部亦创办了不少报纸，如八路军一二〇师第358旅政治部油印的《战线报》、新军青年军官教导团政治部编的《青年导报》、新军第207旅政治部油印的《三日战斗》、新军暂一师政治部油印的《长城》、独立第7旅政治部油印的《挺进》、独立第203旅19团政治部油印的《战斗前哨》、独立第7旅34团政治部油印的《火线》等，均是整理和研究抗战文献的珍贵史料。⑥ 此外，1984年山西省档案馆（局）创办《山西

　　①　李忠杰主编：《抗日战争时期八路军人员伤亡和财产损失档案选编》，中共党史出版社2014年版。

　　②　《红色档案：延安时期文献档案汇编》编委会编：《红色档案：延安时期文献档案汇编（八路军军政杂志）》，陕西人民出版社2013年版。

　　③　中共中央文献研究室、中央档案馆编：《建党以来重要文献选编（1921－1949）》，中央文献出版社2011年版。

　　④　共青团中央青运史工作指导委员会编：《中国青年运动历史资料》第14～16册，中国青年出版社2002年版。

　　⑤　师文华主编：《中共中央北方局·抗日战争时期卷》，中央党史出版社1999年版。

　　⑥　具体参见山西省出版史志编纂委员会等编：《晋绥边区出版史》，山西人民出版社1997年版。

革命根据地》，陆续公布了一系列革命档案和历史照片并刊发了大量回忆文章，1992 年该刊改版整修，随后创办《山西档案》并继续出版系列档案资料。

第三，学术著述不断涌现。（1）关于八路军抗战史的研究。八路军第一二〇师陕甘宁晋绥联防军抗日战争史编审委员会编写的《第一二〇师陕甘宁晋绥联防军抗日战争史》记述了八路军第一二〇师、陕甘宁晋绥联防军在贺龙和关向应领导下，在敌后放手发动群众、广泛开展游击战争、建立与巩固根据地的情形①；军事科学院军事历史研究所编写的《中国抗日战争史（中卷）》叙述了太原失守之后八路军以山西为战略支撑坚持华北抗战、独立自主地开展游击战并创建晋西北、晋西南抗日根据地的历史过程②。（2）关于日军侵晋社会经济损失的研究。岳谦厚的《战时日军对山西社会生态之破坏》③ 和《日本占领期间山西社会经济损失的调查研究》④ 立足于原始档案、调查统计、报刊资料及已出版档案资料选编、地方史志和部分日本文献等，并结合相关口述资料，系统地考察了山西省战争受损的整体情形及由此导致的各种破坏性影响。（3）关于晋绥抗日根据地历史人物的研究。白蔚等的《贺老总来到晋西北》⑤、李吉等的《贺龙同志在晋绥》⑥ 以图文并茂的形式介绍了贺龙在晋绥边区的故事；王凌云的《关向应传》⑦ 和穆欣的《关向应传》⑧ 以不同文风再现了关向应与贺龙在晋绥革命根据地生死与共、戎马倥偬的战斗生活。（4）关于晋绥抗日根据地社会变迁的研究。张国祥主编的《晋绥革命根据地史》记述了晋西北、晋西南抗日根据地创建、巩固和发展的历史过程⑨；中共山西省委党史研究室编写的《晋绥革命根据地大事记》记载了 1937～1949 年间晋绥革命根据地发生的重要历史事件⑩；岳谦厚和张玮的《黄土·革命与日本入侵——20 世纪三四十年代的晋西北农村社会》从黄土生态、中共革命与日本入侵三个维度全面考察了晋西北农村社会变迁的历史进程⑪，《20 世纪三四十年代的晋陕农村社会——以张闻天晋陕农村调查资料为中心的研

---

① 八路军第一二〇师陕甘宁晋绥联防军抗日战争史编审委员会编：《第一二〇师陕甘宁晋绥联防军抗日战争史》，军事科学出版社 1994 年版。

② 军事科学院军事历史研究所编：《中国抗日战争史》中卷，解放军出版社 2005 年版。

③ 岳谦厚：《战时日军对山西社会生态之破坏》，社会科学文献出版社 2008 年版。

④ 岳谦厚等：《日本占领期间山西社会经济损失的调查研究》，高等教育出版社 2010 年版。

⑤ 白蔚等：《贺老总来到晋西北》，少年儿童出版社 1979 年版。

⑥ 李吉等：《贺龙同志在晋绥》，山西人民出版社 1984 年版。

⑦ 王凌云：《关向应传》，中共党史出版社 2002 年版。

⑧ 穆欣：《关向应传》，中共党史出版社 2002 年版。

⑨ 张国祥主编：《晋绥革命根据地史》，山西古籍出版社 1999 年版。

⑩ 中共山西省委党史研究室编：《晋绥革命根据地大事记》，山西人民出版社 1989 年版。

⑪ 岳谦厚、张玮：《黄土·革命与日本入侵——20 世纪三四十年代的晋西北农村社会》，书海出版社 2005 年版。

究》立足于张闻天晋陕农村调查资料并以晋西北兴县 14 村、陕北神府县直属乡 8 村及米脂县杨家沟村为中心系统地阐述了 20 世纪三四十年代晋陕农村在"黄土、革命与日本入侵"场景下的社会变迁机理[1];张玮的《战争·革命与乡村社会——晋西北租佃制度与借贷关系研究》和《阅读革命——中共在晋西北乡村社会的经历(1937 – 1949)》则再现了中共、地主与普通农民围绕租佃与借贷两大经济关系的博弈过程,以及农村社会中地主和普通农民应对中共革命与战争的需要、愿望及其所作所为[2]。(5)关于晋绥抗日根据地财政金融的研究。该领域的重要成果有刘欣和景占魁主编的《晋绥边区财政经济史》[3]、杨世源的《晋绥革命根据地货币史》[4] 等。(6)关于晋绥抗日根据地文化教育的研究。该方面的主要成果有《晋绥日报简史》编委会编写的《晋绥日报简史》[5]、郭士星和孙寿山主编的《晋绥革命根据地文化大事记》[6]、山西省出版史志编纂委员会等编写的《晋绥边区出版史》[7]、刘淑珍编写的《晋西北抗日根据地教育简史》[8] 等。

(五)省思与分析

清代章学诚认为档案是一种比较可靠的史料并将之与学术研究的关系比作"器""道"关系,即档案史料是"见道之器"、是认识事物与研究学问的基础和条件。因此,他特别强调档案史料编纂工作的意义和档案史料汇编的作用。毫无疑义,先前关于太行、太岳、晋察冀、晋绥等抗日根据地文献资料的整理及其相关成果为拓展和深化中共抗日根据地史的研究奠定了良好基础。但我们发现明显地存在以下几方面的问题:一是收集、整理与利用中共所形成的各种政策文件、典章法规等宏观档案文献来解释中共的革命历史进程及其成功要道,缺乏对具体的实践运行逻辑或这些"国家安排"与社会反应之间互动关系的清理,从而无法呈现中共革命的复杂性、曲折性、反复性和繁难性,以致出现中共在动员民众参与革命中"挥手行、招手停"的形象画面以及"上有政策、下即贯彻"的抽象演绎。二是研究视觉稍嫌偏狭而不够宽泛广阔,即主要是自上而下地审视,缺乏

---

① 岳谦厚、张玮:《20 世纪三四十年代的晋陕农村社会——以张闻天晋陕农村调查资料为中心的研究》,中国社会科学出版社 2010 年版。

② 张玮:《战争·革命与乡村社会——晋西北租佃制度与借贷关系研究》,中国社会科学出版社 2008年版;《阅读革命——中共在晋西北乡村社会的经历(1937 – 1949)》,北岳文艺出版社 2011 年版。

③ 刘欣、景占魁主编:《晋绥边区财政经济史》,山西经济出版社 1993 年版。

④ 杨世源:《晋绥革命根据地货币史》,中国金融出版社 2001 年版。

⑤ 《晋绥日报简史》编委会编:《晋绥日报简史》,重庆出版社 1992 年版。

⑥ 郭士星、孙寿山主编:《晋绥革命根据地文化大事记》,内蒙古人民出版社 1993 年版。

⑦ 山西省出版史志编纂委员会等编:《晋绥边区出版史》,山西人民出版社 1997 年版。

⑧ 刘淑珍编:《晋西北抗日根据地教育简史》,四川教育出版社 2000 年版。

自下而上的观察。所以，应重视国家与社会互动关系、基层社会与普通民众的主体性及革命史与乡村史、全球史与中共革命史相结合的研究。三是近年来学界频频使用"新革命史"概念以示目前关于中共革命史的研究无论史料运用、内容阐释、方法视角抑或话语体系等均有别于以往的"传统革命史"，但亦明显地存在走向另一极的端倪，如过度强调中共制度安排的"缺陷性"、政策执行的"有限性"、解决问题的"无期性"、克服困难的"应时性"等。凡此种种，究其要因，不一定在于该领域某些学者或史家的历史观发生了问题，而主要在于史料的发掘和运用上。随着各级档案馆馆藏档案文献开放共享，学界几乎能够查阅到现存的基本的中共革命历史文献，这些文献绝大多数系各级党政军部门、群团组织、党员干部、普通个体的总结、请示、汇报、社会调查乃至机关团体和个人检讨检查等资料。我们知道，中共多有强调"少讲成绩、多摆问题"的"革命"传统，特别是在抗日根据地及解放区时期——寄望在今后的政策制订及其实践中予以改进和完善，而学者们所阅读到的这一时期的档案文献亦自然多为"问题材料"，倘若在研究过程中简单地将之视为唯一的"见道之器"则谬也。换言之，"见道之器"尚须"彼此互参"，特别是敌方（如日伪方面）或政治对手（如国民党方面）等"旁观"的行为主体对于中共方面的正面描述材料尤须"广罗""互参"。[①] 四是太行、太岳、晋察冀、晋绥等抗日根据地广大人民为中国抗日战争作出了重大贡献，其日常生产生活史是抗日根据地史研究的重要内容，而该领域研究目前依然十分薄弱，需大力加强民众日常档案资料及相关民间文献的收集、整理与研究。五是各抗日根据地的研究水平甚或成果数量呈现出不平衡状态，如太岳根据地的研究起步相对较早而其成就不彰、太行和晋察冀根据地的研究势头始终未减而其水平亟待提高。总之，"两山"抗日根据地文献资料的全面性、系统性收集整理具有拓荒性意义，将为进一步拓展和深化"两山"抗日根据地的具体研究提供重要而丰富的资料，亦有益于提升中国抗日根据地史研究的广度和深度。

二、八路军抗日军事史研究的学术回顾与分析

八路军是中共领导的抗日武装，是依托太行山、吕梁山等山脉开辟的晋察冀、晋绥、太行、太岳、冀南、冀鲁豫等华北抗日根据地进行抗战的。在某种意义上，八路军的历史即近似于乃至等同于华北抗日根据地史。因此，回顾与分析

---

① 岳谦厚：《从太行山革命文献整理谈中共革命史的研究取向》，载于《社会科学辑刊》2017年第1期。

八路军抗战军事史的研究须从华北抗日根据地研究谈起。华北抗日根据地在创建及发展中，其政治、经济、社会和军事就备受国内外人士、中共党内干部、学者、新闻记者和报刊杂志关注。如埃德加·斯诺、卡尔逊、史沫特莱、根室·史坦因、毛泽东、张闻天、杨尚昆、姜克夫、立波、彭德怀、陆定一、聂荣臻、李公朴、赵轶琳、张国平、黄峰，以及报刊杂志《大公报》《申报》《八路军军政杂志》《新华日报》《大众日报》《抗战日报》《晋察冀日报》《解放周刊》《文献》《新中华日报》《解放日报》《战地通讯》等都曾对根据地和八路军做过一定记述。20 世纪五六十年代，受"左"倾思潮影响，学者很少涉足抗日根据地史研究，但对战史有所重视，中国人民解放军军事科学院成立了"战史部"，后来变为"军事历史研究部"。其在梳理中国人民解放军军史时回顾到八路军历史，但只是概略记述。到 20 世纪 80 年代，研究者始对华北抗日根据地政治、经济、军事、文化和社会生活等领域进行研究。与此同时，日本和华北抗日根据地相关省、市、地、县档案馆、党史办人员陆续对抗战资料进行挖掘、整理和出版，于是资料集、论著等纷纷问世。如中共河南省委党史工作委员会编的《太岳抗日根据地》、太行革命根据地史总编委员会编的《太行革命根据地史料丛书》、中央档案馆等编的《晋察冀抗日根据地》、河北省档案馆编的《地道战档案史料选编》、山西省档案馆编的《太行党史资料汇编》和日本防卫厅战史室编的《华北治安战》、香川孝志和前田光繁的《八路军内日本兵》等。

　　20 世纪 90 年代以来，随着中共领导人回忆录、日记、文集面世及在抗日根据地研究中对档案资料的重视，根据地研究逐步深入，国内外出现一批像大卫·古德曼、马克·赛尔登、魏宏运、曾景忠、王延中、张洪祥、朱玉湘、张国祥、岳思平、傅建成、王先明、李金铮、江沛等根据地史及八路军研究专家。国外学者马克·塞尔登的《革命中的中国：延安道路》[1]、大卫·古德曼的《中国革命中的太行抗日根据地社会变迁》[2] 等作品在探讨中共革命及其成功经验时都不同程度论及八路军。其中最具代表性的是英国学者林迈克的《八路军抗日根据地见闻录：一个英国人不平凡经历的记述》、根室·史坦因的《八路军作战力的证人》和史沫特莱的《八路军打胜仗的原因》等，翔实记述了八路军与日军的斗争，对八路军研究具有重要参考价值。此外，中国台湾地区出版的一系列抗日文献对八路军亦有记述，如蒋纬国主编的《国民革命战史——抗日御侮》、何应钦的《八年抗战之经过》、秦孝仪主编的《中华民国重要史料初编——对日抗战时期》，其中一些内容虽对八路军评价有失公允，但对八路军研究亦具有参考意义。

---

① ［美］马克·塞尔登：《革命中的中国：延安道路》，冯崇义等译，社会科学文献出版社 2002 年。
② ［澳］大卫·古德曼：《中国革命中的太行抗日根据地社会变迁》，田西如等译，中央文献出版社2003 年。

在大陆，八路军研究成果颇丰，先后整理并出版了《八路军文献》《八路军回忆史料》及岳思平主编的《八路军战史》、张立华的《八路军史》、朱奎玉编著的《八路军》、王聚英的《八路军抗战简史》、胡正的《八路军抗战秘档全公开》、肖高旺的《八路军过河东》、张军锋的《八路军口述史》、柳茂坤的《八路军发展史》《八路军山东纵队史》《八路军第一二九师战史》以及《中共抗日部队发展史略》等，且在中国知网亦可检索到八路军相关专题论文百篇之多。这些论著主要围绕八路军的战略、作战方针、对敌工作、平型关战役、百团大战、八路军与新四军的关系、红色文化的传播及发扬等进行讨论。就前述成果而言，前人对八路军研究做了很多开拓性工作且取得一些成就，但从研究内容的范围和研究成果的深度而言尚欠薄弱，官方在肯定八路军对抗战贡献的同时却无翔实资料支撑，民间在传播八路军红色文化及其精神的同时亦缺乏鲜活内容，而学界对八路军的探讨则因资料所限大多研究不够丰满，有些研究甚或是复制性作品，其利用资料亦多源于"党史"记录，缺乏"它者"资料支撑，如国民政府方面的档案、侵华日军方面的各类文书及其他国际记者、友人的观察和日记等。

基于此，国内外研究中共党史、中国革命史、中国军事史及根据地史的学者虽注意到八路军研究的价值且已取得丰硕成果，但其深度和广度有待提升，如对八路军日常生活、抗战动员对根据地民族意识的觉醒和国家观的塑造、战争中民众动员与参与、民兵组织的活动、八路军战史及国共合作抗日等历史还原和深入思考仍显薄弱。造成这一瓶颈的主要问题在于已收集的一手资料有限且单一，而史料方面的"缺憾"又导致相关研究论证不足，如基层档案、口述资料、国军及日伪史料中有关八路军资料欠缺使得史事论证难以形成完整的证据链。故有必要深入挖掘并抢救八路军史料，尽快构建完整的八路军史料库，深化八路军研究，以进一步提升对中国抗战史及中共革命史的认识和理解。具体而言，整理八路军抗战文献着重从三方面进行：一是全方位搜集八路军资料，发现新史料并进行整理和考证。搜集山西、河南、河北、山东、内蒙古等省市县档案馆、图书馆馆藏资料，搜集中国第二历史档案馆、重庆市档案馆和台湾地区档案中八路军相关资料及日本、美国外文原始资料、已出版发行外文资料及已译介成中文的有关八路军资料等；二是加强对民国期刊、报纸、著述、日记、回忆录、书信等文献资料及口述资料的挖掘与整理。民国时期，国共存留大量报纸、期刊、著述等正式出版物对八路军均有记载，许多战争亲历者的日记、回忆录、书信等亦是重要的一手资料；三是口述资料的挖掘与整理刻不容缓。现有国共抗战老兵年事已高，其记忆中的大量鲜活的历史资料亟待抢救。

三、国民党军队抗战史研究的学术回顾与分析

日本侵华，国民政府或国军对日本侵略是如何因应的？对于这些问题的探讨学界已有一定成果，但这些研究成果并不丰富。仅就目前能够见到且具有一定研究水准的成果而言，国外对国民政府抗日较有代表性的研究成果首推费正清、费维恺主编的《剑桥中华民国史（1912－1949）》① 下册中的 "中日战争时期的国民党中国（1937－1945 年）"，该章节由易劳逸撰写，但其与易劳逸独著的《毁灭的种子：战争与革命中的国民党中国（1937－1949）》② 的内容和观点一脉相承，既肯定国民党为抗战所做的一切努力又暴露了国民党组织及国民政府在抗战中对社会动员和整合的软弱无力。该著作从国民党对社会整合无力、国民党在经济和军事上的贪污腐化等方面，回答了 "国民党何以失去大陆" 这一问题。然而，这些作品的关注点并非国民党抗日，实则重点考察对象是抗战背景中的国民党及其国民政府。因此，它们对中国抗日战争具体细节的分析和阐述只是有所涉及。此外，日本学界对中国抗日战争亦有一定的研究，但限于语言障碍，我们对日方的研究成果了解不多。

相比较而言，中国台湾和大陆学界对抗日战争的关注较广泛，但两者对抗日战争的认识以及对一些问题的研究存在较大差异。台湾地区关于抗日战争研究的代表性成果主要有蒋纬国主编的《国民革命战史——抗日御侮》③ 和《抗日战争指导：蒋委员长领导抗日艰苦卓绝的十四年》④、何应钦的《八年抗战之经过》⑤ 和《日军侵华八年抗战史》⑥、秦孝仪主编的《中华民国重要史料初编——对日抗战时期：第二编作战经过》⑦ 等。这些作品大多是记述性的，利用了大量原始档案文献，对抗战时中国军队参与的重要战役进行了阐述，同时亦以全球格局的眼光将中国抗日放在中日关系乃至错综复杂的国际关系中加以描述。但台湾地区对抗战的记述过高地评价了蒋介石，突出国军在抗战中的作用，而对中国共产党

---

① ［美］费正清、费维恺主编：《剑桥中华民国史（1912－1949）》，刘敬坤等译，中国社会科学出版社 1993 年版。

② ［美］易劳逸：《毁灭的种子：战争与革命中的国民党中国（1937－1949）》，王建朗等译，江苏人民出版社 2010 年版。

③ 蒋纬国主编：《国民革命战史——抗日御侮》，台湾黎明文化事业出版公司 1979 年版。

④ 蒋纬国主编：《抗日战争指导：蒋委员长领导抗日艰苦卓绝的十四年》，香港远流出版公司 1989 年版。

⑤ 何应钦：《八年抗战之经过》，台北金文图书有限公司 1982 年版。

⑥ 何应钦：《日军侵华八年抗战史》，台湾黎明文化事业出版公司 1982 年版。

⑦ 秦孝仪主编：《中华民国重要史料初编——对日抗战时期：第二编作战经过》，台湾中国国民党中央委员会党史委员会 1981 年版。

的抗日活动较少提及甚至予以诬蔑，抹杀了中共在抗战中的作用。

四、沦陷区研究的学术回顾与分析

（一）相关历史文献整理与研究现状

作为历史研究的基础性环节，档案文献的收集与整理工作历来受到史家重视。然而，与大量出版的抗日根据地史料形成鲜明对比的是"沦陷区"日伪资料相对"匮乏"。尽管近年来有一批以"沦陷区""日伪"为主题的史料整理出版，但大多集中于"伪满洲国"，华北等地相关史料相对薄弱且又多涉及于军事、政治、经济等方面。其中较有代表性的有日本防卫厅防卫研修所战史室编的《华北治安战》①、李云汉主编的《抗战前华北政局史料》②、南开大学马列主义教研室和中共党史教研室合编的《华北事变资料选编》③、河北省档案馆编的《地道战档案史料选编》④、北京市档案馆编的《日伪北京新民会》⑤、邯郸市档案局（馆）编的《邯郸市档案史料选编》⑥、南开大学历史系和唐山市档案馆合编的《冀东日伪政权》⑦、居之芬主编的《日本对华北经济的掠夺与统制——华北沦陷区资料选编》⑧、中央档案馆和中国第二历史档案馆及吉林省社会科学院合编的《日本帝国主义侵华档案资料选编》中的《华北历次大惨案》和《华北治安强化运动》以及《华北"大扫荡"》⑨、季啸风和沈友益主编的《中华民国史料外编——前日本末次研究所情报资料（63－67 册）》⑩、居之芬和庄建平主编的《日本掠夺华北强制劳工档案史料集》⑪、中央档案馆等编的《华北经济掠夺》⑫、

---

① 日本防卫厅防卫研修所战史室编：《华北治安战》，天津市政协编译组译，天津人民出版社 1982 年版。

② 李云汉主编：《抗战前华北政局史料》，台北正中书局 1982 年版。

③ 南开大学马列主义教研室、中共党史教研室编：《华北事变资料选编》，河南人民出版社 1983 年版。

④ 河北省档案馆编：《地道战档案史料选编》，河北人民出版社 1987 年版。

⑤ 北京市档案馆编：《日伪北京新民会》，光明日报出版社 1989 年版。

⑥ 邯郸市档案局（馆）编：《邯郸市档案史料选编》，河北人民出版社 1990 年版。

⑦ 南开大学历史系、唐山市档案馆编：《冀东日伪政权》，档案出版社 1992 年版。

⑧ 居之芬主编：《日本对华北经济的掠夺与统制——华北沦陷区资料选编》，北京出版社 1995 年版。

⑨ 中央档案馆、中国第二历史档案馆、吉林省社会科学院编：《华北历次大惨案》，中华书局 1995 年版；《华北治安强化运动》，中华书局 1997 年版；《华北"大扫荡"》中华书局 1998 年版。

⑩ 季啸风、沈友益主编：《中华民国史料外编——前日本末次研究所情报资料（63－67 册）》，广西师范大学出版社 1997 年版。

⑪ 居之芬、庄建平主编：《日本掠夺华北强制劳工档案史料集》，社会科学文献出版社 2003 年版。

⑫ 中央档案馆等编：《华北经济掠夺》，中华书局 2004 年版。

［伪］临时政府行政委员会公报处编的《北平伪中华民国临时政府公报》① 等。

除以上专题性史料集之外，有关华北"沦陷区"的史料还散见于一些史料类书刊中。如彭明主编的《中国现代史资料选辑》②、北京市档案馆和河北省档案馆合编的《日本侵华罪行实证》③、章伯锋和庄建平主编的《抗日战争·日伪政权与沦陷区》④、龙向洋主编的《美国哈佛大学哈佛燕京图书馆藏民国文献丛刊（影印本）》⑤ 等。另外，《历史档案》《民国档案》等期刊及中国台湾地区、日本出版的一些研究成果及史料集中亦有部分涉及华北日伪政权各方面的资料。

史料的整理、出版与研究的发展是相互因应的，从 20 世纪 90 年代起，曾业英、居之芬、王士花、岳谦厚等先后发表了 10 多篇论文，以定量研究为主线，从不同侧面反映了日本对华北"沦陷区"的经济政策与具体实践，不仅在很大程度上克服了以往简单定性研究的不足，同时发掘、整理了一批史料。在伪政权组织构成上，以张同乐、郭贵儒、刘敬忠等为代表的河北学者出版了一批相关著作，在某种程度上弥补了相关史料的不足。

（二）分析与瞻望

"两山"周边"沦陷区"伪政权史料收集、整理与研究工作尽管取得不小成绩，但总体上仍有不少缺憾。

第一，史料收集的广度与深度难以支撑全面性研究。在先前出版的史料中大多集中于"两山"周边日伪统治时期的军事、政治、经济方面，其他诸如社会日常、文化教育等方面涉及不多，这与历史研究要尽可能将史料"涸泽而渔"的方法存在很大距离。

第二，史料收集与整理过于零散，难以形成系统性关照。资料辑录与历史研究一样，需要有同样的历史态度，即尽可能体谅当时历史环境与状况。不仅如此，史料之间存在千丝万缕的联系，从某种程度上讲，史料不仅是历史研究的基础，同时是一种方法与角度，忽视任何史料均不可能客观真实地认识或还原历史。"两山""沦陷区"涵盖了日占时期整个华北，日伪在各方面都有着较为完整、统一的政策与实践，故资料收集应不分地域、不分内容地尽可能将之全部"归入囊中"。

---

① ［伪］临时政府行政委员会公报处编：《北平伪中华民国临时政府公报》，国家图书馆出版社 2010 年版。

② 彭明主编：《中国现代史资料选辑》，中国人民大学出版社 1989 年版。

③ 北京市档案馆、河北省档案馆：《日本侵华罪行实证》，人民出版社 1995 年版。

④ 章伯锋、庄建平主编：《抗日战争·日伪政权与沦陷区》，四川大学出版社 1997 年版。

⑤ 龙向洋主编：《美国哈佛大学哈佛燕京图书馆藏民国文献丛刊（影印本）》，广西师范大学出版社 2011 年版。

第三，史料方面的"缺憾"导致相关研究论证不足。日伪史料的欠缺使得史事的论证难以形成完整的证据链，故在大多相关研究成果中都会出现"中方资料解释日伪史事"的现象，进而导致只注重定性研究而忽视定量研究，这种"知其然而不知其所以然"的"沦陷区"研究模式影响了中国抗战史研究的全面发展。

针对以上情况，学界有必要尽快构建完整的"沦陷区"日伪史料库。

第一，要尽可能挖掘各地日伪档案。其实，在各省市县档案馆及图书馆存有大量日伪档案，这批资料大部分未被辑录，更遑论使用了。仅山西省档案馆就存有日伪档案七八千卷；其中山西省公署案卷 313 卷，山西高等法院案卷 5 940 卷，山西省河东道公署、雁门道公署、上党道公署案卷 67 卷，山西邮政管理局案卷 440 卷，山西高等检察署案卷 1 244 卷，建设总署太原工程局案卷 48 卷，华北棉产改进会山西分会案卷 49 卷，山西产业株式会社案卷 9 卷。另外，在中国台湾地区及日本防卫省、外务省等亦有大量资料，大部分是可以通过网上查阅的，这些资料可以相互补充、相互印证。

第二，日本全面侵华期间，在晋、冀、鲁、豫等地发行了大量报刊资料，亦应纳入收集范围。这部分内容包括伪政权发布的"政府公报"、宣扬和美化侵略的报纸期刊等。其中《华北政务委员会公报》《山西省公报》《河北省公报》《丰润县政公报》《昌黎县政公报》等分别保存在北京市、山西省、河北省档案馆。另外，诸如《新民会报》《华北合作》《中联银行月刊》《中和》《大风》《古今》《天地》《风雨谈》《子曰》《朔风》《逸文》《学文》《艺文杂志》《文史》《雅言》等期刊散存在国家图书馆及各地档案馆、图书馆，应引起学者足够重视。

第三，史料收集应是多维度的，有必要重视口述史料及日记、书信、回忆录的征集。相对于档案等文献资料，口述历史资料、时人日记、书信、回忆录更"鲜活生动"。由于时代久远，当事人的故去、资料的零散等主客观原因，这部分资料的收集异常困难，但从一个侧面反映了"抢救"这方面资料的紧迫性和重要性。除加速口述史料的辑录外，要加紧对散存在名人日记、各地图书馆、档案馆相关资料的整理工作。此外，最近根据旧书市、旧书摊收集并整理出版的董毅的《北平日记》①、高仓正三的《苏州日记：揭开日本人的中国记忆（1939 – 1941）》②、颜滨的《1942 – 1945：我的上海沦陷生活》③ 等为学界提供了新思路——要重视散落在民间的史料，要关照"市井"中普通人的历史记忆。

---

① 董毅编：《北平日记》，人民出版社 2009 年版。

② ［日］高仓正三编：《苏州日记：揭开日本人的中国记忆（1939 – 1941）》，古吴轩出版社 2014 年版。

③ 颜滨编：《1942 – 1945：我的上海沦陷生活》，人民出版社 2015 年版。

五、小结

"学术复兴，文献先行"，即文献资料搜集整理在整个学术研究中具有基础性与前提性作用。文献资料的发现、发掘与整理往往能够推动一个新学科走向繁荣发展。改革开放以来，关于20世纪三四十年代"两山"地区社会历史变迁，特别是太行山革命根据地史的研究取得长足进展，这显然与文献资料不断发掘与大量整理密切相关。只有充分占有文献资料，才能使该领域或该学科研究取得坚实基础，而新资料、新文献发掘与整理往往是取得突破性进展的前提条件。综前所述，学界关于"两山"抗战文献整理与研究中存在的主要问题或今后须努力的方向具体如次：

（1）"两山"抗日根据地文献资料的全面性、系统性收集整理与研究远远不够。如已整理出版的各根据地财政经济史资料选编、党史资料汇编、文件选编、法制文献资料选编、土地改革资料选编、妇女运动史料选编、文艺史料选编、教育资料选编等均侧重于政治、经济、军事、教育、文化等宏观政策或制度层面，而对于农村农民日常生活的微观领域重视不够，即使注意，亦多为阶级成分、土地占有情况、借贷关系、租佃情形、经济组织、政治动态等方面。随着中国抗战史、抗战时期的中国史或"新革命史"和中国近现代乡村史研究进一步走向深入，那些在过去很少被资料整理者纳入视野的具体的微观史料应受到学界更多关切，因为这些史料对于深度观察20世纪三四十年代"两山"地区抗战与革命之关系以及农民生存生活状况、村落组织与社会结构，进而解读"两山"农民何以支持抗战、何以支持中共革命、农村何以从传统走向现代等重大理论问题十分重要。

（2）八路军的敌后抗战，其战争的残酷性、游击战的灵活性、对敌打击程度及战争中民众动员与参与等问题，不应止于粗线条的宏大叙事范式，更应以大量翔实的历史史实、丰富厚重的历史资料支撑，"让历史说话，用史实发言"。八路军领导和团结全国人民抗战，成为打击日本侵略者的中流砥柱，最为有力者莫过于对敌抗战、军事斗争的史实呈现及其经验总结。然而，就目前正式面世的档案文献资料而言，能够反映八路军在抗战中诸多军事战争的专题讨论非常有限，其中有关"两山"根据地八路军战史资料则更显单薄，不能全面地反映"两山"根据地八路军抗战的丰功伟绩，亦无法支撑对八路军战史进行深入系统的学术研究。

（3）从学界有关国军"两山"抗日的研究成果看，只有片段的历史记忆，甚或只对平型关战役、忻口会战、娘子关战役、太原保卫战、中条山战役等有过简单的历史叙述，但这些片段式的叙述大多停留于战役简介或历史事件记述，而缺乏鲜活真实的历史场景还原和分析研究。至于出现这种现象的原因，一是资料搜集不到位，更谈不上对其抗日资料的深入挖掘和整理；二是过分重视政治史的研究而忽视战争史研究的价值，甚或在民国史或中国抗战史研究领域对国民党抗日的具体战役研究成果亦少之又少；三是利用的有限资料且部分材料有失偏颇。从中国抗日的地理战略而言，"两山"抗战是中国抗战的重要组成部分，国军是中国抗战的力量之一。但目前历史留下的迷雾太多，亟须通过丰富而翔实的资料予以澄清。如国军在"两山"地区是否进行过抗战？国军"两山"抗战的战略政略是什么？国军"两山"抗战到底是怎样抗击日军的，各场战役的具体作战方针与军队作战态度、作战能力、作战效果及其行为如何？国军作战的结果对中国全民抗战乃至世界反法西斯战争产生了哪些影响？等等。从国际视野而言，自辛亥革命以来日本侵华对中国的破坏程度是前所未有的，其为征服中国而对之采取了各种惨无人道的破坏、杀伤和掠夺，虽然在1945年宣布无条件投降，但是直到现今仍未像德国等国家那样反省对外侵略的历史，而是一味美化侵华战争、抹杀侵华历史。对于日本这种不尊重历史的态度，学界须充分挖掘日本侵华素材，用事实说话，让日本正视并尊重历史真实。从目前已搜集并整理出版的日本侵华"铁证"来看，主要侧重于日军南京大屠杀史料、慰安妇史料、日军对中国社会经济破坏和掠夺史料以及化学武器和细菌战等方面的史料，而对战场上遭受日军杀害和俘虏的中国军人的确切数据及遭受蹂躏的具体细节则缺乏翔实资料支撑，亦缺乏有力的历史证据。鉴于此，通过搜集"两山"国军抗战文献资料可在一定程度上弥补这方面的缺陷，亦可还原国军抗战的历史，为妥善处理中日关系提供历史素材和典型案例。

（4）抗战中被日军占领的"两山"地区是日、伪、华三种政权激烈争夺的主要区域，更是日、伪、国、共四种力量犬牙交错、彼消此长的"舞台"，研究这种复杂的政治生态能够较好地诠释当时的各种关系。首先，对日伪政权各方面的研究是"沦陷区"研究乃至整个抗战史研究不可或缺的部分。"沦陷区"是抗日战争中两个战场、三种政权的重要组成部分，是具有"独立"的政治、军事、经济等形态的组织构成。因此，对抗日战争的整体研究不能因日本的殖民性、伪政权的傀儡性而忽视它的主体性，只有充分认识到日伪政治、军事、经济等因素的客观存在才能更好地构建被国内外所认可的解释体系与话语体系。其次，"两山"地区在日伪统治秩序中有着独特的地位。卢沟桥事变之后，随着华北大部地区沦陷，这些区域不仅从前沿阵地变成日本南侵的战略后方，而且成为其所谓"日满华合作共荣的基础"。这样的定位使得日本对该地区的殖民政策有别于东北、华中等地，故对"两山"地区日伪统治的定向研究是进行区域间横向比较并最终建构较为完整的"沦陷区"历史研究的基础。最后，中国有关日伪研究的薄弱性直接影响了中国抗战史研究的全面推进。长期以来，作为中日全面战争重要一方的日伪被国内学界忽略或轻视，即使有限的成果亦往往陷入某种程式化研究中——或大量引用中方资料来解读日伪统治，或跳过基础性的定量研究而只作定性研究。这样的研究方法不仅有碍于中国抗战史研究的整体发展，而且"一面之词"或简单的立论非但无法取信于人反而导致整体可信度流失。进一步说，中国对日伪政权研究的"忽视"不仅反映了当下学界的研究取向，而且更是由于相关史料的"稀缺"，这二者之间是互为因果的。

第一章

中共发动农民走向抗战[*]

第一节　太行根据地的参军动员

　　全面抗战时期是中共力量发展壮大的关键时期，这与中共在抗战中获得民众普遍支持关系很大。当然，抗日根据地的建立和发展离不开中共军事力量的强力支持，正如时任八路军领导人之一的罗瑞卿所言："没有强大的军队，即不能有战争的胜利，没有战争的胜利，则我们就会失掉自己的一切！"[①] 那么中共抗日军队在战斗频仍的敌后战场如何进行兵员补充，农民为何参加中共领导的八路军等抗日武装？对此，学界已分别从农民民族主义、中共民众动员、土地改革等方面对农民参加中共军队的动机予以考察，惟不足者在研究区域上多集中于河北和山东根据地，在时间节点上以国共内战时期为主，在切入点上鲜见将群众运动与参军动员结合起来研究的成果。山西省榆社县因地处太行根据地腹地，曾被晋冀鲁豫边区政府誉为"出兵、出粮、出干部、出经验的模范县"。[②] 故本节以榆社县为着眼点，从基层社会和普通民众的主体性等方面，探讨该县根据地建立和群

---

　　* 西安外国语大学马克思主义学院李瑞峰博士和中共山西省委党校党建部张宏华教授参与了本章第一、二节初稿撰写。

　　① 罗瑞卿：《造成参军热潮，为着前线的胜利》，载于《新华日报》（华北版）1941 年 1 月 1 日。

　　② 榆社县志编纂委员会编：《榆社县志》，山西古籍出版社 1999 年版，第 11 页。

众运动兴起之后的参军运动，分析中共以何种方式动员民众参军，农民为何参加中共领导的八路军等抗日武装及其对乡村社会所产生的影响等问题。

一、根据地初期的参军动员

（一）参军状况

榆社县位于太行山西麓，四面山高沟深，地势险要，关隘要塞甚多，古有"盖潞泽北走晋阳要道也"之说，是开展游击战争的理想战场。[①] 全面抗战爆发后，中共中央根据国共谈判协议和洛川会议决定，命令八路军开赴山西前线对日作战。此后，随着战争形势的变化，根据毛泽东对战局的分析判断，八路军一二九师进至"正太路以南平定、昔阳至榆次南部之地区，创造根据地。"[②] 1937 年11 月上旬，八路军一二九师工作团抵达榆社，恢复战前已有的中共榆社县组织（对外称八路军工作团）。在中共榆社县党组织领导下，牺盟会榆社分会发动全县人民，罢免国民党榆社县县长，建立了榆社县抗日民主政府，并建立了榆社县抗日救国战地总动员实施委员会及工救会、农救会、青救会、妇救会等抗日团体和游击大队。11 月 13 日，朱德、彭德怀、徐向前率领八路军总部进驻榆社，并在县城开展宣传群众、发动群众的抗日活动。[③] 不久，中共晋冀豫省委组织部部长李雪峰、宣传部部长徐子荣等来到榆社指导工作，正式成立中共榆社县委员会。[④]1940 年 8 月，榆社县划归"冀太联办"（即晋冀鲁豫边区政府前身之冀南太行太岳行政联合办事处）太行区第二办事处。同年 9 月，划入太行第三专区。至此，中共在榆社县建立了较为稳定的抗日根据地。

根据地创建初期（1942 年前），大致开展了全面抗战初期、1939 年和 1941 年三次参军运动。全面抗战爆发后，日军进攻势头强劲，国民党军队节节退守，大片国土沦陷，原有社会秩序遭到严重破坏，"敌人的奸淫烧杀，打破一切人的苟安幸免的幻想"。[⑤] 在"不抗日活不成""保卫家乡""保卫身家性命"的号召

---

① 榆社县志编纂委员会编：《榆社县志》，山西古籍出版社 1999 年版，第 2 页。

② 《毛泽东关于太原失守后华北战略部署的意见》，见山西省档案馆编：《太行党史资料汇编》第一卷，山西人民出版社 1989 年版，第 9 页。

③ 《革命的火炬，永恒的怀念》，见《榆社文史资料》第 1 辑，榆社县政协文史办 1985 年印，第5 页。

④ 中共山西省榆社县委组织部等编：《中国共产党榆社县组织史资料》，山西人民出版社 1994 年版，第 2 页。

⑤ 《太行区九年来参军的经过情况及其主要经验》（1946 年），见山西省档案馆编：《太行党史资料汇编》第七卷，山西人民出版社 2000 年版，第 787 页。

下，大批民众参加地方游击队。根据中共晋冀豫省委 1937 年 10 月的指示，要在动员广大民众的基础上，"组织群众游击队、自卫队，向八路军主力部队输送优秀青年参军，扩大主力部队。"[①] 11 月，毛泽东在给朱德、彭德怀、任弼时等的电文中亦指出，扩大华北八路军队伍的方式要 "经过扩大游击队"。[②] 战争爆发后，榆社 "人心惶惶，大有分崩离析各自投生之势"，八路军到来之后才稳定了局势。[③] 但由于党员人数少、缺乏群众组织，参军动员主要在牺盟会、动员委员会领导下进行，以参加游击队最光荣进行宣传，经当地有威望的人号召，亲戚朋友相 "搭格（伙）" 的方式，吸收了大批民众，县游击队先后发展到 600 余人，初步建立了抗日武装。但在此过程中亦存在一些问题，如榆社游击队虽以知识分子与城市工人为骨干、以贫苦农民为主力，仍掺杂了一些兵痞流氓。此外，宣传 "参加游击队逃难有办法有饭吃" 的策略亦削弱了抗战的正当性。[④]

在 1939 年的参军运动中，中共组织与抗日政权均有所发展，许多民众已参加各类救亡团体。此时，榆社县有中共党员近 2 000 人，工农青妇等群众团体亦得到一定发展，初步具备了群众基础。[⑤] 由于 "晋西事变" 发生，山西统一战线遭到破坏，群众参军热情下降。在这种状况下，中共榆社县各级党组织以内部动员方式，强调党员带头参军，并将地方游击小组编入正规军，才完成了参军任务。[⑥] 1941 年参军动员时，根据地在日军 "扫荡" 中遭受严重破坏，日军又推行 "治安强化" 运动，加之根据地内的地主反攻倒算，"干部情绪不高，群众情绪也不高""参军工作十分被动"，并已关系到能否 "顺利战胜一九四一年的各种危险与困难"。[⑦] 为开创参军工作新局面，中共继续采取党员干部带头参军的做法，以干部起模范带头作用来带动群众参军，并在县、区、村组织参军委员会，参军、检查优抗工作齐头并进。榆社参军动员按此步骤开展，采取由党内到党外的做法，先由支部做起，要求党员在 "能动员、能参军、能带领群众" 的标准下写申请书，党员干部参军后再动员民众参军。经动员，榆社抗日队伍扩大到 400

---

① 李雪峰：《李雪峰回忆录（上）——太行十年》，中共党史出版社 1998 年版，第 147 页。

② 毛泽东：《关于华北红军的任务与扩军方法的指示》，见中央档案馆编：《中国共产党抗日文件选编》，中国档案出版社 1995 年版，第 211 页。

③ 中共榆社县委：《榆社干部的研究》（1944 年），榆社县档案馆藏，革命历史档案，1 - 1 - 2 - 1。

④ 中共榆社县委：《榆社县参军运动总结》（1945 年），榆社县档案馆藏，革命历史档案，1 - 1 - 88 - 1。

⑤ 中共山西省榆社县委组织部等编：《中国共产党榆社县组织史资料》，山西人民出版社 1994 年版，第 40 页。

⑥ 《太行区九年来参军的经过情况及其主要经验》（1946 年），见山西省档案馆编：《太行党史资料汇编》第七卷，山西人民出版社 2000 年版，第 788 页。

⑦ 中共榆社县委：《榆社县参军运动总结》（1945 年），榆社县档案馆藏，革命历史档案，1 - 1 - 88 - 1；《论目前参军运动》，载于《新华日报》（华北版）1941 年 1 月 30 日。

余人，基本完成了任务。①

在太行区一些地方，参军动员较为困难，基本采取群众和村干部"挤兵"的方式，以致"兵员质量很不好，而且也不巩固"。② 参军动员困难的原因主要有三个方面，首先，军民关系相对紧张。如二分区干部反映，"要粮要款不发愁，提起参军低了头，政治说服不愿去，行政命令不允许"。这说明参军动员工作之困难。其次，抗战初期党员质量参差不齐，少数党员不愿响应党的号召去参军，甚至因怕参军而不参加支部会。再次，优抗工作不力造成参军工作难以开展。优抗各项政策得不到真正落实，反成了部分群众的负担。因此，在干部群众思想问题尚未解决的情况下，一些人对参军"只怕抓到自己头上"，甚至在参军动员大会营造气氛后仍"不认为（参军）是光荣"。③

这一时期中共在根据地的参军动员遇到了困难，显示出群众工作不扎实，政策没有深入民众。对此，《新华日报》（华北版）指出："有些地区扩军工作的未能完成，主要的是由于我们主观的努力不够，由于我们实际工作的落后。"④ 这些现象虽非主流，但对根据地的参军工作造成了一定困扰。

（二）民众参军方式与动机

传统社会农民地处封闭的乡村，受传统政治意识、宗族伦理观念的影响甚大。根据地创建初期，面对根基尚未稳固的中共政权，农民难免产生各种纠结心理，甚至不乏抵触情绪。针对中共的参军动员，农民的反应各异，应对动机和方式亦错综复杂。如在 1942 年的参军动员中，榆社一区自愿参军者 32 人，"应付差事"者 6 人，其他原因 8 人；⑤ 三区自愿参军者 12 人，被干部带去参军者 1人；⑥ 四区自愿参军者 54 人……共 81 人（后清退 11 人）。⑦ 根据该项统计及笔者所阅读的各区总结材料，就农民参军意愿和动机而言，可大致划分为自愿参军、从众参军、生存参军、"技术"参军等。现将其具体情形分别叙述或举例如次：

1. 自愿参军

榆社一区自愿参军者 32 人，具体为杨家庄张书珍、张小五，上赤土李艮虎、

---

① 中共榆社县委：《榆社县参军运动总结》（1945 年），榆社县档案馆藏，革命历史档案，1-1-88-1。

②③ 《太行区九年来参军的经过情况及其主要经验》（1946 年），见山西省档案馆编：《太行党史资料汇编》第七卷，山西人民出版社 2000 年版，第 789~790 页。

④ 《论目前参军运动》，载于《新华日报》（华北版）1941 年 1 月 30 日。

⑤ 《一区参军工作总结》（1942 年），榆社县档案馆藏，革命历史档案，1-1-4-2。

⑥ 《三区参军工作汇报》（1942 年），榆社县档案馆藏，革命历史档案，1-1-4-4。

⑦ 《四区参军工作汇报》（1942 年），榆社县档案馆藏，革命历史档案，1-1-4-5。

陈福德、王志方、苗义方，大下车康寿方、张寿全，柳泉王小黑、王金传、桃顺，段家庄石金元、赵三元、王小二、周德保，拐则上张永旺，台曲村周二货，清风村张元艮、李长龙、田俊生、张志全、巩福全，韩庄郑金成、郝志生，大堎冯星火，李峪进明栋、郝七斤、张福孩、张二虎、李成林，邓峪郑福三，郝北曹生锁。[①] 二区山崖常怀德以党员身份自愿参军，西崖底荣成来自愿参军并表示"当兵是自愿不是强迫，自愿就去，强迫就不去"；青峪村李思恭及与之关系较好的常合意、高成怀一同自愿参军；新庄村陈锁江听说"参了军家里受优待"便报名参军；峡口村张海继自愿参军，王媚红和王百府作为村参军小组长在动员群众时反被群众动员参军；银郊董补隆、张炳英、曹四小和董焕□（原文不清，无法识别，下同）4 人相互动员后自愿参军。[②] 三区自愿参军者 12 人，如王家沟李昌福以干部身份带头参军、张二小自愿去决死队。[③] 四区自愿参军者 54 人，如刘士金为了给村里人报仇以党员身份带头参军。[④]

2. 从众参军

中国农民向有从众的心理特性，当兵从军亦不例外。如榆社一区从众参军者有杨家庄张狗小、闫明子（张书珍所带）和段家庄王三旺（石金元所带）3 人。[⑤]二区山崖村李文元、李生元两人"你去我也去"而相互跟随参军，白村吴灵龙、陈□小、王补元及□□□ 4 人"要去都去，不去都不去"而一同参军。[⑥]三区南村向阳跟随陈芳孩参军，"陈芳孩去他也去，陈芳孩不去他不去。"[⑦]四区偏良庄雇工梁五货见别人参军后跟随参军，下赤峪闫根金跟随动员大队长参军并表示"你去我也去"，张玉虎、郝贵江、□□□相互动员后参军。[⑧]

3. 生存参军

因生活困难而参军者不少。如赤土王在为因生活困难参军，圪塔滩赵永详因欠债 70 元参军，李小胖、韩明生、刘小四及韩庄刘桂□、王海龙 5 人因家庭困难参军，旋余沟王德胜为治多年肺病参军，韩庄王看孩为图生活安全参军。[⑨]二区西崖底李厚江为"有吃的穿的能养活老母"而参军，赵王村赵会江因穷困"家中看不起他见不得他"而在其父的要求下参军，社城魏春富、翟管村杨俊生皆因家庭困难而参军。[⑩]此外，为寻求改变生活状况的参军者亦不在少数。二区山崖村韩素则、社城村郝明则 2 人被村干部以须改善现有困苦生活而动员参军，银郊赵补云则因受生活苛待而参军。[⑪]三区王家沟李二维在训练班得知"穷人得到的利益如何得到的""应该怎样保护"后参军，桃阳村在动员雇农羊工参军时

---

①⑤⑨ 《一区参军工作总结》（1942 年），榆社县档案馆藏，革命历史档案，1-1-4-2。

②⑥⑩⑪ 《二区参军工作汇报》（1942 年），榆社县档案馆藏，革命历史档案，1-1-4-3。

③⑦ 《三区参军工作汇报》（1942 年），榆社县档案馆藏，革命历史档案，1-1-4-4。

④⑧ 《四区参军工作汇报》（1942 年），榆社县档案馆藏，革命历史档案，1-1-4-5。

说，"天下数谁苦"，在动员青救会秘书参军时说，"你的威信是谁给你的，你的家是谁给的"。[①] 四区贫农陈四货与家庭不和，动员时干部介绍部队生活好，"参军了有衣穿有饭吃"。[②]

4. "技术"参军

所谓"技术"参军，可以界定为一种具有明确的"工具性"动机乃至具有"机会主义"色彩的参军行为。如榆社二区山崖村王二保，干部初次动员时以没鞋穿推辞，而拿到一双鞋后就去参军了；任□借钱 300 元后因遭讨债到处躲避，动员时说参军就可解决；社城村羊工长城初次动员时不想去，再动员时说，"人家有羊，你去放羊"；翟管村张□红村里在动员时替他还了 500 元外债；杏榛村干部在动员周乃珍时对他父亲说，"你儿去参军（你）能受优待"；银郊张四民被动员时说，"当兵不愿意，当医生还可以"，村干部答应后才参军。[③] 二区山崖村干部动员常□□时说，"当个兵以后人们不敢小看你"；张桂生在被动员时以入党为条件即"让他参加党就去，不然就不去。"[④]

由上可见，榆社县乃至整个太行区农民在中共所发动的参军动员中并非一呼百应，其参军的动机和方式亦各式各样。对此，学界既有研究亦已表明了这一点。如美国学者马克·塞尔登认为，中共"社会和经济的改革适应了被压迫的农民和被动摇的农村的经济、安全和精神的切实需要，因而赢得了民心，推动了参军热潮。"[⑤] 查默尔斯·约翰逊认为，中共在抗日战争中获得发展是因为"日本侵略带来的混乱、暴行和剥削，引发了农民的民族主义。"[⑥] 因此，单一因素均不足以解释农民参军动机及行为，其在面对中共动员时仍具有基于乡土社会形成的自身生存逻辑。

（三）参军动员

太行山区地势封闭，农民文化水平较低，民族意识淡薄，加之以往一些不恰当的征兵方式，中共在一定时期内动员农民参军面临诸多困难。[⑦] 1942 年，由于日军频繁"扫荡"及第四次治安强化运动，根据地损失惨重，"不仅部队伤亡甚

---

① 《三区参军工作汇报》（1942 年），榆社县档案馆藏，革命历史档案，1 - 1 - 4 - 4。

② 《四区参军工作汇报》（1942 年），榆社县档案馆藏，革命历史档案，1 - 1 - 4 - 5。

③④ 《二区参军工作汇报》（1942 年），榆社县档案馆藏，革命历史档案，1 - 1 - 4 - 3。

⑤ ［美］爱德华·弗里德曼、马克·塞尔登：《抗日战争最广阔的基础——华北根据地动员民众支援抗日的成功经验》，见南开大学历史系编：《中国抗日根据地史国际学术讨论会论文集》，档案出版社 1985 年版，第 88 页。

⑥ 转引自 ［美］范力沛《西方学者对抗日根据地的研究》，见南开大学历史系编：《中国抗日根据地史国际学术讨论会论文集》，档案出版社 1985 年版，第 96～97 页。

⑦ 《动员新兵及新兵政治工作》，见《邓小平文选》第一卷，人民出版社 1989 年版，第 1～2 页。

大，党政军民各级干部的伤亡也极大"，动员民众参军、恢复抗日武装以巩固根据地已成为当务之急。① 在如何动员民众参军的问题上，董必武指出："政治上有相应的民主与自由，经济上要能减轻其若干负担，军队须能与群众发生良好的关系。"② 基于此种认识，在总结以往参军动员经验的基础上，中共将参军与减租、反贪污、反恶霸斗争等群众运动相结合，形成以群众路线为方针，以党内党外组织为依托，以优抗保障制度为支撑的动员体系，通过对群众的民族气节教育、保证群众的经济利益，从而提高了民众参军的积极性。

1. 群众运动

群众运动的开展对提高农民参军积极性具有重要作用。中共太行区委书记李雪峰指出："农民虽然抗日积极性很高，但由于经济上困难重重……在行动上严重阻碍了农民参加抗日斗争。"③ 而"不发动群众，是不能启发民族觉悟。"④《新华日报》（华北版）亦指出："在群众运动中去扩军，不但是绝不会影响到群众运动本身的发展，而且可以促进扩军工作的完成。"⑤ 1942 年，榆社县为转变以往参军动员的不利局面，首先以数个村为中心开展群众斗争，并为此组织了诸如翟管减租、下赤峪反贪污、桃阳反贪污及屯村反恶霸等斗争大会，在群众中产生了很大反响，迅速打开了局面，推动了参军运动向深入发展。据榆社县群众运动与参军工作总结报告，其斗争次数及参与人数如下：一区 20 次 3 520 人、二区 16 次 3 840 人、三区 19 次 3 650 人、四区 17 次 3 560 人，合计 72 次 14 570 人，平均每次参加者 200 余人。至于在解决群众问题方面，据统计，处理减租订约问题 2 322 件，处理土地纠纷问题 695 件，解决清理旧债问题 839 件，解决妇女问题 739 件，解决雇工问题 237 件，解决青年问题 27 件，解决其他问题 271 件，总计解决大小问题 5 130 件。⑥

群众运动的展开逐渐改善了根据地群众生活，尤其从退租中得到利益的中农和贫农参军的积极性有所提高。⑦ 如榆社峡口村一王姓佃户，因减租退租而成为

---

　　① 《华北各抗日根据地处在空前残酷斗争中》，见晋冀鲁豫边区财政经济史编辑组等编：《抗日战争时期晋冀鲁豫边区财政经济史资料选编》第一辑，中国财政经济出版社 1990 年版，第 180 页。

　　② 董必武：《怎样动员群众积极参战》，见中共中央文献研究室等编：《建党以来重要文献选编（1921–1949）》第 15 册，中央文献出版社 2011 年版，第 5 页。

　　③ 李雪峰：《李雪峰回忆录（上）——太行十年》，中共党史出版社 1998 年版，第 129 页。

　　④ 徐子荣：《漳北区群众运动初步总结》，见山西省档案馆编：《太行党史资料汇编》第五卷，山西人民出版社 2000 年版，第 868 页。

　　⑤ 《动员参军工作的片段经验》，载于《新华日报》（华北版）1942 年 12 月 14 日。

　　⑥ 榆社县政府：《榆社群众运动与参军工作的总结》（1942 年），榆社县档案馆藏，革命历史档案，1–1–4–1。

　　⑦ 《四区参军工作汇报》（1942 年），榆社县档案馆藏，革命历史档案，1–1–4–5。

中农，其"抗日生产情绪均大大提高"，儿子亦参加了民兵。① 在群众运动与参军动员相结合的具体实践方面，榆社一区在群众大会上提出参军任务，依靠全体群众讨论和决定参军对象，形成上下一致的舆论氛围，同时以召开群众大会的方式掀起全体村民互相比赛、全民参军的热潮，推动了参军工作。② 榆社北泉沟村在减租减息运动中，运用"从群众中来到群众中去"的方法，"用群众自己材料，教育群众，提高群众"。干部首先深入基层以发现积极分子，再以积极分子争取更多农民，教育农民转变思想，使农民认识到"过去八路军好，我们也觉不着，现在才知道八路军真好"，进而发动民众，使其认识到自身的利益是共产党和八路军带来的，引导农民拥护和支援八路军。③ 太行区磁（县）武（安）两县参军运动亦因群众运动开展比往年顺利，从而"保障了各阶层的利益，加以群众对两年胜利信心倍增，使群众更加乐意参军。"④ 涉县"五区的清债大会当场即有八人参军，小车的反恶霸会议上有六人报名，匡门的清债会议上亦有六人参军。"⑤ 左权县的参军动员亦是在群众运动中进行的。⑥ 通过群众运动与参军动员相结合，中共以减租、清债、反恶霸、反贪污之类经济社会问题的解决为契机，发动群众，"改善了一般农民的生活，提高了农民的政治觉悟，抗战胜利信心空前提高，一致要求武装保卫自己的家乡。"⑦

2. 党内外动员

中共是一个具有严密组织系统和强大动员能力的政党，支部既是党的最基层组织，又是党的最基本组织，党的意志和主张通过基层支部深入到群众。正如太行区党委一份材料所言："党的一切口号主张、政策依靠支部才能更加具体深入到群众中去，依靠支部在群众中的日常宣传与组织工作，才能使广大群众团结在党的口号主张政策之下来进行革命运动。"⑧ 对于党支部在参军动员中的作用，中共晋冀豫区党委亦有明确要求，即"由党支部动员最好的勇敢坚强的且在群众中有威信的党员或干部，以身作则，号召一批人加入八路军"。⑨ 而全面抗战以来至 1942 年，太行区各地党支部和党员数量的快速发展则为根据地开展党内党

① 《榆社峡口村佃户王某升为中农》，载于《新华日报》（华北版）1942 年 12 月 22 日。
② 《一区参军工作总结》（1942 年），榆社县档案馆藏，革命历史档案，1 - 1 - 4 - 2。
③ 榆社县委：《五区北泉沟城关检查减租经验》（1944 年），榆社县档案馆藏，革命历史档案，1 - 1 - 4 - 8。
④ 《群众运动开展声中磁武青年踊跃从军》，载于《新华日报》（华北版）1942 年 12 月 10 日。
⑤⑦ 《涉县参军工作的几点经验》，载于《新华日报》（太行版）1943 年 1 月 25 日。
⑥ 《庆祝新约声中各地优秀子弟参军》，载于《新华日报》（太行版）1943 年 3 月 1 日。
⑧ 《支部工作（供支书委员组长训练材料）》（1940 年），山西省档案馆藏，山西革命历史档案，A1 - 2 - 28 - 51。
⑨ 《晋冀豫边区党委会、一二九师政治部关于补充兵员突击工作的大纲》，山西省档案馆藏，山西革命历史档案，A1 - 8 - 2 - 7。

外参军动员奠定了坚强的组织基础。如榆社全县党支部已由原来 3 个增加到 49 个，党员由原来 34 人增加到 1 781 人。①

召开会议传达上级指示是中共基本的贯彻执行机制，亦是榆社党内参军动员的基本工作方法。在榆社群众运动中，党组织多次召开会议，讨论参军动员问题。榆社一区以召开党内积极分子会、支部大会和小组会议的方式，首先对参军的重要性进行了思想动员，其后就参军动员的具体内容进行讨论，继之在支部大会上确定动员对象，并针对"如何动员、需要召开的会议、每个会的要求时间、何人负责、党员如何团结非党积极分子去完成任务等问题"进行讨论。② 榆社二区召开全体村干部大会，先确定完成参军任务所要动员的对象，继之以村支部为单位讨论具体实施方案。③ 榆社三区亦召开村干部大会，明确各级村干部的任务，并在动员会上强调拥有武装是为了保卫既得利益，以此激发民众参军的积极性。随后，明确具体动员方法。首先，分析参军对象的家庭状况，"了解兄弟几个是否管家与家庭关系怎样，特别与他女人的关系，本身的优缺点"。其次，着手解决动员参军对象的思想顾虑和现实诉求，用私人关系动员其参军，"要是完不成，即干部全体动员，讲道理，跟其说不能在前方也能在后方做工作。"④ 概言之，党内动员的目的即通过党组织逐级对党员干部思想动员，将其尽可能地发动起来，以便更深入地发动群众。

至于党外参军动员，榆社一区通过召开人民代表参加的村干部扩大会议，说明参军的形势，明确干部的参军动员责任，各系统检讨以往的不足并讨论今后的具体做法，并以自然村为单位（仅郝壁是以系统为单位），选出积极分子 5~7 人为村突击组，由各村提出各自所要完成的任务，展开相互间的竞赛。党员在突击组发挥核心领导作用的同时，还要保证对各组的领导，同时各村抓紧动员自卫队和民兵，将民兵分成数组，随干部下乡，在动员中号召和组织群众参军。此外，除以自然村为主发动参军运动外，各村还进行了广泛的社会动员，组织各种动员会，如抗属⑤士绅座谈会等，甚至个别村组织了文化组和妇女突击小组。⑥榆社四区则以召开群众大会的方式，结合党内动员，指出：拥有武装就可保卫利益，群众才不会吃亏。⑦ 涉县参军运动采取类似做法，即在动员时要求扩大宣传面并深

---

① 榆社县志编纂委员会编：《榆社县志》，山西古籍出版社 1999 年版，第 381 页；中共山西省榆社县委组织部等编：《中国共产党榆社县组织史资料》，山西人民出版社 1994 年版，第 40 页。

②⑥ 《一区参军工作总结》（1942 年），榆社县档案馆藏，革命历史档案，1-1-4-2。

③ 《二区参军工作汇报》（1942 年），榆社县档案馆藏，革命历史档案，1-1-4-3。

④ 《三区参军工作汇报》（1942 年），榆社县档案馆藏，革命历史档案，1-1-4-4。

⑤ "抗属"系"以抗日军人之配偶并与抗日军人在一个家庭经济单位之直系亲属（父母子女及依其为生之祖父母与未成年之弟妹）为限"，而本文则以出征抗战的男性军人妻子或未婚妻为研究对象。

⑦ 《四区参军工作汇报》（1942 年），榆社县档案馆藏，革命历史档案，1-1-4-5。

入宣传党的口号，对不同对象召开相应会议，分别进行动员，如"举行士绅、义务小学教员、干部会议，各村都组织了宣传鼓动小组，画漫画、写标语、唱参军歌、讲参军的故事。"①

3. 优抗制度化

为打通群众思想，发动最广泛的人力物力参与抗战，中共通过优抗制度来保障参军。保证抗属生活、尊重其荣誉"不但是巩固部队的主要条件，也是完成参军工作的中心一环。"② 抗日政府除在钱粮负担政策上对抗属优待外，对于生活困难、劳力不足的抗属，组织群众代耕或代打烧柴、担水等。1940 年，冀太联办颁布《优待抗战军人家属暂行条例》，从"衣食住行医疗读书"各方面进行了政策规定。③ 但此种政策在初期未得有效落实，如太行区涉县"很多抗属没有得到优待……抗属的失望影响到参军人员的情绪。"④ 因此，将优抗制度落到实处是事关参军工作能否顺利的关键事项。《新华日报》社论指出，"对抗属的……态度……显然会影响抗属情绪，影响整个动员工作的开展。"⑤ 中共晋冀豫区党委对晋中区工作指示亦认为"积极进行优抗，使优抗工作制度化"是打开与稳定局面的重要措施。⑥ 具体到榆社县参军工作，1941 年 12 月县政府出台优抗工作细则，规定："（1）发动村自卫队为抗属打窑洞；（2）各村自卫队应轮流给抗属挑水；（3）规定'砍柴日'，替抗属打柴；（4）战争中帮助抗属退却转移；（5）在调查中如发现赤贫抗属，家无担石者，每月每人发给小米一斗五升。"⑦ 榆社二区在政策贯彻中针对优抗工作不力干部给予批评与制裁。⑧ 襄垣则因优抗工作好获得群众对参军工作良好印象，"如今就是当兵好了"。⑨ 1942 年 11 月，晋冀鲁豫边区政府在以往工作基础上指示所属各级政府"必须把优抗工作贯穿到各种工作中，做任何工作时首先照顾抗属"；其中在抗属条约中明确提出"（抗属）过年过节要慰问参军子弟，动员大批子弟参军，壮大抗日军队。"⑩ 各级政府不断强调并日益重视优抗从侧面说明了优抗工作之于参军工作的重要性。

---

①② 《涉县参军工作的几点经验》，载于《新华日报》（太行版）1943 年 1 月 25 日。

③ 《边府颁发优抗条例》，载于《新华日报》（华北版）1940 年 12 月 7 日。

④ 赵秀山：《抗日战争时期晋冀鲁豫边区财政经济史》，中国财政经济出版社 1995 年版，第 109 ~ 110 页。

⑤ 《关于优抗抗属》，载于《新华日报》（华北版）1941 年 3 月 29 日。

⑥ 《中共晋冀豫区党委关于晋中区目前形势与工作的指示》（1941 年），见山西省档案馆：《太行党史资料汇编》第四卷，山西人民出版社 1994 年版，第 252 页。

⑦ 《榆社规定优抗新办法》，载于《新华日报》（华北版）1941 年 12 月 17 日。

⑧ 《二区参军工作汇报》（1942 年），榆社县档案馆藏，革命历史档案，1 - 1 - 4 - 3。

⑨ 《优抗工作做好，扩大营兵容易》，载于《新华日报》（华北版）1942 年 10 月 17 日。

⑩ 《边府指示所属优抗工作制度化》，载于《新华日报》（华北版）1942 年 11 月 19 日。

（四）成效与不足

　　榆社县历次参军运动展现了中共从创建到巩固根据地中组织机构日益严密、群众工作日益成熟、民众动员方式日益完善的过程。在群众运动中大批农民被发动起来，榆社县乃至太行区参军动员取得较大成功，多数地区超过原有预计，从而"一扫过去扩军难、征粮难的局面"。[①] 但因参军动员素来比征钱征粮工作复杂，[②] 工作难度使中共基层干部在参军动员中难免方式急躁，出现为完成任务而完成任务的现象。此外，群众运动不深入亦导致各地参军工作不均衡现象。

　　1942 年，太行根据地"斗争之艰苦与残酷，实空前未有"，榆社县城亦被日军占领。[③] 据此，榆社县展开广泛的减租减息运动，干部以"群众路线"深入基层，群众自求解放，激发了对敌斗争的热情，以致产生一村突破他村响应、一人突破他人跟随的情形。在此情况下，榆社各地一般半月就超额完成参军任务，且兵员质量较好。如榆社原提出参军动员任务为 140 人，结果一区完成了 35 人、二区 30 人、三区 56 人、游击队 22 人、四区 57 人，共计完成了 200 人。以村来看，一区完成参军任务的 15 个村中，超额完成任务者 12 村，未完成者仅 3 村。[④]"此种成绩，实出人意料之外。且闻此次参军的，皆系年轻有为，抗战热忱最高的青壮年。"[⑤] 自此，榆社参军难的状况基本不复存在，且多数群众改变了原有对参军的观念，大多数群众认为八路军"完全与过去的队伍不同了"，参军"打日本要大家打才有办法"，并将"人家八路军"改称为"咱们的八路军"。[⑥]

　　中共参军动员的方式方法总体看是成功的，但由于部分基层干部文化素养偏低，对上级政策理解存在偏差，以及组织运作中存在的一些问题，参军动员中仍有问题，而且参军运动的不平衡性亦影响到整体局面。首先，部分干部工作方式粗暴。尽管中共一直强调"政治动员"，但此种现象未得彻底解决。1941 年《新华日报》（华北版）社论指出："有些地区的有些工作人员未能坚持政治动员的原则，而继续了过去遗留下来的命令强迫的错误方式。虽然这些地区党政军民领导机关一再要求在扩军工作中进行深入的政治动员，反对命令强迫等现象，但在

---

　　① 太行革命根据地史总编委会编：《太行革命根据地史稿》，山西人民出版社 1987 年版，第 169 页。

　　② 《晋冀豫区左权支部工作调查材料》（1942 年），山西省档案馆藏，山西革命历史档案，A1－2－36－4。

　　③ 《华北各抗日根据地处在空前残酷斗争中》（1942 年），见晋冀鲁豫边区财政经济史编辑组等编：《抗日战争时期晋冀鲁豫边区财政经济史资料选编》第一辑，中国财政经济出版社 1990 年版，第 179 页。

　　④ 《一区参军工作总结》（1942 年），榆社县档案馆藏，革命历史档案，1－1－4－2。

　　⑤ 《榆社扩军顺利完成》，载于《新华日报》（华北版）1942 年 12 月 5 日。

　　⑥ 《榆社扩军顺利完成》，载于《新华日报》（华北版）1942 年 12 月 5 日；榆社县政府：《榆社群众运动与参军工作的总结》（1942 年），榆社县档案馆藏，革命历史档案，1－1－4－1。

实际工作当中仍然没有坚决的及时的转变"。① 榆社县 1942 年的参军工作亦有此类问题。具体而言，一是部分村干部对参军动员工作缺乏长远眼光，而单从完成任务着眼，将参军任务硬往干部身上压。二是一些党员不愿参军，如一区参军人员中党员比重很小。三是部分干部采用粗暴方法。② 对此类现象，太行区一份党内文件要求："彻底并迅速纠正动员新战士上的恶劣态度，今后必须严格用政治动员的方式。"③ 需要指出的是，抗战时期国民政府征兵动员中亦存在类似情况，而且更为严重。其次，各地参军不平衡。尽管群众运动极大调动了民众抗战的积极性，但因榆社群众运动尚处在发动时期，斗争尚不普遍，仍有不少民众没有参与到运动中来，"来全县参加大会共 14 000 余人次，大部参加数次以上者。"④ 群众运动不深入、不彻底，导致群众发动不充分，还有"广大的赤贫户、血统贫农和老实中农问题未得到解决，地位未得到改善，积极性没有得到应有的提高。"⑤ 而且榆社群众运动的"政治方向与目的性是模糊的"，导致参军运动不平衡，"有的村群众根本没动员起来。"⑥ 表 1-1 所示榆社一区 1942 年青壮年参军情况即可说明这一问题。

表 1-1　　　　　　　1942 年榆社一区各村参军情况一览

村别	全村总人数	全村青壮年数	历年参军人数	占全村人口比（%）	占青壮年比（%）
赤土	828	110	25	3.01	22.7
清风	815	130	29	3.55	22.3
韩庄	851	129	21	2.47	16.3
柳泉	945	170	38	4.02	22.4
大堆	1 083	187	47	4.34	25.1
岚峪	990	—	14	1.41	—

① 《论目前参军运动》，载于《新华日报》（华北版）1941 年 1 月 30 日。

② 榆社县政府：《榆社群众与参军工作的总结》（1942 年），榆社县档案馆藏，革命历史档案，1-1-4-1。

③ 《关于巩固党和群众组织问题的总结》，山西省档案馆藏，山西革命历史档案，A1-2-40-6。

④ 榆社县政府：《榆社群众运动与参军工作的总结》（1942 年），榆社县档案馆藏，革命历史档案，1-1-4-1。

⑤ 杨秀峰：《半年来群众运动中政策执行的检查》（1943 年），见晋冀鲁豫边区财政经济史编辑组等编：《抗日战争时期晋冀鲁豫边区财政经济史资料选编》第二辑，中国财政经济出版社 1990 年版，第 641 页。

⑥ 彭涛：《三分区群众运动的一般概况与经验教训》（1942 年），见中共山西省委党史研究室编：《太行革命根据地土地问题资料续编》，1984 年印，第 84 页；《一区参军工作总结》（1942 年），榆社县档案馆藏，革命历史档案，1-1-4-2。

村别	全村总人数	全村青壮年数	历年参军人数	占全村人口比（%）	占青壮年比（%）
圪塔	1 139	—	15	1.32	—
杨家庄	403	—	16	3.97	—
郝壁	972	—	23	2.37	—
旋余沟	1 054	113	9	0.85	8
拐则上	927	160	32	3.45	20

资料来源：《一区参军工作总结》（1942 年），榆社县档案馆藏，革命历史档案，1-1-4-2。

表 1-1 显示，参军人数最多的大垴村，参军人数占全村人口 4.34%，占青壮年的 25.1%；柳泉参军人数占全村人口 4.02%，占青壮年 22.4%，而出兵最少的旋余沟参军人数仅占全村人口的 0.85%，占青壮年的 8%。

各村参军不均衡的状况客观上影响到农业生产。据调查，抗战期间榆社全县土地 34.7 万亩，每个劳力平均约 23 亩，除去参军人数之后平均约 26 亩，而在一般情况下每个劳力可耕种土地约 20 亩，最多 25 亩，特殊情况不过 30 亩。[①] 显然，劳力减少造成人少地多，客观上影响农业生产。

二、根据地后期的参军动员

太行根据地创建初期，中共政权的根基尚不稳固，各项工作的开展还存在一定困难，动员封闭且相对保守的农民参军实属不易。随着中共组织发展壮大，以及抗日民主政权各种经济社会改革措施的实施，特别是 1942 年之后遍及全区的群众运动，使党政军民互相配合，且以高度的组织性和统一性投入到民众动员之中，其整体情形才有所好转。在群众运动中，中共以自上而下的宣传号召和自下而上的群众路线相结合的方式，对农民中普遍存在的"变天思想""自私自利"观念进行教育，激发了农民的参军热情。实际上，对于农民来说，在参加中共抗日武装走上抗日战场时具有复杂的心理动机，即便在中共严密组织系统的动员下，仍有许多人为生存参军。对于中共干部来说，农民的一些落后思想不可避免地对其产生了一些负面影响。中共基层党组织与素质参差不齐的党员干部，在参军动员工作中动员方式"五花八门"。尽管在参军动员中存在一些问题，但中共在太行根据地创建初期的参军动员工作毫无疑问是富有成效的。那么，1942 年群众运动兴起之后的情况又是怎样呢？

---

① 《榆社参军后劳力情况》（1945 年），榆社县档案馆藏，革命历史档案，1-1-4-12。

（一）参军状况

1942 年之后，根据地大规模的参军运动大致发生于 1944 年和 1945 年。1944 年参军工作开展时已历经 1943 年反"扫荡"、反特斗争及生产渡荒考验，民众在困难中得到锻炼，"好些民兵已不满足于民兵的作用和要求"。[①] 1944 年，日军从华北抽调大量兵力南侵，进攻根据地的力量大大削弱。在有利的环境下，太行根据地深入开展减租减息运动，更由于整风运动的推动和优抗工作得到执行，"参军到 1944 年又有新的发展"。在动员方式上，除在干部中进行号召与动员外，还通过在查减与非查减区思想教育来发动群众。查减区首先是引导群众"想想过去，比比现在"，启发群众阶级觉悟，使群众了解"只有扩大子弟兵才能保卫利益""只有自己参加子弟兵才能保卫（胜利果实）"，随之以组织积极分子报名"搭格"群众参军的方式掀起群众性参军运动。在非查减区，由领导深入调查了解并将群众中存在的思想问题集中起来讨论，"用群众的集体意见，进行解决与打通"，随后以积极分子首先报名参军的方式来号召或影响他人，展开群众参军性运动。同时，以群众的集体讨论来执行优抗，借此安定新战士情绪、巩固动员成果。通过深入的群众动员，参军工作成为真正的群众运动，"好些县份，真成为男女老幼一齐动手，打破过去只是干部们忙乱的圈子。"[②] 各县大都能够保质保量地完成任务，如榆社县群众情绪高、干部作风好，大部分村庄采用思想自觉方式动员到 600 余人。[③]

1945 年太行军民对日军发起大反攻，其间的参军工作为"参加胜利军"运动，"不是过去的一般战斗、战役，而是收缴敌人的武器，最后地讨回我们的血债，作八年的总清算；不是保卫人民的一般寻常利益，而是八年艰苦奋斗、流血牺牲换来的胜利果实。"[④] 广大民众"一呼百应，迅速形成空前的参军浪潮"，参军动员方式与前相比发生变化。除对县、区干部进行思想动员外，更在"自上而下、一气呵成"的方法下，由县召开扩大的村干部大会直接动员到村，再展开各系统各组织各单位的动员，进行广泛讨论和思想论战。此次动员对于干部群众的思想动员颇为重视，在打通其思想的原则下，根据各地各村群众不同情况提出针

---

① 《太行区九年来参军的经过情况及其主要经验》（1946 年），见山西省档案馆编：《太行党史资料汇编》第七卷，山西人民出版社 2000 年版，第 793 页。

② 《太行区九年来参军的经过情况及其主要经验》（1946 年），见山西省档案馆编：《太行党史资料汇编》第七卷，山西人民出版社 2000 年版，第 794 页。

③ 中共榆社县委：《榆社县参军运动总结》（1945 年 9 月 13 日），榆社县档案馆藏，革命历史档案，1 - 1 - 88 - 1。

④ 《太行区九年来参军的经过情况及其主要经验》（1946 年），见山西省档案馆编：《太行党史资料汇编》第七卷，山西人民出版社 2000 年版，第 795 页。

对性动员口号和动员内容，如在减租较彻底地区一般以强调保卫胜利果实来动员参军、在受过敌人摧残地区提出"为死者报仇"口号、在邻近城市地区则提出"占领城市去"。干部、党员和积极分子参军起了引领作用，很多县主要县区负责干部首先报名，区村干部随之响应，一些县份干部参军人数甚至占到全体参军人数的 20% 左右。如在榆社县"胜利军运动"中，群众在"占领大城市去""向日本法西斯报仇去"口号宣传鼓动下情绪高涨，干部党员动员、男女老少总动员进行挑战竞赛，干部带领成班成排参军，形成"榆社历史上空前的伟大的一次参军运动"。①

参军动员之所以取得成功，除方法娴熟得当外，另有三方面因素值得关注：一是重视民兵工作。民兵是正规武装的后备力量，相较普通民众具有一定战斗锻炼，可以成为组织参军的良好基础，而"新战士一般都是随参军遂即走上前线的"。二是生产互助工作扎实。根据地 1944 年、1945 年两年良好的生产状况提高了群众物质和生活条件，既保证了优抗又确保了大规模的兵员动员。三是部队生活改善。根据地创建初期"提到部队生活苦与怕死是普遍的思想"，而此时则"确是由于部队生活改善后才如此"。② 当然，更与中共组织工作、政权建设及军民关系改善的成效分不开，正如《新华日报》（华北版）所指出的那样，"只要我们在主观上努力工作，这个任务（动员参军）也是可以一定完成的。"③

（二）参军动机与方式

根据地后期"群众对我们的军队在认识上比以前提高一步……好人不当兵的思想在今天的新战士中也是大部肃清了。"④ 参军似乎成为农民的一种主动选择。不过，据笔者所阅平顺、壶关、和顺、黎城、偏城、涉县 6 县参军总结材料，就农民参军动机和意愿言之，大致分自觉自愿、抗日复仇、阶级觉悟、"技术"策略或"技术"参军四类，与前相比既有变的一面又有不变的一面。具体情形分述如次：

1. 自觉自愿

在黎北县 1943 年参军运动中，参军的 64 人中有 30 人属于自愿。⑤ 黎城县

① 中共榆社县委：《榆社县参军运动总结》（1945 年 9 月 13 日），榆社县档案馆藏，革命历史档案，1-1-88-1。

② 《太行区九年来参军的经过情况及其主要经验》（1946 年），见山西省档案馆编：《太行党史资料汇编》第七卷，山西人民出版社 2000 年版，第 798~799 页。

③ 《爱国同胞动员起来，踊跃参加抗日军》，载于《新华日报》（华北版）1940 年 12 月 7 日。

④ 平顺县委会：《全县参军运动总结》（1944 年 12 月），平顺县档案馆藏，革命历史档案，39-2-75-2。

⑤ 黎北县政府：《黎北县参军工作总结》（1943 年 12 月 5 日），黎城县档案馆藏，革命历史档案，55-17-21。

1944 年有平头村苟金来自愿参军，一区□贵奇、宋令生、陈贵堂、赵远文自愿参军。[1] 平顺县 1944 年参军的 603 人中不自愿者仅 31 人，"凡是留在部队的可以说全部是自愿的"。[2] 壶关县 1945 年动员的 2 643 人中"大部新兵是自觉入伍的"。[3] 偏城县 1945 年参军者大部系自愿，如干部闫永林自愿率民兵参军，江玉春、马思恭、陈林、李献青、郭甲、郭玉秀、韩□荣、王云斌、王玉林、邢□顺、邢振□、常□会、杨桂清、魏□生、陈玉祥、康富来、高经堂、王堂喜、李兰顺、邢有伏、马书亭、杨保元、王树森、付宝、刘□、王成林、候增□、江小三、陈双奎、王大服、刘伏臣、刘□、张玉贵、郭三元、王碧、王支柱、王更好、王吉昌、王士生、杜伏林、刘财□、田满贵、李德成、王元年、杨来得、杨有山、马伏海、窦玉山、窦丙方、康□、申旺的、张银伍、康长珠、张同珠、李文铭、尤秀林、李伏来、张相□、李改顺、马文达、岳美贵、张□等 65 位干部自愿参军。[4] 据不完全统计，太行三分区 1945 年以成班成排方式参军者有 46 村，说明"这次参军是群众一批一批的自觉参军，已经不是过去那种买卖的拉兵、挤兵、买兵的动员方式了。"[5] 表 1 - 2 所示 1945 年太行三分区各村参军情况即可说明这一点。

表 1 - 2　　　　　　　1945 年太行三分区各村参军方式统计

区别	班以下村	一班村	班以上村	排的村子
一区	6	2	3	4
二区	4	3	5	6
三区	—	—	—	—
四区	16	4	5	3
五区	10	2	—	—
六区	1	3	—	—
七区	16	4	2	—
总计	53	18	15	13

资料来源：太行三分区武委会：《扩军运动总结》（1945 年 9 月 30 日），平顺县档案馆藏，革命历史档案，39 - 2 - 83 - 2。

---

[1]　黎城县一区：《参军人员姓名册》（1944 年 1 月），黎城县档案馆藏，革命历史档案，54 - 26 - 7。
[2]　平顺县委会：《全县参军运动总结》（1944 年 12 月），平顺县档案馆藏，革命历史档案，39 - 2 - 75 - 2。
[3]　中共壶关县委：《壶关县大参军简单总结》（1945 年 11 月 6 日），壶关县档案馆藏，革命历史档案，1 - 1 - 10 - 3。
[4]　偏城县政府：《偏城县参军干部统计表》（1945 年），涉县档案馆藏，革命历史档案，2 - 1 - 11 - 1。
[5]　太行三分区武委会：《扩军运动总结》（1945 年 9 月 30 日），平顺县档案馆藏，革命历史档案，39 - 2 - 83 - 2。

表1-2显示，参军中出兵一班以下者53村、一班者18村、一班以上者15村、一排者13村，成班成排者共计46村。可见，通过打通干部群众思想再行动员的方式极大地改变了以往参军中的不良现象。

2. 抗日复仇

抗战伊始，中共即号召"每一个中国人对日寇的兽行都应起来反对……有血性的年轻人们同胞们都应拿起武器为民族而战，为保卫家乡而战……"① 中共宣传作用日渐彰显，农民抗日热情逐趋高涨。如在平顺1944年参军动员中三区赵庚生检查不合格仍执意参军，并称"我的腿是能抬，是前年五月扫荡鬼子打伤的。我就是来报仇的，我死也不回。"在1945年参军中二区新城村村长王元文动员其弟说："你要参加胜利军，为爸爸报仇。"五区东禅村27个青年为对敌复仇而参军。阳高村青年常红仁听到参加胜利军消息后第一个报名，母亲不让去，便想办法偷跑出来参军。② 1945年壶关县教掌村妇女田菊则男人参军临走时说："你不要心焦……我打走日本回家来。"③ 1944年黎城县平头村杀敌英雄王天兴三弟为四弟报仇参军，一区连安堂、王起顺、李义芳、杨狗狗、□□□、王乃江、王景福、□双□、张元生、蔡来山、宋远则、王友旦、□□元、刘富全、刘本珍、崔玉生、彭如意、宇文小旺、李□顺、任小炳、乔月河、乔庚旺、□来福、黄学、李上枝、刘锁为26人抗日参军，段计虎、王计保、王泮桂、陈小旺、郭贵兰5人为与敌斗争参军，□江文因"敌人残暴"参军，张文顺"为兄报仇"参军。④ 在1945年"胜利军"运动中，730人中"百分之九十是为了胜利"。⑤ 在武乡县1945年参军运动中，苏峪民兵指导员武占云说："在敌人八年的扫荡中使咱早会了些本领，会打仗会打枪，地雷土炮样样熟练不外行，这是敌人叫咱学下的，敌人快死时……归还给敌人才对。"退伍军人刘万年说："我家……敌人占了好几年，敌人要走，我赶快去报一下仇……"李书珍说："……敌人快要失败了，不去打一下就没机会了！"胡宗旺说："敌人打死我的亲兄弟胡黑孩，我要报仇去了！"萧贵生说："敌人虽投降了，但还没缴枪……我要参军去，亲自下手把

---

① 武乡县政府：《我们怎样对群众宣传》（1940年12月3日），武乡县档案馆藏，革命历史档案，3-5-3。

② 平顺县武委会：《平顺参军运动总结》（1945年），平顺县档案馆藏，革命历史档案，39-2-116-4。

③ 中共壶关县委：《壶关县大参军简单总结》（1945年11月6日），壶关县档案馆藏，革命历史档案，1-1-10-3。

④ 黎城平头村：《参军工作总结汇报》（1944年），黎城县档案馆藏，革命历史档案，54-27-6；黎城县一区：《参军人员姓名册》（1944年1月），黎城县档案馆藏，革命历史档案，54-26-7。

⑤ 黎城县联合办公室：《黎城参军工作总结》（1945年9月11日），黎城县档案馆藏，革命历史档案，55-34-7。

这些狗们收拾完!"①

3. 阶级觉悟

随着减租减息运动走向深入，农民阶级觉悟被激发出来。在黎城县 1944 年参军运动中，一区郭贵兰、王和生及范崇锐 3 人为"求解放参军。"② 在平顺 1944 年参军运动中，五区某新战士说："我家以前没地，我受苦。八路军来了分了地，我不再给人受苦。没验上我，我当伙夫也不回去。"六区槐树坪某新战士说："我十岁放牛，十六岁当雇工……今年我想开了，再不受主家压迫，非当兵不行。"另一个新战士则说当兵是"为了穷人解放。"③ 1945 年秦光村参军动员中有老太婆说："减租中咱退回地，翻了身。现在反攻胜利了，我送孩子去参军。"又两个妇女分别动员丈夫说"要不是八路军，哪能买上地。"④ 在和顺县 1945 年参军运动中，安小三因减租成分升为新中农，"怕不参军不能保留胜利果实。"⑤ 壶关县树掌村李法科对媳妇说："要不是八路军哪有你我呢，我参军是为大家，八路军是穷人当中产生的，咱不去叫谁去。"⑥ 桥头村贫农小来发动儿子参军，说"在山上受冻受饿是冰蛋打了头，也不敢做声，去当咱八路军吧……"牛家掌村干部牛彦松让儿子参军，说"咱这日子是怎样好过的，不是共产党来了，咱能翻身……"峧角底李松狗是个羊工，在村上讨论参军时向大家说"咱吃饭不能忘了喂奶人……不是共产党来了哪有咱的天下"。⑦ 榆社宋补元原不想参军，但被干娘动员说"你回头想想，前几年房无一间，地无垄，现在住的黑大门，说下了老婆，不是共产党来了能翻了身？"宋补元便报名参军。⑧

4. "技术"策略

"技术参军"行为在根据地时期始终存在。如黎北县 1943 年参军运动中有 23 人因灾荒"参加军队找饭吃"。⑨ 黎城县 1944 年参军运动中王根戌因"受挑战"参军，康金德因"看人家好"参军，李□吉为"顶门市"参军，张金旺为

---

① 《报血海深仇! 算八年血账! 武乡人民奋起参军》，载于《新华日报》（太行版）1945 年 8 月 27 日。
② 黎城县一区：《参军人员姓名册》（1944 年 1 月），黎城县档案馆藏，革命历史档案，54 - 26 - 7。
③ 平顺县委会：《全县参军运动总结》（1944 年 12 月），平顺县档案馆藏，革命历史档案，39 - 2 - 75 - 2。
④ 平顺县武委会：《平顺参军运动总结》（1945 年），平顺县档案馆藏，革命历史档案，39 - 2 - 116 - 4。
⑤ 《和西参军工作总结》（1945 年 9 月 12 日），和顺县档案馆藏，革命历史档案，48 - 28 - 2 - 1。
⑥ 《树掌村在拥军反省中八位青年自动参军》（1945 年 3 月 8 日），壶关县档案馆藏，革命历史档案，1 - 1 - 16 - 5。
⑦ 中共壶关县委：《壶关县大参军简单总结》（1945 年 11 月 6 日），壶关县档案馆藏，革命历史档案，1 - 1 - 10 - 3。
⑧ 黎城县联合办公室：《参军中的宣传鼓动工作》（1945 年），黎城县档案馆藏，革命历史档案，54 - 47 - 1。
⑨ 黎北县政府：《黎北县参军工作总结》（1943 年 12 月 5 日），黎城县档案馆藏，革命历史档案，55 - 17 - 21。

"当模范"参军。① 壶关 1945 年参军中一部分人因"英雄出头思想而参军",还有些家庭较富裕的青年说:"……在家有啥出息!现在不干,啥时干呢!"因参军后"家庭受优待,别人抬举,自己光荣"者亦有之,更有干部因"爱光荣的思想,为了出头而参军"。②

总的来说,由于"抗战接近胜利及根据地数年教化,群众政治觉悟大大提高,感到当兵成了自己的义务。"③ 太行区农民在中共所发动的参军动员中大多能够积极响应,相较根据地创建初期错综多样的参军动机和行为已趋简单,即"自觉自愿""抗日复仇"和"阶级觉悟"成为其内在诱因。

(三) 参军动员

为尽可能地发动太行山区民众参加抗战,中共方面指出:"充分的发动农民群众……经过斗争改善他们的生活,使他们留恋现在,希望将来的快乐时光。而敌人却以空前残暴的行为,破坏了他们的和平生活,要剥夺他们生命,这时候农民群众是不惜以自己大的阶级力量来对付敌人的。"④ 同时基于初期"群众运动愈普遍愈深入则参军工作亦会更好,否则参军工作困难完成"的经验,中共仍采用"新大陆式的工作门径(即发动群众)"来动员参军。⑤ 由此,持续加强组织力建设并以广泛深入的群众运动来动员已成为中共一贯政策,即"根据地参军工作必须在开展群众运动群众斗争中进行……必须做到参军工作与群众运动互相结合",形成组织动员与"查减"及"双拥"运动相结合的动员模式。⑥ 通过对群众经济利益的保障、政治思想的施教提高了民众参军自觉性。

1. 发动各种组织力

抗战后期太行根据地中共党组织和群团组织快速发展,强大组织网络的构建为中共贯彻自身意志提供了强力保障。若将中共革命视为一项系统工程,参军动员亦是一项系统工程。在参军动员中,依据榆社、平顺、壶关、和顺、武乡、黎城、偏城、涉县 8 县经验看,一般采用如下动员步骤。

首先,支部动员。支部作为中共基层组织,是其意志和主张深入群众的终端

---

① 黎城县一区:《参军人员姓名册》(1944 年 1 月),黎城县档案馆藏,革命历史档案,54 – 26 – 7。

② 中共壶关县委:《壶关县大参军简单总结》(1945 年 11 月 6 日),壶关县档案馆藏,革命历史档案,1 – 1 – 10 – 3。

③ 《临城参军动员的经验》(1944 年),和顺县档案馆藏,革命历史档案,48 – 11 – 1 – 16。

④ 《武乡农民阶级意识与民族意识的初步研究》(1943 年 6 月 25 日),山西省档案馆藏,山西革命历史资料,D2 – 28。

⑤ 壶关县政府:《元月份参军工作总结》(1943 年 2 月 12 日),壶关县档案馆藏,革命历史档案,2 – 1 – 67 – 3;涉县县政府:《1942 年工作总结》,涉县档案馆藏,革命历史档案,1 – 1 – 16。

⑥ 《关于突击参军工作的指示》(1944 年底),和顺县档案馆藏,革命历史档案,48 – 11 – 1。

枢纽，正如中共太行区党委一份材料所言："党的一切口号主张、政策依靠支部才能更加具体深入到群众中去，依靠支部在群众中的日常宣传与组织工作，才能使广大群众团结在党的口号主张政策之下来进行革命运动。"① 所以，"支部能否动员起来，是完成任务的关键之一。"② 支部动员一般采用以区以基点为单位召开支书联席会、积极分子会及短训班，"先讲，然后展开细致的讨论，最后竞赛。"会议传达和明确任务之后，支部随即进行党内动员。在动员方式上，以党员讨论和个别动员确定参军对象，并对所动员对象予以解决家属问题的保证。在动员内容上，大致为"一扩大胜利军，准备反攻，抗战已到最后的一年了。二抗战后反共顽固派打我们怎么办……必须扩大武装来对付他们。三为了保护自己既得利益。四党员起模范作用。五举出每县党员不掌握武装吃了什么亏。"③

其次，干部动员。县区与村干部是中共意志贯彻的重要管道，"干部是群众间的领导者，干部的发动对群众的影响很大。"④ 如黎北县在1944年动员中就指出"干部的作用是决定一切的"。⑤ 县区干部动员仍采用会议方式，先召开大会统一认识，其后分别召开联席会议讨论动员方法，以"说明参军形势与必要性，检讨上次参军工作经验与教训，如何推动今年参军任务的具体方法"。随之，将指示传达到村，而"村级干部能否动员出来是完成任务的重要环节"，"动员起村干部这是参军工作成败的关键"。⑥ 因之，村干部是干部动员重点，在方式和内容上同样是召开会议，使之明了"动员的形势与必要性，上次扩兵的缺点及经验教训，今年怎么完成任务（调查每村能出多少兵，提出解决不了的问题等）。"⑦

最后，群众动员。村级动员是群众动员的重要环节，在组织执行上主要由村支部、武委会、青救会、妇救会、群众代表会进行贯彻。在区域突破上，以先进村、一般村和落后村来区分，在先进村、一般村由武委会和冬学学校组织，主要采取群众民主讨论，对无组织的群众采用个别动员方式；对落后村则在研究群众心理基础上提出"当兵是公民的义务，我们要公平负担"口号，将动员与发动群众斗争结合起来。在对象选择上，以青年和妇女为主（青年是参军的主要对象，妇女是重要工作对象）。此外，重视对荣誉军人、抗属、士绅及知识分子的动员，

---

① 《支部工作（供支书委员组长训练材料）》（1940年2月），山西省档案馆藏，山西革命历史档案，A1－2－28－51。

②⑦ 《扩兵宣传鼓动工作的参考材料》（1945年），和顺县档案馆藏，革命历史档案，48－11－1。

③④ 太行三分区武委会：《扩军运动总结》（1945年9月30日），平顺县档案馆藏，革命历史档案，39－2－83－2。

⑤ 黎北县政府：《黎北县参军工作总结》（1944年9月），黎城县档案馆藏，革命历史档案，55－34－9。

⑥ 《关于突击参军工作的指示》（1944年底），和顺县档案馆藏，革命历史档案，48－11－1。

如由政府召开座谈会"讲些抗战大道理"等。①

组织动员不仅仅在于组织力的执行，以组织力对干部群众的思想动员亦是一个重要先决条件。中共通常会强调参军的自愿性，党内各级部门一再指出："参军运动是群众思想自觉运动与武装自觉运动，因此必须打通群众思想，造成热火朝天的参军运动，使群众自己积极的行动起来去参军和扩军，才能完成扩军任务……思想教育的好则能自觉自愿，就能巩固；教育的不好，则很难巩固。"②根据地后期正值整风运动进行，在相互结合的基础上，思想的自觉性启发必不可少，即"思想问题必须事先解决。"③在对支部党员动员上，相较以往对组织纪律的强调，此时更注重对党员参军思想教育，未进行思想教育之前不强调党员参军，以免"使干部脱离群众，顽固分子亦如此为借口，来制造干部和群众对立情势，挑拨离间。"④更大范围的动员亦如此，太行三分区1945年参军工作就进行了广泛深入的思想动员，"克服了群众思想上存在的'糊涂思想'"，鼓动了参军情绪。⑤平顺干部和积极分子深入"各村普遍的展开反省、讨论……因而造成群众性的踊跃参军。"⑥和西县各系统相互配合"进行群众性的参军教育，使参军成为每个人的自觉……"⑦壶关县干部群众都认为"抗战八年不容易到今天，得大家一齐干，来保卫自己的利益"，各村掀起成班成排参军热潮。⑧潞城七区1945年的参军过程更典型地呈现了思想动员的巨大能量。

> 全区大部分村子事先都经过支部会、干部会、农会、妇救会做了思想动员，大家都分了工，保证扩几个挑了战。这样打破了光村干部扩兵的现象。另外经过农会、妇救会动员家庭，造成舆论，谁家也不能或不好意思"拉后腿"，这样成组成队的妇女、农会会员、干部都扩开了。再加上常头的新战士也自己动员自己的相好，形成兵扩兵的例子很不少。加上在区上参军的几个积极分子组成胜利班……几天又扩了二十多个，这样便成了全区的运动。⑨

---

①④ 《扩兵宣传鼓动工作的参考材料》（1945年），和顺县档案馆藏，革命历史档案，48–11–1。

② 《和西参军工作总结》（1945年9月12日），和顺县档案馆藏，革命历史档案，45–28–2。

③ 《潞城县四区支部拥军工作》（1944年1月），潞城市档案馆藏，革命历史档案，A1–1–844。

⑤ 太行三分区武委会：《扩军运动总结》（1945年9月30日），平顺县档案馆藏，革命历史档案，39–2–83–2。

⑥ 平顺县武委会：《平顺参军运动总结》（1945年），平顺县档案馆藏，革命历史档案，39–2–116–4。

⑦ 《和西参军工作总结》（1945年9月12日），和顺县档案馆藏，革命历史档案，48–28–2。

⑧ 中共壶关县委：《壶关县大参军简单总结》（1945年11月6日），壶关县档案馆藏，革命历史档案，1–1–10–3。

⑨ 《潞城县七区扩兵工作初步总结》（1945年9月10日），潞城市档案馆藏，革命历史档案，A–1–960。

由此可见，通过层层递进的组织机制与忠诚担当的干部队伍，中共意志被贯彻执行，广大民众被"网格化"地团结在中共政权周围。就动员的具体运作机制而言，临城县南沟村重视乡村各阶层动员，1944 年先后召开干部会、士绅知识分子会、老头会、老娘会、抗属会、各救小组会深入教育群众，"群众自觉性提高，完成了参军任务。"① 平顺 1945 年即先在支部党员和干部中展开讨论，经充分酝酿后到广大群众和民兵中发现积极分子，再经报名、带领等一连串步骤，造成群众性参军运动。② 和东县亦如此，第二区 1945 年"在动员的方式上，一般采用了先由村干部积极分子的会上对时局做了动员之后，再提出参军任务，接着就进行研究对象，决定召开群众大会让群众讨论对象，以群众力量去进行动员。在召开群众大会时也是先向群众说明现在时局，说明应该怎样来保卫八年的果实之后才提出参军工作，号召青年参军。"③

2. 深化减租运动

"减租减息"是中共在抗战时期解决农民问题和发动农民抗战的基本政策。为推动这一政策走向深入发展，中共太行区党委在之前群众运动基础上于 1944 年 11 月 17 日再次发出《关于贯彻减租运动的指示》，指出"减租运动乃是最合理的调整阶级关系，增强对敌斗争力量，建设新民主主义根据地最本质的一环"，并号召展开普遍与彻底的减租运动。④ 中共认识到"群众能在经济上政治上得到了真正的解放，思想上也就能解放。他能真正想到八路军是子弟兵时，我们再大的参军任务也能很准切的完成。"⑤ 由此，太行区普遍将参军动员与减租减息运动联系起来，在群众运动中动员民众成为参军动员的新方式。

减租运动深入开展之后，中共太行区党委希望能够在群众运动中组织群众、教育群众，"特别是提高与明确他们阶级意识，以便从思想上提高群众，自觉自愿为争取与保卫自己利益而斗争。"⑥ 各地则据此依托冬学进行思想教育，引导群众反省。⑦ 如黎城县第二区减租中即遵循这一步骤，在冬学里讨论与反省启发群众阶级意识，停河堡佃户李劳旦说"我以前总是听地主说咱凭良心哩，可是地

① 《临城参军动员的经验》（1944 年），和顺县档案馆藏，革命历史档案，48 - 11 - 1 - 16。

② 平顺县武委会：《平顺参军运动总结》（1945 年），平顺县档案馆藏，革命历史档案，39 - 2 - 116 - 4。

③ 和东县第二区公所：《第二区参军工作材料报告》，和顺县档案馆藏，革命历史档案，1 - 39 - 1 - 2。

④ 《区党委关于贯彻减租运动的指示》（1944 年 11 月 17 日），见太行革命根据地史总编委会编：《土地问题》，山西人民出版社 1987 年版，第 257 页。

⑤ 平顺县武委会：《全县参军运动总结》（1944 年 12 月），平顺县档案馆藏，革命历史档案，39 - 2 - 75 - 2。

⑥ 《中共太行区党委关于群众运动与执行土地政策情况给中央的报告》（1944 年 1 月 16 日），见山西省档案馆编：《太行党史资料汇编》第七卷，山西人民出版社 2000 年版，第 31 页。

⑦ 若愚：《1944 年冬季以来减租运动总结》（1945 年），见山西省档案馆编：《太行党史资料汇编》第七卷，山西人民出版社 2000 年版，第 478 页。

主把减的租地夺了，今年灾荒借不上粮食，人家吃开，咱吃不开，咱讲良心人家不讲良心。"下庄佃户满玄说"从前我想不开，以为生下就是穷啦。这会我想开了……是地主把我剥削穷了。"两人反省问题在冬学引发讨论，"地主和农民谁讲良心谁不讲良心？地主亏农民还是农民亏地主？"群众经讨论后认为"农民讲良心，地主不讲良心，不是农民亏地主，而是地主亏农民，是靠剥削农民过生活。"经反省教育，农民普遍认识到减租必要性，减租运动迅速开展，20天内停河堡解决租地问题28件、下庄解决5件，全区累计解决租地问题482件并退租13.2石、解决非法夺地保障永佃权851.01亩，涉及佃户426户、地主181户。[①]

落实到参军工作中，黎城县1944年便以减租动员群众。如平头村首先召开小组长以上干部会，随后组织群众反省，"不求形式，随时随地进行反省"，内容则是"今年生活和战前生活对比，组织起来和未组织起来对比，新得来的利益是谁的。"具体而言，首先以互助组为单位将男女老少组织起来反省，检讨互助，反省战前生活与现在生活对比；随后召开全村群众大会，总结反省教育，其情形如次：

> 群众都意识到封建剥削压迫的社会，各阶层都有破产的危险，但在今天各阶层都得到了利益。战前外债很多，现在无一户欠外债。战前全村有一百余男女吸大烟，现在无一人吸。战前每亩地一年要出负担一石一斗粮食，现在只出一斗二升，还有户不出。战前捐税重重，管得老百姓不敢举手抬脚，现在的全村群众已再不感到此种束缚了。战前的政府贪污腐化、压迫群众，现在的政府与军队则处处照顾人民利益、为群众着想，如节衣节食、救济灾难民。春耕时老百姓无法生产，政府便贷粮款给老百姓解决了许多困难。过去的教育是封建，现今实事求是的教育，让大家不相信迷信及命运，结果大家均得到利益。与相信迷信靠命运的人对比起来是背道而驰的，给群众一个鲜明对比。[②]

平顺县在1944年参军工作中事先经干部和积极分子宣传动员，并提出三个问题："（1）咱们怎样反省的，（2）过去对军属抗属是怎样，（3）咱们现在翻了身应该怎样保卫咱利益"，由群众结合冬学反省检讨，"访到过去受压迫大家都很痛心，访到现在大家都很高兴。"[③] 随后，转而讨论"谁去合适，谁去有什么困

① 黎城第二区：《冬学思想反省与减租工作汇报》（1945年1月），黎城县档案馆藏，革命历史档案，54－20－5。

② 黎城平头村：《参军工作总结汇报》（1944年），黎城县档案馆藏，革命历史档案，54－27－6。

③ 平顺县委会：《一区城关等村是怎样进行拥军参军工作的》（1944年12月），平顺县档案馆藏，革命历史档案，39－2－75－3。

难怎样解决"，激发了群众参军积极性。如城关史有信过去不愿参军，但在讨论中说"八路军是咱自己的队伍，我有四个孩子叫老二去，需要的话四个孩子去都可以。"① 壶关县经过减租运动，1945 年"群众有了高度的政治觉悟，空前紧密的团结在党与党军的周围，进行着生产与战斗。打破了党军与他的思想界限，真实的体会到八路军是自己的子弟兵……参军中中农比数大，中农中多数系新中农，说明他们在减租翻身后觉悟大大提高而参军的。"② 太行三分区能在短期完成任务就在于"贯彻了减租是最基本的条件。"③ 可见减租运动之于参军工作的重要性。

3. 开展"双拥"运动

"双拥运动"即"拥政爱民"与"拥军优抗"运动，旨在加强军民、军政之间关系，推动抗战事业发展。④ 中共向来重视"拥军优抗"宣传与实践，如武乡县政府一份文件指出："我们要向每个群众说明抗战军人家属是社会上最光荣的人，因为他的儿子或丈夫在前线与鬼子拼命，为国争光。所以对这些人除了要给他劳力的帮助外，在精神上也要安慰，应尊敬他们，爱拥他们，同时还要给以必要的物质帮助。"⑤ 在具体实践中，则通过开展群众性运动营造拥军舆论，动员群众广泛参与，以此加强军民关系。⑥

1943 年，"双拥"运动首先在陕甘宁边区开展起来。随后，中共中央发出各根据地普遍开展"双拥"运动的指示。为贯彻中共中央号召，1943 年 12 月 20 日中共太行区党委发出《关于拥政爱民拥军运动的指示》。根据指示，各地在新年和春节之际开展一次群众性拥政爱民和拥军优抗运动。12 月 24 日，晋冀鲁豫边区政府发出《关于开展拥军爱民运动的指示》，要求"各级同志要深入反省自己对八路军及边区各种子弟兵团的错误认识与态度，检查自己在哪些地方妨害了部队的利益，努力在思想上打通。"并强调了运动的重要政治意义：

---

① 平顺县武委会：《平顺参军运动总结》（1945 年），平顺县档案馆藏，革命历史档案，39 - 2 - 116 - 4。

② 中共壶关县委：《壶关县大参军简单总结》（1945 年 11 月 6 日），壶关县档案馆藏，革命历史档案，1 - 1 - 10 - 3。

③ 太行三分区武委会：《扩军运动总结》（1945 年 9 月 30 日），平顺县档案馆藏，革命历史档案，39 - 2 - 83 - 2。

④ 中共中央文献研究室、中央档案馆编：《建党以来重要文献选编（1921 - 1949）》第 19 册，中央文献出版社 2011 年版，第 429 ~ 430 页。

⑤ 武乡县政府：《我们怎样对群众宣传》（1940 年 12 月 3 日），武乡县档案馆藏，革命历史档案，3 - 5 - 3。

⑥ 黎城县政府：《旧历年关优抗劳军具体做法》（1943 年 1 月 15 日），黎城县档案馆藏，革命历史档案，55 - 8 - 16。

这拥军爱民运动后，要使军政民团结成一体，没有军队坚持根据地，是不可能有大量的劳动人民的积极生产运动，全根据地物质幸福也不可想象。政府的责任，就是要给军队以各种对敌斗争的便利条件，就是要给人民解决各种劳动生产中间的困难问题，使每个政权干部明白认识这个道理，使广大群众也明白这个道理，把拥军爱民作为以后经常的工作与热烈的风气。①

在具体做法上，指出"一是各级召开军政民座谈会，揭发自己错误并改正；二是召开广泛拥军会议，宣传八路军的抗战史绩和革命精神；三是发动群众慰劳驻地军队，检查优抗情形。"② 此后，"双拥"运动在太行区各县开展起来，但在进行过程中由于战争形势紧张，各地多为应对战争将改善军民关系作为工作方向，应之与动员参军结合较多的则是"拥军优抗"运动。如中共太行四地委的指示指出：

> 一年来军政民的关系比过去进步了，我们基本上是团结的。但还有不少缺点，比如群众虽然知道八路军是抗日的坚决不打骂人的军队，比旧军队好，但八路军是自己的队伍是阶级的抗日军队还没有成为广大群众普遍的思想。如政府机关特别是区级干部山头主义严重存在，他们仅单纯的依法处理问题，也有不少区级干部采取站在自己方立场，反对军队的态度，对部队上和我们发生关系多的事务人员不尊重。总之，不是主动积极帮助军队而实际是和军队分家的。在村上村干部村公所对抗属抗日军人荣誉军人不尊重，不是主动帮助等现象也不少。

在此基础上，要求区村干部和群众一起反省，除一般反省外还应有重点反省，特别在"常驻军队机关医院或运输线等村用大力搞，也可用选举模范抗属等方法鼓励群众反省，造成群众性的拥爱运动"，以"一方面发现解决群众的思想问题，另一方面也要取消或建立改善某些制度，如改善优抗支差制度等问题。"③ 黎城县政府1944年的指示亦要求："第一，目前根据地敌人扫荡蚕食更为艰苦，人民群众生活更加困难，为了加强对敌斗争展开大生产运动，爱护八路军加强军民关系非常重要。第二，根据地各种法令的实施，各阶层人民生活的保障与改善无不由于八路军子弟兵英勇奋斗艰苦创造获得的，因此要为巩固既得利益，必须

---

①② 晋冀鲁豫边区政府：《关于开展拥军爱民运动的指示》（1943年12月24日），黎城县档案馆藏，革命历史档案，55 - 16 - 23。

③ 太行四地委：《关于拥爱运动的通知》（2月12日），平顺县档案馆藏，革命历史档案，39 - 2 - 56 - 1。

拥护八路军。第三，八路军六年来抗战大小战斗六万六千次以上，毙伤敌伪三十万，直到现在还抗击敌伪九十多万，将来驱逐日寇建立新中国主要依靠他们。第四，由于敌人掠夺和连年旱灾，人民物质条件空前困难，全边区部队除帮助人民生产外还展开生产运动，今年还给军粮，减人民负担证明了八路军无时无刻不是为人民着想，因此不爱护军队就是不爱护自己。第五，就本县来说，由于群众狭隘观点以及敌特的挑拨离间，在军民团结上还很不好，为了加强对敌斗争与开展大生产运动，需要我们团结的更紧密。"因此，"阳历年底以前为准备时期，阴历正月为拥军期，初五、六至十三座谈检讨时期，十三日至二十日具体举行各种座谈会总结工作……"①

中共注重启发民众革命自觉性，这一原则亦贯彻于"双拥"运动中。中共太行区党委指出："拥军运动和拥政爱民运动，必须成为广大人民和全体战士的群众运动和群众的一种思想教育运动。"《新华日报》（太行版）亦认为："叫群众检讨一下，以前哪些地方对待军队的态度不对，是不是把自己和军队看成了两家人的；今后怎样好好对待军队、爱护军队。至如物质劳军，还是次要的，而且一定要出于群众自愿。"② 在武乡拥军运动中，首先各区召开干部会议进行拥军动员，打通干部思想后即在冬学中进行拥军教育，干部带领群众展开检讨反省。经半月群众反省，群众在思想上对八路军有了新认识，认为八路军不只表现在不打人不骂人，而是处处为人民打算，是真正的老百姓子弟兵。③ 黎城一区在拥军检讨反省中一般群众都说出了良心话，如西骆驼江秋来说："我给军队带了三次路就偷跑两次，只有第三次曹庄战斗我带路没有跑，看见军队英勇地冲下半山腰去……现在才了解八路军不但能打仗，而且还能救人。"元泉□介心说："我以前不愿给军队做饭，怕受麻烦，怕军队不给东西，现在才想到我实在是对不住军队……"④在榆社，各村群众过去对军队的错误认识与不正确行为大部分检讨出来，"比如有的反省出来过去没有把八路军认成是自己的军队，没有当成是一家人，把革命武装八路军和军阀的队伍一样看待。存在坏粮给军队吃，好粮留下自己吃，甚至有的在下种时就预备给军队种些坏的收成不好的粮食，不借给军队东西用，不让军队住房子，故意把炕搬了，抬伤病员半路扔掉等恶劣现象"。⑤ 黎

---

① 黎城县政府：《关于开展拥军爱民运动指示》（1944年1月6日），黎城县档案馆藏，革命历史档案，54 - 26 - 3。

② 《拥军运动主要是思想教育运动》，载于《新华日报》（太行版）1944年1月21日。

③ 武乡县政府：《武乡拥军工作总结材料》（1944年1月），武乡县档案馆藏，革命历史档案，3 - 50 - 1。

④ 黎北县第一区：《宣传周简单总结报告》（1944年8月18日），黎城县档案馆藏，革命历史档案，55 - 30 - 19。

⑤ 赵瑾山：《榆社县拥军材料》（1944年2月18日），榆社县档案馆藏，革命历史档案，1 - 1 - 4 - 6。

城葫芦脚村普遍反省出来的有 "偷军队被子衣服、支差逃跑" 以及 "给军队做鞋不用心不耐穿" 等现象。① 通过反省，干部群众思想打通，认识到拥军关切自身利益，激发了贯彻优抗政策积极性。②

由拥军到参军，反省内容有了变化。榆社县各村经过思想检讨后由群众提出拥军公约，公约内容紧贴拥军工作实际，具有通俗易懂的特点，"一、八路军是自己人，说话态度要和气；二、好房热炕自动让军队住；三、供给军队碗筷，不怕麻烦，不怕损坏；四、关心伤病员，直接送医院；五、保守军事秘密，不说军队坏话；六、认真帮助抗属解决实际困难。"③ 黎城平头村拥军规定 "一、抗日军欢迎，走时要欢送。二、借用家具及烧柴、担水均要自动。三、领路探情报，配合军队打仗。四、抬运伤兵要自动，转移退却要保证安全，并做好饭让伤兵吃。五、让军队住好家，冬天住暖家，夏天住凉家。"④ 以这种动员方式 "发动群众，检查进行优抗，解决战士顾虑问题。发动群众性的检查过去优抗工作，提出今后优抗的办法，对参军起了很大的保证作用。"⑤ 如讲堂有个老汉说："我耕地耕的好，能保证给抗属耕好地。" 董金于老人说："我拥护八路军是实际的。"⑥

除改善军民关系外，中共力图在拥军运动中贯彻优抗工作，"优抗工作要想做成，单强调制度化经常化是不行的，必须是要教育群众执行拥军政策，用群众的力量来保证才行。"⑦ 在拥军与参军具体结合上更显示出贯彻优抗政策的重要性，"扩军要和优抗及贯彻优抗政策密切结合起来。在群众思想打通决定参军后，最顾虑的一个问题就是他自己去后家里的生活和生产问题。"⑧ 武乡县在 1944 年参军动员时就从拥军反省做起，"青年人反省参军，妇女们反省对军队的认识……特别是干部反省优抗工作"，经过反省都认识到参军的好处，"参军时候就一下影响起七八个青年来。"⑨

---

① 《葫芦脚、侯家庄两村的拥军总结》（1944 年 2 月 18 日），黎城县档案馆藏，革命历史档案，54 - 27 - 8。

② 黎城县联合办公室：《黎北县第二区拥军工作总结报告》（1944 年 2 月 28 日），黎城县档案馆藏，革命历史档案，54 - 27 - 7。

③ 《榆社县拥军工作的总结》，榆社县档案馆藏，革命历史档案，1 - 1 - 4 - 13。

④ 黎城平头村：《参军工作总结汇报》（1944 年），黎城县档案馆藏，革命历史档案，54 - 27 - 6。

⑤ 平顺县武委会：《平顺参军运动总结》（1945 年），平顺县档案馆藏，革命历史档案，39 - 2 - 116 - 4。

⑥ 榆社县委：《讲堂拥军经验》（1944 年），榆社县档案馆藏，革命历史档案，1 - 1 - 4 - 8。

⑦ 平顺县委会：《全县参军运动总结》（1944 年 12 月），平顺县档案馆藏，革命历史档案，39 - 2 - 75 - 2。

⑧ 太行三分区武委会：《扩军运动总结》（1945 年 9 月 30 日），平顺县档案馆藏，革命历史档案，39 - 2 - 83 - 2。

⑨ 武西县武委会：《武西县武委会扩兵工作总结》（1944 年 9 月 18 日），武乡县档案馆藏，革命历史档案，3 - 50 - 3。

拥军运动提高了中共政治威信，转变了群众对军队的某些不正确认识，提高了抗日军人家属社会地位，密切了军民关系，为战争胜利奠定了民众基础。但亦存在一些问题，正如中共太行三专署所指出的那样，"拥军浪潮一过去，工作就冷落下来了……为贯彻拥军工作，更进一步亲密军民关系，须使我们的拥军工作贯彻下去，成为真正的群众自觉运动，走向经常化制度化。"①

三、初期与后期参军运动比较

相较初期，根据地后期由于"胜利鼓舞了群众，这是和往年参军工作不同的"。② 同时由于"减租"与"双拥"运动深入开展以及整风运动，干部作风得到改造，大批农民被发动起来，"参军要求是自觉的，参军动机是明确的，参军光荣已成了个人的思想和行动。"③ 参军动员取得很大成功，多数地区形成"历史上空前的一次参军运动"，④ 但亦存在劳力缺乏影响农业生产以及干部作风不良等问题。

（一）群众路线的贯彻

在根据地后期参军中群众路线方针得到贯彻，动员中注重干群思想打通，干部和积极分子深入"发动群众讨论，通过群众来解决"，并在"动员、巩固、欢送环节都予以群众性的参与，造成参军光荣的舆论氛围。"⑤ 据太行区 11 县 1945 年参军统计，党员占 17.2%，平顺最高达 28%，左权 24%，和东最低亦达 9%。另据 9 县调查，平均参军人数达 13.2%。⑥ 具体到各县，武西县 1944 年"将各种群众组织起来，青年老年都进行了拥军反省""各区不但是完成任务并且都超过了任务，不但在时间上没有推迟，反而在时间上都还提前完成了任务。"潞城县 1945 年"不是少数村干部包办的而是群众运动，是广大的村干部和青年民兵

---

① 太行第三专署：《为贯彻拥军工作给各县的指示》（1944 年 7 月 16 日），黎城县档案馆藏，革命历史档案，55 – 33 – 10。

② 黎城县联合办公室：《黎城参军工作总结》（1945 年 9 月 11 日），黎城县档案馆藏，革命历史档案，55 – 34 – 7。

③ 太行三分区武委会：《扩军运动总结》（1945 年 9 月 30 日），平顺县档案馆藏，革命历史档案，39 – 2 – 83 – 2。

④⑤ 平顺县武委会：《平顺参军运动总结》（1945 年），平顺县档案馆藏，革命历史档案，39 – 2 – 116 – 4。

⑥ 若愚：《一九四五年几个问题的总结意见》（1946 年 7 月），见山西省档案馆编：《太行党史资料汇编》第七卷，山西人民出版社 2000 年版，第 779 页。

起了先锋带头作用，形成热火朝天的运动完成了任务的。"① 黎城 1945 年无论从时间上（5 天）还是动员面上（全县所有村庄）及发动群众上看（老年人、青年人、壮年人、男女都卷入了）均"形成了一个剧烈的广泛的深入的群众运动"，上级所派数目是 500 名，而据统计全县共送 730 名，经检查合格的 551 名，超过 230 名。从检查合格的看，超过 551 名。② 壶关县 1945 年区村干部共有 179 名带头自愿报名入伍，占兵员总数的 15%；参军干部另带一三四五区 4 个区群众 635 名，占 4 个区兵员总数的 74%。③ 太行三分区 1945 年所动员 982 名新兵中有党员 138 名、区村干部 134 名，分别占总人数 14%、13.6%。党员参军情况如表 1-3 所示。

表 1-3　　　　　　　　1945 年太行三分区党员参军情况

区别	参军数	党员数目	党员占比（%）
一区	159	18	11.3
二区	180	45	25
三区	144	22	15.3
四区	180	19	10.6
五区	105	4	3.8
六区	47	—	
七区	174	30	17.2
总计	989	138	14

资料来源：太行三分区武委会：《扩军运动总结》（1945 年 9 月 30 日），平顺县档案馆藏，革命历史档案，39-2-83-2。

由表 1-3 可见，党员参军人数最多的二区占比 25%，七区占比 17.2%，三区占比 15.3%，五区占比 3.8%。相较根据地创建初期榆社县一区党员参军仅 8% 来看，党员带头模范作用彰显，甚至出现"有个别村干部都走光，工作马上成问题"的现象。由此知之，党员带头不仅带动群众踊跃参军，且"党员是新兵

---

① 《潞城县七区扩兵工作初步总结》（1945 年 9 月 10 日），潞城市档案馆藏，革命历史档案，A-1-960。

② 黎城县联合办公室：《黎城参军工作总结》（1945 年 9 月 11 日），黎城县档案馆藏，革命历史档案，55-34-7。

③ 中共壶关县委：《壶关县大参军简单总结》（1945 年 11 月 6 日），壶关县档案馆藏，革命历史档案，1-1-10-3。

中的核心和灵魂，对部队巩固上将起到保证作用。"①

同时，参军人员阶级品质好。新战士阶级成分直接体现出广大民众对于中共的拥护程度。平顺县1944年参军新战士中贫农占50%，116个中农中大多是从雇农新升到中农的。从年龄上看，18~20岁的占50%，大部是贫雇农青年出身。② 太行三分区1945年"新兵的质量是很好的"，工人、贫农及翻身的新中农数占全体新兵的90%以上，19~30岁青年占绝大多数。③平顺1945年参军新战士从"数量上、质量上看来，都是历史上空前的一次参军运动。"参军人员年龄与成分如表1-4、表1-5所示。

表1-4　　　　　　　　　1945年平顺参军人员年龄统计

区别	16~17岁	18~20岁	21~25岁	26~30岁	31~35岁	36岁以上
一区	9	79	107	43	15	3
二区	5	50	58	35	17	2
三区	3	50	96	34	12	0
四区	8	56	73	39	26	1
五区	10	37	55	41	25	0
六区	2	37	78	37	13	0
七区	2	41	63	34	24	3
总计（占比）	39（2.9%）	350（26%）	530（40%）	263（19%）	132（9.9%）	9（2.2%）

表1-5　　　　　　　　　1945年平顺参军人员成分统计

区别	贫农	新中农	中农	富裕中农	富农	地主
一区	18	87	137	7	6	1
二区	29	35	97	5	1	0
三区	32	0	157	0	5	1
四区	40	1	157	1	5	0
五区	42	38	79	5	4	0

---

①③　太行三分区武委会：《扩军运动总结》（1945年9月30日），平顺县档案馆藏，革命历史档案，39-2-83-2。

②　平顺县委会：《全县参军运动总结》（1944年12月），平顺县档案馆藏，革命历史档案，39-2-75-2。

续表

区别	贫农	新中农	中农	富裕中农	富农	地主
六区	39	27	95	4	2	0
七区	38	33	86	6	3	1
总计 （占比）	238 （18.5%）	221 （16.2%）	807 （60%）	28 （2.1%）	26 （2%）	3 （0.2%）

资料来源：平顺县武委会：《平顺参军运动总结》（1945年），平顺县档案馆藏，革命历史档案，39-2-116-4。

由上列两表可见平顺参军人员中18~20岁占26%、21~25岁占40%、26~30岁占19%，85%以上是青壮年，95%以上是贫农和中农。潞城县七区1945年新兵中16~18岁7人、18~30岁194人、30岁以上14人，中农146人、贫农65人、雇工39人、矿工5人、富农4人，基本群众占绝对多数。[1] 壶关县1945年新兵中18~20岁350人，占总数28%；20~25岁490名，占总数37%；25~30岁325名，占总数24%；30~35岁163人，占总数11%，总计新兵员数中青年占65%、壮年占35%。从成分上看，工人47名占总数0.4%，贫农429人占总数32%，中农（新中农在内）833人占总数62%，富农19人占总数1.4%，中农占绝对多数。[2]

（二）劳力持续缺乏

抗战以来根据地劳力大为减少，如榆社四区向阳村到1945年"已不能再参军。"[3] 大寨村"劳力大感困难，尤其在下种耕地锄苗时大感困难，全编村劳力都感缺乏。"[4] 三分区一些小村庄"全村体格健全的青壮年都走完了，生产上劳力上大成问题。"武乡王庄沟"大多数地都没有人来耕作或耕作不了，收割养种都没人照看"。王庄沟参军后劳力状况如表1-6所示。

---

[1] 《潞城县七区扩兵工作初步总结》（1945年9月10日），潞城市档案馆藏，革命历史档案，A1-1-960。

[2] 中共壶关县委：《壶关县大参军简单总结》（1945年11月6日），壶关县档案馆藏，革命历史档案，1-1-10-3。

[3] 《榆社参军运动后一般劳力概况》（1945年9月），榆社县档案馆藏，革命历史档案，1-1-4-9。

[4] 《榆社大寨参军后劳力及差役计算》（1945年9月），榆社县档案馆藏，革命历史档案，1-1-4-10。

表 1 – 6   1945 年王庄沟村参军后劳力状态

村别	土地（亩）	每个男劳力平均占土地（亩）		参军后增加之土地（亩）
		参军前	参军后	
王庄沟	1 973.97	22.17	23.58	1.41
路家庄	887.00	20.80	23.34	2.54
黎坪	730.40	21.80	24.35	2.55
合计	3 921.37	21.73	24.68	2.95

资料来源：《武乡王庄沟参军及劳力优抗调查材料》（1945 年 9 月 20 日），武乡县档案馆藏，革命历史档案，3 – 66 – 3。

表 1 – 6 显示，1945 年参军后王庄沟、路家庄和黎坪 3 村每劳力所负担土地分别为 23.58、23.34、24.35 亩，平均 24.68 亩，而据一般"每个劳力种 20 亩土地合适"。[①] 和西其林沟参军运动后劳力缺乏，全村 940 亩土地，现男全劳力 27 个，每人平均 34.8 亩；抗属 8 户 34 人，劳力 3 个，土地 302 亩，每劳力平均 100 余亩。大旺村 32 户，土地 1025 亩，劳力 22 个，每劳力平均 46.5 亩。[②] 可见，"老解放区的劳动力是大大的削弱了。"[③]

参军运动带来的负面影响对部分干部和群众在思想上造成恐慌，榆社县部分农民存在不良情绪，这种现象造成榆社农业生产危机，甚至于出现地价下跌现象。[④] 黎北第三区"全区群众抗属及部分干部情绪很低，工作不安心，甚至个别青年个别户计划出卖土地，个别抗属家乱哭，优待不到对干部有成见。"[⑤]

（三）部分干部作风不良

尽管中共强调参军动员的思想启发和自愿性原则，但由于部分村干部自身素养低下、对群众路线方针贯彻不够，以及乡村社会对中共革命政策的反向改造，使得在此过程中仍不同程度地存在干部行政命令和参军人员动机不纯的现象。

太行根据地农民深受"好儿不当兵"思想浸染，动员参军工作难度极大，中

---

① 武乡县委办公室：《武乡王庄沟参军及劳力优抗调查材料》（1945 年 9 月 20 日），武乡县档案馆藏，革命历史档案，3 – 66 – 3。

② 《和西参军工作总结》（1945 年 9 月 12 日），和顺县档案馆藏，革命历史档案，48 – 28 – 2。

③ 若愚：《一九四五年几个问题的总结意见》（1946 年 7 月），见山西省档案馆编：《太行党史资料汇编》第七卷，山西人民出版社 2000 年版，第 781 页。

④ 《榆社参军后劳力情况》（1945 年 10 月 19 日），榆社县档案馆藏，革命历史档案，1 – 1 – 4 – 12。

⑤ 黎北第三区：《秋收秋耕种麦准备工作汇报》（1945 年 10 月 2 日），黎城县档案馆藏，革命历史档案，55 – 56 – 8。

共基层干部即感叹"要粮要款不发愁，提起扩兵低下头；政治说服不愿意，行政命令不允许。"甚至有干部为此"睡不着觉，吃不下饭。"因此，在战争紧张情况下上级所派任务重时间紧亦难免使一些干部为完成任务而出现行政命令的做法。

第二节　晋察冀根据地的英模运动

树立英雄模范作为典型示范以推动全面抗战动员是中共的一个重要工作方法。晋察冀根据地通过评选表彰英雄模范、宣传学习英雄模范来发动一般党员和群众，推进抗战救国中心工作，其成效明显。学界先前对全面抗战时期的英模运动已有一定研究，如对陕甘宁边区及山西各根据地英模运动的考察。① 本节则以晋察冀根据地为中心，以《晋察冀日报》为分析文本，试图深入到英雄模范的具体实践环节，进一步探讨其选拔标准、树立范围与激励效果。

一、英雄模范遴选：标准与目标

（一）英雄模范标准

英雄模范既须本职工作突出，还须带动其他群众和所在部门工作，进而推动中心工作。模范内含着"模型、表率、值得效法"之意，模范人物是同类中最完美的且值得学习的优秀人才，他们"都是在各个战线上很积极工作做得好的同

---

①　这方面的成果主要集中于陕甘宁边区英雄模范研究，如陈舜卿的《抗战时期陕甘宁边区的劳模运动》（《西北大学学报》1985 年第 1 期）、王建华的《乡村社会改造中"公民塑造"的路径研究——以陕甘宁边区发展劳动英雄与改造二流子为考察对象》（《江苏社会科学》2008 年第 4 期）、王明生等的《陕甘宁边区劳模运动的政治分析》（《学海》2010 年第 5 期）、岳谦厚等的《战时陕甘宁边区的劳动英模运动》（《安徽史学》2011 年第 1 期）、王彩霞的《延安时期"英雄角色"的置换——陕甘宁边区文艺与劳模运动》（《中国社会科学院研究生学报》2011 年第 2 期）、孙云的《延安时期劳模表彰运动的实际功效——以吴满有形象的建构及影响为例》（《党史研究与教学》2013 年第 2 期）、岳谦厚等的《陕甘宁边区的抗属形象及其模范塑造》（《山西大学学报》2016 年第 5 期）、王建华的《革命的理想人格——延安时期劳动英雄的生产逻辑》（《南京大学学报》2016 年第 5 期）、王彩霞的《抗战时期陕甘宁边区劳模运动研究》（中国社会科学出版社 2014 年版）等。亦有探讨山西和华北根据地英雄模范运动者，如韩晓莉的《抗战时期山西根据地劳动英雄运动研究》（《抗日战争研究》2012 年第 3 期）、张玮等的《华北及陕甘宁抗日根据地女性英模的生活》（《安徽史学》2016 年第 6 期）等。

志"。① 晋察冀边区政府表彰的模范主要有三大类：战斗英雄、劳动英雄和模范工作者。战斗英雄选举标准："一、积极打击敌人，破坏敌人交通，围困敌伪点碉，保卫家乡保卫边区保护群众利益，获得显著成绩者；二、服从组织纪律，彻底执行政策法令，团结群众，深得群众拥护者；三、积极生产，努力劳动，武力与劳力结合著有成绩者。"劳动英雄选举标准："一、积极从事生产事业之一（包括农业、工业、合作运动、贸易、畜牧以及纺织等手工业），成效卓著或有新的创造者；二、在生产事业中，能推动帮助别人，著有成绩者；三、遵守政策法令，拥护政府军队，爱护人民，团结群众，热爱边区，足称模范者。"模范工作者选拔标准："一、参加或领导任何一项工作部门的工作中有新的创造或成效卓著者；二、团结群众，团结干部，得到周围群众和干部的拥护者；三、执行政策法令并能推动影响别人执行政策法令者。"② 显然，三类模范均须具备三个方面条件：一是本职工作（战斗、生产与其他工作）优秀，成绩突出；二是团结群众，带动群众，得到群众拥护，并产生积极效果；三是遵守执行党的方针政策。不过，在"一切为了抗战"的背景下，边区政府更强调后两个要求。即使行业特点鲜明的模范教员评选标准亦不仅是教学工作好、效果好、参与民校工作积极，而是"一、做到自己动手，解决一个月以上的生活问题，并能热心帮助与推动其他会员生产的。二、深入到户，帮助群众订计划（两户），能组织一个拨工组，并保证所在村没有一个懒汉。三、积极领导儿童生产，做到将十二岁以上儿童能在二分之一以上组织拨工，并有显著成绩者。四、保证民校健全，保持群众生产经营，并能找出两户接受科学知识，进行研究试验的。五、在战斗中能领导群众，并能进行生产的。六、创造出三篇生产农业教材的。"③ 六个条件均围绕生产和战斗这个中心工作。关于模范集体标准亦一样，模范机关团体部队要："（一）完成生产任务且超过者，并且方式方法正当，（二）生产好并且工作学习也好，（三）机关人员全体动员起来参加生产，机关中无一懒人，（四）所在村生产工作争取做到模范者。"④ 1944 年 2 月晋察冀边区第一届群英会开幕式上，边委会主任宋劭文就指出群英会的意义在于"把全边区很好的组织起来，打日本，种庄稼"。⑤ 而群英会通过的《晋察冀边区战斗英雄战斗模范大会宣言》则号召大家"互相学习打日本、种庄稼和做工作的本领"，并约定"把生产和战斗

① 宋劭文：《加强团结加强战斗开展生产》，载于《晋察冀日报》1944 年 2 月 17 日。
② 《晋察冀边区行政委员会关于召开第二届群英大会暨生产品展览会的决定》，载于《晋察冀日报》1944 年 10 月 20 日。
③ 《完县提出模范教员条件》，载于《晋察冀日报》1944 年 4 月 4 日。
④ 《五专区订出劳动英雄标准》，载于《晋察冀日报》1944 年 3 月 11 日。
⑤ 《宋主任讲演》，载于《晋察冀日报》1944 年 2 月 17 日。

结合起来，多打粮食，多打胜战！打倒日本法西斯强盗！"① 此均点明模范既要本职工作突出、能够带动群众和所在部门工作，由某一点的工作到全面的工作，由少数模范带动多数群众，模范的个体与群众结合汇聚成集体的力量来推动整体工作。

当然，其中出现了一些对英雄模范要求过高、标准不切实际的问题。如有的"把英雄理想为能降妖捉怪的特殊人物（像旧小说中的'英雄'一样），不是平常人所能做到的，不相信那些英雄正是从平平常常的广大群众中产生出来的"；有的认为"既是模范就是十全十美的，而一发现他有缺点就不顾他了，形成模范忽起忽落，及某些地方的'换模范'"；有的"对英雄要求过高，强调英雄个人的成绩，把英雄从群众中孤立起来，如对红石村抗联主任靳福祥的培养，认为成绩都是靳福祥的，引起群众不满，不了解一切工作成绩不是英雄个人来作好，而是英雄带领群众来作好的"；有的"对英雄的优点常常扩大，对英雄的缺点很少看见。"② 亦出现一些英雄模范承担过多会议等公务，甚至影响了生产。③

（二）英雄模范类型

英雄模范工作贯穿于晋察冀边区各个时期各项工作中。1938 年 5 月樊二宝、李贵生、陈洛学 3 名自卫队员抓回 2 名逃跑日军士兵，《晋察冀日报》登报表扬，称之为"模范，担负起了自卫队的光荣任务。"④ 6 月，表彰完县模范妇女积极站岗、参加妇救会工作、上识字班等。⑤ 到 1943 年隆重选出边区战斗英雄和模范工作者，1944 年 2 月 8 日至 14 日召开第一届群英会，英模运动掀起第一个高潮。1944 年 12 月至 1945 年 1 月间又举行边区第二届群英会历时 41 天，再次掀起宣传学习英雄模范高潮。第一届群英会选出英雄模范 104 名，包括地方战斗英雄、地方模范、部队战斗英雄、部队模范 4 个群体，其中地方模范又分为武装战斗模范、模范工作者、模范劳动者、模范公民和拥军模范 5 类。⑥ 第二届群英会参加的英雄模范共 389 人，会上从中选出典型 90 人和 7 个创造有功单位。⑦ 加上各级

① 《晋察冀边区战斗英雄战斗模范大会宣言》，载于《晋察冀日报》1944 年 2 月 18 日。
② 《唐县干部对英雄人物的错误认识》，载于《晋察冀日报》1944 年 10 月 26 日；《灵丘培养英雄模范的几点经验》，载于《晋察冀日报》1944 年 11 月 26 日；《曲阳培养英雄的缺点》，载于《晋察冀日报》1944 年 11 月 30 日。
③ 《灵寿劳动英雄杜庆梅开会太忙耽误生产》，载于《晋察冀日报》1945 年 5 月 3 日。
④ 《模范的阜平四区自卫队队员》，载于《晋察冀日报》1938 年 5 月 29 日。
⑤ 《模范的完县妇女》，载于《晋察冀日报》1938 年 6 月 19 日。
⑥ 《边区党政军民共同评定公布战斗英雄与战斗模范工作者名单及奖品》，载于《晋察冀日报》1944 年 2 月 17 日。
⑦ 即军区工业部、高街村剧团、抗敌剧社、晋察冀日报社、晋察冀画报社、边府财政处印刷局、群众剧社。晋察冀日报史研究会编：《晋察冀日报社论选》，河北人民出版社 1997 年版，第 442 页。

各地各行业各系统英雄模范，模范表彰非常全面，模范妇女、模范儿童（如李顺香）、模范童子军（如王朴、张六子等）、模范干部（如模范妇女干部张品）、模范老人、模范公民（谷正刚）；战斗英雄（如邓世军、李勇、阎清才等）、拥军模范（戎冠秀、段喜娥）、模范抗属（如王国宝）、模范劳动者（如劳动英雄胡顺义、模范女看护吕俊杰、模范被服厂工人崔国英、模范劳动者韩锡才等）；模范农会（如唐县农会、平山农会）、模范妇女会（如正定妇女会）、模范青救会（如曲阳青救会）、模范剧团（阜平）、模范村（如平山县秘家会村）等。英雄模范有农民、工人、医护人员、教师、干部等不同职业者，有战斗英雄、抗属、拥军、劳动等不同行业者，有老人、儿童、妇女不同年龄性别者，有个人有集体。可以说，各行各业各方面工作都有模范，"凡是有生产的地方就能够产生劳动英雄，有工作的地方就能够产生模范工作者，只有既无生产又无工作的地方，才不可能产生英雄或模范"。①

（三）英雄模范树立目的

英雄模范不仅要推动生产与战斗，更要实现党与群众、国家与基层互动，促进基层群众在接受党的政策过程中形成对党的政治认同。即"为什么要选举英雄模范？我们的目的只有一个，就是实行毛泽东同志从群众中来到群众中去的领导方法，采用新的组织形式和工作方式，来改进工作、培养干部、联系群众，用以发展我们的战斗、生产和各种建设工作，这是当前普遍的全面的群众运动，是转变领导作风和工作作风的关键……"② 英雄模范工作目的包含着以英雄模范为介质，将党与群众、国家与基层有效链接的用意。英雄模范要"经济上努力劳动，发展生产；武力与劳力结合，战斗与生产结合，用战斗保卫生产，保护收获"，还要"政治上拥护革命，公私兼顾"，既"自己生产情绪与政治情绪均经常饱满，且能起领导他人影响他人之核心政治作用者。"③ 显然党对模范的要求或者说希冀不是停留在做好工作、推动工作上而是具有更高标准，即产生政治影响力，英雄模范要遵守贯彻执行党的政策法令，要"与群众密切团结，组织群众、领导群众"，将党的政策主张带到群众中，带到基层实践中，党的领导、党的政治影响力、群众组织力亦延伸到最基层的一般群众中。④

事实上，几乎所有英雄模范都认同党和党领导的军队、政府，认为他们生活

---

① 《李富春同志指示怎样开展劳模运动》，载于《晋察冀日报》1944 年 11 月 1 日。

② 《群英大选中应注意的几个问题》，载于《晋察冀日报》1944 年 11 月 25 日。

③ 《晋察冀边区劳动英雄选拔办法》，载于《晋察冀日报》1944 年 6 月 21 日；《五专区订出劳动英雄标准》，载于《晋察冀日报》1944 年 3 月 11 日。

④ 宋劭文：《加强团结加强战斗开展生产》，载于《晋察冀日报》1944 年 2 月 17 日。

改善、他们作为英雄模范与党密不可分。北岳区拥军模范洛唐哥在纪念五一、五四暨洛唐哥给奖大会上发言，称从几年经验中认识了中国共产党、八路军真正是中国人民的救星，并对群众讲"只有共产党在这里才瞧得起咱们这穷光蛋，想一想吧，共产党八路军所做的有一点对不起咱的吗？乡亲们，照着共产党的号召行事没错！"他积极要求入党，当场加入中国共产党。① 劳动英雄杨怀英在群英会上提出加入中国共产党。② 杜元林在灵丘生产会议上说："今天生活改善，揭开锅有米，都是共产党八路军给的，我们不要忘记这个根。都要做拥军模范，还要拥护边区政府和边区抗联会呢！"③ 曲阳群英会上崔翠娥说："我有七个儿子，都交给共产党领导吧！"④ 易县劳动英雄张德明说："自共产党八路军来了，咱们才有了地位，有了生活，才有了今儿个光荣。他是咱们的救星，我要永远跟着他前进，希望大家也跟着他。"⑤

二、英雄模范奖励：物质与精神并重

首先是物质奖励，"如牲畜、武器、农具、布疋、奖金、用品等"。⑥ 第一届边区群英会英雄模范奖品如下：（1）地方战斗英雄。一等英雄李勇奖一等战斗英雄奖章1颗、骡子1头，二等英雄康元奖二等战斗英雄奖章1颗、牛1头，李成山奖二等战斗英雄奖章1颗、驴1头、铣镐各1把，杜庆梅奖二等战斗英雄奖章1颗、牛1头，赵致和奖二等战斗英雄奖章1颗、三□驳壳枪1枝，李殿冰奖二等战斗英雄奖章1颗、二□驳壳枪1枝，贾玉奖二等战斗英雄奖章1颗、驴1头，三等英雄□□禄奖三等战斗英雄奖章1颗、骡1头，李三马奖三等战斗英雄奖章1颗、大枪1枝、铣镐各1把。（2）地方模范。武装斗争模范李黄土奖步枪1枝，李大奖步枪1枝，崔政之奖铣镐各1把，白七槐奖步枪1枝，郝玉林奖步枪1枝，侯敬贤奖步枪1枝，李老莲奖步枪1枝，宋海奖步枪1枝，邹明中奖步枪1枝，梁起生奖步枪1枝，肖德顺奖铣镐各1把、步枪1枝，高福义奖步枪1枝，李黑黑奖步枪1枝，唐君奖值200元实物，高俊继奖步枪1枝；模范工作者崔锡珍奖铣镐各1把，吴玉亭奖值200元实物，陈均奖橹子1枝，董春荣奖铣镐各1把，齐进奖橹子1枝，李鸿年奖价值200元实物，齐占文奖橹子1枝，杜亚

① 《一分区举行纪念五一五四暨洛唐哥给奖大会》，载于《晋察冀日报》1944年5月26日。
② 《英雄杨怀英当场要求加入共产党》，载于《晋察冀日报》1944年12月12日。
③ 《灵丘开二次生产会议总结第一阶段布置第二阶段工作》，载于《晋察冀日报》1944年7月9日。
④ 《曲阳群英会上英雄们畅谈翻身感想》，载于《晋察冀日报》1944年12月10日。
⑤ 《各英雄互相检讨》，载于《晋察冀日报》1944年12月31日。
⑥ 《晋察冀边区行政委员会关于召开第二届群英大会暨生产品展览会的决定》，载于《晋察冀日报》1944年10月20日。

奖值 200 元实物，邵子南奖价值 200 元实物，李广玉奖橹子 1 枝，李志魁奖铣镐各 1 把，王拉寿奖铣 1 把，范□奖铣 1 把，□□□奖价值 200 元实物，周□庆奖价值 200 元实物；模范劳动者周二奖铣镐各 1 把，段喜娥奖铣镐各 1 把，安有成奖驴 1 头，胡顺义奖铣镐各 1 把，韩凤龄奖铣镐各 1 把；模范公民贾德富奖铣镐各 1 把，王勇儿奖价值 200 元实物，谷正刚奖镐 1 把；拥军模范戎冠秀奖骡子 1 头、铣镐各 1 把、价值 200 元实物。（3）部队战斗英雄。一等杨世明、刘世军、郑有年各奖一等战斗英雄奖章 1 颗、边币 5 000 元，张福仁、安全福、崔昌儿、阎清才、糜德喜、王化三各奖一等战斗英雄奖章 1 颗、价值 1 000 元实物；二等谭实楼、李喜亭各奖二等战斗英雄奖章 1 颗、怀表 1 个，邢□□、阎□□、高树堂各奖二等战斗英雄奖章 1 颗、价值□□元实物；三等邢竹林、□凤刚各奖三等战斗英雄奖章 1 颗、边币□□元，□□、□□、□金福、□梦兰、马□□、史德成、赵媚槐各奖三等战斗英雄奖章 1 颗、价值 600 元实物。①

1943 年北岳区生产会上，孟平周二、阜平胡顺义和苗□生、涞源韩凤龄、易县连洛常、完县刘锦荣 6 人当选英雄，胡顺义、周二、韩凤龄各得毛驴 1 头，苗□生、连洛常、刘锦荣各得 300～500 元农具。② 同年，边区政府奖励模范教师 31 名，甲等教师 30 元，乙等教师 20 元，丙等教师 10 元奖金。边区参议会驻会参议员办事处为鼓励当选模范教师每人赠予《中国通史简编》或《中国话史》1 本。③

1944 年晋察冀边区对于反"扫荡"战斗英雄规定：专区县自行奖励者由边区拨款，计四五专区各 1.5 万元、三专区 1 万元、一专区 5 000 元、二专区 5 000元。此款由专区掌握，分发额数，由各专区自行规定。对于边区战斗英雄，则由边区分别给以相当于 300 元以上、2 000 元以下实物奖励。④

对于奖金奖品使用，除自身使用外，一些英雄模范拿出奖金用作奖金，战斗英雄邓世军所获 5 000 元奖金中一部分慰劳了伤病员、一部分用作部队生产基金；又为响应边区政府提出的大生产运动，推动创造更多劳动英雄，自愿再抽出 1 000 元奖金送交抗联会，做本年劳动英雄奖金。⑤ 一些英雄模范拿出奖金用作投资，如"一分区英雄和模范们绝大部分向合作社投资了。爆炸英雄谭宝楼，奖金 1 000 元，他除以 50 元分给两个爆炸助手外，以 800 元向合作社投资；战斗英雄邢树林得奖金 800 元，投资 500 元；战斗英雄安全福，奖金 1 000 元，投资合作

① 《边区党政军民共同评定公布战斗英雄与战斗模范工作者名单及奖品》，载于《晋察冀日报》1944年 2 月 17 日。

② 《北岳区生产会上劳动英雄六名当选》，载于《晋察冀日报》1943 年 9 月 5 日。

③ 《边区政府暨边参会奖励模范教师》，载于《晋察冀日报》1943 年 9 月 15 日。

④ 《晋察冀边区反"扫荡"战斗英雄奖励办法》，载于《晋察冀日报》1944 年 1 月 3 日。

⑤ 《子弟兵战斗英雄邓世军拿出奖金 1 000 元作劳动英雄奖金》，载于《晋察冀日报》1944 年 4 月 11 日。

社 500 元；战斗英雄崔昌儿，奖金 1 000 元，全部作为生产资金；战斗英雄李子清，奖金 500 元，全部投资合作社；模范工作者李佩卿同志，得奖金 200 元，以 110 元给伙食单位，90 元买羊毛作生产资金；刘吉奎奖金 200 元，当场捐出 100 元，另 100 元投资合作社；史明朝同志，奖金 200 元，全部投资合作社；石白全奖金 200 元，交给连里 70 元，其余均投资合作社；苏会才奖金 200 元，全部投资合作社。"① 一些英雄模范拿出奖金帮助他人，如阜平三区光城村民政委员刘玉珍当选妇女参政模范得奖金 500 元全部借给 3 户生活最困难的老百姓做小买卖，帮助他们改善了生活。②

其二为精神奖励，"予以名誉奖励，如颁给奖状、奖旗、奖章、匾额以及表扬英雄模范事迹等。"③ 此外，集会隆重表彰、通令表扬和称号嘉奖均属精神激励范围。

第一，集会隆重表彰。群英会仪式隆重热烈，会上有领导讲话，有群众欢呼，还有戏剧演出。第一届群英会上边区委员会主任、副主任都做了发言；第二届群英会宋劭文主任、程子华副主任等领导分别做了报告或致辞，火线剧社演出《岳飞之死》旧剧，慰劳到会英雄模范。④ 阜平县群英会召开时，晚上由城厢、高街村剧团联合演出《胡顺义》《霸王鞭》《高街做鞋组》《穷人乐》等 5 个节目，其中劳动英雄胡顺义亲自出演《胡顺义》剧目。⑤ 灵丘群英会上各乡村剧团纷纷前往祝贺，大辛庄全体儿童唱英雄赞，大辛庄村剧团音乐队奏乐，独峪村全体小学生演出霸王鞭，龙玉池剧团音乐队奏乐，祁官庄剧团演出山西梆子《失河南》，大辛庄剧团演出《迷信的结果》《跑回边区去》，闭幕日晚上 5 个村剧团联合演出。⑥ 阜平槐树庄选出英雄模范当即"上主席台，童子军献光荣花、送匾，整队敲锣打鼓送劳动英雄安奉勤回家。"⑦ 边区工人英雄大会上演出大大小小 50 多个文艺作品，有大戏 5 个、快板 5 个、歌子 2 个、短剧活报剧 3 个、拉洋片 1 个。⑧ 庄严的仪式与热烈的气氛彰显了英雄模范荣誉之光荣与崇高。

第二，通令表扬。边委会通令表扬模范妇女干部张品并指出其优点：忠诚民族和妇女解放事业，有坚强的群众观点，有革命的优良作风。⑨

---

① 《一分区战斗英雄和模范把奖金投资合作社》，载于《晋察冀日报》1944 年 4 月 9 日。
② 《妇女参政模范刘玉珍拿奖金帮助贫穷户》，载于《晋察冀日报》1944 年 6 月 7 日。
③ 《晋察冀边区行政委员会关于召开第二届群英大会暨生产品展览会的决定》，载于《晋察冀日报》1944 年 10 月 20 日。
④ 《党政军民负责同志欢宴群英像一家人》，载于《晋察冀日报》1944 年 2 月 18 日。
⑤ 《阜平县群英会开幕》，载于《晋察冀日报》1944 年 12 月 9 日。
⑥ 《灵丘群英会上文化娱乐活跃》，载于《晋察冀日报》1944 年 12 月 28 日。
⑦ 《阜平五区槐树庄选举英雄实验成功》，载于《晋察冀日报》1944 年 11 月 12 日。
⑧ 《工人英雄大会上的文艺活动》，载于《晋察冀日报》1944 年 12 月 21 日。
⑨ 《边委会通令表扬模范妇女干部张品》，载于《晋察冀日报》1944 年 4 月 6 日。

第三，称号嘉奖。边区党政军民联合赠给戎冠秀"北岳区拥军模范——子弟兵的母亲"称号，赠给崔洛唐以"北岳区拥军模范——子弟兵大哥"称号。[①] 作为小掌村抗联主任的赵老洁，工作不忘生产，生产不忘工作，全家生产都很积极，完县政府嘉奖赵老洁为模范抗联主任，全家为生产模范家庭。[②] 边委会通令嘉奖阜平民校教员陈继和，称赞其教育为群众服务的精神，堪称模范，特通令嘉奖，号召各小学民校教员向其学习。[③] 灵寿新开村李清忠突击 20 天割草 1 万余斤、压肥 500 担，县生产委员会赠予"压肥割草万斤大王"光荣称号，并通令全县号召向李清忠同志学习。[④]

还有在特定场合的特别肯定亦是一种精神嘉奖。劳动英雄栗乃文五十大寿，繁峙县各机关代表前往祝贺，送上寿桃、寿礼，县于专员和杨议长做了专门讲话，称"我们选的英雄是给群众能谋利益的英雄，今天我们做寿，是给能舍己为公的革命同志做寿。"[⑤]

三、英雄模范效应：宣传与推广

（一）英雄模范的宣传

第一届群英会结束第二天，中共中央晋察冀分局就作出《关于扩大边区战斗英雄、战斗模范宣传的指示》。根据这一指示，《晋察冀日报》连续发表边区战斗英雄、战斗模范大会事迹材料和边区党政军民负责干部讲话，专门开辟"群英大会人物介绍"专栏对英雄模范中的典型人物进行介绍。如戴英雄花的段喜娥——生产拥军模范、戎冠秀——子弟兵母亲、狼牙山前光荣射手——安全福、战斗英雄阎清才、为群众爱戴的杜庆梅和贾玉、力大气壮的李成山、模范事务长马金山、赵致和领导的游击组、模范合作社长苏培章、女看护吕俊杰、模范被服工人崔国英、完县三区中心队长冯振民、雁北英雄李三妈等，广泛宣传英雄模范事迹、品格和影响。《晋察冀日报》从 1945 年 1 月 12 日至 3 月 14 日对第二届群英会表彰的英雄模范，以"英雄与模范"专栏形式对其中 75 位做了专稿，并配

---

① 《边区党政军民联合决定赠予戎冠秀"北岳区拥军模范——子弟兵的母亲"称号》，载于《晋察冀日报》1944 年 2 月 19 日；《边区党政军民联合决定赠给崔洛唐同志以"北岳区拥军模范——子弟兵大哥"称号》，载于《晋察冀日报》1944 年 4 月 9 日。

② 《完县政府嘉奖劳动模范赵老洁》，载于《晋察冀日报》1944 年 3 月 1 日。

③ 《边委会通令嘉奖阜平民校教员陈继和》，载于《晋察冀日报》1944 年 7 月 9 日。

④ 《李清忠同志荣膺"压肥割草万斤大王"》，载于《晋察冀日报》1944 年 8 月 18 日。

⑤ 《劳动英雄栗乃文五十大寿》，载于《晋察冀日报》1944 年 12 月 23 日。

英雄模范头像画以宣传。①

（二）英雄模范的学习

"以英雄模范为中心骨干，抓住典型去教育和影响全体"，学习英雄模范并激发出更多英雄模范以推动中心工作是英模运动的基本目的。② 英雄模范相互学习、一般群众向英雄模范学习，如在晋察冀各种模范妇女大会上大家均宣称："头一个我们要学习韩凤龄，地里活耕耨锄刨都会；青年妇女要学习张小丫，二要学习王世英、张树凤他们建设社会主义的家庭；在拥军上要学习北岳区子弟兵的母亲戎冠秀；在参政上要学习参政模范梁春莲、刘玉珍，战斗上隰志华，发扬民族气节王桂贤；当教员要学习李翠珍，学生们要学习模范学生郝玉芳，医务工作者要学习战斗英雄模范女看护吕俊杰和李佩卿。"③

为更好地发挥英雄模范作用，各地提出并开展学习运动，除开展吴满有运

---

① 《井陉劳动英雄印吉子和井沟村》（1945 年 1 月 12 日）、《涞水劳动英雄杨明甫》（1 月 12 日）、《曲阳劳动英雄刘志福》（1 月 13 日）、《龙华劳动英雄葛存》（1 月 14 日）、《合作英雄张瑞和他的合作社》（1 月 16 日）、《灵丘模范工作者王海》（1 月 16 日）、《安国劳动英雄于致祥》（1 月 18 日）、《劳动英雄韩福生》（1 月 19 日）、《深极女劳动英雄提美彦》《深南女劳动英雄张化全自传》（1 月 19 日）、《曲阳十六岁的女劳动英雄王秋芬》《定唐模范工作者路德法》（1 月 20 日）、《孟平模范工作者、女劳动英雄梁春莲》（1 月 20 日）、《安国民兵英雄刘通》《儿童气节模范温三郁》（1 月 21 日）、《平定劳动英雄赵贵》（1 月 21 日）、《阜平滩地英雄李志清》《满城战斗英雄李全子和他的游击队》（1 月 23 日）、《宛平的锄奸英雄贾增瑞》（1 月 24 日）、《涞源妇女劳动英雄韩凤龄》（1 月 24 日）、《易县民兵战斗英雄董春荣》（1 月 25 日）、《白刃猛将史孟阳》《魏占英和他的手枪队》（1 月 26 日）、《战斗英雄燕秀峰》（1 月 27 日）、《武工队长王树平》（1 月 28 日）、《阜平合作英雄陈福全》《战斗英雄高川》（1 月 30 日）、《阜平劳动英雄胡顺义》《满城儿童劳动英雄米玉兰》（1 月 31 日）、《平山劳动英雄戎冠秀》（2 月 1 日）、《行唐战斗英雄郝庆山》《安平模范村长张文宗》（2 月 2 日）、《唐县劳动英雄刘俊》（2 月 3 日）、《文新民兵英雄吕六》《唐县民兵英雄赵顺昌》（2 月 4 日）、《苦心钻研的牛步峰——报社印刷厂劳动英雄》（2 月 6 日）、《孟平合作模范韩在山》《矿工英雄杨东来》《浑源民兵英雄李华民》（2 月 7 日）、《拥爱模范第生连》《拥军模范官大妈》（2 月 9 日）、《安平拥军模范李杏格》《模范女护士桑喆》（2 月 11 日）、《拥军模范贾洛峰》（2 月 17 日）、《模范医务工作者张明远》（2 月 18 日）、《四专署机关劳动英雄康辉明》《灵丘女劳动英雄郑秀花》（2 月 20 日）、《崞代民兵战斗英雄张义先》《平山民兵战斗英雄张吉》（2 月 21 日）、《孟平模范村长崔维印》（2 月 22 日）、《行唐荣军模范、民兵英雄康елый出》（2 月 23 日）、《耕一余一的领导英雄聂荣福》（2 月 24 日）、《涞水县民族女英雄杨怀英》（2 月 25 日）、《"三全其美"的李殿冰》《灵丘模范教师张志平》（2 月 27 日）、《平定模范教师王职玉》《阜平模范民校教员陈继和》（2 月 28 日）、《云彪劳动英雄刘润田》（3 月 1 日）、《桑文义和他的学校》（3 月 2 日）、《军工英雄刘润田》《鞋工英雄、锄奸模范张宝玉》（3 月 3 日）、《繁峙模范工作者杨杰》《青年股长丁——军工劳动英雄》（3 月 4 日）、《定易涞民兵英雄靳元河》《唐县模范教师张国信》（3 月 9 日）、《怀涿民兵英雄师胜生》《五台模范工作者王槐和他的合作社》（3 月 10 日）、《平山民兵英雄贾玉》《平北拥军模范赵顺》（3 月 11 日）、《灵丘民兵英雄姬纪海》《孟阳模范工作者伍忠》（3 月 12 日）、《灵丘饲养模范刘先和》《行唐合作英雄李常山》（3 月 14 日）。

② 《朝着敌后吴满有方向前进》，载于《晋察冀日报》1944 年 3 月 28 日。

③ 《晋察冀各种模范妇女大会宣言》，载于《晋察冀日报》1944 年 4 月 25 日。

动、赵占魁运动外，晋察冀边区至少 12 位英雄模范被提到"运动"高度而展开推广。李勇爆炸运动在全区展开，1943 年就提出"广泛开展李勇爆炸运动""学习李勇同志的英勇、坚定、沉着，学习李勇同志善于组织推动的模范行动""向李勇看齐""造成学习李勇的热潮""李勇要成千百万"。[①] 平山生产委员会决定开展贾玉运动，要求"各地区将他的积极参加战斗、参加生产的方法，拥军优抗的热忱，特别是生产与战斗结合成功的经验，通过各种组织，传达到村，并号召全县群众，尤其是人民武装干部与队员，一齐向贾玉同志学习。"[②] 此外，龙华开展葛存运动，平山、井陉、灵寿开展戎冠秀运动，阜平开展胡顺义运动，涞源开展韩凤龄运动，行唐开展康福山运动，灵寿开展杜庆梅运动，行唐开展牛国才运动，曲阳开展王秋芬运动、李殿冰刘志福运动。[③]

除学习运动外，挑战竞赛亦是扩大英雄模范影响的一种重要方式。群英会上英雄模范就提出相互挑战竞赛，之后各种挑战竞赛频频展开。如盂平劳动英雄周二向全县农民挑战，阜平劳动英雄胡顺义向八区各村挑战，战斗英雄李殿冰向全县农民挑战，韩凤龄领导银坊向全县比赛生产。[④] 有挑战则有应战，完县模范小学教员王庆彩向阜平模范教员李翠珍提出竞赛并请专署民教科评判，其条件如下："一、贯彻教育为群众服务精神，保证在教学上打破旧的一切，课程内容与学制完全适合群众的需要，并保证全村所有儿童全部自动入校。二、在学生生活上，保证能运用民主，学生能完全自己治理自己，教员从中辅导。三、保证自己虚心受村里领导，听取群众意见，改进自己教导方法。四、保证教育为今年的大生产服务，在农忙时随时改变教学时间，使教育服从生产。五、保证全村 26 岁以上的壮年三分之二知道国家大事和新的农业科学知识，并保证三分之二自动入

---

① 《全北岳区民兵行动起来开展李勇爆炸运动》《猛烈展开李勇爆炸运动》，载于《晋察冀日报》1943 年 5 月 23 日；《爆炸英雄李勇》1943 年 5 月 23 日；《广泛开展李勇爆炸运动把民兵战斗推进更高的阶段》1943 年 6 月 9 日；《阜平各地民兵举行大会开展李勇运动》1943 年 6 月 18 日；《李勇爆炸运动到处展开》1943 年 10 月 5 日；《三分区的李勇运动》1943 年 12 月 26 日。

② 《平山生产委员会决定开展贾玉运动》，载于《晋察冀日报》1944 年 9 月 28 日。

③ 《中共龙华县委发出关于开展葛存运动决定》，载于《晋察冀日报》1944 年 8 月 9 日；《平山、井陉、灵寿开展戎冠秀运动》，载于《晋察冀日报》1944 年 9 月 17 日；《五专区党政军民联合决定普遍热烈开展戎冠秀运动》，载于《晋察冀日报》1944 年 4 月 14 日；《中共阜平县委决定开展"王秋芬运动"》，载于《晋察冀日报》1945 年 3 月 18 日；《中共涞源县委决定开展韩凤龄运动》，载于《晋察冀日报》1944 年 12 月 22 日；《中共行唐县委决定开展"康福山运动"》，载于《晋察冀日报》1944 年 11 月 3 日；《灵寿怎样开展杜庆梅运动》，载于《晋察冀日报》1944 年 8 月 19 日；《行唐抗联号召开展模范儿童牛国才运动》，载于《晋察冀日报》1945 年 3 月 29 日；《中共曲阳县委决定开展"王秋芬运动"》，载于《晋察冀日报》1945 年 3 月 30 日；《中共曲阳县委决定开展李殿冰刘志福运动》，载于《晋察冀日报》1945 年 4 月 7 日。

④ 《盂平劳动英雄周二定出生产计划向全县农民挑战》，载于《晋察冀日报》1944 年 3 月 22 日；《阜平劳动英雄胡顺义向八区各村挑战》，载于《晋察冀日报》1944 年 3 月 26 日；《战斗英雄李殿冰向全县农民挑战》，载于《晋察冀日报》1944 年 4 月 20 日；《在韩凤龄领导下银坊向全县比赛生产》，载于《晋察冀日报》1944 年 6 月 29 日。

校。六、保证全村青年经常读报，文盲在一年内识字 150 个，并会实际运用。七、坚持两小时的学习制度，完成教联学习计划，提高教学效率。八、养成学生正确的劳动观念，保证 12 岁以上的学生每人学会一种副业，女的会缝纫。九、自己保证生产 1 000 元，除改善自己伙食外，抽出十分之三增添学生用具和运动器具。"① 李翠珍见到挑战书后当即应战，除同意王所提各项条件外又提出 5 个条件："一、除全部儿童都有学习机会外，保证 22 个副村经常有百分之八十的学龄儿童入学。并保证所有童子军，在各村小先生领导的传习班内，每天得到受教育的机会。二、朱家营小学现已按延安式的小学改造了，课程主要是写路条、通知、契约等应用文和珠算。在一年之内，保证有五个学生学会珠算的加减乘除，学会写通知、路条、契约、记账，一般 12 岁以上的学生，均学会珠算的加减，学会识秤、尺、斗，会写简单收条。三、不仅保证服从村的领导，并保证自己和儿童在每个中心工作中起积极的推动作用。做到学校与政权、社会相结合。四、在新的教学方法内容下，保证经常有新的教学方法的创造，并能不断的把这些新方法反映到报纸或教育阵地上，与教师们共同研究。五、报纸本村 9 座民校完全民办，由学员自愿选择学习内容，并保证 9 座民校坚持到底。"②

（三）英雄模范的推广

无论战斗英雄还是劳动英雄、模范工作者，其回到本地大多继续战斗并带头开荒生产、组织拔工组与合作社等，发挥带头引领、组织领导作用。地方战斗英雄李勇在群英会上就作出"战斗英雄成为劳动英雄""不但自己做的好，保证全村做的好""向胡顺义（模范劳动者）看齐"诺言，回家后很快作出自己的生产计划：在农业生产和家庭副业方面如何开展、如何做、达到什么样的目标都详细地计划出来，还提出要战斗和生产相结合，要公私兼顾、做拥政拥军模范，要领导本村生产。李勇积极领导全村工作，计划组织全村男劳动力的 80% 参加拔工互助组，组织全村人力与畜力拔工做到三省二（拔三个工省人力两个工）；保证自己住的村子逐户做计划（占整个行政村户数四分之一），自己亲自帮助五户做并亲自检查他们、帮助他们完成计划；帮助贫苦抗属孤寡灾难民解决困难，不荒一亩地（一方面自己做并影响推动别人）；受奖的骡子供贫苦抗属灾难民使用。③ 这些计划得到很好执行，李勇及其游击组被"全村公认是生产好样的"。④ 地方战斗英雄贾玉回家后一面战斗一面生产，村里"拔工队组织起来了，能干活的妇

---

① 《完县模范教员王庆彩向李翠珍提出挑战》，载于《晋察冀日报》1944 年 8 月 2 日。
② 《李翠珍向王庆彩应战又提五个竞赛条件》，载于《晋察冀日报》1944 年 8 月 27 日。
③ 《李勇作出计划积极行动》，载于《晋察冀日报》1944 年 3 月 28 日。
④ 《李勇和他的游击组》，载于《晋察冀日报》1944 年 4 月 27 日。

女都下了地，同时继续做好警戒战斗工作"。①

劳动英雄自己要加强生产，还要带动一般群众开展生产与其他工作。模范劳动者胡顺义到 4 月份已送粪整地种麦全部完成；组织拔工，帮助群众做计划，把自己的牛借给本村孙得成；刘三妮想买牛差 500 元钱，老胡借给她；帮助改造懒汉张永旺等，带动了本村生产和其他工作。② 模范劳动者韩凤龄回村后组织了两个妇女拔工组，帮助 3 户做了生产计划，还领导家乡银坊村制订了详细具体的生产计划，除生产方面还成立韩凤龄小学、建立分队读报制度；贯彻战斗与生产结合、贯彻减租交租等政策。③ 生产模范葛存领导全村争取"耕一余一"，全村亲密团结，男女老幼参加生产。④ 拥军模范戎冠秀领导全村实行拔工压绿肥，还被选举为下盘松村冬学校长，冬学起名为"戎冠秀冬学"。⑤ 模范周二被选为杨家庄村民办小学校长兼任生产科教员。⑥ 模范教师桑文义创立新型民办小学，做到教育与生产与战斗结合。⑦ 战斗、警戒、生产、组织、教育、卫生、社会改造等方方面面都要参与，某一领域的英雄模范成为全面的英雄模范。

在英雄模范带领下，不仅各方面工作得到发展，一般群众生活亦得到改善。胡顺义所在朱家营自然村"今年产粮 147 石、山药 105 000 斤、菜 52 000 斤，除交租 21 石 8 斗、交公粮 7 石多之外，尚余粮 118.2 石，全村大小 131 口每人平均 9 斗粮食、1 000 多斤山药、500 斤菜，较战前每人平均 3 斗粮食的生活提高了 7 倍。"⑧

四、英雄模范培养：总结与反思

晋察冀根据地英雄模范工作循序推进，到 1944 年第二届群英会期间在前期经验基础上各地对英雄模范培养工作集中总结，既归纳了经验又不回避问题，在反思中推进并提高工作。

（1）选举英模过程中有讨论有调查有示范有计划，亦存在草率为之、不重视

① 《贾玉回家以后一面战斗一面生产》，载于《晋察冀日报》1944 年 3 月 29 日。
② 《胡顺义领导生产近况》，载于《晋察冀日报》1944 年 4 月 13 日。
③ 《韩凤龄回村后组织了两个妇女拔工组》，载于《晋察冀日报》1944 年 4 月 13 日；《在韩凤龄领导下银坊向全县比赛生产》，载于《晋察冀日报》1944 年 6 月 29 日。
④ 《三专区生产模范葛存 领导全村争取"耕一余一"》，载于《晋察冀日报》1944 年 5 月 24 日。
⑤ 《戎冠秀领导全村实行拔工压绿肥》，载于《晋察冀日报》1944 年 8 月 6 日；《戎冠秀冬学》，载于《晋察冀日报》1945 年 1 月 5 日。
⑥ 《周二改造小学 把教育生产结合起来》，载于《晋察冀日报》1944 年 10 月 6 日。
⑦ 《一专区模范教师桑文义创立新型民办小学》，载于《晋察冀日报》1944 年 11 月 18 日。
⑧ 《胡顺义和朱家营村完成今年生产计划》，载于《晋察冀日报》1944 年 10 月 28 日。

65

不认真现象。阜平召开全县扩大干部会讨论"英雄选拔的意义，选拔的具体办法，怎样开村区的选举大会与座谈会等问题，在这次全县扩大干部会上，有着认真的热烈的争论……经过七日的讨论，才求得比较一致的意见。阜平县区干部在这次大会上表现出对选拔英雄模范的认真负责、严肃隆重的精神。"① 《晋察冀日报》对阜平的准备工作专门发了短评："阜平县领导机关和干部对英雄模范的选举，是很认真负责的。他们以实事求是的精神，对怎样进行选举，做了比较透彻的研究，展开了争论……这种研究精神贯彻到选举的各个阶段中去，一定可以创造出许多新的经验。"② 范家庄、涧子村两村选举前两天"在小组会上讨论选举对象，范家庄讨论时，□老太太说：'人家恒儿真好，领导着拔工，教咱们拿蛾（步曲蛾）'。讨论到为什么选举时，□老太太说：'选出来跟着勤谨的学勤谨的'。在投票前自由竞选，涧子村的妇女提出王玉（壮年妇女）时，'人家一去送饭，回来拾粪，出地拉犁、锄地，九亩多地主要靠她种，今年挨不了饿'。农会会员提到刘志福时说：'领导拔工还不算，又组织了咱们烧酒，穷人也烧上酒了，比□□儿强得多'。由此群众便认识了英雄模范对自己的好处。"③ 阜平五区槐树庄选举英雄开了两次小组会讨论比较，模范干部候选人有中队长范海、指导员席发及村长 3 人，"开头大家说'这三人差不多，该选谁呢？'经过大家'比一比'发现村长是中心工作督促大家不错，可是经常工作自己生产做得差，席发去年大战勇敢，但是今年生产不强，'对人态度不好'，范海是退伍军人，去年当中队副，侦查警戒认真，今年工作生产都好。"最后高票选出范海为模范干部。④ 井陉县井沟村在选举前做了"深入调查，找出哪些人、户、拔工组做得好，作为选举模范的对象，向群众深入宣传"，并"开干部会，详细计划布置"。⑤ 井沟村被作为示范村，之后总结其经验加以推广。但有"不少地区把选举单纯看做是'上级给的任务'，因而选举非常草率。"⑥ 二专区盂平选举英雄模范时"在事前的准备工作做的太差。在布置前，没有经过宣传酝酿，村干部、群众对英雄模范选举的意义认识不足，因而有些地区群众参选的情绪不高。"⑦ 应县县长高钦反思大生产运动未能及时发现英雄模范人物和模范事迹，"致使应县大生产领导陷于一般化"。⑧

① 《阜平布置英雄选举会上展开选举法大争辩》，载于《晋察冀日报》1944 年 11 月 9 日。
② 《认真进行英雄模范的选举》，载于《晋察冀日报》1944 年 11 月 9 日。
③ 《范家庄等村发动群众选举英雄的宝贵经验》，载于《晋察冀日报》1944 年 11 月 9 日。
④ 《阜平史家寨村选举英雄模范的经验》，载于《晋察冀日报》1944 年 11 月 15 日。
⑤ 《井陉选举生产模范主要经验为发扬民主》，载于《晋察冀日报》1944 年 8 月 23 日。
⑥ 《群英大选中应注意的几个问题》，载于《晋察冀日报》1944 年 11 月 25 日。
⑦ 《二专区各县开始选举英雄模范》，载于《晋察冀日报》1944 年 11 月 5 日。
⑧ 《应县没有及时培养英雄模范人物》，载于《晋察冀日报》1944 年 10 月 25 日。

（2）选举英雄模范注意发动群众发扬民主，亦存在不能正确认识英模与群众关系问题。范家庄与涧子村选举英雄模范通过"深入的民主讨论与自由竞选"发动群众，"村干部参加小组会，完全以一个群众态度出现。不提选自己也不□□并倾听群众的批评，学习其他人的优点"。这样群众才能自由竞选，"才敢于提出自己最爱戴最拥护的领袖，如涧子村紧接着选举合作社委员，刘志福当选了合作社主任。"① 阜平五区选举实验村槐树庄"进行选举实验，获得圆满成功。整个选举过程，贯穿着民主的精神和作风，并且把选举与检查今年大生产、鼓舞全村进行秋冬生产紧密结合。全村干部群众，从对英雄模范生疏冷淡、'不摸门'，进到认识他们和自己的关系，以至于热烈的向优秀模范献花送匾，热诚庆祝，使英雄模范成为自己最敬仰的人物。"② 发扬民主使干部克服了个人英雄主义，曲阳"东石门选举时，该村中队长、抗联主任想显露自己，与张彦絮有成见而嫉妒，瞎地布置不让群众选她，给她扩大缺点，但是由于进一步发动群众，群众自己竞选，特别是广大妇女群众一致选举了她，使某些干部的个人英雄主义在群众发动民主的压力下得到克服。"③ 亦有干部"发现英雄不从群众出发，往往只是干部主观的看他一时工作积极，便以为是模范，很少看他的群众观点，在群众中的信仰如何，上级要英雄时随随便便加之以模范而群众却不大拥护"；有人认为"革命英雄事业，只是少数聪明人的事，现在只有毛主席、朱德司令才有份，和自己没有关系，努力也不行，不清楚革命事业是千百万群众的事业，人人有份，人人能做革命英雄。"④ 有人"没有认识英雄是群众革命的英雄主义的表现，是从群众产生的，只看他某一时期某一工作上好，就提为英雄或模范，既没有从他的历史上、前途上、社会地位上、与群众关系上全面来看，又没有深入到群众中去选拔，自己坐在上面决定。"经过总结反思，"大家认为培养英雄必须从群众中来，只有从群众中选拔的才是真正能带领群众的英雄。"⑤

（3）英雄模范的培养意识不强，工作参差不齐。"在一个工作中发现创造一个典型，并持续发现号召大家向他学习与竞赛，这是一个最好的领导方法……号召大家学习他，是为了在政府的政策下积极生产，公私兼顾，先公后私，提高自己有积极虚心帮助别人，积极参加集体劳动，组织起来，克服困难，提高劳动效力，增加生产，使大家一块由贫穷变成富裕。"⑥ 这是对待英模培养的正确认识。

---

① 《范家庄等村发动群众选举英雄的宝贵经验》，载于《晋察冀日报》1944 年 11 月 9 日。
② 《阜平史家寨村选举英雄模范的经验》，载于《晋察冀日报》1944 年 11 月 15 日。
③ 《曲阳一区村庄选出 103 个英雄》，载于《晋察冀日报》1944 年 11 月 21 日。
④ 《唐县干部对英雄人物的错误认识》，载于《晋察冀日报》1944 年 10 月 26 日；《龙华县区扩干会揭发葛存运动中的错误思想》，载于《晋察冀日报》1944 年 10 月 4 日。
⑤ 《灵丘培养英雄模范的几点经验》，载于《晋察冀日报》1944 年 11 月 26 日。
⑥ 《龙华开展葛存运动的几点经验》，载于《晋察冀日报》1944 年 11 月 17 日。

但一些干部"培养英雄不肯向英雄向群众学习，认为自己比群众强，不去启发英雄的创造性，总是想给人布置一套，把英雄'俘虏'起来，叫他按着个人的意志去做。"[1] 一些地方"把戎冠秀运动限制在拥军的狭小圈子里，没有认识到戎冠秀还是生产模范和妇运工作者的模范，戎冠秀的方向是全体妇女的方向。"[2] 有的干部不能认识到英雄模范的培养学习是一种突破一点与推动全盘结合的工作方法，"没有了解真正突破了一点吸取了经验，加以研究，使之系统化、条理化，回到群众中去，就可以带动全盘，使工作提高一步。"[3]有的人还"没有认识培养英雄是新的工作方式方法，是改造工作的武器，因此培养英雄是为了打气，为完成某种工作来培养，工作完成后就算了，如没有打起气来就灰心丧气。还有人只培养自己部门的英雄而不注意培养其他部门的，不了解英雄是为推动全面工作的，把英雄看成自己的东西；对模范村的培养多半是自上而下的，由县区干部突击，干部一走，不能巩固。"[4] 有的地方"对培养英雄的工作是抓一把，对英雄的具体帮助少。"[5] 唐县在大生产运动中"有时也发现些模范，但未被领导干部所注意，把他看做平平常常的不足为奇，顶多也不过在开会时说一下，没有把发扬英雄模范看做是推进工作改进工作的标杆，因之不肯用大的努力去培养与扶植，而是听其自生自长自起自落。如模范教师张国信，早就具备了模范条件而没有及时发扬，妇女生产模范张小丫，也没有好好地培养与扶植，半年多来唐县竟没有培养出一个像样的英雄来。"[6]

第三节　根据地军婚的保障体系

全面抗战时期部分家庭婚姻关系紊乱、两性关系复杂。尤其在战争激烈进行之时几乎家家都有丈夫子女参战，有人牺牲了，有人音信难通，加上家庭生活困难，抗属焦虑不安，严重影响军心民心。中共为此多次修改相关政策、法律，甚至颁布专门的军婚保护条例，为军人建立特殊的婚姻保障机制。然军婚在更多时候是党（国家）、军人与妻子之间的关系，如何处理三者间的冲突不仅关涉个人婚姻、家庭幸福，更与社会和谐、政权稳定息息相关。实际上，保护军婚既是中共政权建设的一种"制度安排"，亦是其社会治理的一种"策略选择"。探讨这

---

①③⑥ 《唐县干部对英雄人物的错误认识》，载于《晋察冀日报》1944 年 10 月 26 日。

② 《行唐戎冠秀运动已获初步成绩 平山检查戎运缺点》，载于《晋察冀日报》1944 年 9 月 28 日。

④ 《灵丘培养英雄模范的几点经验》，载于《晋察冀日报》1944 年 11 月 26 日。

⑤ 《曲阳培养英雄的缺点》，载于《晋察冀日报》1944 年 11 月 30 日。

一问题不仅为根据地婚姻关系研究提供新思路，同时对了解这一时期群众生活亦具有重要意义。近年来，随着抗日根据地史研究走向深入，对根据地群众生活的关注程度日高，其中对民众婚姻特别是抗日军人婚姻的讨论成为不可或缺一环，笔者先前的研究已对军婚保护制度设计及其实践困境进行过一定发掘，但对军婚保护体系、运作模式及其特征则未做拓展性研究。[1] 基于此，本节以"两山"抗日根据地为中心，以女性、婚姻与革命关系的视角，考察军婚保障机制下的法律、政府与群众行为，揭示中共是如何处理并解决"婚姻自由"与"一切为了抗战"之间矛盾的，寄望进一步丰富对中共革命的认识。

一、军婚保障的法律制度安排

中共最早的军婚政策是1931年中华苏维埃第一次全国代表大会通过的《关于中国工农红军优待条例决议》，该决议规定"凡红军在服务期间，其妻离婚，必先得本人同意，如未得同意，政府得禁止之。"[2] 这一政策在之后的发展中进一步完善，各根据地结合本地区新情况新问题发布命令或制定单行条例，对军人婚约解除、离婚及破坏军婚等方面作出细致规定。

（一）关于婚约解除问题

"早在苏维埃红军时期一些妇女在结婚前先问未婚夫：'你当不当红军？当红军不能同你结婚'。更有一些原与红军士兵订了婚的女子现在多废了约，其结果引起红军士兵对地方政府和废约女子的怨恨，导致军心不稳。"[3] 到抗战时期，随着战争持续扩大，为动员更多青年参军，对抗日军人婚姻的保护范围明显扩大，特别对其婚约亦予以了同等保护。如《陕甘宁边区抗属离婚处理办法》规定："抗日战士与女方订立之婚约，如该战士三年无音讯，或虽有音讯而女方已

---

① 详见岳谦厚：《边区的革命（1937－1949）——华北及陕甘宁根据地社会史论》，社会科学文献出版社2014年版，第369～434页；岳谦厚、徐璐：《抗战时期陕甘宁边区的军婚问题》，载于《晋阳学刊》2014年第1期；岳谦厚、杜清娥：《华北革命根据地的军婚保护制度与实践困局》，载于《安徽史学》2015年第1期；岳谦厚、罗佳：《抗日根据地时期的女性离婚问题——以晋西北（晋绥）高等法院25宗离婚案为中心的考察》，载于《安徽史学》2010年第1期；岳谦厚、张婧：《抗日根据地及解放区女性婚姻关系解体时的财产权》，载于《中共党史研究》2015年第3期；杜清娥、岳谦厚：《太行抗日根据地女性婚姻家庭待遇及其冲突》，载于《安徽史学》2016年第3期；岳谦厚、王亚莉：《陕甘宁边区的抗属形象及其模范塑造》，载于《山西大学学报》2016年第5期，等等。

② 韩延龙、常兆儒主编：《中国新民主主义革命时期根据地法制文献选编》第四卷，中国社会科学出版社1984年版，第794页。

③ 何友良：《中国苏维埃区域社会变动史》，当代中国出版社1996年版，第199页。

超过结婚年龄五年仍不能结婚者，经查明属实，女方得以解除婚约，但须经由当地政府登记之。"① 华北各抗日根据地亦然。如《晋冀鲁豫边区婚姻暂行条例》规定："对抗战军人提出解除婚约时，须经抗战军人本人同意，倘音信毫无在二年以上者，不在此限。抗日军人订婚后，多年有音信但不能回家结婚，而女方年龄已超过二十岁，可请求解除婚约，但在此项修订办法颁布后，女方年龄已达二十岁者，得延长一年。"② 《山东省保护抗日军人婚姻暂行条例》规定："凡与抗日军人定有婚约者，非对方毫无音信或者音信中断满三年者，不得解除婚约……违反本条例与抗日军人之未婚妻订婚或结婚者，其婚姻无效，其因此所受之任何损失，概不予以法律上之保障。"③ 《晋西北婚姻暂行条例》规定：抗战军人订婚后男女双方非得对方本人同意不得解除婚约，但音讯毫无在 4 年以上及对方已逾结婚年龄 2 年以上者不在此限。④ 像战士马同喜未婚妻家里违背婚约之事的处理就很有代表性："（吕梁）九区黑水沟成明玉之女，是战士马同喜未婚妻，娘家因生活困难，去年又与马家洼高子良订婚……娘家迫婆家写退婚约后，马家洼马孝德为媒，以聘礼白洋一百六十元，与罗产分队长王念儿订婚，拟于十月结婚。政府查明真相后，给如下处理：（一）媒人马孝德明知为军人未婚妻，政府曾制止退婚；王念儿也知此情，且身为干部，二人明知故犯，故处罚媒人三万元，王念儿所出财礼一百六十元，给马同喜赔偿名誉损失。（二）娘家成明玉是二次再犯，本当送政府法办，但念及他家中困难，从宽处理，以没收白洋九十二元，给战士马同喜买地十一亩，着成明玉代耕，直到马同喜荣归之日。收获粮食供给马同喜未婚妻，即他自己女儿吃穿之用。（三）对马孝禄（马同喜父亲）写退婚约，指出既对不起儿子，又违反法令，但因出于被迫无奈，故当面给以批评。余存六十八元，买成地代儿保管。"⑤ 事实上，在根据地公开要求解除婚约现象十分普遍，故各级政府对之严加防范，已解除婚约者（战士本人同意者除外）主动追回并负责解决其生活困难。这种举措旨在扩大队伍、稳定军心、保证战争胜利。

① 韩延龙、常兆儒主编：《中国新民主主义革命时期根据地法制文献选编》第四卷，中国社会科学出版社 1984 年版，第 808 页。

② 韩延龙、常兆儒主编：《中国新民主主义革命时期根据地法制文献选编》第四卷，中国社会科学出版社 1984 年版，第 839 页。

③ 韩延龙、常兆儒主编：《中国新民主主义革命时期根据地法制文献选编》第四卷，中国社会科学出版社 1984 年版，第 857～858 页。

④ 《晋西北婚姻暂行条例》，山西省档案馆藏，山西革命历史档案，A90－2－90。

⑤ 《关于优抗工作中的几个问题》，载于《晋绥日报》1946 年 10 月 7 日。

（二）关于离婚问题

中共在苏维埃政权初期曾大力倡导结婚离婚自由，但军婚问题给"婚姻自由"原则造成挑战。尤其战争年代，战士与妻子处于两地分居状态，尽管红军妻子拥护红色政权，但婚姻纠纷一直存在。随着苏区扩大，统一的《中华苏维埃共和国婚姻法》于1934年4月颁布，其中针对军婚问题明确规定："红军战士之妻要求离婚，须得其夫同意。""在通信便利的地方，经过两年其夫无信回家者，其妻可向当地政府请求登记离婚。在通信困难的地方，经过四年其夫无信回家者，其妻可向当地政府请求登记离婚。"①

全面抗战初期既未规定抗日军人在婚姻上的特殊地位，亦未规定军人妻子或未婚妻等待多久方可再婚。随着根据地军事形势日趋严峻，军队建设日渐加强，军婚保护制度得到发展。1943年陕甘宁边区政府出台的《抗属离婚处理办法》规定："抗日战士之妻五年以上不得其夫音讯者，得提出离婚之请求，经当地政府查明属实或无下落者，由请求人书具亲属凭证允其离婚。"② 1944年修订的婚姻条例进一步指出"在抗战期间原则上不准离婚"。③ 因军人远离家乡、交通不便、邮递困难且生死不明系常态，故各根据地法律都不断延长离婚时限，从2年延长到5年。如《晋西北婚姻暂行条例》规定：抗战军人之夫妻双方非确知其一方死亡或对方同意者不得请求离婚；抗战军人一方毫无音讯已逾4年以上者他方可向区级以上政府请求登记另行嫁娶。④《晋冀鲁豫边区婚姻暂行条例》规定："抗战军人之妻（或夫），除确知其夫（或妻）已经死亡外……五年以上毫无音讯者，得另行嫁娶"⑤；《晋察冀边区婚姻条例》规定："抗日军人之配偶，非于抗日军人生死不明逾四年后，不得为离婚之请求"⑥；《山东省保护抗日军人婚姻暂行条例》规定："凡抗日军人之配偶，非有下列情形之一者，不得离婚……对死亡确有证据者……参加部队后毫无音信满五年者……参加部队后音信中断满三

---

① 韩延龙、常兆儒主编：《中国新民主主义革命时期根据地法制文献选编》第四卷，中国社会科学出版社1984年版，第793～794页。

② 韩延龙、常兆儒主编：《中国新民主主义革命时期根据地法制文献选编》第四卷，中国社会科学出版社1984年版，第807页。

③ 韩延龙、常兆儒主编：《中国新民主主义革命时期根据地法制文献选编》第四卷，中国社会科学出版社1984年版，第810页。

④ 《晋西北婚姻暂行条例》，山西省档案馆藏，山西革命历史档案，A90－2－90。

⑤ 韩延龙、常兆儒主编：《中国新民主主义革命时期根据地法制文献选编》第四卷，中国社会科学出版社1984年版，第836页。

⑥ 韩延龙、常兆儒主编：《中国新民主主义革命时期根据地法制文献选编》第四卷，中国社会科学出版社1984年版，第828页。

年者。"① 即使如此，并非说抗属在规定期限内就可提出离婚并获批准。如 1941 年 7 月 7 日晋察冀边区行政委员会指示信第五十一号《关于我们的婚姻条例》指出："对抗日军人的生死不明一定要尽力查问……今天处在战争环境，交通太困难，对抗战军人提出的离婚诉请，应在留出一年以下的时间，尽量设法去探寻以期能得到抗日军人本人的音讯，如经一年的查讯，仍无消息者，始可准予离婚，在查讯期间，对请求离婚的一方，多方解释，晓以大义。"② 由此可以看出，抗属提出离婚或改嫁并非简单的法律问题，司法机关和地方政府不会以一纸判决了事。事实上，除非抗日军人本人同意、确定牺牲或成为革命敌人时，其妻离婚或改嫁请求才会得到批准，即有以下情形之一者婚姻关系可以解除："确实证明抗日军人在外有重婚行为者；经部队或其他方法证明确已牺牲者；擅离部队在半年以上未归队者。"③

这些规定在全民抗战前提下本着民族利益高于一切的总原则是可以理解的。正如一位从战火中走过来的老战士所言："在战争年代，对于那些已经成家的官兵来说，最怕的是什么？是'后院'起火，怕自己戴'绿帽子'。"④ 军心不稳小则威胁个人安全，大则影响战争胜负甚至民族兴亡。因此，政府采取一系列措施对军婚进行专门保护十分必要，有利于维护军队稳定。

（三）关于破坏军婚处罚问题

翻阅抗日根据地时期相关妇女历史文献，发现一些两性关系混乱的记载，在处理上不尽相同，但涉及抗属者则一律严厉处理。如在 1941 年 7 月 7 日晋察冀边区行政委员会指示信第五十一号《关于我们的婚姻条例》中提道："无论任何人对抗战军人之妻子施以诱奸、和奸者，一律严予处罪。"⑤ 而对那些无视现实并与抗属发生关系者则规定："略诱、和诱、强奸抗属者，依照刑法之规定加重处断""挑拨抗属离婚者，处以一年以下之徒刑。"⑥ "娶抗日军人配偶者，处三年以下有期徒刑""非法婚姻，从中说和或主持者，处一年以下有期徒刑""与

---

① 韩延龙、常兆儒主编：《中国新民主主义革命时期根据地法制文献选编》第四卷，中国社会科学出版社 1984 年版，第 857 页。

② 韩延龙、常兆儒主编：《中国新民主主义革命时期根据地法制文献选编》第四卷，中国社会科学出版社 1984 年版，第 824 页。

③ 韩延龙、常兆儒主编：《中国新民主主义革命时期根据地法制文献选编》第四卷，中国社会科学出版社 1984 年版，第 872 页。

④ 黄传会：《天下婚姻》，作家出版社 2009 年版，第 291 页。

⑤ 韩延龙、常兆儒主编：《中国新民主主义革命时期根据地法制文献选编》第四卷，中国社会科学出版社 1984 年版，第 817 页。

⑥ 韩延龙、常兆儒主编：《中国新民主主义革命时期根据地法制文献选编》第四卷，中国社会科学出版社 1984 年版，第 815 页。

抗日军人配偶或有婚约之未婚妻通奸，或和诱略诱其脱离家庭者，各依普通刑法加重处刑。"① 实际上，根据地民众尽管没有多少法制意识，但出于传统中国从一而终的贞节观念，通常普通妇女很少有主动离婚想法。然总有一些人以抗属生活困难为借口破坏军婚。如抗战时期兴县五区魏家滩村主任代表尹性明看到同村刘善喜妻子面貌端方而家里贫苦就图谋让其改嫁自己，此事披露之后，37 个村代表对尹展开斗争，提出以下意见：（1）罢免村代表职务；（2）处罚小米 2.5 石救济被欺骗抗属女人；（3）村政权保证给全村无地抗属租地并督促代耕队耕种，解决其生活困难。② 又据潞城县"普通刑事案件"统计，1947 年 1 ~ 6 月该县因破坏军婚被监管者 14 人，其中处 3 年以上 5 年以下徒刑者 3 人。③

不难发现，相较于对抗属离婚自由的明确限制，政府对破坏军婚处罚则比较模糊。尽管法律上有一些规定，但遇到具体问题时难免受人情世故影响，只要各方找到一个彼此接受的解决方案就不了了之，地方政府一般不会过多干涉。不过，随着形势恶化，在具体落实上则严格多了。对于与抗属结合的行为无论重婚、通奸或其他都属违法行为，不但婚姻当事人要受法律和经济制裁，就是保媒拉纤者亦要受严惩。即使过去造成的既成事实，在法律上均一概无效并追究其责任。如 1943 年王然臭之姐王换兰控告弟媳高秋鱼、族亲王奴孩、高秋鱼现任丈夫郭拖命等人一案，据晋西北高等法院审理笔录记载："（问）你和原来的男人感情如何？（高）答：很好，因为生活无法维持，王奴孩从去年五月起说过几次要我起身（即离家再嫁）。（问）你男人在陕北，你为何说嫁就嫁？（高）答：王奴孩说第一个男人死了，现在回来我不回去。（问）你丈夫何时走的？何时结婚？何时给你来信？（高）答：他走时我 15 岁，我 12 岁与他结婚。（问）：你为何改嫁？（高）答：我嫁时王奴孩逼我走的。他将我的租子抛弃不全付给，我没吃的就是问王奴孩领取，问他要时他不给我，同时说有老爷的地方没有你说话之地。（问）他为何逼迫你改嫁？（高）答：他们说他死了，当我是寡妇，逼我非走不行。（问）你知王奴孩第一次要多少？第二次要多少钱？（高）答：第一次我知道 30 元，第二次 50 元。"判决书写道：高秋鱼"年轻无知，又是一家庭妇女，不惯经理家业""感到青春的苦闷，所以即生再婚之念"。但"抗战第一人所共知，妇女解放亦无例外，婚姻暂行条例早就颁布，内对出征军人家属特加保障，并实行优抗，以保证抗属生活。晋西北全体人民已普遍执行，一般抗属在根据地

① 韩延龙、常兆儒主编：《中国新民主主义革命时期根据地法制文献选编》第四卷，中国社会科学出版社 1984 年版，第 872 ~ 873 页。

② 《村代表仗势欺人，骗娶抗日军人老婆》，载于《抗战日报》1942 年 4 月 28 日。

③ 《潞城县监察所案犯一月至六月统计报告表》（1947 年 8 月），山西省档案馆藏，山西革命历史档案，A53 - 2 - 120 - 1。

内备受亲戚朋友邻里村人精神物质援助，抗属亦多能刻苦耐劳、努力生产，以维持自己生活。就是退一步说，王然臭果自 1939 年 9 月走后与家中无信、生死不明，然距高秋鱼再婚时仅两年又三个月，核与婚姻暂行条例第三十条第十一款载：生死不明已逾三年者，出征军人不在此限之规定大相违反。"涉案被告因此均被判刑并承担赔偿责任。[①] 显然，"抗战高于一切，一切服从抗战"的原则是处理一切问题包括婚姻问题的最高规范。换句话说，"一切的恋爱或两性生活，都要服从这个原则；相反地一切违背这个原则的恋爱或两性的关系，都必须加以指斥和防止。"[②]

二、军婚保障的行政支持系统

抗日战争是一场持久而残酷的战争，被迫卷入战祸的家庭不计其数，面对层出不穷的困难，抗属往往遭遇以再嫁才能解决生存问题的选择。所以，仅靠法律的硬性规定和处罚难以解决抗属的具体难题，更需政府提供一切可能的援助，即"政府应认真实行优抗办法，保证抗属物质生活，并在政治上提高其爱护抗日军人之认识，帮助抗属与战士通讯。"[③] "抗日军人家属……如其一切日常生活问题能在政府和民众帮助下得到解决，不仅可以激励广大妇女的抗战热情，且可以顺利动员壮丁上前线。"[④] 为此，根据地政府及各部门相继公布拥军决定，制定优待抗属条例、抗属离婚处理办法，缓解军人长期离家造成的生活困难，维持军人家庭正常生产生活，安定军人的军事信心。

（一）政府支持

根据地政府担负着引导人民发展生产、支持抗战的重任，尤须为前线战士提供一个稳定的后方。为此，各根据地政府通过制定相关政策帮助抗属解决实际困难，如太行区"以抗属的财产、劳力情况，将抗属分为四类：一、有土地有劳力或其他足以生活须受精神优待者；二、有土地无劳力须受劳力优待者；三、有劳力无土地须受物质优待者；四、无土地又无劳力须兼受物资劳力优待者。以上四

---

① 《晋西北高院关于王换兰告高秋鱼、郭拖命、王奴孩等妨害婚姻一案的有关材料》（1943 年），山西省档案馆藏，山西革命历史档案，A95－4－16－2。

② 《抗战期中的恋爱问题》，载于《妇女生活》1938 年第 3 期。

③ 韩延龙、常兆儒主编：《中国新民主主义革命时期根据地法制文献选编》第四卷，中国社会科学出版社 1984 年版，第 807 页。

④ 中华妇女全国联合会编：《蔡畅邓颖超康克清妇女解放问题文选（1938－1987）》，人民出版社1988 年版，第 12 页。

类因土地与劳力之情形不同，又有全部优待与部分优待的差别。"① 各地措施虽有不同，但具体优待办法大致有如下几种情形：

（1）物资照顾。抗属均可享受下列优待：①公有土地、房屋、场所、器具、物品分给、借用、租赁、售卖，抗属可以优先承领、承借、承租、承买，但以自耕、自住、自用为限；②公营事业、公共机关雇佣或招收员工，抗属优先参加；③抗属子弟优先入学；④公立卫生机关，抗属免费治疗。② 此外，抗属享有"公产土地的优先租种及汉奸财产的优先分配（取得所有权），及临时的各种粮食衣物钱财的优先救济（如荒年、敌扫荡损失等）。"③若以上规定难以普及则尽先优待贫苦抗属，"无资产、无劳力，或尽其家产、劳力所获犹不足维持最低生活者，每一抗日军人，其家属得按规定予以一份补助"④；如抗日军人因阵亡或受伤致残者，除照章抚恤外，其家属仍须继续享受优待。⑤至于敌占区，凡"我工作能达到之村庄，照规定按时优待；我工作不能达到之村庄，由抗属本人或亲友代领，或将优待之粮折价交领；移来根据地之敌占区游击区或其他区域之抗属，其优待与根据地的抗属相同。"⑥

（2）劳力补偿。土地是农民安身立命之本，受当时生产力水平制约，劳动力决定家庭生产好坏。鉴于抗属大多缺乏劳力，春耕时政府组织代耕是一件最基本的事，代耕工作在原则上公平优待、合理负担，即富者、有劳力者少优待，贫者、无劳力者多优待；组织上各乡设队，村设小组，由队员民主选举队长、组长。各级地方政府根据上级指示并结合当地情况具体安排，基本上每一个大的县区都有自己的代耕队和代耕方法，如兴县规定："（一）有土地无劳动力之抗属其土地顶为自耕者，应受代耕之土地，每口山地为三亩，坡地为一亩，平地为一亩，水地为半亩。小口则折半。有部分劳力者酌量减少。（二）无资产无劳力者，即补助粮食每口每月为粗粮一斗，小口折半。有部分劳力者酌量减少。（三）抗属减少支差三分之一。"⑦神府规定代耕标准是："凡有资产土地劳动力，能维持普通生活者，免除代耕；有土地而劳动力不足者，酌量给以半代耕；土地较少，全无劳动力且无肥料者，除给全部代耕外并向群众募集肥料；无土地资产劳动力，不能维持生活者，拨给公田代耕。代耕办法分普通代耕、包粮制（由乡参议

①③⑥ 《边府指示所属优抗工作制度化》，载于《新华日报》（华北版）1942年11月19日。

②⑤ 《公布优抗暂行办法》，载于《晋察冀日报》1941年12月12日。

④ 具体补助规定如下：一、抗属之收入，每人平均年在统一累进税免税点六分之一以下者，每月补助小米30斤（市秤）；二、抗属之收入，每人平均年在统一累进税免税点二分之一以下者，每月补助小米20斤（市秤）；三、抗属之收入，每人平均年在统一累进税免税点六分之五以下者，每月补助小米10斤（市秤）。补抗属之实物，依统一累进税办法暂由村款统筹，其已实行由县或区统筹之县份，应一律按□由县统筹。

⑦ 《配合春耕任务，兴朔二县优待抗属》，载于《抗战日报》1941年3月20日。

会评定代耕地收获量，收获后如数交足）及折钱制（代耕人工数，可折成工价发给抗属自己雇人耕种）等三种，以包粮制为主。"① 若抗属在生产中遇到畜力不够、肥料短缺等困难，各地村公所临时派工。由于进行了有效的宣传动员，各地群众掀起为抗属代耕热潮。如太行区政府多次指示各地保证"一年的耕种、锄草、收割、经常的柴水供给及战时的转移等，此项劳力，基本上应当作为社会事业、公民义务。"②

（3）精神鼓励。各机关团体负责干部邀请抗属会餐或召开茶话会，每逢重要节日如年关、中秋、端阳等及八一等抗战及建军重要纪念日发动群众拜访抗属、向抗属致敬慰问，抗属如遇婚丧大事政府须派人庆贺或致哀，各种救国会发动群众无条件帮助，政府人员下乡应登门探访慰问，逢有会议应请其首先发言。③ 此外，利用各种象征性仪式提高抗属社会地位，如"儿童站岗时，对过路的抗属必须敬礼；群众大会上，把最好的位置划定为抗属席；在大会的程序上还添进向抗属致敬的一条"，以强调抗属身份的荣耀、努力营造抗属光荣的氛围。④

同时，各根据地政府在具体实践中根据实际情况及时修改应对，如晋西北行署"根据临党会爱护抗日军人的决议及晋西北三年来优抗工作的经验……近将优抗条例修正公布……根据地以代耕土地为主，粮食补助为辅，游击区完全以粮食优抗，敌占区完全以货币优抗，均须保证抗属最低限度之生活。代耕土地取固定代耕办法，由播种到收获完全负责，代耕土地与优待粮食、货币数目，均有具体的规定，凡直接参加抗日战争之军队，无论正规军与地方游击队之家属，均依条例享受优待。"⑤ 除专门条例规定外，还有散见于其他政府公告中的公约："要切实优待抗属，健全代耕办法，保证抗属生活；要爱护退伍军人，帮助他们解决生产上的困难和生活上的困难。"⑥ 由此可见，优抗工作制度化既是优抗工作重点，又是政府巩固后方工作的重心。

（二）妇救会襄助

妇救会是抗日救亡运动中各地妇女的群众组织，在发动妇女抗战方面发挥了无以替代的作用。随着根据地青壮男子应征入伍，后方抗属不断增多，如抗属日常生活问题可以在政府和群众帮助下得到适当解决，不但激励广大妇女的抗战热

---

① 《神府河曲布置优抗代耕》，载于《抗战日报》1943年4月10日。
②③ 《边府指示所属优抗工作制度化》，载于《新华日报》（华北版）1942年11月19日。
④ 《扩军运动中的晋察冀妇女》，载于《新华日报》（华北版）1941年2月25日。
⑤ 《行政公署修正公布优待抗属干属条例》，载于《抗战日报》1943年1月30日。
⑥ 《拥军公约（草案）》，载于《抗战日报》1944年1月8日。

情，而且会给新兵动员工作打下基础。^① 因此，妇救会积极响应政府号召，认真
优抗。具体而言，在劳力方面，组织妇女帮助砍柴、做饭、修房扫院、缝洗衣
服、照顾儿童老人，每逢春耕秋收帮助代耕代收。据不完全统计，仅 1940～1941
年两年间晋察冀边区妇救会分别替抗属耕种土地 19 885 亩和 14 084 亩，很大程
度上解决了抗属家中劳力不足问题，提高了妇女拥军扩军热情。^② 在精神方面，
广泛宣传各项优抗政策并在行动中提高抗属地位，如召开抗属联欢会、划定专门
抗属席位等。

不过，妇救会最引人注目的工作是调解和处理抗属婚姻纠纷问题。为妥善解
决抗属婚姻纠纷，妇救会做了大量工作，她们深入农户为抗属排忧解难，有的替
抗属给部队写信，千方百计地与其丈夫建立联系。一旦抗属提出解约离婚诉求，
妇女干部多劝其放弃决定，并明确提出"创造新时代的贤妻良母和模范家庭"口
号，让她们自觉认识到成为抗属如何重要如何光荣，以保护抗日军人的婚姻。妇
救会此时的主要职能是作为中共领导下的妇女群众团体服务于民族战争。

三、其他部门协作

为更好地帮助抗属解决生活困难，在一些条件较好地区除进行临时救济外还
相继成立商店、合作社对抗属给予优待，但这些优待政策并不普及。如为实行优
抗制度化，工商局各系统优抗办法规定：凡持有抗属证明书者，至各公营商店、
工厂门市部购买生活必需品均享受尽先购买权，并按市价九折，粮食则按九五
折，以示优待；公营工厂应尽先雇用抗属参加生产事业。^③ 在邢台，复生商店就
是一个组织抗属生产、帮助建立家务的合作社机构，"整理织布机、纺花车，合
作社给抗属统一买花、放花、收钱，每纺一斤线比市价工价高百分之八，以提高
抗属纺织热情，并由合作社统一到沙河公司窑运煤，原本卖给抗属，解决抗属燃
料困难。"^④ 在河曲，巡镇医药合作社货好价廉，看病认真，对抗属和贫苦群众
买药以八折优待，求医者络绎不断。^⑤ 其他如学校、医院、合作社等一切公共机

① 具体参见岳谦厚、王斐：《妇救会与中共婚姻变革的实践——以华北革命根据地为中心的考察》，
载于《中北大学学报》2015 年第 2 期；岳谦厚、罗佳：《抗日根据地时期的女性离婚问题——以晋西北
（晋绥）高等法院 25 宗离婚案为中心的考察》，载于《安徽史学》2010 年第 1 期；张玮、王莹：《华北及
陕甘宁抗日根据地女性英模的生活》，载于《安徽史学》2016 年第 5 期。
② 《八年抗战中边区妇女运动各种成绩统计表》，河北省档案馆藏，河北革命历史档案，578－1－
123－1。
③ 《抗属购物优待，工商局规定优抗办法》，载于《新华日报》（华北版）1942 年 12 月 2 日。
④ 《邢市成立抗属合作社》，载于《新华日报》（太行版）1946 年 4 月 1 日。
⑤ 《巡镇医药合作社买药优待抗属医生随请随到》，载于《晋绥日报》1946 年 9 月 21 日。

关或公共场所亦都有具体的优待抗属规定。

与此同时，逢年过节亦是对抗属表示尊敬之时，政府和军队代表、群众组成慰问团深入抗属家庭走访慰问，看望这些为抗战默默奉献的幕后英雄。如晋冀察组织慰问队及优抗委员会每月发给抗属每人3斗米、4两盐、2两油，晋西北保德曾在"三八"节发动一碗米运动以赠抗属。[①] 据1944年10月"徐水讯，中秋节本县各村普遍优抗，群众纷纷以白面、肉、水果、钱等赠送抗属……□□村发动三十多名儿童给抗属清理宅院，干部给抗属挑水，公营商店以低于市价百分之二十的价格售货三天，优待抗属，村医药合作社亦议定十五日抗属打药不要钱。□区召开了全区抗属座谈会，到会抗属二百余名，都互相谈论着自己儿子丈夫、哥哥弟弟参加抗战的事迹，政府征求意见，以便改进优抗工作。会餐后，儿童打起霸王鞭，欢送抗属出村。"[②] 又据报道，1943年"阜平七区联合社在过年时，特由红利公益金中抽出边币一百四十元，配合专区和武委会拨发的一百四十元共二百八十元，作为新年优抗之用，共放给二十村，抗属二十三户。"[③] 宣化九区常峪口村400多人踊跃捐献过年慰劳物资和大批现款，"武委员会保证给每家抗属打柴五十斤，农会全体会员保证年前给抗属大扫除，教员给抗属写对联，青年、妇女、儿童决定组织高跷队和秧歌队，过年时给抗属拜年。旧元当场捐出边币一千元，并送给每家抗属一斤油果子，油坊掌柜送给每家抗属一斤油，其余老乡也捐出黄米、白面、大米、猪肉等极多，全村老乡并一致通过捐款边币十万元慰劳病员，全村四十多户抗属，每家在过年时能吃到五斤大米、五斤半白面、一斤油、四斤肉。"[④] 慰问活动使所有抗属感到无上光荣，并嘱托慰问团转告丈夫：不要挂念家中，安心为国出力，早日打退日本侵略者！高家沟抗属刘奇秀就是其中之一。慰问团到家带给她丈夫纪念证一纸、奖状一张，她便写信告诉丈夫："自你走后，政府对我很关心，先后优待了小米六十余斤、小麦三十斤、农币一万五千元，再加上姨夫姨母帮助，自己劳动，生活上很优裕，希你安心在队工作，不要想念，待和平实现，咱俩再团圆。"[⑤] 通过慰问，部队与地方党政民关系更加密切，战士更加安心，部队更加巩固，对地方优抗工作起到很大推进作用。

在平常，家属与战士常用的联系方式是书信，除托人带话捎信这种原始方式外，如何建立一条通畅的邮递渠道是政府一直关注的大事。据"太行讯：交通总

---

① 中华全国妇女联合会编：《蔡畅邓颖超康克清妇女解放问题文选（1938－1987）》，人民出版社1988年版，第52页。

② 《徐水中秋节普遍优抗》，载于《晋察冀日报》1944年10月27日。

③ 《阜平七区联合社过新年优抗救灾》，载于《晋察冀日报》1943年1月20日。

④ 《宣化常峪口村民保证抗属过好年》，载于《晋察冀日报》1946年1月29日。

⑤ 《接到丈夫奖状刘奇秀心里欢喜》，载于《晋绥日报》1946年10月17日。

局近重订邮章，将于（1942 年）二十五日起实行。新章规定……所有抗日军人家属信件，一律享受免费寄递的优待。"① 通过书信往来为前线和后方搭起沟通桥梁，密切双方联系，妻子就安心等待丈夫胜利归来。

总之，在优抗政策下，"互助劳动力超过抗属子弟在家的劳动力，家属一有困难上级均设法解决"，抗属意志坚定，将士士气高涨。② 如晋冀鲁豫某支队战士金某从前线寄信回家称："得知家中生活如常，甚为高兴，我们在外活跃非常，打了很多胜仗，消灭了不少日寇。"③ 如此种种，抗属得到的无论物质利益、政治权力还是其他荣誉都是他人没有的福利，构造出一道坚实的行政支持体系。

四、军婚保障的舆论运作机理

要使群众真正融入军婚保障机制之中，仅凭法律条例、政策规范远远不够，更重要的是调动群众热情、启发群众革命觉悟。只有在群众中造成优待抗属、保护军婚的热潮，才能使政府法令贯彻实行。然在农民占据主体的群众中宣传、推广新思想绝非易事，以农耕为主要生存方式的现实亦使那些能够心甘情愿送夫参军、挑起家庭重担的女性少之又少。因此，抗战教育、舆论引导尤其重要。

"报纸是影响人们思想的最有力的工具，因为它是天天出版的，数量最多，读者最密的一种刊物，没有任何出版物可以与之比换。"④ 翻阅其间报纸杂志，讨论最热烈的议题之一就是婚姻与家庭，刊登在社会版的婚恋事件、家庭纠纷或广告栏中的各种婚姻启事让人眼花缭乱。中共正是通过报纸来宣传、组织人民进行各种活动的，报纸是党的喉舌，尽管过去大半个世纪，但那份情真意挚的感动和激愤仍在已变得暗黄如土的报纸上栩栩如生。如据各根据地报纸报道，"中阳二区高家圪塔高有保参加部队后，因家贫不能婚娶，群众拿出二大石细粮帮助娶过。"⑤ "河曲坞头村张树廷，老人给定下来的亲，他家贫穷娶不起。参军以后，在全村动员下，集合小米一百二十七斤、清油四斤半、一领新帘子，用米换下七丈四尺布，给新娘做新衣。把他高兴的对人说：'一块石头落了地。没有别的，按期回队。'他还做了四句快板：翻身别忘本，才是好军人，回到部队上，杀敌报恩人。"⑥ 上述报道是根据地政府和群众帮助抗日军人建立家庭的缩影，是战

① 《优待抗属免费寄递信件》，载于《新华日报》（华北版）1942 年 11 月 23 日。
② 《曲子抗属丰衣足食，群众代耕全年达两百余工》，载于《解放日报》1943 年 8 月 21 日。
③ 《认真执行优抗条例》（社论），载于《解放日报》1943 年 2 月 9 日。
④ 《党与党报》，载于《太岳日报》1942 年 10 月 14 日。
⑤ 《村人给战士娶老婆》，载于《晋绥日报》1946 年 9 月 22 日。
⑥ 《众人帮忙娶媳妇》，载于《晋绥大众报》1946 年 11 月 30 日。

争年代百姓对战士的肯定，赋予了军人及其家属崇高的荣誉。

战士常年在外征战，家里怎样生活，很多人均有顾虑。虽然各地政府相继颁发优抗条例，但实际如何？成绩需广而告之，让大家清楚明白，并敢于且愿意与军人结亲。同时，通过报纸教育广大群众"有力的已经出了力，甚至把自己的生命也送到前线去了，有钱的、有粮的更应该贡献出自己所能够献出的力量来，在目前积极来推进优待抗属，是每一个中国人所绝对不能推诿的责任。"① 时间虽远去，但这些尘封的往事、助人为乐热闹场景清晰可见：如繁峙县"号召每一劳动力，以一工刨二分地优抗"，帮助抗属建立家务。② 各地相继组成代耕队、代耕组，未使抗属的土地因缺劳力而荒一分。"代耕组先把抗属的地种好，才种自己的地……代耕团经常开会，进行检讨、批评，要是故意将抗属的种坏，少打粮食，要按照四邻土地产量赔偿损失。"③ "平山四区王陈庄和完县二区实行固定代耕制，把代耕的土地和代耕人在群众会上公布出来，并互相提出竞赛，还在抗属地头树起木牌，写明谁的地由谁代耕，到秋后让全村全区群众作公正评判。"④ 春耕过后，另一个劳动高潮就是夏收秋收，对于缺少劳力的军人家庭，各地群众积极行动起来帮助收获，如"纺织第二厂厂长张旭初同志亲自带领工人和干部共三十七人，帮助附近村庄抗属和没有劳动力的贫农十五户收割麦子。早出晚归，自备粮食，只两天的工夫就收割了一百亩。"⑤ "兴县各地小学，在秋假期中帮助抗属、参战民兵家属和部队秋收。五完小学生，以村为单位划分为八个小组给抗属和参战家属秋收。杨家坡小学早在秋收开始即积极帮助抗属、参战民兵家属及贫苦群众秋收，豆田已大部收拾完毕。"⑥ "保德三区在秋收中对抗属和参战民兵家属采用了固定代收的办法，把抗属自己收不了的庄稼统计起来，以全村能服抗战劳务的劳动力为单位，多的代收到二亩半，少的一亩，还有半亩的。"⑦ 秋收中各地干部群众热烈帮忙，"一个哥哥去当兵，十个哥哥来帮忙。"⑧ 除此之外，还有杂务队为抗属抬水、拾粪、砍柴，野草、树枝一捆捆送上门。如"曲阳崔家庄翻身农民，积极给抗属拾柴造粪，共同决议成年人每人每天最低拾柴三十斤，儿童十五斤，并展开竞赛运动。在全村两天努力下，打柴七千四百斤，二十七户

---

① 《丰收中加紧优待抗日军人家属》，载于《晋察冀日报》1938 年 9 月 20 日。
② 《繁峙二区帮助抗属建立家务》，载于《晋察冀日报》1944 年 10 月 27 日。
③ 《人民热烈拥军优抗》，载于《晋察冀日报》1944 年 9 月 8 日。
④ 《三分区抗属庄稼可比往年多一倍》，载于《晋察冀日报》1946 年 9 月 26 日。
⑤ 《纺二厂工人帮助抗属收麦》，载于《抗战日报》1944 年 9 月 23 日。
⑥ 《兴县各小学秋假中积极给抗属等收秋》，载于《抗战日报》1945 年 10 月 2 日。
⑦ 《保德三区给抗属固定代收》，载于《抗战日报》1945 年 10 月 8 日。
⑧ 《冀中各界帮助抗属秋收》，载于《晋察冀日报》1946 年 10 月 5 日。

抗属今多不缺柴烧，全村四百多只羊合圈给抗属卧地造粪，现已卧到一百大车。"[①] 在政府群众大力帮助下，抗属家庭生产生活大幅提高。据冀中深泽、深县、献县、交河、河间、任邱（今即任丘）、辛集统计，每户贫苦抗属都得到土地 2 ~ 8 亩，户均 3 亩，还有个别户分得更多。[②] 据河曲抗属慰问团总结材料，"全县一千六百五十五户抗属，其中九百六十八户贫苦抗属中已五百零一户彻底翻了身。如南园十九户抗烈属，全部得到了土地……"[③] 在物资分配上，任邱固罗村贫苦抗属每人平均 3 袋粮，还有春冬两季烧柴。在清算运动中，所得物资分配时大多首先照顾贫苦抗属，使之获得发展生产的条件。政府每次发放贷粮、贷款及临时赈济时都照顾了贫苦抗属。如"肃宁今春的生产贷款，二百六十四户抗属，三十二个荣军，与群众结合成二百零一个生产小组，即贷款三百五十二万三千二百九十六元，抗属的生产资金问题，基本上获得解决。"[④] 这既减轻了抗属的生产负担，又缓解了其因丈夫不在身边的焦躁心理。

另一个宣传的有效途径是树立榜样。抗战时期的妇女不同于以往，其活动要遵循抗战救国的基本国策，以抗战大业为重，上敬公婆下养子女，尽心竭力在后方生产，还须积极鼓励丈夫上前线保家卫国，自己承担支前任务。她们已由小我的家庭走上大我的社会，成为国家良母、民族贤妻。[⑤] 翻看当时报纸，发现类似模范人物很多，虽其事迹难免存在夸大成分，但作为宣传对象确实起到了榜样作用。在这些先进人物带领下，其他军属纷纷效仿，看人家、比自己，生怕落在别人后面。[⑥]

民歌小调好比历史的一面镜子，生动展现了群众的爱憎、追求和愿望，在中国北方遍布传唱，所涉内容丰富，且易听、易懂、易记，容易引起群众共鸣。在以婚姻为内容的民歌中不仅真实反映了根据地民众在中共领导下新婚姻观念的形成，且通过百姓喜闻乐见的方式让保护军婚认识深入人心。如《拥军优抗歌》："革命军人的婆姨，不准随便把婚离，谁要霸占军人妻，要受处分牢牢记。"这就是把婚姻条例中的内容生活化，起到扩大宣传范围、强化教育效果的作用。除教育军属，亦启发群众，"吃米不忘种谷人""烈属抗属最光荣……帮助他们来招亲，帮助他们立家业……烈抗属没有劳动人，帮助代耕要固定，包粮制度要实

---

① 《曲阳崔家庄农民得了地，积极给抗属拾柴造粪》，载于《晋察冀日报》1946 年 12 月 23 日。

②④ 《冀中大力进行优抚关心抗烈属无微不至》，载于《晋察冀日报》1946 年 8 月 4 日。

③ 《河曲优抗工作中五百户抗属彻底翻身》，载于《晋绥日报》1946 年 12 月 24 日。

⑤ 中华全国妇女联合会编：《蔡畅邓颖超康克清妇女解放问题文选（1938－1987）》，人民出版社 1988 年版，第 68 页。

⑥ 具体参见岳谦厚、王亚莉：《陕甘宁边区的抗属形象及其模范塑造》，载于《山西大学学报》2016 年第 5 期；张玮、王莹：《华北及陕甘宁抗日根据地女性英模的生活》，载于《安徽史学》2016 年第 5 期。

行，让他们也过好光景。"①

《拥军优抗歌》是通俗化的中共文件，词义直白，百姓接受快，见效快。此外，还有以个人事迹转化而成的歌曲，内容亲切自然。如《送情郎》："情郎哥去参军背上了三八枪，惊动了那个小妹妹前来送情郎。今日分离总有那团圆日，情郎哥哥你去参军为的是保家乡。一不叫你忧来二不叫你愁，三不叫你离家乡两眼泪交流。妹妹我在家中参加那妇救会，二老爹娘在家中我替你来伺候……单等哥哥打败那小鬼子，庆胜利那个结良缘能过太年。"②

妻子是丈夫的坚强后盾，像《李玉兰劝夫参军》所描述的那样："人人都有抗日心，青年参加八路军……你要是参军去为妻也愿意啊，保家卫国的大事情，为妻哪能不高兴，你参军我欢送全家都光荣啊。"③ 妻子送郎上前线、模范妇女讲述战争年代的爱情短剧在村或区娱乐晚会上由妇女亲自演出，其中不少反映了革命军人的爱情、婚姻状况，它深深地感动每个观众。而这种"革命＋恋爱"的创作模式不仅是那时流行的艺术主题，更是革命军人真正的"人生戏剧"。这时的革命婚姻故事大致有以下三类：第一种是"革命革出了媳妇"，通常几个男性追求同一个女性，而结果女性选了最革命的一个；第二种是小两口一个在前线杀敌立功，另一个在后方勤劳生产，互相鼓励，共同抗战；第三种是组织对军人个人问题的关心与解决，常常是不协调的相遇，啼笑皆非的过程和大团圆的结局。此时的作品已突破个人生活的狭小天地，诗人、作家纷纷投身民族解放和根据地建设事业，为抗战呐喊，为民族创作。特别是在毛泽东文艺思想指导下，艺术家重新慎重考虑或处理革命军人的爱情及家庭问题，以达到"大众文艺"运动中文艺为时代服务为人民服务的目的。

这种通俗化、大众化、民族化的方式在发动群众中起到了巨大推动作用，不仅传播了根据地婚姻政策精髓、宣扬了保护军婚原则，亦启发人们如何去参与、去实践、去为国家和民族尽力。由此可见，作为一种宣传利器，抗战歌曲不再是一种单纯的音乐艺术，而是与民族独立、中共革命相辅相成，是一种服务于抗战的宣传工具。通过宣传教育，在全社会树立起抗属光荣、参军光荣观念，使广大群众认识到无子弟兵则无根据地；子弟兵别离父母妻子走上战场，其父母妻子亦是根据地最贤良的父母妻子。根据地人民念及前方苦战的子弟兵，对于其家属不能漠然无视，应将子弟兵家属视为自己家属。在中共的革命话语中渲染"模范配英雄"的婚姻模式，作为军人妻子，珍惜自己荣誉，在后方安心努力生产，像民歌中所唱一样："女人顶事也能干，与男人一模一样能干。大脚参加自卫队，小

---

① 《拥军优抗歌》，载于《晋绥大众报》1947 年 1 月 15 日。
② 王瑞璞编：《抗日战争歌曲集成》第一卷，中国文联出版社 2005 年版，第 405 页。
③ 王瑞璞编：《抗日战争歌曲集成》第一卷，中国文联出版社 2005 年版，第 407 页。

脚的参加慰劳队。男男女女都工作，生产运动是第一。男人们前方去'闹枪'（打仗之意——笔者），后方的生产靠婆姨。"①

五、军婚保障机制下的民间因应

邓颖超在 1942 年妇女座谈会上谈到男青年择偶和婚姻生活问题时指出："对待恋爱和婚姻的态度，我们主张要慎予选择，出于自愿，情投意合，须有高尚的情感、共同的志趣、共同的事业。"故"一个革命者，一个进步的人，绝不允许为恋爱或结婚而动摇甚至丧失了自己的政治立场，放弃革命的事业。"② 从女性角度分析，战争产生的军婚不尽完美，亦会存在一定落差。

（一）书写的记忆

抗战激发了全民族爱国热情，无数男儿参军参战，而女子同样面对抗战救国的使命，正如邓颖超曾指出的那样：男女双方"在不妨碍革命事业、不妨碍学习和工作、不妨碍身体的发育和健康的条件下，可以享受社交的自由，可以恋爱，可以结婚。"但在选择时首先"应当具有一致的思想，共同的信仰。服从政治的要求，适合革命的利益。"如受特殊环境限制而难以志同道合者，"就必须选择政治上纯洁可靠而有志于上进的异性。"③ 革命与否成为衡量一个人品格高低、能力大小的重要尺度，表现在具体问题上就是一个具有革命思想的女子是无法与一个保守落后的人生活的、选择对象时注重其是否具有革命精神和行动，"这通常表现为几个男性追逐一个女性，而结果，女的挑中了那最'革命'的。"④ 像"宁武赵家沟村陈银娥，因恨其夫李宏寿投敌做伪警备队员，忿于今年二月底提出离婚，搬到根据地来，她去年十月才和李逆结婚，她说：我不能与汉奸过活。"⑤ 又如"易县八区西高士庄村赵香兰，去秋她父母贪图钱财，把她送到敌区，卖给了一个特务。当她知道了这个消息的时候，大哭大闹，后来趁特务没在家，跳墙逃出，一夜爬出过沟，重新回到了祖国的怀抱。当她母亲问她为什么不

---

① 《介绍几个边区妇女的故事》，载于《新中华报》1939 年 3 月 31 日。

② 中华全国妇女联合会编：《蔡畅邓颖超康克清妇女解放问题文选（1938－1987）》，人民出版社1988 年版，第 73～75 页。

③ 中华全国妇女联合会编：《蔡畅邓颖超康克清妇女解放问题文选（1938－1987）》，人民出版社1988 年版，第 74 页。

④ 茅盾：《"革命"与"恋爱"的公式》，见《茅盾全集》第 20 卷，人民文学出版社 1990 年版，第 337～338 页。

⑤ 《不作汉奸妻子，陈银娥离婚出走》，载于《抗战日报》1943 年 4 月 6 日。

在那边过日子，偏要逃回来的时候，她的回答是：我是中华民族有血有肉有骨气的优秀女儿，我绝不能给汉奸特务做老婆，我宁愿在家里受苦，也不愿在战区受气！"[1]

与此同时，妇女作为家庭一员对战争的认识和对男子是否愿意参加革命起到了至关重要的作用。如"在晋东南，长治的妇救秘书曾动员了丈夫和另外几十个人上前线；在山西高平，有的妇女在群众大会上替丈夫报名，参加游击队。"[2] 在河北，妇救会提出"反对老婆拖尾巴"的口号。[3] 更有思想进步的妇女干部找到未婚夫提出："你如果不参军，那末我永不和你结婚！"[4] 在山东莒南县洙边村，18岁的梁怀玉在扩军大会上喊出"抗日打鬼子是最光荣的事，俺们'识字班'找对象就要找参加八路的人。谁带头报名参军，俺就嫁给谁！"[5] 正是有了梁怀玉的"特殊动员"，1942年洙边村一次参军人数就达一个班。不过，有些战士因家庭观念浓重或家庭缺乏劳力等偶尔开小差逃回家，这时就需抗属劝其归队，高改华即其中之一。高的丈夫薛润生请假回家后迟迟不走，其则劝之："你今年才二十多岁，正应该为人民出力，快些去吧，不然年青青的怎见人！"男人听后答应归队。[6]

（二）实践的难局

抗战唤醒国人民族意识，参军参战成为广大青年男子的选择，同时亦影响了根据地妇女的婚姻观念。与军人结合不仅仅是青年男女自己的事，更大程度上融合了革命需求。在根据地，"妻子送郎上战场，母亲叫儿打东洋"的观念备受推崇，抗属亦受到根据地政府特别优待。但战争随时可能让抗属成为寡妇，再加上日常生活举步维艰，让一些女子对与军人结合望而却步。因此，"美女配英雄""模范配英雄"更多是作为革命榜样流芳千古，形成这种革命自觉的女性不多。

革命热情和对英雄崇拜使女青年恋爱与婚姻理想成为"革命+浪漫"式，其在高举恋爱自由、婚姻自主大旗的同时接受着组织安排的恋爱与婚姻，忍受着自己崇拜的革命英雄的大男子主义作风。因为，他们是用革命方式来处理情感问题，"浪漫"是以革命做注脚的。即便普通士兵，地方政府、妇救会亦会热情帮助成家。

---

[1] 《赵香兰有志气，不给特务当老婆》，载于《晋察冀日报》1943年6月20日。

[2] 中华全国妇女联合会编：《蔡畅邓颖超康克清妇女解放问题文选（1938－1987）》，人民出版社1988年版，第52页。

[3] 《张二嫂送夫投军》，载于《晋察冀日报》1939年7月15日。

[4] 《扩军运动中的晋察冀妇女》，载于《新华日报》（华北版）1941年2月25日。

[5] 杨文学：《叩拜沂蒙》，载于《时代文学》2013年1月上半月刊。

[6] 《高改华劝夫归队》，载于《晋绥大众报》1946年12月15日。

　　三从四德、贞节观念一直是传统社会衡量女子优劣的标准。随着近代平等、自由观念深入，这些标准被定性为封建落后的表现予以批判，寡妇可以再嫁，妇女贞节高于一切的时代似乎不复返。然翻阅当时报纸会发现抗属要求离婚或改嫁是一件很难被接受的事。婚姻已成革命附属物，这种在革命意识和民间伦理双重约束下的婚姻使女性尚未完全摆脱传统道德从一而终的束缚的同时，又套上为革命自我牺牲的枷锁。①

　　部队要求地方政府解除后顾之忧，但各地总有力所不及之处。实际上，那些本地出身的基层干部在处理军婚问题时不仅考虑必须坚守的婚姻原则，还要照顾当地民俗人情。政府许多时候担心军属离婚事件发生，一旦发生纠纷，地方往往要做大量工作，寻求一个各方都能接受的方案；或采取拖延政策。②

　　全面抗战期间，根据地政府"在军婚问题处置上实际采取了典型的家国同构的男权思维，即男人走向社会——属于群体、女人滞守家庭——属于男人。"③在这种思维之下，政府要求青年男子积极参战并制定相关征兵条例以保证兵源。仅以五台县为例，参军青年不在少数，政府动员每家三子出一、五子出二去当兵，家里老人、女人担心一去不回而常常找借口劝之躲避。尤其在抗战最艰苦时期，经日军大规模反复"扫荡"，八路军人员锐减，急需扩兵。但连年征兵，符合条件者越来越少，再加上接连不断的阵亡烈士通知书，单纯的"拥军优抗""代耕代种"之类的扩军许诺已很难奏效。百姓并非不知抗日的重要性，只是在传统农民思想中还是两亩地一头牛、老婆孩子热炕头的生活更具吸引力，尤其生活条件尚可之家的子弟更不愿当兵。④ 至于女子，为抗战服务就是与军人结合或不与军人离婚。诚然，普通女子对抗日军人确实敬佩，但与之结婚共度一生总有顾虑。除非参军前已有婚约并为了对女方有所交待或为满足父母心愿在离家前先成家。这部分青年大都从小定亲，愿意守候。还有就是妇女干部为动员青年男子参军抑或对方是军官，觉得跟着他光荣有前途，一般情况下普通士兵无此待遇。况且，农村男女比例失调，女性结婚永远惹人注意。革命干部享有革命带给的优越，这在革命圣地延安表现得尤明显。⑤ 多数情况是男方当兵走了，他们中有些人牺牲，有些人长期随军作战，女方迟迟得不到音讯，面对种种生活压力，孤独无助，就在父母见证下改嫁他人。即使夫家有意见，但你人不在身边，大家乡里

---

　　① 王向贤：《"抗属"的贞节》，载于《思想战线》2004年第1期。

　　② 《晋冀豫区妇总会一年来妇女工作总结报告》（1941年8月），山西省档案馆藏，山西革命历史档案，A1-7-4-6。

　　③ 岳谦厚：《边区的革命（1937-1949）——华北及陕甘宁根据地社会史论》，社会科学文献出版社2014年版，第382页。

　　④ 据五台县东雷乡坪沟掌村人李某口述。

　　⑤ 参见范瑾：《走向解放的冀西妇女（续）》，载于《中国妇女》1939年第4期。

乡亲，人人都得生活，只能作罢。①

相对于整日苦于丈夫参军后生活无着的抗属，还有一些走向另一极端：在革命精神鼓舞下，不管不顾地在村里干起革命，引发家庭矛盾，既影响根据地内部稳定，又引起前线将士不安。华北敌后某村有一对夫妻，小两口情投意合，谁料竟闹起离婚，缘于两口子都是热血青年，眼看日军践踏家乡，横行霸道，纷纷参加抗日活动。然遭到婆婆不满，媳妇和婆婆不断吵闹。结果两人关系恶化，最后离了婚。② 他们二人可以说是那个时代进步青年夫妻的一个典型，两人本来感情和睦，却因都要革命发生争执，这是妇女解放运动带来的一个问题。

战争改变女性人生并带给其新契机，然新契机背后有许多难言的辛酸。尤其抗属在享受优待之时面临生命财产安全问题，日伪时常打击报复她们。每当日军大规模"扫荡"时抗属房屋被拆毁或烧掉，她们四散逃亡，不敢承认是抗属，有些人甚至与抗属断绝亲属来往。③

六、军婚保障机制的基本性征

在民族生死存续的关键时刻，中共采取一切方法保障军婚和谐、维护军人家庭稳定并带有鲜明的特点。

（一）持续性

早在苏区时期，军人婚姻问题就引起人们注意，特别是涉及战士婚姻处理尤为慎重，相继颁发了一系列婚姻条例，如《中华苏维埃共和国婚姻法》《鄂豫皖工农兵第二次代表大会婚姻问题决议案》。到抗战全面爆发，社会对军人的关注和崇敬更盛，对军婚的要求和限制更多，这一时期根据地立法日益细致，甚至出台专门性文件，如《陕甘宁边区抗属离婚处理办法》、《关于我们的婚姻条例》（1941 年 7 月 7 日晋察冀边区行政委员会指示信第五十一号）、《山东省保护抗日军人婚姻暂行条例》等。后来到国共内战时期，相应的立法工作仍在继续，像《晋绥边区关于保障革命军人婚姻问题的命令》《冀南行署关于处理婚姻问题的几个原则》《华北行政办事处苏北支前司令部关于切实保障革命军人婚姻的通令》等。据不完全统计，从 1930 年 3 月 25 日闽西第一次工农兵代表大会通过的

---

① 据五台县东雷乡坪沟掌村人王某口述。
② 赵嵓坡、俞建平：《中国革命根据地案例选》，山西人民出版社 1984 年版，第 183～185 页。
③ 中华全国妇女联合会编：《蔡畅邓颖超康克清妇女解放问题文选（1938－1987）》，人民出版社1988 年版，第 2 页。

《婚姻法》到 1949 年 8 月 6 日绥远省《关于干部战士之解除婚约及离婚手续一律
到被告所在地之县政府办理的通令》，苏区、抗日根据地和解放区政府共颁布 39
部婚姻法律规范性文件，其中 20 部包含了保护革命军人婚姻的条款，6 部是保
护革命军人婚姻的专门性法律文件。[1]

（二）广泛性

军婚保障机制的参与者广泛，不仅有政府部门、立法机构，还有各民间团
体、妇救会和乡里宗亲组织等，更有无数热心群众拥军优抗，虽是个人婚姻却关
系着社会和国家建设。其内容不限于政府文件或法律条例的要求和限制，不单单
限制抗属解约离婚，更调动一切资源解决具体生活困难，在全社会宣传营造抗属
光荣、参军光荣、优抗光荣的舆论氛围。如前所述，帮助战士建立家庭、组织代
耕代收、逢年过节座谈慰问、宣传塑造优秀典型等都是军婚保障机制中不可缺少
的重要环节。

（三）协作性

保障机制的有效运作是政府、社会团体和群众协作配合的成果，是法律、舆
论、道德多种势力交汇而成的结果；其中政府是主导，群众是主体，他们通过法
律条例规范限制群众和妇女行为、通过舆论宣传和道德感召引导妇女和群众向着
中共希望的方向努力，这种自上而下的因势利导和自下而上的行动配合使得军婚
保障机制得以有效运作并不断得以完善。诸如此类的例子不胜枚举，像中阳二区
高家圪塔高有保和河曲坞头村张树廷都是参加部队后在政府关怀和群众帮助下娶
过媳妇，而像兴县五区魏家滩村主任代表尹性明之类破坏军婚的人既要接受政府
调查处罚，又要面对批斗大会上群众的声讨。

（四）强制性

对于一些执迷不悟、严重危害社会利益、干扰革命事业的人要严厉制裁，如
《晋察冀边区婚姻条例草案》规定"挑拨抗属离婚者，处以一年以下之徒刑。"[2]
《修正淮海区抗日军人配偶及婚约保障条例》规定"娶抗日军人配偶者，处三年
以下有期徒刑""非法婚姻，从中说和或主持者，处一年以下有期徒刑""与抗
日军人配偶或有婚约之未婚妻通奸，或和诱略诱其脱离家庭者，各依普通刑法加

---

① 黄传会：《天下婚姻》，作家出版社 2009 年版，第 291 页。
② 韩延龙、常兆儒主编：《中国新民主主义革命时期根据地法制文献选编》第四卷，中国社会科学
出版社 1984 年版，第 815 页。

重处刑"。① 不可否认的是，强制性难免会对女权、人权造成一定程度伤害。

（五）发展性

随着革命发展，中共对军人婚姻政策进行了调整。红军初期受新思想影响奉行婚姻绝对自由的原则，后因"扩红"困难开始限制离婚或解除婚约。全面抗战爆发后，为解除战士后顾之忧，对抗属解约离婚作出细致规定，延长抗属提出离婚年限，而符合离婚条件者则拖延办理时间；在抗战最艰苦时期更在原则上不允许离婚改嫁以安抚军心。同时，政府行政支持体系逐步建立，一系列拥军优抗政策相继出台，社会舆论因势利导，军婚保障机制渐趋完善。面对具体的军婚问题不以一纸判决了事，而是问明缘由，该处罚的处罚，该帮助的帮助。各级干部、妇救会甚至邻里乡亲都会做女方工作，摆道理、讲事实，说典型、比先进，晓之以理、动之以情。不过，中共军婚政策及其实践带有鲜明的战争烙印和浓厚的革命情节，这是毫无疑义的。

---

① 韩延龙、常兆儒主编：《中国新民主主义革命时期根据地法制文献选编》第四卷，中国社会科学出版社 1984 年版，第 872~873 页。

第二章

根据地党政军民整合[*]

第一节 八路军在晋西北落地扎根

全面抗战爆发后，八路军向晋察冀绥四角地区展开游击战部署，大同失陷使这一计划受挫。八路军集中部署一地则会处于日军包围之中，有被全歼之险。鉴于战局变化和战略部署选择，中共发现山西管涔山是进行游击战的适宜之地，于是围绕管涔山脉在晋西北地区部署游击战。晋西北位于同蒲路以西，平绥路以南，汾离公路以北，黄河以东区域。西凭黄河，屏障陕甘宁，拱卫延安；东襟汾河，虎视同蒲，隔同蒲路与晋察冀、晋冀鲁豫两边区相接，成为与陕甘宁边区联系重要通道；北越平绥路，迄包头、百灵庙、陶林、武川一线，控制平绥路和长城要塞。全区丘陵起伏，土梁盘结，沟壑蜿蜒，道路四通八达；境内有吕梁山、大青山、管涔山、云中山、蛮汉山、黑茶山等山脉；有黄河、汾河、大黑河等河流。山河交错，便于进行游击战、迂回歼敌。[①] 鉴于其独特的地理位置以及中共与阎锡山的统一战线，八路军将之作为抗日基地，并根据该地区政治军事状况创

---

　*　太原理工大学马克思主义学院张文俊教授和西安外国语大学马克思主义学院李瑞峰博士参与了本章初稿撰写。

　①　王震：《一二〇师与晋西北抗日根据地》，见中国人民解放军历史资料丛书编审委员会编：《八路军·回忆史料》一，解放军出版社1988年版，第137页。

建晋西北根据地。以往关于晋西北抗日根据地开辟的研究，仅限于统而概之地阐述八路军进入、八路军游击战以及依靠统一战线组织战动总会开展党的工作，[①]鲜有分析一二〇师进入晋西北如何动员群众，并借助统一战线组织战动总会将中共动员理念渗入地方和改造政权进而达到扎根目标。有鉴于此，本节将从微观角度探讨一二〇师在晋西北的扎根。讨论这一问题，不仅可以还原晋西北抗日根据地创建实态，还可审视八路军建立根据地的群众路线和艰难历程。

一、一二〇师进入地方的民众动员

大同沦陷，日军长驱直入，相继占领左云、右玉、平鲁、朔县、宁武等地，晋绥军败退，国民党政权溃散南逃，晋西北多数地区政治及社会失序。1937 年 9 月 17 日，一二〇师抵达榆次，后进至忻县以北集结待命。接到毛泽东指示，要其转战晋西北管涔山地区活动。[②] 9 月 27 日，一二〇师师部和三五八旅抵达神池地区，并在神池义井镇召开军政委员会，决定由三五八旅第 716 团团长宋时轮率领团第 2 营为骨干组成独立支队，绕道朔县以北怀仁、山阴以西地区活动；师主力进到神池西北约 25 公里的石湖村地区侧击井坪南进之敌。[③] 通过游击战，打击日伪势力，稳定地方，开创根据地。

根据地的开辟是以八路军的军事进入为基础，在军事进入地方情况下党组织利用各种机遇和资源，主动发动群众。在一二〇师向晋西北行进中就派出军队工作团进行地方工作，将教导团全部干部、学员近 800 人，以及从师直属机关和部队抽调干部 1 000 余人，组织若干地方工作团，分赴兴县、临县、方山、河曲、保德、偏关、静乐、神池、五寨、宁武、岚县、忻县、岢岚、朔县等 14 县，协助地方党组织宣传群众，发动群众，武装群众。[④]

至于如何动员群众？一二〇师将群众动员工作专注于乡村。关向应和甘泗淇认为乡村大有可为，由于日军占领某一城市，不可能立刻深入乡村，没有足够兵力分驻广漠地区，亦没有足够收买汉奸的钱财，他们只能占领城市，乡村反倒利于八路军活动。[⑤] 于是一二〇师每经过一个村庄就贴出八路军布告，发出"争取老百姓回家"的口号，进行舆论宣传。同时宣传员、战士和剧团的演员们亦纷纷

① 如穆欣的《晋绥解放区鸟瞰》（山西人民出版社 1984 年版）、田酉如的《中国抗日根据地发展史》（北京出版社 1995 年版，第 100～105 页）、山西省史志研究院和中共内蒙古自治区党史研究室的《晋绥革命根据地史》（山西古籍出版社 1999 年版）等。

② 张平化：《张平化回忆录》，湖南人民出版社 1989 年版，第 69 页。

③ 李烈主编：《贺龙年谱》，人民出版社 1996 年版，第 240 页。

④ 罗贵波：《革命回忆录》，中国档案出版社 1997 年版，第 104 页。

⑤ 《王恩茂日记——抗日战争（上）》，中央文献出版社 1995 年版，第 62 页。

出动，走近群众，与群众当面交谈，吸引群众。如八路军战士吴和女演员鲁到达宁武一带，进入农村搜遍每一个院落，遇到的只是禁闭的柴扉和惊飞的母鸡。后来，他们在村后一片榆树后面寻见两间茅草屋，走进去意外地发现在屋门内坐着一位老妇。他们就像发现金矿一样高兴，首先吴惊喜地上前询问："老婆婆，快快来，你家里人都那里去了？不，不要怕，我们都是自家人……"吴满口地道的湖南话说得又快又急，老妇人一点没有听见，只踉跄地躲在灰暗的屋角里。可见，老婆婆见了陌生人和军人心理胆怯，吴主动询问没有引起老婆婆的好感。随即鲁又用北平话与老婆婆交谈，他们像在自己家里一样热情地擦桌子、担水、扫地，感动了老婆婆。老婆婆将藏在后山的丈夫喊回家，夫妇俩发现八路军并非其他"作威作福"的军队，又陆续将自己孩子召回家，第二天将村里所有人都召回家，聚集在八路军周围。鲁的普通话以及他们平易近人的行为赢得老婆婆的信任，进而引起整个村庄对八路军的好感，使八路军的群众工作有了一定基础。[①]显然，八路军在情感方面的投入在很大程度上赢得了群众信任。

大多数村民回村后，八路军立即召集村民搭建舞台演戏，周围村庄的村民闻讯赶来凑热闹，观看演出。抗日宣传戏引起群众共鸣，霎时激起群众的抗日心理。八路军借机在舞台前宣布优待抗战军人条例，解释组织自卫军的办法，当即有四五十人应征。他们胸口挂上"自卫军"的白布条子，组织"纠察队"维持会场秩序，招待伤兵，制裁抢劫的乱兵。自卫军则在村口和大路口站岗放哨。除了利用民族情绪动员外，八路军还从解决实际生活难题方面吸引民众，在筹集抗战物资时发扬民主精神，充分发挥阶级斗争的作用。八路军战士在村长和富户们的柜房里商量筹备钱粮、油、麦、马铃薯和办公费，他们中间若有不积极者则会遭到普通民众的抗议和声讨。可见，八路军通过与群众掏心窝子的交谈和相处获得群众信任，尤其在抗日物资的负担层面由富者承担而不累及大多民众。这种平等相待群众、爱护群众、感召群众参与对日斗争的行动，博得了群众信任和支持。

此外，他们还通过与当地群众深入接触，获知群众逃避一空的原因所在，即担心军队摧残和受到国民党军、地方势力与汉奸的蛊惑。从繁峙、代县撤退下来的友军部队纪律太差，拉夫、捉牲畜，甚至抢东西、奸淫妇女，无所不为。当地人民害怕，逃避一空。地方势力为维持他们的"统治"亦散布谣言，向农民传播："八路军帮你们组织好了自卫队、义勇队，以后就要带走的！""参加这些民众武装组织以后，就要到前线上去送死！"汉奸更是猖獗地造谣破坏，说"日本是不杀民众，只杀办事员、义勇队、自卫队的；所以不要去办事，自卫队义勇队

---

① 林彪等：《晋北游击战争纪实：第八路军英勇的战绩》，长沙战时出版社 1938 年版，第 19 页。

也不要干，就会太平无事了。""墙上贴有抗日标语的，就会被杀，所以该涂掉它！"甚至说"繁峙，代县一带，日本所以要杀老百姓，是因为八路军在那里烧了日本飞机，打死了日本兵……""日本烧得凶是因为有八路军的扰乱"。① 这些以假乱真的谣言伤害了群众的友善心理，使群众对八路军产生恐惧。

为了消除社会恐慌，深入乡村，一二〇师政治部宣传部部长张平化亲自带部属到晋西北第一区动员群众。② 在岢岚城内集结自卫军 38 名，其中东街 20 名、西街 18 名，离原计划 100 名还差 62 名。自卫军组建成绩甚微，说明八路军工作团的地方动员相对困难。究其原因：（1）有些闾长不负责；（2）群众躲避战争，还未返城；（3）有些群众的莜麦、山药蛋和麻没有完成秋收，不愿加入自卫军；（4）有些不愿加入自卫军者进行造谣，破坏别人加入自卫军。③

针对直接进行群众动员的困难，八路军则从地方社会寻找办法，依托中共与阎锡山建立的统一战线组织战动总会，普遍成立县、区、村战地动员委员会，通过动委会拉拢地方上层分子参加，召集一批合法当然委员，即县、区、村长、公道团长、牺盟代表、教育界代表和当地积极干部，在他们加入前提下再召开村民大会选举民众代表，补选区、县动员委员会，充实真正民众的代表数额。同时执行县政府颁布的废除一切捐税和粮款的摊派；执行国民党山西省政府和绥靖公署颁布的"优待抗战军人家属办法"，先在当地义勇队成员中实施；废除限制卖盐的禁令，讨论并实行减租减息。④ 讨论减租减息后召集地主开会，商量具体执行办法，决定最低数目，在村民大会公布执行。"合理负担"则按当时一二月所需要的粮款首先由动员委员会讨论，决定每家富有者所负担的数目，与富有者当面商妥。如果不承认则在村民大会上讨论。那些既没有人在家又没有粮食在家的富户，则宣布暂时充公他一定的土地。如他回来时交纳其应负担的粮款后，仍可把暂时充公的土地交还于他。若到第二年春耕还不回来，则将其一定的田地无租税地租交给最贫苦的农民耕种。⑤ 由此可见，在政治上中共党组织利用地方社会关系渗入乡村社会，通过民主选举将中共的人员或亲近中共者选入动委会，加强中共组织对动委会的影响，宣传和实行抗日动员政策；在经济上推行减租减息和合理负担，为大多数群众获取直接经济利益，以得到他们支持。

此外，还依靠抗日救国会进行除奸和扩展游击队。宁武二区的宁化堡成立抗日救国会，组成 800 多人游击队，筹集 4 万多元；打垮汉奸维持会，提高群众抗

---

① 林彪等：《晋北游击战争纪实：第八路军英勇的战绩》，长沙战时出版社 1938 年版，第 80 ~ 82 页。
② 《王恩茂日记——抗日战争（上）》，中央文献出版社 1995 年版，第 63 页。
③ 《王恩茂日记——抗日战争（上）》，中央文献出版社 1995 年版，第 67 页。
④ 林彪等：《晋北游击战争纪实：第八路军英勇的战绩》，长沙战时出版社 1938 年版，第 82 页。
⑤ 林彪等：《晋北游击战争纪实：第八路军英勇的战绩》，长沙战时出版社 1938 年版，第 82 ~ 83 页。

日积极性。① 在除奸斗争中，掌握灵活的斗争策略十分重要和必要。为此，三五九旅政治部宣传科科长王恩茂主张争取一切动摇分子，不能让愿意抗日者站在民族统一战线之外，改变对地主的错误认识，认定地主都会投降日军是不对的，应当联合抗日地主，打倒不抗日地主；确定汉奸，须有确实事实和条件，不能随便加"汉奸"帽子于他人；一切战争动员，须经过深入政治动员和宣传鼓动，防止强迫命令做法，杜绝日寇作欺骗宣传口实。② 王恩茂分清敌友及推行乡村统一战线的建议符合现实政治环境，利于扩大抗日阵营。

八路军落实军民平等观念，主动帮助村民，无疑拉近了八路军与民众的关系。三五九旅曾驻崞县楼溪村会，一宿两餐，给村会 5 毛钱伙食费，村会不要，理由是"八路军的人吃饭，我们不收钱"。八路军一再解释并劝村会收钱，村会才收下，还派一人帮三五九旅带路到西营。③ 驻军轩岗时，又动员部队帮助群众春耕。④ 八路军这种与民平等，不拿群众一针一线，协助群众解决生活难题的行为和作风，无不获得群众好感和信任。

日军暴行激起的民众仇恨亦为群众动员提供了空间。据王恩茂日记载，他们去崞县上大牛村路上看到许多被日军烧了房子的群众在挖土洞居住，表示悲愤惨痛。原平、崞县、阳武、施家野庄等地被日军蹂躏的群众有 2 000 多人，避难于上大牛村。王恩茂等到达上大牛村时，一位姓王群众主动给他们带路，吐露日军放火残暴行为。⑤ 民众苦难生活及其仇日心理，为八路军抗日动员提供基础。由此，八路军散发传单时极力揭露日军暴行，赞美抗日及参加八路军的光荣行动。其宣传内容："加入八路军，消灭烧杀淫掳的日本强盗""加入八路军，争取抗战连续胜利""当八路军最光荣"⑥ "欢迎爱国同胞加入抗日军！""坚持抗战到底，反对和平妥协！""彻底肃清汉奸！"⑦ 这些质朴的语言道出了日军的残暴和八路军的抗日，利于引导民众加入八路军抵抗日军。

由上可见，在混乱的战争环境中，面对动员中的各种困难，八路军和地方党组织积极推行群众路线，依托统一战线扩大中共影响，用具体的情感行为感化群众，满足群众的经济和政治利益需求，推动群众斗争，激发群众的抗日热情，使群众同情和支持八路军的抗日动员，乡村出现了拥护八路军及其抗日组织的群众。

----

① 《王恩茂日记——抗日战争（上）》，中央文献出版社 1995 年版，第 78 页。
② 《王恩茂日记——抗日战争（上）》，中央文献出版社 1995 年版，第 84~85 页。
③ 《王恩茂日记——抗日战争（上）》，中央文献出版社 1995 年版，第 99 页。
④ 《王恩茂日记——抗日战争（上）》，中央文献出版社 1995 年版，第 114 页。
⑤ 《王恩茂日记——抗日战争（上）》，中央文献出版社 1995 年版，第 98 页。
⑥ 《王恩茂日记——抗日战争（上）》，中央文献出版社 1995 年版，第 139 页。
⑦ 《王恩茂日记——抗日战争（上）》，中央文献出版社 1995 年版，第 163~164 页。

二、依靠战动总会扩充组织和渗透地方政权

军队进入是开辟根据地的第一步；以军事为基础，地方党组织的进取是根据地创建的第二步。[①] 一二〇师初到晋西北，中共地方党力量薄弱，只有零星的一些党员做地下工作，没有形成组织网络和坚强堡垒。[②] 为了突出党的影响，发挥党组织作用，9月下旬一二〇师政治部主任关向应率师政治部大部和教导团700余人到岢岚[③]，10月关向应受中共北方局委托组成以赵林为书记、罗贵波为副书记的晋西北区党委，以统一领导晋西北和绥远地区党的工作。[④] 地方工作是一二〇师扎根晋西北的关键，军队不仅派出地方工作团，而且地方党亦注意到地方工作的重要性。为此，地方民运干部的培养就显得十分紧迫和必要。在岢岚，千余人分期分批在区党委机关接受短期训练，组成若干分团，每分团由20多人组成，分赴各县从事地方工作。[⑤]

牺盟会作为第二战区领导民运的合法政权组织，因其权力核心层由中共地下党员充任，则从国民党山西政权层面协助中共地方工作。太原失守之际，牺盟会派中共地下党员王焕光以特派员身份，在河曲、保德、偏关等县从事抗战救亡工作，由于党员数量少、组织不健全，多数县没有成立县委，地方工作不尽如人意。直到八路军进入，加上晋西北区党委活动，牺盟会工作始有成效，陆续向各县派了特派员，在第二行政督察专员公署和第四行政督察专员公署[⑥]建立牺盟会中心区。特派员和中心区秘书多由中共地下党员担任。[⑦] 这样，中共组织借牺盟

---

① 黄道炫：《抗日根据地开辟中的党政军一体化建设》，载于《军事历史》2017年第3期。

② 罗贵波：《革命回忆录》，中国档案出版社1997年版，第106页。

③ 岢岚的政治地位十分重要，是八路军由西北、雁北、绥远和大青山通往岚县的必经之地，亦是中共晋西北区党委机关和战地总动员委员会总会、第二专员公署、保安司令部、牺盟会岢岚中心区、民族解放先锋队的一个队部和骑一军驻岢岚办事处所在地。参见罗贵波：《革命回忆录》，中国档案出版社1997年版，第105页；卢梦：《一九三八年的岢岚》，见《山西文史资料编辑部》编：《山西文史资料全编》第3卷，1999年印，第142页。

④ 王震：《一二〇师与晋西北抗日根据地》，见中国人民解放军历史资料丛书编审委员会编：《八路军·回忆史料》一，解放军出版社1988年版，第137页。

⑤ 罗贵波：《革命回忆录》，中国档案出版社1997年版，第104页。

⑥ 按战初期阎锡山对山西的行政区划，晋西北地区有两个行政区，设两行政督察专员公署：第四专员公署全面设临县白文镇，辖临县、兴县、岚县、方山、静乐、离石、中阳等县，专员是张隽轩，为中共秘密党员；第二专员公署设岢岚城内，辖岢岚、五寨、神池、宁武、崞县、忻县、保德、河曲、偏关等县，专员是杨集贤。卢梦：《一九三八年的岢岚》，见《山西文史资料编辑部》编：《山西文史资料全编》第3卷，1999年印，第142页。

⑦ 罗贵波：《革命回忆录》，中国档案出版社1997年版，第106～107页。

会招牌开展地方工作，基本不受阎锡山政权干扰。[①]

除利用牺盟会掩护外，第二战区的统一战线组织战动总会对晋西北根据地建立起了至关重要的作用。战动总会的大力协助，是晋西北根据地创建中的独有特征。战动总会全称"第二战区民族革命战争战地总动员委员会"，于1937年9月在太原成立。全面抗战爆发后，周恩来、徐向前等到山西同阎锡山商谈抗日，提出共产党、八路军代表参加由国民党山西政权组织的战动总会。阎锡山根据自己对中日战争判断，觉得中国要战胜日本需进行民族革命战争。所谓民族革命战争，即"在使敌人虽以武力胜利之后，但亦不能以开科取士之旧方式，一纸告示，遂尔统制我国家。欲达到此目的，必须集合全国爱国志士，唤起民众，组织民众，训练民众，武装民众。使我全体民众有明确的认识，坚决的决心，一致的行动，保有继续作战的能力，最后胜利，始有把握。日本今日本身之武力不足以统制中国，我果能走上民族革命之途径，在军事上无论如何失败，但持至最后，国家亦能存在。否则单凭武力成为弱国对强国之战争，军事一旦失败，民众势将涣散，敌人传檄而定，我即无以立国矣。"[②] 从阎氏分析看，他认识到了民族革命的潜能，认为仅凭军事无法击败日本，日本即使依靠武力占领中国国土亦难以统制民众。中国可借助民族主义动员民众、武装民众抗日，中国才能最后胜利。阎锡山意识到民众的重要性，欲动员民众抗日。

阎锡山动员民众坚持抗日的想法，与中共党人动员群众进行敌后游击战的战略不谋而合。周恩来建议成立动员民众的专门组织引起阎氏好感，他同意成立战动总会，要其贯彻《山西民族革命十大纲领》[③] 精神。然阎锡山不懂动员之术，则想借助中共的动员能力实现其守土抗战目标。以此为契机，第二战区民族革命战争战地总动员委员会产生。

战动总会行政机关设于岢岚，主任委员续范亭，副主任委员由第二行政督察专员公署杨集贤兼任，下设组织部、宣传部、人民武装部、动员分配部、铲除汉奸部和总务处。组织部部长南汉宸、副部长梁化之，武装部部长程子华、副部长

---

① 《杨尚昆回忆录》，中央文献出版社2001年版，第180页。

② 《上中国国民党对日实行民族革命战争遗呈（1937年9月9日）》，见阎伯川先生纪念会：《阎伯川先生要电录》，台北七海印刷有限公司1996年版，第438页。

③ 《山西民族革命十大纲领》的具体内容：1. 贯彻全民抗战，组织自卫队、游击队，开展游击战争；2. 创建政治化、主义化的抗日革命军，在军队中执行民主集中制；3. 确实执行优待抗战军人家属条例，改善士兵生活；4. 扩大民众救亡运动，建立广大的民众组织；5. 创造民族革命的干部；6. 健全总动员实施委员会，加速动员，改善政治；7. 铲除汉奸卖国贼及坏官坏绅坏人，扶植民主监政；8. 确实实行合理负担，逐渐减租减息，改善人民生活；9. 加大工业生产，扶植手工业，改善工人生活；10. 实施抗战的农村建设。

郭宗汾，除奸部部长由国民党左派郭任之[①]担任，宣传部部长李公朴[②]、副部长为公道团团长薄右丞，动员分配部部长为山西省政府秘书长王尊光、副部长武新宇，总务处处长郝梦九。[③] 其是抗日统一战线的组织，从表面看由阎锡山主导，实则中共派了强有力的干部从事动委会领导工作。[④] 掌管军事的核心部门由中共党员程子华负责，动员分配部由中共党员武新宇负责。此外，续范亭是中共抗日活动的鼎力支持者。其原为西安绥靖公署驻甘行署参谋长、陆军新编第一军中将总参议，在1937年初接受周恩来、南汉宸建议，以杨虎城代表身份回到山西做阎锡山工作，推动抗日救亡运动。[⑤] 后来，出任第二战区行营高级参议，较为认同共产主义革命、中共抗日路线及改善民生政策，支持中共全面抗日战略。[⑥] 副主任杨集贤在抗战初期对中共亦有一定好感。二专署举办行政干部训练班时，他主动聘请一二〇师民运部部长罗贵波担任训练班主任，给干部讲课。[⑦] 在这种政治氛围和抗日环境中，战动总会在很大程度上被中共支配。

凭借战动总会掩护，中共抗日理念和行动容易嵌入地方；尤其在晋绥军撤退、国民党县政权坍塌情况下，战动总会具有恢复和重建敌后秩序权力。根据总会协议规定，其活动范围在晋西北、雁北和绥远、察哈尔两省。[⑧] 于是，其向晋西北、雁北各县和绥远、察哈尔的属辖县派出干部建立各县动委会，发动群众、组织群众、武装群众、除奸、反特、反霸，动员群众参军、参战、支援前线。在国民党县长逃跑县份，县动委会主任代行县长职权。[⑨]

动委会控制部分县政权得到第二战区国民党高层支持。汾阳、文水一带数十县县长携家逃跑，战区副司令长官卫立煌兵退汾阳找县政府要给养，县政府空无一人。卫立煌既生气，又无奈。恰好战动总会汾阳办事处刘范栋、王迁弼、武人骥以动委会名义慰问卫部，武人骥趁机提出："县长擅自弃城离职，对战机军机贻误甚大，如果有县长坚持职守，出面接应，这次绝不会使贵军为粮食着急了。我们希望卫副司令转告阎长官，请他迅速派县长来，如果有困难，可否让抗日民

① 郭任之后来加入了中国共产党。

② 李公朴未到任，由中共秘密党员赵宗复作为阎方代理人担任，后期由段云负责。

③ 《程子华回忆录》，解放军出版社1987年版，第138~139页。

④ 卢梦：《一九三八年的岢岚》，见《山西文史资料编辑部》编：《山西文史资料全编》第3卷，1999年印，第143页。

⑤ 王震：《一二〇师与晋西北抗日根据地》，见中国人民解放军历史资料丛书审委员会编：《八路军·回忆史料》一，解放军出版社1988年版，第146页。

⑥ 《程子华回忆录》，解放军出版社1987年版，第138页。

⑦ 罗贵波：《革命回忆录》，中国档案出版社1997年版，第128~129页。

⑧ 郭维真：《战地动员工作光辉的一页》，见《山西文史资料编辑部》编：《山西文史资料全编》第3卷，1999年印，第571页。

⑨ 罗贵波：《革命回忆录》，中国档案出版社1997年版，第107页。

众推选。"卫立煌与阎锡山商量，同意由战动总会推选县长。总会当即派武人骅任汾阳县县长，派常芝青任交城县县长，派顾家田任文水县县长，派梁雷任偏关县县长，派张干丞任兴县县长，派马孔智任忻县县长，而这些县长都是清一色的中共党员。

抗战进入相持阶段，随着敌后秩序的相对稳定，阎锡山和中共就晋西北控制权展开博弈。1938 年，日军为配合徐州战役进攻晋西北，占领一些县城。后在国民党军和八路军联合反攻下，日军南移支持武汉会战，晋西北局势渐趋稳定。阎锡山则在中共已掌握政权之县派出国民党县长，造成一些地方形成双县长局面。中共依靠各地动委会与国民党县政府博弈，共同发号施令。结果，中共主导的县仅执行动委会指令，不执行国民党县长命令，致使阎锡山对中共势力较强的县失去控制。[①]

对限制中共活动的国民党县长，动委会还发动工、农、青、妇等群众团体赶跑"顽固"县长。如阎锡山派赵连登担任崞县县长，郭的政策不利于中共。县动委会和牺盟会发动并组织群众与其斗争，群众反抗近 3 个月逼迫赵连登离开崞县，同时以合法形式派中共党员负克宽接任崞县县长。对于开明县长，动委会和牺盟会积极支持。如五寨县县长吕仲周利用阎锡山"有钱出钱，有力出力"口号，为八路军筹粮和筹款，帮助八路军很多，不干涉动委会工作。晋西事变后，晋西北区党委以进步县长名义，送吕到延安学习。不过，动委会和牺盟会争夺县政活动一般限于晋绥军兵力较弱县域，对于晋军兵力较强之县，中共组织不敢轻易夺取县政，则转为控制区村政权，架空阎锡山委任的县长。[②]

在中共政治深入乡村同时，利用动委会内斗削弱国民党势力，增强中共的组织力量。岢岚县动委会主任甄梦笔开了一句玩笑话，山西骑一军驻岢岚办事处主任赵揖唐将之作为把柄，借题发挥斗争甄梦笔，指使专员公署民运科长指责甄梦笔侮辱妇女，不配担任岢岚动委会主任并要甄辞职。这件事在岢岚县城一时轰动。面对国民党进攻，中共地方党毫不示弱，通过战动总会要求第二行政督察专员公署召开大会批判民运科长。公署专员杨集贤虽是反共分子，但因身兼战动总会副主任，面对群情激愤只好开会批判民运科长，撤其职务。[③] 由此可见，战动总会在晋西北具有相当大的权力，胜于第二行政督察专员公署，内部中共势力亦强于国民党。凡晋绥军势力较弱之地，阎锡山的行政工作很难展开。他虽忌恨续范亭和战动总会，但为稳定这一组织不得不任命续兼任山西保安第二区司令，并

① 罗贵波：《革命回忆录》，中国档案出版社 1997 年版，第 127 页。

② 罗贵波：《革命回忆录》，中国档案出版社 1997 年版，第 127 ~ 128 页。

③ 卢梦：《一九三八年的岢岚》，见《山西文史资料编辑部》编：《山西文史资料全编》第 3 卷，1999 年印，第 143 页。

派亲信朱跃武任司令部参谋长、郝梦九任政治部主任，企图掌控司政机关，架空续范亭。然改编后的保安第二区司政机关和各支队多由战动总会骨干组成，进步势力占绝对优势，有的连队中共党员占到总人数20%，阎势力的活动不断遭到抵制，朱跃武无计可施，最后撤离。[①] 显然，面对不受控制的战动总会，阎锡山做了妥协，但他并不想放弃对晋西北的控制，在地方保安队中安插亲信，谋划控制武装和削弱中共影响，却受到进步势力反抗。

从组织关系而言，战动总会和中共晋西区党委是平行关系，战动总会的中共组织受区党委领导。这种组织上的隶属，使得中共能够有效渗入并管控战动总会。区党委的堡垒作用，主要通过战动总会、牺盟会和一二〇师地方工作团发挥。这三个组织在地方工作中积极发展党员，扩充组织。从自卫队和群众团体中发现并培养先进分子，吸收他们入党。党员少部分来自大学生、工人和农民，多数是青年学生和小知识分子。党员知识分子化显著，一则表明中共需要知识分子，接受文化人便于理解党的战略和政略，领会党的工作方式；二则说明农民动员有限，知识分子易于被动员。并在党组织规模和群团组织扩大基础上，区党委在各县建立县委，任命优秀党员担任党的临时县委、地委书记，对外身份是县动委会主任、牺盟会特派员或工作团团长。[②] 以此进一步将党的理念和行动以合法形式嵌入公开工作团，并利用组织网络扩大党的影响，将党植根于地方。[③]

三、一二〇师整编和军事进取

日军占领华北5省重要城镇和交通要道之后将战略进攻方向转向中原，企图夺取徐州、武汉，迫使国民政府投降。日军主力南进，八路军抓紧时间整军和扩充。1938年1月5日，一二〇师开始为期1个月整训。除政治学习、军事训练及工作总结外，还进行整编军队。三五八旅在崞县和宁武组成的忻崞独立团改编为第714团，在汾阳、孝义组成的三泉游击队改编为第716团第2营，雁北游击队编入宋时轮支队并改称雁北支队，神池、五寨的神五游击队改编为独立团第1支队；三五九旅在河北平山、井陉地区的工作团组成的平山独立团改编为第718团，崞县新兵团改编为第719团。于是一二〇师得到扩充，下辖三五八旅（辖714团、715团、716团）、三五九旅（辖717团、718团、719团）、独立第1支

① 武新宇等：《续范亭和山西新军暂一师》，见中国人民解放军历史资料丛书编审委员会编：《八路军·回忆史料》二，解放军出版社1989年版，第348页。
② 罗贵波：《革命回忆录》，中国档案出版社1997年版，第107～109页。
③ 武新宇等：《续范亭和山西新军暂一师》，见中国人民解放军历史资料丛书编审委员会编：《八路军·回忆史料》二，解放军出版社1989年版，第347页。

队、雁北支队、警备第 6 团。①

随着军队扩充，一二〇师对政治干部的需求日益增多，然八路军总部已派不出足额干部，只能由一二〇师自己解决。三五九旅政治部为适应部队扩大和抗日需要，自主培养政工干部，开办政治工作训练班，训练 90 名政工人员，培训两个月，学员毕业后被分配到第 717 团 25 名、第 718 团 20 名、第 719 团 25 名、旅直 20 名。② 经过整编，一二〇师规模进一步扩大，军事组织由散乱状态向统一建制转变，军队的统一领导增强。到 1938 年 2 月，一二〇师由出动抗日时的 8 000多人达到 23 900 余人。③ 从出动到开辟根据地历时 6 个月，人数增长到近 3 倍。这一骄人成就的取得是八路军地方工作团、中共地方组织、战动总会和牺盟会协作进取的结果。

一二〇师进行地方动员和整编之时，亦积极配合友军抗日。为牵制日军进攻徐州，蒋介石和阎锡山决定反攻太原和石家庄，以分散日军兵力。一二〇师负责协同友军反攻太原，切断同蒲路北段，阻敌援军。2 月下旬，日军第 26 师团、第 109 师团及伪蒙军各部兵力，乘一二〇师主力在同蒲路北段作战，由平绥、同蒲路和太（原）汾（阳）公路沿线据点出动，分五路围攻晋西北抗日根据地。④其中第 26 师团的千田联队由朔县出发，23 日占领宁武、神池，分两股，一股向西于 28 日占领黄河渡口保德县城，另一股向南占领五寨；竹内联队由井坪出发，26 日占据偏关，28 日攻占黄河东岸河曲。国民党军何柱国部败退，逃到黄河以西。于是，从太汾公路向西进犯的日军占领汾阳、离石，26 日进至黄河东岸的军渡、碛口，炮击黄河西岸的陕甘宁边区，占领宁武、神池、河曲、偏关、保德、五寨和岢岚 7 座县城。⑤ 日军攻击一二〇师旨在保证交通线畅通，防止八路军在敌后扰乱徐州战役，并非逼八路军过黄河。由于当时日军还未意识到八路军在敌后活动的威力，其打击重点仍是国民党军。不过，中共比较慎重，预估日军会占领山西，逼八路军过河西退，遂采取因应措施，组织各抗日根据地合力阻击日军进攻。

一二〇师在太原以北切断同蒲路，配合八路军其他战斗部队阻敌南下风陵渡。⑥ 后获悉日军进攻晋西北真实意图则转为收复 7 座县城，争取晋绥军与其并

① 李烈主编：《贺龙年谱》，人民出版社 1996 年版，第 251～252 页。
② 《王恩茂日记——抗日战争（上）》，中央文献出版社 1995 年版，第 96 页。
③ 罗贵波：《革命回忆录》，中国档案出版社 1997 年版，第 110 页。
④ 李烈主编：《贺龙年谱》，人民出版社 1996 年版，第 254 页。
⑤ 王震：《一二〇师与晋西北抗日根据地》，见中国人民解放军历史资料丛书编审委员会编：《八路军·回忆史料》一，解放军出版社 1988 年版，第 138 页。
⑥ 贺龙：《依靠群众 夺取胜利——一二〇师在晋西北抗战概述》，见中国人民解放军历史资料丛书编审委员会编：《八路军·回忆史料》一，解放军出版社 1988 年版，第 88 页。

肩作战。为此，贺龙到驻岚县东村镇第 33 军军部，请军长郭宗汾出兵参战，郭不敢应战。贺龙、关向应和续范亭等又到静乐县的晋绥军骑兵第 1 军军部，商请赵承绶参战，赵答应将派一个炮兵连带两门山炮配合。3 月 6 日，毛泽东电示一二〇师集中主力打击日军一路，打破日军进攻计划，巩固晋西北根据地。接到命令，一二〇师计划收复岢岚县城，先控制岚漪河断绝城内水源，以围困袭扰战术压迫日军撤出岢岚。同时又攻克五寨、保德、河曲、偏关、神池，逼日军逃到朔县。然宁武仍被日军控制。宁武城位于宁武关口，是同蒲路北段重要车站，亦是大同至太原公路的一个咽喉。日军在城内留驻精兵 1 500 余人，准备长期固守，控制同蒲路。一二〇师采取围点打援办法，以少数部队和游击队围困县城，以三五八旅、三五九旅主力分布在同蒲路东西两侧，切断宁武至阳方口交通要道。31 日，阳方口日军步骑兵 600 多名在飞机掩护下向南进犯，援助宁武被困之敌，进至石湖河与麻峪附近遭三五八旅和三五九旅夹击。4 月 1 日，宁武之敌弃城向北逃到朔县。[①] 至此，八路军收复 7 县城。这说明敌后游击战在袭扰日军少量兵力上发挥了积极作用。

5 月 19 日，国民党军放弃徐州，日军打通津浦线，调集主力沿陇海路西进。由于日军战线延长、兵力不足弱点逐渐暴露，毛泽东在 5 月 26 日和 6 月 15 日先后指出：敌之主要进攻方向在武汉，暂时无力顾及华北、西北，给八路军放手发展游击战争创造了机会。一二〇师当即深入敌后开展游击战，扩大根据地。在晋西北根据地内，以第 714 团、警备第 6 团、独立第 1 团、独立第 2 团、独立第 6 支队等组成新三五八旅，旅长彭绍辉、政委罗贵波，继续坚持游击战；晋西北东北面，将三五八旅的第 716 团、警备第 6 团，师骑兵营等部开到朔县以北、怀仁以西地区，与当地第 6 支队配合，接替宋时轮支队，坚持雁北地区游击战；在晋西北东面，一二〇师组织第 2、3 独立支队，在忻县、崞县进行斗争。并向绥远拓展，由李井泉、姚喆、武新宇等率领大青山支队[②]，于 8 月挺进绥远，开辟大青山根据地。[③]

晋西北抗日根据地的巩固和扩大引起阎锡山警惕，急欲控制根据地政权。八路军坚决反对，动员群众反抗阎锡山势力伸入根据地。[④] 1939 年 4 月以来，忻县

---

① 王震：《一二〇师与晋西北抗日根据地》，见中国人民解放军历史资料丛书编审委员会编：《八路军·回忆史料》一，解放军出版社 1988 年版，第 138 ~ 140 页。

② 7 月下旬，一二〇师选派三五八旅第 715 团、师骑兵营 1 连、战动总会领导的独立游击第 4 支队共 2 000 多人，组成大青山支队，由五寨地区出发，进到雁北之平鲁、左云、右玉、怀仁、大同长城内外发动群众，开展游击战争，并准备挺进大青山地区。

③ 王震：《一二〇师与晋西北抗日根据地》，见中国人民解放军历史资料丛书编审委员会编：《八路军·回忆史料》一，解放军出版社 1988 年版，第 141 ~ 142 页。

④ 李烈主编：《贺龙年谱》，人民出版社 1996 年版，第 266 页。

被日军占领的同蒲路分为东西两半，路东为晋察冀抗日根据地，路西为晋西北抗日根据地，而路西忻县县政掌握在阎锡山手中。秋季，驻岢岚第二公署专员郭挺一派牺盟会特派员、中共党员马孔智出任忻县县长，阎锡山却让驻交城的第八公署专员陈兴邦派刘鹏飞接任忻县县长，并在第 61 军骑兵司令杜文若支持下强行夺走马孔智的县印。中共路西忻县县委深表不满，决定与阎锡山斗争。地委宣传部长饶斌和县委书记张雪轩、县委组织部部长梅端等共同议定斗争方案，借马孔智事件掀起反对八公署专员陈兴邦的斗争，要求赵承绶转呈阎锡山依法处理，正式委任马孔智担任忻县县长，提出"反陈挽马"。斗争形式采取群众请愿，成立忻县各县"反陈挽马"委员会，发动各阶层群众签名，分批组织请愿团，连续向郭挺一和赵承绶请愿。忻县县长刘鹏飞见势不妙携款潜逃。中共组织继续斗争，直到晋西事变发生后完全掌控忻县，马孔智再次出任县长，斗争消停。① 由此可见，面对阎锡山的夺权，地方党组织能够充分利用群众组织有力回击，使阎锡山势力难以进入根据地。当然，在晋绥军防区，中共的活动较为克制。为了避免双方发生冲突，毛泽东强调八路军在接近友军驻地时要以行动感化友军，不能以武力刺激。

四、在地方打开统一战线新局面

在抗战相持阶段，晋西北出现新旧两种政权并存局面，一方面是阎锡山的政权和军队，另一方面是八路军和中共组织，而战动总会、牺盟会和新军处于中间地带。各种力量相比之下，阎锡山的军事实力占优势，中共在政治上占优势。这种互为竞争的环境，使得统一战线十分重要。它既需做好上层的统战工作，又需做好中层的统战工作。对于晋西北根据地的扎根，中层统战亦发挥了重要作用。在晋西北，军队方面有傅作义的第 35 军、赵承绶的骑兵第 1 军及郭载阳、马占山、何柱国的部队。此处之所以布防大量国民党军，是因该地紧邻黄河和西北。为加强河防，防止日军过黄河占领西北，危及西南大后方和苏联援助通道，并保证晋绥军逃跑时道路畅通，实现国民党军大转移，阎锡山在晋西北部署兵力较多。政权方面以牺盟会和战动总会为主。

如前文所述，牺盟会和战动总会基本被中共掌控。但鉴于国民党的军事力量在晋西北强于八路军，八路军要落地生根则须注重对国民党军的统战。在国民党军方面，傅作义的第 35 军实力最强。1938 年初，傅作义被任命为第二战区北路

① 梅端：《忻县顽固派斗争始末》，见《山西文史资料编辑部》编：《山西文史资料全编》第 3 卷，1999 年印，第 145～147 页。

军总司令兼第 35 军军长，总部设于柳林镇。晋西北是北路军防区，做好傅作义的统战工作尤为必要。对此，中共中央派曾三、程子华到柳林会见傅作义，双方交谈甚欢。恰巧傅作义对八路军的政治工作较感兴趣，此为中共统一战线开展提供了方便。傅作义派周北峰[①]为代表到延安拜会毛泽东等，要求为其部队派政工干部。中共中央让周北峰从延安带回陕公、抗大结业的学员和民族解放先锋队的一些队员，这些队员在傅部很快着手统一战线工作。后来，阎锡山对中共在晋绥军中发展党员和支部表示不满，中共中央在六届六中全会决定不在友军内发展党员；并为表示合作诚意，中共北方局和晋西北区党委派出罗贵波和南汉宸到河曲傅作义总部提交在傅部的中共党员名单，与傅约定：如果傅作义需要就留下中共党员继续工作，如果不需要就送回延安，不管留下或送回延安都要确保中共党员潘纪文、左青、黄建拓、黄克、赵金山的安全。傅表示，只要国民党特务机关没有举动，这些中共党员可以继续工作，一旦有风吹草动将送这些人回延安。而且傅作义较守信用，在第八战区副司令长官任内，因容共遭到国民党政要攻击，遂将 5 位中共党员送回延安。[②] 可见中共对傅作义的统战产生积极效果。傅部既不排斥中共组织和八路军又能与中共和睦相处，不干扰和破坏一二〇师的扩大和晋西北根据地的创建。

此外，中共地方党很重视对社会进步分子的统战工作。传统社会，乡绅在基层社会具有支配权，占有并控制着乡村绝对资源。八路军进入乡村开展游击战亟须从乡村社会汲取资源，而资源的获取在某种程度上会与地方社会发生冲突，为避免这些纠纷就需得到地方乡绅的支持。中共在抗日高于一切原则下，不仅注重对社会上层的统战，而且十分注重对社会中层乃至社会下层的统战。对地方士绅的统战，就是中共中层统一战线工作的一大特色。在晋西北，较为有名的地方士绅代表是刘少白和牛友兰，刘少白是中共党员刘亚雄的父亲。缘于这层关系，在土地革命时期，刘少白就曾为中共做过大量工作，是典型的亲共人士。后来在中共组织栽培下，刘少白成为一名正式党员。

1937 年 1 月，刘少白由绥远返回太原。7 月，经王若飞、安子文介绍，加入中共。8 月，由太原返回兴县，协助一二〇师创建晋西北根据地。刘氏出身地主家庭，家资丰厚，在当地士绅和知识分子中有一定影响。鉴于刘少白的社会网络，中共北方局书记刘少奇赞成刘少白以开明士绅身份开展统一战线，指示刘少白可直接同贺龙、关向应单线联系。9 月，一二〇师进驻晋西北各县，刘少白出任兴县动委会经济部长。为解决八路军物资供应和筹集抗战资金，创办兴县农民

---

①　周北峰为中共党员，曾在山西大学政法系任教。《侯外庐谈阎锡山》，见《山西文史资料编辑部》编：《山西文史资料全编》第 5 卷，1999 年印，第 1182 页。

②　罗贵波：《革命回忆录》，中国档案出版社 1997 年版，第 121 ~ 124 页。

银行，自任经理，筹集基金 3 万多元，发行钞票 11 万元。农民银行发行的钞票，可在保德、临县、岚县一带流通。银行兴办，对八路军筹集民资，管控地方金融起了作用。同时，刘少白还配合兴县牺盟会和动委会工作，利用阎锡山"有钱出钱，有力出力"口号以及自己的社会影响，说服地方士绅牛友兰、杨邦翰、刘训三等人支持八路军抗日动员。仅牛友兰一人就拿出 1 万多银元和 150 石粮食，援助八路军，① 并将自家的宅院捐给一二○师师部。可见，通过发展地方党员，以其地缘关系笼络地方开明人士，为中共融入地方提供了极大便利。

毫无疑问，中共分层的统一战线工作为中共组织及其武装在晋西北根据地创建发挥了重要作用。它是社会关系的一种协调和整合，是中共革命成功的三大法宝之一，在抗日和革命中的价值与地位非同一般。根据地开辟时期，中共要发动群众进行游击战，要防止孤军深入"不服水土"，要汲取资源补给军需，要发展组织深入乡村，要进行新民主主义革命等，这些军事、政治和经济上的需求仅凭中共一党之力难以实现，不仅难获成效且会遭遇挫折，为生存、发展和抗日，则需联合"志同道合"的力量，动员能够团结的一切社会分子，支持中共的持久抗日和政权建设。无疑，统一战线是实现这些目标的有效手段，它的灵活性、坚韧性和原则性保证了中共党政军的纯洁和自律。

五、小结

晋西北根据地扎根，是中共党政军一体化运作的结果。军队是根据地开辟的后盾，亦是党组织战略展开的前提。一二○师不仅要承担游击战的军事进取，抵抗日军，维护并稳定地方秩序，而且更多情况下在进行地方工作，奉行群众至上理念，严格执行群众路线，走近民众，亲近民众，从民众的实际生活和困难入手改善民生，并通过舆论宣传、贴壁报、演话剧等方式，动员民众，使民众对八路军的军风和抗日路线有所认识，进而在民众中引起共鸣，使民众对八路军产生信任，从而组建自卫军和游击队。只要是利于抗日和发展的区域，一二○师正规军乃至游击队都要深入动员，当然晋绥军防区除外。不过，在根据地初创时期，一二○师与晋绥军相处较为融洽，面对日军攻击，他们能够协力抗敌，甚或有深度合作。

党组织是根据地开辟的核心。一二○师扎根地方主要依靠党组织的进取和领导，不管军队党还是地方党都发挥了核心堡垒作用。这种核心作用具体到地方是

---

① 刘献、张友、肖麦林：《刘少白生平事迹》，见《山西文史资料编辑部》编：《山西文史资料全编》第 2 卷，1999 年印，第 889～890 页。

通过统一战线的协作嵌入的，即中共干部把控牺盟会和动委会的主要领导权。尤其是借助战动总会机关设于晋西北的便利条件以及续范亭的亲共，中共人士能够大批进入并掌控战动总会，依靠战动总会具有改造县政权的合法权力，将中共力量渗入地方政权。可谓在根据地扎根时期，牺盟会和战动总会组织基本按照中共行动逻辑，动员民众、建立群团组织、渗透并改造地方政权，使中共的组织网络和政治影响深入到基层。此外，中共进入晋西北对晋绥军驻军将领和地方士绅的成功统战，亦是根据地扎根不可或缺的必备条件。

然而，这种协作中的嵌入对根据地而言是利弊兼具。所谓利，即八路军能够顺利扎根晋西北离不开统一战线组织的大力协助，否则仅靠军队进入很难短时间在地方打开局面并得到地方支持。所谓弊，即中共党组织没有完全在地方公开身份，其威信和影响有很大局限，在群团组织和群众动员中党的合法身份和领导地位很容易被遮蔽，这种现象在政权方面表现尤为明显。政权虽为抗日民主政权，但根据地初创时实则为统一战线的联合政权，中共的领导和角色淹没于统一战线，政权的归属在国共之间不够明晰，以至于抗战进入相持阶段中共和阎锡山之间围绕政权展开博弈，中共虽获胜，却亦给自己敲响警钟，亟待其在党政方面从协作的嵌入中"金蝉脱壳"，完全按照自己的理念和发展战略建设根据地。这亦是之后中共探索民主建政道路的一个重要因素和现实环境使然。

第二节　太行根据地的党军关系

党军体制源于十月革命前后的苏俄，是一种新式统军模式，推动了苏俄革命成功。在 20 世纪 20 年代中国"以俄为师"潮流中，对苏俄政治军事制度的选择成为国共两党的共同追求。在苏俄与中共推动下，国民党率先实践党军体制并在北伐战争中大张其效。1927 年国民党"清党"之后，国民党步入"以军为中心"旧途，而中共继续践行"以党领军"原则并对之加以创新性改造，衍生出特色鲜明的党军关系，即"军队必须完全地绝对地无条件地放在共产党及其领导机关的政治指导之下，不能闹独立性"，塑造了苏维埃革命的新面相。[1] 至全面抗战爆发后，毛泽东更明确提出"党指挥枪"的论断，进一步夯实了中共对军队的绝对领导地位。学界先前关于中共党军关系的研究多注重苏维埃革命时期，而缺乏对

---

[1] 《关于军队政治工作问题》（1944 年 4 月 11 日），见军事科学院《谭政军事文选》编辑组编：《谭政军事文选》，解放军出版社 2006 年版，第 200 页。

全面抗战时期深入细致的考察。① 太行抗日根据地位于晋冀豫三省交界地区，是中共中央北方局、八路军总部、一二九师师部领导和坚持华北抗战的战略中枢，是中国抗日战争和人民革命走向胜利的奠基石。故本节以太行根据地为中心，对这一时期中共党军相互关系做进一步探讨，揭示中共对军队绝对领导确立过程中的繁难曲折性，丰富中共党史及中国抗战史研究。

一、党军关系的互助共赢

南昌起义之后，武装斗争预示中共进入领导武装的新时期，中国工农红军采用苏俄党军制度，实行政治委员与政治部制度，"以党领军"成为中共领导军队的原则并贯彻于整个苏维埃革命时期。② "七七事变"爆发后，国共第二次合作实现，中国工农红军改编为国民革命军第八路军并开赴华北抗日前线，配合正面战场的国民党军队抵抗日军的强大进攻。基于对战争形势的分析判断，中共中央和毛泽东指示将在华北进行独立自主的山地游击战、广泛发动群众组织义勇军、创建游击根据地作为八路军战略任务。③ 其中，创建地方党是一项基础任务。八路军东渡黄河进入山西后，中央军委总政治部作出明确要求，部队在地方上应"协助地方党部发展与加强党的组织及领导，无党的地方，部队应负起建立的责任。"④ 随着战局发展，为达到支持山西正面战场的目标，八路军的部署至为重要。1937 年 9 月 16 日毛泽东致电朱德、任弼时，要求"以一二九师位于晋南，以太岳山脉为活动地区"。⑤ 中共中央北方局和八路军总部根据命令，决定以山西为战略支点支撑华北抗战，独立自主地开展游击战争，分兵发动群众，创建抗日根据地。9 月 21 日，朱德、彭德怀、任弼时联合发出训令："一二九师到达正

① 如［日］田中仁的《抗日战争前期中国共产党的党军关系初探——中共党史研究的再考察》（中国社会科学院近代史研究所民国史研究室、四川师范大学历史文化学院编：《一九四〇年代的中国》，社会科学文献出版社 2009 年版）、李月军的《"党军共生"背景下的多重实践——1927 - 1934 年中共的军队政治工作与党军关系》（《军事政治学研究》2013 年第 1 期）、何友良的《八一南昌起义与中共党军关系的演进》（《军事历史研究》2017 年第 3 期）、曹子洋的《人民军队初创时期党对党军关系的认识与实践》（《中国延安干部学院学报》2017 年第 4 期）等。

② 《军事工作决议案（草案）》（1928 年），见中央档案馆编：《中共中央文件选集》第 4 册，中共中央党校出版社 1989 年版，第 491 页。

③ 中共中央文献研究室编：《毛泽东年谱（1893 - 1949）》中，中央文献出版社 2013 年版，第 16 ~ 17 页。

④ 《中共中央军委总政治部关于部队进行地方动员工作的指示》（1937 年 10 月 29 日），见中国人民解放军历史资料丛书编审委员会编：《八路军·文献》，解放军出版社 1994 年版，第 89 页。

⑤ 《毛泽东关于调整八路军各师活动地区致朱德、任弼时电》（1937 年 9 月 16 日），见中国人民解放军历史资料丛书编审委员会编：《八路军·文献》，解放军出版社 1994 年版，第 30 页。

太路以南，在辽县（今左权县）设后方机关，掩护并开展太行山脉之群众工作。"① 11 月 4 日，八路军总部再次发出指示，要求"各师应抽出大批干部，组织强有力的工作团并各师随校，分成若干队组……进行扩红、组织游击队，改善人民生活，建立党，创立根据地等群众地方工作。"② 据此，一二九师主力及一一五师三四四旅由正太铁路南下依托太行太岳山脉，执行创建晋冀豫抗日根据地的任务。

太原沦陷之后，国民党军队溃败如潮，地方官员逃之殆尽，"社会秩序极度震荡，群众大部分动摇暗淡，无所适从"③，这种权力真空和混乱局面为中共发展创造了条件，毛泽东即指示"一二九师全部在晋东南……准备坚持长期的游击战争"。④ 为贯彻中共中央和八路军总部方针，1937 年 11 月中旬一二九师师部在和顺县石拐镇召开会议，传达八路军总部决定，具体研究部署分兵发动群众、开展游击战争和建立根据地工作。石拐会议后，八路军一二九师陆续派遣师政治部副主任宋任穷、组织部部长王新亭等率领工作团和步兵分队，分别到晋东南各地协助地方党和牺盟会开展工作。分散到各地的八路军或以"八路军工作团"名义，或以支队、大队等名义，在各地从事建党建政、组织游击队活动。如 1937 年 10 月下旬八路军教导团团长翁可业抵达和顺后，即负责组建中共和顺工委，不久改称中共和顺县委，和顺县有了第一个县级党组织。⑤ 11 月 15 日，在八路军工作团团长傅竹庭帮助下，中共襄垣县工委成立，由此推动了该县党组织恢复，先后建立 6 个党支部、12 个党小组。⑥ 在辽县，11 月八路军到达后"形势大变"，其宣传队成为当地建党主力。⑦ 同时，八路军总部训令"各级政治机关应在驻地负责帮助地方党训练党员，基干部队办短期的党员、支委等训练班。"⑧

① 《朱德、彭德怀、任弼时关于发动群众发展游击战争的训令》（1937 年 9 月 21 日），见中国人民解放军历史资料丛书编审委员会编：《八路军·文献》，解放军出版社 1994 年版，第 38 页。

② 《朱德、彭德怀、任弼时关于扩军问题的指示》（1937 年 11 月 4 日），见中国人民解放军历史资料丛书编审委员会编：《八路军·文献》，解放军出版社 1994 年版，第 95 页。

③ 《对晋中工作检查总结报告大纲——冀豫晋省委巡视报告之一》（1938 年 7 月 14 日），见山西省档案馆编：《太行党史资料汇编》第一卷，山西人民出版社 1989 年版，第 289 页。

④ 《毛泽东关于太原失守后八路军的部署致周恩来等电》（1937 年 11 月 8 日），见中国人民解放军历史资料丛书编审委员会编：《八路军·文献》，解放军出版社 1994 年版，第 97~98 页。

⑤ 中共山西省和顺县委组织部等编：《中国共产党山西省和顺县组织史资料》，山西人民出版社 1995 年版，第 13 页。

⑥ 中共山西省襄垣县委组织部等编：《中国共产党山西省襄垣县组织史资料》，山西人民出版社 1992 年版，第 21~22 页。

⑦ 李修仁：《我了解的辽县（左权）、和顺党的建设和发展》，见太行革命根据地史总编委会编：《党的建设》，山西人民出版社 1989 年版，第 572 页。

⑧ 《第十八集团军总部关于训练干部和加强部队政治工作的训令》（1938 年 5 月 31），见中国人民解放军历史资料丛书编审委员会编：《八路军·文献》，解放军出版社 1994 年版，第 191 页。

如 12 月中共沁源县委恢复后即以八路军工作团名义对外活动。[①]

在冀西，1937 年 11 月，一二九师派出骑兵团挺进赞皇、临城等地，协助冀西民训处组织游击队，帮助恢复建立当地党组织。1938 年 2 月 10 日，又派出张贤约、张南生率领的先遣支队在冀豫地区活动，并协助当地党组织开展工作。在豫北，一二九师先后派遣纪德贵支队和三八六旅南下进驻林县，与当地党组织配合开展工作。在八路军襄助下，晋冀豫地区党组织得到恢复发展，党的队伍不断扩大。到 1938 年 5 月，晋冀豫根据地党组织初具规模，中共冀豫晋省委先后建立起 6 个特委和 1 个办事处，至 7 月下属 70 个县党组织，党员发展到 8 600 名左右，为坚持华北长期抗战创造了组织条件。[②] 1938 年 6 月，中共冀豫晋省委召开工作会议，通过《新形势下省委工作新任务》决定。8 月，中共冀豫晋省委改称晋冀豫区委，辖晋中、冀晋、冀豫、太行、太岳、晋豫等特委，全面担负起领导各抗日根据地建设任务。

根据地初创时期，八路军能否壮大事关根据地成长。对此，中共方面清醒地认识到"发展八路军，是发展进步势力之骨干的中心一环，是拳头。"[③] 1937 年11 月，随着太原沦陷，华北抗战逐渐进入以游击战为中心的新阶段，扩大八路军刻不容缓。同月 17 日，刘少奇、杨尚昆致电毛泽东和张闻天，提出"扩大红军要成为华北全党及红军全体指战员第一位重要工作"。[④] 12 月 9 日，彭真进一步要求"各级党部，必须立即集中力量有计划地大刀阔斧地扩大红军并广泛建立游击队。"[⑤] 八路军总部则对具体工作作出指示，要求"党、军双方合议划分工作地区、分配数目，按各区的具体情形规定扩兵方式"。[⑥] 扩大八路军业已成为军队党和地方党的共同责任。中共晋冀豫省委号召各级党组织"迅速猛烈地扩大八路军，拥护八路军。全党同志动员起来，进行扩红运动。"[⑦] 据此，太行山区各县掀起扩军热潮。如在和顺除一二九师、特委、县委建立武装外，几乎所有区

---

① 中共山西省沁源县委组织部等编：《中国共产党山西省沁源县组织史资料》，山西人民出版社 1992年版，第 26 页。

② 中共中央组织部等编：《中国共产党组织史资料》抗日战争时期，中共党史出版社 1993 年版，第 559 页。

③ 《杨尚昆在中共中央北方局黎城会议上的报告》（1940 年 4 月 16 日），见山西省档案馆编：《太行党史资料汇编》第三卷，山西人民出版社 1994 年版，第 200 页。

④ 《刘少奇、杨尚昆致毛泽东、洛甫电》（1937 年 11 月 17 日），见中共中央文献研究室编：《刘少奇年谱》上，中央文献出版社 1996 年版，第 199 页。

⑤ 彭真：《抗战中的新危机与华北党的新任务》（1937 年 12 月 9 日），见山西省档案馆编：《太行党史资料汇编》第一卷，山西人民出版社 1989 年版，第 70 页。

⑥ 《第十八集团军总部关于扩兵工作指示》（1940 年 3 月 2 日），见中国人民解放军历史资料丛书编审委员会编：《八路军·文献》，解放军出版社 1994 年版，第 474 页。

⑦ 晋冀豫省委：《目前军事发展的形势及我们对××区组织问题的提议》（1937 年 11 月 15 日），见山西省档案馆编：《太行党史资料汇编》第一卷，山西人民出版社 1989 年版，第 37 页。

及大编村都拥有自己的武装，这些武装随后大都集体加入八路军。和顺县委在全县开展"借粮""借钱"运动，为部队筹集给养。1938、1939 年领导开展的扩军运动为八路军"秦赖支队"补充了大量兵员，使之由创建初期的数百人发展到 1939 年的 5 000 多人。①

不仅如此，积极配合八路军作战亦是地方党组织的基本职责。1938 年 12 月，日军以 6 个大队兵力分六路向根据地进攻，地方党组织民众支援军队作战，"在粉碎敌人六路围攻中起了相当作用"。② 1939 年 1 月，日军再次进攻晋冀豫根据地，中共晋冀豫区委发出紧急通知，要求各县"全党力量应立即发动、组织与配合八路军动员群众参战，用绝大力量动员新战士，扩大八路军、游击队，帮助粮食给养，发动群众慰劳粮食、鞋、袜、手巾等必需品，解决部队各种困难。"③ 7 月，日军对晋冀豫根据地发动第二次"九路围攻"，八路军总部在给各部队训令中强调"战斗中和地方党密切联系，积极帮助地方工作，使工作深入群众。"④ 晋冀豫区委在扩兵工作方面进行了充分动员，由县委召集分委会深入解释动员武装工作，以克服忽视扩兵工作现象；分委则召集积极分子会进行深入教育，指明参加八路军、扩大八路军是每个党员的责任，只有扩大部队才能保卫支部。正是在"党内把扩兵工作都当成了经常工作，天天作，夜夜作"，扩兵工作取得不小成绩，如 7 月份仅陵川一县就扩兵 200 多人。⑤

地方党与军队相互配合的最大军事行动是 1940 年 8 月八路军发起的百团大战。为配合八路军大规模的军事行动，中共晋冀豫区党委以迫切任务和中心工作来要求各级党委，"动员沿线的地方武装组织以及广大群众……参加与配合我正规军的作战，展开群众的破路运动"，强调"注意与军队的密切配合，听取军事方面的意见，齐一步骤，开展工作。"⑥ 在地方党政和群众密切配合下，百团大战打破日军"囚笼政策"，提高了中共和八路军威望，坚持了华北持久抗战局面。

---

① 中共山西省和顺县委组织部等编：《中国共产党山西省和顺县组织史资料》，山西人民出版社 1995 年版，第 14 ~ 15 页。

② 何英才：《全区党的建设问题》（1938 年 12 月 24 日），见山西省档案馆编：《太行党史资料汇编》第一卷，山西人民出版社 1989 年版，第 502 页。

③ 《中共晋冀豫区委紧急通知第三号——全党动员，保卫晋冀豫抗日根据地》（1939 年 7 月 9 日），见山西省档案馆编：《太行党史资料汇编》第二卷，山西人民出版社 1989 年版，第 419 页。

④ 《第十八集团军政治部关于政治工作训令》（1939 年 7 月 6 日），见中国人民解放军历史资料丛书编审委员会：《八路军·文献》，解放军出版社 1994 年版，第 359 页。

⑤ 张晔：《我们在战争中锻炼着》（1939 年 9 月），见山西省档案馆编：《太行党史资料汇编》第二卷，山西人民出版社 1989 年版，第 560 页。

⑥ 《中共晋冀豫区党委为配合百团大战给正太沿线党组织的指示》（1940 年 8 月 26 日），见山西省档案馆编：《太行党史资料汇编》第三卷，山西人民出版社 1994 年版，第 596 ~ 597 页。

"没有武装便不能生存，便不能坚持根据地的建设。"① 地方党组织在八路军一二九师武力支持下迅速恢复壮大，为根据地开辟、巩固与发展创造了组织基础；地方各级党组织相继建立并领导发动群众、创建抗日民主政权则使八路军不断扩容壮大，成为民族解放的支撑力量，"对根据地工作的深入巩固的巨大作用是非常明白的。"② 对于党军互助，彭德怀表述得很清楚，"军队中政治工作要教育军队爱护人民，处处为人民利益着想，地方党也要教育、领导群众爱护军队，这是我党一个任务的两面。"③ 太行根据地军队和地方党团结合作，地方党协助八路军扩大武装力量，八路军帮助地方党发展党组织，收到了相得益彰的效果。

二、党军关系的现实困境

太行山区地理封闭、经济落后，"一般农民的特点：保守性，私有观念很深刻，依赖性，生活散漫，没有团结，报复性，不相信自己的力量。"④ 这种情形势必对主要以农民为党员和兵员来源的中共党军组织形成冲击，即"党内文盲多（作半数）是一个非常严重的问题"。⑤ 在军队方面，根据八路军野战政治部报告，"党的工作削弱，加以部队分散，环境复杂，外界的坏影响腐蚀，我军已发生了许多极严重的现象。"⑥ 事实上，从红军改编之初，中共就预见到党军关系将受到新挑战，彭德怀分析了可能影响党对军队领导的因素："一对新的环境还不善于对付。二无产阶级成分薄弱，干部中农民成分占大多数，在部队实际工作中常感觉锐敏不够。三党内基本教育不够。"⑦ 抗战时期中共党军关系发展中遭遇的困境印证了中共先前的判断。

① 《李雪峰在太行军区第二次武装干部扩大会议上的政治报告提纲》（1941年1月），见山西省档案馆编：《太行党史资料汇编》第四卷，山西人民出版社1994年版，第62页。

② 《走向深入巩固的一年——1940年晋冀豫工作的简单回顾》（1940年），见山西省档案馆编：《太行党史资料汇编》第三卷，山西人民出版社1994年版，第889页。

③ 《彭德怀在中共中央太行分局高级干部会议上的第二次发言》（1943年2月14日），见山西省档案馆编：《太行党史资料汇编》第六卷，山西人民出版社2000年版，第138~139页。

④ 《中共冀豫晋省委建立太行根据地会议报告》（1938年3月20日），见山西省档案馆编：《太行党史资料汇编》第一卷，山西人民出版社1989年版，第145页。

⑤ 《中共晋冀豫区党委宣传部关于晋冀豫区一年来党内教育工作报告》（1941年8月），见山西省档案馆编：《太行党史资料汇编》第四卷，山西人民出版社1994年版，第619页。

⑥ 《八路军野战政治部关于政治整军训令》（1939年12月12日），见中国人民解放军历史资料丛书编审委员会编：《八路军·文献》，解放军出版社1994年版，第426页。

⑦ 彭德怀：《红军改编的意义和今后工作报告大纲（节录）》（1937年7月22日），见中国人民解放军历史资料丛书编审委员会编：《八路军·文献》，解放军出版社1994年版，第7页。

（一）党军关系面临的挑战

八路军一二九师挺进太行山之后，在打击日军、动员武装民众、建立地方党组织、创建根据地等方面成效显著。但因受政治、战争等一些内外因素影响，军队中出现一些不利党的领导情形。红军改编之初，毛泽东就注意到"某些个别分子不愿意严格地接受共产党的领导、发展个人英雄主义、以受国民党委任为荣耀（以做官为荣耀）等等现象"。① 从太行根据地看，由于军队不断扩大，"新老战士的成分亦随着起了变化"，人才缺乏使得政治工作乏力、部队巩固不足，"军区政治部开初成立，工作人员的缺乏，来历成分亦较复杂，兼之部队是由零散游击队集中建制之地方军，各种政治工作基础薄弱，甚至连营政工干部都不是党员。"② 具体而言，主要表现在军队不巩固和军队党与地方党团结不力两个方面。

1. 军队不巩固

八路军在敌后从事游击战，"农民是八路军的主要成分，同时也是干部的主要来源。"③ 而在统一战线环境中部队又被带入某些非无产阶级思想，政治工作不可避免地沾染到一些游击习气和军阀作风。毛泽东尖锐地指出：在华北华中各根据地内，"一部分军队工作同志养成了一种骄气，对士兵，对人民，对政府，对党，横蛮不讲理，只责备做地方工作的同志，不责备自己，只看见成绩，不看见缺点，只爱听恭维话，不爱听批评话……"④ 主观主义和宗派主义现象亦存在，中央军委和总政治部坦承，"在我们部队里三风不正的现象是存在的，特别是'老子天下第一'，宗派主义的思想更为明显。"⑤ 此外，总政治部还指出政治工作中"存在着对党的路线与党的政策不求甚解，粗枝大叶，生硬搬运，不具体化的现象。"⑥ 而"最显著的是官脱离了兵，内部涣散，不团结。"⑦ 这些不良现象显然影响到军队政治工作开展。如新 10 旅是抗战初期新组建的一支部队，由

---

① 《上海太原失陷以后抗日战争的形势和任务》（1937 年 10 月 25 日），见《毛泽东选集》第二卷，人民出版社 1991 年版，第 392～393 页。

② 晋冀豫军区：《1939 年工作总结与 1940 年工作计划的报告》（1940 年 1 月 6 日），见山西省档案馆编：《太行党史资料汇编》第三卷，山西人民出版社 1994 年版，第 10 页。

③ 谭政：《八路军政治工作的回顾》，见中国人民解放军历史资料丛书编审委员会编：《八路军·回忆史料》三，解放军出版社 1991 年版，第 14 页。

④ 《组织起来》（1943 年 11 月 29 日），见《毛泽东选集》第三卷，人民出版社 1991 年版，第 934 页。

⑤ 《中共中央军委、总政治部关于军队中整顿三风的学习与检查工作的指示》（1942 年 6 月 16 日），见中国人民解放军历史资料丛书编审委员会编：《八路军·文献》，解放军出版社 1994 年版，第 817 页。

⑥ 《总政治部关于整顿政治工作中的三风不正给各级政治机关的指示》（1942 年 10 月 19 日），见中央档案馆编：《中共中央文件选集》第 13 册，中共中央党校出版社 1991 年版，第 447～448 页。

⑦ 谭政：《肃清军阀主义倾向》（1943 年 1 月 16 日），见中共中央文献研究室等编：《建党以来重要文献选编（1921－1949）》第 20 册，中央文献出版社 2011 年版，第 75～76 页。

于在晋冀豫长期分散游击作战，组织上松懈散漫，各种制度多不健全，形成混乱的不正规的游击主义习气，战斗力大受影响。① 又如八路军总部直属队特务团发生5个营级干部贪污腐化，以及第一营被贪污腐化分子贿赂蒙蔽瞒上不瞒下事件。② 到抗战后期，这种情况仍不同程度存在，八路军野战政治部1944年的指示提到，"政治工作在某些部队中竟然大大的削弱了，政治机关的威信降低了，某些政治工作制度也废弛了，政治工作的活动减少了。"③

"党是军队的绝对领导者，是革命战斗任务完成的保证者。"④ 部队中出现军阀主义与忽视政治工作倾向，"已有的部队不坚强、不巩固，党与政治工作没有足够的健全建立"⑤，以致出现"贪污、腐化、浪漫以及由此而产生的某些干部逃亡、军事政治纪律的松懈"现象。⑥ 如八路军独立支队尽管发展迅速，但党政工作并未抓紧，"二大队出现一改编就散的现象，还发生了最严重的贪污、腐化、浪漫、军阀土匪主义等不良倾向……三大队整排的开小差，……把握不住正确的路线。"⑦ 时任该支队司令员秦基伟在日记中写道："部队仍然存在的严重现象是逃亡，干部不团结的现象仍然存在。"⑧ 一年多之后的日记又载："对二大队工作一般已有概念，其中最感觉严重的就是干部的贪污腐化行为、打骂行为和个别干部中不团结等现象，同时部队逃亡仍然存在……。"⑨ 一二九师政委邓小平在总结1940年军队工作时亦指出，"巩固部队的工作太差，发生了阚兴学、高恒如的可耻叛变，某些部队的进步不够，干部关心战士不够。"⑩ 太行军区副司令员王

---

① 赖际发：《我们在百团大战中取得了最大胜利与最大锻炼》（1941年8月），见山西省档案馆编：《太行党史资料汇编》第四卷，山西人民出版社1994年版，第575页。

② 《中共中央北方局、第十八集团军总政治部为巩固部队给各兵团的训令》（1939年5月5日），见《中共中央北方局》资料丛书编审委员会编：《中共中央北方局·抗日战争时期卷》上，中共党史出版社1999年版，第187页。

③ 《八路军野战政治部关于1944年部队政治工作方针的指示》（1944年1月1日），见中国人民解放军历史资料丛书编审委员会编：《八路军·文献》，解放军出版社1994年版，第968~969页。

④ 朱德：《党是军队的绝对领导者》（1940年8月20日），见中共中央文献研究室等编：《建党以来重要文献选编（1921-1949）》第17册，中央文献出版社2011年版，第484页。

⑤ 《太南工作巡视总结》（1938年10月），见山西省档案馆编：《太行党史资料汇编》第一卷，山西人民出版社1989年版，第456~457页。

⑥ 《朱德等关于整军的训令》（1938年2月1日），见中国人民解放军历史资料丛书编审委员会编：《八路军·文献》，解放军出版社1994年版，第139页。

⑦ 糜镛：《关于独支工作的报告》（1938年11月25日），见山西省档案馆编：《太行党史资料汇编》第一卷，山西人民出版社1989年版，第486~487页。

⑧ 秦基伟：《本色：秦基伟战争日记》上，新华出版社2013年版，第7~8页。

⑨ 秦基伟：《本色：秦基伟战争日记》上，新华出版社2013年版，第32页。

⑩ 邓小平：《迎接1941年》（1940年12月25日），见山西省档案馆编：《太行党史资料汇编》第三卷，山西人民出版社1994年版，第855页。

树声在太行军区本年度工作报告中则明确指出营兵数量与质量之差问题。①

同时，相较装备精良、训练有素的日军，八路军军事劣势十分明显。日军的强大扫荡对八路军往往造成巨大军事压力，这在相当程度上又引起部分士兵的情绪变化。中央军委总政治部副主任谭政指出："当敌人用大力进攻的时候，可能招致较大的牺牲，也有可能遭受意外的困难，使战士们感到各种不同的刺激，引起情绪上的变化。"② 秦基伟亦谈道："……部队粮食确实不够，战士中一般情绪不好，……干部办法少，未从积极方式去克服，而是在困难面前表示低头。"③

2. 军队党与地方党团结乏力

中共向来注重全党的团结和统一。八路军挺进太行山区为地方党恢复发展创造了契机，但在敌后复杂的战争环境中，根据地军队党与地方党之间难免发生某些协作不畅乃至不团结现象。正如中共文件所指出的那样，"目前我们全党全军在政治上是完全团结的，但在个别问题上，个别部队间，个别的地方党与军队党之间，个别的干部之间已有不团结的现象发生出来。"④ 刘伯承亦谈道："我们内部，还存在有山头主义，缺乏全面观念，团结不够，互相磨擦、埋怨，影响到工作步调，不能一致。"⑤

第一，在武装政策方面，敌后频仍的战斗环境决定了扩大主力部队与发展游击队成为巩固根据地的必然选项，但在武装发展和政策制定上军队与地方党存在不同意见甚至严重分歧。如"在武装政策上……犯了一些原则上的错误，就是对地方武装的并吞主义与放任主义。"⑥ 军队对群众性游击战争问题了解不够，缺乏长远打算，只顾扩大主力部队，对地方武装培养极差，尤其忽视民兵自卫队建设，甚至将建立的地方武装"连根拔"。一二九师司令部就此指出："（正规军）不管他们的党政工作、军事训练与供给问题……"⑦ 这则使得地方武装建设羸弱，群众武装领袖培养困难，地方党工作缺乏武力支持，继之对军队产生不满。

---

① 《王树声在太行军区第二次武装干部扩大会议上关于军区工作报告提纲》（1941 年 1 月 31 日），见山西省档案馆编：《太行党史资料汇编》第四卷，山西人民出版社 1994 年版，第 67 页。

② 《华北已进入艰苦斗争的阶段》（1939 年 6 月 25 日），见军事科学院《谭政军事文选》编辑组编：《谭政军事文选》，解放军出版社 2006 年版，第 79 页。

③ 秦基伟：《本色：秦基伟战争日记》上，新华出版社 2013 年版，第 140 页。

④ 《中共中央北方局、第十八集团军总政治部为巩固部队给各兵团的训令》（1939 年 5 月 5 日），见《中共中央北方局》资料丛书编审委员会编：《中共中央北方局·抗日战争时期卷》上，中共党史出版社 1999 年版，第 188 页。

⑤ 刘伯承：《对敌斗争与武装建设中最大的经验教训》（1944 年 4 月 30 日），见中共中央文献研究室等编：《建党以来重要文献选编（1921 – 1949）》第 21 册，中央文献出版社 2011 年版，第 242 页。

⑥ 邓小平：《反对麻木，打开太行区的严重局面》（1941 年 4 月 28 日），见山西省档案馆编：《太行党史资料汇编》第四卷，山西人民出版社 1994 年版，第 261 ~ 262 页。

⑦ 《第一二九师关于纠正忽视地方武装建设的指示》（1941 年 4 月 21 日），见中国人民解放军历史资料丛书编审委员会编：《八路军·文献》，解放军出版社 1994 年版，第 629 页。

地方党因保守主义观念存在，以为党有游击队就够了而不需要再提高。地方党亦不重视正规军补充扩大，正规军不得不分散打游击，兵员补充困难。中共中央北方局书记杨尚昆一针见血地指出，"地方和军队表现不团结，其中心问题就在于此。"[1]

第二，在组织关系方面，沟通不畅，力量分散。在上下级关系上，地方认为受军队欺压有许多意见未能声张，边区党委则患"软骨病"不予撑腰。在同级关系上，地方说军队不服从决议，军队说地方强调人民困难不解决实际问题。[2] 此外，地方党与八路军组织接触不按规定办法，存在紊乱现象。[3] 军队与地方党组织配合不够或不团结现象在具体军事作战中亦有体现。如在1939年1月和辽战斗中，群众在地方党领导下参战，但没有得到军队应有帮助。[4] 同时，针对日军对根据地发动的"蚕食""扫荡"，地方党与军队对反"蚕食"斗争无统一认识。这种情形导致两方在对敌斗争中遭受不必要损失。当然，尽管军队党与地方党存在不团结现象，但"这不是说军队干部对地方干部有着很严重的不团结现象，并没有路线原则上的分歧，但彼此不融洽不愉快的现象是有的。"[5]

（二）党军关系受到挑战的原因

中共党组织根基不强以及国民党顽固派和日伪离间破坏，是影响中共领导军队的主要因素。彭德怀指出："一、敌人政治阴谋怀柔政策之加紧。二、汪精卫与吴佩孚等汉奸的活动。三、资产阶级之溶共政策。四、困难的增加尤其是战争频繁艰苦与经济困难。五、我军之扩大，新成分之增加，部队的长期分散行动。"这些"客观条件增加外来诱惑，使政治动摇，贪污腐化，军阀土匪主义，内部不团结等现象易于发生，并且将动摇分子的堕落过程大大缩短了。"[6] 彭真亦指出："现在党和八路军的政治威信及地位都飞跃地提高，许多投机分子都想着来党内

① 《杨尚昆在中共中央北方局黎城会议上的报告》（1940年4月16日），见山西省档案馆编：《太行党史资料汇编》第三卷，山西人民出版社1994年版，第201页。
② 《太行区党委关于检讨统一领导问题的报告》（1945年7月），见中央档案馆编：《中共中央文件选集》第15册，中共中央党校出版社1991年版，第198页。
③ 《怎样深入工作贯彻区委决定》（1939年6月2日），见山西省档案馆编：《太行党史资料汇编》第二卷，山西人民出版社1989年版，第367页。
④ 《第十八集团军政治部关于战时军队政治机关与地方党的关系的训令》（1939年4月15日），见中国人民解放军历史资料丛书编审委员会编：《八路军·文献》，解放军出版社1994年版，第325页。
⑤ 《罗瑞卿在中共中央太行分局高级干部会议上的发言》（1943年2月12日），见山西省档案馆编：《太行党史资料汇编》第六卷，山西人民出版社2000年版，第133页。
⑥ 《中共中央北方局、第十八集团军总政治部为巩固部队给各兵团的训令》（1939年5月5日），见《中共中央北方局》资料丛书编审委员会编：《中共中央北方局·抗日战争时期卷》上，中共党史出版社1999年版，第187页。

浑水摸鱼，托派及一切企图破坏我们的过去和现在的敌人，也在用全力向我们内部钻（我们已经发现了多次），从内部来破坏腐化我们。"①

1. 党组织根基不强

作为领导军队的主体，中共党组织自身团结与巩固是掌控军队的关键要素。全面抗战时期，中共实际上仍是一个年轻政党，无论最高层中央还是军队党及地方党都不同程度存在组织不巩固情形。刘少奇指出："党内的主观主义作风，在一些同志中还没有完全克服，并且在一些同志中，还存在着命令主义、官僚主义与军阀主义等脱离群众的倾向，以及妨害全党团结和统一的盲目山头主义倾向。"②

从太行根据地观之，无论军队党抑或地方党均"尚未能掌握住'严格的布尔塞维克的组织路线'的方针，缺乏严格的组织生活，缺乏坚强的支部工作，缺乏必需的民主，缺乏党的和政策的教育。"③ 具体而言，根据地开辟初期地方党组织虽得恢复，却"迄今还发展得十分不普遍或组织十分薄弱。这是党的工作中最大的缺点。"④ 党组织发展时期则又是"政策上相当混乱的时期，加以发展中某些原则上的错误，如大拉夫主义；用落后口号号召，'参加共产党不当兵'、'参加共产党不出负担不支差'、'参加共产党发口粮'，缺乏明确的阶级路线，使党的成分十分复杂。"⑤ 如太岳区在党的发展中只重数量而忽视质的挑选，"……使落后的阶级异己分子混入党内，造成组织上的混乱与松懈，特别表现得组织内部的不团结没有力量。"⑥

党组织发展中的无序性和随意性造成党内成分复杂、思想和组织上混乱，党组织难以巩固。时任中共晋冀豫区党委组织部长的徐子荣称，"从全区看，各地组织一般地都存在着严重问题。有的地区，过去领导上错误因袭的恶果，还严重存在着，并严重地起着腐蚀作用。……有的地区是在环境变化大混乱之后还没有

---

① 彭真：《抗战中的新危机与华北党的新任务》（1937 年 12 月 9 日），见山西省档案馆编：《太行党史资料汇编》第一卷，山西人民出版社 1989 年版，第 76 页。

② 刘少奇：《论党》（1945 年 5 月 14 日），见中共中央文献研究室等编：《建党以来重要文献选编（1921－1949）》第 22 册，中央文献出版社 2011 年版，第 379 页。

③ 邓小平：《迎接 1941 年》（1940 年 12 月 25 日），见山西省档案馆编：《太行党史资料汇编》第三卷，山西人民出版社 1994 年版，第 860 页。

④ 彭真：《抗战中的新危机与华北党的新任务》（1937 年 12 月 9 日），见山西省档案馆编：《太行党史资料汇编》第一卷，山西人民出版社 1989 年版，第 74 页。

⑤ 《目前时期的支部建设问题——若愚在九月二次支部研究会的总结之一部分》（1943 年 9 月），见山西省档案馆编：《太行党史资料汇编》第六卷，山西人民出版社 2000 年版，第 756 页。

⑥ 《中共太岳特委活动分子会上工作检查与工作布置》（1938 年 9 月），见山西省档案馆编：《太行党史资料汇编》第一卷，山西人民出版社 1989 年版，第 399 页。

恢复整顿起来。"① 区党委组织部 1940 年 4 月关于全区党员成分的调查统计亦间接证明了其中的某些现象，即产业工人占 0.77%、手工业工人占 1.73%、雇工占 7.2%、贫农占 45.5%、中农占 40.5%、富农占 2.37%、知识分子占 0.04%、商人占 1.37%、流氓占 0.5%。此外，党员对党的认识错综复杂，如将党视为会门、秘密农会，不清楚党与群众团体、共产党与国民党、三民主义与共产主义区别，不知一个党员该做什么，"对党不了解与了解得非常错误"。② 党组织发展粗疏且巩固不力影响其执行力，"各级各部的组织还没有成为合理的机器，还不能上推下动，各特委还不强，省委也还需要从健全下层工作中大大充实自己。"③ 晋冀豫区党委巡视报告指出，"普通县委和分委能力薄弱，并担负公开工作，负不起领导责任……"④

就军队方面言之，不巩固问题同样存在。朱德坦承，"我们军队是从中国旧社会旧军队中生长出来的，因而不免也有少数人受到这种坏习气的传染。"⑤ 八路军独立支队工作检讨亦指出，"建立与巩固党的绝对领导还不够"。⑥ 地方游击队更不例外。由于组建初期对党组织建设重视不够，"游击队（尤其是地方干队及非八路军直接协助之下成立的基干队）内党及政治机关、党与政治工作制度，一般还未很好建立起来。"⑦ 中共冀豫特委武装工作总结显示，"a. 各部队各游击队的党的组织异常薄弱（如磁县）或不健全（如先支）。b. 各部队各游击队党的工作及政治工作一般的薄弱，错误的严重的现象还不断地发生（如先支）。"⑧

显然，没有强固的党组织，党的政策执行与党的意志贯彻就会遭遇困境。如在太岳区党组织发展中，"（党员）里边存在着不纯洁的同情分子、异己分子与投机分子，不能遵守组织纪律，积极搞党的工作。"⑨ 这些组织缺陷往往容易催

① 子荣：《整党与建党是目前的严重任务》（1940 年 4 月 15 日），见山西省档案馆编：《太行党史资料汇编》第三卷，山西人民出版社 1994 年版，第 188 页。

② 《中共晋冀豫区党委组织部给北方局的工作报告》（1940 年 8 月），见山西省档案馆编：《太行党史资料汇编》第三卷，山西人民出版社 1994 年版，第 544、549 页。

③ 《中共冀豫晋省委给北方局并中央的报告》（1938 年 6 月 22 日），见山西省档案馆编：《太行党史资料汇编》第一卷，山西人民出版社 1989 年版，第 249 页。

④ 《巡视晋豫特委各县工作的总结》（1939 年 1 月 19 日），见山西省档案馆编：《太行党史资料汇编》第二卷，山西人民出版社 1989 年版，第 47 页。

⑤ 朱德：《革命军队管理的原则》，载于《解放日报》1943 年 4 月 16 日。

⑥ 边游政治部：《晋冀豫边游第一次党代大会报告提纲》（1939 年 5 月 24 日），见山西省档案馆编：《太行党史资料汇编》第二卷，山西人民出版社 1989 年版，第 335 页。

⑦ 冀豫晋省委：《新形势下省委工作的新任务》（1938 年 6 月），见山西省档案馆编：《太行党史资料汇编》第一卷，山西人民出版社 1989 年版，第 214 页。

⑧ 《中共冀豫特委关于冀豫工作巡视总结报告大纲》（1938 年 8 月 19 日），见山西省档案馆编：《太行党史资料汇编》第一卷，山西人民出版 1989 年版，第 352 页。

⑨ 王一新：《关于全太岳区工作的总结报告》（1939 年 11 月 15 日），见山西省档案馆编：《太行党史资料汇编》第二卷，山西人民出版社 1989 年版，第 719 页。

生许多不良倾向，"如私有观念，升官发财的思想，英雄主义，自由主义，军阀主义以及土匪主义等。"①

2. 国民党及日伪离间破坏

尽管全面抗战初期国共实现政治和解，但国民党并未轻易放弃对中共政治军事打压。事实上，红军改编谈判时，国民党就有削弱共产党对军队领导的计划，要求在各师及总司令部委派参谋长和政治部副主任，并拟以复兴社干事康泽出任八路军政治部副主任。这些要求未被中共完全接受，仅在各师师部及总司令部派有联络参谋人员及取消政治委员和政治机关制度。② 而这种制度变化导致"部队改编，政治工作人员的公开地位降低职权，因而影响到政治工作人员的积极性降低，政治工作已开始受到若干损失。"③

八路军出师华北抗战前线后，国民党一方面对中共军队进行渗透，另一方面对之予以严格防范。中共清醒地预测，"各种破坏者对于我们的破坏将必然采取更多更巧妙的方法。"④ 任弼时则直接了当地指出："国民党中一部分人，希望八路军在抗日战争当中消耗和削弱自己的力量；国民党及政府，对八路军不补充人员和武器，仅负责供给三个师四万五千人的粮食、被服的费用与必要弹药……"⑤ 随着中共在敌后实行群众性游击战争并获得民众广泛支持，国民党加紧在政治上攻击中共，企图"利用共党内部派别矛盾，与思想斗争，以分化其内部力量。"并要求"彻底取消其一切'特殊化'之行为与组织。"⑥ 1943 年 5 月共产国际解散后，国民党方面即打算把握时机消灭中共军权政权。实际上，中共晋冀豫军区早前的文件就已提道，"民族敌人勾结阶级敌人正在加紧向我进攻，用武装解决小部队，打击进步力量，用暗杀阴谋、破坏、收买、引诱等的手段，

① 《中共冀豫晋省委建立太行根据地会议报告》（1938 年 3 月 20 日），见山西省档案馆编：《太行党史资料汇编》第一卷，山西人民出版社 1989 年版，第 150 页。

② 《蒋中正条谕何应钦第八路军及新四军未派联络参谋之师即商康泽派往》（1939 年 1 月 18 日），台北"国史馆"藏，"蒋中正总统档案"，002 - 020300 - 00049 - 031。

③ 《八路军总部关于恢复军队政治工作制度及执行党代表制致张闻天并周恩来、邓小平电》（1937 年 10 月 19 日），见中国人民解放军历史资料丛书编审委员会编：《八路军·文献》，解放军出版社 1994 年版，第 73 页。

④ 《中国工农红军总政治部关于新阶段的部队政治工作的决定》（1937 年 8 月 1 日），见中国人民解放军历史资料丛书编审委员会编：《八路军·文献》，解放军出版社 1994 年版，第 11 页。

⑤ 《八路军在抗日战争中的作用和最近的状况——任弼时代表中共中央向共产国际的报告大纲》（1938 年 4 月 14 日），见中国人民解放军历史资料丛书编审委员会编：《八路军·文献》，解放军出版社 1994 年版，第 169 页。

⑥ 《陈诚呈蒋中正修正共党问题处置办法与我们对共党问题所取立场与方针及本党对于共产党应取方针态度初稿请鉴核》（1939 年 7 月），台北"国史馆"藏，"蒋中正总统档案"，002 - 080104 - 00001 - 006。

实行军事的进攻与政治的进攻。"① 如在四分区一带，国民党特务横行，"现已伸入潞城一带，而其窠窝则在长治。"②

日伪方面亦对中共及其领导的八路军等抗日武装进行渗透破坏。中央军委电令强调，"日寇有庞大的特务机关，长久的侦探工作的经验，对于抗日军队是不断的千方百计的进行其破坏阴谋，派遣侦探，收买人员，挑拨离间，以求从内部来瓦解抗日军队。"③ 从1941年3月起日军对太行根据地发动起大规模的"治安强化运动"，其在战略上采用所谓"七分政治、三分军事"方针，强调政治、军事、经济、文化一元化的"总力战"，给根据地造成巨大压力。又如1942年日军在第四次"治安强化运动"中，借离卦道挑拨共产党与群众关系、八路军与群众关系，企图以此摇动中共民心与军心，进而达到瓦解抵抗的目的。④

三、党军关系的同频调适

中共始终坚持党对军队的绝对领导地位，"红军必须全心全意地为着党的路线、纲领和政策，也就是为着全国人民的各方面利益而奋斗，反对一切与此相反的军阀主义倾向……红军必须反对军事不服从于政治或以军事来指挥政治的单纯军事观点和流寇思想。"⑤ 同时，基于已有理论认识和实践经验，加强军队政治工作，推进党组织建设，强化军队党与地方党团结，以此调适党军关系和保障党对军队的绝对领导地位。

（一）强化军队政治工作

"革命军队要求军队的所有人员有高度的政治觉悟，懂得战争的政治目的、任务以及为此目的任务的牺牲决心与热情勇气。"而"提高政治觉悟的惟一手段，就是政治工作。"⑥ 不仅如此，恢复发展军队政治工作关系坚持华北抗战前途，

① 晋冀豫军区：《1939年工作总结与1940年工作计划的总结》（1940年1月6日），见山西省档案馆编：《太行党史资料汇编》第三卷，山西人民出版社1994年版，第20页。

② 《关于武装工作队工作总结报告》（1942年6月），见山西省档案馆编：《太行党史资料汇编》第五卷，山西人民出版社2000年版，第344页。

③ 《中共中央军委关于在军队中成立锄奸局的电令》（1938年8月20日），见中国人民解放军历史资料丛书编审委员会编：《八路军·文献》，解放军出版社1994年版，第211页。

④ 一二九师政治部：《敌四次治安强化运动在太行区》（1942年），山西省档案馆藏，山西革命历史档案，A11-1-8-4。

⑤ 《关于若干历史问题的决议》（1945年4月20日），见《毛泽东选集》第三卷，人民出版社1991年版，第982页。

⑥ 《论革命军队的政治工作》（1940年9月3日），见军事科学院《谭政军事文选》编辑组：《谭政军事文选》，解放军出版社2006年版，第138页。

"必须有优良的正规军和普遍的游击队。正规军要质量上精，这其中政治质量是主要的。"①

红军改编为八路军时因受国民党干涉一度取消原有政治委员制度，降低了政治工作在组织形式上的地位，使军队政治工作受到较大冲击。为改变这种状况，1937年10月19日朱德、彭德怀、任弼时联名致电中共中央，建议恢复政治委员及政治机关原有制度，要点如次：（1）团以上或独立营执行党代表制度，负责保证党的路线与上级命令执行，领导政治工作和党的工作，"对党及政治工作有最后决定权力"；（2）估计到山西游击战争任务和方式，部队分开活动；（3）各旅单独行动时可临时派遣营党代表，由团政治处分配一部分工作人员，在营代表或教导员指挥下进行政治工作；（4）师政治处改为政治部，连仍为指导员；（5）军政委员书记如不是党代表兼任，则党代表应任副书记职。② 22日，张闻天和毛泽东复电表示完全同意并"请即速令执行"。③ 按照命令，八路军各部队恢复各项制度。同日，一二九师所属团以上单位恢复政治委员制度，师、旅政治部和团政治处同时恢复。从此，八路军政治工作直接继承了红军时期传统并在抗战新环境中得到发展。

根据地创建初期，八路军及游击队发展迅速，但在"老的成员因消耗减少，新的人员大量增加，而党员数量质量、干部质量随着相对减弱的情况下，在敌人、托匪、汉奸等的挑拨、引诱、收买、破坏、打击活动，以及外界各种恶劣影响的传播"情形下，"要保持我军艰苦卓绝，意志团结，坚决勇敢，高度政治警觉等优良的模范传统，这须依赖更加艰苦的政治工作和坚强的党的工作。"④ 一二九师师长刘伯承强调："要提高党军政治委员制度，以党为核心，作坚固的堡垒，要成为在最困难中不可克服的堡垒。"⑤ 在这样的认识下，中共将军队政治工作置于突出地位。

对军队政治工作的重视亦在根据地党军领导机关中得到强调。晋冀豫边游击司令部党代表会指出：政委是党在部队中的代表，政治工作是军队的生命线，须

---

① 彭德怀：《克服目前政局主要危险坚持华北抗战》（1939年10月25日），见山西省档案馆编：《太行党史资料汇编》第二卷，山西人民出版社1989年版，第656页。

② 《八路军总部关于恢复军队政治工作制度及执行党代表制致张闻天并周恩来、邓小平电》（1937年12月19日），见中国人民解放军历史资料丛书编审委员会编：《八路军·文献》，解放军出版社1994年版，第73~74页。

③ 《张闻天、毛泽东关于恢复军队政治委员及政治机关制度致朱德等电》（1937年10月22日），见中国人民解放军历史资料丛书编审委员会编：《八路军·文献》，解放军出版社1994年版，第78页。

④ 《朱德等关于整军的训令》（1938年2月1日），见中国人民解放军历史资料丛书编审委员会编：《八路军·文献》，解放军出版社1994年版，第139页。

⑤ 《刘伯承在中共中央北方局黎城会议上的报告——关于党军建设问题》（1940年4月21日），见山西省档案馆编：《太行党史资料汇编》第三卷，山西人民出版社1994年版，第242页。

严厉克服轻视政治工作的单纯军事观点。要切实建立部队中政治委员制与健全各级政治机关及其工作。同时要求政治工作人员应处处以身作则，以模范作用来提高政治机关的威信。并且政治工作人员要学习军事，军事指导员要帮助政治工作。① 八路军新 10 旅政委赖际发认为：首先是建立党的骨干作用，大胆吸收勇敢忠实的革命指战员入党，每伙食单位建立支部，每排建立小组，提高党员模范作用，建立党的领导。其次是健全部队各种组织及制度，党员要以身作则去遵守，反对极端民主化；加强民族意识教育，提高队员政治觉悟，克服农民保守观念、乡土观念及一切阻碍游击队进步的倾向。②

对此，晋冀豫军区做了大量工作，以推动部队政治工作落实。首先在军区各连建立支部。1939 年初，军区连队普遍没有支部，到年底除新发展的正太、平汉两纵队个别连无支部外，基干部队均已建立，并且每排都有党小组。如八路军独立支队就采取"一切通过支部，加强政治教育，灌输民族性和阶级性的深入教育"的方式来强化党的领导。③ 第二，提高军队中党员比例。毛泽东强调，"无论何项性质之部队，一经编入八路军建制，必须从中建立党的组织，其指导员、教导员及各级政治机关的主要工作者必须是党员，并接受党的领导。"④ 军区党员占全军人数 32%，分先支占 31.86%，直属占 46.84%，游支占 42.8%，太岳占 32.3%；各级政治人员都是党员，"没有不是党员的现象了"。第三，成立党委会。在支队、大队总支及营分支委中先后组建党委会。第四，落实政治工作机关职权。"改变以往各大队各支队的政治机关多是空架子的情况，落实具体工作，各部门工作有人负责，都能按期提出工作计划，各级政治工作人员也增多了。"⑤ 在 1940 年工作计划中，强调要继续重视训练政治工作人员，营团干部由师训练，军区训练政指、支书并保证政指、支书合格；同时组织政治工作研究委员会，研究"红军时代的政治工作"及"苏联政治工作条令"。⑥ 可见，军队政治工作已成为日常工作重点。

① 边游政治部：《晋冀豫边游第一次党代大会报告提纲》（1939 年 5 月 24 日），见山西省档案馆编：《太行党史资料汇编》第二卷，山西人民出版社 1989 年版，第 343 页。

② 际发：《对于目前发展游击队的几点意见》（1939 年 9 月），见山西省档案馆编：《太行党史资料汇编》第二卷，山西人民出版社 1989 年版，第 613 页。

③ 糜镛：《关于独支工作的报告》（1938 年 11 月 25 日），见山西省档案馆编：《太行党史资料汇编》第一卷，山西人民出版社 1989 年版，第 491~492 页。

④ 《各级政治机关主要工作者必须是党员》（1939 年 2 月 19 日），见中共中央文献研究室等编：《毛泽东军事文集》第二卷，军事科学出版社、中央文献出版社 1993 年版，第 454 页。

⑤ 晋冀豫军区：《1939 年工作总结与 1940 年工作计划的报告》（1940 年 1 月 6 日），见山西省档案馆编：《太行党史资料汇编》第三卷，山西人民出版社 1994 年版，第 12~13 页。

⑥ 晋冀豫军区：《1939 年工作总结与 1940 年工作计划的报告》（1940 年 1 月 6 日），见山西省档案馆编：《太行党史资料汇编》第三卷，山西人民出版社 1994 年版，第 21、23 页。

随着日军对太行根据地"扫荡"的强化，中共面临的政治、军事形势更趋严峻，部队巩固任务愈艰，对政治工作提出更高要求。对此，1941年太行军区政治工作的重点为：第一，依据总政治部颁布的《政治工作暂行条例》，以一二九师所颁发的《连队政治工作暂行条例》作参考，重新训练所有政治干部，使每个政治干部以至军事干部通晓政工条例精神和内容，切实贯彻执行政工条例规定。第二，加强连队、支部工作，每团创造一个到两个模范连队和模范支部，用模范去影响落后，树立连队政治工作的基础。第三，高度树立政治委员和政治机关威信，反对破坏政治委员制度和轻视政治机关的任何表现。第四，进一步审查干部、培养干部，各级干部提拔须经过政治机关（班排干部须经过支部）审查。① 至1944年，强化政治工作仍是中共基本政策。八路军野战政治部要求必须强化部队政治工作，坚决反对政治工作中疲倦状态与忽视政治工作的军阀主义倾向。② 为了贯彻指示，太行军区政治部采取各种有效办法巩固与加强部队政治工作基础，重视发挥政治工作的作用，提高部队在完成每一项任务中政治工作的保证作用。③

中共亦重视游击队政治工作建设。朱德指出："不仅要加强前方兵团的政治工作，同样要加强预备队、游击队的政治工作。"④ 赖若愚认为"只有积极活动和健强的党政工作，才能有效地克服农民的保守性和散漫性，使游击队逐步走上正规与升格。"⑤ 为做好游击队政治工作，中共冀豫晋省委要求各地方党派忠实而有能力的党员去扩大及领导游击队和地方武装中党的组织，建立和健全政治机关和政治工作。具体包括，"一、发展党的组织，提高其比例到20%～30%以上，普遍建立支部和总支部的领导。二、县游击干队和各分区的基干游击队，一律设政治指导员或政治处。三、切实建立部队里党的生活，经常地计划和进行党的工作。四、确立党与政治机关的隶属机关。地方党只在必要时通过游击队及地方武装的政治机关指导其党的工作，纠正平行政治机关及政治委员、单独建立党

---

① 邓小平：《迎接1941年》（1940年12月25日），见山西省档案馆编：《太行党史资料汇编》第三卷，山西人民出版社1994年版，第865页。

② 《八路军野战政治部关于1944年部队政治工作方针的指示》（1944年1月1日），见中国人民解放军历史资料丛书编审委员会编：《八路军·文献》，解放军出版社1994年版，第968页。

③ 《太行军区政治部关于1944年部队政治工作的指示》（1944年1月22日），见中共河南省委党史资料征集编纂委员会编：《太行抗日根据地》一，河南人民出版社1986年版，第340页。

④ 《政治工作是红军的生命线》（1934年2月），见中共中央文献研究室等编：《朱德军事文选》，解放军出版社1997年版，第156页。

⑤ 《赖若愚在中共晋冀豫区二地委二次党代会上的报告》（1941年9月22日），见山西省档案馆编：《太行党史资料汇编》第四卷，山西人民出版社1994年版，第722页。

的系统党的工作的错误。"① 从冀豫晋省委给直南特委工作指示中则可见中共改造游击队领导的具体路径，即"武装挺进队东下的任务，首先是抓紧吉羊两部加以改造，调查登记党员，发现积极干部，组织支部，马上传达党的路线，经过他们来转变全体及整个工作，并在有相当基础后，与邓文魁、赵二奎、刘磨头建立好友谊关系，进一步经过公开关系，派人去进行统一战线运动，并去人做政治工作；最基本的还是整理他们内部党的组织，健全党的生活，发挥党的领导作用，猛烈地发展新党员，争取部队中党的 30% ~40% 的比例，特别注意淘汰那些坏的土匪流氓分子，和部队中一切腐化流氓损害群众利益的倾向做斗争，树立下党的权威，每一个同志都要作战士们的模范，这是内部的问题，这是基本的问题！"②

对军队贯彻政治工作的必要性，八路军独立支队司令员秦基伟深有感触，"一个正确的政党和一个老百姓所拥护的军队他确能战胜当前之困难，但这里必须有坚强的政治工作和模范的领导干部，否则是不可能的。"③ 换言之，坚强的政治工作是中共及其领导的抗日武装获得群众拥护的必然前提之一。

（二）加强党组织建设

苏俄党军制度的特色是将严密的党组织植入军队各级系统中，以保证军队绝对服从于党的组织权威和意识形态权威。④ 党组织是部队全部生活的核心力量，是一切政治工作的支撑，政治机关始终是党的工作机关。⑤ 作为中共领导下的军队，八路军中党组织建设事关党的领导权。彭真指出"八路军之所以英勇善战，是由于党的领导和党作骨干的。"⑥ 彭德怀认为只有坚强的党组织和党的工作，武装工作才能做好，"党的组织乃是我们一本万利的资本。"⑦ 因此，巩固党组织、建立强大的党组织是领导军队的必须选择，"从严密党的组织开始，只有党

---

① 冀豫晋省委：《新形势下省委工作的新任务》（1938 年 6 月），见山西省档案馆编：《太行党史资料汇编》第一卷，山西人民出版社 1989 年版，第 219~220 页。

② 《去把反日游击战争的烽火燃烧遍全华北——省委给直南特委暨全体同志的信》（1937 年 12 月 10 日），《战斗》1937 年 12 月 25 日第 4 期。

③ 秦基伟：《本色：秦基伟战争日记》上，新华出版社 2013 年版，第 32 页。

④ 王奇生：《党员、党权与党争：1924 - 1949 年中国国民党的组织形态》，华文出版社 2010 年版，第 26 页。

⑤ 《中国工农红军总政治部关于新阶段的部队政治工作的决定》（1937 年 8 月 1 日），见中国人民解放军历史资料丛书编审委员会编：《八路军·文献》，解放军出版社 1994 年版，第 11 页。

⑥ 彭真：《抗战中的新危机与华北党的新任务》（1937 年 12 月 9 日），见山西省档案馆编：《太行党史资料汇编》第一卷，山西人民出版社 1989 年版，第 74~75 页。

⑦ 《彭德怀在中共中央太行分局高级干部会议上的第二次发言》（1943 年 2 月 14 日），见山西省档案馆编：《太行党史资料汇编》第六卷，山西人民出版社 2000 年版，第 145 页。

的组织的严密，才能保证军队的巩固。"①

抗战以来党组织扩展成为应对时局的要求。1938 年 3 月，中共中央作出《关于大量发展党员的决议》，此后党组织虽迅猛发展，但党的巩固教育工作滞后。如太岳区党内文件指出，"忽视了全党的巩固与教育、组织上的整理与健全，忽视了政府、武装的领导，以及各部门的工作不能很好地配合与协作，甚而发生不必要的摩擦。"② 基于此，1939 年 8 月中共中央作出巩固党组织决定，"在思想上政治上组织上巩固党，成为我们今天极端严重的任务，成为完成党的政治任务的决定因素。"③ 为贯彻中央指示，11 月 2 日晋冀豫区委发出指示信，要求将在思想上政治上巩固党当作政治任务，"一、党的发展一般应停止，而以紧缩、整理、严密和巩固党的组织为今后一个时期组织工作的中心任务。二、为了巩固党，必须详细地慎重地审查党员成分，建立党的无产阶级骨干。三、为了巩固党，必须严密党的组织，提高党的警觉性。四、为了巩固党，必须加强马列主义的教育。"④ 指示下达后，各地陆续开展巩固党的工作，清理了大批不合格党员，纯洁了组织成分。据区党委组织部调查，1940 年 8 月全区党员成分为"产业工人 0.15%，手工 0.49%，雇工 9.7%，贫农 48.5%，中农 39.9%，富农 1.03%，知识分子 0.002%，商人 1.02%，流氓 0.02%。"⑤ 即中、贫农占到党员绝大部分。

当然，巩固强化军队党组织建设亦是重要方面。党员与党在军队中的"任务即是以党的路线，保障党在军队的绝对领导，提高军队的战斗力。"⑥ 红军改编之初，中共中央对党及政治机关组织进行了制度调整。为健全党的组织，在团师以上组织党务委员会，以进行党内组织与教育工作；连队部支部为红军党最基本的组织，各连队部支委会由支部大会选举 5～7 人组成，不分常委，设有书记组织宣传委员的分工。⑦ 在太行根据地，为严密和发展根据地武装中党的组织，晋

① 《论革命军队的政治工作》(1940 年 9 月 3 日)，见军事科学院《谭政军事文选》编辑组编：《谭政军事文选》，解放军出版社 2006 年版，第 161 页。

② 《太岳全区工作的总结与计划》(1939 年 1 月 28 日)，见山西省档案馆编：《太行党史资料汇编》第二卷，山西人民出版社 1989 年版，第 54 页。

③ 《中央政治局关于巩固党的决定》(1939 年 8 月 25 日)，见中央档案馆编：《中共中央文件选集》第 12 册，中共中央党校出版社 1991 年版，第 155～156 页。

④ 《中共晋冀豫区委关于巩固组织的指示信》(1939 年 11 月 2 日)，见山西省档案馆编：《太行党史资料汇编》第二卷，山西人民出版社 1989 年版，第 685～687 页。

⑤ 《中共晋冀豫区党委组织部给北方局的工作报告》(1940 年 8 月)，见山西省档案馆编：《太行党史资料汇编》第三卷，山西人民出版社 1994 年版，第 543 页。

⑥ 《康泽呈蒋中正第八路军第一二〇师联络参谋李德三至六月工作报告》(1938 年 8 月 18 日)，台北"国史馆"藏，"蒋中正总统档案"，002–020300–00049–020。

⑦ 《中央关于红军中党及政治机关在新阶段的组织的决定》(1937 年)，见中央档案馆编：《中共中央文件选集》第 11 册，中共中央党校出版社 1991 年版，第 268～269 页。

冀豫区委军事部决定，"一、坚决保证每个战斗班排经常有三分之一的党员。二、发展组织方面，首先要注意有斗争历史的老战士大胆吸收，坚决勇敢、工作积极、政治开展的新战士亦大量发展。主要是工农成分，在斗争久的知识分子也应吸收。须经党委会批准，并有候补期。"① 尽管如此，军队中"支部工作仍是极薄弱的一环"②，八路军政治部为此要求健全支部工作，"使支部真正成为领导群众的堡垒和核心，发展组织，保障战斗连队中百分之四十以上党员，以团或营为单位集中轮流训练新党员，实现党内适当民主。"③

1939年7月13日，军委总政治部发出训令，要求各级政治机关与党组织以巩固党和强化党的工作、加紧党内教育工作为目前党的工作基本方向，并具体要求：第一，以巩固工作为中心，力求提高质量，加强党的纪律；第二，积极培养党的下层基础，把党的工作重心放在健强支部、建立领导骨干、大批培养党内积极分子上；第三，加紧党的阶级教育与实际生活锻炼；第四，培养青年队成为党在军队的外围组织、党的预备军、党的工作的有力助手；第五，尽力克服党内旧的宗族的地域的各种落后观念；第六，在新部队中加强党的工作，充实各种政治制度，打稳基础，避免形式上的发展。同时纠正极端民主化倾向。④ 根据指示，晋冀豫军区就健全各级党委具体要求："（1）运用最民主的方式来改造各级党委，以发扬自我批评及提高积极性，但目前应抓紧分支委会及支委会的改造工作。（2）连队首长应每月向支部报告工作一次，连排干部应过支部生活。"同时，要从思想上意识上提高干部工作能力，去提拔干部："（1）营以上的特别小组应成为锻炼组织观念的场所，及保证集体领导作用。（2）审查后的干部应重新配备一次，特别是游击队的干部。对于游击队干部的调动须经政治机关审定及特别小组之讨论，再交上级批准（班排干部经支部讨论）。（3）各部队根据自己情况开办各种训练班轮番训练干部，班级归大队，排级归支队，连级归军区。"⑤为达到上述目的和发挥党的领导作用，要求部队中党的成分在基干队应保证

---

① 《中共晋冀豫区委军事部关于武装工作的决定与指示》（1938年9月4日），见山西省档案馆编：《太行党史资料汇编》第一卷，山西人民出版社1989年版，第377页。

② 《八路军野战政治部关于部队组织工作的指示》（1942年11月5日），见中国人民解放军历史资料丛书编审委员会编：《八路军·文献》，解放军出版社1994年版，第864页。

③ 《第十八集团军政治部关于在整军中的政治工作致各兵团等电》（1939年2月14日），见中国人民解放军历史资料丛书编审委员会编：《八路军·文献》，解放军出版社1994年版，第298～299页。

④ 《中共中央军委总政治部关于加强党的工作的训令》（1939年7月13日），见中国人民解放军历史资料丛书编审委员会编：《八路军·文献》，解放军出版社1994年版，第362页。

⑤ 晋冀豫军区：《1939年工作总结与1940年工作计划的报告》（1940年1月6日），见山西省档案馆编：《太行党史资料汇编》第三卷，山西人民出版社1994年版，第23～24页。

35%、游击队30%。① 1942年下半年，一二九师经过整编训练，基层党组织有了很大发展，太行军区各独立营党员人数达到部队人数的25%～30%，太岳、冀南军区各军分区凡有党员3人以上的单位都建立了支部或小组。②

（三）增进军队党与地方党团结

毛泽东指出："我们一定要建设一个集中的统一的党，一切无原则的派别斗争，都要清除干净。"③ 对党的团结要求系中共组织原则与工作原则，党团结与否关系敌后生存发展，"没有全党全军以至全区党政军民的总动员，不积极工作把所有的力量发动起来共同为着一个目标而奋斗，我们将不能迅速取得胜利。"④

太行根据地依靠八路军武力支持创建，巩固和发展仍离不开八路军武装卫护。正如徐子荣所言，"我们这区有党军的存在，我们的工作和一二九师党军的存在是不可分离的。"⑤ 如根据地创建初期，为集中党军力量协力对敌，根据地建立军政委员会，以统一地方党与八路军游击队指挥，"它的主要目的是地方党与军队党联系起来"。⑥ 可见，对地方党与军队党团结要求是中共一贯做法。随着战局发展，中共通过明确的政策与制度来进一步推动地方党与军队党权责明确，以求军队党与地方党协作通畅，"两者必须完全团结一致，必须反对宗派主义的倾向。"⑦

第一，在各自职权范围内地方党和军队党互相协助。在地方党方面，帮助军队扩兵作战是主要任务，"在被割断的地方，党可与八路军或基干队连政指以上政工人员发生关系，党要用一切力量帮助部队作战，党员要领导群众帮助部队。如与部队没党的关系，可用抗日名义积极帮助部队克服困难。"⑧ 在军队方面，"部队要提高纪律、积极行动，纠正藉口经济困难纪律无法提高的错误观念，经

---

① 晋冀豫军区：《1939年工作总结与1940年工作计划的报告》（1940年1月6日），见山西省档案馆编：《太行党史资料汇编》第三卷，山西人民出版社1994年版，第21、23页。

② 中共中央组织部等编：《中国共产党组织史资料》抗日战争时期，中共党史出版社1993年版，第1382、1384页。

③ 《整顿党的作风》（1942年2月1日），见《毛泽东选集》第三卷，人民出版社1991年版，第822页。

④ 《十八集团军政治部、共产党晋冀豫区委关于紧急动员准备粉碎敌人新的进攻的指示》（1938年10月20日），见山西省档案馆编：《太行党史资料汇编》第一卷，山西人民出版社1989年版，第433页。

⑤ 《徐子荣在中共晋冀豫区第一次代表大会上的开幕词》（1939年9月），见山西省档案馆编：《太行党史资料汇编》第二卷，山西人民出版社1989年版，第469、472页。

⑥ 华星斗：《答复晋中党的几个组织问题》（1937年12月30日），见山西省档案馆编：《太行党史资料汇编》第一卷，山西人民出版社1989年版，第91页。

⑦ 《整顿党的作风》（1942年2月1日），见《毛泽东选集》第三卷，人民出版社1991年版，第823页。

⑧ 何英才：《全区党的建设问题》（1938年12月24日），见山西省档案馆编：《太行党史资料汇编》第一卷，山西人民出版社1989年版，第521页。

常在指战员中讨论民运工作，尊重地方党，设立训练队培养军政干部。"① 1939年5月5日，中共中央北方局、第十八集团军总政治部联合作出关于地方党与八路军关系的决定，重点如次：（1）凡八路军及其领导下的游击队团营以上党政机关，无论到达何地均须与当地县委以上党部取得联系，积极帮助地方党的工作；（2）地方党对于八路军及其所领导下的游击队应给以各种帮助；（3）在党已有基础的地方，军队民运工作应在当地最高党统一计划下进行；（4）各地党所创造的武装部队应有计划地动员改编为八路军，在主力到达某些地区时该地区党所领导的武装部队应统归主力指挥；（5）在指挥或在改编地方队伍时应依当地当时具体情况，与地方党部一起订出具体步骤和实施方法；（6）主力部队应注意培养与建立各地区地方性质的武装部队，以坚持该地区持久抗战；（7）在已有基干队的地区所有基干队应统归地方党领导，地方党负责加强其军政教育，军队给以帮助，只是在配合主力作战时可临时受主力指挥。②

　　第二，妥善解决军队党与地方党的分歧。由于双方关系特殊，能否以公平公正的态度处理则关系抗战局面的稳定，北方局和八路军野战政治部联合指出：处理地方党军关系"要反对军队的自高自大，干涉包办，也要反对地方同志狭隘的地方本位主义。"③ 即便如此，地方党军仍不免发生纠纷时，除"应该双方互相原谅，而各对自己作正确的自我批评"外④，"只可报告自己和对方的上级去解决，不得无理取闹，妨碍团结。"⑤具体到双方团结的办法，"地委有冲突开地委会，县委则开县委会解决。"⑥ 换言之，在各自权责范围内解决事端，不得随意越权扩大化。当然，军队是武力集团，在地方常占据优势地位，刘伯承就此强调"野战军派到地方部队的同志，要尊重地方党，团结地方的同志非常重要。"⑦ 因此，在双方有分歧时应"更多更严的要求军队党负责任，如遇争论纠纷，应更多

---

　　① 《中共晋冀豫区委关于目前工作任务的决定》（1939年1月），见山西省档案馆编：《太行党史资料汇编》第二卷，山西人民出版社1989年版，第14页。

　　② 《中共中央北方局、第十八集团军总政治部关于地方党与八路军关系的决定》（1939年5月5日），见《中共中央北方局》资料丛书编审委员会编：《中共中央北方局·抗日战争时期卷》上，中共党史出版社1999年版，第184～185页。

　　③⑤ 《中共中央北方局、八路军野战政治部关于军队参加根据地建设工作的指示》（1941年12月21日），见中国人民解放军历史资料丛书编审委员会编：《八路军·文献》，解放军出版社1994年版，第749页。

　　④ 《整顿党的作风》（1942年2月1日），见《毛泽东选集》第三卷，人民出版社1991年版，第823～824页。

　　⑥ 《杨尚昆在中共晋冀豫区第一次代表大会上的总结》（1939年9月28日），见山西省档案馆编：《太行党史资料汇编》第二卷，山西人民出版社1989年版，第598页。

　　⑦ 《刘伯承在太行军区第二次武装干部扩大会议上的讲话——关于太行军区的建设与作战问题》（1941年2月1日），见山西省档案馆编：《太行党史资料汇编》第四卷，山西人民出版社1994年版，第132页。

的责备军队党。"① 毛泽东进一步指出，"必须使将军队干部首先懂得自己的责任，以谦虚的态度对待地方干部，才能使根据地的战争工作和建设工作得到顺利进行的条件。"② 如关于地方武装问题上，正规军要正确领导、使用和帮助地方武装，使地方武装成为自己的得力助手。在成立游击队后，部队派干部去不能一口吞走，地方部队编入正规军须得区委决定，在必要时正规军应抽出适当部队去加强游击队战斗力，在必须动员一部地方武装补充正规兵团时尤应反对"连根拔"现象。③

第三，统一领导党军需要配合的行动。在领导问题上，规定军分区政治部须在同级地方党领导下工作，对于各县地方党无直接关系而只有横向关系。关于地方党的一切问题须经同级地方党的机关处理。④ 1942 年，中共中央发出《关于统一抗日根据地党的领导及调整各组织间关系的决定》，要求各根据地实现党的一元化领导。决定下达后，9 月 1 日太行分局建立，先后取消各级党政军委员会；区党委、地委、县委书记兼任同级部队（军区、军分区和县大队或独立营）政治委员或指导员。如晋冀豫边游击司令部要求部队"了解边游武装的地方性，要与地方党亲密团结，接受地方党的领导和帮助。"⑤

值得指出的是，中共对军队的绝对领导地位并非一蹴而就。党对军队的绝对领导原则和制度安排虽在古田会议时就定型，但此后仍不断受到挑战。如红军长征期间张国焘分裂红军，"这个错误发展到破坏了党和红军的纪律，使一部分红军主力遭受了严重的损失。"⑥ 在全面抗战时期的"十二月事变"中因政治工作未能深入到下层士兵，"部队中存留了不少顽固分子一个也未清洗出去"，五区新军大部分被阎锡山拉走。⑦

综上所述，通过加强军队政治工作、强化党组织建设以及活络军队党与地方党，太行根据地党军关系焕然一新。正如八路军一二九师在 1941 年度工作总结

---

① 《对八路军野战政治工作的意见》（1940 年 8 月 13 日），见中共中央文献研究室等编：《毛泽东军事文集》第二卷，军事科学出版社、中央文献出版社 1993 年版，第 554 页。

② 《整顿党的作风》（1942 年 2 月 1 日），见《毛泽东选集》第三卷，人民出版社 1991 年版，第 823～824 页。

③ 邓小平：《迎接 1941 年》（1940 年 12 月 25 日），见山西省档案馆编：《太行党史资料汇编》第三卷，山西人民出版社 1994 年版，第 864 页。

④ 《关于军分区会议的决定》（1940 年），见山西省档案馆编：《太行党史资料汇编》第三卷，山西人民出版社 1994 年版，第 477 页。

⑤ 边游政治部：《晋冀豫边游第一次党代大会报告提纲》（1939 年 5 月 24 日），见山西省档案馆编：《太行党史资料汇编》第二卷，山西人民出版社 1989 年版，第 347 页。

⑥ 《中国革命战争的战略问题》（1936 年 12 月），见《毛泽东选集》第一卷，人民出版社 1991 年版，第 185 页。

⑦ 华明：《山西十二月政变的经验教训》（1940 年），见山西省档案馆编：《太行党史资料汇编》第三卷，山西人民出版社 1994 年版，第 82～83 页。

中所指出的那样，"部队的团结和巩固程度增强了，指战员的关系比较过去密切，基本消灭了营以上干部和政治干部打骂人的现象，连排干部打骂人的现象也减少了，部队逃亡比去年减少一些，而且是逐月地减少着。"同时"群众纪律的较前进步，与地方党政关系更加密切了，与人民的团结加强了，人民爱护子弟兵的观念进步了。"[1]

四、小结

党是军队的灵魂，军队是党的支持力量。"离开了武装斗争，就没有无产阶级和共产党的地位，就不能完成任何的革命任务。"[2] 全面抗战爆发后，依照中共中央和毛泽东的战略部署，八路军挺进太行山区开展游击战争，地方党组织则在武力支持下迅速恢复壮大，而这反过来又进一步促进了军队和根据地发展，初步形成党军协作的局面。但战时风云变幻，受国共政治军事博弈、中共党组织状况及战争形势影响，中共党军关系难免遭遇暗流波折，出现军队不够巩固、地方党与军队党团结不力等现象。基于武装对坚持抗战的重要性，中共在已有工作基础上从各个方面不断强化对军队的领导，太行根据地党军关系由此焕然一新。

作为一种区别于以往统军制度的新变革，党军制度由落地生根而日趋成熟，显示了中共非凡的政治智慧。不过，中共实现对军队的绝对领导地位并非一蹴而就，中间经过了不断摸索与巩固的过程。在总结以往建军经验的基础上，结合抗战新形势，毛泽东明确提出"党指挥枪"的论断，进一步夯实了中共领导军队的基本原则和制度设计。继之，以持续发力的党的建设和政治训练，使军队成为中共领导下卫护根据地建设的有力屏障。由此，党军关系的协调是根据地建立以党为中心的一元化领导的重要一环。伴随着抗战初期党组织的大规模扩容，中共迅速发展成为全国性的群众性政党，进而赋予党领导的军队以"群众性"，是人民利益的代表者。军队完全服从党的政治领导，党军成为人民子弟兵，坚决维护人民利益，军队在人民之中有了深厚根基，党政军民结合为一体，敌后持久战获得源源不断的动力支持——"有强大的党，有久经锻炼的党中央经常恰如其时摆动胜利之舵，保证在任何情形之下，向胜利前进。"[3] 相较之下，国民党敌后抗战

---

[1] 《第一二九师命令——关于1942年的工作方向》（1941年12月29日），见山西省档案馆编：《太行党史资料汇编》第四卷，山西人民出版社1994年版，第994页。

[2] 《战争和战略问题》（1938年11月6日），见《毛泽东选集》第二卷，人民出版社1991年版，第544页。

[3] 《杨尚昆在中共中央北方局黎城会议上的报告》（1940年4月16日），见山西省档案馆编：《太行党史资料汇编》第三卷，山西人民出版社1994年版，第230页。

基本限于单纯的军事行动，缺乏党政民配合和根据地建设，生存能力远不如中共。可见，国共敌后抗战的不同态势彰显出两党不同的政治理念。正如毛泽东所言，"没有一个人民的军队，便没有人民的一切。"[①] 换言之，有了以人民利益为导向的军队便有了人民的一切，国共两党的政治军事博弈或许在此时已初见分晓。

第三节　太行根据地的双拥运动

1949 年 10 月退守台湾之后，蒋介石体认到国民党军队缺乏民众支持的状况，竟疾呼今后要注意改善军民关系。在与中共 20 余年的争斗里，蒋介石此时的反思检讨可谓能中肯綮。与之相对，中共始终重视践行"人民军队为人民"的建军宗旨，全面抗战时期毛泽东就提出"兵民是胜利之本"的科学论断，而中共各抗日根据地开展的"拥军优抗、拥政爱民"运动即是这一论断的最佳注解。学界先前关于"双拥"运动的研究多从宏观层面展开，缺乏细化的微观考察。[②] 太行抗日根据地位于晋冀豫三省交界地区，在整个全面抗战时期是八路军前方总部、中共中央北方局等重要机关所在地，"从太行山的研究中，可以看到中国革命的轨迹"。[③] 故本节将以馆藏档案为主要资源，对太行根据地"双拥"运动进行深入探讨，以揭示根据地军政民之间复杂的互动关系。

一、"双拥"运动的发动缘起

中共早在红军初创时期就将军队发展与群众利益相联系，重视军民一心、军政一致的践行。全面抗战爆发之后，八路军在"独立自主的分散作战"与"兵力依战争发展"逐次使用[④]的原则下向山西出动，以游击战、运动战相配合的灵活方式，和坚持抗战的国民党军队一起，抵御日军强大进攻。随着太原失守，华

---

① 《没有一个人民的军队，便没有人民的一切》（1945 年 4 月 24 日），见中共中央文献研究室等编：《毛泽东军事文集》第二卷，军事科学出版社、中央文献出版社 1993 年版，第 789 页。

② 如刘凤棠的《"双拥"运动的由来》（《军事历史》1993 年第 2 期）、赵耀辉的《延安双拥运动述评》（《军事历史研究》2013 年第 2 期）、高中华的《相得益彰——抗战时期党的一元化领导与群众路线的形成》（《中国延安干部学院学报》2017 年第 5 期）等。

③ 《太行山和中国革命的胜利》，见魏宏运：《抗日战争与中国社会》，辽宁人民出版社 1997 年版，第 56 页。

④ 《张闻天、毛泽东关于红军作战原则致周恩来、秦邦宪、林伯渠电》（1937 年 8 月 1 日），见中国人民解放军历史资料丛书编审委员会编：《八路军·文献》，解放军出版社 1994 年版，第 60 页。

北抗战进入新阶段，即"华北人民抗日的主要斗争方式，已经不是正规战争，而是游击战争。"[①] 在此情势下，依照中共中央指示，八路军一二九师于1937年11月在和顺县石拐镇召开全师会议，决定化整为零地分散到晋冀豫广大地区，和地方党组织相结合，发动群众，创建抗日根据地，开展广泛的游击战争。作为一种高度灵活性与流动性的敌后作战方式，游击战要求军队得到广大民众密切配合，"部队要是脱离了民众，便会无法生存"。[②] 同样，地方政权的支持亦极其重要，"没有根据地，游击战争是不能够长期地生存和发展的。"[③] 因此，中共非常强调军政一致、军民一致原则，"八路军的干部……无论何时何地，总是以群众摆在前面，他们把大部分的工作，是做在群众身上。"[④] 得益于严格的群众纪律，八路军向太行山区开进过程中受到民众拥护。如"1937年秋敌人向本区（左权）进攻，在群众痛苦埋怨声中中央军四散逃跑了，八路军堂堂皇皇的开到此地，军纪严明，和骑四师有天壤之别，群众无限欢欣和拥护。"[⑤] 八路军公买公卖、不拿群众一针一线，使群众相信八路军、依靠八路军，八路军亦由此渐次部署于太行山区。在中共抗战动员下，太行山广大乡村建立起相当广泛的统一战线并初步改善了民众生活，农民对中共武装予以配合自然成为可能。1937年12月，八路军打破日军对晋冀豫区发动的"六路围攻"，刘伯承即总结道："各地域的间谍网、通讯网都要依靠地方民众健全起来，以便于自己游击。"[⑥] 可见，只有依靠民众，游击战争才能发挥出应有威力。1938年4月，日军对晋冀豫根据地发动规模更大的"九路围攻"，八路军展开反围攻作战，当其经过武乡时群众端米汤欢迎者络绎于途，一个农民讲话时"痛陈敌人杀人放火之仇，闻者皆为之感慨。"[⑦] 此外，各地民众还组织担架队运输队，替军队带路，侦探敌情，捉拿奸细，破敌交通。不仅如此，在"清野空舍"口号下，民众搬走一切粮食，不留一粒米给敌人，赶走牛羊骡马，掩埋水井，饿死敌人，渴死敌人。如日军进入沁县后，"到

---

① 《中共中央北方局指示摘要——发展与坚持游击战争是华北全党的中心任务》（1937年11月15日），见《中共中央北方局》资料丛书编审委员会编：《中共中央北方局·抗日战争时期卷》上，中共党史出版社1999年版，第75页。

② 彭德怀：《巩固敌后抗日根据地》（1939年7月6日），见山西大学晋冀鲁豫边区史研究组编：《晋冀鲁豫边区史料选编》第一辑，未刊稿，第165页。

③ 《抗日游击战争的战略问题》（1938年5月），见《毛泽东选集》第二卷，人民出版社1991年版，第418页。

④ 朱德：《第八路军》，抗战出版社1938年版，第15页。

⑤ 《晋冀豫区左权支部工作调查材料》（1942年2月25日），山西省档案馆藏，山西革命历史档案，A1-2-36-4。

⑥ 刘伯承：《我们怎样打退了正太路南进的敌人》（1938年1月），见山西省档案馆编：《太行党史资料汇编》第一卷，山西人民出版社1989年版，第98页。

⑦ 《武乡农民阶级意识与民族意识的初步研究》（1943年6月25日），山西省档案馆藏，山西革命历史档案，D2-28。

处都是空洞洞静悄悄的，死一样沉寂，结果日军不敢住在城里，退到城外野宿。"[1] 在民众支持下，八路军取得反九路围攻胜利，鼓舞了民众对敌斗争信心，"群众把共产党八路军看作是可依靠的亲人，拿出一切好东西供给我们的军队"。[2] 军民结合，党群结合，"使党和八路军在太行山站住了脚跟。"[3]

随着广州和武汉失陷，中日战争进入相持阶段，中共敌后抗战的困难愈益加大，军队对地方政权与民众依赖程度进一步增强。面对战争新形势，中共将"为着抗日，为着群众的根本利益着想"作为一切政策一切工作的出发点，一再强调军队群众纪律，赢取了民众支持和信赖。[4] 如 1939 年 1 月和辽战斗中辽县群众积极配合八路军作战，"寺坪村的带路，粟城的妇女送饭……"[5] 在百团大战中，太行区民众参加"自卫队总数 13 822 人。全区以 30 万人计算，则参战者为30%。共用粮食 13 710 石，其他菜蔬牲口尚不在内。"[6] 八路军新 10 旅政委赖际发直言："有群众才能取得胜利，特别是破道、搬运胜利品和伤员，没有群众简直是没有办法。"[7] 民众感受亦然，如平顺县黄崖村群众说"八路军惜民，不愿叫死老百姓。"[8]

在此期间，中共先后在晋冀豫区建立了晋中、冀晋、冀豫、太南和晋豫五个特委和省委办事处，并在各县改造国民党政权，成立了一批抗日民主政府。但在根据地建设巩固中，受战争频繁、自然灾害不断及工作失误等因素影响，军政民关系失调现象时有发生。具体而言，在军民关系方面，由于日军烧杀抢掠，民众损失惨重，部分群众思想情绪低落甚至抱怨军队。群众还受到日伪离间挑拨。如1942 年日军在第四次"治安强化运动"中散布谣言，"八路军拉夫征粮要钱，置老百姓于水深火热之中……皇军是消灭八路军而来的……赶快离开八路军，到新政府所在地治安区来安家乐业过太平日子。"[9] 部分群众受此蛊惑后心理动摇，怀疑中共政策，认为"没有八路军，日本不会来。"[10] 在军政关系方面，部分地

---

① 李雪峰：《李雪峰回忆录（上）——太行十年》，中共党史出版社 1998 年版，第 39 页。

②③ 李雪峰：《李雪峰回忆录（上）——太行十年》，中共党史出版社 1998 年版，第 34 页。

④ 李雪峰：《李雪峰回忆录（上）——太行十年》，中共党史出版社 1998 年版，第 34～35 页。

⑤ 《辽县调查报告》（1942 年 5 月 4 日），左权县档案馆藏，革命历史档案，1-1-4-3。

⑥ 若愚：《二分区正太战役及晋中反"扫荡"战役配合工作总结》（1940 年），见山西省档案馆编：《太行党史资料汇编》第三卷，山西人民出版社 1994 年版，704 页。

⑦ 赖际发：《我们在百团大战中取得了最大胜利与最大锻炼》（1941 年 8 月），见山西省档案馆编：《太行党史资料汇编》第四卷，山西人民出版社 1994 年版，第 580 页。

⑧ 平顺县指挥部：《1943 年四五两月份民兵反扫荡战绩总结》（1943 年 5 月），平顺县档案馆藏，革命历史档案，39-2-51-3。

⑨ 一二九师政治部：《敌四次治安强化运动在太行区》（1942 年），山西省档案馆藏，山西革命历史档案，A11-1-8-4。

⑩ 武西县武委会：《武西扩军工作总结》（1942 年 3 月 22 日），武乡县档案馆藏，革命历史档案，3-21-31-2。

方政权"除了动员参军以外……改善军民关系和帮助军队的观念都很模糊。"军队则由于队伍扩大及长期分散行动，使"政治动摇，贪污腐化，军阀土匪主义，内部不团结等现象易于发生"，① 导致部分人员群众观念淡薄。

这一时期太行根据地军政民不融洽现象的出现，彰显了党和政府群众工作不扎实、军队群众纪律不严格的情形。中共中央北方局和八路军野战政治部对此深表不满："去年（1941 年）对于军队参加根据地与地方工作之十二条规定，无论军队与地方均未引起应有注意，这不管从政治上与组织上说，都是不能容许的。"② 晋冀鲁豫救联总会亦坦言，"过去许多地方只是参军任务到来时，才去有意识的教育群众，尊重抗日军人和爱护军队，只是把它当作参军动员的一种手段，没有从坚持战争坚持根据地的观点出发看作是自己的经常任务之一。"③ 这些现象虽非主流，但"片面的本位主义的现象，对今后加强对敌斗争坚持根据地的重大任务上是有极大妨碍的。"④

二、"双拥"运动的行途进路

1943 年，"拥政爱民""拥军优抗"运动在陕甘宁边区首先发动起来。随之，中共中央发出各根据地普遍开展"双拥"运动的指示，以加强军民、军政之间关系，推动抗战事业发展。⑤ 为贯彻这一指示，太行区党委于 12 月 20 日发出《关于拥政爱民拥军运动的指示》，要求各地在新年和春节之际开展一次群众性拥政爱民和拥军优抗运动。24 日，晋冀鲁豫边区政府发出《关于开展拥军爱民运动的指示》，指出各级政权干部忽视军队和群众的现象，要求"各级同志要深入反省自己对八路军及边区各种子弟兵团的错误认识与态度，检查自己在哪些地方妨害了部队的利益，努力在思想上打通。"同时要对"政权干部缺乏群众观念和贪污浪费的现象注意检查，使今后的一切号召命令不成为空话"，强调政府"就是

① 《中共中央北方局、第十八集团军总政治部为巩固部队给各兵团的训令》（1939 年 5 月 5 日），见《中共中央北方局》资料丛书编审委员会编：《中共中央北方局·抗日战争时期卷》上，中共党史出版社 1999 年版，第 187 页。

② 《中共中央北方局、第十八集团军野战政治部关于在反"扫荡"中军队与地方相互协助的指示》（1942 年 2 月 25 日），见《中共中央北方局》资料丛书编审委员会编：《中共中央北方局·抗日战争时期卷》上，中共党史出版社 1999 年版，第 379 页。

③ 救联总会：《关于提高抗日军人社会地位，加强群众爱护军队教育的通知》（1942 年 11 月 9 日），山西省档案馆藏，山西革命历史档案，A1 - 7 - 3 - 11。

④ 晋冀鲁豫边区政府：《关于开展拥军爱民运动的指示》（1943 年 12 月 24 日），黎城县档案馆藏，革命历史档案，55 - 16 - 23。

⑤ 中共中央文献研究室、中央档案馆编：《建党以来重要文献选编（1921 - 1949）》第 19 册，中央文献出版社 2011 年版，第 429 ~ 430 页。

要给军队以各种对敌斗争的便利条件，就是要给人民解决各种劳动生产中间的困难问题，使每个政权干部明白认识这个道理，使广大群众也明白这个道理，把拥军爱民作为以后经常的工作与热烈的风气。"① 1944 年，太行军区发出《关于深入开展群众性的拥政爱民运动的命令》，要求不论整训与非整训部队，不论干部与战士，"每个人打通思想，改造思想，密切军政民关系。"② "双拥"运动在整个太行根据地掀起。

根据要求，在"双拥"运动准备阶段，军队和地方党政民在周密的调查研究基础上进行自我反省，以整风的态度检查各自在相互关系上的错误行为和思想。在运动展开时，各自必须进行诚恳坦白的自我批评，使之成为一个自我批评运动，在这种思想教育和自我批评运动的基础上举行大规模的各种形式的劳军运动、联欢运动。此后，"双拥"运动还要和旧历正月的文化娱乐宣传活动相结合，形成普遍的军民联欢，并最终促成拥政爱民拥军运动高潮。③

（一）反省与检讨：思想动员

作为一个意识形态政党，中共向来注重启发民众思想自觉性，引导民众思想觉悟提升。这一原则亦自始至终贯彻于"双拥"运动中。太行区党委指出："拥军运动和拥政爱民运动，必须成为广大人民和全体战士的群众运动和群众的一种思想教育运动。"④ 教育工作又以反省检讨最重要，《新华日报》就此指出："叫群众检讨一下，以前哪些地方对待军队的态度不对，是不是把自己和军队看成了两家人的，今后怎样好好对待军队、爱护军队。"⑤ 据此，普遍的群众性思想教育和反省成为"双拥"运动开展阶段的首要环节。

反省之前，群众政治思想教育必不可少。"首先是从祸国殃民的国民党的教育开始，让群众彻底了解了国民党的坏。然后进行年月好不好的教育，让群众了解与认识了共产党的好，和自己的血肉的关系。最后进行天会不会变的教育，让群众了解天绝不会变。"⑥ 经过历史比对教育，群众明确了拥军的政治目标，深

---

① 晋冀鲁豫边区政府：《关于开展拥军爱民运动的指示》（1943 年 12 月 24 日），黎城县档案馆藏，革命历史档案，55 - 16 - 23。

② 太行军区：《关于深入开展群众性的拥政爱民运动的命令》（1944 年），山西省档案馆藏，山西革命历史档案，A10 - 1 - 15 - 7

③ 《中共太行区党委关于拥政爱民拥军运动的指示》（1943 年 12 月 20 日），见山西省档案馆编：《太行党史资料汇编》第六卷，山西人民出版社 2000 年版，第 810 页。

④ 《中共太行区党委关于拥政爱民拥军运动的指示》（1943 年 12 月 20 日），见山西省档案馆编：《太行党史资料汇编》第六卷，山西人民出版社 2000 年版，第 809 页。

⑤ 《拥军运动主要是思想教育运动》，载于《新华日报》（太行版）1944 年 1 月 21 日。

⑥ 《榆社县拥军工作的总结》，榆社县档案馆藏，革命历史档案，1 - 1 - 4 - 13。

刻的坦白反省水到渠成。至于思想反省的步骤，主要以"区村干部和群众一起反省，除一般反省外还应有重点反省，特别在常驻军队机关医院或运输线等村用大力搞，也可用选举模范抗属等方法鼓励群众反省。"① 在反省内容上，密切联系民众日常感受，"一、八路军吃苦耐劳为了谁，他是不是会走，敌人与特务想消灭共产党八路军企图变天，能不能？为什么？二、如不爱护八路军，我们老百姓能不能活下，你今后打算怎样爱护八路军？三、政府这样关心我们老百姓，老百姓应如何来拥护政府？"② 各地群众的拥军教育由此普遍开展起来。在武乡县，首先召开各区干部会议进行拥军动员，打通干部思想后即在冬学中带领群众展开普遍的检讨反省。经半月反省，群众在思想上对八路军有了新认识，认为八路军好，不只表现在不打人不骂人，而从实际经验了解到八路军生产节约，处处为人民打算，是老百姓真正的子弟兵，老百姓不能离开八路军。③ 黎城一区大部分村在宣传周进行拥军检讨反省，西骆驼江秋来说："我给军队带了三次路，就偷跑两次……现在才了解八路军不但能打仗，而且还能救人。"元泉一群众说："我以前不愿给军队做饭，怕受麻烦，怕军队不给东西，现在才想到我实在是对不住军队……"④ 榆社县干部带头反省，使各村群众过去对军队的错误认识与不正确行为大部分检讨出来，"有的没有把八路军认成是自己的军队，没有当成是一家人，把革命武装八路军和军阀的队伍一样看待。存在坏粮给军队吃，好粮留下自己吃，甚至有的在下种时就预备给军队种些坏的，收成不好的粮食，不借给军队东西用，不让军队住房子，故意把炕搬了，抬军伤病员半路扔掉等恶劣现象"。⑤ 黎城葫芦脚村在冬学拥军教育中普遍检讨了"偷军队被子衣服、支差逃跑"现象，有妇女则反省说"过去给军队做鞋，不用心，不耐穿。"⑥

"拥爱工作中心环节即在于军队这一原则，抓紧干部，突破军队，彻底肃清部队中军阀主义残余。否则就一切等于零。"⑦ 可见，军队的教育反省事关运动

① 太行四地委：《关于拥爱运动的通知》（1944年2月12日），平顺县档案馆藏，革命历史档案，39－2－56－1。

② 《平头村的拥爱工作总结》（1944年2月），黎城县档案馆藏，革命历史档案，54－27－8。

③ 武乡县政府：《武乡拥军工作总结材料》（1944年1月），武乡县档案馆藏，革命历史档案，3－21－50－1。

④ 黎北县第一区：《宣传周简单总结报告》（1944年8月18日），黎城县档案馆藏，革命历史档案，55－30－19。

⑤ 赵瑾山：《榆社县拥军材料》（1944年2月18日），榆社县档案馆藏，革命历史档案，1－1－4－6。

⑥ 《葫芦脚、侯家庄两村的拥军总结》（1944年2月18日），黎城县档案馆藏，革命历史档案，54－27－8。

⑦ 太岳军分区：《一分区部队开展拥政爱民运动的经验》（1944年），山西省档案馆藏，山西革命历史档案，A13－5－6－3。

能否顺利进行。"这个运动就是为了打通团结群众和组织群众的思想问题。"① 作为一项重要政治任务，在军队方面，普遍展开反省教育亦得到重视。组织上，本着从群众中来、到群众中去的方针，由各连队组织拥爱委员会，先找问题让战士自我检讨，检讨后从反省找出材料，进而"发动战士坦白，在部队中开展坦白运动，真正肃清部队中的国民党思想、阎锡山思想。"② 内容上，按不同部队确定不同反省重点。如战斗部队重点在群众纪律、战时与地方和民兵的关系、保卫群众生命财产等问题，边沿部队重点在群众纪律、执行政策法令、对敌斗争中军民两利等问题，机关部队重点在与地方关系、帮助群众及纪律等问题。就是同一部队，不同人员亦有不同的重点，如干部反省群众观点与军民兼顾、军民两利的路线问题。③ 在八路军总部特务团反省大会上就检讨出许多糊涂想法，有人认为枪杆子第一，"根据地离开军队就不行，政府只是个支差机关。"有人认为"根据地老百姓不如敌占区老百姓，敌占区老百姓见咱们军队很亲热，说啥听啥，根据地老百姓太民主了。"④

经过反省检讨、思想启发，干部和群众初步打破对抗日军队的不正确认识，军队士兵增强了群众观念，为第二阶段工作奠定了思想基础。

（二）公约与联欢：落实动员

法国哲学家卢梭认为，"唯有一种法律，就其性质而言，必须要有全体一致的同意，那就是社会的公约。"⑤ 作为擅长组织动员的革命政党，中共在1941年就以军民誓约运动形式来"加强抗日民族统一战线，巩固军民合作。"⑥ "双拥"运动大规模开展后，这一做法得到延续。"双拥"运动第二时期，中共在前期干群及军队战士思想打通基础上赋予了"双拥"运动新内容，以群众公约和拥政爱民公约及军民联欢会形式推动运动走向深入。

在具体形式上，各地拥军大会由分散到集中、由小规模到大规模举行。首先，以行政村为单位普遍召开拥军大会。如榆社县各村集中全体男女老幼，一方

① 《十八集团军总部挑起拥政爱民竞赛》，载于《新华日报》（太行版）1944年1月23日。

② 太岳军分区：《一分区部队开展拥政爱民运动的经验》（1944年），山西省档案馆藏，山西革命历史档案，A13-5-6-3。

③ 太行军区：《关于深入开展群众性的拥政爱民运动的命令》（1944年），山西省档案馆藏，山西革命历史档案，A10-1-15-7。

④ 《欧团检查群众纪律，赵副团长、总支书记亲自访问当地政府》，载于《新华日报》（太行版）1944年1月23日。

⑤ ［法］卢梭：《社会契约论》，何兆武译，商务印书馆2017年版，第18页。

⑥ 《中共中央北方局、八路军野战政治部关于开展军民誓约运动的指示信》（1941年11月25日），中国人民解放军历史资料丛书编审委员会编：《八路军·文献》，解放军出版社1994年版，第728页。

面进行拥军反省总结并组织典型人物大会发言以扩大影响，另一方面由群众根据本村实际讨论后规定拥军公约："一、八路军是自己人，说话态度要和气；二、好房热炕自动让军队住；三、供给军队碗筷，不怕麻烦，不怕损坏；四、关心伤病员，直接送医院；五、保守军事秘密，不说军队坏话；六、认真帮助抗属解决实际困难。"① 黎城县平头村亦有类似的全村拥军公约："一、抗日军欢迎，走时要欢送；二、借用家具及烧柴、担水均要自动；三、领路探情报，配合军队打仗；四、抬运伤兵要自动，转移退却要保证安全，并做好饭让伤兵吃；五、让军队住好家，冬天住暖家，夏天住凉家。"② 其次，以军队驻地为基点举行较大规模的军民联欢会。如榆社县经过各村拥军大会后，按全县驻军地区划分若干基点，周围村的群众到军队所在地慰问，并举行军民联欢会。会上，群众向军队检讨自己缺点，宣布拥军公约，送给部队慰问信，向军队表演节目；部队向群众表示谢意，进行道歉，互相勉励生产备战。又如八路军野战政治部在驻地召开军民联欢大会，军队当面检讨自己缺点，并向群众介绍拥政爱民和生产情形，让群众知道军队如何在想方设法减轻其负担。炊事班长杜得胜当面做反省报告说："我曾经不言语拿了农民几捆高粱杆，现在要赔钱……猪啃了老乡的谷箱，赔了一大升米；弄坏了一个梯子，赔了四十块钱。"群众亦讲了好多对不起部队的地方，赵银旺说："过去我不愿抬伤兵，不愿带路，还偷部队的葡萄，这真不对。往后一定爱护咱们的军队。"李海有说："我过去参加过中央军，我是专门打骂老百姓的，谁爱护老百姓。现在八路军不打不骂，还帮助咱们，咱应该好好拥护它。"③ 壶关县1945年元宵节"双拥"军政民联欢大会上有群众代表发言称："八路军跟咱是一家人，可是咱过去对军队帮助少，就拿优抗说，完全是应付哩！以后帮助一定要实际，说漂亮话不顶事。"军队代表某副营长说："去年一年我们对群众政府态度不够正派，生产打仗也不够积极……今后我们要积极活动多打敌人，保护群众保护政府……"④ 复次，经过若干小规模拥军大会后即召开全县拥军大会。全县大会除举行拥军仪式外，还通过奖励劳动英雄，以劳动英雄为榜样，带领群众向军队献上慰劳品。如榆社全县收到慰劳品大洋24 728.64元，以及粮食2.9石、钢铁41.9斤、生铁150斤、烟口袋79个、山鞋31双、肥皂11条、水壶套79个、毛袜8双、手巾48块、皮带12条、背心4个、白布6尺、羊72只、鸡55只、鸡蛋14个、菜蔬1 664.8斤、熟食45斤、货烟99盒等。⑤

---

① ⑤　《榆社县拥军工作的总结》，榆社县档案馆藏，革命历史档案，1－1－4－13。

②　黎城平头村：《参军工作总结汇报》（1944年），黎城县档案馆藏，革命历史档案，54－27－6。

③　《又检讨又闹社伙，到处军民都联欢》，载于《新华日报》（太行版）1944年2月7日。

④　王飞：《军民本是一家人，元宵节举行联欢大会》（1944年），载于《减租小报》第5期，壶关县档案馆藏，革命历史档案，1－1－16－4。

传统乡村社会是一个道德共同体，俗成的约定既能规范民众行为，又能赋予民众生存意义。中共以革命和民族主义元素改造传统乡俗，拥军公约通俗易懂、军民联欢会和全县拥军大会紧贴实际，民众与军队的交流互动提升感情，促进了干部和群众拥军思想落地生根并见诸行动。对此，中共有着明确认识，如武乡县政府一份文件就指出："我们要向每个群众说明抗战军人家属是社会上最光荣的人……对这些人除了爱拥他们，还要给以必要的物质帮助。"[1] 而"优抗工作是拥军运动重要内容之一""优抗工作要想做成，单强调制度化经常化是不行的，必须是要教育群众执行拥军政策，用群众的力量来保证才行。"[2] 如武乡县在拥军运动中有的村讨论解决抗属困难与生产问题，有的村讨论帮助军队送情报抬伤兵问题，并有"三分之二的村把去年的优抗工作作了一次检查"。[3] 榆社县同样鼓动群众切实帮助军队，如讲堂有个老汉说"我耕地耕的好，能保证给抗属耕好地。"又有董金于老人亦说"我拥护八路军是实际的"。[4]

（三）"寓教于乐"：动员展拓

娱乐文化作为一种意识形态力量，在塑造民众精神认知上作用非凡。中共重视农民政治教化，对乡村传统文化予以改造，使之契合革命精神。所以，在"双拥"运动第三时期再进一步，展开更加深入的拥军思想检讨。晋冀鲁豫边区领导人戎子和指出："拥军是一个群众运动，必须从干部思想上转变起，领导群众在思想上更加认识清楚。"[5] 方式上则由集中到分散、从区县拥军大会到村庄拥军大会，使整个拥军工作深入群众之心、扎根社会之底。在具体做法上，通过提高文化娱乐的政治性和实际性，以文化娱乐助推拥军反省和传播拥军思想，形成一种互相影响、同频共振机制。[6] 如榆社在拥军宣传时根据各村情形重点分区且每一重点包括附近各村，文化娱乐宣传以拥军检讨为主题，具体内容视各村工作状态而定。对于前期拥军较好者如偏良、桃阳等村，因正在反特务，则结合反特工作来宣传；周村、鱼头村已经过反特务且群众正在积极生产，则以生产和家庭和

---

① 武乡县政府：《我们怎样对群众宣传》（1940 年 12 月 3 日），武乡县档案馆藏，革命历史档案，3 - 5 - 3。

② 黎城县政府：《依限完成抗属调查》（1943 年 12 月 20 日），黎城县档案馆藏，革命历史档案，55 - 16 - 11；平顺县委会：《全县参军运动总结》（1944 年 12 月），平顺县档案馆藏，革命历史档案，39 - 2 - 75 - 2。

③ 武乡县政府：《武乡拥军工作总结材料》（1944 年 1 月），武乡县档案馆藏，革命历史档案，3 - 50 - 1。

④ 榆社县委：《讲堂拥军经验》（1944 年），榆社县档案馆藏，革命历史档案，1 - 1 - 4 - 8。

⑤ 《边府、临参会和法院开拥军座谈会》，载于《新华日报》（太行版）1944 年 1 月 11 日。

⑥ 赵瑾山：《榆社县拥军材料》（1944 年 2 月 18 日），榆社县档案馆藏，革命历史档案，1 - 1 - 4 - 6。

睦等工作为内容。至于拥军不够的村，则继续进行反省检讨。[1] 黎城平头村剧团在每日冬学前后通过演剧来宣传拥军，内容有"肃成元自首雪夜、八路军节约救灾荒、八路军战绩、家庭会议、明白人劝不明白人"，贴近实际的剧情吸引了不少人，甚至连六七十岁的老年人都参加了。[2] 太谷文教会创作的拥军小调模仿太行山区民间小调，朗朗上口，"一为国为民八路军，他是咱们的子弟兵，坚持抗日根据地，唉！保卫咱们老百姓。二英勇抗战六年整，抵抗九十万敌伪军，杀死鬼子三十多万，唉！他是华北的救命人。三吃苦耐劳不怕困难，又打仗来又生产，三个月粮食自给供给，唉！减轻咱们抗日负担。四拥护军队理应当，加紧生产缴公粮，反对掺土又掺沙，唉！保证军队打胜仗。五动员青年去参军，参加军队最光荣，他的家庭咱们照顾，唉！优待抗属又劳军。六军民本是一家人，团结抗战一条心，打走鬼子享太平，唉！拥护咱们八路军。"[3] 不但如此，军队传唱的拥政爱民歌同样为群众喜闻乐见，"拥护政府！拥护政府……爱护人民！爱护人民……幸福的民主，政府法令坚决执行，政府号令坚决响应。我们的母亲，没有母亲那有儿子，没有人民那有我们？政府是抗战的首脑，我们是抗战的骨干，为不侵犯他们的一棵草，不损坏他们的一棵针，为保卫民主，为创造幸福，我们是奉公守法的八路军，人民战争，为人民劳动，我们是中国人民的八路军。"[4] 在精练通俗的形式表达之下，"寓教于乐"的宣传使拥军思想深入人心，"老乡们听到拥政爱民小调，眉开眼笑，不断点头。"[5]

在反复宣传和组织动员下，群众拥军思想反省日益深刻。如黎北县二区干部和群众将以往糊涂认识一归因于封建守旧思想及唯武器论悲观心理，即"初见八路军不如中央军的装备整齐，就非小看他成不了大事，也不过和天门会一样罢了……过去中央军吃肉吃面，以为是应该，八路军吃小米，还觉有些不愿意。"二归因于干部的官僚主义作风。三归因于不了解抗日是大家之事且将抗战胜利完全寄托在军队身上。[6] 黎城县源泉村群众经过三个阶段反省检讨走向了拥军实际行动，有7个青年自觉自愿参了军。[7] 太行区拥军大会上，八路军战士亦同声呼应民众和政府热情，"我们军队麻烦老百姓的地方很多，上级提出拥政爱民我们执行的很不够，以后要保证彻底执行，把老百姓要当父母看待，还要完成我们三

---

① 《榆社县拥军工作的总结》，榆社县档案馆藏，革命历史档案，1－1－4－13。

② 《平头村的拥爱工作总结》（1944年2月），黎城县档案馆藏，革命历史档案，54－27－8。

③ 太谷文教会：《拥军小调》，载于《新华日报》（太行版）1944年1月29日。

④ 《拥政爱民》，载于《新华日报》（太行版）1944年1月21日。

⑤ 《又检讨又闹社伙，到处军民都联欢》，载于《新华日报》（太行版）1944年2月7日。

⑥ 黎城县联合办公室：《黎北县第二区拥军工作总结报告》（1944年2月），黎城县档案馆藏，革命历史档案，54－27－7。

⑦ 《源泉拥军反省记要》（1944年），黎城县档案馆藏，革命历史档案，54－27－5。

个月粮食的生产任务。对于政府的法令政策一定要执行，要尊敬政府的同志。"①军队中不尊重政府、不关心群众利益的现象由此消除，军政民进一步团结起来。

三、"双拥"运动的双向效应

八路军是在敌后坚持游击战的军队，"无论何种战事，如果得不到人民的帮助，这是绝难取胜利的。"② 正如太行区武委会主任杨殿奎所言，"以军队为骨干，人民武装为筋肉，群众为基础，组成有机的游击集团，是展开游击战争的首要条件。"③ 可见，敌后游击战能否实施与民众和地方的配合分不开。如此，"双拥"运动开展具有强烈的生存意义。"双拥"运动实施提高了中共政治威信，有效解决了地方政府与军队纠纷问题，消除了群众与军队隔阂，密切了党政军民关系，适应了战争环境和群众性游击战需求。尤其"拥军优抗"的发动解决了军民之间的现实问题，转变了群众对军队的不正确认识，爱护根据地爱护军队观念"入脑""入心"，为战争奠定了厚实的民众基础。但亦存在某些形式主义问题，正如太行三专署所指出的那样，"拥军浪潮一过去，工作就冷落下来了。特别是农忙时节军队到村中无人招待，住宿吃饭诸感困难的比比皆是……对军民关系亦不无影响。"④

（一）运动成效

太行根据地"双拥"运动不仅来自于自上而下的政治动员，更有着自下而起的现实诉求。1943 年，由于日军频繁"扫荡"，根据地生存环境异常艰苦、民众生活倍加困难，在加强对敌斗争、开展大生产运动的形势下，"保卫群众利益，团结群众与依靠群众，增进军民间之血肉一般的团结，成为我们粉碎敌人的主要保证之一。"⑤

1. "利益共同体"观念树立

"双拥"运动开展之前，根据地军民关系"一般还仅仅是建立在民族的武装

---

① 《清漳河边一万老百姓开会拥护边区子弟兵》，载于《新华日报》（太行版）1944 年 2 月 1 日。

② 朱德：《第八路军》，抗战出版社 1938 年版，第 45 页。

③ 杨殿奎：《五月反扫荡中群众游击战争几个问题的经验教训》（1943 年 6 月），山西省档案馆藏，山西革命历史档案，A1 - 8 - 9 - 5。

④ 太行第三专署：《为贯彻拥军工作给各县的指示》（1944 年 7 月 16 日），黎城县档案馆藏，革命历史档案，55 - 33 - 10。

⑤ 《中共中央北方局、第十八集团军野战政治部关于在反"扫荡"中军队与地方相互协助的指示》（1942 年 2 月 25 日），见《中共中央北方局》资料丛书编审委员会编：《中央中央北方局·抗日战争时期卷》上，中共党史出版社 1999 年版，第 377 页。

斗争上，还缺乏阶级上的自觉性与明确性"。① 经过"拥军优抗"动员，干部和群众思想有了转变，明确认识到八路军是自己军队，"没有军队坚持根据地，是不可能有大量的劳动人民的积极生产运动。"群众方面，如榆社县一区李金泉经过拥军反省后回到家中自动给子女宣传拥军好处；桃阳群众过去不愿让部队在村里家内住，现则盼望军队来，"打破了过去靠天靠命运，认识了共产党及革命。打破了军民两家，八路军不是自己人的思想。"② 黎城县高家脚等村百姓自愿管饭给部队，用牲畜帮部队搬肥料播种，使部队安心作战；上湾村义务教员在伤兵员到村时自动用牲口转送；东阳关一个老太太郭娇圆给游击队员送吃喝并帮助机关掩藏文件，她跟丈夫说："没有八路军保住咱根据地，像前些年那个世道，我家就会吃不开，就会饿死……我拥护八路军不亏呀。"③ 不仅如此，群众还积极关爱抗属之家。如仁庄模范抗属邓金凤，其女是劳动英雄，其子是县基干游击队模范战士，年关群众挨门请吃饭。④ 地方政府方面，各县区村组织小组检查优抗及安置荣誉军人，帮助抗属建立家务，解决抗属困难，组织生产。如赞皇县在"对抗属的照顾上，大多数村已比以前好多了。"⑤ 军队战士经过思想动员，行动上有了转变，如八路军某团战士自动给房东和抗属挑水劈柴，团参谋长亲自带领干部战士到山上扛柴火，还有战士看到走麦地者就大声叫唤："喂！同志！知不知道拥政爱民？"⑥

2. 推动参军运动

八路军一二九师政治部指出，"政府能保证优抗与荣誉军人条例切实执行，提高抗属的社会地位……军队方面能依靠自己的模范行动来亲切与群众联系"，这是顺利完成参军动员任务的必要保证。⑦ 换言之，只有群众"思想上能解放，他能真正想到八路军是子弟兵时……再大的参军任务也能很准切的完成。"⑧ 拥军反省在1944年武乡参军工作中就发挥了这样的作用，"青年人反省参军，妇女们反省对军队的认识……特别是干部反省优抗工作……参军时候就一下影响起七

---

① 《太行区九年来参军的经过情况及其主要经验》（1946年），见山西省档案馆编：《太行党史资料汇编》第七卷，山西人民出版社2000年版，第791页。

② 《榆社县拥军工作的总结》，榆社县档案馆藏，革命历史档案，1-1-4-13。

③ 《她为啥爱八路军》，载于《新华日报》（太行版）1944年1月29日。

④ 黎城县政府：《黎城三四年旧历年关拥军优抗总结》（1945年5月），黎城县档案馆藏，革命历史档案，55-86-2。

⑤ 《拥军优抗运动逐渐展开，赞皇年前普遍优抗》，载于《新华日报》（太行版）1945年2月17日。

⑥ 《三十四团反省以后处处给老百姓打算》，载于《新华日报》（太行版）1944年1月25日。

⑦ 一二九师政治部：《关于加紧冬季扩兵准备工作的指示》（7月27日），山西省档案馆藏，山西革命历史档案，A11-1-4-4。

⑧ 平顺县委会：《全县参军运动总结》（1944年12月），平顺县档案馆藏，革命历史档案，39-2-75-2。

八个青年来。"① 其他各县情形亦然。平顺县城关史有信经过反省检讨动员后说："八路军是咱自己的队伍，我有四个孩子，需要的话，两个孩子去可以。"② 壶关县南沟村抗属秋生则说："八路军是为老百姓，老百姓要帮助八路军，军队在前方打仗，咱要在后方生产，孩子就得参军。"③ 壶关一区群众在领悟到"没有八路军就没有根据地，没有根据地就不能翻身"的道理之后，各村敲锣打鼓地将32名新战士送到拥军优抗大会上。此情此景又影响了不少人积极响应，其中18岁羊工李法则说"我去年参军说我不够年龄，今年够了，我又来了。"东崇贤积极分子毕某则"一听说扩军就叫咱孩先参加，八路军是咱自己的。"树掌村武委会副主任李法科说"要不是八路军哪有你我呢，八路军是穷人当中产生的，咱不去叫谁去。"④ 武安楼上村形成群众献铜运动，西街一妇女回到家不顾做饭先找起铜来，东街□□□回家拿自己一付铜马镫要送给军队，一边走一边说："这东西我存着没有用，要是做成炮子，能打二三十个敌人，还不好？"⑤

（二）运动不足

八路军坚持敌后抗战，其对乡村社会人力物力财力资源的汲取事关战争前途。"对敌斗争如果失掉群众的积极支援，就一定要陷于失败。"⑥ 但由于乡村经济基础薄弱、农民思想意识落后，即便像中共这样高效的政治力量在"短时期内要实现权力的全方位覆盖，也力所难能。"⑦ 因此，"双拥"运动尽管取得了重要的政治社会功效，却亦存在不足。

第一，拥军教育在某些地方流于形式，干部群众思想反省不够。即使拥军教育较好的武乡县亦有20多个村未曾开展工作，有些村干部只重视拥军内容的文化娱乐形式，而未将拥军运动视为艰苦的思想教育过程；已进行拥军教育的地方，有些讲课人以上完课为目的，群众无兴趣，讨论缺热情，认识难到位。榆社县亦存在此类现象，由于干部力量少，一区边沿村拥军工作散漫且群众未予发动，而发动过的村子时事教育缺乏且方式简单。反省流于形式，只是暴露问题而

① 武西县武委会：《武西县武委会扩兵工作总结》（1944年9月18日），武乡县档案馆藏，革命历史档案，3-50-3。

② 平顺县委会：《一区城关等村是怎样进行拥军参军工作的》（1944年12月），平顺县档案馆藏，革命历史档案，39-2-75-3。

③ 《减租小报》第5期拥爱专号（1945年3月2日），壶关县档案馆藏，革命历史档案，1-1-16-4。

④ 《减租小报》第6期拥爱专号（1945年3月8日），壶关县档案馆藏，革命历史档案，1-1-16-5。

⑤ 《武安楼上村反省拥军献铜六十一斤》，载于《新华日报》（太行版）1945年3月5日。

⑥ 若愚：《群众运动与群众游击战争》（1941年12月），见山西省档案馆编：《太行党史资料汇编》第四卷，山西人民出版社1994年版，第980页。

⑦ 黄道炫：《抗战时期中共的权力下探与社会形塑》，载于《抗日战争研究》2018年第4期。

不能联系到思想层面，出现"积极分子能反省大部分，中间分子只做了暴露现象，少数落后顽固分子还没有说出而隐藏了下去。"①②

第二，拥军行动在某些地方表层化，缺乏内在认识。如潞城县"有些区村只做了些表面工作"③，黎北县二区拥军反省与军民联欢会"看是很热闹，轰轰烈烈的"却是表面一套。由于未能真正从干部和群众思想根源上组织反省，故"在拥军热气一过后，群众对军队仍然照旧的不当自己人看待"。如彭庄群众不愿意三分区医院到村子里住，部队经过时干部和群众冷拖慢待。④

此外，还存在机会主义现象。如有的人在拥军座谈会上好面子而不批评错误；有的干部单纯为任务而敷衍塞责，"拿工作来衡量是和所说的有个相当距离的"。⑤

四、小结

战争状态之下，依靠政府和民众汲取资源以维持作战能力是军队无法回避的任务。对于在敌后坚持游击战的中共武装更是不可或缺，"广泛的抗日游击战争，是一种群众战争，它必需取得人民各种各式的拥护、赞助和掩护。"⑥太行根据地发展后期，受战争局势紧张和自然灾害影响，军政民关系显现出些许危机，中共清楚地认识到"党政军民各方面可能发生军队怨地方帮助不够，地方怨军队不打仗"现象⑦，进而在已有工作基础上发动"双拥"运动，并藉此在地方干部、民众和军队中树立利益一体化观念，使军民关系得到强化，适应了敌后游击战争的需要。

作为一场群众性政治运动，"双拥"运动有着深刻的内在意蕴。其自上而下地贯彻，又以由点至面不断深入，显示了中共与乡村关系发展的新趋势。"双拥"运动造成深远的政治社会影响，是中共与农民新关系构建的雏形，中共通过政治

---

① 《榆社县拥军工作的总结》，榆社县档案馆藏，革命历史档案，1－1－4－13。

②④ 黎城县联合办公室：《黎北县第二区拥军工作总结报告》（1944年2月），黎城县档案馆藏，革命历史档案，54－27－7。

③ 潞城县政府：《潞城县拥军优抗的指示》（1945年5月5日），潞城市档案馆藏，革命历史档案，A1－2－161。

⑤ 黎城县政府：《黎城三四年旧历年关拥军优抗总结》（1945年5月），黎城县档案馆藏，革命历史档案，55－86－2。

⑥ 刘少奇：《关于抗日游击战争中的政策问题》（1938年2月5日），见晋冀鲁豫边区财政经济史编辑组等编：《抗日战争时期晋冀鲁豫边区财政经济史资料选编》第一辑，中国财政经济出版社1990年版，第37页。

⑦ 《中共中央北方局、中央军委华北分会关于反"扫荡"斗争给太行、太岳区的指示》（1942年3月），见中国人民解放军历史资料丛书编审委员会编：《八路军·文献》，解放军出版社1994年版，第784页。

运动将乡村社会逐渐纳入国家权力治理之中。在"双拥"运动中，地方干部、乡村民众和普通士兵对"共产党""根据地""子弟兵"等词语有了直观认识，并用来指导自己日常思想行为，使之符合"军政民一家"的利益一体化建构。而且，运动中民众个人的情感体验，通过思想和行动的凝聚升华为集体规范，"双拥"准则成为根据地社会新秩序的基础。由此，在党的一元化领导之下，党政军民一体化高度协同，构筑起全民持久抗战的坚实基础。当然，"双拥"运动存在形式主义现象，而使之成为"真正的群众自觉运动，走向经常化制度化"则始终是中共的孜孜追求。①

---

① 太行第三专署：《为贯彻拥军工作给各县的指示》（1944 年 7 月 16 日），黎城县档案馆藏，革命历史档案，55－33－10。

第三章

根据地基层政权建设[*]

第一节　晋西北根据地的乡村民主选举

政权问题是革命的根本问题，亦是中共根据地能否存续与发展的首要问题。中共"必须而且只能借助政权来实现统治"。[①] 同时，亦"只有迅速的实行政治和经济的变革，才能得到农民的合作。"[②] 1940 年 1 月，中共晋西北抗日政权甫一成立即开始自己的政权建设努力，而这种努力的重要一步便是重建因日本入侵业已崩溃或趋于解体状态的乡村政权并对之予以彻底改造。对于在农村建政的路径，中共选择了最恰当且顺应历史潮流的方式即"民主村选"，通过这一形式通俗地向农民灌输民主、民族、阶级等基本概念，从农民中发现先进分子，然后将这批素质相对较高且又有朴素意识形态信仰的农民转化成乡村基层管理者。当乡村权力被训练过的农民行使时，更多的民众才可能从心理上认同这一体制，进而产生支持中共及其政权的政治取向。本节以晋西北乡村政权人员更替方式为研究

　*　山西大学近代中国研究所研究生乔慧玲同学和中国社会科学院中国史学理论研究所宋儒博士参与了本章第二、三节初稿撰写。

　①　张鸣：《乡村社会权力与文化结构的变迁（1903－1953）》，广西人民出版社 2001 年版，第 207 页。

　②　《中国革命与中国共产党》（1939 年 12 月），见《毛泽东选集》第二卷，人民出版社 1991 年版，第 635 页。

对象，探讨战争环境下中共村选运动的动员机制、各阶层农民参与村选的政治心态、村选后村政权的实践运作以及村选本身的某些内在机理。

一、村选条例的颁行与村选动员

改造和健全村政权是中共晋西北抗日政府政权建设的中心任务之一。1940年9月，晋西北行署第二次行政会议通过并颁布《晋西北村政权组织暂行条例》和《晋西北村选暂行条例》。条例对于村政权规定：农村政权是民意机关（公民大会或代表会）与执行机关（村公所）的统一体。农村国民大会为村政权最高权力机关，由全体村民组织。村民代表大会为村国民大会休会期间村政权最高权力机关，由全体村国民代表组织，行使村国民大会职权。村国民大会设主席、副主席各1人，并兼任村代表大会主席、副主席，主席负责召集开会，副主席协助且在主席因故不能执行职务时代行主席职权。村国民大会主席和副主席由村国民大会或村代表会选举、罢免，村代表由各自然村公民选举、罢免，主席、副主席、村代表各任期1年，可连选连任。村国民大会及村代表会例会及临时会决议由村公所负责执行，村公所设村行政委员会，由村长、副村长、自卫队中队长、书记、各村主任组成，秉承上级政府命令、指示、村代表会决议决定具体执行办法，会期每月1次。村长、副村长各1人，由国民大会主席、副主席兼任，村长为全村行政负责人，总理全村政务，副村长负责协助并于村长因故不能执行职务时代表村长行使职权。他们均需无记名投票直接普选产生。[①]

条例对于村选的具体事宜则规定：村选领导机构为村选委员会，由村长和副村长及村自卫队长各1人、农工青各救国会共推代表1人、小学教员1人组成。凡境内人民不分性别、职业、民族、阶级、党派、文化程度、居住年限，年满18岁并登记为公民者均有选举与被选举权，但有下列情事之一者停止选举与被选举权：（1）有汉奸行为经判决确定者；（2）被剥夺公民权尚未恢复者；（3）有重大神经病经医证明者。村代表选举以自然村公民为单位，应选代表数与应到公民小组数相同。汉族与少数民族杂居村少数民族公民须单独进行选举，人数在20人以上者选举名额照以上规定，不足20人者亦须选举村代表1人。少数民族不按地域自由结合为公民小组，受本民族代表领导。凡本村各抗日党派、群众团体及公民自由组合，均有提出村长与村代表候选名单且在不妨害选举秩序下自由竞选之权。村选举委员会、村公所及上级政府在村选中不得提出任何候选人名单，公民投票选举不限于候选名单中已提出的候选人，主席、副主席、村主任

---

① 《晋西北村政权组织暂行条例》，山西省档案馆藏，山西革命历史档案，A88－2－2－1。

代表、副村主任代表选举以得票最多者为正、次多者为副，村代表选举以得票最多者当选、次多者候补，村代表至少需候补 1 人，最多不得超过当选人数三分之一。选举主席和副主席时，如有 2 人或 2 人以上得票最多且票数相等者，当选人及其正副由县政府决定。选举村代表时如有得票最多 2 人或 2 人以上且票数相同者，当选人由区公所决定。主席、副主席、村主任代表、副村主任代表与村代表每年改选一次，遇有特殊情形须有村代表会呈准县政府提前或延期举行。① 综观条例，规定详尽，凡与选举有关的各种事项均进行了较明确的说明，基本上照顾到了各阶层利益，有利于民主程序的贯彻执行，亦符合抗日民族统一战线的原则。

条例颁布之后，中共各级党政领导机关从 1941 年 3 月起逐级召开选举准备会议，成立行署到区一级由政民机关共同组成的村选指导委员会，各村普遍建立村选委员会，并确定 22 个行政村为试选单位进行实验，拉开村选序幕。此次村选大体经过宣传动员、选民发动、户口调查、选民登记、公民小组划分、民主选举等程序，最后选出村长和村代表，建立村民委员会。由于民主运动是初次尝试，因此在村选初行阶段相当一部分人对此不了解，干部毫无经验，群众抱有怀疑态度。中共晋西北区党委及行署为此采取各项措施，详细指示村选各项工作，就村选展开大规模宣传动员。

首先是政策解释，这是村选能否顺利进行的一项重要保障。根据地政府针对干部文化水平低、人民群众对政策了解不够的现实，对村选政策进行了详尽解释。据中共晋西区党委宣传部有关资料，具体分为以下几方面：（1）关于村选及其重要性。对于"村选"，晋西北行署用通俗的语言解释说："就是由全村的人民直接选举出自己的村国民代表，组成村国民代表会代表全村人民的意见来管理全村的大事。""实行村选就是为了实行民主政治，真正的给老百姓以民主权利，就是使大家事大家办，不许少数人包办专权，更不许坏人包办专权，只有这样事情才能办的公、做的好。"而且，既然实行村选是为了"大家事大家办"，就要将村政权中的敌对分子洗刷出去，代替以热心抗日的公平能干人才。这样"村政权就会变成真正代表人民意见、为大多数人民谋利益的机关。实行村选后就不能再让贪污腐化的现象继续和重新发生，就能使村政权更加健全起来。村政权就会更切实的执行上级政府的法令，认真地关心人民生活，解除人民痛苦，加强抗战力量。"（2）关于新的村代表制与旧闾邻长制的不同。宣传大纲解释说，村国民大会是村政权的最高权力机构，村公所是村政权的一部分——执行村国民大会决议的机关，村长由村国民大会主席兼任，服从村国民大会决议，其任务是经常领

---

① 《晋西北村选暂行条例》，山西省档案馆藏，山西革命历史档案，A88 - 2 - 2 - 1。

导督促和检查这些决议的实行程度，以纠正过去村公所或村长包办一切的现象。村选后取消闾邻长制，组织公民小组，"25 人为一组，村国民大会的代表直接领导公民小组，各小组公民经过自己的代表可以直接向政府机关提出意见或监督检查政府机关的工作。"村公所设民政、财政、教育、建设、锄奸 5 个委员会，吸收多数代表参加，以帮助村长进行工作并避免村长贪污舞弊。产生的方法，旧闾邻长虽然有的由村民推举，但推举时弊病很多，比如选举时由少数人包办，选举后还要经区长、县长圈定。实行民主村选在于发动全体村民参加，选出真正能代表自己的代表。旧闾邻长改选有定期，在一定时间内无论是否胜任，村民都无权罢免。村代表改选亦有定期，但期间村代表如不能代表人民意见，人民就有权撤换并重新选举自己的代表。(3) 关于"三三制"原则。宣传大纲解释说："国民党一党专政固然不对，可是中共拿别的党派来专政也要不得，只有各阶级各党派的通力合作，才能战胜日本，所以今天的抗日民主政权应该是各抗日党派阶级联合的政权。"村选将按照"三三制"原则动员全体人民参加选举，凡年满 18 岁无汉奸嫌疑和精神病者可不分性别、职业、党派、信仰一律登记为公民，赋予选举与被选举权；各阶级各党派人士只要不投降不反共都有提出自己施政纲领和参加竞选的自由；各合法团体均有权提出候选人并为之竞选。选举时对被选人应以有能力、热心抗日、办事公平认真、能执行民众意见等原则为标准而不应挟有党派或个人成见及宗派观念等因素。①

其次是干部动员。干部是村选的基层组织者和实施者，中共晋西北行署为此对各县区村参加村选组织工作的干部进行统一培训（具体情形见表 3-1）。据兴县、方山、临南、离石、静乐、宁武、岚县、神池、保德、朔县、文水 11 县调查统计，培训时间最短 7 天，最长 30 天；培训内容为村选的重要性、选举程序、选民登记、群众动员等问题，参加人数达 2 188 人，其中较多的兴县、文水县分别为 700 人和 1 000 多人，较少的如离石县仅 10 人；参加培训的干部以区村干部为主，还有部分士绅。② 与此同时，各县根据本地实际情况对辖区内参加村选组织工作的干部或集中进行实践性较强的实习训练或直接进行工作训练。如临南县举办村选训练班，参加学员达 70 人，上午讲授理论，下午进行试选实习；方山县吴家沟村成立村选委员会并聘请 18 个热心公正人士担任干部，以加强对村选委员会的领导，尝试在实践工作中训练干部。村选委员会干部每日早晨检讨、解答所遇到的问题，午睡时集体讲一两个问题并指出正确做法，然后分组讨论或进

---

① 中共晋西区党委宣传部：《村选运动宣传解释大纲》，山西省档案馆藏，山西革命历史档案，A22-1-9-2。

② 《武新宇同志在行署科长联席会议上关于晋西北第一期村选试选工作总结报告》，山西省档案馆藏，山西革命历史档案，A88-2-4。

行个别谈话。① 有些村采取干部动员干部的方法，即用积极干部的模范作用与私人关系说服动员一些不愿参加工作的干部，还有村召开专门的座谈会、辩论会就村选的一些细节问题展开讨论。通过动员培训，多数干部了解了村选政策，在理论上及实际工作中强化对民主政治的认识。许多干部在动员之后积极参加工作，如方山县吴家沟、麻峪、油房沟、偏家岔、屯堡、杨家沟村有110余名干部参加村选工作，这些干部除村行政人员外还包括农会、工会、青救会、妇救会、自卫队等各种组织的骨干成员。②

表3－1　　　　　　　晋西北行署关于各县干部统一训练统计

县别	起止日期	训练时间	参训人数	训练方式与内容	备注
兴县	2.1～3.3	30天	700余人	两期共16批并配合征收公粮	
方山	2.15～3.9	25天	222人	训5批	教员32人，士绅24人
临南	2.21～3.7	17天	70人	县集中训练	助理员6人，民运3人，教员6人，余为村干部
离石	3.19～4.2	13天	10人	实习5天，上课7天	村长70人
静乐	3.22～4.5	15天	不详	第一批结束	
宁武	2.5～2.12	7天	20人	县集训，自然村干部轮训	村长20人
岚县	3.10～3.25	15天	不详	各区训练	
神池		7天	30余人	集中训练	
保德	3.10～3.17	7天	80余人	集训并配合村摊款征收和武装动员	区长5人，助理员10人，民运5人，村长40人，自卫中队长20多人
朔县	3.29～4.10	13天	56人	实习集训	助理员6人，区抗联13人，教员、村长37人
文水	12月	—	1 000多人	分批分区训练3～5天，县训小学教员131人	区助理员15人

① 《武新宇同志在行署科长联席会议上关于晋西北第一期村选试选工作总结报告》，山西省档案馆藏，山西革命历史档案，A88－2－4；《方山县政府关于村选工作及统一战线中干部团结与提高干部素质扩大干部来源问题的总结报告》，山西省档案馆藏，山西革命历史档案，A151－1－1。

② 《方山县政府关于村选工作及统一战线中干部团结与提高干部素质扩大干部来源问题的总结报告》，山西省档案馆藏，山西革命历史档案，A151－1－1。

续表

县别	起止日期	训练时间	参训人数	训练方式与内容	备注
合计			2 188 人		区村行政干部占绝大多数

注：①本表就参加会议或有报告各县统计；②汾阳、交城、阳曲、岢岚、河曲、五寨6县未举行训练；③临县未开始训练。

资料来源：《武新宇同志在行署科长联席会议上关于晋西北第一期村选试选工作总结报告》，山西省档案馆藏，山西革命历史档案，A88－2－4。

由于战争环境影响以及经验不足，干部动员中存在的问题不少，很多失误直接影响了村选工作顺利进行，甚至阻碍了群众参选积极性。具体而言，（1）动员时间不够，大部分干部仅接受几天的短期训练，而到村一级则时间更短。加之相当多的干部文化水平低下，甚至有些地方的干部多数属于文盲，在短时间内很难理解村选政策并完成相关组织任务。如兴县柳叶村干部动员只有一天且方式十分简单，即派6个"下乡"干部参加区委在行政村召开的"扩干会"，并在听取村选意思及办法后就立即开始工作。① 区干部的情况亦然，即大多数人仅在听取行署关于第一次试选总结报告传达后就开始对各自然村进行动员训练，以致在工作中才发现有关村选知识十分有限，对某些疑难问题不仅无法解答，甚至作出了错误的解说，从而使得培训动员质量大打折扣。（2）干部家庭观念浓厚，政治觉悟差。部分村干部不仅工作经验浅薄，而且对参加动员培训持冷淡态度，结果使得很多地方的动员培训形同虚设。有些村参加动员培训的干部很少，即使与会人员亦有不少私自回家，实际并没有参加工作（见表3－2）。其中原因除这些干部本身政治冷漠外，部分区级培训机关组织不力亦是重要因素，无法调动干部参加培训的积极性，有的甚至采用强迫手段，致使干部产生排斥心理。同时，由于很多村级干部是中农或贫雇农，误不起时间，认为参加培训耽误生计。（3）负责培训工作的人员不足。他们中有些人对村选相关问题不了解或模棱两可，如三专署参加动员的干部既不懂怎样做又没有领导试选，保德有两个区长参加试选时不了解过去与现在村选的本质区别（认为现在选举有选民登记而过去没有，这就是两者的区别），方山县村长受训时不带村选须知及健全村政权文件（实际都毁掉了），临县后月镜村公所则将村选文件埋入地下。② （4）领导村选的组织不健全。据4个专署17县统计，专属区一级中的三、四、八区均未成立指委会，17县中只有

---

① 《柳叶村村政权与群众团体》，山西省档案馆藏，山西革命历史档案，A22－1－20－2。

② 《武新宇同志在行署科长联席会议上关于晋西北第一期村选试选工作总结报告》，山西省档案馆藏，山西革命历史档案，A88－2－4。

临南、岚县、朔县、保德、岢岚、静乐6县成立，静乐县虽成立了村选委员会却没有群众团体参加（仅在群众中挑选并聘请数人组成），等等。[1]

表3-2　方山县某村参加村选培训政民干部人数及回家情况统计

类别	原通知数	实参加数	未到数	请求回家			提前回家		偷回家		特殊事故	允许回家	合计回家	
				最多数	最少数	人均数	人数	次数	人数	次数	人数	人数	人数	次数
行政	10	10	0	10	2	5	4	4	2	5	2	2	8	11
民运	10	3	7	—	—	—	1	1	0	0	0	0	1	1
自卫队	10	2	8	—	—	—	1	1	0	0	0	0	1	1
合计	30	15	15	10			6	6	2	5		2	10	13

资料来源：《方山县政府关于村选工作及统一战线中干部团结与提高干部素质扩大干部来源问题的总结报告》，山西省档案馆藏，山西革命历史档案，A151-1-1。

再次是群众动员。人民群众是参与村选的主体，然几千年来处于社会底层的农民既无政治参与热情又无政治参与实践，不少人对首次赋予的民主权利表现出怀疑和冷漠态度。因此，行署采用各种方式进行广泛动员。具体说有以下几种：（1）利用群众荣辱观进行动员，宣传"在抗战时期出来为公家办事，为国家出力是一种最光荣的事，所以提出自己的竞选纲领，公开的参加竞选也是一件荣耀的事。今后的村长村代表责任更重大，但是村中有了各种委员会（即民政、财政、教育、建设、锄奸五种委员会）的设立，军政民更加密切的配合，事情都比以前好办的多，所以人人不要怕当村长当代表，不要以当村长当代表为苦，而应认为是极光荣的事。""参加村政权，为国家出力是最光荣的！"这种宣传方法抓住农民朴实、简单的心理特点并提出村长工作的重要性，消除了部分人的顾虑。（2）利用村选口号和文艺表演进行动员。口号在战争年代具有极强的号召力，通俗简单的口号易记易懂，再加以大规模宣传，可以造成一种主流政治氛围。行署提出一系列选举口号，如"实行村选，开展晋西北的民主运动！""热心参加村选举，参加村政权！""一切公民都要参加选举，反对独裁包办！""妇女要为自己的解放而踊跃参加选举！"[2] 这些口号朗朗上口，容易深入人心，常常成为村

---

[1]　《武新宇同志在行署科长联席会议上关于晋西北第一期村选试选工作总结报告》，山西省档案馆藏，山西革命历史档案，A88-2-4。

[2]　中共晋西区党委宣传部：《村选运动宣传解释大纲》，山西省档案馆藏，山西革命历史档案，A22-1-9-2。

民茶前饭后谈论的话题。而各种文艺表演如乡村秧歌小调、打拳卖艺玩把戏、标语、漫画等宣传活动，则对于文艺生活相对单一的乡村来说更易吸引群众目光。（3）利用各种会议进行动员。如兴县、保德、河曲等县召集抗属会议、租佃会议、公粮会议、座谈会、乡老会、闾都会、家长会等，各县注重把握每种会议的特殊性，注意在解决问题中贯彻对村选的宣传教育。兴县、保德、朔县、偏关4县各种组织如各救国会、家长会、抗属会等都进行了群众动员，而在众多动员会议中最多的是全体性的群众大会，从统计资料看多达279次，参加人数达2350人。① 各村村选委员会亦进行了较具规模的集体动员，以方山县吴家沟行政村为例，组织集体性动员178次，参加者2735人（其中行政干部小组会6次54人、自卫队队员会10次231人、青年自卫队联合会讨论会1次32人，余为各救国会组织进行）；组织群众性动员182次3319人（干部联席会与小组讨论会在内）；个别谈话有偏家岔8次14人，油房沟12次21人。②

最后，注重对妇女进行动员。全面抗战时期中国共产党人提倡男女政治经济与社会地位平等，鼓励妇女参政议政，认为"妇女占全人口的一半，只有人口半数的妇女也起来参加管理国家大事，国家事才能办的更好，才能尽快取得抗战的胜利。"③ 在具体方法上针对妇女的特点，利用家庭关系影响妇女，男人动员女人，家长动员家属，克服了妇女动员工作上的困难。在政策引导与鼓励下，许多妇女开始意识到自己的价值。如兴县一些妇女说："婆姨们也能说话了，那天□县长还叫咱们说话。""什么时候能选，选一个好的。"④ 群众的积极响应和广泛参与是中共村选政策得以实施的重要基础。

除此之外，各地还创造出多种多样的动员方式。如有的县将动员工作穿插在群众空隙时间，清早利用群众出耕时机进行突击宣传，白天对赋闲在家的妇女和儿童进行动员，夜间召集男性集体学习。方山县干部则挨门访问、个别谈话，并编制村选识字课本利用识字班进行宣传。⑤

不过，有些村选委员会在领导上没有起到应有作用，一些工作组工作不深入，忽略群众利益，只宣传村选如何而没有将村选重要性与群众切身利益联系起

---

① 《武新宇同志在行署科长联席会议上关于晋西北第一期村选试选工作总结报告》，山西省档案馆藏，山西革命历史档案，A88-2-4。

② 《方山县政府关于村选工作及统一战线中干部团结与提高干部素质扩大干部来源问题的总结报告》，山西省档案馆藏，山西革命历史档案，A151-1-1。

③ 中共晋西区党委宣传部：《村选运动宣传解释大纲》，山西省档案馆藏，山西革命历史档案，A22-1-9-2。

④ 中共晋西区党委编：《统一战线政策材料汇集——各阶层政治动向》，1941年12月。

⑤ 《武新宇同志在行署科长联席会议上关于晋西北第一期村选试选工作总结报告》，山西省档案馆藏，山西革命历史档案，A88-2-4；《方山县政府关于村选工作及统一战线中干部团结与提高干部素质扩大干部来源问题的总结报告》，山西省档案馆藏，山西革命历史档案，A151-1-1。

来。有些在宣传动员时偏重下层群众，如开佃户会议和各组织会议时没有发动全体群众参加并将地主、富农排除在外。有些宣传动员的干部力量过于薄弱，根本忙不过来，故召开一次群众性会议就算完成了任务。[①] 一些地区虽然干部力量较强，但敷衍应付甚至消极怠工，如临县后甘泉行政村参加宣传动员的村干部36人中真正起作用的仅3人，动员效果可想而知（见表3-3）。[②] 这些情形对不久开始的村选实践产生了严重的负面影响。

表3-3　　　　临县后甘泉行政村各级村选宣传动员干部统计　　　单位：人

项别	专署	县级	区级	行政村	自然村	合计	备注
政权	—	2	1	1	7	11	
农会	—	2	1	2	5	10	
工会	—	2	—	1	1	4	
青联	—	1	—	2	2	5	
妇救会	—		3	1	7	11	县区及专署干部共30人，村级干部能起作用者仅3人
自卫队	—	3	1	2	5	11	
政权训练班	14					14	
民用训练班	—					—	
其他	—					—	
合计	14	10	6	9	27	66	

资料来源：《前后甘泉村选总结》，山西省档案馆藏，山西革命历史档案，A88-2-2-10。

二、村选中各阶层的政治反应

（一）村选中各阶层的政治动向

经过宣传动员及一系列准备工作，村选运动在晋西北根据地轰轰烈烈地展开。村选过程中，尽管中共提出了适应统一战线理论或策略的"三三制"原则，但农村各阶层依然表现出不同的政治取向。就地主阶层而言，由于战争破坏及中共减租减息和负担政策影响，经济实力严重削弱，许多人对中共怀有恐惧心理。正如中共晋绥四地委调查总结指出的那样，"一直到夏季扫荡时，他们还是不拥

①　《方山县政府关于村选工作及统一战线中干部团结与提高干部素质扩大干部来源问题的总结报告》，山西省档案馆藏，山西革命历史档案，A151-1-1。
②　《前后甘泉村选总结》，山西省档案馆藏，山西革命历史档案，A88-2-2-10。

护，还在寻求中共的缺点而反对。"①随着政策完善，地主敌对情绪渐消并体现出愿意参政和掌握政权的愿望。他们深切体认到村政权对维护自身利益的重要性，在中共动员宣传下逐步从怀疑和不信任走向对村政权的角逐。以兴县蔡家崖村地主温启明为例，其既痛恨日本侵略（女儿曾被日军强暴），又对中共政权充满敌意（主因在于减租减息和各种负担政策），有时故意破坏村干部威信。由于温本人毕业于山西大学且担任过兴县中学校长，在当地甚有威信，村选委员会将之吸纳其中，但他以年龄大、生活不便为由消极抵制。村选开始之后，经过宣传动员逐渐活跃起来，积极准备参选。"温启明现象"在此次晋西北根据地各地村选中非常普遍。

与地主阶层相比，富农在政治态度上相对比较积极，因为"富农是一个弱势但具有某些进步性的阶级，一般情况下都是支持抗日军队和拥护民主政权的，建设民主政权是他们共同一致的要求。"他们中有些人对村政权十分关注，如蔡家崖村富农马苍子在村选发动阶段就踊跃参加村选训练班并通过学习对抗日政权有了新的认识。他说：政府"要东西多，是用来打日本的，军队增多了……"但有些富农持消极态度，因"四大动员"（即献金、献粮、参军和做军鞋）曾伤害到其利益，在其心中留下了较恶劣的印象，以致这些"富农分子多少对我们存在一些不安，甚至不满的心理。"②如蔡家崖村富农白文源对干部到村里宣传村选极为反感。③不过，绝大部分富农对村选是积极拥护的并直接参与了村选，其中虽有少数持消极态度但没有进行正面破坏。

中农阶层在村选中最活跃，亦是中共在村选中依靠的主要力量。全面抗战开始之后，中共进入晋西北广大农村并倾向于由中农掌握村政权，中农受惠匪浅，对各项政策表现出很高的积极性。中共宣传动员使之看到政权的重要性及其蕴藏的巨大资源，特别是地主阶层的没落更加促进了其参政热情，激发了其进入政权系统的欲望。蔡家崖村温国杰就因工作积极、为人诚恳而担任了村选干事，并在后来成为全村公认的领袖。他积极参加减租工作，派人到各地找地主换约，并说"我是不怕得罪任何人的。"但亦有个别人因家庭关系不愿参加。如该村温国怀工作积极、踏实，曾任村选委员会委员，但由于家中父亲、妻子反对而不愿参选主席，声称"离不开""不用宣传我能当选"，直到后来才慢慢改变这种态度。④

贫农基本拥护中共政策，但因担心其"站不长久"，不敢与旧势力斗争。加之，他们为生活所迫，没有更多的时间和精力参与村选。或者说，"贫农在村选

①　晋绥四地委：《关于实行三三制、村选工作的指示和各阶层态度反映的调研材料》，山西省档案馆藏，山西革命历史档案，A22－1－2。

②　《各阶级的政治态度》，山西省档案馆藏，山西革命历史档案，A141－1－114。

③④　中共晋西区党委编：《政权建设材料汇集——村选》，1941年12月。

中受生活的鞭挞，加以工作的摇动与启发的不够，在村选中表示消极的现象是存在的。"[1] 许多人认为村选与其"营生"毫不相干，甚至耽误生计——"选村长何必这样麻烦，误了我们务庄稼。""选下我们当村长，连工也误不起。"[2] 面对这种情况，中共以教育启发、经济支持等各种方法进行动员，通过认真的减租减息和换约工作使民主与群众切身利益联系起来，大部分贫农逐渐活跃起来。如蔡家崖村刘根旺开始工作时经常处于矛盾之中，既想工作又想到地里干活，后经动员才参加农会并在农会经过阶级教育提高了认识，常对会员说："咱们这些穷老杆为了打日本，也为了自己的利益，这次要选个给咱们办事的人，不要选那些压迫人的家伙，最好是咱农会中的，就得用农会，不然不会弄成的。"他每天召集农救会会员动员基本群众，在群众中慢慢建立了威信。同村温刘侯同样经历了这样的转变。温刘侯是地主温启明的佃户，起初因担心房子和地被温启明要回去生活无着而拒绝参加村选训练班，后经教育和几轮民主竞选才了解了村选的真实性和重要性并参加竞选，后来当了村代表。[3]

（二）村民的参与和选择

在战争年代，作为晋西北根据地首次村选，与现代国家的民主选举制度相比，在候选人提出、竞选方式和民众参与形式上均留有鲜明的时代特征。

村选中候选人主要通过三种形式提出，即各村组织成员共同讨论提出、公民小组讨论提出和群众自由组合提出。从方山县吴家沟情况来看，候选人大部分是由农救会、工会等组织提出，自由组合只占一小部分（见表3-4）。候选人提出的标准是：公道、正直、能办事、能务工、能"支垫"。在各单位所提候选人中，中农、贫农占多数，地主、富农较少，妇女在候选人中亦有一定比例。[4] 参与竞选的基本方式是大会演讲，即候选人登台解释自己竞选主张，亦有人上台进行助选演讲，如各救国会组织成员纷纷上台演讲以扩大自己候选人的影响。在竞选宣传中，许多竞选者提出朴实的竞选主张，如保德妇女刘翠娥竞选时将自己出身及优缺点都作了详细介绍并提出"如能当选村长，当公道热心给村中办事。"[5] 这种口号吸引了相当一部分选民。投票选举是全世界通用的选举方式，但在根据地乡村因大多数选民文化程度不高，甚至有很多人不识字，故在技术上往往采取一

① 《1941年四分区村选工作中的几个问题》，山西省档案馆藏，山西革命历史档案，A22-1-2-3。
② 中共晋西区党委编：《统一战线政策材料汇集——各阶层政治动向》，1941年12月。
③ 中共晋西区党委编：《政权建设材料汇集——村选》，1941年12月。
④ 《方山县政府关于村选工作及统一战线中干部团结与提高干部素质扩大干部来源问题的总结报告》，山西省档案馆藏，山西革命历史档案，A151-1-1。
⑤ 山西省史志研究院编：《晋绥革命根据地政权建设》，山西古籍出版社1998年版，第45页。

些变通措施，像"划圈圈""点豆子""红绿票""背箱子"等。不过，在晋西北根据地许多村依然是传统的写票选举，票无一定样式，不识字的人可让别人代写，很多代写的人往往将自己要选的人写上；有些村采取了举手表决方式，而选民则因碍于情面"胡乱举手"。[①] 这都没有真正体现选民的真实意图。

表 3 – 4 　　　　　　方山县吴家沟村各单位候选人推荐统计

提出单位	人数	性别		成分					
		男	女	地主	富农	中农	贫农	雇农	工人
农救会	11	10	1	—	1	4	6	—	—
工会	5	5	—	—	—	1	2	2	—
青救会	4	4	—	—	—	2	2	—	—
妇救会	28	9	19	—	4	12	12	—	—
自卫队	4	4	—	1	2	1	—	—	—
农工青会	10	8	2	—	1	4	4	1	—
自由组合	3	3	—	—	—	—	3	—	—
合计	65	43	22	1	8	24	29	3	—

资料来源：《方山县政府关于村选工作及统一战线中干部团结与提高干部素质扩大干部来源问题的总结报告》，山西省档案馆藏，山西革命历史档案，A151 – 1 – 1。

由于环境不一、干部力量差异等原因，各地在不同阶段的参选率参差不齐，有的高达 90% 以上，有的不到 50%，就是各阶层参选情况亦不一样。如试选阶段参选率最高的兴县只达到 51.6%，最少的偏关县和八专署为 39%，平均44.6%。其他各县很少有超过半数者（见表 3 – 5）。[②] 经过试选阶段的宣传动员，到 1941 年正式村选时各县参选人数大幅上升，其中岚县阳寨村达到 100%，最低的临县后月镜村亦有 47.53%（见表 3 – 6）。方山县第一次试选时参选公民46.4%，此次则平均达到 73.32%。虽然多数人参加了村选，但很多地区参选率依然没有达到 60%，具体到某些村甚至维持在 20% 左右。如临南县庙墕村没有参选的基本群众占绝大多数，而缺席公民中基本群众又占 70%。[③] 其中原因一方面是组织动员、干部工作失误造成村民对村选误解甚至敌对，另一方面是村民本身对政治冷漠，民主意识淡薄甚至不相信民主，加上恶劣的战争环境，许多人害怕参与中共政权之后一旦日伪或阎锡山重新掌权会对他们进行"秋后算账"，抱

①③　中共晋西区党委编：《政权建设材料汇集——村选》，1941 年 12 月。

②　《武新宇同志在行署科长联席会议上关于晋西北第一期村选试选工作总结报告》，山西省档案馆藏，山西革命历史档案，A88 – 2 – 4。

有多一事不如少一事的想法。[1] 这些因素是造成某些地区参选率偏低的重要原因。从各阶层参选情况来看，在参与人数上中农和贫农占绝对多数。据 5 县 6 村调查，2 982 名参选人中地主 63 人，占 2%；富农 276 人，占 9%；中农 1 020 人，占 34%；贫农 1 387 人，占 47%；雇农 74 人，占 2.5%。由此可见，中农和贫农是村选的重要基础。不过，在某些地区从各阶层参选人数占本阶层公民数的百分比来看，地主、富农、中农和贫农 4 个阶层相差并不明显，均按本阶层人数的一定比例参与了村选，达到了某种程度的均衡。[2] 但有的县份如临县许多村 1941 年村选中各阶层参选率都没有达到 60%，说明村选工作依然存在问题（见表 3 - 7）。[3]

表 3 - 5　　　1940 年晋西北村选试选阶段国民大会参选公民统计

	项目	兴县	方山	临县	八专署	交城	朔县	偏关	合计
公民数	男	444	368	492	331	—	—	247	—
	女	434	292	379	249	—	—	228	—
	合计	878	660	871	580	305	769	475	4 738
参选公民	男	298	204	303	—	—	—	124	—
	女	155	102	111	—	—	—	62	—
	合计	453	306	414	226	135	393	186	2 113
	占公民百分比	51.6	46.4	47.5	39	44.3	51	39	44.6

注：保德、岚县在各自然村选举主席，故未列入。

资料来源：《武新宇同志在行署科长联席会议上关于晋西北第一期村选试选工作总结报告》，山西省档案馆藏，山西革命历史档案，A88 - 2 - 4。

表 3 - 6　　　　1941 年晋西北 10 县 44 个行政村参选公民
与登记公民人数比较

地区		应参选公民数			出席国民大会数			
		男	女	合计	男	女	合计	占比（%）
直属	兴县 27 村	10 183	8 942	19 125	6 725	4 408	11 133	58.21
二区	偏关 9 村	1 972	1 692	3 664	1 345	1 025	2 370	64.68
三区	崞县宽草坪	185	183	368	154	161	315	85.6

[1]　中共晋西区党委编：《统一战线政策材料汇集——各阶层政治动向》，1941 年 12 月。

[2]　中共晋西区党委编：《政权建设材料汇集——村选》，1941 年 12 月。

[3]　《临县村选工作的第二次检查情况》，山西省档案馆藏，山西革命历史档案，A88 - 2 - 2 - 6。

续表

地区		应参选公民数			出席国民大会数			
		男	女	合计	男	女	合计	占比（%）
三区	岚县阳寨	151	145	296	151	145	296	100
八区	交城冬塔	243	168	411	139	94	233	56.7
五区	右南	333	259	592	205	168	373	63
六区	宁武吴家沟	149	155	304	112	67	179	58.88
四区	临县后月镜	492	379	871	303	111	414	47.53
	方山	347	264	611	293	155	448	73.32
	临县后甘泉	600	555	1 155	347	228	575	49.78
合计		14 756	12 742	27 498	9 774	6 552	16 326	59.37
百分比					66.23	51.42		

资料来源：中共晋西区党委编：《政权建设材料汇集——村选》，1941 年 12 月。

表 3-7　　　　　临县国民大会各阶层公民参选人数
占登记人数百分比比较

单位：%

阶层	前甘泉村	后甘泉村	前薛家圪	后薛家圪	郭家沟	支火圪坦	窑头	平均
地主	58.8	54.8	100	—	40	—	24	55.5
富农	47.9	64.2	25	70	56.5	100	32	52.3
中农	46.3	59.6	95.5	51.4	30.1	48.5	72	57.6
贫农	52.7	57.5	41.6	—	32.5	84	52	52.8
佃农	57.1	40.6	44.4	—	38.2	—	16	39.3
雇农	25	48.7	—	—	42.1	—	47	40.7
商人	42.8	17.2	—	—	—	—		30
工人	48.3	45.5	—	—	—	—	44	45.9
其他	40		—	—	—	—		40
总计	47.4	63.2	61.9	58.1	38.8	64.5	—	

资料来源：《临县区村选工作的第二次检查情况》，山西省档案馆藏，山西革命历史档案，A88-2-2-6。

　　从村民的选择来看，凸显出两种倾向：为村民办事、"能抗差""会应付上级"的人支持率较高；中农阶层较受青睐。由于村政权既要承担政府下派的任务又要管理本村事务，村政权与村民利益关系密切，村政权人员的好坏直接影响村民利益。所以，在选举代表和村主任、村国民大会主席中许多选民表现出极大的热忱，街谈巷议流传着"沙里淘金要选好人""好人当中挑好人"等口号。同时，由于参与选举需要时间和精力投入，选民都会考虑参与酬赏和参与成本。在此情势下，村选中"能办事""会应付"的人成为村民首选。"会应付"主要指能抗差、应付上级摊款等。一位村干部如此说："部分群众认为最好的村长是应付上级，长于抗差的，至于是否贪污则在其次。因此，有些村长就专靠抗差来维持在落后群众中的'威信'，如能抗差首先就能得到很多人的支持，否则廉洁也坐不住。"持这种思想的人很多，并在村选中有着明显的体现。如兴县蔡家崖村选中许多候选人都提出了有关"公道""负担"的竞选纲领，地主杜文材提出"公道办事""济贫优抗"；富农马仓子提出"公道合理分派负担"；中农张国杰提出"保证不欺软怕硬，给大家办事"。[①] 时代赋予村民这种特殊的选择标准，它在很大程度上暴露出村选的不足。

村民在选择上的另一突出现象是各阶层普遍看好中农。村选之前，村政权大多掌握在地主、富农手中，中农政治地位不高。中共进入该地区之后这种情况发生改变，中农在村选中无论人数还是积极程度都超过其他任何阶层，受到贫雇农甚至地主和富农的支持。究其因果：（1）地主、富农考虑到本阶级力量脆弱，故在选择取向上看好与己利益冲突不甚明显的中农阶层，有的甚至帮助中农竞选，以尽可能地维护自身权益。如兴县蔡家崖村地主先替富农张致全、王元鹏助选，后因担心这两人不可能当选乃转向帮助中农韩为大、王家保竞选。[②]（2）贫雇农因生活困难、政治资本不雄厚，同样趋向与自身没有较大冲突的中农阶层。如在兴县蔡家崖村选中，贫雇农一般都将选票投给了"办事公道""不欺贫怕富"的中农王家保和韩为大。[③]（3）就中农阶层本身而言，其生活既不像贫农那样窘迫，又在普通群众中的印象不像地主那样"恶劣""他们既不得罪富农，对贫雇农也不苛刻，而且他们在经济上的'中间'地位决定了在政治上的'中庸'思想。"[④] 基于这些因素，中农阶层成为中共乡村政权重建的重要力量，并对村选结果产生了重大影响。

（三）村选中的矛盾与斗争

1941 年的晋西北根据地村选虽然表层上看起来轰轰烈烈，而实际却并非"一团和气"，存在着各种矛盾与斗争，主要表现在以下几个方面：

第一，新旧政治势力之间的矛盾。此次村选，中共政治意图在于寻找与扶持新乡村权威，但旧势力并不甘心退出政治舞台，他们中的一些人对村选工作及新

---

① ② ③　中共晋西区党委编：《政权建设材料汇集——村选》，1941 年 12 月。
④　《任家湾底村政权》（1942 年），山西省档案馆藏，山西革命历史档案，A141 - 1 - 114 - 2。

崛起的政治力量采取抵制态度，新旧政治势力之间的矛盾与斗争不可避免。由于那些在中共支持下崛起的"新人"仅仅依靠自身力量难以撼动旧势力，中共就在村选中积极动员群众与之展开斗争。以静乐县兴旺村为例，该村村政权在村选前一直掌握在地主王青云手中，"王青云是山西农业专门学校卒业，曾在外做事数年，后回县任高小校长，抗战后任村动委会主任及村长，在村中拥有大量土地。在这次村选中，他首先不登记，并且辱骂政民工作人员'你们这些东西还懂得什么政治'，在自己墙上写着'登记公民才是顽固分子'。"[①] 王的言论和行为影响了不少村民，兴旺村为此在中共支持下展开批判王青云的斗争，从而为新干部的当选扫清了道路。

第二，干群矛盾。这种矛盾主要表现在征粮、收款、土地等经济行为中并在1941 年村选时充分表露出来，成为村选工作一大障碍。这些矛盾在形式上主要表现为：（1）村民与旧干部之间的矛盾。中共对村政权重新洗牌改变了从前的官民地位，村民有了发泄出气的舞台，且在其支持下坚决要求清算旧干部的贪污腐败问题。如临县 14 个行政村村选中的斗争绝大多数属于此类斗争，临南县 7 个行政村村选中所发生的 12 起斗争就有 4 件与此有关。斗争中，村民检举前村干部的贪污浪费和滥行摊款，要求法办贪污。如"临南李家塔前村干部管理工仓，私自滥用，在村民的强大压力下，被迫以数赔出。任家坪的村民对于之前村干部的摊款极为不满，在村选中趁机进行了检举与斗争，最终迫使村干部退回银洋。"[②] 这种矛盾与斗争大都涉及村民自身经济利益，故群众积极性较高，加上共产党的强力支持，多以村民胜利告终。（2）村民与领导村选的干部之间的矛盾。如果说村民与旧干部之间矛盾多属经济斗争，那么与村选干部的矛盾则主要是政治斗争。如前所述，由于动员工作和部分村选领导干部本身素质方面的缺陷，村选工作不同程度地出现偏差，村民民主权利没有得到很好保障，村民为了选出自己中意的人自然而然地与领导干部发生矛盾。如临南县白草村村干部在村选中打上压下、限制村民选举权，激起村民反抗，形成上层地主、富农和下层基本群众联合起来反对干部的局面，影响了该村村选工作。[③]这种斗争多是村民自发行为（亦有被人暗中鼓动的），人数较少，没有形成一定规模，加上选举结果与村民自身利益不像经济利益那么直接，因此并不广泛。就斗争结果来看，虽然存在广大群众与公正人士取胜的实例，但某些村当选人并非村民真实意图的体现。

第三，不同阶层之间的矛盾。村选过程中不同阶层之间的矛盾主要发生在地

---

①③　中共晋西区党委编：《政权建设材料汇集——村选》，1941 年 12 月。

②　《1941 年四分区村选工作中的几个问题》，山西省档案馆藏，山西革命历史档案，A22 - 1 - 2 - 3。

主、富农与中农、贫农之间。就地主、富农而言，他们属于农村上层分子，物质生活相对富裕，他们中的很多人担心一旦中农和贫农掌权，自己会在出钱、征粮方面受到不公待遇，故想方设法使政权掌握在自己人手中。如兴县蔡家崖村地主温启明、温国珺等在村选中积极活动，为自己人能够当选大力造势。[1] 对于中农和贫农来说，他们在政治经济上长期处于下层，中共村选政策为他们创造了改变命运机会。村选中，他们向地主阶级展开夺权斗争，并在斗争中得到中共大力支持和帮助，而地主和富农只得将支持目标转向与自己利益冲突相对较小的中农阶层。

总之，村民在反对旧干部以及地主阶层的斗争中普遍得到中共有力支持与领导，而中共则在村民斗争中清除了旧的乡村权威并扶持起新的政治势力。

三、村选的绩效与不足

通过村选产生了新的乡村领导机构与行政人员，初步建全了村政权，亦锻炼培养了一批基层干部并增强了群众民主意识。中共在农村提出的"公民"概念增强了群众对"公民"身份的认识与光荣感，如方山县油房沟村刘继荣在登记公民资格时说："人留名誉草留根的话真是不错，人留下银钱有尽，留下名誉没尽，几时也是要留名誉啊！"油房沟、偏家岔、麻峪、屯堡村的其他群众亦说："从前是秀才状元才能上榜，现在把咱们也高抬到榜上了。"又如群众开始认为间邻制与代表制"都一样""办事上也没有分别"，经过宣传教育和村选实践后则说"这和以前那些做法不一样了""现在的政府给老百姓办事"。[2] 总之，村选对于干部和群众来说都是一场前所未有的运动，其思想意识、行为方式都得到不同程度改变，但作为初次尝试仍有诸多不足。具体言之，表现在以下几个方面：

首先，地区间不平衡。有的地方村选开展得如火如荼，形成全民参与的局面，如岚县阳寨村参选率达到100%。有些地方特别是部分游击区和靠近敌占区的村庄工作敷衍应付，村选成为形式甚至半途而废。如临县1940年村选的140余个村只有1个村开会选民过半，其余均不达半数，全县应有选民12万～14万人而实际参加选举者只有2万人。到会选民最多者是圪塔村，全村1800人参选者600人，其他村庄有的一百四五十人，有的六七十人，有的十六七人，妇女完全未参加的就有一半村庄。圪塔村200名妇女参选，占全体选民三分之一，已

---

① 中共晋西区党委编：《政权建设材料汇集——村选》，1941年12月。

② 《方山县政府关于村选工作及统一战线中干部团结与提高干部素质扩大干部来源问题的总结报告》，山西省档案馆藏，山西革命历史档案，A151-1-1。

是女性参选人数最多的村庄。① 该县 1941 年村选亦不甚理想，能够进行村选的 69 个村只进行了 14 个村。而当年临南县能够进行村选的 51 个村则仅有 9 个村举行了选举。② 这些地方从前期宣传动员到后期选举组织工作都存在问题，如不敢广泛实施民主、对上层人物竞选活动进行限制，其中有一个村选举时几个富农暗地传递名单，干部即指为贿选而将选票作废。③ 在一些地区村干部是上级委派和指定，如兴县柳叶村虽名义上让村民自己选举而实际却是内定。④ 因此，村选在各地存在很大差异，并不能根据某一村的村选情况对整个村选工作下定论，只有总揽全局才能从整体上把握村选全貌。

其次，民众表现出冷漠与浮夸两种极端倾向。部分人对村选敬而远之，部分人只觉得很"热闹"而将村选当成一种消遣娱乐方式。与之相反的另一种情况是部分人经过动员后对村选表现出狂热激情，尤其是一些参选人提出了不切实际的口号，放空炮、吹牛皮。如某干部提出的竞选口号是："我当了选，人民生活可以彻底改善！"某女干部竞选则提出："我如果当选，妇女可以彻底解放！"⑤

再次，干部工作方法失误多。村选中少数干部对群众教育、团结不够，有的强制命令，有的消极怠工，如有的未深入动员即召集群众大会审查公民，因群众到会不多就当场宣布解散群众，随后又以命令强迫重行召开。一些区村长包办一切，"村干部成为'听差'，好像旗牌官一样到处'吼人'催人。聘请的国民大会主席成为开会的纠察员，当问到国民大会主席在开会时都做什么事时，某主席说'婆姨抱娃娃来了，不让娃娃哭，不要乱说话'。"有的地方不但未发动群众去竞选，反而误导群众认为竞选就是包办，甚至部分干部亦认为村选是包办而放弃领导竞选。⑥

最后，民主原则贯彻不彻底，少数村出现村选结果和村民意图违背现象。如兴县柳叶村现任的村长是过去村公所的书记，在村民当中并没有什么威信，但最后却当选了，村民们很不满意。⑦ 有的村参选公民未过选民半数便产生了主席。更有甚者，并没有按得票数多少确定村干部而由区公所决定。⑧

---

① ③ ⑧ 中共晋西区党委编：《政权建设材料汇集——村选》，1941 年 12 月。

② 晋绥四地委：《关于实行三三制、村选工作的指示和各阶层态度反映的调研材料》，山西省档案馆藏，山西革命历史档案，A22－1－2。

④ ⑦ 《柳叶村村政权与群众团体》（1942 年），山西省档案馆藏，山西革命历史档案，A22－1－20－2。

⑤ 中共晋西区党委：《关于贯彻三三制政策村选选举临参会议员的指示》，山西省档案馆藏，山西革命历史档案，A22－1－9。

⑥ 《临县村选工作的第二次检查情况》，山西省档案馆藏，山西革命历史档案，A88－2－2－6；《柳叶村村政权与群众团体》（1942 年），山西省档案馆藏，山西革命历史档案，A22－1－20－2。

四、村选后村政权的运行

村选是中共控制农村基层政权的一种重要手段。从 1941 年村选结果来看，新的乡村权力主角得到重构，中农和贫农开始取代地主和富农掌握村政权。据统计，兴县、朔县、河曲、保德、方山、临县、临南、岚县 8 县与八专署当选代表中，中农占 41%、贫农占 21%、雇农占 4.6%，三者合计达到 66.6%，而地主占 3.6%、富农占 16.8%，两者计 20.4%。[①] 但由于历史原因以及普通农民不仅文化素质低下且对政治相当冷漠，以致许多地方依然很难完全摆脱传统乡村社会的"绅治"特征，拥有一定文化程度并受到群众尊重的乡绅或乡绅后代照例成为基层政权人选。尽管中共在村选中进行了广泛宣传并极力塑造新的权力主角，而某些村庄旧有的传统权威仍占有一席之地，有的甚至居于统治地位。不过，从整体情况来看，其力量被大大削弱，中共改造村政权的目标已初步实现。

经过村选各地普遍建立了村民代表会及其权力执行机关村公所，设立了调解、民政、教育、生产等委员会，负责管理全村政务。在新政权领导下，减租交租、减息交息、评议公粮、优抗代耕、动员征兵、推广冬学等工作步入正轨。据临县、岢岚、静乐等县统计，村选后各地公粮征收与参军人数大幅增长，大都超出预定要求。[②] 诸多村庄还制订了村公约，积极贯彻中共各种政策。如方山县吴家沟村务会议起草了村公约并召集代表会通过，内容有：（1）不当日本顺民，不当汉奸；（2）不赌博，不吸大烟；（3）反对游手好闲，反对不劳动不生产；（4）反对男子压迫妇女，打骂儿媳；（5）儿童要上学，成年人要识字；（6）不偷田禾，不损坏树株；（7）牧畜、种树，加大生产；（8）互相帮助春耕秋收；（9）大家救济抗属贫民；（10）大家都支差，好人都当兵。该公约兼顾了抗日和生产的双重目标，具有明显的进步性。与此同时，群众政治觉悟与民主要求提高，有些地方进行反贪污反不民主斗争，罢免不称职的村干部。如方山县麻峪村代表杨步升不交公粮（欠公粮 46%），当选代表后态度趾高气扬，经常外出营私，全村公民大会一致通过将其罢免。[③] 通过这些民主方式的实行提高了村干部质量，加强了群众对政府信任感，进一步巩固了新政权。

但村选后的村政权依然存在诸多问题，首先是村干部失职问题。村选后部分

---

① 《武新宇同志在行署科长联席会议上关于晋西北第一期村选试选工作总结报告》，山西省档案馆藏，山西革命历史档案，A88 - 2 - 4。

② 中共晋西区党委编：《统一战线政策材料汇集——各阶层政治动向》，1941 年 12 月。

③ 《方山县政府关于村选工作及统一战线中干部团结与提高干部素质扩大干部来源问题的总结报告》，山西省档案馆藏，山西革命历史档案，A151 - 1 - 1。

村干部没有发扬民主、办事不公，影响村民情绪与积极性。如某些村在公粮征收中有的重有的轻，引起部分人不满。临县有的村公民小组不按时开会，开会时又不能发动公民提出意见进行讨论；当紧迫任务到来时仍是村公所决定一切，不召集代表大会讨论办法；村务会议不按时开，各种工作由主席和书记包办。其次是村公所组织混乱、制度不全。一些村公所没有分工，各委员会不起作用，主任代表犹如手忙脚乱的闾长，造成干部悲观失望。各种工作制度未建立，许多群众团体干部被选成代表或主任代表后与原工作未脱离形成兼职，致使政民工作混淆不清——"很多工作都没有人做，像春耕、救济、优抗等都是主任一人在忙，收粮收款也是主任挨家挨户去要，其他代表只是在开会时帮忙'吼吼人'。"[1] 再次是干部文化水平低。当选村干部以中农和贫农为主，他们多数是文盲或粗通文字，如前面提到的8县1个专署当选代表和主任中文盲占64%，若包括粗通文字者则占92%以上，在传达上级政策时不能全面领会，加上工作方法失当，许多群众对党的政策产生误解，影响了群众对新政权的信任。[2] 此外，新当选的村干部虽以中农和贫农为主，但并不意味着他们不会利用职权谋一己之私，有些人在工作中滥用职权、贪赃营私，在村民中造成非常恶劣的影响。由此看来，不断加强村政权及其干部队伍建设始终是党的一项重要课题。

第二节　太行根据地榆社县的整风审干

榆社县位于太行山西麓，四面山高沟深，地形复杂，地势险要，关隘要塞甚多，古即有"盖潞泽北走晋阳要道"之说，系开展游击战争的理想场所。[3] 全面抗战爆发之后，中共中央军委根据国共谈判协议和洛川会议决定，命令八路军开赴山西前线对日作战。[4] 为了开辟太行抗日根据地，1937年9月八路军一二九师工作团进驻榆社，恢复了战前已有的中共榆社县组织（对外称"八路军工作团"）。在中共榆社县党组织领导下，牺盟会榆社分会发动全县人民罢免了国民党榆社县县长、建立了榆社县抗日民主政府，同时先后建立了榆社县抗日救国战地

---

① 中共晋西区党委编：《政权建设材料汇集——村选》，1941年12月；《1941年四分区村选工作中的几个问题》，山西省档案馆藏，山西革命历史档案，A22－1－2－3；《柳叶村村政权与群众团体》（1942年），山西省档案馆藏，山西革命历史档案，A22－1－20－2。

② 《武新宇同志在行署科长联席会议上关于晋西北第一期村选试选工作总结报告》，山西省档案馆藏，山西革命历史档案，A88－2－4。

③ 榆社县志编纂委员会编：《榆社县志》，山西古籍出版社1999年版，第2页。

④ 太行革命根据地史总编委会编：《太行革命根据地史稿》，山西人民出版社1987年版，第7页。

总动员实施委员会和工救会、农救会、青救会、妇救会等群众抗日团体组织机构，以及榆社县游击大队。同年 11 月 18 日，朱德、彭德怀、徐向前率领八路军总部抵达榆社县郗村，并在县城省立第八中学开展宣传群众、发动群众的抗日活动。与此同时，中共冀豫晋省委组织部部长李雪峰、宣传部部长徐子荣等来到榆社指导工作，正式成立了中共榆社县委员会。中共榆社县委建立之后，下设 4 个区分委。为加强抗日领导，县委将发展党组织和建立政权放在农村，先后建立鱼头、圪塔滩等农村党支部。1938 年春，以"扩大民主、改善民生、改造政权"为中心的群众运动开展起来，全县村级政权普遍得到改造。县委还创办了榆社县人民武装自卫队，开赴同蒲路一带开展抗日游击战争。同年 7月，县委召开了中国共产党榆社县第一次代表大会，出席代表 10 人，选举了新县委。1941 年 7 月，县委召开中国共产党第二次代表大会，出席代表 200 多名，代表全县 1 400 多名党员。行政管辖上，1940 年 8 月榆社县划归冀太联办太行区第二办事处。同年 9 月，划入太行第三专区。[1] 至此，中共在榆社县建立了较为巩固的根据地。

一、干部队伍发展状况

全面抗战以来中共党组织力量迅速发展壮大，由原来 4 万人发展至 80 万人。[2] 就太行根据地而言，自 1938 年 5 月粉碎日军"九路围攻"至 1939 年 9 月一年半时间是根据地各项工作和群众运动大活跃时期，亦是根据地党的大发展时期，各地党员人数成倍增加，其中大多数来自"农民和其他小资产阶级家庭"。[3] 党组织之所以能在短时间内快速发展并非偶然，由于外敌入侵、民族危亡，人民从中共及其领导的抗日军队身上看到了希望，从中共行动中认识了党，按照他们自己的说法即"共产党的心是向着广大穷苦农民的"。于是，数以万计的人在党的教育过程中自觉要求参加共产党，"这是任何力量阻挡不了的，是历史发展的必然现象"。[4] 这些新加入共产党的党员干部一开始都怀着强烈的革命热情，积极地投身于革命事业，但因家庭出身和传统社会的生活经历不可避免地将自由主义、个人主义等非无产阶级思想甚至某些不良社会习气带入党内。这些人虽然在组织上入了党，但在思想上没有达到党员标准。毛泽东在 1942 年 2 月 28 日延安

① 中共山西省榆社县委组织部、中共山西省榆社县委党史研究室、山西省榆社县档案局编：《中国共产党榆社县组织史资料》，山西人民出版社 1994 年版，第 2、39 页。

② 张国祥：《山西抗战史纲》，山西人民出版社 2005 年版，第 212 页。

③ 太行革命根据地史总编委会编：《党的建设》，山西人民出版社 1989 年版，第 11 页。

④ 太行革命根据地史总编委会编：《党的建设》，山西人民出版社 1989 年版，第 13 页。

干部会上的演讲《反对党八股》中就讲道："中国是一个小资产阶级成分极其广大的国家，我们党是处在这个广大阶级的包围中，我们又有很大数量的党员是出身于这个阶级的，他们都不免或长或短地拖着一条小资产阶级的尾巴进党来。"①因此，如何改造他们的思想并使之成为合格的共产党员成为亟待解决的问题。整风运动就是在这样的背景下展开。

就榆社县而言，整风审干工作进行之前的干部工作可分为三个主要阶段：第一阶段从全面抗战开始到 1939 年 6 月，这是工作开辟阶段，主要在当时抗日热潮中建立游击队和进一步掌握与改造游击队，又由于当时仍在阎锡山统治之下，中共因此掀起一些反贪污反平均摊派斗争，在群众斗争中大量吸收了积极分子，提拔了一些干部；第二阶段从 1939 年 7 月到 1940 年 4 月，是干部工作大发展阶段，群众斗争普遍发展，干部大量产生；第三阶段从 1940 年 5 月到 1942 年 2月，是干部工作停滞阶段，由于斗争暂时中断，干部中产生若干问题，主要表现为干部热情不高、工作消极。审干运动即在随后逐步展开。②

（一）工作开辟阶段的干部

榆社县战前只有少数零星党员，由于缺少与农民运动的结合，党组织得不到群众援助，其政治与组织影响难以扩大。1937 年 11 月太原失守后，日军占领之处原有政权解体，社会局势陷于混乱，"大有分崩离析各自投生之势"，直到八路军到来才稳定了当地形势。③ 此时牺盟会已开始到群众中活动，榆社在"武装求生"的口号下掀起群众性抗日热潮，大批游离的农民被武装起来，组织成立了一支有五六百人的游击队。而这些发展榆社游击队的青年知识分子和工人，以及团结在牺盟会周围的知识分子，则成为抗战爆发之后榆社干部的初步来源。这一时期榆社干部的发展是顺利的迅速的，但由于抗日根据地正处于开辟阶段，中共在未完全掌握政权的情况下新生政权未能深入社会下层，在发动群众工作上存在严重不足。早期干部队伍中的工人和知识分子与本地群众缺乏必要联系，政权基础不牢固，在日军第一次"九路围攻"中就暴露出区村政权工作的不足。因此，为改变以往困难的局面，中共决定改造区村政权，将一部分党员和积极分子从游击队调出来，以自上而下的方式配备了政权与分委干部。其后，掀起改造村政权与反贪污斗争，在 1938 年秋季还个别地组织了借粮与减租斗争。通过深入下层的群众运动，榆社县已有将近 20 个以上的农村支部，中共大体上掌握了全部的编村政权并提拔了一些干部，这又成为榆社干部生长的第二个来源。不过，中共榆

---

① 《反对党八股》（1942 年 2 月 8 日），见《毛泽东选集》第三卷，人民出版社 1991 年版，第 833 页。

②③ 中共榆社县委：《榆社干部的研究》（1944 年 11 月），榆社县档案馆藏，革命历史档案，1－1－1－2。

社县委却没有在这一斗争形势下继续开展干部工作，或者说直到 1939 年 6 月间的整个干部工作几无新的发展。

从这一时期干部发展情形来看，干部培养与提拔考虑了抗战初期榆社县的政治社会状况。战前榆社党组织薄弱，战争爆发之后虽有大批农民参加游击队，但动员基础不足，中共力量仍以工人、青年学生和知识分子为主。随着斗争的初步开展，在之后的发展中大胆吸收了工作中表现出来的积极分子，提拔了 14 名农民干部，约占全部干部的 14%；同时注意对地方干部的发展，在全县 102 名干部中本地干部占到了 78%。由于初期群众斗争中阶级性不明确，干部成分质量不高，办事员和投机分子不少，牺盟会、动委会和工农组织还是空架子，党的主要力量集中于党政两个系统。[①] 其党政干部具体情形如表 3 - 8 所示。

表 3 - 8　　　　中共榆社县工作开辟阶段党政干部调查统计　　　　单位：人

成分	工人	中农	贫知	知识	地知	小商	富农	医生	合计
	3	1	5	24	5	1	1	1	41
来源	老党员		外来		支提	新提		动员	合计
	4		11		3	17		6	41
品质	阶级觉悟		民族觉悟		农悟	办事员		投机分子	合计
	13		15		2	4		7	41

注：（1）在抗日热潮中吸收的各种积极分子简称"新提"。（2）经过群众斗争而提拔的简称"支提"。（3）"农悟"指在反抗地主剥削中往往表现个人突击报复蛮干、既不懂得自己解放与农民全体解放一致性又不懂得斗争策略的一类人。

资料来源：中共榆社县委：《榆社干部的研究》（1944 年 11 月），榆社县档案馆藏，革命历史档案，1 - 1 - 1 - 2。

由表 3 - 8 可见，根据地工作开辟阶段的干部以知识分子成分者居多，其次为工人与其他小资产阶级成分者。在干部来源上，以经过群众斗争而提拔的干部居多，外来干部次之。在品质上，因民族觉悟和阶级觉悟而来者最多，但亦混杂了一些投机分子。这一特点即造成榆社干部中的不良倾向：其一，不了解不注意群众斗争的发展，一部分党员强调榆社地方进步而剥削并不重，故不应有大的斗争并对斗争采取息事宁人办法甚至阻碍斗争；其二，由于斗争开展得不彻底，许多小资产阶级出身的干部得不到群众斗争的积极响应，亦未经过斗争锻炼，因而产生了官僚主义的倾向；其三，干部思想不巩固，甚至有干部严重破坏

---

① 中共榆社县委：《榆社干部的研究》（1944 年 11 月），榆社县档案馆藏，革命历史档案，1 - 1 - 1 - 2。

了中共党的组织纪律。①

（二）斗争开展阶段的干部

这一时期的群众斗争基本上属于酝酿阶段，斗争本身阶级性不明确不彻底。如在减租减息斗争中虽有增加工资的诉求，却并没有真正实施，只起了宣传作用。支部与群众组织缺乏力量，干部的特点是数量少且质量低，不能够适应当时的斗争局面，亦不能坚持局面。为此，地委于 1939 年 10 月决定设榆社为实验县，确定了开展斗争与改造干部的方针，先后调走 2 个县委委员，3 个政府党团的投机分子被开除党籍，并对严重腐化的分委予以撤职，初步健全了县委领导集体，一切与群众联系较好的干部被重视起来，形成斗争开展的主观条件。此后，在1939 年经过屯粮、减租减息、反顽固斗争，1940 年又组织了借粮分公地的春耕运动，全县除 10 个以下的行政村外普遍建立了支部，提拔了一大批农民干部。②

从这一时期干部发展情形来看，干部培养与提拔能够依据斗争形势而开展。经群众斗争从支部中大量提拔干部是此时期干部政策的主要特点，这部分干部占总数 180 名干部的 30%。以成分来说，工农干部占全数的 43%，知识分子占39%，地主、富农等只占 18%。以质量来说，来自阶级觉悟与民族觉悟者达59%，但仍有为数不少的投机分子混入其中，占到 19%。由于阶级力量与政治力量的变化，一部分小地主与富农及落后的工农和知识分子在革命影响与动员下，大批参加到革命队伍中来，此种形式被动员者占到全数干部的 24%。值得注意的是，由于战争持续进行，工人、知识分子与外来干部减少，工人干部只占15%，知识分子干部减至 37%，新选拔的积极分子不过 14 个（支部所提、动员、外来的），新来的外来干部占到 13%。③ 可见，这一阶段在斗争中所发展与提拔的干部既是组织上巩固的表现又是政治上巩固的表现，而部分小地主、富农参加革命说明中共政权基础已开始深入下层群众之中，"我们的干部在当时开始取得了群众的信任，以至于追随我们。"④ 外来干部减少则表明此阶段斗争是农民自身自觉的斗争，农民的阶级自觉性得到提高，涌现出为数不少的干部。不过，这一时期干部质量仍不高，比较有觉悟者仅占 52%。针对干部数量多、质量低的畸形现象，为避免工作损失，中共榆社县委对干部队伍进行了适当清洗，减掉、撤职、开除投机分子 11 个、办事员 23 个、农民觉悟分子 4 个，共计占到全数干部的 21%。⑤

---

①②③④⑤　中共榆社县委：《榆社干部的研究》（1944 年 11 月），榆社县档案馆藏，革命历史档案，1-1-1-2。

（三）斗争中断阶段的干部

从 1941 年起日军加紧进攻根据地，根据地又普遍发生灾荒，整个形势日趋严峻。从榆社县此时期干部的去向就可看出干部发展的相关状况，一部分干部因对革命动摇而灰心消沉回家，一部分因家庭困难无法解决而逐渐消沉回家，这两类干部的共同特点是对革命存有一定消极情绪，所不同的是前一类干部对革命工作死心回家之后彻底远离工作，即"死心不干了"，后一类则只是情绪上暂时受到压制而消极，回村之后对村的工作还是积极的。第一类干部回去 28 人，包括15 个工农、8 个知识分子、3 个地主、2 个流氓，从其参加革命的历史来看，1938 年参加工作的干部有 5 人、1939 年 9 人、1940 年 14 人；从时间上来看，1940 年回去 13 个，1941 年 15 个。第二类干部共有 16 人，包括工农干部 12 人、贫苦知识分子 3 人、流氓 1 人，从对革命的态度上来说，农民觉悟的 11 个、办事员 4 个、投机分子 1 个。以上两类干部约占全数干部的 26%。[①] 针对群众运动消沉、干部大量损失、干部生长慢的情形，中共榆社县委提出：第一，就工农干部政策而言，工农干部本身特点在于能和下层群众相联系，此种特点发扬之后进步就快，反之就慢。因此，在政策上对工农干部的培养不宜调得太远或太多，不能使其与群众隔离；应当能积极发扬其与群众有联系的优点，以此逐渐提高他们。需要指出的是，部分农民出身的干部在年龄较大时容易表现出莽撞、不求上进的特点，故在提拔农民出身干部时必须考虑到其年龄问题。此外，对工农干部的发展还应适当照顾到其困难并帮助解决家庭问题，应发展可以半脱离生产的干部。第二，就知识分子方面而言，具体又可分为贫苦知识分子与青年知识分子。首先，就贫苦知识分子来看，自全面抗战爆发以来参加革命的有 35 人，在斗争过程中落伍的 12 人、进步缓慢的 12 人、进步较快的 9 人。究其特点，贫农知识分子干部选拔随群众运动起伏而增减，一部分进步慢的干部主要思想上落后、家庭观念浓厚、迷恋家庭生活；进步快者则因生活改善对党与个人利益能够正确认识。对贫苦知识分子干部工作中存在的问题，中共榆社县委指出：对贫苦知识分子必须有正确的估计，不能因其顾虑和牵挂多就认为"自私落后"，而应当帮助其提高勇气、克服各种顾虑并积极解决家庭困难，使之从生活重压下解放出来自觉为革命工作。不仅如此，还要进一步帮助他们摆脱各种思想圈套、打破一切幻想，使之清楚认识自己在与旧社会彻底决裂斗争，坚决为革命服务。同时，为了大批吸收他们参加革命，必须克服支部对知识分子的排斥情绪，让支部了解培养

---

① 中共榆社县委：《榆社干部的研究》（1944 年 11 月），榆社县档案馆藏，革命历史档案，1-1-1-2。

知识分子的重要意义。因为他们的阶级自觉一般是从家庭开始，而其革命觉悟只有支部积极争取才行。[①] 其次，就青年知识分子而言，自全面抗战以来参加革命的有 30 人，其中多数人是在积极分子影响下参加革命。从其发展来看，进步较快、有阶级觉悟者 5 人，长期停滞、进步缓慢者 12 人，因工作消极回家者 5 人，因牺牲或被调走者 8 人。这些干部多系基于民族危亡、匹夫有责的认识并结合个人寻找出路的诉求出来工作，其能够努力向上奋斗，对新事物接受快，但存在自我估计过高并有较深的"英雄造时势"观点。从其职业来看，学生 17 人，教员 8 人，机关职员 1 人，警察 2 人，闲居在家者 2 人。从其成分来看，中农 3 人，富农 10 人，小地主 6 人，中地主 5 人，大地主 2 人，小商人 4 人。由于阶级出身的局限，其阶级观点马虎、立场不明确、工作表现时热时冷或左右摇摆。如抗战开始时工作热情，1940 年以后就有 3 人冷淡下来、2 人消沉回家；工作开始时热，工作过程中越来越冷；动员工作热，减租工作表现懦弱，在农民斗争热情影响下"左"，当地主哭诉乞求时态度又变"右"，左右来回摆动，表现了"小资产阶级知识分子的两极性"。在生活上，由于"来自寄生阶级"，生活一般不艰苦，作风不紧张，缺乏吃苦精神。对青年知识分子出身干部工作中存在的问题，中共榆社县委指出："必须明确认识到青年知识分子不是从阶级斗争中而来，其与农民干部贫苦知识分子不同。因此，要对他们予以改造。但改造他们时须帮助他们认识自己及个人与群众的关系。只有他们肯向群众学习，他们才有可能进步。在培养他们时要通过在群众斗争中锻炼他们，克服他们的阶级局限性，逐渐树立与群众联系，树立明确的阶级观点。而在其未得到一定改造时，不应担任领导工作。"[②] 除上述贫苦与青年知识分子外，还有一部分"受地主阶级影响深而封建意识浓厚的知识分子"，总计 25 个，其中 17 个是投机分子、8 个是办事员；25 人中绝大部分是受革命影响并经亲朋好友动员来的，经过长期斗争的考验，有 17 人已因工作意志消沉回家、6 人被清洗淘汰、2 人被调走，多数人在政治上不可靠。[③]

需要指出的是，自全面抗战以来榆社干部队伍中存在不少投机分子，按其目的与动机可分为三类：一类是"以政客来的态度参加革命"，想依靠革命力量造成其特殊地位与权力。这类人多以地主、富农出身的知识分子为主，1939 年之前在抗日热潮下加入干部队伍。一类是在农民斗争开展后惧怕斗争的地主、富农分子，其为逃避负担以进步面貌加入干部队伍。这类人多数是干部发展的第二阶段产生，以后被继续提为干部，计第一阶段 3 人、第二阶段 9 人、第三阶段 7

---

①②③　中共榆社县委：《榆社干部的研究》（1944 年 11 月），榆社县档案馆藏，革命历史档案，1-1-1-2。

人。一类是在群众斗争开展时趁机混入的一部分游民分子，其假装斗争取得信任，计第一阶段 16 人、第二阶段 13 人、第三阶段 7 人。这类游民分子虽有对地主阶级反抗的一面，另一面则包含着贪污偷窃的企图。投机分子混入革命队伍后，在斗争中被淘汰被清洗者为数不少，计有 20 人，其中 14 人因斗争深入而深感投机困难、个人权位野心难以达到后离去，3 人因战争残酷而怕参军逃跑，1人被敌俘获逃回后消沉。可见，混入干部队伍中的投机分子经不起考验，但亦并不意味着能够在斗争中发展与清洗他们。事实上，经过前期斗争，榆社干部队伍中仍有 15 名投机分子，其中 5 人被调走、4 人已不担任主要工作、6 人还担任主要工作。这些投机分子在工作中采取两面态度，对上奉承、对下拉拢，开会时好说、实际上少做，在一段时间内迷惑了党的领导。但个别出身贫苦农民的投机分子是可以对其改造的。[1]

综上所述，榆社干部的整体发展过程是曲折的，"曾走过大路，也有过弯路。"[2] 初期干部发展基本执行了培养地方干部的计划，第一阶段在"抗日求生"的口号下抓住了群众热情并大胆吸收工人与知识分子，外来干部仅占22%，同时又进行清洗淘汰，干部工作上起到了"架梁盖屋"的作用。第二阶段中延续了第一阶段政策，广泛开展了群众运动，在斗争中大量提拔地方干部，外来干部减少至 13%，榆社党与群众在生活上联系了，群众对党的观感开始改变。此时榆社干部大量发展，导致一部分不良分子混入，因此在发展中又清洗淘汰 38%，在发展与巩固上完成党的基础工作。第三阶段中长期处于消沉状态，虽然发展和选拔了一些干部，但由于消沉消极被清洗者达 29%，以致榆社党组织缺乏骨干进而造成党组织基础不扎实并存在脱离群众现象。从三个阶段干部来源方面来看，绝大多数干部是群众运动中所提拔，其中第一阶段支部提拔的占 14%，在成分上工农干部占 30%、知识分子占 58%；第二阶段支部提拔的占 30%，在成分上工农干部增至 45%、知识分子减至 39%；第三阶段农民干部损失严重，支部新提干部亦只有 26%。[3] 由此可见，抗战初期榆社县干部的发展和选拔与群众运动发展路径基本一致，在群众运动开展中发展了大量工农干部。

二、干部队伍发展中存在的问题

全面抗战初期，太行根据地干部队伍随根据地发展而壮大。此后，随着战争

---

[1][2][3] 中共榆社县委：《榆社干部的研究》（1944 年 11 月），榆社县档案馆藏，革命历史档案，1 - 1 - 1 - 2。

形势发展，初创时期的干部队伍开始暴露出不少问题，一些干部"革命人生观不稳"，将个人利益置于党的利益之上；一些干部表现出强烈的个人主义倾向，组织观念淡薄，工作上缺乏负责精神；一些干部挣扎于个体与集体之间的生存斗争，在集体主义原则践行上存在矛盾。同时，作为中共最基层组织的支部亦有颇多问题，如支部组织涣散而缺乏斗争、与群众联系不紧密、党员思想不纯等。

（一）个体干部问题

1. "革命人生观不稳"

党员应以党的利益为重而不应以"升官发财"为导向。党内需要英雄为群众所拥护，英雄对于革命具有促进作用，但个人英雄主义是不可取的。对于个人英雄主义现象产生的原因，传统中国素来以农立国，农民出身的小生产者难免看重个人利益，家庭思想比较浓厚，有说话随意、工作敷衍或不踏实现象。其反映在党内则自然容易产生自私自利思想，遇事不顾大局，政治水平不高，对马列主义很少学习钻研，不开展政治生活，不积极斗争，迷恋地位与名誉。这种现象自然会危害党的巩固，其结果将会造成：（1）党与群众的孤立，动摇党的群众基础，革命受到损失；（2）党内不团结，党员工作消极涣散；（3）一些干部贪污腐化堕落。[①]

具体表现到干部党员个人，如□□工作责任心不强、情绪低、处理事情能力弱，原因是处在尖锐对敌斗争时期使之革命观点和人生观不稳，且因家庭缺乏优待对革命产生悲观情绪、缺少政治进取心。又如安□工作情绪降低、工作消极不负责、对敌斗争退却，经组织谈话后思想上有所转变，但仍存在搞混个人利益与党的利益、个人坦白精神不够、批评别人居高临下现象。白□在工作上是积极突击式的、能够尽量去完成和进行有条理的归纳，但因家庭生活困难与离婚而对革命认识不够明确、工作上相比过去开始出现消极情绪、对工作是无组织主义的认识或自由散漫。刘□□思想上悲观，每天吃点饭就睡了，直到区干部动员才改正腐化的缺点，思想才变好一些。[②]闫□□对待工作是上级指派一件做一件，工作情绪不高，整日忧愁苦闷埋怨上级，要求整风发牢骚；分配工作讲价钱，不服从组织决定；在乡下不工作只顾自己利益而不想机关力量，主要为了"好活"。[③]

2. 组织观念淡薄

中共是具有严密组织性的政党，党员有明确服从党组织的义务。全面抗战时

---

① 中共榆社县委：《1943年干部工作问题笔记本》，榆社县档案馆藏，革命历史档案，1-1-1-13。

②③ 中共榆社县委：《一九四五年榆社公安干部思想自传及一九四六年杀敌英雄等自传》，榆社县档案馆藏，革命历史档案，1-1-1-11。

期，榆社县一些干部党员工作上缺乏负责精神，而且由于长期政治底子差导致组织观念不够，对党组织并未完全服从。如一些干部党员在调换工作时看重私人利益与工作利益，不服从党的调动；一些干部党员虽在工作上积极，但领导方式不够科学，常被繁重任务束缚了工作，存有"圈子思想"，缺乏对党整体利益的考量。同时，干部之间在互相帮助与友爱关心方面时有时无，工作作风粗枝大叶，缺乏点清细微的精神，深入下层群众进行的研究精神不足，存在官僚主义表现；对批评意见不接受，背后发牢骚，不冷静反省，对别人坦白要求苛刻。①

具体表现到干部党员个人，如刘□□虽在工作中有实际行动，但工作能力不强，主动性计划性的工作成绩不明显，有过以不好言论刺激群众的行为；政治上缺乏长期眼光，政治观点不够显明；组织观念上对党的领导存在意见，"背后乱说"，对其他人友爱不够。又如潭村时□□工作上不安心、生活上腐化，主要由于缺乏组织观念，故以消极怠工逃避领导。安□□工作不主动且不够深入，不愿去开会；政治上对上级政策不明确，在群众中有错误；生活上爱出风头，提意见讨论别人积极。赵□□组织观念薄弱，自私自利，1937 年参加抗日工作后政治上进步慢，与敌斗争中怕敌人，完成任务能力弱即"没办法"，自我批评方面差。李□□不论政治、组织上都很薄弱，阶级观点马虎，对敌人"扫荡"警惕不够，导致工作损失很大。苗□组织观念淡薄，组织小集团活动，借党权达到自己目的；自高自大、爱出风头，如在三区帮助李中梁组织填表时摆架子并称"谁干不了谁就不要干""能干就干，不叫干就回家"。郝□□爱表现个人，"谁对他好他对谁好，爱到群众中装威。接受领导方面差，工作上不深入，随机性强。"陈□□"思想上比较混乱，存在农民习气；领导方式不好，不注意干部政策，对同志态度不好。"②张贞荣是一位妇女干部，坦言生孩子后产生了落后思想，虽在理论上懂得革命利益高于一切、工作如何重要，但还是不愿放弃小孩，想要寻求可以照顾小孩的工作。她将自己的思想问题总结为两点，"（1）只能空谈，道理上说行，不能理论与实际联系，因此因个人问题减低了对工作的责任心与自己的前进心，使之一年来工作上自己进步受到了很大影响。（2）对自己认识不足，狭隘，因此当自己愿望达不到时，马上就对同志们抱成见，对党的原则认为是个人问题。"③

3. 个人与集体的冲突

集体主义原则是中共所倡导和践行的行事风格。抗战时期由于战争环境影

---

①② 中共榆社县委：《1943 年干部工作问题笔记本》，榆社县档案馆藏，革命历史档案，1－1－1－13。

③ 中共榆社县委：《一九四五年榆社公安干部思想自传及一九四六年杀敌英雄等自传》，榆社县档案馆藏，革命历史档案号，1－1－1－11。

响，一些干部党员基于个人生存考量在集体主义原则践行上存在矛盾，其主要表现：政治上不能研究和掌握党的相关政策，政治敏感度不强不细；思想上没有群众观念，在群众运动中不解决农民利益；工作上行政作风，联系实际与完成任务能力差；生活上不能吃苦，难以深入基层群众；执行任务上服从决定不坚决，处理事情不依据事实只凭主观愿望；自我批评上内宽外严，爱面子，坦白不彻底。具体到干部党员个人，如安□□因家庭出身爱吃懒做、政治素养低下，在工作中轻视群众，认为"群众落后不顶事"。李□□个人主义思想严重，工作中有违反党的纪律与党性不纯表现，不知道党是为达到共产主义社会而奋斗；有"自高自大自命不凡的英雄主义思想，轻视别人，对党的工作和功劳不认同，有意见不发言，认为是别人负责"；亦"不服从上级领导，有反上心理，骂上级，而且私有观念重，上级没自己好，自己的功劳自己拿，多为自己谋利。"刘□□"1941年组织要调其到五区工作时，但借口离家远艰苦，生活不习惯，武装工作不合适，拖延一月。在屯粮工作时，借用党的力量报个人私仇，没收他人粮食。工作中好为人师，逞能传达行政命令，要求同志们无条件服从，愿叫人奉承，但不负责任……爱出英雄风头，不尊重群众，认为群众是朽木。同时，自信心差，受批评和打击后，自感悲观无前途，想回家。"①

（二）支部干部问题

1. 支部组织涣散

根据中共榆社县委调查研究，农村一些支部组织状态堪忧。如东会支部村长逃跑，支部在村缺乏领导，对敌斗争中组织无力。青峪支部内宗族主义严重，党员不敢与家庭宗族斗争。赵王村支书常文义因家庭困难，工作不积极。红崖头支部在参军工作中表现落后，支部决定参军未去的在参军大会后仍须参军，但干部党员能力弱而完不成任务。海眼支部缺乏斗争、"一团和气"，武委会主任腐化，其他人亦落后，在参军工作中表现不好。王家沟村长吸大烟，支部党员不团结。东垴村由"马二货和村长两个恶霸把持了权力，工作消极。"武源支部党员思想上混乱，入党动机不纯。关寨支部书记对党不了解，村长亦坏。白村支部内缺乏教育，一些干部党员怕顽固分子，不敢斗争。候目支部中农多，支部不起领导作用，工作开展弱，一些党员干部不参加支部会议，甚至存在相互打击现象。西崖底支部对上级任务不接受，后经过斗争有所转变。具体而言，工作上发生转变的有山晕、白村、翟管、武源、西崖底、关寨支部，仍存在问题的有山庄、峡口、

---

① 中共榆社县委：《1943年干部工作问题笔记本》，榆社县档案馆藏，革命历史档案，1－1－1－13。

社城、新庄、青峪支部。①

桃阳支部在减租减息运动中对农民问题解决相对较好，运动中农民分得土地，群众斗争热情活跃起来。而该支部以往不敢领导斗争，在日军占领榆社期间支部党员分散、不开支部会议。经过减租减息运动斗争，在支部内部做了动员，党员都回来了，工作宣传上开始积极，组织农民斗争分土地。经此斗争，党员群众得到经济实惠，思想上受到锻炼，阶级觉悟提高；干部群众工作积极性增强，在随后参军工作中将党员群众发动起来参军完成独立营1个。独立营建立之后，支部又成立7个小组来动员，3天完成9人，贯彻了党的组织执行力。但仍有干部党员以家庭困难为由消极工作者，如云簇支部中有干部党员做小买卖。②

此外，在一些大的斗争中，党员情绪不高，亦未发展新党员。如南村支部建立时参加的有贫民陈雷得、佃农陈克当和陈志当。支部成立之初，成员极少，民主生活不健全，甚至到1938年党员达6人后才建立支部。支部党员陈雷得对党组织纪律不遵守，开会时总以有事不参加。至12月支部整顿时开除陈雷得，加强了组织原则的教育，但仍未有明显好转。③

2. 联系群众不紧密

在1942年10月反"扫荡"中，中共榆社县分委及各支部都受到了考验，分委及各支部在战争中表现不一。分委估计日军"扫荡"三庄的可能性大，特别在二次支部会上做了动员，并讨论了空舍清野与民兵活动及群众转移问题；还具体分工掌握村指挥部及民兵，特别是民兵中的党员，但只是起了掌握村指挥部的作用，对一些民兵党员的领导不佳。就支部而言，各支部在战前动员了全部青年并进行了具体分工，确定了领导责任，即从事埋粮、民兵活动、组织民众转移三项工作。④ 以四区支部为例，从各支部在战争中的表现看，白北支部党员刘全印在战争中积极领导民兵打击敌人，组织群众撤退；常瑞支部介井则领导村指挥部民兵打击敌人，但表现胆小；寺儿支部张三能在战争中领导群众撤退，但动员能力差；辉教村委在战时工作很积极，但主任李福明表现不好；牌坊支部刘长元在战时表现一般、在战争中麻痹大意，戴掌全战时带队不负责；东青秀支部主任保明在战争中领导群众撤退，与民兵打击敌人；鱼头支部武装主任张达工作积极，打退两次敌人；岩良支部村长、武委会主任未参与领导战争；下赤峪支部不能掌握战争情况；后庄支部表现平常。从战争中党员的表现看，"好党员都能执行党的决议"，如东庄村，但崇串、牛角沟、金藏等支部表现不好，民兵组织在战争中

①②③　中共榆社县委：《1943年农村支部工作》，榆社县档案馆藏，革命历史档案，1-1-22-1。
④　中共榆社县委：《战争中各区支部的表现》（1942年10月），榆社县档案馆藏，革命历史档案，1-1-22-2。

未发挥作用。[①]

3. 党员思想不纯

东垴支部在选举时不团结，一些党员存在发财思想，有贪污行为，组织关系随意；鱼头支部支书穆火明在选举后不适宜工作；辉教支部党员刘二之不参加支部会，不交党费；南窑支部党员不团结不工作，不缴纳党费；下车支部不团结；谭村支部支书与村委有矛盾，下属干部不合；郝北支部干部腐化导致不团结，一些同志自高自大，对错误不纠正；魏城支部党员思想不一致，党员不团结，党费收不起来；东方山支部个别党员思想落后。就支部党员个人具体情形看，张子钦工作懒散，先斩后奏，不能传达工作，且不会运用组织力量；王成柱认为县委工作分配不公平、分委不民主，个人不被重用，以身体有病为借口消极工作；韩水中因家庭原因对工作不热心；刘振焕表现自私，不愿负担工作，公粮征收中多征粮，减租减息工作中不退租；刘丙贞在参军时逃跑，不服上级管理，自高自大；刘水全不工作不参加会支部会议；刘清才三次参军皆逃跑；任三娃乱吃军粮，生活腐化；刘海生怕参军。再从岩良村参军工作中支部党员表现看，一些干部党员思想未打通，对群众说服动员不够深入；一些党员干部不能经常起作用。尽管在支部会上做工作，但动员不成功，一些党员自身思想未打通，工作积极性不高，不能完成任务，作了"参军中绊脚石"。老年干部党员以为参军是青年的任务，自己去亦不要，不敢动员青年，怕惹人。[②]

由此可见，在中共榆社县分委与各支部中尽管党组织得到发展、党员数量增加、党与群众的联系增加，但仍存在支部组织涣散、支部与群众关系不密切、支部中党员思想不纯、不听从党的工作安排、不能够完成党组织任务的现象，这种情况在参军工作中表现尤为明显。正因为干部党员中存在一系列问题，组织审查就显得十分重要。在组织发展之时，组织上的巩固工作亦尤为重要。整风运动的进行使中共意识到以往干部政策上的问题，"我们过去的干部政策中存在着重大的缺点"。[③] 为更好地开展工作，中共开展审干运动，对干部党员进行审查以纯洁党的组织。

三、整风审干的实施过程

随着战争局势发展，榆社县干部问题逐渐凸显。中共在对干部问题认识的基

---

①② 中共榆社县委：《15个支部工作记录》（1944年2月），榆社县档案馆藏，革命历史档案，1-1-22-3。

③ 中共晋冀豫区党委：《关于干部政策的指示》（1944年6月24日），榆社县档案馆藏，革命历史档案，1-1-4-5。

础上，在工作中明确了审干的目的与要求，并借此制定了审查方法与步骤，要求
对审查者以"从本质认识他的生活表现，进而从看他的现象深入到本质，真正做
到合理公正的审查各级干部党员，巩固党的组织。"同时，在审查干部并对其作
出鉴定结论之后，为确保干部队伍健康发展，在审干中又确立了相应的干部培养
选拔机制。①

（一）确立审干原则

抗战进入1941年以后，由于国内外形势的变化，根据地斗争任务更加繁重。
针对日趋严重的困难局面，中共提出在反对国民党顽固派政治军事"摩擦"和坚
持抗战的同时，强调要加强自身力量建设与发展，其中对党组织的巩固和干部党
员的审查问题就彰显出来。基于此，中共榆社县委提出将巩固组织、审查干部作
为一项重要政治任务，并指出："一般原则组织任务服从政治任务"，只有高度巩
固了组织、提高了组织，组织上保证了一切，才能"保证各种任务的完成"；还
要更广泛地团结群众，密切党与群众的联系，提高党的战斗力。②

在巩固组织、提高组织的方针下，中共榆社县委对整个组织工作进行了检
阅，认为："现有的一般组织工作没有真正的建设，组织工作没有正轨化，缺乏
经常性，组织任务落后于政治任务，组织的巩固落后于组织的发展，干部养成落
后于工作需要；组织工作存在不少缺点，如作为组织工作中重要一部分的干部工
作几乎没有，同时干部工作亦是薄弱部分，甚至在有计划审查干部中存在不认识
干部情况。"而这种落后的组织工作状况显然是与"今天需要很多干部"的要求
相矛盾的。并就此明确指出："要保证做一个供给干部的计划"，要加强组织工作
就必须先加强干部工作，"没有干部就没有组织工作"。③

就加强干部工作与掌握干部的原则来说，干部的培养是需要在坚持有计划有
耐心的原则下进行。在对干部的鉴别上，要认识干部的本质优点与缺点，审查出
以往没有识别到的混入党内的不好分子。在干部的使用上，要根据干部的品质与
能力，在重视政策的同时要对经验有所注意；要以党的政治原则为中心，以大公
无私的作风反对用私好感情作祟的个人偏好，正确合理地选拔与使用干部。当
然，对干部要爱护，爱护干部在原则上当从政治上爱护，反对无原则地庸俗地爱
护干部。就干部工作的流程来说，一是指导干部，二是提高干部，三是检查干
部，四是照顾干部困难，五是对干部予以改造。总之，中共榆社县委认为以往干

---

① 参见中共榆社县委组织部：《审查干部概要》（1943年），榆社县档案馆藏，革命历史档案，1-1-
23-2。

②③ 中共榆社县委组织部：《审查干部概要》（1943年），榆社县档案馆藏，革命历史档案，1-1-
23-2。

部工作上并未有大的缺点，但在对干部改造方面做得较差。因此，为巩固组织工作的需要，对干部的审查和改造是必要的。在干部审查与改造上，干部科的组织则是重要的实施机构。一方面，就干部科的组织来说，各级干部科的干部在地委干部科工作干部须有两年党龄、一年以上县委工作经验；县委干部科工作则须具有两年以上党龄，分委以上亦是。对干部的要求是一般应有组织工作经验，在以往工作中没有大的缺点，对做组织工作的同志要固定。干部科干部在工作开展上首先要熟悉组织原则，要将研究党建看成一种任务，能与实际工作结合起来，对党规党纪要有研究。要能掌握干部政策，应当了解其工作职责是肩负党的委托，在工作中不能有任何特权，应把握正确的原则，不要不道德之事。干部科干部要提高自身政治水平，只有从政治的高度上着手把握，组织工作才能搞好。另一方面，就干部科的任务来说，经常任务主要有五项，一是考察干部优缺点；二是布置配备干部，统一配备干部要经常检查是否合理；三是负责提拔干部，要研究其政治进步、来历清楚、有能力的干部积极分子；四是调查研究党员的社会关系，不能靠党员的社会关系的态度了解干部本质；五是发现与强化干部的特点与特长，同时加以培养新人才。①

（二）制订审干程序

1. 审查目的与标准

干部的审查事关党组织巩固与否，因此有必要确立相关的审查制度，以制度推进干部审查。1943 年地委组干会议就干部审查工作作出部署，首先指出：县委全体、县长、武委主任、公安局局长、各救主席由地委负责审查，县委主要负责收集材料等，不做总结；对县级一般干部，如县委机关干事、政府科长、武委会一般干部、公安局局长和区干部由县委审查后先总结，地委最后总结。决议由县委起草后县委会通过，而对政府科员与一般干部、副专、助理员由干部科起草后经县委会通过。对于一些较简单的须由组织部通过，要经县委讨论后作出审查计划。在审查的问题上，对姓名、年龄、历史上的审查结论及最终结论都要注意。其次，要求对于过去比较复杂问题的处理在今后应注意，主要了解工作历史、时间与住址即可。最后，对于结论问题在审查结论前要彻底了解。② 中共榆社县委依据地委对干部审查的政策明确了干部审查制度，即"地委干部科负责进行审查，其中有地委、县委、分委的支部书记，包括各机关召开的干部科，党委

---

① 中共榆社县委组织部：《审查干部概要》（1943 年），榆社县档案馆藏，革命历史档案，1 - 1 - 23 - 2。
② 中共榆社县委组织部：《地委组干会记录》（1943 年 1 月），榆社县档案馆藏，革命历史档案，1 - 1 - 23 - 3。

审查。"具体环节上，省委干部科审查县机关分委支委包括召集主要负责人，党委负责审查。同时，各部门都应建立自己的审查科帮助审查，包括对非党干部的审查；要建立审查会议，由组织部全体人员及社会部主要负责人会同各部门党委，县委由县常委审查。①

审查制度的建立，一是在于适当地培养与使用干部，了解干部的优缺点；二是为了了解党员的本质与清洗坏分子以巩固党。在审查干部标准上，要依据思想意识锻炼程度、组织锻炼程度、对党的政策认识和了解及工作经验和能力等几个方面来考量，具体如下：其一，在思想意识锻炼程度上，包括其入党动机和入党后的一贯表现、对同志关心爱护的程度、经历考验时的表现（被捕时与严重关头时）、自我批评的精神如何（对错误的态度及对接受处分的表现）；其二，在组织锻炼程度上，包括其入党后的组织生活是否健全与经常、如何处理个人与组织问题、遵守党纪及是否犯过纪律、执行党的决议精神是否违背、对上级对下级对同志间的关系如何；其三，在党的政策认识和了解（即政治认识）掌握上，包括其在政策转变时的表现、对政策的接受与运用、是否有破坏政策行动；其四，在工作经验和能力上，主要审查其工作履历、教育履历。此外，还要对其个性与生活习惯、本身优点与缺点进行审查，以判断其长处与可发展前途。②

2. 审查内容与方法

审干就是要对所审查干部的个人材料进行全面收集，以获取其个人全部历史。根据中共榆社县委的要求，第一，对其个人一般履历进行审查。（1）家庭背景的获知，主要包括社会关系、家庭教育与生活（入党前）；（2）入党前职业的履历，包括在各界做过什么事、做事时的生活如何、有何种活动；（3）学校履历，包括入党前上过什么学校、入党后上过什么学校、上学时的思想意识与斗争、过去学校的教员和教学内容、在学校的地位如何；（4）工作履历，包括入党后的工作、工作时间及规模、地位、起什么作用。第二，对其思想状况进行审查。（1）关注其思想转变的历程，包括思想本质，即一般知识分子的转变是与先进东西接触而转变的；（2）注意当时社会环境对其的影响，如工人是从痛苦生活的环境培养到阶级意识的，还要注意在校教员参加过何种党派活动、看过什么书；（3）注意其入党时受过何种影响、入党时怎样介绍、入党后什么时候才对党对阶级有了认识，且有何种感觉。第三，对其重要关键性过程进行审查，如在被捕时考验时是否动摇过、释放时的经过，以及是否自首或自首形式及被释放后的情形、何时与党有联系、何时失掉关系又怎么获得党籍及什么时候什么机关什么

①② 中共榆社县委组织部：《审查干部概要》（1943年），榆社县档案馆藏，革命历史档案，1-1-23-2。

人证明的。在对曾是否有失掉关系上应考查其生活经历，即失掉关系是否继续工作。对曾经是否犯过错误上要对时间、地点、工作、党龄年龄、领导组织情形，以及罚处是否适当、处分机关、当时其对错误的认识和克服纠正的经过及对处分的意见和受处分后的工作表现进行充分考查，若有处罚不适当或现在表现好者可请上级取消。对曾经是否参加过其他政党和政治派别的考查，包括考查当干部的时间、地点和动机；接着明了其参加活动与生活情形、受过什么教育，若有脱离党派则要获知转变的原因，若是加入共产党应说明入党动机、何人影响下加入、生活与工作表现如何，再具体到被何人介绍入党、什么机关批准且与他人关系如何、抱有的态度。还要考察其经历过何种严重事变和严重关头，在什么年龄以及事变中的表现如何、了解事变情形和当时党的情况。第四，考查其本人自我批评的精神，让其提供历史材料，通知做一个批评的总结，以此作为观察其本人能力的凭证。第五，注意上级审查意见与下级意见。①

关于审查中所需材料收集与整理的方法。首先，在收集材料上要准备进一步收集，同时在谈话中注意其当时的表现、所提供材料时的态度是否坦白，在收集后应立即管理总结。继之，依靠其本人报告，必须进行多次某种问题的谈话。接着填写履历表、干部调查表，重要关节要详细填写。还要从侧面了解与其工作过的当地人及现在工作上同事对其的批评意见，过程中可提出旁证人。当然，在此过程中应以问题为中心，遇到弱点的地方以弱点问题为中心或重要关头为目标。还应有认真细致的态度，能够从一个人的材料收集与整理注意其他人的材料，进而进行材料的相互对应。②

关于问题审查中审查者的态度问题，主要以三个标准来判断。第一，根据被审查人的历史熟悉其个人历史是必需的。如对地方党的历史，所经过的变动、当时的组织情况；社会历史，被审查者所经过地方有什么政治活动、读书学校的情形；他人历史，即他的出身、他的直系旁系亲友情况。第二，以实事求是的态度审视党员当时的态度，注意其优缺点与努力发展方向，要严格慎重。第三，辩证的态度不可缺少。静止的观点、存有偏见的认识是不好的，不应用过去一时的表现来评定一个人，个人的发展存在动态的变化。③

总之，对干部党员的审查是一项重要工作，审查过程中应注意到被审查干部的态度、背景与社会关系，以及是否参加过他党派与他党人的关系、是否被捕和当时的表现、是否失掉关系等主要问题。同时，对不同干部的审查要注意到不同的问题，在干部来源上要注重对外来干部的审查，尤其是军队中来与在巩固党以

---

①②③　中共榆社县委组织部：《审查干部概要》（1943 年），榆社县档案馆藏，革命历史档案，1－
1－23－2。

前来的人必须认真审查，对本地干部要调查其在地方时是否有过斗争与入党时的思想转变或社会表现、入党时间，对曾在秘密党时失掉关系的原因及在工作中犯错误都要予以确认；而对土地革命时期出来的干部确认是否反共分子、是否被捕过及其表现如何，对军队出来的干部确认其是否犯过军纪、开过小差等。①

3. 审查步骤与鉴定

在干部审查步骤上，中共榆社县委规定，首先对干部进行分类，对重要干部与部门的审查放在首要位置，特别是组织、社会、秘书部先行审查。审查步骤结束之后，对被审查者做出相应鉴定，即"经过一定的审查做出一定的结论"。鉴定结论事关被审查干部个人前途，为本着珍惜干部的原则，在结论鉴定上必须持慎重态度，在肯定有根据之后方可予以确认，在评价上注意用字用词。就鉴定结论种类而言，可分为四种：一类是传记，即家传和自传，能够抓住本质的特点；二类是根据不完整的材料作出一般结论；三类是片段的结论，只以一段工作作出一个时期的结论；四类是个别问题的结论。在鉴定结论的组成上主要由四部分组成：第一点即评价，根据标准来评价；第二点是所需注意之点，其弱点缺点及怎样克服的方法；第三点是向哪方面发展时所应准备的；第四点是某些地方不清楚的可以帮助补充。②

就鉴定结论的材料根据来看，所能根据的可以是本人自身材料、与本人直接有关的材料，即可反映其所负责工作及领导下级干部的情况，再者就是与简介有关的材料，可以参考当时当地的情况，而旁证人的作用亦不可忽视。不能用来鉴定结论的材料则主要是不能根据介绍人不好来下结论，自首分子的言语不能作为根据，本人政治活动情况下所作结论等都是不可用的。在鉴定结论叙述方法上，要根据断语、根据、存档及审查经过与获得材料方法四个部分而做。鉴定结论如何做出与审查方面可根据收集材料汇报讨论，审查会议时有些被审查人可参加会议听取结论并明确审查时所需注意之点，注意审查证据的留存和审查旁证人，而最终作出定论时须对其个人历史有具体和一致性的确认。就审查出不良分子的处理问题上分十类情况：一是曾有自首过的，处理原则是停止党籍，但要根据积极或消极自首区别，再以具体材料进行判断。对有自首且失掉党籍、过去消极现在积极工作者应予其接续工作学习。对有特殊情形者，区党委作出决定。二是在遇有关键与严重情况动摇者，轻微者予以教育，动摇者开除出党。三是对投机分子使其退党。四是对奸细应清洗，严重者要依法处理。五是遇有自首嫌疑者立即停止党籍，考查后决定。六是在个人历史上有嫌疑者应停止其重要工作，考查后处

---

①② 中共榆社县委组织部：《审查干部概要》（1943年），榆社县档案馆藏，革命历史档案，1-1-23-2。

理。七是（原资料破损，无法识别，作者注）。八是对失掉关系或重新入党而不慎重者应重新予以考查。九是对有反党行为的予以处理，停止党籍。十是对于所发现奇怪的事奇怪的人应秘密报告。[①]

关于审查的具体情形如次：

白某，1937年10月入党，26岁，富农知识分子成分。鉴定根据为：由于出生富农家庭，小时生活优裕，娇生惯养，因此影响到今天，导致在生活上不够艰苦。在初中学校时开始富有民族意识的，抗战前即参加了牺盟会的工作。在这一时期中，受到党和其他进步分子的影响而追求进步。入党后有相当时间在分委工作，组织生活比较严格，受到锻炼也比较多。1938年从地委受训后曾在县委担任工作，但因其家庭观念与生活关系，使其生活上不够艰苦，有爱安静的特性。调县府工作时初期工作表现好，但最近一年来政治停滞，进步不显明，工作情绪不高，自动性表现不足。断语为：思想上纯洁，有些家庭观念，最近政治上停滞进步不太显明，组织锻炼好，对党忠诚，有单独工作能力，能掌握原则，个性急躁，度量狭小，生活不紧张，不够艰苦，工作还不够深入。优点是能组织锻炼好，对党忠诚。但缺点亦不少，政治上不尖锐进步，不显明。对于今后，县委指出应当在政治上突破停滞状态，更细心地研究政策的具体运用，在政权工作上会有前途。

任富久，1938年5月入党，30岁，富农知识分子。鉴定根据为：抗战前未有参加过政治活动，仅担任过本村教员。其人个人自愿意识较强，对社会问题无共鸣感触，思想上很保守。从入党到今一贯不注意学习，在1939年反顽固斗争与目前的严重形势中表现不够明显与突出。另外在入党后未有过组织生活，在一区时还对分委的领导缺乏正确的态度，在今天对李达同志仍有不满。在工作中不解决群众问题，模糊应付。1940年检查二区工作中甚至还打人，在解决问题上是自立标准，妨害上级政策。工作上行政作风好命令，但能够负责，了解问题多，缺乏从党的观点出发。断语为：思想简单，有富农意识，不注意政治问题，在执行政策中容易出毛病。阶级觉悟程度低，组织锻炼差。对党服从，工作积极，敢负责，社会观念少。有些小聪明，有一套小办法，懂得农民生活问题。有些政权工作经验，个性爽快，工作上火力强、局面大。总之优点是工作积极负责，缺点是不注意政治问题、阶级觉悟程度低。县委指出今后如能提高阶级觉悟程度，政治上努力提高自

---

① 中共榆社县委组织部：《审查干部概要》（1943年），榆社县档案馆藏，革命历史档案，1-1-23-2。

己，克服富农意识，发展前途是能够成为一个全面人才。

王宝模，22 岁，1937 年 10 月入党，富农成分。鉴定根据为：这一同志是当年学生，思想纯洁，为社会所感染不多。但在工作中过去好冷讥热嘲同志，与区分委不团结，受到过县委批评。三次扫荡后从三区调二区，因感工作难而表现消沉过。入党后有过组织生活，后工作一段时间后到区委处受训，后到地委巡视，对党的调动能够服从。工作上曾让做一个支部的工作，但对农民问题并未十分了解。在组织问题上较细微。断语为：思想纯洁，但残存着小资产阶级意识。对政策接受快，一般的可以掌握政策。组织锻炼较好，组织原则性不够高，在领导上急于掌握分委的局面，但在深入研究支部帮助支部方面还不够。优点是政治上进步快，掌握分委领导；缺点为小资产阶级意识的残存，深入支部工作不够。县委意见认为应当在今后要能多了解农民问题，充实自己，提高对组织原则的掌握。

张书文，中农，23 岁，1938 年 6 月入党。鉴定根据为：自入党后共受过三次前后总共四个月的组织训练，但在政治上仍提高不够。此间曾在武西任八个月支书，但在工作中工作方式简单，冒失蛮干，不爱研究工作，不作工作计划，领导上还不够成熟。直到今天工作方式仍很简单，仍不研究工作，仍不作工作计划。但工作上积极勇敢、热情。在党校受训期间和在工作中同学对其影响深，阶级友爱精神好，对同志关心。断语为：思想上纯洁，有农民习气。政治上坚定，组织锻炼好，对党忠诚坦白。但工作方式简单，不够尖锐。对政策能接受，但缺乏具体运用能力。有些支部工作经验，领导上局面小，不全掌握全面与原则。优点是坚定忠诚艰苦，阶级友爱精神好；缺点是政治缺乏原则掌握，不会领导别人，工作方式简单。县委意见指出其今后应在政治上提高，加强政治学习。

李中堂，中农，38 岁，1938 年 3 月入党。鉴定根据为：该同志事事当心，工作上能埋头苦干，说是"干一件事总要干出个样子"。但在个人思想上存在问题，该同志认识偏激，好钻牛角尖，对事想不开，因此在政治上不能进步。而领导上对该同志的问题又缺乏及时的纠正，犯错后不能执行纪律来教育，导致在工作上出现消极、不巩固。断语为：思想固执，个性柔弱，自信心低。政治上进步慢，有农民的狭隘性与保守性。但组织锻炼较好，对党忠诚，工作细心专心踏实，有一套支部工作经验。优点是工作踏实，有支部工作的实际经验；缺点是政治上进步慢，组织原则抓不紧。县委意见认为今后其应从政治上大大提高一步，严格掌握组织原则，学习总结工作以提高自己。

张传明，23 岁，贫农，1938 年 10 月入党。鉴定根据为：在未入党之前对党无感觉，入党动机不显明，入党时对党表现恐惧，入党后对党无认识。

至今虽已入党有两年六个月，但在1940年4月前未有过严格的组织生活，组织生活只等于十个月的党员。但该同志向来对党组织服从，能从自己的观点上来检讨错误。在一区工作的一段时间里，因群众的惧敌心理浓厚，原支部同志情绪悲观，该同志受影响情绪时高时低，进而影响到工作信心。至今来说人生观还未明确确定，对党的远大前途缺乏明确的概念，政治上尚不够坚定。断语为：思想上纯洁，无社会经验。政治上不够坚定，对政策了解程度差。阶级觉悟低，入党后没有过严格的组织生活，组织锻炼差。同时，就性格方面说，个性弱、斗争性差，不能坚持自己的意见。县委意见认为该同志今后应多注意提高阶级觉悟，政治与工作能力上也应有相应提高。

王有录，27岁，经纪人，1938年11月入党。鉴定根据为：小时候娇生惯养，行为很少受拘束，周围多爱赌人。在战前其职业是粮食斗行，这一类人多流氓意识，生活腐化（打牌等）。入党后，其工作表现相当好。在1939年11月的屯粮斗争、春耕运动中都很积极，斗争性很顽强，群众评价很高，后在党校受训时表现也很好。担任分委后，1941年1月份在赵连生勾结下打牌一次，但事后即向分委书记报告和认识错误（自称打牌因生活没办法）。断语为：思想意识上不纯洁，政治觉悟低，进步慢，对政策接受差，生活散漫，社会关系不好，不坚定，易趋于腐化。总之优点是工作上有斗争性，对党服从；缺点是生活上不检点，易趋于腐化。县委意见指出今后在领导上应注意其生活恶习的纠正，纯洁其社会关系，更高地提高其觉悟程度与政治认识。

张继先，中农，1938年4月21日入党。鉴定根据为：张同志在抗战前曾参加过武术会，由绿林朋友的正义（影响）而逐渐有了阶级觉悟，对党有了了解。入党后热心学习，工作中很积极，生活上很艰苦，组织生活严格，在服从调动、执行决议都很坚决。但问题认识不清，进步很慢。对卫生也不注意。还有（今年）一月份曾在二分区擅自回城一次。断语为：政治上坚定，阶级觉悟比较深刻，组织锻炼较好，对党忠诚。但记性坏，不易进步。在工作上，作风踏实，能吃苦，有些实际经验。生活上，个性迟钝，有农民习气，不讲卫生。县委意见是该同志今后应从政治上多学习，能进一步对原则问题有认识。

王占魁，贫农，1939年9月入党。鉴定根据为：文化水平低，学习上不经常，政治上缺乏显明的进步与转变。三次受训过程中在政治上有提高，对党的基本问题有了解，赞同党的政策，但是了解程度很差。虽农民出身，但生活上并未有坏的习惯。个性上沉闷不爱说话，但性情温和，没有脱离群众的现象。1939年9月入党后，初期三月中并未有过组织生活，故是19个月的党龄，而实际只过16个月的组织生活。断语为：政治水平低，进步慢，对政策接受了解差，阶级觉悟程度低。生活中为人老实，工作实在，能接近群众。但工作经验少，信心差。县委认为该同志今后应从政治上多提高，工作上多帮助，加强自信心。

赵瑞之，25岁，贫农，初小毕业，1938年6月入党。断语为：从小家贫，在商店做学徒受压迫与剥削，久而久之习染有小商人习气。但能关心政治问题，思想意识有进步，有些阶级觉悟。对党能坦白，能接受组织调动。但组织锻炼差，工作方式简单、经验少，领导能力弱，对群众不接近，态度生硬，不够虚心，"事实上是缺乏艰苦的实际工作斗争锻炼，如果掌握不好，生活易趋腐化。"因此，组织上认为其优点是对党了解坦白，爱学习进步快，工作积极；缺点为有商人习气，工作没经验、方式简单，个性强，有不虚心的现象。县委意见指出今后要严格组织生活，克服小商人意识，使其能生活转变方式，深入研究工作，提高领导能力，能任区级干部。

张德平，27岁，富农，高小毕业，1938年4月入党。断语为：入党动机不纯，是在"无办法的状况下而不是真正的觉悟"。思想上虽追求进步，但存在富农意识。阶级觉悟程度低，锻炼差，无党性，存有浓厚的家庭观念。政治上能对党坦白，表现负责，能服从组织能了解政策，但缺乏原则。工作上积极，有办法，敢于行动。对阻碍自我进步中的障碍有认识。因此优点是对党表现负责，坦白工作积极，有办法；缺点是阶级觉悟低，缺乏党性。县委意见指出该同志要在今后的学习中能总结认识自我，要克服富农意识，提高党性，提高阶级觉悟。

刘王□，27岁，富农，1939年3月入党。个人经历简单，社会关系单纯，没有丝毫恶习。抗战开始后即进入牺盟区分会机关，从事报刊发行工作。此后个人在政治上进步快，但入党后并未有过严格的组织生活。工作上，开始至今表现热情，有接受完成任务的勇气。但锻炼少，耐力不够。此外由于人生观未确定，有时还在对敌斗争时表现害怕。如去年敌占榆社时即感觉无法工作，表现轻浮。断语为：思想意识纯洁，天资聪明，无任何不良恶习，因之政治上易进步。但人生观未确定，阶级意识马虎，对党认识差，入党后缺乏严格组织生活。但对党依靠，能服从调动，生活上不紧张，不艰苦，有富农子弟生活习气，工作上缺乏坚持性。县委意见认为今后必须启发其阶级觉悟，严格其组织锻炼，将会是一个有前途的同志。

陈玉凤，20岁，富农，高小，1938年入党。鉴定根据为：参加社会活动少，社会关系单纯。入党动机上，是为了进步不落人后而参加党。一般说来，该同志组织观念好，但工作上顽强性不够，对工作缺乏信心。有工作精神，但只注意小问题，不注意大问题，不善单独解决问题。领导上计划性差，缺少全面检查，不能积极负责，依赖别人，不会组织干部工作。断语为：思想纯洁，对党服从。但阶级觉悟程度低，组织锻炼差。入党后缺少严格的组织生活，虽党龄2年9个月，但实际党龄只有1年3个月。政治兴趣低，多注意小问题。工作上积极热情，个性强有单独工作能力，但在领导上不主动、生活松弛。县委意见认为今后应当克服阶级觉悟程度低的缺点，从政治上努力提高。

史远，女，19岁，富农，1939年5月入党。鉴定根据为：工作上表现或高或低，重感情，与她能融合的人即能一起工作。富农习气较重，不勇敢，表现在想出一个问题不愿提出。组织生活缺少，组织考验不够。断语：思想纯洁，对党尊重服从。阶级觉悟程度低，人生观尚未明显确定。组织锻炼差，工作考验不足，缺乏严格组织生活，入党两年但实际只有1年3个月的党龄。工作上能深入，在领导上能团结干部，个性温柔，懂得妇女生活。县委意见认为应当今后严格组织生活，使其能发展成一个全面干部。

张全生，25岁，小地主出身，初中文化，1938年10月入党。鉴定根据为：家庭观念浓厚，不能正确处理工作与家庭关系，工作时本着将家庭闹好或以家庭为依托的观点出发。对佃农不尊重，阶级间缺乏正确认识。向来不学习，懒惰不研究。同时在工作中有办法、有活动力，但政治责任心差。组织断语为：思想上马虎，有剥削阶级意识，政治兴趣低，进步慢，最近陷于停滞，缺乏组织锻炼，有自由主义表现。与家庭关系密切，对家庭地位认识不正确。在生活上不艰苦，生活奢华。工作有办法、魄力大，但政治责任心低，缺乏严格性。县委意见认为这一同志如不能克服家庭意识，提高政治兴趣，将有腐化堕落之可能。今后应使其能正确认识家庭与工作关系，组织上要抓紧帮助其进步，从教育方式上入手。

乔腾宁，25岁，地主（富商），初中毕业，1938年入党。鉴定根据为：在解决土地纠纷中缺乏从正确立场来处理问题的态度，对各方面的意见很少采纳。在担任武装队长时常自由行动自高自大不服从领导，对领导意见采取漠视态度。对党不够忠实，不能够坦白以往，对过去表现有隐避态度。组织断语为：思想上纯洁，有些政治常识，有一定工作能力。但在执行政策上表现不定，组织上有自由主义现象，自高自大不服从领导。生活不够艰苦，散漫易趋腐化。社会关系复杂，组织锻炼差，对党还不够坦白忠实。县委意见认为这一同志在政治上还不够坚定，严重环境下有腐化落后的可能。今后必须要在组织上对其予以严格要求，从政治上巩固其思想。

刘印龙，22岁，贫农，高小文化，1938年8月入党。鉴定根据：家庭一贯贫苦，有阶级觉悟，入党前即有追求进步的行为，愿为抗战工作。入党后对党忠实，服从组织，遵守纪律。但政治上进步慢，受贫穷出身的限制，各方面都有表现狭隘性。组织断语为：思想意识单纯，有农民的狭隘观点，故政治上进步慢，对政策了解缺乏具体运用。对党忠实有些觉悟，但组织锻炼差。工作上负责，但局面小，今天还不宜于全面领导。优点是对党忠实，工作细心，能被群众所信任。县委意见认为今后应努力从政治上提高，克服其狭隘观点，使其能更适应革命工作。

张储生，26岁，贫农，1938年1月入党。鉴定根据为：抗战前虽然受生活压迫，但对此很少有明确的认识与感受。入党后在除奸工作中得到锻炼，同时在三年的除奸工作上得了些经验。对除奸政策有了解但缺乏具体运用，特别在除奸中对国民党的观点有狭隘。在工作中团结干部较差，对问题的认识不尖锐，少有判断力。断语为：思想纯洁，组织锻炼较好，对党服从。但有狭隘的农民意识，政治上不够尖锐，对党的政策了解缺乏具体运用，阶级觉悟程度低。在除奸工作上有一些侦查经验，但态度轻浮，对问题整理少、决断力不足，团结群众不够。县委意见认为该同志今后应注意克服其自身的农民的狭隘观点，政治上才能容易提高些。

鹿中玉，30岁，贫苦知识分子，初中文化，1938年7月入党。鉴定根据为：以往与一些旧士绅有过接近，身上残留有旧的思想意识。其人个性强，有报复性和发财主义的思想，家庭观念特别浓厚。虽在党的影响下，是自动要求入党，但并不是真正的觉悟，只是为找出路维持家计。在工作中情绪时高时低，同时一贯的工作不艰苦、生活散漫，克服困难的决心差。组织方面对党有初步认识，文化理论水平较高，容易进步，但缺乏艰苦的锻炼。断语：思想意识不够纯洁，有旧思想的残余。对党有了解能服从政策，工作积极有能力有经验。但自我认识差，社会关系较复杂。同时在工作中表现散漫、不艰苦，因此个人发展上是慢性的、被动的。县委意见认为该同志今后如能严格纠正认识自己不当行为，将个人观点能够继续克服，担任区长是比较好的。

王如生，34岁，贫农，高小文化，1939年3月入党。鉴定根据为：家庭生活困难，但对苦难原因并无认识，而在社会关系上与讲堂老财接近，有意靠老财吃饭。他曾担任过九年小学教员，为维持生活也曾有意参加过国民党，后因国民党党部考核不合格未加入。入党动机不纯，为图改善个人生活而入党。入党后缺乏严格组织生活，不注意政治问题，对党不忠实，怕党知道他的缺点，对自己缺点不表露。断语为：阶级觉悟程度低，入党是为了个人生活，入党后经常缺席组织生活会，至今人生观尚不明确，政治上进步慢。县委意见认为对该同志应从政治上加强学习，坚定政治意识，提高其阶级觉悟。

王正大，30岁，中农，高小文化，1938年11月入党。鉴定根据为：抗战前参加过一些社会活动，接触到了进步思想，成为其革命思想的萌芽。但抗战初期入党后至今在政治上进步较慢，提高不够。在工作中爱表现自我，特别是爱表现自己的革命性，还爱在上级前暴露别人的弱点，不经组织路线向上级打报告。如在三区工作时曾因对分委的领导不满而联合旧党团用群众团体名义向县委交过报告书。此外，工作上不踏实，如抗战初在武乡参加工作表现滑头些。断语为：思想单纯，人生观比较明确。对党服从，对组织的各种政策可以接受。但党的锻炼差，对政策不会具体运用。工作上积极热情，有些社会经验但不丰富，生活散漫不够艰苦。他的优点在于人生观比较明确，有些工作能力；缺点则是政治上进步慢，有落后意识。县委意见认为该人今后应努力在政治上加强学习，突破停滞状态，并要加强其组织锻炼，改造落后意识与非党观点。

陈□美，26 岁，贫农，高小文化，1938 年 1 月入党。鉴定根据为：家庭困难，常因此而受到社会的歧视与经济上的压迫，故在抗战前即对社会不满，但对遭受歧视与压迫之实质还缺乏了解。抗战爆发后，在游击队中表现忠实，故于 1938 年春在太谷被介绍加入党组织，入党后即有组织生活。工作上因方式呆板冷酷，所以在接近群众上始终不够，导致至今在农会中农民对其不够信任，接近下层工作上无显著进步。研究问题上好学习，学习精神细微，但天性迟钝进步慢，政治上表现一般。断语为：对党认识明确，有阶级觉悟。入党后即有较严格的组织生活，工作上细微好研究，但个性冷酷、没有活泼的群众工作方式，不易接近群众，缺乏下层工作经验。县委意见指出今后要在政治上予以提高，能够打开政治上的停滞状态，求得自我的更进一步，并认为工作方面其适合做组织工作。

杜奋，23 岁，小地主，初中文化，1938 年 5 月入党。鉴定根据为：学习上好高骛远，工作上时冷时热，好讽刺人，对同志不忠实，有官僚习气，好领导别人。组织上锻炼差，了解问题少，不愿深入下层，生活不艰苦。对政策了解不彻底，执行中有行政命令。工作上态度不严肃，有些流氓习气。如在剧团工作时用女团员当勤务，下乡演剧非吃白面不主演，对剧团账目也是混乱不清，因此而调了工作。断语为：其本人存在浓厚的小资产阶级意识，阶级觉悟程度低。工作积极热情，但不深入，易趋官僚。入党后组织生活不严格，组织锻炼很差。生活上不艰苦，态度轻浮，好表现自己，对同志不够诚恳。县委意见认为这一同志应努力提高自身觉悟，克服非党意识，加强组织锻炼，在工作上不宜于政权工作，应向文化教育上发展。①

（三）建立干部培养遴选机制

审查干部并对其作出鉴定结论后，为保障干部队伍健康发展，建立良好的干部培养提拔机制十分重要。据中共榆社县委组织制度安排，主要通过三种方式进行培养提拔，一是提高现有干部，二是大批培养新干部，三是培养非党干部。就干部培养原则和方法说，一般的原则是要坚持有计划的大量培养原则，同时配合以耐心和系统的培养原则，"要细心的培养干部，不惜浪费时间帮助每一个同志。"②

在培养方法上，首先是学校培养的方式，根据各地具体情形，不惜花费地每一县办一个学校。其次，在工作中形成培养制度，各级部门主要领导应提高领导能力并及时总结工作经验教训，帮助其他干部从实际工作中了解工作原则与提高品质。最后，严格组织生活与自我批评制度。另外，各级党委领导要在干部培养上作出具体计划，坚持两小时学习制度，通过带的方式即一人帮一人来达到培养目的。还可通过一定时期的工作受训，以会议培养亦是可选择方式。当然，在干部培养工作中应根据干部不同特点来决定不同的方式：一类是针对政治理解好但组织能力差、工作不深入而空洞者，对其要以提高领导能力的办法，多帮助接触下属，达到培养目的。二类对实际经验多但工作上无计划、政治上开展慢不能进步者，要帮助其多注意政治水平的提高，多给予在学校受训开会的机会。三类是对思想意识不好、政治思想不坚定者，培养时须以耐心联系客观环境，主观上予以帮助。具体来说，（1）要根据其特点从侧面告知其前进道路上的各种难关，告诉其敌人所会采用的手段、社会上有什么坏的东西且如何防止；（2）告给其革命前途与政治意见；（3）多教育基本知识，使其明白革命发展规律；（4）教育培养的方式要细心关照，同时要宽大为怀，从关照其态度上指出缺点并要有适当的批评。四类是对有高傲自大作风、不民主且表现鲁莽者，一般应分配在上级领导之下给予单纯任务，严格其组织生活。五类是对优柔寡断者，应分配以强力的领导，多给予单独处理问题的机会，多给予鼓励。再者，应根据不同干部的成分进行不同的培养：一是对知识分子干部要注意其工农化联系群众的问题，知识分子出身干部在政治理解上一般好高骛远甚至高傲自大，因此对其要多教育多深入学习，与下层接触。二是对农民出身的干部要深入进行阶级教育，提高其阶级觉

---

① 中共榆社县委组织部：《审查干部结论记录》（1942－1945年），榆社县档案馆藏，革命历史档案，1－1－23－1。

② 中共榆社县委组织部：《审查干部概要》（1943年），榆社县档案馆藏，革命历史档案，1－1－23－2。

悟。三是对工人出身的干部要注意其文化水平与理解水平的提高（如历史、地理常识等）。四是对小商人出身的干部则针对其巧滑虚伪特点给予阶级教育。总之，对干部的培养一方面要着力提高其能力，另一方面要提高其质量。①

除培养干部人才外，良好健全的选拔机制不可少。对于干部选拔问题，在提拔的基本原则下，首先是大胆提拔新干部，尤其政治进步、来历清楚的积极分子；其次是建立干部提拔的有效制度，提拔干部时须经组织批准，同时要将干部提拔与教育联系起来，以教育促进选拔机制的完善。另外，在配备干部上要以适应政治路线与政治任务为导向，须统一有计划的配备；要尊重不同干部特点，注意其能力经验，力求分配适当工作。在搭配原则上，要注意干部的固定与调剂，同时应在固定的原则下注意检查是否适当。②

四、小结

中共榆社县委通过对全县干部党员的详细审查，巩固了党的组织，建立起一支忠诚的抗战干部队伍，并确立了相应的干部后续培养遴选体系。但亦存在明显不足，如一些部门对审查工作认识不清而导致审查工作混乱等情形。

就其成效而言，通过审查改造了干部思想，进而有针对性地掌握了干部政策，对指导干部发展与使用干部起到了促进作用。从干部个体上来看，审干帮助干部改造了思想并提高了自己，亦纠正了以往工作中的形式主义、克服了因形式主义的审查与审查工作不贯彻所引起的被动与怠工情绪。在审查方法上，通过与整风相结合检查了干部思想和工作指导能力，同时组织生活的加强与自我批评使干部广泛地进行检讨反省，明确了改进的目标与发展的方向。

不过，1942 年的干部审查工作主要是在群众运动以前完成的，审查成绩有限。据统计，除地委完成 50 余人外，榆社仅完成 12 人。而且，自群众运动开展以来，中共榆社县委工作繁忙，领导上又未能及时改善，致干部审查工作陷入停顿。究其原因则主要是县委对干部审查工作认识不清，对审查干部的目的性认识不明确，把干部审查与群众运动对立起来；对审查权限不明确，将一切工作推到县委会上，忽视了自身工作；组织工作上缺失，组织部门工作未建立起来。③ 到1943 年地委组干会召开之后，榆社全县审干工作才全面铺开。

同时，在具体的审查工作中，干部审查流于形式主义，不能以审查结果来指

---

①② 中共榆社县委组织部：《审查干部概要》（1943 年），榆社县档案馆藏，革命历史档案，1 - 1 - 23 - 2。

③ 地党委：《1943 年干部审查工作的指示》，榆社县档案馆藏，革命历史档案，1 - 1 - 3 - 11。

导干部发展、研究干部的发展规律，难以尽到系统了解干部党员进而达到"收知人善用之效"的目的；审查与实际脱节，仅根据片段的材料或过去的材料总结，存在只认识干部的一面或对干部目前发展现状不了解，结果模糊了对干部实际问题的认识；为审查而审查，仅注重对以往经验的总结而忽视了今后纠正和发展的方向，缺乏对干部的教育意义。如地委批评指出，榆社审查干部的结论存在"空洞的名词罗列"，① 或只是"片断的思想转变的几点，不是系统地从历史上认识干部的思想转变的各个方面。"②

毫无疑义，中共自成立以来对于党员干部的教育与审查就是党的建设中的两个重要工作项目。抗战时期经过一次次摸索与实践，中共逐渐形成一套较为完整的审查党员干部机制，为更好地培养与使用干部奠定了扎实基础。但时代在进步，事物在发展，当新情况出现时，思想不可能没有反复，"新时期的干部又有新的思想问题需要解决"。③ 因此，干部审查与教育工作永远在路上。

第三节　晋察冀根据地的村级财政整理

财政建设是抗日根据地建设的重要内容。顺畅的财政运行、有效的财政监管和平衡的财政收支是中共在根据地实现政权稳固、推进各项建设的重要保障。1949 年以来学界编集了大量资料，撰写了有关专著，发表了大量学术文章，为研究革命根据地财政史打下了良好基础。但这些研究多将财政问题置于传统革命史的宏大叙事下，对根据地基层社会复杂的财务管理及运作关注不够，不利于揭示和理解中共革命的实相。由于根据地财政建设的基础在于村，村财政管理和使用往往会触及最基层的利益分配和人际关系，而如何实现"一切要有数目字""一切要具体"的管理目标一直是摆在中共面前的重要课题。

晋察冀根据地被誉为"敌后模范的抗日根据地"，在根据地建设中具有典型意义，亦一直为学界关注。就村财政而言，相关研究多见于各类介绍中共抗日根据地建设的通论性论著和相关问题研究中，往往将其作为论题中的一项内容一带而过，分析和论述仍显单薄。近年来随着研究思路的转换和史料的发掘，学界对根据地村财政问题关注度有所提高，但专门研究仍付阙如。故本节拟以晋察冀根据地为例，集中对 1940～1941 年村财政整理工作进行梳理。

---

①② 　地党委：《1943 年干部审查工作的指示》，榆社县档案馆藏，革命历史档案，1 - 1 - 3 - 11。
③ 　太行革命根据地史总编委会编：《党的建设》，山西人民出版社 1989 年版，第 57 页。

一、根据地建立之初的财经秩序

晋察冀边区行政机制建立初期，由于战争破坏，乡村政权组织涣散，各类杂色武装横行乡里，财政工作难以统一，"军民交困，行政无法着手"。[①] 由于"一切开支都靠临时的合理负担，实即派款来解决"，导致"一切的工作也得不到顺利的进行"。[②③] 同时，"新的政权中间缺乏整理税务的人材，经验也很少"，"在财务行政所赖以作基础的文件全部都没有"，造成"个别的贪污和严重的浪费当然是势所难免"。[④] 为此，边区行政委员会先后发布《村合理负担实施办法》《村合理负担评议会简章》等法令，要求各机关部队建立预决算制度统一领取经费而不得各自为政，初步解决了区以上财政统筹和分配。[⑤] 但对于广大村民而言，除按合理负担要求缴纳统一规定的公粮公款外，还要负担本村村款，即乡、村政府为解决某些经费向农民征收或摊派的粮款，有的地方叫作村粮（款）负担或非正式负担，实际是地方附加税。[⑥]

随着边区村级政权和其他群团组织建立，必然会产生一定行政经费，构成村款开支。但由于一些新任用的农村干部"对于村财政的管理是很生疏的""怕管钱嫌麻烦"，主张"好干部不管财政"，造成村财政征收漫无限制，不遵守有关制度、不注意厉行节俭，甚至"认为花的越多越体面"。[⑦] 有的办公人员"出差乱开支旅费""带钱到饭馆里吃饭""比县政府、区公所都要阔气"；有的在村公

---

① 胡仁奎：《游击区经济问题研究》，黄河出版社 1939 年版，第 13 页。

② 彭真：《晋察冀边区财政建设的三个阶段》（1941 年 9 月），魏宏运主编：《晋察冀边区财政经济史资料选编》财政金融编，南开大学出版社 1984 年版，第 53 页；胡仁奎：《游击区经济问题研究》，黄河出版社 1939 年版，第 57 页。

③ 彭真：《晋察冀边区财政建设的三个阶段》（1941 年 9 月），魏宏运主编：《晋察冀边区财政经济史资料选编》财政金融编，南开大学出版社 1984 年版，第 53 页。

④ 聂荣臻：《晋察冀边区的形势》（1940 年 2 月 28 日），魏宏运主编：《晋察冀边区财政经济史资料选编》总论编，南开大学出版社 1984 年版，第 80 页；宋劭文：《论合理负担、县地方款、预决算制度》（1940 年 2 月），魏宏运主编：《晋察冀边区财政经济史资料选编》财政金融编，南开大学出版社 1984 年版，第 5 页；彭真：《晋察冀边区财政建设的三个阶段》（1941 年 9 月），魏宏运主编：《晋察冀边区财政经济史资料选编》财政金融编，南开大学出版社 1984 年版，第 53 页。

⑤ 同时，按照有关规定，税收拨发 20% 补助县级地方经费，区款由县统一开支，不得自行筹集。

⑥ 中华人民共和国财政部《中国农民负担史》编辑委员会编著：《中国农民负担史》第三卷，中国财政经济出版社 1990 年版，第 205～206 页。

⑦ 《冀中五年来财政工作总结》（1943 年 4 月 25 日），魏宏运主编：《晋察冀边区财政经济史资料选编》总论编，南开大学出版社 1984 年版，第 690 页。

所"摆上几口大锅，川流不息地做饭，谁来了都可以吃。"① 村财政管理混乱不仅造成种种铺张浪费现象，还给边区政治稳定埋下隐患。

据载，1940 年 7 月前村款开支项目包括支差费、优抗费、招待费、小学经费、赔偿费、赔价、开会费、村干部旅费、放哨费、应酬敌伪费、村长津贴费、民兵饭弹食药费、民校经费、标语费、新战士路费、自卫费、除奸组经费、村公所经费等项，可谓项目驳杂、收支无度。② 宋劭文估计边区每个村公所平均每月浪费 40 元（边币）③，每个县约 300 个村，若将边区 70 多个县排除敌占区面积，按 50 个县计算则全年村款浪费则在 750 万元以上。④ 与之形成鲜明对比的是，边区财政"每年都是开支大于收入"。⑤ 这显然与边区领导人"绝对依靠财政上的统筹统支，量入为出""使军、政、教、建各费得到适当的开支比例"要求相距甚远。⑥ 因此边区领导人日益感到混乱的村财政工作"挖掘着根据地的财政基础""如不赶快克服，根据地的财政就要根本动摇。"⑦ 村财政秩序好坏不仅是一个经济问题，还是一个关系政府公信力和人心向背的政治问题。

不过，当时村财政事务并非完全没有管理制度。如边区在 1938 年就已颁布的《晋察冀边区区村镇公所组织法暨区长、村长、镇长、闾邻长选举法》即赋予村（镇）民大会有"议决预算决算"的权利，村镇"监察委员会得随时调查各

---

① 《冀中五年来财政工作总结》（1943 年 4 月 25 日），见魏宏运主编：《晋察冀边区财政经济史资料选编》总论编，南开大学出版社 1984 年版，第 690 页；宋劭文：《论合理负担、县地方款、预决算制度》（1940 年 2 月），见魏宏运主编：《晋察冀边区财政经济史资料选编》财政金融编，南开大学出版社 1984 年版，第 9、18 页。

② 宋劭文：《边区行政委员会工作总结》（1943 年），见魏宏运主编：《晋察冀边区财政经济史资料选编》总论编，南开大学出版社 1984 年版，第 532 页。

③ 这里需要说明的是此时有法币、银元、察钞、晋钞、冀钞、杂钞、土票等多种货币在边区内流通。1938 年 3 月晋察冀边区银行成立后开始发行边币，并规定边币为边区本位币。1938 年 6 月后边币在市场上已赢得地位。可见，在本文所述时段内边区本位币应为边币。因此，尽管边区仍有其他货币流通，但由于本文所用史料均系边区党政机关各类文书，故所用数据均应以边币为计量单位。至于前后文中所引数值差异较大，笔者以为主要是自 1938 年来边区物价不断上涨、边币出现贬值所致，并非纸币种类发生变化。因此，后文中若无特别注明则所引有关货币的数据均以边币计。参见魏宏运：《论晋察冀抗日根据地货币的统一》，《近代史研究》1987 年第 2 期。

④ 宋劭文：《论合理负担、县地方款、预决算制度》（1940 年 2 月），见魏宏运主编：《晋察冀边区财政经济史资料选编》财政金融编，南开大学出版社 1984 年版，第 12 页。

⑤ 宋劭文：《边区行政委员会工作总结》（1943 年），见魏宏运主编：《晋察冀边区财政经济史资料选编》总论编，南开大学出版社 1984 年版，第 536、537 页。

⑥ 彭德怀：《敌后抗日根据地的财政经济建设》（1940 年 9 月），见魏宏运主编：《晋察冀边区财政经济史资料选编》总论编，南开大学出版社 1984 年版，第 328 页；苏梅：《财政经济政策方针和具体办法》（1942 年 1 月），见魏宏运主编：《晋察冀边区财政经济史资料选编》财政金融编，南开大学出版社 1984 年版，第 124 页。

⑦ 《冀中五年来财政工作总结》（1943 年 4 月 25 日），见魏宏运主编：《晋察冀边区财政经济史资料选编》总论编，南开大学出版社 1984 年版，第 691 页。

村镇之帐目及款产事宜，村镇财政之收支及事务之执行有不当时，监察委员得随时呈请区公所纠正之。"① 但从实际情形看，由于"民主运动开展得不够，民众运动开展得不够"，以上制约监督措施并未落到实处，"村财政委员会一般起的作用还很少，村民代表大会对于村财政问题也还不能展开讨论。"② 诚如宋劭文所说，"如果村民代表大会……发挥了它真正监督政府的作用，那么浪费就不会像今日那样严重。"③ 正是在村财政管理无序且浪费严重的情形下，对村财政集中整理被提上日程。

二、村财政整理的主要举措

1940 年 4 月和 10 月，边区行政委员会先后颁布《晋察冀边区各县编制村概算及办理村决算暂行办法》和《晋察冀边区行政委员会关于村概算的规定》，对整理村财政作出具体规定。概言之，这一时期边区财政制度的主要原则是将财政收支权逐渐向上集中，在加强统一管理的原则下实现村财政规范化、定额化。根据这一原则，在村财政整理中边区政府要求村款应当"由村财政委员会拟定后，提交村民代表大会讨论通过，然后再送区公所审核加具意见转送县政府核准备案，经县政府核定发还，须立即公布遵照执行""非有特殊事故不得短少或超越"，而"未经村民代表大会或区公所核准的花费，一律不准开支，开支了以浪费论。"④ 具体而言，即"不必要开支的应严格免除，必要的开支如村公所的办公费，小学教育经费，民众教育经费（主要是灯油粉笔等），民众团体经费（如武委会开路条的笔墨纸张，文救小组的壁报标语费），游击区村庄的弹药费（土枪用），乃至小量的赔偿费等，应该按照实际情况及高级政府的规定，制定预算，经村代表会通过后交县或区政府的批准，否则不得开支。"⑤ 具体情形如表 3 - 9 所示。

---

① 参见《晋察冀边区区村镇公所组织法暨区长、村长、镇长、闾邻长选举法》（1938 年 3 月 23 日），见河北省社会科学院历史研究所编：《晋察冀抗日根据地史料选编》上，河北人民出版社 1983 年版，第 44 页。

② 宋劭文：《论合理负担、县地方款、预决算制度》（1940 年 2 月），见魏宏运主编：《晋察冀边区财政经济史资料选编》财政金融编，南开大学出版社 1984 年版，第 17 页。

③ 宋劭文：《论合理负担、县地方款、预决算制度》（1940 年 2 月），见魏宏运主编：《晋察冀边区财政经济史资料选编》财政金融编，南开大学出版社 1984 年版，第 14 页。

④ 《晋察冀边区各县编制村概算及办理村决算暂行办法》（1940 年 4 月），见魏宏运主编：《晋察冀边区财政经济史资料选编》财政金融编，南开大学出版社 1984 年版，第 645、647 页。

⑤ 彭真：《关于晋察冀边区党的工作和具体政策报告》（1941 年），见魏宏运主编：《晋察冀边区财政经济史资料选编》财政金融编，南开大学出版社 1984 年版，第 140～141 页。

太行山和吕梁山抗战文献整理与研究

表 3 – 9　　　　　　　　**晋察冀边区村政权经费开支标准**　　　　单位：元（边币）

项目		规定
村公所干部经费	工资	党、政、民及武装工作人员一律不脱离生产，不吃公粮，不领津贴，不受优待；自卫队干部半脱离生产，每月补助 5 元
	出差费	"照日常生活水准开支"；封锁沟外村庄的村干部，到封锁沟里需要时间超过一天的，每人每日可开支 1.6 斤米、0.2 元钱。只限于村公所干部
村公所办公费（公杂旅费）	甲等村（150 户以上）	每月 20～30 元
	乙等村（50～50 户）	每月 15～20 元
	丙等村（50 户以下）	每月 2～12 元
村教育经费	教员经费	每人每天小米 1.2 斤，每月零用费 4～10 元，不另发柴菜金及服装费
	民众学校经费	由县区在教育经费下统筹统支
	村小学经费	按学校比例和村庄大小的不同，各村自行规定
临时费	甲等村（150 户以上）	每月 20～30 元
	乙等村（50～150 户）	每月 15～20 元
	丙等村（50 户以下）	每月 2～12 元
接待费	上级工作人员接待	一律不准由村款开支。工作人员吃饭要给钱，有规定的按规定给，没有规定的按市价给
	交通员接待	不准用村款开支。交通员自带粮食柴菜金或粮票，人多自办，人少分到村民家吃饭，按规定给钱
支差费		能在一天往返的，不准开支；超过一天的，由雇用单位开支，不准用村款，并逐步实现村支差的县统筹
公益事业费		由村公所或有关群众商量，共同合理负担
武装费		尽可能做到县统筹统支
建设费		暂时不由县统筹，各村自行规定
购物补价贴价（柴草）		各县柴草官价一律按照市价 8 折核算

注：村公所经费、自卫队经费及建设费若不敷支出时可从临时费中支取全部或一部分。

资料来源：宋劭文：《论合理负担、县地方款、预决算制度》（1940 年 2 月）、《晋察冀边区各县编制村概算及办理村决算暂行办法》（1940 年 4 月）、邵式平：《关于财政问题讨论总结》（1940 年 5 月）、《晋察冀边区行政委员会关于村概算的决定》（1940 年 10 月）、彭真：《晋察冀边区财政建设的三个阶段》（1941 年 9 月）、宋劭文：《财政科长联席会议的结论》（1942 年 3 月 1 日），见魏宏运主编：《晋察冀边区财政经济史资料选编》财政金融编，南开大学出版社 1984 年版，第 17～22、645～647、51～52、652～653、56、66 页。

从表3-9可见，边区政府对村政权款项支配和使用作了细致规定，表明边区推动实现村财政由县政权统支统筹的思路。边区政府在村财政整理中力图使村级政权将村款集中用于本村日常政务、教育、社会建设等领域，而对于冗杂的差旅、接待等内容则希望予以取消或通过其他途径解决，其余各项费用则逐步归于县政权统一管理下。显然，这样的政策规定有利于规范村款使用范围、提高村款利用效能、加强财政统一管理，亦可以从中看到边区政府健全管理制度、规范干部行为、刷新政治生态的诚意。但还应看到上述对一些款项的规定仍使用诸如"自行规定"之类语焉不详的说法，一些款项"统筹统支"目标"在目前还做不到"。① 同时，边区政府未能对县政权和村政权财务管理职能的划分依据、划分规则进行更具体的规范和说明，对县政权"统支统筹"的原则、方式、规程、应急处置等问题没有配套规定。换言之，这一时期村财政整理规则并未将县政权和村政权之间财权事权厘定清楚，仅是上级政权对下级政权单方面制定的"游戏规则"，未能实现有效的互动和反馈，"统筹统支"在实践中就不免会存在盲点和空白，给基层在理解政策、执行政策过程中留下诸多不确定因素，让政策的实际效用大打折扣。

在财务行政上，边区政府要求各地要"改变过去不定期征收状况，规定每半年征收一次；区不存款，一律上缴到县政府，由县政府印制征收粮款的三联单；实行定量供应，印发粮票，统一支用，并建立预决算和会计制度，实行统筹统支"。② 还要求提高村款开支透明度，按季公布开支账目，区公所、村民代表大会、村群众团体均可对村款监督。③ 1942年初，边区政府又进一步强化上级政府监督和检查作用，要求"区财政助理员，要经常到村检查，每户至少不能少于十天"，区财政助理员在检查时可即时批准村财政预算并向县级政府汇报，不必再经村公所报至区公所。还明确区政权可定期召集村财政主任会议，"可两月一次，要切实解决问题"，扩大了区政权对村财政的监督检查和指导权限。④

另外，边区政府加强对基层教育引导，号召广大干部"对财政建设的工作提起严重的注意""一个个锻炼成建设财政的工程师与技士"。⑤ 总之，边区努力通

---

① 宋劭文：《论合理负担、县地方款、预决算制度》（1940年2月），见魏宏运主编：《晋察冀边区财政经济史资料选编》财政金融编，南开大学出版社1984年版，第19页。

② 《李运昌回忆录》编写组编：《李运昌回忆录》，法律出版社2005年版，第165页。

③ 《晋察冀边区各县编制村概算及办理村决算暂行办法》（1940年4月），见魏宏运主编：《晋察冀边区财政经济史资料选编》财政金融编，南开大学出版社1984年版，第647页。

④ 宋劭文：《财政科长联席会议的结论》（1942年3月1日），见魏宏运主编：《晋察冀边区财政经济史资料选编》财政金融编，南开大学出版社1984年版，第67页。

⑤ 宋劭文：《论合理负担、县地方款、预决算制度》（1940年2月），见魏宏运主编：《晋察冀边区财政经济史资料选编》财政金融编，南开大学出版社1984年版，第39页。

过具体细致的制度规定和操作规程，厘定村财政收支范围，化繁为简，最大限度减少村财政支出事项，尽可能限制和规范村政权的财权，同时加强上级政府、村民代表大会和村内群团组织对村财政管理和村干部自身行为的监督检查，肃清贪腐和浪费行为，减轻民众负担，以期将村财政纳入规范化、定额化发展轨道。

三、村财政整理工作的绩效

在上述政策措施引导下，各地逐步开展村财政整理工作。如易县召开政民联席会议，把村财政规定为 4 项，即办公费（伙食一律取消）、交区经费（含交通站、中队部、高小费用）、特别费（部队买菜补贴及鞋袜贴价）和各团体补助费。徐水则把村财政分为经常与特别开支两类，规定伙食一律停止，统一各村账簿格式，要求账簿分为出纳财簿、出纳分类簿、杂记、合理负担账 4 类。[1] 在此推动下，经过 1940～1941 年的努力，徐水、曲阳等巩固区"村财政已经没有什么大问题了"，边区领导人认为村财政的整理"大大地节省了人力物力""使得浪费现象大大清除了"。[2] 一些干部从"轻视财政工作到切实注意与掌握村财政""给人民以确信的良好印象"。[3]

此次村财政整理成效首先表现在村财政支出数额下降，群众负担有所减轻。据载，村财政整理后边区平均每人负担村款数额为 6 斤小米，占粮款负担七分之一。就各地区而言，冀中区一般村开支均节省 50%～80%，全年各村节省 1 209.6 万元，"在渡过灾荒起了伟大的作用"。北岳区全区每年村开支减少五分之四，村款负担占民众负担 17.335%。冀晋区、冀察区村款开支下降到边区款的六分之一至八分之一。[4] 同时，浪费现象得到一定控制，特权行为受到约束，"村公所的

---

① 《怎样实行村概算——第三专区第四次县长联席会议上的决定》（1940 年 7 月），见魏宏运主编：《晋察冀边区财政经济史资料选编》财政金融编，南开大学出版社 1984 年版，第 129 页。

② 黄敬：《统一战线和双十纲领执行问题》（1941 年 2 月），见魏宏运主编：《晋察冀边区财政经济史资料选编》财政金融编，南开大学出版社 1984 年版，第 366 页；宋劭文：《边区行政委员会工作总结》（1943 年），见魏宏运主编：《晋察冀边区财政经济史资料选编》总论编，南开大学出版社 1984 年版，第 532 页。

③ 《冀中五年来财政工作总结》（1943 年 4 月 25 日），见魏宏运主编：《晋察冀边区财政经济史资料选编》总论编，南开大学出版社 1984 年版，第 690 页。

④ 中华人民共和国财政部《中国农民负担史》编辑委员会编著：《中国农民负担史》第三卷，中国财政经济出版社 1990 年版，第 298 页；《冀中五年来财政工作总结》（1943 年 4 月 25 日），见魏宏运主编：《晋察冀边区财政经济史资料选编》总论编，南开大学出版社 1984 年版，第 692 页；张苏：《北岳区人民负担问题》（1942 年），见魏宏运主编：《晋察冀边区财政经济史资料选编》财政金融编，南开大学出版社 1984 年版，第 465 页；边委会财政处：《关于边区人民负担能力问题》（1945 年 7 月），见魏宏运主编：《晋察冀边区财政经济史资料选编》财政金融编，南开大学出版社 1984 年版，第 541 页。

大锅肃清了，村干部脱离生产的现象克服下去了。"① 另外，预决算制度在一些地区初步建立起来。如冀中区村财政开支中能坚持月报的在深南县占村庄总数92.4%，安平县占99.1%，博野县占80%，清苑县占79%；能编造预算的藁无县占75%，深北县占81%，安国县占90%，安平县占91.1%，定南县占92%，深南县占98%。② 因此，学界在研究中多认为村财政整理"对于保护、积蓄民力起了很好的作用""保证了抗日根据地的军政供给、持久抗战和村财政秩序的健康发展，为抗战胜利后解放区经济的恢复和发展奠定了基础。"③

同时亦应看到，"从散漫的农村里生长出庞大的武装，政府和人民对其供给工作都缺少经验"，加之刚性的制度约束与急剧变化的战争形势和各村复杂的实际情况之间存在很大张力，"统筹统支"政策在操作层面尚存盲区，村财政有序运行的基础并不牢固，有效监督的机制难以健全，一时的集中整顿难以触及村款管理中的诸多难题。④ 特别是游击区村庄往往还要承担日伪摊派勒索，导致这些地区村款开支实际上很难有划一的操作规程。还有一些游击区干部"借口游击区困难，发展自由主义"，导致"滥罚与贪污腐化的现象，还有某些地区严重地存在着。"⑤ 边区建设项目的增多和相关财务管理制度难以及时跟进亦在客观上给贪污和浪费提供了机会。如在忻县尹村，其1942年4～6月村款开支如表3－10所示。

表3－10　　　　　1942年4～6月忻县尹村村公所村款开支明细

单位：元（边币）

项目	4月	5月	6月
村会人员薪水	98	62	113
村会办公费（含差旅）	27.38	15	22.5
村会日常用品费用	61	113	47
学校开支	39	39	39

① 马程：《略论边区财政建设之史的发展与当前工作方针》（1942年8月），见魏宏运主编：《晋察冀边区财政经济史资料选编》财政金融，南开大学出版社1984年版，第73页。
② 徐大本：《冀中一年来的政权工作》（1941年5月），见魏宏运主编：《晋察冀边区财政经济史资料选编》总论编，南开大学出版社1984年版，第170～171页。
③ 中华人民共和国财政部《中国农民负担史》编辑委员会编著：《中国农民负担史》第三卷，中国财政经济出版社1990年版，第206页；关翠霞、柳敏和：《晋察冀敌后抗日根据地的村财政建设简析》，《山东师范大学学报》2006年第4期。
④ 马程：《略论边区财政建设之史的发展与当前工作方针》（1942年8月），见魏宏运主编：《晋察冀边区财政经济史资料选编》财政金融，南开大学出版社1984年版，第71页。
⑤ 宋劭文：《当前财务行政的诸问题》（1941年6月），见魏宏运主编：《晋察冀边区财政经济史资料选编》财政金融编，南开大学出版社1984年版，第662页。

项目	4 月	5 月	6 月
公地建设费	—	11	—
敌伪勒索	224.6	48.18	33.38
敌伪摊派	—	163	100
敌伪粮食费	—	—	612.3
给敌人、汉奸送礼费	7.4	—	28
敌伪学校经费	—	21.5	15
敌伪表册、门牌费	—	22.75	—
岁时供神供香费	—	37.5	—
招待应酬费	41.2	65	213.7
其他	—	—	84
合计	498.58	597.93	1 307.88
总计	2 404.39		

资料来源：《忻县尹村、闫庄、解原、苗庄、刘庄、石家庄村政权材料》（1942 年），山西省档案馆藏，山西革命历史档案，A－142－1－5－1。

由表 3－10 可见，该村村款相当一部分用于对敌伪摊派和应酬，占 3 个月开支总数的 53%。而用于边区政府倡导的教育和公共建设投入仅占总数 5%，村政权日常开销和应酬费用则占总数 38%。这样的开支结构给处在战争和饥荒之中的村民生计造成影响就可想而知。再如冀热边地区"村款在各县都很严重的，在群众负担上是占极大比重。"[1] 在迁青平各区，1942 年村款开支占总开支 35.1%，仅次于当地对敌负担；其中村干部津贴占 26.3%，村办公费占 6.9%，慰劳费占 13.1%，学款占 27.8%，坐探及干部吃粮占 25.9%，达 1 000 斤，而全村公粮负担则为 1 640 斤。[2] 在忻县闫庄，1941 年村会全年开销 3.6 万元，其中村会本身开支 1.2 万元是"对我负担"2 000 余元的 6 倍左右，而 1942 年仅 7 月一个月就

① 《冀热边社会状况考察》（1943 年 8 月），见魏宏运主编：《晋察冀边区财政经济史资料选编》总论编，南开大学出版社 1984 年版，第 759 页。

② 《冀热边社会状况考察》（1943 年 8 月），见魏宏运主编：《晋察冀边区财政经济史资料选编》总论编，南开大学出版社 1984 年版，第 783 页。需要说明的是文中所提"对我负担"1 284 元并不属于村款而是边区政府统一规定收缴的各类公粮公款，后面所提"对敌负担"含义亦如此。而村款主要用于村政权自身建设与运转之开支。正如文中所述，游击区村公所开支大体可分为"对敌"和"对我"两途，前者主要是在应付敌伪勒索、摊派中产生的开销，如伪干部薪金及村公所费用等，后者则是按照边区政府村政权建设要求而产生的费用。后文中若在村款开支中对"对敌"和"对我"加以区隔即指此意，与"对敌负担"和"对我负担"并非同一含义。当然，一些史料中"对我负担"统计中将村款包括在内，则难以知其村款开支数目。本文所引数据均为史料中将村款开支与"对我负担"作出明确区分者。

花费 3 393.95 元，其中购买香烟 1 320.4 元占总开支 38.9%，"学校烧煤"经费则只有 22.35 元，仅占总开支 0.6%，若再算上"敌人要的和情报员给送去和代购的东西"，则该月村会开销已达 4 000～4 500 元。① 同样，忻县石家庄"村公所的开支是一个惊人的数字"，1942 年 7～8 月间村款开销则已达 1 432.09 元，"比根据地内一个县政府的开支还大许多"。② 具体开支如表 3－11 所示。

表 3－11　　　　　1942 年 7 月 13 日至 8 月 27 日忻县
石家庄村公所开支明细　　　　单位：元（边币）

项目/类别		对我	对敌	总计
纸烟		62.25	44.45	106.7
应酬类	名义	66.27	53.4	119.67
	实际	（瓜）48.8	（鸡蛋）13.45	166.99
		（菜）54.6	（瓜菜）50.14	
公用费	名义	12.15	21.52	33.67
	实际	29.6	125.06	154.16
	总计	41.75	146.58	188.33
杂费		19	17.1	36.1
代购费		163.6	70.65	234.25
特别费		72.61	99.2	171.81
薪水		60	75	135
税款		—	164.54	164.54
报纸费		—	13.9	13.9
其他		46.15	49.65	95.8
总计		635.03	797.06	1 432.09

资料来源：《忻县尹村、闫庄、解原、苗庄、刘庄、石家庄村政权材料》（1942 年），山西省档案馆藏，革命历史档案，A－142－1－5－1。

如表 3－11 所示，该村村款"对敌"和"对我"开销数额差别不大，分别占总开支的 44.3% 和 55.7%，就所开支各类项目来看，其繁冗和无序程度较前文所述村财政集中整理前状况并无明显改观。特别是表中"名义"一项由于"账上只写应酬，而没有说明用途"，因而"贪污极高，开支不清及无法记账者多填此项内，别人亦无法稽考。"统筹统支应当建立在清晰的财权事权划分、稳

①② 《忻县尹村、闫庄、解原、苗庄、刘庄、石家庄村政权材料》（1942 年），山西省档案馆藏，山西革命历史档案，A－142－1－5－1。

定的政权运行、有力的制度监管基础上，但由于边区政治和社会生态的复杂性，导致对村款开支的很多项目事实上无法作出周密严格的规定，故诸如干部津贴、慰劳、接待应酬等被明令取消的用项仍在经费中占相当比重。[①] 到 1943 年，蓟宝三、七区依然有"工作人员到村吃饭，村津贴供饭户菜金 0.5～2 毛，灯油 1 毛，伤病员每人每天 1.5～3 元"之类的现象，一些小山庄接待无度甚至出现"炕上客常满"的情况。[②] 这些村情况表明，由于在政策制定中未能充分考虑与基层政权的协调和互动，基层政权被压缩的财权和庞杂的具体事务之间难以衔接。因此，经过 1940～1941 年的集中整顿后基层政权村财政使用依旧存在诸多不合规定之处，支出无度无序状态没有得到根本好转。

另外，前面提到边区政府为加强对村财政监督检查强化了县区干部的监管权力，但在一些地区"区里对财政制度坚持的太差，甚至有些区干部对政府法令还相当忽视""县对区在财政上的领导还抓得不紧，缺乏检查工作，已往未能及时发现与解决问题。"[③] 同时，上级政府则出于防止"激起豪绅团结，甚至勾结敌人反我"、维护政治秩序稳定的需要，在一些情况下对村财政问题只能含糊处置，希望"牵涉的人系越少越好，牵涉的年月系越短越好，切勿追究陈年老账"，使很多问题不了了之。[④]

从上述情况看，边区政府努力推动的村款开支由县级政府"统筹统支"很大程度上徒具形式，在一些地方甚至还"谈不上什么"。[⑤] 由于缺乏对各级基层政权财权与事权的有效划分，边区政府规定的村财政开支项目与村政权实际运行状态存在很大距离，加之预决算制度和相关配套监管措施难以落实，个别村干部的擅权无法避免，强调集中统一的"统筹统支"被异化为"实际上谁都有权利动用公款"，遂"一效十，十效百的形成一种浪费作风，而无法纠正"。[⑥] 边区民众

---

① 《忻县尹村、闫庄、解原、苗庄、刘庄、石家庄村政权材料》（1942 年），山西省档案馆藏，山西革命历史档案，A－142－1－5－1。

② 《冀热边社会状况考察》（1943 年 8 月），见魏宏运主编：《晋察冀边区财政经济史资料选编》总论编，南开大学出版社 1984 年版，第 759～760 页。

③ 霄桐：《关于阜平县财政的整理》（1942 年 11 月），见魏宏运主编：《晋察冀边区财政经济史资料选编》财政金融编，南开大学出版社 1984 年版，第 282、283 页。

④ 彭真：《在许、姚考察后对冀东、平北工作意见》（1941 年 8 月 17 日），见河北省社会科学院历史研究所编：《晋察冀抗日根据地史料选编》下，河北人民出版社 1983 年版，第 123 页；宋劭文：《当前财务行政的诸问题》（1941 年 6 月），见魏宏运主编：《晋察冀边区财政经济史资料选编》财政金融编，南开大学出版社 1984 年版，第 667 页；《繁峙县政府郑县长在区长联席会议上的报告》（1947 年 1 月 30 日），山西省档案馆藏，山西革命历史档案，A－144－1－1－2。

⑤ 《冀热边社会状况考察》（1943 年 8 月），见魏宏运主编：《晋察冀边区财政经济史资料选编》总论编，南开大学出版社 1984 年版，第 783 页。

⑥ 苏梅：《财政经济政策方针和具体办法》（1942 年 1 月），见魏宏运主编：《晋察冀边区财政经济史资料选编》财政金融编，南开大学出版社 1984 年版，第 124 页。

处在战祸与征派交织相煎的困难境地，与执政者希望的"使人民感到对我负担为轻，以与敌人争取群众"目标尚存距离。[①] 即使在北岳区这样的巩固区，虽然推行精兵简政，节省军政开支，但"如果再加上优抗粮、团体粮、教育费、办公费、鞋袜赔价等等村款开支，人民负担就不免重了"。在游击区如果"加上对敌负担和村款浪费，那就不得了"。[②] 一些地区"村开销与负担太大，人民富力日渐降低"，甚至已经占到群众总负担的30%，是"对我负担"的5倍，远远超过村财政整理之初村款负担占群众负担七分之一的比例，导致此前几小时即可集中筹款两三万元的村庄"临时筹备2 000元亦不容易"。[③] 直到1945年，"村财政之混乱现象，很多地区则尚在发展"。[④] 有的地区"村内不正当的开支竟占总数的5.8%""非法开支加上浪费部分，竟占全部村款负担的85%以上。"[⑤] 抗战胜利后有些地区"村中花钱仍不少"，甚至超出当地统一累进税税额的1.5～3倍。[⑥]

因此，直到抗战胜利前夕整理村财政、减轻民众负担、减少经费滥用和浪费依然是边区各级负责人一直关心和强调的问题。朱其文指出："村财政开支的浪费，是我们财政上的一个大漏洞。今后我们财政建设的主要方向，应放在整理村财政上。"[⑦] 李运昌要求"限制村干开支财政的权限范围，在账目上求得民主管理，账目单据要公开"，同时"成立审计委员会，建立严格的审计制度""有重点地进行反贪污、反浪费，结合村财政建设清算项目，减少领取补贴的干部，建立村开支审核制度。"[⑧] 行政委员会亦认为，"以目前情况论，减轻民负的重点，

① 《忻县尹村、闫庄、解原、苗庄、刘庄、石家庄村政权材料》（1942年），山西省档案馆藏，山西革命历史档案，A-142-1-5-1；彭真：《在许、姚考察后对冀东、平北工作意见》（1941年8月17日），见河北省社会科学院历史研究所编：《晋察冀抗日根据地史料选编》下，河北人民出版社1983年版，第124页。

② 张苏：《一年来北岳区经济情况的变化与我们今年的财政方针》，见魏宏运主编：《晋察冀边区财政经济史资料选编》财政金融编，南开大学出版社1984年版，第77页。

③ 《冀热边社会状况考察》（1943年8月），见魏宏运主编：《晋察冀边区财政经济史资料选编》总论编，南开大学出版社1984年版，第760、784页。

④ 边委会财政处：《关于边区人民负担能力问题》（1945年7月），见魏宏运主编：《晋察冀边区财政经济史资料选编》财政金融编，南开大学出版社1984年版，第542页。

⑤ 《察哈尔省政府关于发动群众当中开展反贪污浪费及清算斗争并建立与健全村财政制度的指示》（1945年12月12日），见华北解放区财政经济史资料选编编辑组编：《华北解放区财政经济史资料选编》，中国财政经济出版社1996年版，第937页。

⑥ 《繁峙县政府郑县长在区长联席会议上的报告》（1947年1月30日），山西省档案馆藏，山西革命历史档案，A-144-1-1-2；《繁峙县半年来政权工作领导上的检查》（1947年），山西省档案馆藏，山西革命历史档案，A-144-1-1-3。

⑦ 朱其文：《在冀热边财政会议上的总结》（1944年7月15日），见魏宏运主编：《晋察冀边区财政经济史资料选编》财政金融编，南开大学出版社1984年版，第86页。

⑧ 李运昌：《冀热边的财政经济工作》（1944年7月），见魏宏运主编：《晋察冀边区财政经济史资料选编》总论编，南开大学出版社1984年版，第605页；《李运昌回忆录》编写组编：《李运昌回忆录》，法律出版社2005年版，第343～344页。

仍在反勒索（主要是扩大解放区发展我之力量）与严格整理村财政。"① 甚至在新中国成立之初，地方政府仍承认"村财政中存在着比较混乱的现象""虽经数次整理（新区只整一次），但有部分地区仍未彻底肃清""在村财政上产生了并在发展着新的严重混乱"。② "由于村政管理不严，形成村中任意摊派，加重群众负担，影响人民生活与生产。"③ 而这种屡治屡犯的情况恰恰说明管好钱、管好账，整肃贪污浪费、减轻人民负担的基层治理任务不可能通过几次集中整顿就"毕其功于一役"，其仍是中共治下各级政府不断探索的课题。

四、小结

加强国家政权对基层社会的管理、提高政权的财政汲取能力一直是近代以来国家治理的重要目标之一。在战争条件下财政更被认为是"战争的活力素""广大群众的财政动员和前线军事的进展有密切的关系，和军事同等的重要"。④ 因此，对于矢志"把落后的农村造成先进的巩固的根据地"的中共而言，切实整顿与基层民众利益和诉求息息相关的村级财政秩序就成为提高政权建设水平和社会治理能力的关键问题。⑤ 事实上，中共早在苏区时期就对"经费的滥用和贪污"保持高度警惕，抗战期间亦明确提出要"十分爱惜人力物力，决不可只顾一时，滥用浪费。"⑥ 从现有文本考察，晋察冀边区政府成立后力图扭转村级财政混乱无章的状态，并通过整理村财政完善其基层治理结构、提高资源汲取能力、减轻群众负担，以支持长期战争。但经过 1940～1941 年集中清理后，村财政收支无序、浪费严重和人民负担沉重仍是困扰边区各级政府的问题，对于边区负责人而言，村财政整理的繁难倒让他们感到"不是单纯的订出一些制度办法所能解决问

① 边委会财政处：《关于边区人民负担能力问题》（1945 年 7 月），见魏宏运主编：《晋察冀边区财政经济史资料选编》财政金融编，南开大学出版社 1984 年版，第 542 页。

② 《山西省人民政府关于有重点的整理村财政的指示》（1950 年 5 月 4 日），载于《山西政报》1950 年第 6 期。

③ 《整顿村财政工作方案》（1952 年 12 月 28 日），载于《山西政报》1953 年第 1 期。

④ 《冀中五年来财政工作总结》（1943 年 4 月 25 日），见魏宏运主编：《晋察冀边区财政经济史资料选编》总论编，南开大学出版社 1984 年版，第 680 页；彭真：《广泛进行抗战的财政动员》（1938 年 5 月），见魏宏运主编：《晋察冀边区财政经济史资料选编》财政金融编，南开大学出版社 1984 年版，第 1 页。

⑤ 《中国革命和中国共产党》（1939 年 12 月），见《毛泽东选集》第二卷，人民出版社 1991 年版，第 635 页。

⑥ 《必须学会做经济工作》（1945 年 1 月 10 日），见《毛泽东选集》第三卷，人民出版社 1991 年版，第 1017、1019 页。

题的"。①

有学者认为中共革命使中国社会"能在数目字上管理"。② 但从前文看，在残酷复杂的战争环境中想要建立一套严格有序、运转稳定的基层财政管理体制"的确就如在沙漠地里盖造楼房一样"不易。③ 革命实践并不总会如"在农民已经起来的县，无论什么人去，都是廉洁政府"的理论预期一样美好。④ 在边区从事具体行政工作的基层干部往往"组织事务的技术非常差，计算时间，计算人数，在这些事务技术上面都非常差"，直到抗战后期乃至抗战胜利后一些地方依然反映当地干部"工作能力，领导能力很差""很少独立完成任务""各村财粮干部是极其薄弱的一环，这些人往往在口头上也喊着嫌烦不愿干，但实际上他搞出鬼来是不易发觉的""在质量上讲是相当差的"。⑤ 从这个层面说，边区干部素质无疑与建立科学合理的财政秩序要求存在距离，以致边区领导人甚至提出"提高打算盘的技术……要保证数字算对"之类的具体要求。⑥ 管理队伍存在的缺陷是村财政管理不善与集中整理收效有限的重要原因。

同时，中共在改造乡村社会过程中致力于将分散的乡村社会整合到国家体系，这在实践中造成村政权管理权力相对集中于村长，在制度设计上虽有村民代表大会、监察委员会等机构对村长权力监督，但"封建时代独裁专断的恶习惯深种于群众乃至一般党员的头脑中"，他们"不喜欢麻烦的民主制度"。⑦ 同样，边区广大群众因为缺乏政治斗争经验，"对现实是持取一种冷漠的态度，而情绪亦是相当消沉的"，导致有的村干部"好像当起小皇帝""拿村款大花而特花了起来"。⑧ 特别是一些地区村选工作"不平衡不深入不贯彻""若干村政权中的困难问题没有解决"，甚至到 1945 年仍没有村代表会，村政委员会不健全，造成"村

① 朱其文：《在冀热边财政会议上的总结》（1944 年 7 月 15 日），见魏宏运主编：《晋察冀边区财政经济史资料选编》财政金融编，南开大学出版社 1984 年版，第 86 页。

② 黄仁宇：《中国大历史》，三联书店 2007 年版，第 327 页。

③ 宋劭文：《论合理负担、县地方款、预决算制度》（1940 年 2 月），见魏宏运主编：《晋察冀边区财政经济史资料选编》财政金融编，南开大学出版社 1984 年版，第 5 页。

④ 《湖南农民运动考察报告》（1927 年 3 月），见《毛泽东选集》第一卷，人民出版社 1991 年版，第 29 页。

⑤ 宋劭文：《论合理负担、县地方款、预决算制度》（1940 年 2 月），见魏宏运主编：《晋察冀边区财政经济史资料选编》财政金融编，南开大学出版社 1984 年版，第 14 页；《榆次县抗日县政府村政总结材料》（1945 年 1 月 10 日），山西省档案馆藏，山西革命历史档案，A－160－1－2－3；《繁峙县政府郑县长在区长联席会议上的报告》（1947 年 1 月 30 日），山西省档案馆藏，山西革命历史档案，A－144－1－1－2。

⑥ 宋劭文：《当前财务行政的诸问题》（1941 年 6 月），见魏宏运主编：《晋察冀边区财政经济史资料选编》财政金融编，南开大学出版社 1984 年版，第 665 页。

⑦ 《井冈山的斗争》（1928 年 11 月 25 日），见《毛泽东选集》第一卷，人民出版社 1991 年版，第 72 页。

⑧ 《忻县尹村、闫庄、解原、苗庄、刘庄、石家庄村政权材料》（1942 年），山西省档案馆藏，山西革命历史档案，A－142－1－5－1。

长代替财粮工作，村书记包办财委工作"。① 村干部权力的集中给上级政府的监督带来困难，直到抗战胜利后有的村干部在面对上级政府时仍"态度傲慢，稍有不合之意，即以群众的事我不能做主为藉口推脱。"②

亦有研究者指出，"基层干部多出身贫苦且家庭维生待遇无法保障是边区基层干部贪腐问题屡禁不止的基本诱因"。③ 但这一观点似乎只能揭示问题的某一方面。如前所述，虽然村干部领取薪金不被政策允许，但利用村款给村干部发放薪金现象普遍存在，有的村干部"能赚得薪金，另方面再种地，这样就可以维持全家生活""许多党员都担任了村干部赚得薪金后成分上升了"。④ 可见，并不是所有村干部在当时难以谋生，或者说谋生和逐利之间很难说有多么清晰的边界，将村干部在村财政管理中存在的问题归因于待遇低廉和生计困顿恐怕容易忽视掉其背后一些更繁难的因素。

基层社会财政秩序混乱由来已久，"自东汉桓帝开征田赋附加以来，附加税和摊派成了旧中国的一大弊政""州县等基层的官府，其财政经费基本上没有正规的财政手段来解决"，基层民众则"遭受官员、胥吏以及众多有权势的地方掮客的脧削"，造成国家财政基础的薄弱和民众生活的困厄。⑤ 及至民国，虽然各级政府开始注重整理地方财政、完善基层财政管理，如 1929 年河北省当局颁布《村财政简章》规定"经营村财政专员应按季开列清单交由村公所审核公布之""村中各项经常费用应由村公所分项编制全年预算，提出村民会议决议公布之""对于经营款产如有侵吞或盗卖情弊被村民或监察委员会举发，查有实据者，应呈由该管区长转县追偿并依法惩处之"等，但由于"国家最关心的是从乡村汲取资源，并将攫取资源的各种压力负载于基层政权"，于是"增多捐税，强派官款"时有发生，举凡"民团经费，治河，办理自治，以至官吏欠薪，招待上官等种种费用，也皆责令县民分摊""往往一款收毕，一款又至""村长终日忙于收钱缴钱，村民是忧于筹钱"，加之"一般催款吏又从中大肆渔利，额外勒索"

① 《榆次抗日县政府行政科工作总结报告》（1941 年 12 月 30 日），山西省档案馆藏，山西革命历史档案，A160 - 1 - 2 - 7；《榆次县抗日县政府村政总结材料》（1945 年 1 月 10 日），山西省档案馆藏，山西革命历史档案，A160 - 1 - 2 - 3。

② 《繁峙县政府郑县长在区长联席会议上的报告》（1947 年 1 月 30 日），山西省档案馆藏，山西革命历史档案，A - 144 - 1 - 1 - 2。

③ 岳谦厚、宋儒：《晋察冀抗日根据地基层干部待遇与廉政建设问题》，载于《抗日战争研究》2014年第 4 期。

④ 《忻县五区苗庄支部调查》（1944 年），山西省档案馆藏，山西革命历史档案，A - 142 - 1 - 9 - 1。

⑤ 中华人民共和国财政部《中国农民负担史》编辑委员会编著：《中国农民负担史》第三卷，中国财政经济出版社 1990 年版，第 206 页；［日］岩井茂树：《中国近代财政史研究》，付勇译，社会科学文献出版社 2011 年版，第 43 页；［美］曾小萍：《州县官的银两——18 世纪中国的合理化财政改革》，董建中译，中国人民大学出版社 2005 年版，第 44、68 页。

"官吏之侵触中饱，为数实属匪细"，故而"一般人民负担之重，痛苦之深可知"。① 而这些情况不仅是革命发生的现实基础，亦是革命需要面对和解决的基本问题，亦可说是革命的运行环境和社会氛围。

可见，中共实际上正是在基层财政长期以来的混乱局面中开始对村财政整顿，其做法不可避免地沿袭"厘定地方租税系统，并努力使其日趋简单化，以免一切苛捐杂派得其掩护""向村民平均摊款，办法必须普遍公允""由村民公正者监督。"② 民国政府村财政整理的思路亦即前人所言"就革命所需要解决的根本性问题而言，它却在某些方面仍反映了帝制晚期和民国时期的一些基本考虑"。③ 其所面临的共同问题在于国家权力向基层渗透的过程中如何通过改善治理方式和创新制度设计，对基层政权财权与事权进行科学厘定和有效管理，在强化国家资源整合能力的同时保证基层社会秩序稳定和高效运转。从这个意义上看，晋察冀边区村财政整理之所以收效有限，除与前述中共政权干部队伍建设中存在的问题有关外，关键还在于"革命"事实上只能在一系列既成利益格局和既定治理思路中艰难运行，"建设一个新世界"的革命理想在面对具体而复杂的基层治理课题时仍会为各种因素羁绊和束缚，消解着革命者在治理体系和治理能力上的创新空间。

事实上，中共各根据地不同程度地为村财政秩序治理整顿所困扰。在晋绥边区，1940 年村款开支中存在"没有一定的严格的开支预算，滥行开支，没有限制，不能节省经费、粮食""账上不公布，上级不检查，民众不敢问也不便查问""贪污浪费，增加负担，民众不满"等问题。④ 在太行区，"征收无定额，无定制，无定期……结果成了扰民的苛杂""没有及时纠正严重的贪污浪费的现象""营私舞弊的现象层出不穷"等情形严重存在。⑤ 而上述地区力图加强财政集中统一管理、实现村财政由县统支统筹的基本思路则与晋察冀边区无明显不

① 《村财政简章》，《河北省政府公报》1929 年第 181 期；渠桂萍：《二十世纪前期中国基层政权代理人的"差役化"——兼与清代华北乡村社会比较》，《中国社会科学》2013 年第 1 期；范叔远：《整理山西田赋刍议》，《新农村》1934 年第 8 期；祝君达：《山西村政的检讨》，《新农村》1934 年第 9 期；孙绍周、王雅轩：《中国农村经济衰落之原因》，《新农村》1934 年第 9 期；程树棠：《日趋严重的农村摊款问题》，《东方杂志》1935 年第 24 期。

② 李秉彝：《由普遍的地方自治说到山西建设期中之农村自治》，载于《新农村》1934 年第 8 期；祝君达：《山西村政的检讨》，载于《新农村》1934 年第 9 期；程树棠：《日趋严重的农村摊款问题》，载于《东方杂志》1935 年第 24 期等。

③ ［美］孔飞力：《中国现代国家的起源》，陈兼、陈之宏译，三联书店 2013 年版，第 84 页。

④ 《山西省政府第二游击区修正村款开支办法》（1940 年 9 月），见晋绥边区财政经济史编写组、山西省档案馆编：《晋绥边区财政经济史资料选编》财政编，山西人民出版社 1986 年版，第 423 页。

⑤ 李一清：《从太北财政经济建设中巩固太北抗日根据地——在太北财经扩大会议上的报告》（1940 年 7 月 1 日），见太行革命根据地史总编委会编：《财政经济建设》上，山西人民出版社 1987 年版，第 95、116 页。

同。如太行区要求"以县为单位统筹统支的办法，规定村无派款权"[1]；晋绥边区规定"各村在支出时，须按照预算向县政府支领，所有村款开支，皆由县统筹统。"[2] 至于明确财政收支范围、建立预决算制度、打击贪污浪费行为等方面的具体政策亦与晋察冀边区无有二致。而新中国初期山西省政府在村财政整理中提出的"根绝一切非法摊派现象""做到财政公开，发扬民主监督""必须建立账簿""送县批准后由村自筹""区应派员监督"等思路，亦依然带着抗战时期边区村财政管理实践的色彩。[3] 换言之，根据地时期村财政整理的思路和举措基本是在改变财政管理层级上做文章，在完善行政技术上下功夫，对于村财政背后所反映的各级政权在财权事权的划分依据、划分原则等诸多复杂问题无暇触及，就难以产生新的治理思路和管理办法。

更何况在战争条件下政令流通不畅、政权基础不稳，集中统一的财政管理目标和复杂艰巨的基层实践之间亦即村政权有限的财权与繁杂的事权之间存在很大张力，上级政权对下级政权单方面制定的"游戏规则"未必完全符合实际，未必能收到如其所愿的反馈，上下级政权间始终在对财权把控问题上进行着复杂的利益博弈，于是"统筹统支"目标难以实现，财务行政中不规范不严密之处不可避免。如晋绥边区在整理村财政后依然出现"其他不应由村款开支等项目，所占数目亦甚多"的情况[4]；太行区直到1946年仍在部署"严格整理村财政，建立人力物力并向村民定期报告收支情况的制度。"[5] 尽管太行区后来又将村财政管理体制调整为"放手的村款村筹、村款村管""经区公所核准，自筹自支"，但旋又强调"从上而下的检查，从下而上的民主监督"，不久又改回"实行村款县管专署统筹"。[6] 可以看到，革命者革除积弊的决心终究难以浇灭少数基层管理者逐利肥私的热情，甚至遭遇着种种阻力和障碍。

---

① 邓小平：《太行区的经济建设》（1943年7月2日），见太行革命根据地史总编委会编：《财政经济建设》上，山西人民出版社1987年版，第66页。

② 中共晋西区党委：《晋西北村摊款工作情况》（1941年12月），见晋绥边区财政经济史编写组、山西省档案馆编：《晋绥边区财政经济史资料选编》财政编，山西人民出版社1986年版，第426页。

③ 《整顿村财政工作方案》（1952年12月28日），载于《山西政报》1953年第1期。

④ 中共晋西区党委：《晋西北村摊款工作情况》（1941年12月），见晋绥边区财政经济史编写组、山西省档案馆编：《晋绥边区财政经济史资料选编》财政编，山西人民出版社1986年版，第452页。

⑤ 《晋冀鲁豫中央局关于财经工作决定》（1946年10月10日），见太行革命根据地史总编委会编：《财政经济建设》上，山西人民出版社1987年版，第314、315页。

⑥ 《太行行署关于地方财政的决定》（1946年8月13日），见太行革命根据地史总编委会编：《财政经济建设》下，山西人民出版社1987年版，第510页；《华北财政经济会议决议草案》（1947年5月），见太行革命根据地史总编委会编：《财政经济建设》上，山西人民出版社1987年版，第338页；晋冀鲁豫财经办事处：《晋冀鲁豫的财政经济工作》（1947年），见太行革命根据地史总编委会编：《财政经济建设》上，山西人民出版社1987年版，第389页；杨文蔚：《在专县财政科长会议上的总结报告》（1948年12月），见太行革命根据地史总编委会编：《财政经济建设》下，山西人民出版社1987年版，第496页。

　　总之，村财政治理的艰难实际是中共基层社会治理曲折性和复杂性的体现，其之所以在各个根据地均难以取得突破性进展，关键在于新生的中共政权难以撼动长期以来基层财政管理中众多体制机制障碍，最终只能依靠其组织力量和动员能力在财政管理层级上调整，在财务行政的若干技术问题上修补，但终究未能形成各级政权间财权事权划分的良性互动机制，无法在基层财政管理的关键性问题上产生制度创新。加之村政权民主氛围不够、监督机制乏力、干部素质参差不齐、天灾人祸频繁发生，导致村财政一度处在"没严格制度（有的也不想法坚持），没计划，没部署"的无序状态中，"统支统筹"无法实现，贪污浪费难以杜绝，村财政整理工作的实际成效与执政者的预期目标相去较远。① 这表明一直以来困扰各类政权的基层财政问题的解决并非一时之功，需要不断切实协调各级政府财权与事权划分，建立自上而下和自下而上运转有效的监管机制，提高基层管理者的行政能力和廉洁自律意识。

---

　　① 《冀中区行署关于清理财政的指示》（1945 年 4 月 17 日），见魏宏运主编：《晋察冀边区财政经济史资料选编》财政金融编，南开大学出版社 1984 年版，第 288 ~ 289 页。

第四章

根据地新风新婚推广[*]

"研究中国社会的任何方面，如果不从中国共产党努力改造中国社会这一背景出发，那简直是毫无意义的。"[①] 而变革传统婚姻制度或婚姻关系正是中共在 20 世纪三四十年代改造根据地社会所作出的巨大努力，亦是中国社会由半殖民地半封建社会向现代社会过渡的必由之路。换言之，根据地女性婚姻改革既取得了不容忽视的成就，又不可避免地出现了不少反复或遭遇过诸多艰难曲折。

第一节　太行根据地女性的婚姻冲突

全面抗战爆发之后，随着中共各抗日根据地建立、巩固与发展，各边区政府陆续颁布了一系列新婚姻法规及其相关的支持性政策。[②] 法律的规范与强制、政策的鼓励与约束、经济条件的改善、男女平等思想的宣传，以及冬学、扫盲班等

---

[*] 山西工科技职业大学图书馆杜清娥副教授和山西大学马克思主义学院张玮教授参与了本章第一、三节初稿撰写。

[①] ［美］R. 麦克法考尔、费正清主编：《剑桥中华人民共和国史——革命的中国的兴起（1949 - 1965）》，谢亮生等译，中国社会科学出版社 1990 年版，序言。

[②] 具体参见韩延龙、常兆儒主编：《中国新民主主义革命时期根据地法制文献选编》第四卷（中国社会科学出版社 1984 年版）所载相关法规、条例或政策文件。

教育带来的文化程度和认知水准的提高，引起根据地民众世界观和精神面貌改变，一些婚姻纠纷在新婚姻法规及新政权以调解为主的治理架构下得到适当解决，"社会上人命案、花案减少了。同时……许多女二流子都得到改造，转入了生产。"① 换言之，根据地农村女性婚姻家庭与两性关系在抗战期间即已呈现出与以往明显不同的样态。但由于女性婚姻家庭与两性关系问题所涉及内容宽泛，故本节主要围绕根据地女性婚姻家庭待遇及与之密切关联的家庭纠纷尤其夫妻两性冲突进行考察。

一、农村女性婚姻家庭待遇

太行抗日根据地建立之后，该地区妇女生活逐步改善、地位渐渐提高。但由于所处环境及中共组织与发动程度不同，各地妇女生活呈现出复杂的面相。中共工作基础较好地区，虽然妇女在家庭经济生活上与男子不同，媳妇又与婆婆不同，但通常不致遭受多大苦闷，如武乡、榆社、平顺、获鹿、赞皇、偏城等地打骂妇女现象明显减少；妇女在吃穿上几乎不受苛待，行动不被无理限制，能够自由参加工作及村中各种活动，如 1940 年村选中全区妇女参选比率达 70% 以上。这些妇女认同新婚姻条例特别是自主婚姻原则，以致解约离婚、寡妇再嫁等情形甚多。不过，亦有少数妇女主要是青年妇女存在出轨行为，并以离婚来威胁丈夫与家庭。在中共工作基础薄弱且传统习俗较强地区，妇女吃穿问题依然突出，如武安、沙河、涉县、林（县）北等地区女性地位与战前并无轩轾，被打骂被伤害仍然是常事，甚至有被打死者。妇女在婚姻中毫无自主性，寡妇再嫁受到社会各方干涉。而处于国军（亦称"友军"）管控地区的林（县）南、壶关、陵川等地，"八路军及其他军队之妇女抗属更没什么地位，还因汉不在家而受侮辱的，生活困难也无人管理过问……处于游击区与敌占区的妇女，痛苦比友军区更大。""在游击区最大的痛苦是生活的不安与惊慌，这一点上妇女比男人更甚。夜晚睡在野地里、土洞中，导致生病的非常多。因敌人常来往于此地，有女之家不敢在家保有大姑娘，因此早婚的很多，有的在十一、二岁便送到婆家。此外，因接近敌区，受到日军赌化、淫化②、奴化教育之影响很深。如果丈夫因吸大烟、赌钱而使家庭贫苦或破产，女人只得跟着受罪甚至干脆被丈夫卖掉。有的妇女自己也

---

① 《婚姻问题上目前存在的严重问题及解决意见》（1949 年 2 月），山西省档案馆藏，山西革命历史档案，A21－6－46。

② "淫化"系指太行日占区妇女卖淫现象相当普遍。太行区党委研究室：《太行经济结构与抗战开始后社会经济变化》（1944 年 12 月），见山西省档案馆编：《太行党史资料汇编》第七卷，山西人民出版社 2000 年版，第 310 页。

吸食大烟。"此前中共有一定工作基础而后来变成游击区的武乡、辽（县）西等地，不少妇女遭受家庭打骂，常盼妇救会干部前去解救她们。在日占区，"淫化""腐化"最甚者是日军居住地及控制较稳固的地区，妇女对敌非常仇恨，曾为中共工作过的妇女盼望八路军、妇救会，大多数普通妇女则忍气吞声地活着。①

在日常劳作方面，战前妇女参加推碾、上地送饭等辅助性劳动者不多，战争期间则完全相反，甚至农忙时必须参加农业生产。通常而言，中农阶层以上妇女要帮工做饭，贫农妇女要上地劳动。在纺织地区，妇女除一般劳动之外整天忙于纺织，而在不会纺织或纺织条件较差的地区则整天忙于针线活。从针工妇女劳动情形考察，每年男人鞋 5 双需时 45 天，袜子两双需时 12 天，棉衣需时 4 天，单衣最少需时 2 天，共 63 天；小孩每年鞋 9 双，妇女自己每年鞋 3～4 双，包括衣服等共需 59 天。如再加上杂事和日常辅助性劳动，则更艰苦。② 至于妇女身体状况，据调查，晋中地区妇女患月经病、抽风、腰腿痛者甚多，月经病是因经期不休息和喝凉水，抽风和腰腿痛是因生孩子期间伤风所致。③ 由于医疗和家庭经济条件差，绝大多数妇女终身饱受病痛之苦，乃至因之早早故去。

二、农村女性婚姻形态

（一）新婚姻风尚产生

在太行抗日根据地，妇女过去只要求丈夫给穿给吃、供柴供水即可，而新婚姻条例颁行之后则对结婚认识有所改变，如部分妇女提出嫁人条件是"人性好""工作积极的干部""年纪相仿""两人心事对得来"。④ 其他抗日根据地亦然。在晋绥边区，女性原来看不起农民，现在则认为爱劳动者光荣。如富农白碰苏女儿白旦儿称："我不找有钱人家，我愿意找一个织布工人，两人一块织布就好了。"许多未婚女孩愿嫁干部，在群众中流行着这样一句民谣："不爱你那银子不爱你那钱，单爱你那革命老经验。"如兴县刘旦儿是个纺织妇女，想找一个干部结婚，家里因干部无钱而极力反对，其就和家人讲道理说："和干部结婚能进步，

---

① ② 《晋冀豫区妇总会一年来妇女工作总结报告》（1941 年 8 月），山西省档案馆藏，山西革命历史档案，A1－7－4－6。

③ 《晋中妇救会一九四一年六月份几个主要工作的总结报告》（1942 年 7 月），山西省档案馆藏，山西革命历史档案，A3－5－2－29。

④ 晋冀豫区妇救总会：《一年来妇女工作总结报告（1941 年 8 月至 1942 年 5 月）》，见山西省档案馆编：《太行党史资料汇编》第五卷，山西人民出版社 2000 年版，第 412 页。

可以帮助学文化、做工作，生活上纺纱织布不靠别人。"①

因买卖婚姻的痛苦，一般青年女子非常羡慕自由结婚，正所谓"自由结婚好！你看人家队伍里的人们就没有生气打架的。"② 在经济条件、家庭情况允许之下都会有一些自由婚姻的例子。如在晋冀豫区，新婚姻条例颁布后"自主结婚的已日益增多，特别是寡妇。据平北里峪一个村的统计，1940～1941 年间共有6 对夫妇是完全自主结婚的。其中一对男的是工会干部，未结过婚，到周围小村工作，与女的（寡妇）结识了，结了婚，感情非常好。但普遍说来，自愿结婚的还是干部和知识分子占大多数，仪式也非常简单。"③ 涉县匡门村寡妇王马氏因想自主改嫁受到本家王某阻拦，便到区公所告发，区公所经调查将之解送专署查办。④

在传统时代，寡妇要为去世的丈夫守节，以经年的孤独、寂寞捍卫自己和家族的名声。根据地建立之前的太行山区农村不一定刻意强调寡妇守贞，然寡妇堂而皇之嫁人则一定被耻笑，且要被原婆家索取财物。根据地建立之后颁布的新婚姻法令均承认寡妇再嫁的合法性，甚至规定可以带走自己名下的一份土地。不过，寡妇再嫁虽有中共政策和制度层面支持，但在具体实施过程中仍存在不少障碍，有的地方"寡妇再嫁不仅不能自由，且要钞票更多，婆家、娘家、媒人都想从中取利"，特别是落后地区的寡妇若再嫁人常常会受到本家兄弟干预和家庭歧视。⑤ 即使先进地区亦有因寡妇再嫁发生财产纠纷的现象，主要包括婆家无后的寡妇要求待产时本家干涉、与婆家分家的寡妇要求继承财产时婆家干涉、寡妇招夫时婆家干涉等。据不完全统计，在 1941 年 10 月到 1942 年 4 月间，四分区（太南区）共解决此类纠纷 70 件，六分区解决 52 件，再加上 7 个县的统计 294件，总计 416 件。⑥

尽管中共在根据地颁布的婚姻法令有改良社会陋习及建立符合新民主主义革命诉求的新型男女关系和婚姻家庭关系之意图，但由于各根据地处于偏僻贫穷的农村地区，且所有战争给养均有赖于此，故中共对根据地的婚姻管理不得不立足于法制与现实的协调平衡之中。

---

① 《婚姻问题上目前存在的严重问题及解决意见》（1949 年 2 月），山西省档案馆藏，山西革命历史档案，A21 - 6 - 46。

② 《晋中妇救会一九四一年六月份几个主要工作的总结报告》（1942 年 7 月），山西省档案馆藏，山西革命历史档案，A3 - 5 - 2 - 29。

③⑥ 《晋冀豫区妇总会一年来妇女工作总结报告》（1941 年 8 月），山西省档案馆藏，山西革命历史档案，A1 - 7 - 4 - 6。

④ 《涉县匡门村王永金干涉寡妇自由改嫁》，载于《新华日报》（华北版）1942 年 9 月 11 日。

⑤ 《中共晋南地委婚姻问题宣传教育材料》（1949 年），山西省档案馆藏，山西革命历史档案，A37 - 5 - 1。

（二）早婚与买卖婚姻赓续

虽然根据地颁布的婚姻法规一律禁止早婚，但早婚在每个根据地都是普遍的社会习俗，且与早婚相伴的常常是男女之间年龄悬殊的婚姻关系。在晋冀豫区，平顺多从两岁开始订婚，亦有指腹为婚者；太谷从七八岁开始订婚，但就整个地区来说从两三岁起订婚者很普遍。至于结婚年龄，则各阶层不尽相同，贫农多男大女小，年龄相差一般是四五岁；中农婚姻多双方相近；地主、富农大多女大男小，差三四岁者最多。一分区结婚年龄一般男 11 岁、女十七八岁，平均差 5 岁左右；临城虎道村结婚年龄女比男小 14 ~ 23 岁，一般都是 16 岁；赞良妇女结婚年龄多为十一二岁。在二分区，平西村妇女结婚年龄普遍 15 ~ 18 岁，最小者 13 岁；太谷男女结婚年龄最多相差七八岁，男大女小；赵城男女双方有相差一半年龄者，如一个 30 岁的妇女嫁给一个 60 岁的男子，"婚姻纠纷发生的特别多，多半因年龄相差而起。"在三分区，贫农男性最小者十五六岁至 25 岁左右，最大的有三四十岁结婚者，女子多 15 岁左右，最小有 12 岁结婚者；中农男女双方皆十五六岁左右，男性最大者亦有 30 多岁的；地主富农男性结婚年龄一般十五六岁，亦有不少是十三四岁，女性一般十六七岁至 19 岁。在四分区，据平南寺头村调查，结婚年龄一般男性 13 ~ 15 岁、女性 15 岁至十七八岁，"一般来说，富农地主子女的结婚年龄多半是男小女大，中农以下多半是男大女小。妇女结婚年龄多半不超过十六岁，最小有十岁的。男女年龄相差普遍都在五六岁。"①

"婚姻论财"在贫困偏僻的中国农村由来已久。太行抗日根据地建立之后，和早婚一起最受诟病的是买卖婚姻，但其一直或明或暗地存在于境内农村。订婚及解约均非女儿自主，多半由父母操持。买卖婚姻造成的男女两性情感缺失成为许多农村女性悲剧命运的肇始，亦是婚姻不幸的源头。废除彩礼在事实上不可能，不废除则又助长了买卖婚姻。如在晋冀豫区，汾西平均 200 ~ 300 元；临城最高 300 元，最低 50 元；榆次 200 元伪币、10 个布（"个"系当时各地土布计量单位，既有大小和宽窄之分又有区域差异，如晋西北地区 1 个布长约 2.4 丈或 3.6 丈，宽则 1 ~ 2 尺不等）及银器若干，较便宜的 160 元。②

买卖妇女大多经媒人从中说和，以彩礼形式出现，媒人从中取利。如太谷说媒有赚 200 元者，更为可笑的是村公所盖公章每 10 元要抽 1 元"出章洋"。在中共工作最薄弱、政策渗透较差的地区，人贩子买卖妇女是买卖婚姻的又一种形

---

① ② 《晋冀豫区妇总会一年来妇女工作总结报告》（1941 年 8 月），山西省档案馆藏，山西革命历史档案，A1 - 7 - 4 - 6。

式，如裴县（古县名，今在河北肥乡县境内）一个妇女曾被贩卖五六次。[①] 中共工作基础相对不错的平顺龙镇有一妇女，丈夫在外地，其与北城人王某常相往来，某天王某告诉她说："这里多苦，到五区去吧，五区有麦子吃。"于是在1940年6月被拐卖。平顺新城有家人因家境贫困将自家女孩卖了3次，龙尾沟有个女人因不会做活被卖七八次，新城到杨威一带从抗战开始到1941年已卖30余个"活人妻"。还有一种买卖婚姻的形式是妇女自卖，如一个50多岁的妇女曾自卖8次得洋1 800元。[②]

买卖妇女的目的主要在于钱，特别是贫苦农民在债台高筑无法偿还，或典地押地到期无钱回赎，或遇其他变故时，便将女儿出卖。如武安一家因欠债甚多而将6岁女儿许人，得150元赎回2亩地。地主、富农之家买卖女儿主要是置办嫁妆并给婚姻作保。在日占区附近有许多大烟鬼专门卖了闺女吸料面，亦有婆家要娶个更好的便将媳妇卖了，还有的因过去价低再卖可收更多钱。[③]

至于百姓为何不愿废除买卖婚姻，其缘由大致如下：（1）需要钱。如还债、办嫁妆、供出嫁女儿开销。（2）认为买的人可靠。买来就算婆家人，不能轻易走人，婚姻关系有保障。（3）买卖婚姻可以补救穷人。穷人如出高价尚可娶妻，而废除买卖婚姻便无人肯嫁了。（4）妇女自身认为无声无息嫁人太不值，感到父母养活一辈子没给弄点钱则过意不去，卖些钱亦可多买些嫁妆，且便于过门后零用。[④]

对于军人婚姻，根据地政府有许多专门规定，在一定范围内抗属社会地位较高，即便如此，有些抗属亦会成为买卖婚姻的牺牲品。如"董桃枝，沁源赵寨村人，25岁。其夫江金保是决死队战士，百团大战之役光荣殉职。董乃抗属，孤单无依，便投靠其夫兄江银保过活。其夫兄竟以600元将董女卖给一个年近四十的小贩。此时，董女父亲不仅不阻止，还与江银保串通，从中得卖女钱250元整。"[⑤] 个别买卖婚姻甚至引起非常严重的后果，如"安泽县罗云村吕和义，23岁，是一个农村中的知识分子。与村中的19岁少女赵必金相爱多年且已经发生肉体关系。赵父强迫该女嫁于别人为妻，赵女每天除了涕哭别无办法。吕和义也无法援助，两人每见面都相抱痛哭。民国三十一年三月间赵女受孕已八个月即将临盆，两人更为悲痛，于四月五日一同服毒自尽。"[⑥]

①②③④ 《晋冀豫区妇总会一年来妇女工作总结报告》（1941年8月），山西省档案馆藏，山西革命历史档案，A1-7-4-6。

⑤ 《行署保障人权公审买卖婚姻案》，载于《太岳日报》1941年12月9日。

⑥ 《买卖婚姻的恶果》，载于《太岳日报》1942年4月18日。

三、农村女性婚姻纠葛

(一) 家庭虐待

根据地建立之后，太行地区仍然存在虐待妇女情形，其中童养媳受虐最甚。涉县西达城村一个使女，主人买来时才 9 岁，1941 年 13 岁，因烧火燃着被子被打死。① 冀氏郭庄村李某于 1942 年正月用 1.5 石小米给儿子换了一个 10 岁的童养媳，并作大人使唤，其每天做饭、洗锅、扫地、拾柴、放牛等活不间断，有一点差错不是打就是不给吃饭。② 安泽县井儿上村 1943 年 7 月发生刘氏夫妇残杀童养媳并引起全县民众不平案，县政府开庭公审主犯，凶婆刘氏被依法判决死刑，刘某被科以罚金。举行公审大会之时，群众纷纷要求政府执行保障人权法令，宣判后陪审的妇救会代表陈某亦发表意见，号召群众宣传此案处理经过，以防止类似惨痛事件再次发生。③

在中共控制薄弱地区，家庭纠纷是妇女最大的痛苦，表现多的是婆婆不给媳妇吃穿、丈夫打骂虐待。如"沁源妇女柴锦秀素日受到婆婆和丈夫的虐待。后因参加村选，又遭虐待。锦绣到妇救会，妇救会派代表劝解，婆婆怀恨在心。其夫任某以去平陆为名，将锦绣骗至一石崖处，将其推下去。见她没死，任某又用大石头向她头部砸去，血流如注。任某畏罪潜逃。后来被妇救会发觉，才抬回村里。"④ "沁源县南泉村、祭祷村、罗和岩等村群众 300 多人集会，斗争虐待妇女之宋如旷。宋系一大学生，初娶祭祷许氏女孩为妻。许女贤淑勤劳，乡里称赞。宋供职于太原后，未得许氏同意，即另娶一介休女人为妾。此后，许氏即时遭打骂。民国三十一年六月，许氏上地拔苗误了做饭，便被施以毒打。之后，被赶出家门，逼上寻死路。有群众听得落泪。在斗争大会上，许氏痛诉前情。许氏娘家弟媳也发言并提出离婚给予生活费。本村群众表示同意，妇救会还根据许氏之要求与政府协商后，准予离婚后再嫁，并由宋某每月补助许氏生活费麦子 3 斗、大洋 10 元。"⑤ 在中共工作基础较好的地区，家庭纠纷多表现不明，但实际上亦存在。如涉县东堡村一个妇女常受家人打骂，区妇救会干预之后婆婆、丈夫处处使

---

① 《晋冀豫区妇总会一年来妇女工作总结报告》(1941 年 8 月)，山西省档案馆藏，山西革命历史档案，A1 - 7 - 4 - 6。

② 《冀氏郭庄村李富木折磨童养媳》，载于《太岳日报》1943 年 9 月 4 日。

③ 《安泽井儿上村公婆残杀童养媳妇》，载于《太岳日报》1943 年 8 月 28 日。

④ 《河西村发生虐害妇女事件》，载于《太岳日报》1941 年 9 月 18 日。

⑤ 《宋如旷虐妻被政府判决离婚并负责女方赡养》，载于《太岳日报》1942 年 8 月 19 日。

其为难。此外，丈夫受到母亲挑拨或因对婚姻和年龄、性格不满，强迫婚姻恶果所致的双方都有外遇造成的感情不合等原因，亦造成了夫妻感情恶劣或妻子被丈夫遗弃。[1] 如"左权县妇救会印发告妇女同胞书，说最近两月来左权发生了六件虐待妇女的惨案。计石灰窑村被打死一名，用绳子勒死一名；郭家峪打死一名，饿死一名；云头底村干部集体打死妇女一名；盘垴村被吊死一名。死的最惨的算傅兰和小姣。傅是石灰窑山上陈文荷的老婆，平日常被男人打骂。七月一日被他男人暴打两次，吊在树上打得全身满是血印，傅兰因伤过重气闷而死。小姣是郭家峪张买地的老婆，勤劳俭朴，为人正经，但一贯被男人虐待。前月她曾经到第四区署要求离婚，被批评回家。这样男人得势，更加虐待。上月用木棒在她头部狠狠毒打，小姣身怀有孕竟被活活打死。该同胞书最后呼吁全体妇女替傅兰和小姣等被难妇女复仇。并要求政府保障女权，迅速惩办虐待屠杀妇女的凶手和各界公正人士援助。"[2] 一些丈夫去世、手中小有财产的妇女还受族人欺凌。如"沁县一区南泉村宋甲生，民国三十年其族侄宋来有病死后，遗土地四十亩，楼房六间，土场一块及妻一人而无子女。宋某因垂涎这份家业，百般巧计，拉拢侄媳，实施诱奸。而后即唆使侄媳另行改嫁，并强行将其三孙过继来有门下。一旦财产到手之后，即于民国三十年十月将其侄媳卖与三沟村申某，私自得洋三百元、麦子两石。此事发生后，族邻虽皆忿忿不平，但无人敢声张。民国三十一年七月间行署检查到该村时，群众始予以揭发，并称：宋甲生已出宋来有家五服，不该他孙子继承。检查团经调查后，乃协同政权、各救（即'各救国会'——笔者）召开村民大会，三百多人一致指责宋某的恶霸行为，经大会决议，将宋甲生送县法办。"[3]

（二）解约离婚

在中共婚姻法令深入地区，青年男女向往自主婚姻，解约离婚案件逐渐增多。据 1941 年 8 月统计，晋冀豫区某地"1940 年 11 月到 1941 年 1 月提请妇救会解决的离婚案有 87 件，要求离婚的妇女占全部妇女的四分之一；冀东两个月内提请妇救会解决的离婚案有 11 件；脂×两个月提请妇救会解决的离婚案有 25 件；内×三个月内提请妇救会解决的离婚案有 11 件；和西三个月内提请妇救会解决的离婚案有 28 件，其中离婚 7 件，解决 5 件。三分区一年内提请妇救会解决的离婚案有 559 件，其中离婚 471 件；三分区一年内经法院处理的离婚案件

① 《晋冀豫区妇总会一年来妇女工作总结报告》（1941 年 8 月），山西省档案馆藏，山西革命历史档案，A1-7-4-6。

② 《左权两月连续发生惨害妇女案六件》，载于《新华日报》（太行版）1944 年 8 月 19 日。

③ 《沁县南泉发生两件欺凌妇女案》，载于《太岳日报》1942 年 8 月 19 日。

223 件，其中离婚案 88 件。四分区一年内经政府及妇救会解决离婚案有 76 件。五分区一年内的离婚解约案 125 件，大部分是经司法机关解决的。六分区三个月内经司法机关解决的离婚案有 49 件。"① 解约离婚原因大致有以下几类：第一类系感情不好。据平西调查，要求离婚者占妇女人数的 45%，其中因感情不合占 60%。又据太谷统计，离婚案中 80% 属于感情不合。感情不合原因多多，其中年龄不合占 30%、妇女有外遇占 10%。但从榆社、武东统计可知，由女方提出离婚者则贫农妻子最多。第二类系政治原因，如女干部嫌婆家或丈夫不让进步、男干部嫌妻子不进步或脱离生产、夫妻政治观点不一或丈夫当汉奸等。第三类系丈夫行为不佳，如丈夫赌博或吸食料面而不顾妻子死活。第四类系夫妻一方有神经病或不治之病或不能人道等病。第五类系女方家投机取巧，企图离婚之后卖钱。第六类系男人外出无音讯。至于解约原因，则大多是父母想解决后卖更多钱，或因婆婆家穷了想给更富一些的人家，而真正于妇女自己提出或男女双方见面之后感到确实不合适者占绝对少数。②

到 1942 年，晋冀豫区离婚案件已达 1 600 多宗。③ 而据晋冀鲁豫边区高等法院关于离婚案件的报告，自 1945 年 1 月以来"太行一专区共处理民事案件 81 件，离婚案件为 41 件，占总案数的 50% 强。依据全太行区 40 个县报告的统计：上半年共处理民事案件 1 628 件，离婚案共 536 件，占总数的 30% 强。同时离婚案件各地一般的是在区一级政府解决的多，平顺今年上半年五个区所处理的离婚问题达 205 件。如果……连一级所解决的数字也统计起来，更是相当大的一个数目。这和 1942、1943 年由于灾荒引起的离婚案件陡然增多的情况比较起来，今年是相对的增多了。这一情况，不仅是个别专区如此，可以说是全区的整个趋势。"④ 在离婚问题中首先提出离婚的绝大部分是女方，从男女双方成分来看则又多为中农、贫农。据涉县、磁武、林北 3 县统计，在 84 个案件中被告 84 人中有富农 6 人、中农 49 人、贫农 29 人，其中 16 人又为现任区村干部，而"离婚案件之多也是与封建婚姻制度、男女关系混乱有直接的关系的"。⑤ 究其离婚原因，约有以下几类：第一类是群众尚未发动地区妇女受家庭虐待和丈夫苛待而引起的离婚案件，如林北 1944 年上半年 41 件离婚案件中有 8 件就是这种情形。第二类亦是最普遍的一类离婚案，即夫妻感情不好导致无法共同生活引起的离婚案件。这类案件中的男女双方多为娃娃婚，夫妻偶因小事反目吵打并逐

①② 《晋冀豫区妇总会一年来妇女工作总结报告》（1941 年 8 月），山西省档案馆藏，山西革命历史档案，A1－7－4－6。

③ 《晋冀豫区党委关于婚姻问题研究的材料》（1942 年 8 月），山西省档案馆藏，山西革命历史档案，A1－7－4－14。

④⑤ 《晋冀鲁豫边区高等法院关于处理离婚案件的通报》（1945 年 10 月 15 日），山西省档案馆藏，山西革命历史档案，A53－2－76－3。

渐感情恶化，女方在诉讼时常以丈夫打骂及料理家务意见不同等琐碎事情作为离婚理由。第三类是一方故意制造条件的离婚案件。这类案件中的男女双方多因年龄悬殊过大或身体发育不平衡产生情感上的冷淡，有的表面嫌男人家贫貌丑而实则受奸夫挑拨，并在涉讼时以男人不给吃穿、经常打骂为理由；有的甚至故意用"性乱"办法来达到离婚目的；有的是两性生理要求不能相适应而产生痛苦。最后一类是自由结婚之后的离婚案件。这类案件多因男女双方婚前了解不够，一旦结婚两情不投或女方看到男方生活艰难就灰心失望，以致影响双方感情并发生离婚纠纷。[①] 如"赵家庄一个村 1942 年离了 28 个女人，都属于这种情况。"[②] 武乡韩家垴村 1945 年 6 个自由结婚的妇女有 4 个提出离婚，"这种问题的实质是妇女在思想上一方面残存着'嫁汉嫁汉吃汉穿汉'的落后意识，另一方面又把自由结婚、婚姻自主错误地理解为妇女解放的糊涂观念。这种类型的案件多发生在腹心地区。"[③]在黎城县，"今天订婚的明天就解约，各区均有此种情况发生"。[④]

分析抗战时期根据地离婚问题的根源，主要是经过群众运动和社会教育之后广大妇女在思想上有了觉悟，接受了婚姻自主、男女平等观念。不过，有少数妇女产生了婚姻自主就是妇女解放的错觉，再加上某些地方曾经存在以解决妇女婚姻问题当作发动妇女的主要手段的偏向，间接助长了离婚案件发生。这种情况是新旧社会制度过渡时期很容易出现的情形。经过减租减息，广大贫苦农民生活好转、社会地位提高，夫妻和好成为农民群众最关心的问题。但有不少中年贫苦农民因过去生活困苦无钱结婚，在经济条件好转之下急于建立自己的家庭，而适龄女子却不易找到，使成家愿望很难实现并带来其他病态现象。其次在执行婚姻政策之时主观上发生的偏向亦造成某些地区离婚案件混乱。这些缺点与偏向主要有：一是草率放任的态度。有些人在处理离婚案件之时不慎重考虑就轻易判处离婚或批准结婚。二是不准离婚主义。婚姻问题是农民的婚姻问题，但有些干部将这一问题孤立起来，对任何离婚案件不问案情、不分性质一律抱不准态度。三是盲目发动群众解决离婚案件。如襄垣县在处理离婚案件时，有些地方多采用群众大会方式，有的甚至形成斗争会。又如对于"妨害风化"问题，内邱、邢台、黎城、潞城等县采取会议坦白或在广播台向全村广播的方式，结果这些男女未认识

①③ 《晋冀鲁豫边区高等法院关于处理离婚案件的通报》（1945 年 10 月 15 日），山西省档案馆藏，山西革命历史档案，A53-2-76-3。

② 《李玉田、李效唐各时期工作概况》（1946 年），山西省档案馆藏，山西革命历史档案，A53-2-118-2。

④ 《黎城县司法处关于注意纠正订婚解约问题偏向的指示》（1946 年），山西省档案馆藏，山西革命历史档案，A53-5-3-5。

到自己错误反而从秘密走向公开。[①]

　　总之，在根据地经过发动群众的地区一般强调夫妻和睦，对制造离婚条件的案件不轻易判决离婚。中共力图使妇女了解其受买卖婚姻压迫时男人同受剥削，不该仇视男人，应和男人在共同生产中建立家庭。但对夫妻感情真正破裂者、女方又受男方歧视虐待者亦同意使妇女有解除痛苦的机会。对于新解放区群众运动尚未深入地区，对妇女切实遭受痛苦的婚姻问题尽量照顾女方，以免造成农村两性关系混乱。[②]

四、小结

　　太行抗日根据地建立后，中共进行了一系列社会变革，而婚姻家庭就是其中最重要的内容之一。早在苏区时代，中共就于 1931 年 11 月 28 日公布了《中华苏维埃共和国中央执行委员会第一次会议关于暂行婚姻条例的决议》，提出"应确定婚姻以自由为原则，而废除一切封建的包办、强迫与买卖婚姻制度。"[③] 从此，中共每一部婚姻法规均强调"婚姻以男女自愿为原则，废除一切封建的包办、强迫与买卖婚姻制度，禁止童养媳"及"实行一夫一妻"制。无可否认，经过中共对农村社会的制度改造和道德教化，太行根据地妇女生活呈现出与抗战之前不同的样貌：男女平等思想的倡导提高了妇女在家庭中的地位，她们不仅可以吃和婆婆、公公一样的食物，还可自由参加会议和选举；大量男子参军参战之后，妇女在生产、支差、护理伤员、站岗放哨方面的表现令人钦佩；自食其力带来的自信提升了妇女的自尊，一些原来的"女二流子"经过改造成为对家庭和社会有用之人；一些有奉献精神、有能力的妇女在处理农村琐事过程中得到锻炼，她们经由妇救会之类的组织进入中共基层领导层，成为有政治地位的乡村女干部。但任何社会改造都是循序渐进的，不可能在短期内取得立竿见影之效，中共对根据地社会的改造亦如此。[④]

　　社会习俗犹如冰冻三尺，往往非一日之寒。在太行根据地，尤其中共力量薄弱区域，妇女依然是"娶来的媳妇买来的马"，婆婆、丈夫不高兴时被虐待是家常便饭，有的甚至被虐致死而群众都不觉得愤怒。因为贫寒之家无力养活自己女

　　①② 《晋冀鲁豫边区高等法院关于处理离婚案件的通报》（1945 年 10 月 15 日），山西省档案馆藏，山西革命历史档案，A53 - 2 - 76 - 3。

　　③ 《中华苏维埃共和国中央执行委员会第一次会议关于暂行婚姻条例的决议》（1931 年 11 月 28 日），见韩延龙、常兆儒主编：《中国新民主主义革命时期根据地法制文献选编》第四卷，中国社会科学出版社 1984 年版，第 789 页。

　　④ 《太行区司法工作概况——徐处长在太行区司法会议上之总结报告》（1946 年 5 月），山西省档案馆藏，山西革命历史档案，A41 - 1 - 7。

儿，富裕的中农、富农之家需要增加劳动力，导致早婚习俗无法根除。贫苦农民娶妻之难是买卖婚姻存在的根源，根据地建立之后部分地区生活有所改善，这使单身农民娶妻成为可能，于是单身尤其大龄单身男性农民为娶到老婆不惜代价，许多已翻身农民为此重陷赤贫甚至倾家荡产。而买到的老婆却很少能在年龄上般配，有的中年男性农民的老婆比自己小二十多岁，这种老夫少妻婚姻往往是"性乱"原因之一。寡妇不仅可以再嫁，个别寡妇因婆家、娘家和媒人均想从中渔利而身价甚至超过黄花闺女。

在发动妇女参加抗战或革命过程中，根据地政府在相关文件中屡次强调要给予妇女结婚、离婚、再嫁权利。在具体婚姻司法实践中，提出离婚的往往是贫苦农民家庭的女人，她们中虽不乏遭受家庭不公平待遇者，但有些人以"婚姻不是自主订定""成婚受到媒人欺骗"及"婚姻系买卖婚姻"等为籍口掩盖好逸恶劳、嫌贫爱富的本性。1941年2月施行的婚姻政策"主要的争取订婚自主""把解决离婚当成中心一环，有些地方甚至是唯一的工作。脱离其他问题解决婚姻问题，不了解解决婚姻问题是改造社会制度的问题，而将婚姻问题单独看作妇女本身的问题。在反对买卖婚姻上，单纯只是反对使钱。在解决问题的方式上，有的地方单纯走司法路线。在认识上把婚姻自由当作发动妇女的唯一手段。"① 诸如此类的偏差导致妇女结婚、离婚具有相当大的随意性，不仅助长"性乱"，更动摇了绝大多数普通贫寒农民的家庭基础，引起农民阶层强烈的抵触情绪。有鉴于此，在1942年之后的政府文件中将鼓励妇女离婚自由说法变成提倡妇女积极从事生产劳动而投入根据地建设中，即"应该从生产与教育中改善其夫妇关系"。②

无论如何，中共推行的婚姻自主政策给根据地一大批真正受苦受难的妇女以生存希望，离婚自由使得许多家庭中公婆、丈夫不再敢虐待媳妇。但在具体婚姻司法实践中亦有一些经验和教训：一是处理婚姻问题首先要认识到这是整个社会问题的一部分，稍有不慎或以简单方式处理就会发生问题。二是以群众力量来处理问题最恰当。要有很好的动员，无好的动员就不会有好的收获。三是法令本身是解决问题的准则而非唯一方法，解决实际问题时须考量到百姓习惯、社会舆论，仅用法令教条地解决问题是不当的。③ 同时，离婚问题中确实存在比较棘手的情形，如夫妻感情恶劣致不能同居，但男方仍不同意离婚、女方死活要离且调解不可能者。如王某与丈夫几次离婚因男方不同意未果，后来男方在夜间准备用

① 《晋冀豫区妇救总会关于反对买卖婚姻争取自主婚姻的初步总结》（1942年8月31日），山西省档案馆藏，山西革命历史档案，A1-7-4-15。

② 《太行区妇女临时代表大会提案决议》（1945年8月），山西省档案馆藏，山西革命历史档案，A1-7-4-17。

③ 《晋中妇教会一九四一年六月份几个主要工作的总结报告》（1942年7月），山西省档案馆藏，山西革命历史档案，A3-5-2-29。

剪刀谋害女方,女方发觉后逃跑;石某与男人不和要求离婚,男方不同意。[①] 在中共工作薄弱地区,妇女敢怒不敢言,如某地一男子47岁而妻子才17岁,男的贫病交加,女方要求离婚,群众反映该男子家贫、年老离婚后再无力续娶,不赞成离婚。[②]

总之,"婚姻问题是一个社会问题,属于婚姻问题的离婚问题同样是社会问题……离婚问题不是偶然发生,也不是新的出现,她是几千年旧的买卖婚姻制度、社交不公开、婚姻不自主的结果,使许多青年男女……造成了难苛复杂的婚姻纠纷,演出无数的惨痛悲剧。这就是今天还会发生离婚案件的社会根源。"[③] 正如太行区妇委会在一份研究报告中指出的那样:"妇女运动是群众运动的一部分,必须随着整个群众运动贯穿民主思想的斗争,一步步解脱妇女的封建束缚,才能随着阶级群众的解放,求得妇女的解放。农村妇女的工作,是应当以家庭一员的姿态对家庭负责,同时要求有家庭一分子的地位……而不是发动妇女走出家庭。因此,根据地妇女工作的方针,应当是为建立民主的、和睦的、人才两旺的家庭而奋斗,而不是其它。"[④]

第二节　晋西北根据地女性的离婚问题

婚姻是一种普通的社会现象,亦是关系社会全体成员的大事。一定的婚姻形态反映一定的社会历史发展进程。抗战时期,中共在各抗日根据地颁布"以男女当事人之自由意志"为原则的婚姻政策法规,其内容虽不尽一致,却相对于苏维埃时代在若干问题上作了更具体灵活的规定,亦更容易为社会接受,初步动摇了传统婚姻制度,引起家庭关系与社会关系变迁。婚姻关系解除又称离婚,是婚姻问题的一个重要部分。与婚姻缔结"合二姓之好"不同,离婚在中国古代社会是个禁忌话题。直到近代,此问题才随社会发展渐浮台面。不过,离婚现象主要发生于通都大邑,地理偏僻的晋西北并未受到多大影响。1940年1月,晋西北抗日

---

① 《李玉田、李效唐各时期工作概况》(1946年),山西省档案馆藏,山西革命历史档案,A53－2－118－2。

② 《晋冀豫区妇总会一年来妇女工作总结报告》(1941年8月),山西省档案馆藏,山西革命历史档案,A1－7－4－6。

③ 《晋冀鲁豫边区高等法院关于处理离婚案件的通报》(1945年10月15日),山西省档案馆藏,山西革命历史档案,A53－2－76－3。

④ 太行区妇委:《太行区妇女工作初步研究》(1945年10月4日),见山西省档案馆编:《太行党史资料汇编》第七卷,山西人民出版社2000年版,第727页。

民主政权成立，次年颁布《晋西北婚姻暂行条例》（以下简称《条例》），对女性婚姻问题予以法律保障。本节将视角放在《条例》颁布之后，且以婚姻解除即离婚为研究对象、以山西省档案馆所藏晋西北或晋绥（以下统称"晋绥"）高院审理的卷宗材料比较齐全的 25 宗离婚案作为基本的实证依据，来考察中共在晋西北抗日根据地是如何处理女性离婚问题或婚姻解除过程中的相关社会问题的。

一、女性离婚情形

1940 年 1 月，中共晋西北抗日政权在兴县成立，大规模的根据地建设或社会改造运动由此开始。次年 4 月 1 日，根据地政权为变革传统婚姻制度，以因应民众生理心理解放的需求并动员广大女性参加抗战与生产，颁布新的婚姻条例，即《晋西北婚姻暂行条例》。《条例》规定："婚姻以基于男女当事人之自由意志为原则""实行一夫一妻制""禁止强迫及买卖婚姻"。同时，以最大篇幅对离婚要求作出限定，确立 14 条离婚理由：（1）有重婚行为者；（2）双方感情意志根本不合，无法继续同居者；（3）与他人通奸者；（4）以恶意遗弃他方在继续状态中者；（5）意图陷害他方者；（6）不能人道者；（7）有重大不治精神病者；（8）有花柳病及其他重大不治恶疾者；（9）有不良嗜好致使生活不能维持者；（10）受他方亲属虐待无法生活在继续中者；（11）生死不明逾 3 年者，出征军人不在此限；（12）被处 3 年以上徒刑或因犯不名誉罪被判徒刑者；（13）有汉奸行为经讯证属实者；（14）有其他重大事由者。此外，又规定"男女之一方离婚三次者不得再行请求离婚"。① 仔细分析 14 项离婚条款，有 4 条直接涉及情感问题，由此看出感情问题被视为合理的离婚理由得到承认。军婚作为战时一种特殊婚姻在条例中亦进行了明确规定。《条例》对女性离婚权予以肯定，运用法律手段保障妇女离婚后生活，根据地婚姻观念及离婚状况呈现出新景象。

首先，女性提出的离婚案件日益增多并占全部婚案绝大多数。在山西省档案馆所藏晋绥高院受理的卷宗材料比较完整的 25 宗离婚案中，女性提出者占 20 件。② 又据《抗战日报》刊发的一篇有关妇女婚姻案件文章显示，1943 年由高院受理的 43 件离婚案，经男方提出者 11 件、女方提出者 32 件，且以年轻女性居多。③

至于离婚当事人的具体情形及婚姻状况，据高院关于吕孝堂和贺改梅离婚案

---

① 韩延龙、常兆儒主编：《中国新民主主义革命时期根据地法制文献选编》第四卷，中国社会科学出版社 1984 年版，第 852～856 页。

② 《晋绥高等法院案件目录》，山西省档案馆藏，山西革命历史档案，A95－1－48。

③ 文昂：《婚姻案件与妇女解放》，载于《抗战日报》1943 年 4 月 30 日。

调查讯问笔录记载：吕孝堂（30 岁）1942 年向高院起诉妻子贺改梅（27 岁），要求离婚，贺表示同意。（问）你在家做什么？（贺）答：从前在家务农，现在工厂做活。（问）你们过去感情怎样？（贺）答：过去好，不过那时我能忍让，现在他还是经常打骂我，我忍不下去出来抗日。（问）你是否愿意离婚？（贺）答：愿意。[①] 就婚姻状况的整体而言，晋西北农村传统婚姻习俗居于统治地位，包办婚姻、买卖婚姻是其主要形态。在这种制度下，妻子即使对婚姻生活失望至极亦无提出离婚权利。抗战爆发后，华北各大城市如北平、天津、太原、济南等相继沦陷，大批知识女性流亡农村。随着晋西北抗日根据地建立，她们中的许多人来到这里，担任妇女干部，组织宣传队、工作组并向农村妇女宣传党的政策纲领，众多农村妇女加入妇救会并参与各种抗日活动。由于先进分子的宣传带动以及冬学、支前和生产等运动的广泛展开，根据地妇女走出家庭接受婚姻自由等新思想，参加区村政权建设、生产劳动等活动。这些活动拓展了她们的视野并使之拥有更多机会了解丈夫之外的其他异性，由议论自主婚姻逐步发展到实践，婚姻自由在农村妇女中渐渐得到认同。饱受旧式婚姻苦痛的妇女借革命之机依靠法律保证走出家门，改变了传统的离婚模式，初步掌握离婚自主权。

其次，相对于女性，男性多不愿离婚。中共在根据地实行的婚姻变革引起剧烈的两性冲突，遭到部分农民尤其男性贫农的抵制。在 25 宗婚案中，男性愿意离婚者仅 5 件。又据《抗战日报》1943 年 4 月 30 日报道，高院近期审理的 11 件离婚案件中，男方提出仅 2 件，女方提出达 9 件。[②] 究其原因，第一，在封建意识浓厚的晋西北，"老婆孩子热炕头"的生活是男性农民一生的追求目标，女人仅是生儿育女的工具，他们即使对妻子毫无好感，而只要其生儿育女就已足够。当妻子提出离婚时，他们认为"江南的瓜子，嚼了也不唾"。[③] 1942 年发生的一桩离婚案就很能说明问题。据高院审理笔录记载：男方王碰儿（贫农）向高院提起诉讼，要求撤销原判并与妻子李二儿恢复婚姻关系。（问）你为何上诉？（王）答：因为县政府判离婚，离后又问（娶）不起，又因我父母年老无人侍奉。（问）有钱你就愿意离婚？（王）答：有钱亦不离，我娶女人是生男长女。（问）你女人坚决要和你离婚怎办？（王）答：我原来花过多少钱她给我"倒下"（赔偿）。（问）现在赔偿你多少钱？（王）答：她死亦得死在我家里。[④] 综观 25 宗婚

---

① 《晋西北高院关于贺改梅与吕孝堂的离婚案卷》，山西省档案馆藏，山西革命历史档案，A95 - 4 - 2 - 1。

② 文昂：《婚姻案件与妇女解放》，载于《抗战日报》1943 年 4 月 30 日。

③ 《兴县政府、高院关于裴强儿与任金环婚姻案的请示、呈送、调查材料、传票及审讯录》，山西省档案馆藏，山西革命历史档案，A95 - 4 - 23 - 1。

④ 《晋西北高院关于王碰儿与李二儿的婚姻案卷》，山西省档案馆藏，山西革命历史档案，A - 95 - 4 - 2 - 2。

案，由男性提出的 5 件中，有两件因女方"不会生养"。第二，晋西北地瘠民贫、文化落后，农民收入微薄，巨额娶妻费用则使妻子被视为"男子的财产、男子的私有物"。对离婚持激烈反对态度的男性贫农在忍受经济贫困之时，便将他们娶来的妻子当作挣下的财产，认为"老婆是我拿钱买的不能让她自由"。尽管《条例》明令禁止买卖婚姻，但为迎合当地习俗以动员最大力量投入抗战，收受彩礼仍被视为可容忍行为。当时负责中共北方局妇女工作的浦安修就指出：此时的"基本问题是争取婚姻自由，对于买卖问题不可机械的予以处罚，应分别具体情况，主要应根据自愿的原则来决定。"[①] 由于脆弱不堪的经济和重男轻女的习俗，农村性别比例严重失调，男多女少，许多适龄男青年无法完成婚姻，以致婚姻缔结有着强烈的金钱交换意识。婚嫁费用占据农家收入相当大的比例，拥有女儿的家庭在女儿长大后试图通过其婚事来改变家庭经济情况。25 宗婚案中有一件非常典型，据高院审理笔录记载：农民王拴孩出聘礼银洋 75 元、"杂样采色" 4.6 丈、青布 4 尺，娶刘根寒为妻。不久，刘与王离婚，并在父亲刘立厚做主之下另嫁郭买拴，彩礼白洋 15 元。这样算下来，刘立厚通过女儿婚姻至少获洋 90 元。而王拴孩当时全部收入是 6 垧地的产值，已难以再次续娶，故当刘家愿意赔偿时，他提出"一百元（法币）恐怕娶不下一个女人"。[②] 农民越穷，彩礼越高。在传统思想支配下，男性农民尤其男性贫农为讨一个老婆甚至花掉半生积蓄，如此娶来的老婆岂能轻易离婚？25 宗离婚案大多是二审，且大部分是不满原判的男性要求再次审理以恢复夫妻关系。面对妻子"我死也不能回去"的决心或赔偿承诺之后，男性依然不愿离婚。[③]

最后，基于男多女少的尴尬局面以及婚姻论财的残酷现实，男女双方在某些问题上的看法发生转变，其中最明显的是对待"通奸"问题。中国传统社会十分重视女子贞操，而男子在外寻花问柳则往往被视作风流韵事。婚姻被当作一种职业看待，许多婚姻是为了金钱利益的相互交换，而且片面的贞操道德使妇女更感痛苦，男子则可从其他方面寻求安慰。但此时的晋西北出现另一种现象——许多男人面对妻子与人通奸的事实仍不愿与之解除夫妻关系，而妇女在婚姻条例的法律支持下面对丈夫与人通奸的事实却坚决提出离婚。25 宗婚案中最典型的是发生于 1943 年的一起离婚案。该案中女方张吊英两次向高院提起上诉，要求与丈夫王玉则离婚。据高院审理笔录记载：（问）你要怎样？（张）答：离婚。（问）

---

① 浦安修：《五年来华北抗日根据地妇女运动的初步总结》，见山西大学晋冀鲁豫边区史研究组编：《晋冀鲁豫边区史料选编》第 2 辑，1980 年印。

② 《晋西北高院关于王拴孩与刘立厚、郭买拴婚姻纠葛一案有关材料》，山西省档案馆藏，山西革命历史档案，A95 - 4 - 4 - 1。

③ 《晋绥高院关于赵有清与王秀梅离婚案的判决书等有关材料》，山西省档案馆藏，山西革命历史档案，A95 - 4 - 6 - 4。

为什么？（张）答：他用锹头打我。（问）他再亦不打你，给你找保人，你回去吧！（张）答：不回去，要离婚。（问）你还有什么条件？（张）答：他还不给我穿不给我吃，和男人感情不好。（问）他要离婚该怎样？（王）答：我再亦不打她了，绝不离婚。我愿给她找保。（问）你女人提起离婚你有什么意见？（王）答：因为这次妻子与人通奸的事，我绝对不离。（问）你女人再与人通奸怎办？（王）答：我管不了，就由她吧！我不管她。据此，高院终审判决："被告（王玉则）自认殴打两次不讳，但其原因是原告与宋懒汗有通奸行为，曾经屡劝不改，足征原告与宋懒汗通奸确无疑义……"按中国传统观念，妻子与人通奸对丈夫是一大耻辱，此案中男性对妻子通奸的唯一警告是"嗣后不要再和宋懒汗勾接来往，恐人耻笑。"[①] 不过，另一起同样发生于1943年的案件却与此案相异。丈夫刘澍廷认为地方法院判决有失公理，要求与妻子恢复夫妻关系并上诉至高院，而高院最终维持原判，同意两人解除婚姻，理由是女方提出"他与亲嫂通奸"。[②] 对比两案，发现女性在政权力量支持下打破了传统观念，敢于向对己不忠的丈夫提出反抗，而男性则在经济匮乏情况下一反"大丈夫何患无妻"观念，宁愿面对妻子不忠亦不愿离婚。

二、女性离婚事由

总括25宗婚姻案件，这一时期离婚事由大致归结为感情不合、经济因素以及女性择偶观改变三种：

第一，感情不合。晋西北封建意识浓厚、交通闭塞、经济落后，包办婚姻、买卖婚姻仍是主要的婚姻形式。婚姻缔结与当事人并无关联，感情被视为"无用"之物，而双方所在家族或家庭之间的政治和经济联系才是婚姻缔结的要素，具有明显的包办、强迫和买卖性质。这种婚姻虽具有极高的稳定性，但其质量却非常低劣。《条例》颁布后，根据地政府大力宣传妇女解放、婚姻自由，在一批先进分子宣传带动下，婚姻自由观念开始在妇女中间流传，她们对无爱婚姻的不满情绪渐渐宣泄出来。在25宗婚案中就有22件以感情不合为由提出离婚，其中女方提出17件中有4件没有生效、男方提出5件中有4件生效且前提均是女方愿意离婚，如1943年高院受理的王长毛要求与妻子王梅梅恢复夫妻关系一案。该案中，王梅梅多次以丈夫王长毛对其进行殴打及双方感情不和提出离婚诉求。

---

① 《晋绥高院关于张吊英与王玉则离婚案的判决书等有关材料》，山西省档案馆藏，山西革命历史档案，A95－4－9－1。
② 《晋西北高院关于刘澍廷与刘来女婚姻纠葛的判决书》，山西省档案馆藏，山西革命历史档案，A95－4－5－3。

据高院审理笔录记载：（问）你究竟打过没有？（王长毛）答：我要打却没打成，叫村里人给拉开了。（问）你究竟要怎样？（王长毛）答：向行署上诉，要求把妻子判回。（问）结婚后感情如何？（王梅梅）答：结婚后我男人看不起我，说是我把他父母妨死了，因此打我。（问）你告过状没有？（王梅梅）答：因感情不好，我向乡政府告过状，乡政府劝了一番，把我送回家，并且对我男人说不准再打我。高院判决书写道："'双方均承认打过架，感情已不好了。''我妻晚上睡觉不脱衣裳，拒绝房事'。这两件事当事人双方均承认"。因此判定："双方感情确实不合，实不能再继续同居""上诉驳回"。王梅梅以"双方感情意志根本不合"为由成功与王长毛解除夫妻关系。① 又据《抗战日报》1943 年关于高院审理完结的 43 起离婚案统计，因感情意志不合者 28 件，约占 65%，其中男性提出 9 件、女性提出 19 件。若将"不能人道""恶意遗弃"计入感情不合内则因此提出离婚者达 34 件，约占全部案件的 80%。② 可见，《条例》实施后绝大多数妇女认同感情因素在婚姻维系中非常关键，感情不合即成为离婚最重要的原因之一。

第二，经济因素。在传统社会，妇女没有继承财产的权利，亦不能掌握家庭经济，而家庭既是由婚姻关系组成的社会单位又是家庭成员进行生活资料生产和获取生活资料的经济组织，因此家庭成员在家庭中的地位很大程度上由其对家庭的经济贡献决定。晋西北素来认为妇女应靠男子生活，以为妇女参加劳动可耻，这样的传统造成妇女与男人在地位上不平等、在经济上从属于男人，妇女随男人生活的升降而升降。一旦男人不能保障其生活，她便需要寻找下一个可以支撑生活的男人。虽然当地社会对妇女再嫁存在很深的歧视，但许多妇女在《条例》颁布后决意提出离婚而不再跟从丈夫继续从前的苦日子。25 宗婚案中涉及经济原因的离婚有 3 件，其中 1 件是男方提出、2 件系女方以丈夫无能养活自己提出。正如 1943 年 4 月《抗战日报》根据 43 件离婚案中男女阶级成分统计所分析的那样："贫农和中农离婚案件最多，大部分是女人提出，男子大多数坚决不愿离婚。富农地主离婚很少，即按有的一二件也是男人提出，妇女提出的还未发现。因此，这里存在一个严重的问题，即女子大多数是因家贫提出离婚，借口感情不合要离贫嫁富，实际真正因感情不合或受男方压迫的很少。其中，受娘家挑拨，离婚后娘家可再得较多彩礼者尚属不少。另一方面，地主富农即便有少数离婚，也是男子嫌女人不漂亮，离婚后可另娶一年轻貌美妻子。而女子在地主富农家中所受封建家庭的压迫较之贫苦农家要超过许多倍，可是女子不提离婚，可见经济因

---

① 《晋绥高院关于王长毛与王梅梅婚姻案的告状书、审讯录呈及高院判决命令送递回证》，山西省档案馆藏，山西革命历史档案，A95 – 4 – 6 – 1。

② 文昂：《婚姻案件与妇女解放》，载于《抗战日报》1943 年 4 月 30 日。

素在婚姻问题上还占着决定作用。"① 由此推知，25 件案中之所以只有 3 件涉及经济原因，乃是因为其中一部分被当作"感情失和"处理了。例如，在李子贤与王焕焕婚姻纠葛案中，妻子王焕焕以"他吸烟养活不了我"为由提出离婚，丈夫李子贤认为妻子"图财另嫁"并"将所有法洋五百余元、青市布四丈有零席卷一空"，经高院审理，最终判定两人离婚，但理由是"二人感情意志不合"。②

第三，妇女择偶观的改变。由于政府大力宣传《条例》，许多女性逐步产生了独立的择偶观，并在政策保护下具备了初步的择偶自主权。原本存在的对美好爱情和婚姻的憧憬一旦获得政府法令支持，妇女便开始追求自己的爱情，加上政治经济等各种社会因素的作用、人员的频繁流动，择偶的选择范围扩大，择偶条件发生改变，她们开始从是否具有共同追求以及年龄、身体、外貌是否与己般配等方面进行考虑。当妇女开始审视自己婚姻并发现丈夫在许多方面与己不配时，面对更广大的择偶范围，一批妇女尤其年轻妇女向丈夫提出离婚。这样的事情更多地发生在经济贫困的家庭之中。贫农青年妇女由于生活穷困，既须参加生产劳动又须为增加家庭收入从事更多操持，夫妻之间容易反目吵架并由此导致妻子不安于家庭。不过，女方提出离婚的理由大多并非"我们不般配"，而是"感情不合"，造成这种"感情不合"的罪魁祸首是女方认为自己与丈夫存在过多差距而不能共同生活。具体言之，首先被提出的理由是以年龄、外貌为代表的外在条件的不合。在晋西北，许多家庭在大量聘礼诱惑下将女儿嫁给比之大十几岁甚至几十岁的丈夫，这种婚姻在得到新政策支持后开始变得摇摇欲坠。1943 年，赵氏兄弟向高院提起上诉，控告弟弟赵有青（28 岁）之妻王秀梅（14 岁）及其长兄王少奇，赵氏兄弟认为王少奇对其妹"心怀不白，卖了一次又想重复"，而赵有青将"半生积蓄一百二十多元银子尽花在此女"。高院审理笔录如下：（问）你女人为什么要跑？（赵）答：她去年 10 月说我不漂亮。（问）你告状的目的是什么？（赵）答：我要她回去和我同居。（问）为什么不回去？（王）答：我怕他，他大我小。（问）为什么要告状？（王）答：我要自由结婚，我嫌他不漂亮、人老。③ 据《抗战日报》报道，当时女子离婚者 16～30 岁最多，男子则在 20～40 岁之间且其中一部分是女子因男子年龄大离婚。④传统社会"嫁鸡随鸡，嫁狗随狗"的思想在女性观念中开始消退，相近年龄、健康身体、般配外貌成为婚姻的必要条件。

---

① ④　文昂：《婚姻案件与妇女解放》，载于《抗战日报》1943 年 4 月 30 日。

② 《晋绥高院关于李子贤与王焕焕婚姻的上诉书传票离婚经过及高院准予离婚的判决等》，山西省档案馆藏，山西革命历史档案，A95－4－4－3。

③ 《晋绥高院关于赵有清与王秀梅离婚案的判决书等有关材料》，山西省档案馆藏，山西革命历史档案，A95－4－6－4。

当外在条件被视作婚姻必要条件时，"是否具有共同追求"亦渐渐成为婚姻能否维系的一个要素。《条例》第 4 章第 20 条规定：双方感情意志根本不合，他方得向县政府请求离婚。这里的"感情意志"就包括双方是否具有共同追求一点。立法者坚信婚姻应是一个追求进步的同志思想纯洁的栖息所，一个具有革命思想的贫农女子是无法与一个保守落后的地主富农生活在一起的。晋西北抗日根据地建立后，吸收农村妇女加入工作团队，这批女性在政策宣导下成为最早以这种理由提出离婚的人。她们具有一定的文化知识，至少在冬学受过熏陶。例如，1942 年兴县中农刘银环代儿刘怀珠向高院起诉媳妇邢托梅，原因是邢在刘怀珠参加晋绥军第 71 师后亦"要求参加工作"，刘银环认为"抗战时期理应不分性别，各献其力，遂慨然允诺到青抗校学习"，而邢通过青抗校学习及参加妇救会工作便向丈夫提出离婚。高院审理记录如下：（问）他回来对你怎样？（邢）答：自他回来不允许我参加工作，要压迫我。（问）你有什么条件？（邢）答：回来我亦不和他合作，因为他不叫我工作、不叫我学习。邢在上诉状中又称："（我）正式参加地方动员工作，后又由地方介绍到青抗干校学习"，而刘怀珠"不在八路军，我在新的领导下，我俩的政治路线不一样"，提出"我为了永久参加革命工作，绝不愿与政治落后、感情意志根本不合的刘怀珠保持夫妻关系""并脱离家庭关系，正式参加革命工作"。[①] 这件离婚案在根据地影响很大。此后，众多妇女纷纷以"参加革命工作"为由提出离婚，妇女工作出现问题。

三、抗属婚姻纠纷

中共对抗日军人婚姻实行特殊保护，这种保护关系到军队的稳定和根据地的利益。政府在军婚问题处置上采取了典型的家国同构的男权思维，即男人走向社会——属于群体、女人滞守家庭——属于男人。在这种思维下，妇女为抗战服务的活动就变成不与军人离婚。战争期间，几乎家家都有丈夫或子女参战，有些人牺牲了，有些人长期随军抗战，音讯不通，加之男劳力入伍给家庭经济生活带来的负面影响，根据地出现抗属招夫、另嫁以及与他人私通现象，这不但造成根据地严重的婚姻管理问题，且一旦处理不当便会引发军民矛盾并造成扩军困难，《条例》因之对军属离婚条件作出如下规定：生死不明已逾 3 年者，出征军人不在此限。同时，强调政府要在抗属中做工作，军队要在军人中做工作，并规定凡有条件的每年要安排战士回乡探亲，密切夫妻关系，减少离婚纠纷。除此之外，

---

① 《兴县政府关于邢托梅、刘银环刘怀珠婚姻纠葛一案的判决书呈、上诉状、审讯录及传票等》，山西省档案馆藏，山西革命历史档案，A95 - 4 - 2 - 3。

通过各种法规保障抗属基本生活，在生活方面"尽量保障其物质上之普通水平生活"，在生产方面实行代耕或半代耕制度。抗日军人家属和遗属主要是妇女，如其一切日常生活问题能在政府和民众帮助下得到解决，不仅可以激励广大妇女的抗战热情，且可以顺利动员壮丁上前线。① 尽管中共在根据地颁布了一系列法规，以使"一般抗属在根据地内备受亲戚朋友邻里友人之精神物质援助"，但由于部分女性抗属交往圈扩大、生活困顿及精神苦闷等因素，她们越想找到另一个可以依靠的男人。②

按照中共有关婚姻法规规定，军属一旦达到标准即可提出离婚，但政府对军属离婚制定了特殊要求。由于晋西北抗日根据地对抗属离婚没有下达专属条例，故《陕甘宁边区抗属离婚处理办法》（简称《处理办法》）对之适用。《处理办法》规定：抗日战士之妻5年以上不得其夫音讯者得提出离婚请求，经当地政府查明属实或无下落者由请求人书具亲属凭证允其离婚。③ 从中看出，军属离婚须具备3个条件，即5年不通信、军人家属同意、政府查证属实。实际上，政府许多时候害怕军属离婚事件发生，索性对军属离婚采取拖延政策。如"偏关上中农二蓉子男人原到敢死队当兵，现走十来年，五六年没信，现要离婚和供给部的结婚，村干部说她男人在新军，未解决。"此种政策使许多抗属在未得到合法离婚证明时就寻人另嫁，从而导致婚姻管理陷入混乱。即使少数被判定离婚的军属在数年后丈夫突然归家时亦会再生纠纷，并向法院提起告诉，要求返还妻子。④《抗战日报》刊文指出，当时"男子抗战在外，女子对婚姻问题也很想解决，而且农村中还很严重，可是提起诉讼的尚不多，这是受婚姻条例限制的缘故。"⑤在统计的25宗婚案中仅有一例涉及军婚，即1943年抗战军人王然臭之姐王换兰控告弟妹高秋鱼、族亲王奴孩、高秋鱼现任丈夫郭拖命等，涉案被告均被判刑并承担赔偿责任。⑥

虽然政策反对传统的女性贞操观念且支持寡妇改嫁和离婚妇女再婚，但军人婚姻中军属的贞操观却被政府重新构建。根据地政府教育抗属保持革命贞操，通过评比好媳妇等方式促进抗属主动保持贞洁，不懈地向广大军属进行所谓家庭教

---

① 邓颖超：《我们对战时妇女工作的意见》，见中华妇女全国联合会编：《蔡畅邓颖超康克清妇女解放问题选集》，人民出版社1988年版。

②⑥ 《晋西北高院关于王换兰告高秋鱼、郭拖命、王奴孩等妨害婚姻一案的有关材料》，山西省档案馆藏，山西革命历史档案，A95-4-16-2。

③ 韩延龙、常兆儒主编：《中国新民主主义革命时期根据地法制文献选编》第四卷，中国社会科学出版社1984年版，第884页。

④ 《晋绥二地委二分区抗联关于青年团、妇女工作和土改群运中思想动员工作的总结报告、意见和计划》，山西省档案馆藏，山西革命历史档案，A27-1-20-4。

⑤ 文昂：《婚姻案件与妇女解放》，载于《抗战日报》1943年4月30日。

育和社会教育，尤其强调对军属加强社会教育，组织抗属学习抗战精神，向他们宣传"抗战建国""稳定军心"的重要性。同时，"广大军属被教育要为革命保持贞操，而不是为她的男人，对于抗属更应加强教育，对于她们应强调守贞操是革命的光荣的。"①

四、离婚案件处理

《条例》将离婚的基本原则设定为"男女自愿"，原则上贯彻了"婚姻自由"的本旨，但自由精神能否由立法原则变成事实的自由，则尚需考察离婚过程中所涉及各种相关机构。

由于抗日根据地战争频繁，婚姻管理相对混乱，涉及解除婚姻问题的机构主要有政府、法院及妇救会。各区县和村公所之类的政权机构负责为离婚夫妻颁发离婚证书并记录在册；法院负责对离婚案件进行调解与审理；各级妇救会则属妇女维权机构——一种群众性团体，其职责在于促进家庭成员平等以及解救受难妇女，在涉及离婚方面主要起保护妇女离婚权及维护离婚后妇女权益的作用。换言之，政府、法院属于根据地政权系统中的权力机构，妇救会则只是一个民间性的群众组织。而进入基层政权的男性大多数来自农村且出身贫农阶级，其本身又多是文盲或半文盲并具有浓厚的封建思想，他们的婚姻大都属于包办、买卖婚姻，不可能从根本上理解并执行法律规定。例如，五寨安家坪李全13岁结婚，因男人生理不全，关系一直不好。19岁住纺织班时提出离婚，村干部说婆家是中农不能离，区里则让到县里解决，其受训回去不几天就上吊自杀了。② 按照《条例》规定，李全完全符合离婚条件，但最终以自杀收场。虽然在婚姻政策实施初期，妇女离婚像压抑已久终于喷发的火一样蔚为风潮，但其只能在以男性为主的政权力量规制到现有体制可以容忍和接受的范围内进行。

妇救会亦是一个经常涉及离婚案件的组织。由于它是一个在中共支持和领导下建立的松散的群众性组织，主要负责在根据地宣传党的妇女政策，故有着不可避免的缺陷。或者说，它不得不承受地方保守势力的影响，以致在某些时候同样不能公正地对待提出离婚的妇女，这在高润元（丈夫）与高巧奴（妻子）离婚案中得到充分体现。1942年，高巧奴提出离婚，地方法院判决两人解除婚姻关系。高润元初审后不服判决提起上诉，理由是妻子"嫌贫爱富""性格悍妒乖

---

① 浦安修：《五年来华北抗日根据地妇女运动的初步总结》，见山西大学晋冀鲁豫边区史研究组编：《晋冀鲁豫边区史料选编》第2辑，1980年印。

② 《晋绥二地委二分区抗联关于青年团、妇女工作和土改群运中思想动员工作的总结报告、意见和计划》，山西省档案馆藏，山西革命历史档案，A27-1-20-4。

僻"并找到本村农民作证，以此要求恢复夫妻关系。据高院审理笔录记载：（问）你愿意离婚吗？夫妻感情好吗？（高巧奴）答：愿意，感情不太好。（问）他打过你吗？什么时候？（高巧奴）答：16 岁时用棍打过一次，19 岁时又用火柱打过一次并捆起来给翁婆磕头后才放开，去年正月初五又因搬炭用铁锹打了一次，初七用锹把我腿打折，十几天不能行走。判决书由此写道：双方感情不融洽，上诉人（高润元）甚至殴打被上诉人（高巧奴）至腿折，迫令钻瓮寻死。1940 年 6 月间因打麦争吵，上诉人将被上诉人捆绑殴打一次，受伤甚重，经妇救会及县抗联调解，上诉人悔过具书了事。可见，妇救会当时十分清楚丈夫殴打妻子的事实。但在高润元上诉书中，妇救会曾为之出具证词，证明高巧奴"反肆恣横邻居劝解亦视同仇"。① 即本应维护妇女权益的妇救会却在地方压力下出具了对女方不利的证词。

就这些婚案的最终处理结果而言，不外乎两种：一是婚姻关系宣告解除——离婚；二是和解——双方继续保持夫妻关系。《条例》颁布后，婚姻解除开始在法律规范内进行，25 宗婚案中除 1 件军婚案外，有 19 例以宣判离婚收尾，剩余 5 件被判继续维持夫妻关系。纵观结果，1943 年 2 月 26 日公布的《中共中央关于各抗日根据地目前妇女工作方针的决定》（简称《四三决定》）乃是法院判决婚姻案件的分水岭。《条例》施行之初，根据地妇女运动在妇救会领导下轰轰烈烈地开展起来，而领导妇救会的有两种人：一种是原先在城市求学后参加革命工作的知识女性，她们在问题处理上比较理性，在政策理解方面比较灵活；另一种占大多数，她们生活在农村，并在革命工作中逐渐成长起来，大都曾深受封建势力压迫且没有文化，一旦从家庭中解放出来而加入妇救会并带着情绪工作，妇救会工作就容易发生偏差。正因为此，妇救会处理婚姻纠纷时基本以反虐待斗争为中心，一旦丈夫虐待妻子，妻子向妇救会申诉，妇救会一般就开批斗会并处以罚款或鼓励妻子离婚，而一旦妇女以"遭受虐待"为由提出离婚，妇救会便热情支持，反虐待斗争在最高潮时甚至将虐待妇女、买卖包办婚姻的典型人物公开批斗或施以处罚。解决妇女家庭纠纷时偏袒妻子重责丈夫、偏袒媳妇重责公婆，致使妇女工作得不到社会舆论同情而陷于孤立。② 这种风风火火的斗争犹如一把"双刃剑"，虽打击了农村封建势力，亦引发了农民大众不满。当时许多妇女听到"妇女解放"这个词就出现将"妇女解放"与"性紊乱"相混淆的现象，根据地一度出现反对中共妇女政策的声浪。时任中共中央妇委会主席的蔡畅对美国记者

---

① 《晋西北高院关于高润元与高巧奴的婚姻案有关材料》，山西省档案馆藏，山西革命历史档案，A95 - 4 - 1 - 3。

② 蔡畅：《迎接妇女工作的新方向》，见中华妇女全国联合会编：《蔡畅邓颖超康克清妇女解放问题选集》，人民出版社 1988 年版。

斯特坦言："我们犯了一个错误，把女权强调到不适当的程度，结果引起了农民的反感。男女之间的矛盾削弱了反对日寇和地主的共同斗争。此外，用这种方法也达不到解放妇女和婚姻自由的目的。"① 显然，婚姻家庭变革加剧了两性之间的冲突，而离婚案又多发于贫农阶层，贫农则是中共在根据地最大的支持者，一大批失去妻子的贫农动摇了对党的信心。中共中央意识到两性冲突已开始影响根据地发展与巩固，于是发表《四三决定》，指出："经济工作为妇女最适宜的工作""动员妇女参加生产是保护妇女切身利益最中心的环节""提高妇女的政治地位、文化水平，改善生活，以达到解放的道路，亦须从经济丰裕与经济独立入手。"②《四三决定》将"妇女解放""男女平等"思想由鼓励脱离旧式婚姻转到参加经济建设上。中共试图通过这一政策的转变，将妇女关心的重点由婚姻转向生产，以缓解根据地内的两性矛盾和男性贫农对党的反感情绪，并促进根据地生产发展。之后，根据地各级政权在处理离婚案件时改变了原先一些偏激做法，"对于极不合理的婚姻而又坚持要求离婚者可准予离婚；对可留可去的妇女则与其协商，劝其维持婚姻关系。"③ 该决定是根据地婚姻变革的一个重要转折点，这种转变体现于法院对离婚案件的判决之中，下面发生于 1941 年和 1944 年的两例离婚案就是最好的说明。

1941 年，刘郭氏向高院起诉丈夫刘达三。这桩离婚案最初由刘达三提出，刘曾在太原师范学校求学三年，现"在县政府纺织厂担任厂长"，其离婚理由：（1）郭氏有吸食大烟嗜好；（2）双方感情意志根本不合，无法继续同居，有夫妻之名而无夫妻之实；（3）郭氏腐化至极，不可教育，对于革命工作不但不帮助且阻碍我参加革命工作为国牺牲；（4）不会生养儿女。郭氏对兴县县政府判决不服，遂向高院起诉，并对丈夫指责一一回应。据高院审理笔录：（问）你男人说你从前吸大烟？（郭）答：我向来不吸烟。（问）感情如何？（郭）答：很好，并没有打过架。至于其余两个问题，郭氏在上诉状中亦予以回应。关于工作问题，"现查革命工作男女都可以工作，该刘达三何以称（我）阻止工作"；关于生养问题，郭氏说"不能以不会生育即无同居"。郭氏虽一再辩驳且再次上诉，但高院最终判定二人离婚，并要求刘达三支付农币 1 000 元作为女方生活费，同时归还女方部分财产。④ 然而，1944 年发生的一桩离婚案虽与刘达三一案类似，其处理结果却完全不同。在该案中，丈夫王作图向妻子赵双全儿提出离婚，离婚理由

---

① ［美］安娜·L. 斯特朗：《中国人征服中国人》，刘维宁等译，人民出版社 1984 年版，第 12 页。

② 《中共中央关于各抗日根据地目前妇女工作方针的决定》，见山西大学晋冀鲁豫边区史研究组编：《晋冀鲁豫边区史料选编》第 2 辑，1980 年印，第 45～46 页。

③ 中华妇女联合会编：《中国妇女运动史》，春秋出版社 1989 年版，第 614 页。

④ 《兴县政府关于刘郭氏与刘达三婚姻一案的上诉书、审讯录、证明及婚姻和解书等》，山西省档案馆藏，山西革命历史档案，A95－4－1－1。

是：（1）感情不好；（2）她经常说给公家干不好，她政治有问题；（3）不能生养。王在兴县贸易局营业科当科员，赵双全儿是农民，没读过书。关于丈夫提出的问题，她在上诉书中一一予以回答，在感情方面"我并不嫌他家穷，和男人还感情好""我是一定不和他离婚的。"后经高院调解，双方和解，继续保持夫妻关系。高院对王作图的调解词十分具有代表性："就是有问题，我们也要教育。坦白讲，还不准离婚。我们的宽大政策，你还应当很好的教育。再说她不生养，年纪还轻，更据你说感情不好，据你父亲说是很好的，就是因你女人不生养。过去你家庭不好，现在才生活的好了就不要她了？如果你是个革命同志，不但要整人风，而且也要整家风，这是你的任务，你今天一定要离婚说明你就没有整好。还是个人主义立场。一是女人年轻时要娶，后年龄大了，家庭富了，你参加革命只能说几句好听的话，就嫌她落后，要离婚。二是就是有问题你自己不但要改造，对自己的女人更要改造，不然你怎么革命？更是今天她有问题有什么证据，这不能便给人戴特务帽子。日时感情不好是双方的问题，你和她感情不好，不教育她怎么能感情好。今天评人的好坏，是看她劳动否——她给你纺过三十个线子一年。不生养是何因，你可以给作个检查，日时年纪还小，生孩子是双方的事，你是找借口，眼睛大了，看不起女子了，就是脱离群众，你女人劳动你不要，你是爱漂亮、二流子。"面对法院调解，王作图称："今天提出离婚，你们教育了我，否定我的看法，帮助我，教育我，我进步了。如果我回去再不好好的过日子，这说明我不进步。"① 由此可见，性质相同的案件却因政策变化而判决结果相异。

五、小结

毫无疑问，中共在晋西北抗日根据地大力推行的妇女解放运动取得了成就，而离婚案件增多及婚姻关系的大量解除就是最有说服力的证据。据统计，《条例》颁布后高院审理的民事及婚姻案件为：1942 年民事 7 件，婚姻 2 件；1943 年民事 76 件，婚姻 47 件；1944 年民事 54 件，婚姻 20 件；1945 年民事 27 件，婚姻 7 件。② 也就是说，4 年间高院共审理民事案件 164 件，其中婚姻案件 76 件，占全部民事案件的 46%，即婚姻案件已成为民事案件的主体。不过，此时中共所倡导的"婚姻自由"原则仍在有限范围内进行。首先，妇女经济上的不独立致使

---

① 《晋绥高院关于赵双全儿和王作图离婚事的审讯录》，山西省档案馆藏，山西革命历史档案，A95 – 4 – 14 – 2。

② 《晋绥高等法院案件目录》，山西省档案馆藏，山西革命历史档案，A95 – 1 – 48。

自由原则很难彻底实现。在 1943 年高院审理的关于闫石金的婚案中，其妻乔三娥获父亲乔瑞福支持于 1942 年 4 月与丈夫以"感情不合"为由离婚，5 月便再嫁王引亮为妻。又据另一次审讯笔录记载，女方王焕焕离婚后已再婚，当问及新丈夫情况时：（问）见面否？使了多少钱？你同意否？答：见过，10 元，我没说同意否。[1] 由此可见，这些女性在第二次婚姻中依然没有自主权。很多妇女在以"感情不合"结束前段婚姻后即很快又迈进另一桩婚姻，原因很简单，即妇女没有独立生存技能，一旦娘家人不能支撑其生活就必须去寻找下一个可供养她的人。婚姻的初步巩固要建立在应有的婚前相当的相互考察上，如没有这样可靠的婚前了解，妇女面对的婚姻可能又是一场悲剧。其次，抗战时期中共的主要任务是抗日，婚姻解放要服从这个大局，一旦婚姻解放与抗日大局产生冲突，政府就须在政策实施力度、方式方法方面进行妥协。在晋西北，妻子被视作私有物，虐待、殴打妻子现象曾相当广泛，甚至"卖妻"事件屡屡发生。中共在根据地组织妇女运动、宣传妇女解放、反对封建婚姻，许多深受封建婚姻之苦的妇女在法律支持下与丈夫解除夫妻关系加入革命队伍，为根据地经济发展作出了贡献。但提出离婚的大多数是妇女，她们中的绝大部分是因与丈夫"感情意志不合"，大量男性贫农成为单身，这样大范围的离婚激化了男女两性之间的矛盾，进而影响到根据地巩固。[2] 基于此，中共一方面借助婚姻改革来发动群众，另一方面又须面对现实，在一些较敏感的问题上选择了一切服从抗战的原则，如在离婚问题上一般要求女方离婚后返还男方部分彩礼，因男方可能再无能力续娶并对中共政策产生不满。尤其在对待军婚问题上更如此。为最大限度地保护抗日军人，根据地颁布了具有明显偏向性的条例，以防抗属大规模提出离婚。

婚姻制度作为社会制度的一个重要方面，其法律政策选择的价值取向很大程度上关涉民众利益。中共在抗日根据地试图将婚姻自由原则彻底注入家庭之中，但婚姻变革并非简单的新旧观念更替，它发生变革的基础是包括经济、政治、文化等条件在内的社会制度的变革。虽然中共尝试阻断封建婚姻的源头并实行婚姻自由，但这种实践在现实中屡屡受挫并引发新的社会矛盾。由此看来，婚姻自由原则在社会制度未发生根本变化情况下不可能实行，真正的自由要靠社会多重元素的互相作用才可实现。

---

[1]　《晋绥高院关于李子贤与王焕焕婚姻的上诉书传票离婚经过及高院准予离婚的判决等》，山西省档案馆藏，山西革命历史档案，A95－4－4－3。

[2]　《晋绥二地委二分区抗联关于青年团、妇女工作和土改群运中思想动员工作的总结报告、意见和计划》，山西省档案馆藏，山西革命历史档案，A27－1－20－4。

第三节　根据地女性英模的生活日常

全面抗战爆发之后，中共领导下的抗日根据地开启农村女性解放之路，她们不论老幼、不分阶层加入自身解放和抗日战争的洪流，其中最为引人注目的是一批女性英模的崛起，她们活跃在民族解放与社会生活的各个领域。而学界以往对抗日根据地女性解放研究多集中于女性参政、女性生产、女性婚姻等若干层面，对妇女日常生活特别是女性英模群体的考察则付诸阙如。本节旨在探讨根据地女性英模生成逻辑或组织机理，并从其日常生活实态着眼，以多角度地展示女性英模的生活本相，进而揭示中共为女性解放所做的各种努力。

一、女性英模的形塑逻辑

（一）女性英模的激励机制

1943 年 2 月 26 日，中共中央作出《关于各抗日根据地目前妇女工作方针的决定》（即《四三决定》），指出："在日益接近胜利而又日益艰苦的各抗日根据地，战斗、生产、教育是当前的三大任务，而广大农村妇女能够和应该特别努力参加的就是生产，广大妇女努力生产，与壮丁上前线同样是战斗的光荣任务。而提高妇女的政治地位、文化水平，改善生活，以达到解放的道路，亦须从经济富裕与经济独立入手。""这是各抗日根据地妇女工作的新方向"。[1] 为鼓励在各个领域表现卓越的妇女，各根据地实行了一套奖励制度，给予其政治肯定和生产资料支持。其间，涌现出大批模范妇女，她们或是劳动模范、拥军模范、杀敌模范，或是卫生模范、生育模范，其中人数较多且备受关注的是劳动英模，因为在大生产运动背景下劳动创造的价值似乎更大。所谓"劳动英模"，即劳动英雄与模范工作者的简称，劳动英雄主要指生产好并以其生产影响和推动别人生产者，模范工作者主要指工作好且以其优良革命品质、正确思想作风真正为群众服务者。[2] 而此处所指女性英模主要系大生产运动之后几届群英会被表彰的劳动英模。

在各根据地政府引领下，妇女摒弃不下地劳动观念，放开小脚、剪掉发辫，

---

① 《中共中央关于各抗日根据地目前妇女工作方针的决定》，载于《解放日报》1943 年 2 月 26 日。
② 刘景范：《更加推广劳动英雄和模范工作者的运动》，载于《解放日报》1945 年 1 月 25 日。

纺纱织布，走到田间地头开荒下种、锄草浇苗。如"晋察冀边区参加春耕的妇女，经组织的有一千四百人，平山一带的妇女劳动团和劳动小组松土送饭，开荒抬粪……""冀南冀中的妇女善于织土布……成立了五百个土布合作社……不但够军队地方用，还可以出口"；山西沁县、长治、高平、黎城、辽县成立妇女生产小组并取得很好的成绩。妇女参加生产提高了经济地位和家庭地位，如"黎城某县，丈夫素来看不起老婆，但在热烈的生产运动中，许多妇女被组织到生产小组中去，每日一人能织出丈余土布，赚上三四块钱，使得丈夫非常佩服。"① 为进一步调动广大妇女及其他劳动者的生产积极性，1943 年 11 月，中国历史上第一次出现的劳动英雄及模范工作者代表大会在延安举行，陕甘宁边区 185 名劳动英雄及模范工作者受到表彰。② 此后，劳动英模事迹被广泛宣传并成为中共领导和发动根据地妇女革命运动的主要手段。如晋绥边区 1941～1944 年间召开过 4 届英雄模范大会③；1944 年 11 月太行区第一届杀敌英雄和劳动英雄大会召开，会议选出劳动英雄 39 名，女性劳模有郝二蛮、郭凡子、孟祥英等；1945 年 1 月太岳区第一届群英会召开，妇女劳动英雄翟大女、胡让牛等在会上发言；1945 年 3 月，冀鲁豫区群英会召开，女性劳动英模与男性劳模、战斗英雄、模范工作者一并受到表彰。④

（二）女性英模的群体特征

根据地女性英模基本都是贫苦出身且未受教育的农村妇女，但其是中共妇女政策最积极的响应者。如太行区纺织英雄赵春花 1900 年生于店街村一个贫农家里，6 岁随母学做家务、照顾弟妹，13 岁已学会做衣做鞋。辽县下武村纺织能手杜二女"家里贫穷，全家有六口人，都是不能劳动的老汉和小孩"。⑤ 劳动英雄张秋林"是离石一个贫苦的中农人家"，7 岁"负责照顾弟妹们拉屎撒尿"，8 岁学会纺纱。⑥ 晋绥边区特等劳动英雄刘能林 1916 年生于临南县一个贫农家庭，因父亲无力偿还 30 元高利贷在其 11 岁时被卖作童养媳，其在婆家"既要做家务，又要为丈夫缝衣做鞋，做不好便要遭到婆母的打骂"。岢岚县劳模马改果 1915 年生于一个贫农家里。晋绥边区纺织英雄韩国林生于临县韩家山村一个贫苦家庭，

① 中华全国妇女联合会编：《蔡畅邓颖超康克清妇女解放问题文选》，人民出版社 1988 年版，第 54、57 页。

② 岳谦厚：《边区的革命（1937—1949）——华北及陕甘宁根据地社会史论》，社会科学文献出版社 2014 年版，第 106～107 页。

③ 《中国老区》山西编写组编：《中国老区——晋绥抗日根据地》初稿，时间不详，第 112 页。

④ 《中国老区》山西编写组编：《中国老区——晋冀鲁豫抗日根据地》初稿，时间不详，第 54 页。

⑤ 皇甫建伟、宋保明著：《烽火巾帼》，山西人民出版社 2012 年版，第 238、245 页。

⑥ 《女劳动英雄张秋林》，载于《解放日报》1944 年 12 月 3 日。

7 岁丧母，料理全家生活的重担早早落在其肩上。① 拥军模范裴乃秀 1896 年生于草亭村一个贫农家庭，迫于生计当了童养媳。② 闻名太行的拥军模范胡春花 1909 年生于武乡县一个贫农家庭，12 岁就做了童养媳。③ 晋绥边区特等劳动英雄白全英是晋绥边区闻名的女劳模，她于 1913 年出生于临县化林村一个贫农家庭，15 岁就嫁到白沟村一户贫苦农家，丈夫靠租地养活全家，家中只有土窑一孔，生活十分艰辛。晋绥边区特等拥军支前模范王元英出身普通农家，14 岁嫁给临县一户贫苦农民。④ 陕甘宁边区劳动英雄李凤莲"年幼时，在娘家过了十多年穷苦的日子，又作了二三年挨打受气的童养媳。"⑤

陈敏是《解放日报》大幅报道的一位劳动模范，其与上述几位女性模范有着不同经历。陈敏是冀中人，家境殷实，从小被视为"赔钱货""只当做牛马来使用"，8 岁时学纺纱，"还要帮姑姑带娃娃、帮着母亲做针线"。11 岁时母亲过世，父亲才送她去读书。陈后来像其他热血青年一样走上抗日道路，并与八路军某部政委结婚，成为一名抗属。投身革命事业之后，领导鞋厂保证军鞋供给，成为"家属劳动英雄"，事迹被广泛报道。⑥ 陈敏是根据地女性模范中的一位特例，出身与经历不似其他女性，但同样经历了普通女性的苦难，并在根据地转变为新女性的代表。

大多数女性模范有着相似经历，悲惨的童年、卖作童养媳的无奈、不甘就此贫困而奋起行动。出身贫苦、艰难度日—童养媳挨打受气—革命宣传带来希望—参加革命成为模范，她们的人生似乎都是这个程式，《解放日报》、《新华日报》（太行版和太岳版）、《晋察冀日报》、《抗战日报》（《晋绥日报》）、《太岳日报》等各大根据地党报宣传重点在于革命让她们翻身做主，中共给了她们新生，因此她们昼夜为革命工作并变成具有坚定革命信仰的偶像式人物。

二、女性英模的示范效应

（一）生产劳动方面

根据地时期涌现出的女性英模多属于生产领域，其舍己为公、拼命生产的态

---

① 山西省妇女联合会编：《晋绥妇女战斗历程》，中共党史出版社 1992 年版，第 402、421、424 页。

② 皇甫建伟、宋保明编著：《烽火巾帼》，山西人民出版社 2012 年版，第 240 页。

③ 《中国老区》山西编写组编：《中国老区——晋冀鲁豫抗日根据地》初稿，第 82 页。

④ 刘奋昂主编：《飒爽英姿巾帼虹——吕梁妇女英雄谱》上，山西人民出版社 2012 年版，第 10、29 页。

⑤ 《女工劳动英雄李凤莲》，载于《解放日报》1944 年 1 月 29 日。

⑥ 《家属劳动英雄陈敏同志》，载于《解放日报》1944 年 3 月 19 日。

度和热情感染了其他百姓，起到了良好的示范作用。如女劳模张秋林有着近乎传奇的人生经历，她的无私、进步影响了身边许多人。为带动大家纺织，她到处宣传，"规劝妇女们参加生产"。她领导的 25 个纺织小组定期开会，研究纺织中遇到的难题，"不但亲自教她们，而且发动大家竞赛"。在其领导下，离石妇纺运动快速发展。她"善于解决妇女群众中间的问题"，调动一切力量发展生产，连"弄神弄鬼""贪财害命"的"神婆"都被改造过来参加纺织。张秋林"白日开会""黑夜纺花"，后又组织合作社，为入社百姓盈利的同时有力支援了抗战，成为"全晋绥边区妇女们所要学习的榜样"。① 又如阳城六区水头村模范抗属和劳动英雄裴琴贵 1942 年动员丈夫参军之后，领导全村妇女组织互助组，积极帮助其他军属生产，用自己实际行动照顾军属，感动了周边群众，并以此在 3 年时间内一共发动 11 名新战士入伍。② 阳城三区殿腰村优抗模范王英帮助战士启练妻子纺花织布，以解决冬季穿衣问题，由此受到政府表扬。③ 阳北县模范工作者吕秀峰"送夫参军，本人参加互助组、开荒、拾粪，组织互助组纺织，灾荒时期组织打死树上的杨叶叶（害虫）、找野菜……"④ 陕甘宁边区的情形亦然。如郭凤英是 1943 年米脂县唯一入选的女性农业劳动英雄，后又出席边区劳动英模代表大会并受到毛泽东接见。她靠双手成为边区家喻户晓的女英雄，据其所言："我三二年上男人就殁了"，十几年"白天黑夜的劳动，解决了全家的生活"，还将以前典出的地赎回来，两个儿子已长大，"大小子已经能揽工了，二小子也能拦羊了"，光景过得不差。她的事迹激励着边区所有劳动妇女，像郭凤英学习、看齐成为其共同目标。⑤

（二）技术学习方面

女性英模既是生产的积极践行者又是热情推动者，特别是妇纺运动离不开其动员、组织和教导。如冯桂英作为抗属投奔丈夫后并未得到任何优待且被告知须靠自己维持生计，她凭借纺织手艺养家糊口在当地引起巨大反响。妇女们无不羡慕地说："如果我们学会纺织，就不怕没有布穿了。"有人提出请冯桂英上门教学，她得到丈夫支持后开始"不要工钱，教人纺织"的教学生活，"今天在张三家，明天到李四家，这里还没有脱身，那里又有许多人来邀"，四年下来"经她直接或间接教纺织的地区，纺织和养蚕运动开展起来""千百个妇女，正以纺织

① 《女劳动英雄张秋林》，载于《解放日报》1944 年 12 月 3 日。

②③ 《阳城县优抗模范、模范抗属、模范荣退军人材料》（1944 年），山西省档案馆藏，山西革命历史档案，A195－1－38－2。

④ 《阳北县模范工作者女村长吕秀峰介绍》，山西省档案馆藏，山西革命历史档案，A71－1－33－1。

⑤ 《妇女农业劳动英雄郭凤英》，载于《解放日报》1944 年 1 月 6 日。

收入，改善她们家庭和她们自己的生活"。与以往无一架纺车局面形成鲜明对比的是，村里"不仅家家有纺车，全村有十多架织机，每个妇女都会纺织养蚕，布匹完全能够自给。"① 冯桂英以一己之力完成一个村、一个地区的妇纺教学和动员工作，不愧为一名优秀抗属和劳动英雄。

（三）婚姻家庭生活方面

根据地女性英模在婚姻生活、家庭和睦方面堪称表率。在"婚姻自由"口号下，许多妇女将解约离婚视作追求自身解放的必经之路，各种婚姻案件剧增，给农民生活和乡村稳定带来隐患。大生产运动开展之后，组织发动妇女从事生产成为妇女解放的主要内容，一批女性英模涌现，她们既在生产、拥军、参政方面是"英雄模范"，又在个人生活、家庭建设中有着同样表现。尤其模范抗属，坚持生产、不闹离婚是其共同品质，她们对根据地妇女的婚姻生活态度起了潜移默化的影响。当然，在中共的革命话语中亦极力宣扬"模范配英雄"的婚姻模式，作为军人妻子（包括未婚妻），珍惜自己荣誉，在后方安心努力生产，像民歌中所唱一样："女人顶事也能干，与男人一模一样能干。大脚参加自卫队，小脚的参加慰劳队。男男女女都工作，生产运动是第一。男人们前方去'闹枪'，后方的生产靠婆姨。"② "情郎哥去参军背上了三八枪，惊动了那个小妹妹前来送情郎。今日分离总有那团圆日，情郎哥哥你去参军为的是保家乡。一不叫你忧来二不叫你愁，三不叫你离家乡两眼泪交流。妹妹我在家中参加那妇救会，二老爹娘在家中我替你来伺候……单等哥哥打败那小鬼子，庆胜利那个结良缘能过太年。"③ 此外，女性英模参加生产的同时，抚育后代、照顾老人的重担压在她们肩上，她们像一部不知疲倦的机器为家庭为革命释放着能量，是边区和睦家庭建设的基本力量。

三、女性英模的政治参与

抗日根据地选举运动中随处可见妇女身影。这时参与政权的女性多在生产实践中表现突出，她们或因生产业绩有机会参政，或因参政在生产中不甘落后，而中共则"保证那些精明能干、在群众中有威望、忠实于妇女切身利益的妇女们当

---

① 《共产党员之妻》，载于《解放日报》1943 年 5 月 13 日。
② 《介绍几个边区妇女的故事》，载于《新中华报》1939 年 3 月 31 日。
③ 《送情郎》，王瑞璞编：《抗日战争歌曲集成》第一卷，中国文联出版社 2005 年版，第 405 页。

选参议员。"① 可以说，女性英模是最先被动员起来的一批妇女。

晋绥边区女劳动英雄刘能林 1942 年当选村妇女干部后积极发动妇女抗日，组织妇女参加民兵组织，学习"埋地雷"等作战本领。大生产运动中，带领妇女从事纺织，帮助群众解决了很多困难。由于她善于领导又懂得纺织，很快加入中国共产党。入党后，她带头创办了一个合作社并表示："一个人翻身解放还不算，要让大家都解放，都过上好日子。"该合作社不仅帮助妇女解决了生活困难，还有力支援了抗战，受到上级表扬和群众称赞。② 马改果 1938 年加入中国共产党并担任村妇救会秘书，1942 年选为边区妇女劳动英雄。在她的带领下，村里拥军、妇女组织、帮助抗属、妇女识字工作取得不小成绩，特别是其创办的纺织合作社成为全县最先进的合作社，由此被推选为特等劳模并出席了晋绥边区第四届群英会。③

不少女性英模亦是参政典范。戎冠秀得知八路军是帮助穷人的队伍后参加妇救会，"会员们个个都举手欢迎她当会长"，任职期间动员妇女放脚，年轻妇女"剪了发，脚上不再穿两双袜子，换了大鞋"。她爱护会员，曾帮助一个被丈夫残害却伪称其为自杀的会员弄清真相并将凶手绳之以法。④ 栾和富 1943 年参加革命并出任村妇女主任，"组织洗衣队、缝衣队"帮助战士解决生活问题，"战斗时给红军送信、侦查坏人"。她除发展自家生产外，还帮助村里妇女一起致富，改造二流子、领导本村妇纺、扩大生产，成为妇女生产、参政的一面旗帜。⑤

根据地的女性英模是一个时代一个地区的代表人物，这些具有传奇色彩的女性是一面抗战与生产的大旗。纺织英雄赵春花成为最早响应抗日政府政策的太行地区农村妇女。1941 年她被选为边区临参会参议员后对抗日政府的工作更加支持，大生产运动大幕拉开时带头投身到生产、支前运动。在她带领下，村里纺织事业从无到有、从弱到强。1944 年春，赵春花被选为左权县（辽县）纺织英雄，11 月获太行区纺织英雄称号，12 月又获太行区一等纺织英雄称号。拥军模范裴乃秀是一位誉满太行的女性，她是千万拥军女性的代表。抗战爆发后，裴响应支前号召，先后将两个儿子送到抗战前线，二儿子在一次反"扫荡"中牺牲，她并未因此放弃拥军，反而处处为子弟兵着想，主动承担伤员护理任务。她节衣缩食，将家中粮食给伤员吃，粮食吃光后将"自己头上的银钗子卖掉，换来几升玉茭和豆子"给伤病员。裴乃秀用实际行动支援抗战，被誉为"子弟兵母亲"和

---

① 《动员边区妇女参加选举运动》，载于《解放日报》1941 年 6 月 21 日。
② 山西省妇女联合会编：《晋绥妇女战斗历程》，中共党史出版社 1992 年版，第 401 页。
③ 山西省妇女联合会编：《晋绥妇女战斗历程》，中共党史出版社 1992 年版，第 421 页。
④ 《子弟兵的母亲戎冠秀》，载于《解放日报》1944 年 11 月 29 日。
⑤ 《边区妇女光辉范例》，载于《解放日报》1944 年 4 月 9 日。

"拥军模范"。① 晋绥边区特等女劳动英雄张秋林抱着"打走日本鬼子，不当亡国奴"信念，带领全家走上抗战道路。1940 年中共抗日政权成立后，张选为"自然村妇女生产小组长、妇女演剧队队长、行政村妇救会组织委员、妇女合作社营业员"。生产之余，她挨家挨户宣传，是村里的好干部。1941 年，加入中国共产党，从一个普通乡村妇女成长为一名共产主义战士。入党后，张办起纺织合作社，为农民谋福利、为军民穿衣做贡献，为自己赢得妇女特等劳动英雄荣誉。1944 年 8 月儿子在日军"扫荡"中被杀害，张痛苦过后重新振作起来，下决心把合作社办得更好，在她和社员共同努力下，1944 年合作社分红时红利占股本60%，社员扩大到 360 人，股本增到 30 万元。张的事迹被编成郿鄠剧在各地演出，被谱成歌曲在各地传唱。1945 年，张被选为解放区人民代表大会代表及议员。张秋林从一个普通农村妇女成长为成熟的中国共产党党员、优秀的妇女干部，其表现出来的革命热情值得学习和尊敬。②

根据地女性英模参政活动虽大都限于妇女工作领域，但对革命作出的努力和牺牲有目共睹，她们以一己之力带动一个地区一个时代的妇女工作发展，甚至化作一个指引后人进步的符号，一改女性以往与政治绝缘的状况。

四、女性英模的家庭生活

(一) 女性英模的生产实践

闭塞的社会风气使太行山区和吕梁山区广大农村成为传统积习十分严重的地区，女性毫无话语权，男尊女卑的社会惯习使女性丧失追求自身利益的意识。抗日根据地建立之前，村里男人"常常在街上议论村子的事情"，妇女则"从不敢到这种场合去"；"当有人来到家门口"问屋里有无人时，"妇女就自己回答说'屋里没有人'。妇女在那时根本不被当作人对待"。③ 女性活动场域限于房屋院落，承担的劳作是洗衣做饭、料理家务、照看小孩。她们负责全家生活起居，对关乎全家生计的田间劳作不参与，因女人下地干活被视为羞耻之事。④ 在中共动员下，根据地乡村风气渐开，妇女摆脱劳动丢人的观念，走出房门，和男人一样走到田间地头干活。特别在大生产运动中，女性响应号召制订生产计划、参加生

---

① 皇甫建伟、宋保明编著：《烽火巾帼》，山西人民出版社 2012 年版，第 239、241 页。

② 刘奋昂主编：《飒爽英姿巾帼虹——吕梁妇女英雄谱》上，山西人民出版社 2012 年版，第 24 页。

③ ［加］伊莎白·柯鲁克、［英］大卫·柯鲁克：《十里店——中国一个村庄的革命》，龚厚军译，上海人民出版社 2007 年版，第 13 页。

④ 《女劳动英雄张秋林》，载于《解放日报》1944 年 12 月 3 日。

产劳动蔚然成风，1943 年晋绥边区流行小调唱道："妇女们订计划，纺织又做饭，帮助男人们送饭到田间，家里事不用男人们管，军队住到咱村中缝新又补烂……唉！唉！呦！""鸡叫大天明，太阳满山红，叫一声妇女们快来集中，赶快上地里辛勤劳动，保证咱今年的任务一定能完成……唉！唉！呦！"① 据不完全统计，陕甘宁边区妇女在大生产运动中开荒达 10 万亩以上。② 当然，掀起妇女劳动高潮的当属妇纺运动，妇纺运动是根据地面对日军"扫荡"、经济封锁及天灾不断的情况发起的生产自救运动。据统计，至 1944 年，"仅太行、太岳、晋西北 3 个区的妇女纺织人数已达到 47 万余人"。③ 动员妇女参加纺织运动既使根据地渡过难关，又使女性在经济独立的道路上继续前行。参加大生产运动的女性在创造生产价值的同时找到了自己人生价值，这一变化得到越来越多男性认同，家庭关系因此和睦起来。女性英模无疑是妇纺运动中表现最突出的群体。

1. 女性英模的典型范本

在大生产运动中涌现出的女性英模是根据地女性劳作的标杆，亦是女性独立自强的榜样。她们忘我劳动，带领村民共同生产、改善生活，曾经都是所在区域当之无愧的模范。翻阅史料，一个个被人忘却的名字背后是一年年艰辛的岁月、一段段鲜活的历史。

太行区纺织英雄赵春花响应大生产运动，组织了 20 名妇女参加纺织小组，指导全村妇女学习纺花。一个仅有 45 户居民的水坡村就有 91 名参加纺织运动的妇女，其中 23 名既能纺纱又会织布。1943 年全村纺花 300 斤、织布 190 斤。一年后，全村纺花 950 斤、织布 480 斤。在其带领下，全村不但实现穿衣自给自足，同时还支援了部队。据统计，全县各村在其影响下，"参加纺织的妇女达到 17 000 人，有纺机 15 000 部、织布机 2 100 台，全年共纺花 12 万斤、织布 10 万斤，有力地支援了抗日战争。"④ 1944 年赵春花被选为辽县纺织英雄，并在同年召开的太行区首届杀敌、劳动英雄大会和 1946 年 12 月太行区第二届群英会上分别被授予太行区纺织英雄和一等纺织英雄称号，成为誉满太行的纺织英雄。⑤

石榴仙是太行区另一名纺织英雄，她同赵春花一样积极开展纺织运动，将全村 80 多名中青年妇女组织成 5 个纺纱小组并开展竞赛活动。她以身作则，发挥自己织布特长，夜以继日地纺织甚至达到一天纺一斤花、织两尺布的最高纪录，由此两次被评为劳动模范。⑥

① 山西省妇女联合会编：《晋绥妇女战斗历程》，中共党史出版社 1992 年版，第 286 页。
② 陕甘宁三省区妇联编：《陕甘宁边区妇女运动大事记述》，1987 年印，第 80 页。
③ 山西省史志研究院编：《山西通史》第 8 卷，山西人民出版社 2001 年版，第 228 页。
④ 陈厚裕主编：《左权县人物志》，山西古籍出版社 1998 年版，第 548 页。
⑤ 皇甫建伟、宋保明编著：《烽火巾帼》，山西人民出版社 2012 年版，第 239 页。
⑥ 《中国老区》山西编写组编：《中国老区——晋冀鲁豫抗日根据地》初稿，第 80 页。

纺织英雄韩国林本是普通农家妇女，但她创办"纺织工厂"的事迹在吕梁山远近闻名。大生产运动中，她参加纺织培训班，因表现出色加入中国共产党。回村后，她动员全村妇女以互助形式进行纺织，顺利完成上级交给的任务。1944年，韩在纺织互助的基础上办起纺织合作社，后又发展成纺织厂。在其领导下，纺织生产发展迅速，仅1944年、1945年就织布72匹。韩国林成绩突出，多次被乡、区、县评为劳模。①

张秋林是晋绥边区支前模范、劳动英雄。当丈夫参军离家后，她一个人开荒种地、纺花织布，支援抗日前线。1943年，张响应边区号召，加入纺花织布行列并担任起组织妇女的工作。她注意工作方法，将村里妇女按照住地远近、年纪大小、性格脾气等标准分成25个纺织小组，各小组定期开会研究如何提高纺花水平、怎样修理纺车，纺织运动在其组织下搞得红红火火，由此被村里乡里一致推选为劳动模范并评为边区"妇女特等劳动英雄"。得到荣誉的张秋林信心倍增，回到村里动员各户入股成立合作社——"秋林合作社"。合作社"以组织妇女纺织为主"，同时代卖油、盐、针线等生活用品，以方便群众。张秋林为了合作社"什么事情都干，常常忙到鸡叫两遍才睡觉，早晨还总是比别人早起"，合作社发展、壮大与之辛勤工作密不可分。1944年，合作社分红时红利占股本60%，群众得到切实利益。在晋绥边区流行这样一句话，"十万人穿衣，全凭妇女同志"。②

模范抗属刘全英在丈夫参军外出革命后，一个人照顾年迈的婆婆和两个年幼的孩子，虽然生活艰苦，但她一想到家中老人和孩子就有了坚持的勇气。在极端困苦的情况下，刘未"向任何人哀求过"，将家中田地"自种四垧""伙出去七垧"，还学习"纺花织布"，生活好起来。她突出的生产业绩使"家务建立起了，而且不断向上发展"，用一个女人的肩膀扛起全家人生存重担。③

戒冠秀是个"做活"好手，"一年四季天不明，就背上粪筐"摸黑拾粪，甚至连大年初一都不歇，刚生完孩子没几天就下炕做活，村民都说"戒冠秀实在不像妇女，那双手，长得又大又粗；那双手摘花椒，摘得干净利落""上地里，耕地刨坡，什么活儿，都不比男人们少干"。④

2. 妇女纺织的突出成就

大生产运动中涌现出一批妇女劳动英雄，她们主要活跃领域是纺织业，在其模范带头作用下，各根据地民间纺织得到显著发展，群众和军队穿衣问题得到缓

---

① 山西省妇女联合会编：《晋绥妇女战斗历程》，中共党史出版社1992年版，第424页。
② 山西省妇女联合会编：《晋绥妇女战斗历程》，中共党史出版社1992年版，第391页。
③ 《建立家务——记模范抗属刘金英》，载于《解放日报》1944年2月11日。
④ 《子弟兵的母亲戒冠秀》，载于《解放日报》1944年11月29日。

解，妇女地位得到提高、家庭变得和睦。

华北各抗日根据地妇纺运动自 1942 年前后开始，经两年多发展后，到 1944 年仅太行、太岳、晋西北三个区纺织妇女总人数已达 47 万余人。妇女纺织成为支撑抗日根据地的重要力量，在"自种、自纺、自织"口号下妇女通过改进纺织工具等方法，提高了纺织效率、增加了纺织品产量。据统计，1944 年太行区 24 县植棉 9.1 万余亩，棉产量达 75 万公斤，产布 100 余万公斤，为抗战提供了保障。[①]

在这一组组数字背后是无数妇女的辛勤劳作，她们默默为家庭为根据地建设贡献力量，但历史并不能将每个人的经历呈现出来，而选择了其中有代表性的妇女——劳动英模。在中共动员下，各抗日根据地妇女在劳动英模事迹感召下，基本上都有效地担负起生产责任，甚至在解决军民穿衣问题上挑起大梁。这一时期根据地建设离不开妇女的努力，而妇女英模更刷新了女性劳动纪录。中共在妇女动员、女性模范形象塑造上是成功的，基本实现《四三决定》提出的发动妇女为抗战服务的要求，较成功地探索出一条妇女通过劳动赢得经济独立、社会尊重进而获得解放的道路。

（二）女性英模的家庭日常

抗日根据地建立之前，太行山和吕梁山区童养媳盛行，早婚和买卖婚姻普遍，男女地位不平等，女性作为"私有物品"现象毫不稀奇。境内男十六七岁、女十三四岁订结婚情况普遍，包办婚姻如童养媳、换亲、卖妻、卖女、抢婚随处可见。[②] 根据地创建之后，中共对传统婚姻进行改革，力图使妇女自由平等地选择婚姻，妇女在婚姻家庭中的权益在制度上得到保障。

作为妇女代表的女性英模，其婚姻家庭可视为根据地女性的缩影。她们大多出身贫寒，在婚姻选择中无自主权可言，有童养媳经历者不在少数。如拥军模范裴乃秀就出身于贫困农民家庭，因生活所迫当了童养媳；晋绥边区特等劳动英雄刘能林 11 岁时以 90 元钱的价格被卖给陕西商贩当童养媳，小小年龄遍尝生活辛酸；[③] 太行抗日根据地的拥军模范胡春花因家境贫寒，12 岁就做了童养媳。[④]

与童养媳经历相似，女性英模早婚现象普遍。如晋绥边区特等劳动英雄白全英幼时因家境贫寒，15 岁就嫁到本乡一户贫苦人家，"丈夫靠揽工租种土地为

---

① 山西省史志研究院编：《山西通史》第 8 卷，山西人民出版社 2001 年版，第 232 页。
② 山西省史志研究院编：《山西通志·民政志》，中华书局 1996 年版，第 326 页。
③ 山西省妇女联合会编：《晋绥妇女战斗历程》，中共党史出版社 1992 年版，第 401 页。
④ 《中国老区》山西编写组编：《中国老区——晋冀鲁豫抗日根据地》初稿，第 82 页。

生"。晋绥边区妇女特等劳动英雄张秋林因家贫15岁就嫁到邻村。[1] 晋绥边区支前模范王元英出生在一户普通家庭，14岁嫁给一户贫苦农民。韩国林7岁丧母，17岁嫁入一个"上有公爹哥嫂，下有小姑侄儿"的贫苦家庭。[2] 太行区纺织英雄赵春花17岁出嫁，成为一个"勤劳简朴、温良贤惠的家庭主妇"。[3] 被誉为晋察冀边区"子弟兵母亲"的戎冠秀15岁嫁到李家，"谁都知道，李家是个穷光蛋，家里常常吊起锅台"。[4]

根据地妇女亦有积极争取婚姻自由、独立自主的例子。劳动模范陈敏出生在一个重男轻女的传统家庭，年少时丝毫不受重视，18岁时和同学一起走出教室，开始革命之路。在革命阵营里结识八路军某部团政治委员，经过一段时间相处而结合。[5] 陈敏反抗家庭而毅然参加革命并自由恋爱、结婚的经历与上述几位女性英模不同，她的觉醒是从自身开始而非结婚后才进行。当然，这与陈敏比较富足殷实的家庭出身有关，与她接受教育的经历及其所处环境有关。

女性英模首要身份是"女性"，其涵义包括女儿、妻子、母亲三重身份，而最劳神费力者即母亲。男女性别最大不同之处在于女性需担负起更多抚育后代的职能，这种无法人为改变的分工给女性生活带来很大限制，任何妇女解放都绕不过的问题即女性因生育带来的时间、精力、体能上的损耗。因此，延安时期的革命女性对生育表现出来的态度大都是抵制的，革命工作的烦琐加之战争环境的混乱及刚刚脱离旧时代的新式女性在心理上不愿落后的要求使之千方百计地回避生育，如康克清在接受美国记者海伦·斯诺采访时就表示："我不想生孩子，我要保持健康的军人体格。"[6] 但女性英模在生育问题上的处理方式比较传统，婚后都育有子女且主动承担起照顾孩子责任，各边区党报随处可见女性英模一边生产一边照顾孩子的报道。

女性英模在家庭生活中除照顾子女外，还对丈夫给予无条件支持。尽管很多人并非自由恋爱步入婚姻，但对于父母、媒妁挑选的丈夫大都有了日久所生的情愫，或因子女在旁，或因道德约束，对丈夫的态度多温柔体贴或服从支持。她们动员丈夫上前线，用实际行动支持抗战，凭一己之力扛起家庭重担。如韩国林17岁出嫁，婚后第二年就送丈夫参加县抗日游击队，两人都认一个理："打不倒

---

① 刘奋昂主编：《飒爽英姿巾帼虹——吕梁妇女英雄谱》上，山西人民出版社2012年版，第10、24页。

② 山西省妇女联合会编：《晋绥妇女战斗历程》，中共党史出版社1992年版，第424页。

③ 皇甫建伟、宋保明编著：《烽火巾帼》，山西人民出版社2012年版，第238页。

④ 《子弟兵的母亲戎冠秀》，载于《解放日报》1944年11月29日。

⑤ 《家属劳动英雄陈敏同志》，载于《解放日报》1944年3月19日。

⑥ 康克清：《康克清回忆录》，解放军出版社1993年版，第216页。

小鬼子，日子没盼头。"① 这些模范抗属、妇女英模对丈夫对家庭的牺牲不仅体现在忘我劳作上，还体现在对夫妻关系的忠贞与尊重上。在其看来，只有努力生产、不靠公家、不闹离婚才是光荣的，如李桂英常劝其他抗属"咱们的男人是革命的"，如离婚就"把我们的光荣丧失了"。②

女性英模身上大都保留了中国传统女性的品质，在孝顺公婆、和睦家庭方面堪为世范。张秋林公公是个"赌博汉"和"懒鬼"，"家里的卅来亩山地，都叫他赌输了"。张嫁去后，仅剩的 12 亩地为还赌债被典出，她对此虽"看不顺眼""但从没说过一句呕气话，叫干甚就干甚"。当她送丈夫参军后，婆婆对其不理解，逢人就说："她嫌海元（张秋林男人）累赘，这下看她怎么养活自己，看她独立过活吧。"张则辛勤劳作，在其影响下，婆婆"把搁了多年的织布技术也恢复起来""公公也把以前因赌博典给人家的地赎回来"。③ 张秋林以实际行动在尊重长辈的前提下默默改变着他们对革命、生产及生活的态度。

女性英模对家庭倾注了许多心血，她们身上有着中国传统女性对家庭与生俱来的眷恋，即便在婚姻初始并非自愿，但随时间流逝，对丈夫、子女、公婆的情感逐渐注入血液，彼此扶持并度过革命最困难、生活最困苦的时光。她们对婚姻的态度是传统而认真的，如张秋林、马改果等在丈夫外出革命时独自承担起家庭重责，从未想过离婚，甚至很多人在丈夫去世后亦坚不改嫁。如郭凤英 15 岁出嫁，20 多岁时丈夫去世只留下两个年幼的孩子，她没有改嫁，而是"丢了裹脚布，用棉花潜进脚趾，解放了小脚"，带着两个孩子上山劳动并熬过最困难的日子。④ 不过，新思想新观念同样在影响着部分女性英模，而冲破封建婚姻桎梏、寻求自我独立和解放的例子在刘能林经历中得以体现。其 11 岁就给 20 岁的阎孟玺当了童养媳，12 岁被逼成婚并作"成人对待"。抗日根据地建立后参加妇女组织，丈夫对此反感，经常对其外出开会百般刁难甚至大打出手。1947 年，刘与阎结束长达 20 年的婚姻。⑤ 随着新婚姻法实施，根据地百姓开始建立起正确的婚恋观念，寡妇再嫁不再是"伤风败俗"之事。如宋志贞经历两段婚姻，在第一个丈夫病逝后改嫁一个小学教员，几年间就有了 3 个孩子，夫妻感情和美、同甘共苦，成全了一段婚姻佳话。⑥

根据地时期女性英模在婚姻家庭中的态度既有传统女性保守的一面，又有现代女性干练的一面，特殊时代让其彰显出与众不同的韵味。中共在根据地建立初

① 山西省妇女联合会编：《晋绥妇女战斗历程》，中共党史出版社 1992 年版，第 424 页。
② 郝登洲：《模范抗属李桂英》，载于《解放日报》1944 年 2 月 14 日。
③ 《女劳动英雄张秋林》，载于《解放日报》1944 年 12 月 3 日。
④ 《妇女农业劳动英雄郭凤英》，载于《解放日报》1944 年 1 月 6 日。
⑤ 山西省妇女联合会编：《晋绥妇女战斗历程》，中共党史出版社 1992 年版，第 401 页。
⑥ 《妇女主任宋志贞》，载于《解放日报》1944 年 2 月 11 日。

期尝试阻断封建婚姻源头并实行婚姻自由，但在当时亦导致了高离婚率，影响了乡村稳定，随之则将宣传重点转移到"家庭和睦"建设中，轰轰烈烈的大生产运动将妇女纺织推到重要位置，她们开始得到家庭和社会尊重。与此同时，政府开始宣传劳动英模事迹，大大小小的劳动模范"塑造"出来，她们像男子一样参加劳动甚至创造出比男子更多的价值，其身上女性的外在特征变得模糊。这在战争环境中成为一种必然选择，女性身上蕴藏的力量被充分发掘出来，除孕育后代外，她们的劳动成果对保障军需、争取战争胜利发挥了不可或缺的作用。

五、小结

综前所述，抗日根据地时期女性英模形象以特有的相似性出现在报刊媒介乃是中共政策使然。根据地初建时，中共将妇女解放重点置于争取单纯的自由平等上，随之出现的离婚率居高不下的情势则造成乡村社会动荡。为扭转新婚姻法实施中的混乱局面、重建乡村稳定、维护抗战大局，中共认识到动员广大妇女投身革命并为争取抗战胜利而斗争是进行妇女解放运动的最重要目标。1943年，时任中共中央妇女工作委员会书记蔡畅根据中共中央"组织妇女参加生产、支援前线"的号召主持起草了《四三决定》，指明了"各抗日根据地妇女工作的新方向"。各根据地从战争、生产和妇女劳动的实际情况出发大力发展纺织生产，这一时期涌现的妇女劳动模范就是响应《四三决定》的先进分子，她们不仅成为根据地妇女解放的榜样，更成为支援抗战的英雄。

在相关报道中，妇女劳动英模的生产总是"以一当十"，绝不输于男人。她们为了大局牺牲小我，奉献健康甚至生命，其生产换来一家的衣食无忧、全村的劳动热情，甚至整个边区的学习和效仿。当她们选为劳动模范时则成为备受瞩目和崇拜的偶像，她们总是有着黝黑但健康的肤色、结实的身体、朴素且干净的着装、让人亲近的笑容；当她们戴着红花受奖时，人群中总会响起"像海潮般澎湃的掌声"，像英雄一样被羡慕和膜拜。中共对妇女英模形象塑造是成功的，在特殊历史时期起到了良好的宣传效果，让原本愚昧的北方农村妇女团结起来，找到了自己在战争中的立足点和价值所在。但这样的宣传似乎有些过头，整个女性模范被抽离出常人范畴，承担着超出能力范围的重担，这并非否认妇女生产在战争中的作用，只是应客观理性地解读这些报道所传递的历史信息。

女性英模的出现不仅在很大程度上发展了生产、支援了抗战，且对乡村稳定起了重要作用。女性英模的塑造及大力宣传是根据地政权建设的成功实践。女性英模奋力生产、积极参政、无私奉献的群体形象成功地将抗战主题与后方生产兼顾，将传统妇女"贤妻良母"的概念与新环境下"新女性"的概念重建结合，这种理想化和极端化的女性形象塑造在当时发挥了极大作用，因为只有女性同男性并肩作战，抵抗侵略的使命才可完成。

纵观中国社会发展史，女性很难摆脱"工具化"命运，在男权社会中女性因社会分工成为男子操控的角色，她们内在的生育功能和抚育幼儿的天性是束缚女性解放的无形枷锁，亦是无法与男子真正平等的症结。在革命年代一切政策均应以战争胜利为目标，从这个角度看，抗战时期的女性解放运动功不可没。

回望历史，女性英模日常生活折射出根据地妇女运动存在的一些问题。杰克·贝尔登指出："在中国妇女身上，共产党人获得了几乎是现成的、世界上从未有过的最广大的被剥夺了权利的群众。"中共妇女政策是其取得抗战胜利、建立新中国的关键决策及实践，"由于他们找到了打开中国妇女之心的钥匙，所以也就是找到了一把战胜蒋介石的钥匙"。① 但在根据地妇女运动轰轰烈烈进行之时，性别差异带来的女性发展障碍被集体忽略。中国近现代以来，高喊女性解放、男女平等口号的往往是男性，即便中共妇女政策亦难出男性化话语体系的框架。女性性别的特殊性使女性在很多领域无法与男性平等，而一味强调"男女平等"对女性来说或许是更大的灾难：第一，女性英模偶像化、政治化、仪式化的形象背后是否真的丧失个体性，尤其模范抗属在对待婚姻问题时是否心甘情愿。如答案是肯定的，其解释一定与特殊历史环境相关。但每个个体都是鲜活的、充满个性的，每个人的人生际遇又不尽相同，那么女性英模几乎千篇一律的公众形象若是舆论导向使然的话，其真正的生活状态又如何？第二，动员妇女生产、参政，实现社会价值层面的男女平等是根据地妇女政策的成功之处，但性别差异和舆论压力使妇女在参加社会活动、从事生产劳动的同时仍须负担孕育和抚养下一代及照顾家庭起居的责任，传统家庭对女性的要求丝毫没有减少，女性在生理上、心理上所面对的压力更甚。第三，女性幸福与否、家庭和睦与否、社会安定与否、国家强盛与否都离不开执政党对女性问题、婚姻政策的把握。婚姻是人类社会最基本的民生安排，婚姻政策合理与否影响着每个人每个家庭乃至社会，在革命年代婚姻承载了太多政治意义，超出婚姻这一民生安排的初衷。总之，抗日根据地女性解放运动是发生在抗战背景下的政治性革命运动，特殊的社会生态、历史情境决定了其独特的内容及其结果。

---

① ［美］杰克·贝尔登：《中国震撼世界》，邱应觉等译，北京出版社1980年版，第395页。

第五章

沦陷区民众生产生活[*]

第一节 同蒲路沿线南政村的农业经济

　　近几十年来，中国抗战史及抗战时期的中国史研究成果丰硕，其中论及重要战役、重大事件、重要人物及中共抗日根据地和国统区者较多，而对沦陷区研究者则较少。战争期间，山西全省共辖 105 县，建立日伪政权或被日军控制的地域占全省总面积三分之二以上。1939 年毛泽东在为延安时事问题研究会编著的《日本帝国主义在中国沦陷区》（解放社 1939 年 10 月初版）作序时就强调研究沦陷区的重要性，认为是敌我相持阶段刻不容缓之事。同时，在以往研究中运用中文史料者多，运用外文史料尤其日文资料者则少。近年来，随着大批档案资料解密和中外学术交流加强，学界开始重视解决史料的单一性问题，其中最具代表性的是中国社会科学院中日战争国际共同研究，在步平、汪朝光等推动下已形成多国学者参与研究的态势。不过，有关抗战时期沦陷区尤其山西沦陷区农业经济发展水平的研究仍然十分薄弱。

---

　　* 山西财经大学马克思主义学院梁金平副教授和北京师范大学历史学院翟一帜博士参与了本章初稿撰写。

日本满铁调查是日军侵华时期对占领区中国东北、华北和华东等地区农村进行的专项调查，涉及历史沿革、经济地理、文化风俗、方言俚语等多项内容。"时至今日，这些调查又成为研究中国近代历史的珍贵文献，也成为社会人类学、经济学的重要源头，许多论著都参考和利用了这批调查资料，极大地推动了人文社会科学的进展。"① 就山西而言，全面抗战时期日军在铁路沿线主要城市和农村地区做了不少社会经济发展状况调查，目前笔者所能看到的实态调查资料有《岚县地方社会经济状况与共产党工作概况调查报告》、《北支农村的实态——山西省晋泉县黄陵村实态调查报告书》、《山西省农村概况调查——以在平遥进行的生产分析为中心》、（以下简称《平遥南政村调查》）、《潞泽地区农业概况调查报告书》、《满铁北支农村实态调查临汾班报告》等。当然，日军依托满铁调查机构即北支经济调查所对平遥农村进行调查是为了掌握山西农村资源状况，为其殖民统治服务。然仅就其提供的调查数据言之，对于理解抗战时期沦陷区农业经济发展水平无疑是很好的史料。

《平遥南政村调查》是满铁北支经济调查所对平遥农村所做的实态调查报告，是为获得构成农业生产的基本要素和了解该地区农产品生产情况进行的。该调查以村里中等以上 10 家农户②为样本，考察了其主要农产品生产费用情形。调查从 1940 年 12 月 10 日至 20 日持续 10 天，由满铁北支经济调查所岸本光男、小岛大吉任调查员，河野虎雄辅助调查，冉世经担任口译，并由岸本光男执笔撰写了调查报告。本节即以之为主要史料，通过对该村经济发展实态分析，反观战时山西沦陷区农业经济的整体水平。

一、以农为主：南政村的土地、作物和农民生存状态

山西绝大多数农村以经营农业为主，属于规模很小的小农经济，自耕农占多数，阶级分化程度较低。以抗战之前的 1936 年计，山西农业人口占 92%，土地对占人口绝大多数的农民意义重大。③ 20 世纪二三十年代学界已有这样的认识：以山西大多数县份之乡村论，其人民均以务农为基本事业，不独商人家中皆兼务农业，即仕宦之家亦不废农事，故以"耕读传家"为箴铭，是以在普通乡村中合

---

① 李金铮：《传统与变迁——华北乡村的经济与社会》，人民出版社 2014 年版，第 53 页。

② 从经营规模看，选取 50～100 亩 1 户、40～50 亩 1 户、30～40 亩 2 户、20～30 亩 5 户、10～20 亩 1 户；从经营形态来看，因该村自耕农占 94%，故选取自耕农 9 户、自耕农兼佃农 1 户。详见《平遥南政村调查》，第 34～35 页。

③ 岳谦厚等：《日本占领期间山西社会经济损失的调查研究》，高等教育出版社 2010 年版，第 22 页。

专务农者及兼务农者计之，约达全民户 80% 或 90% 以上。[①] 平遥县南政村就是一个以农为主的典型村庄。

（一）土地情况

土地资源是自然资源中最基本的不可再生资源，是农民赖以生存的命脉，农民与土地就若鱼水关系，须臾不可分离。南政村是一个以经营农业为主的村庄，属平遥县第一区，距离县城北部 6 公里，位于同蒲线平遥站 5 公里之处，耕地平坦，为砂质土壤，汾河支流中都河流经村庄北部，地下水位 5 米左右，灌溉便利。该村总面积 5 920 亩，可耕地面积 5 250 亩，占总面积 89%；其中水田面积 3 350 亩、旱田面积 1 900 亩，其他土地以宅地、道路、沟渠等形式被占有。如依照村民各自所有地估计，土地价格大致如次：水田上地 60 元，中地 30 元，下地 10 元；旱田上地 20 元，中地 10 元，下地 5 元。

（二）主要农作物

在农作物种植面积中，小麦 2 250 亩，占比 39.5%；高粱 1 750 亩，占比 30.7%；玉蜀黍 400 亩，占比 7.0%；粟 350 亩，占比 6.1%；棉花 30 亩，占比 0.5%。此外，有少量大麦、豆类、谷物、荞麦等五谷杂粮类及果蔬类（详见表 5 - 1）。1940 年，小麦、高粱、玉蜀黍、谷物种植状况大体接近农作物收成平常年头。如若从农作物类别看，小麦因播种期遭遇旱灾，谷子因遭受 7 月下旬到 8 月下旬蝗灾，分别减产约 10%。[②] 小麦在普通农家里是主要的变卖作物，即已经商品化。小麦成为压倒性的大面积种植作物既受自然环境影响，又受技术性因素影响。该区降雨量少，而较多地区易遭旱灾，春季播种不能及时发芽致使幼苗成活困难，夏季则水旱灾频发。与春季播种夏季收获作物相比，种植如小麦一类冬季作物更能避开自然灾害并确保生产安定。而且耕作方式是一年一熟，与其他作物相比，小麦平均单位面积收益较大。再者，由于小麦是基础的冬季作物，对于劳力调配亦比较合适。棉花栽培受自然条件制约，又缺少技术人员指导，不能充分进行栽培管理，品质、收益极低，在农业经营上达不到收支平衡，故种植率较低。随着战争影响，粮食供应普遍困难，棉花种植大减并为粮食作物替代。

---

① 刘容亭：《山西祁县东左墩西左墩两村暨太谷县阳邑镇平遥县道备村经商者现况调查之研究》，载于《新农村》1935 年第 22 期。

② 具体参照《平遥南政村调查》第 19、20、21 页中水地、旱地主要农作物平年和本年生产力统计数据。

表 5 – 1　　　　　　1940 年南政村主要农作物耕作面积统计

种类	耕作面积（亩）
高粱	1 750
粟	350
玉蜀黍	400
绿豆	120
黍	80
荞麦	50
棉花	30
黄大豆	150
黑大豆	80
蔬菜及其他	320
合计	3 330
小麦	2 250
大麦	120
合计	5 700

资料来源：《平遥南政村调查》，第 12 页。

农作物种植一般一年一作，但根据气象状况，如春季产期状态良好就会进行两年三熟的轮作方法。轮作可将没有被此前作物吸收的肥料再利用并防止杂草蔓延，保持土地的肥沃性。其组合大概如下：小麦—高粱—黍—小麦，高粱—玉蜀黍—粟—绿豆，粟—玉蜀黍—高粱，粟—高粱—绿豆。其他耕作方法还有连作、间作、混作。小麦、大麦连作对收量、品质无大影响，因此可以进行三年乃至数年连作；高粱种植面积较少，可以进行两年乃至三年连作。间作很少采用，有时进行高粱—谷子、谷子—豆类、高粱—豆类间作。高粱与黑大豆或黄大豆、谷子与绿豆、玉蜀黍与黄大豆组合混作，这种混作仅限于小面积。

（三）农户阶层

村民以业农为主，部分在业农之余兼业商、业工及其他，亦有部分无业者。而业农为主的农民又可分为地主、自耕农、半自耕农、佃农、雇农等阶层。[①] 就南政村而言，地主及佃农占极少数，自耕农占多数，阶级分化程度较低，但大多

---

① 据刘容亭的《山西祁县东左墩西左墩两村暨太谷县阳邑镇平遥县道备村经商者现况调查之研究》关于"各户人民主要职业之种类"分析。

数为规模很小的小农经营，即使有大量剩余劳动力亦难免因土地零散未能尽其用，仅有约 30% 的农户依靠农耕维持生活，多数人兼营商业或出卖劳力维持生计，形成一种奇特的形态，战时统制经济更加剧了这种情势。

当时 300 户中从事农业经营者 284 户（其中 4 户开小铺子兼务农），非务农者 16 户（无耕地者、被雇劳动者 14 户，开小铺子 2 户）；人口 3 168 人中男性 1 745 人、女性 1 423 人，男女比例分别为 55% 和 45%，其中具有劳动能力的 1 050 人则相当于总人口的 33%。

本村村民以务农为主业，地主并非大地主，100 亩以上的仅 1 户，占 0.3%，50 亩以上的有 8 户，占 2.9%[①]；284 户农业经营户中有佃农 4 户，仅占 1.3%，占比 94% 的 273 户都是某种程度上经营若干土地的自耕农。佃农亦好，地主及自耕农亦好，整体来看以经营自家所有地为主。尽管有多数的自耕农群体存在，佃农可以说很少，但并不意味着土地分配就合理。表 5-2 显示，平均每户经营面积 18.5 亩，不足 10 亩的有 137 户，占 48.2%，是规模很小的小农经营。从户均耕地面积看，即使有很多过剩劳力，但因所有耕地零散，从事农产劳动的意义微乎其微。

表 5-2 1940 年南政村耕地经营规模

经营面积	户数	占比（%）
100 亩以上	1	0.3
50 亩以上	8	2.9
40 亩	4	1.4
30 亩	18	6.4
20 亩	28	9.9
10 亩	88	30.9
10 亩未满	137	48.2
合计	284	100

资料来源：《平遥南政村调查》，第 10～11 页。

农户阶层划分应考虑诸多因素，而不应仅仅依据耕地数量一个标准，还须考察生产力水平下耕地肥瘠、灌溉、位置、交通等自然条件及这些因素综合作用下农户实际收入情况。如《平遥南政村调查》将不足 10 亩地的大多数农户划为自耕农，而事实上自耕农阶层虽高达 94%，但全村仅约 30% 的农户靠农耕来维持生活，64% 的所谓自耕农还须兼营小商或出卖部分劳力，其处境或稍好于半自耕农和佃农。

[①] 还有 1 户地主在县城经营商业，持有耕地 80 亩。

（四）生活状态

1937 年底，由于日本侵华战争影响，村民为躲避战祸纷纷外出逃命，土地大多抛荒。从表 5-3 看出，直至 1939 年，外出躲避战祸的农民才大部分返村，但因农耕用的大型家畜被征用，畜力严重不足；因不能犁耕和灌溉，农耕管理发生诸多困难；旱灾水灾等自然灾害及耕地减少，农业投入严重不足。从农作物种植倾向看，棉花、豆类等经济作物被转换为粮食作物，与战前相比种植面积减少，同时又因交通不便与旱灾，进而导致粮食减产。

表 5-3　　　　　　　1940 年平遥县主要农作物耕作状况

冬作物种类	耕作面积 （旧亩）	事变前耕作比率 （1936 年）	事变后耕作比率 （1939 年）
小麦	509 289	0.74	0.85
大麦	29 487	0.16	0.12
豌豆	22 970	0.08	0.03
蚕豆	20 646	0.08	0.03
夏作物种类	耕作面积（旧亩）	事变前耕作比率	事变后耕作比率
高粱	206 459	0.24	0.4
粟	185 813	0.21	0.31
玉蜀黍	70 196	0.08	0.1
黍	59 873	0.07	0.02
黄大豆	68 131	0.08	
绿豆	54 712	0.06	
黑大豆	25 807	0.03	
棉花	47 486	0.05	0.01
荞麦	52 647	0.06	
芝麻	65 035	0.08	

资料来源：《平遥南政村调查》，第 4~5 页。

战时统制经济对农民生产生活影响极大，从 1939 年后半年日军便对山西粮食进行统制搜刮，主要方式有粮食派购、以粮代赋、粮食搜集等；又据表 5-4，1940 年南政村主要农作物平均亩产只有 95 斤。对照表 5-4 和表 5-6，该村农业经营投入与产出极不平衡，倒挂现象普遍。如每亩小麦生产成本 16.12 元，收购价格仅 11.03 元；每亩高粱生产成本 15.86 元，收购价格仅 9.01 元；每亩玉蜀黍生产成本 20.20 元，收购价格仅 13.90 元；每亩粟生产成本 17.61 元，收购价格仅 8.67 元。村民生活由此而知。

表 5 - 4　　　　　1940 年南政村粮食亩产量及每亩生产收入

		每亩生产额		
	粮食收量（斤）	金额（元）		
		粮食	副收入	合计
小麦	91.8	10.24	0.79	11.03
高粱	99.2	6.2	2.81	9.01
玉蜀黍	96.5	13.34	0.56	13.90
粟	92.2	6	2.67	8.67

　　注：粮食生产额是根据统制采购价格统计。一旧斤为 1.28 市斤，因此将各类粮食换算为市斤时为粮食斤数 ×1.28 ＝ 市斤。本书凡涉及"斤"者均适用此换算方法。
　　资料来源：《平遥南政村调查》，第 37 页。

　　同时，伪山西省政府打着打击"奸商"和反对"自由经济"旗号，对主要物资尤其粮食进行统一强征和配给，这从表 5 - 5 和表 5 - 6 亦能反映出来，尤其 1940 年更甚。表 5 - 5 显示，由于交易价格受统制经济影响而受到抑制，1940 年在播种期与收割期的价格呈现出相当大的差距，除小麦基本持平和粟（秋季）收割期价格接近播种期价格五分之三外，其他主要作物如高粱、粟（春季）、玉蜀黍收割期价格竟不及播种期价格的二分之一。从 1940 年开始，日伪在各县城建立"农业仓库"，为农民统一"保管"粮食。如晋祠日军设立"合作社"，令农家之稻米均送到合作社祍粜之，不准农家自由粜卖，大违农家之愿。[1] 1941 年 6 月，日伪平遥县公署发布公告，"现以二麦收获完毕，为免除匪共掠夺，及虫蚀之患，以谋推进人民福利，特于日前布告全体农民，于本月起速将新麦送库保管，或送与面粉厂……"强制为农民"保管"粮食。[2]

表 5 - 5　　　1939 ~ 1940 年南政村播种期收割期主要农作物价格　单位：元/亩

时期	年份	小麦	高粱	粟（春季）	粟（秋季）	玉蜀黍	棉花
播种期	1939	18	7	11	20	7.5	
	1940	20	24	22	40	29	

---

　　① 刘大鹏遗著，乔志强标注：《退想斋日记》，山西人民出版社 1990 年版，第 562 页。
　　② 《平遥农业仓库开始保管粮食，布告农民遵照存储》，载于《新民报》1941 年 7 月 31 日。

续表

时期	年份	小麦	高粱	粟（春季）	粟（秋季）	玉蜀黍	棉花
收割期	1939	14	12	10	20	13	
	1940	20	10	10	23	11	

资料来源：《平遥南政村调查》，第28页。

二、入不敷出：南政村农民的农业生产成本

农业生产成本由直接生产费和间接生产费两部分构成，其中直接生产费相当于原有不变资源消耗的种苗费、肥料费、畜力费、灌溉费、诸材料费，加上相当于可变资源的其他工资部分；间接生产费可以称之为非生产性生产费，包括同属不变资产消耗的土地费、农舍费、农具费，加上租税费用及土地资本用役费。租税费、畜力费、肥料费及诸材料费、农具费、灌溉井户费、劳动费、土地费等是构成该村农业生产成本的主要元素（见表5-6）。

表5-6　　　　　**1940年南政村农作物生产成本**　　　　单位：元

			小麦	高粱	玉蜀黍	粟
每亩粮食生产费	直接生产费	种苗费	1.29	0.26	0.58	0.16
		肥料费	0.74	0.82	0.98	0.45
		劳动费	6.12	6.98	9.62	9.08
		畜力费	2.71	2.87	3.43	2.75
		灌溉井户费	0.01		0.01	
		诸材料费	0.11	0.05	0.07	0.06
		小计	10.98	10.98	14.7	12.5
	间接生产费	土地费	1.03	1.02	1.34	1.47
		农舍费	0.04	0.05	0.05	0.03
		农具费	0.69	0.5	0.4	0.3
		租税费	2.7	2.45	2.75	2.5
		资本用役费	0.68	0.86	0.96	0.81
		小计	5.14	4.88	5.50	5.11
合计			16.12	15.86	20.2	17.61

注：该村村公所从各耕作地征收水利费，以此进行水路整修。因此，水利费并不计入灌溉井户费而是并入租税费。

资料来源：《平遥南政村调查》，第36页。

(一) 租税费

表 5 - 7 和表 5 - 8 显示,该村租税费主要有田赋、附加税、县税、村税、水利费以及大车税、役畜税、房屋税等附加。杂税几乎不算课税。课税率与土地好坏有关,按平均每亩征税,课税率如下:田赋、附加税及县税平均每亩 37.5 钱 (1 钱等于 0.01 元,下同)。对于农民来说,最大的负担费用是村税,其中由地主负担 40%、租佃土地的农民负担 60%,水利费则全部由租佃土地的农民承担。

表 5 - 7　　　　　　1940 年南政村租税费构成　　　　　　单位:元/亩

费目	田赋	附加税	县税	村税	水利税	合计
金额	0.167	0.041	0.167	2	0.5	2.875
百分比 (%)	5.8	1.4	5.8	69.6	17.4	100

资料来源:《平遥南政村调查》,第 39 ~ 40 页。

表 5 - 8　　　　　　1940 年南政村农作物生产费构成百分比　　　　　　单位:%

项目		小麦	高粱	玉蜀黍	粟
直接生产费	种苗费	8	1.7	2.9	1
	肥料费	4.7	3.2	4.9	2.6
	劳动费	38	44.1	47.7	51.5
	畜力费	16.8	18.1	16.9	15.7
	灌溉井户费	—	—	—	—
	诸材料费	0.7	0.2	0.3	0.3
间接生产费	土地费	6.4	6.4	6.6	8.3
	农舍费	0.2	0.2	0.2	0.2
	农具费	4.3	3.2	2.1	1.6
	租税费	16.7	15.4	13.6	14.2
	资本用役费	4.2	5.5	4.8	4.6
	小计	100	100	100	100

注:该村村公所从各耕作地来征收水利费,以此进行水路整修。因此,水利费并不计入灌溉井户费而并入租税费。

资料来源:《平遥南政村调查》,第 37 页。

租税费大约占各农产品总生产成本的 15%，在间接生产成本租税费各项指标中村税占 69.6%、水利费占 17.4%。即使将战争等非正常因素考虑在内，这一比例亦达到了极高份额，是农民最大的经济负担，而且越贫困的下层农民负担越重。从表 5-6 和表 5-7 看出，一是农业间接生产费占异常高的比率（表 5-8 农作物直接生产费、间接生产费比例①与依据表 5-6 统计的农作物直接生产费和间接生产费比例基本吻合）；二是租税费用、劳动费、畜力费构成农业支出的三大指标，肥料费及用于农业生产的诸材料费极低。

（二）畜力费

就生产成本构成看，在原始农业劳动手段和农业机械化程度极低状态下，畜力利用占据极其重要地位，由于战争影响役畜不足导致雇用费高涨，畜力费占全部生产成本约 17%（见表 5-8），进一步导致农业劳动不能充分进行，劳动手段利用处于非常不利处境。

需雇用役畜时依据作业有整地、搬运、播种、脱谷粒等，一般人力 1 名、役畜 2 头，在整地、播种时依照承包制度来实施的情形较多。一般情况，整地一亩（犁地）80 钱（1939 年 50 钱），骡 2 头、人力 1 人一日耕作 8 亩；搬运，骡 2 头、大车、人力 1 人付雇用费 6 元（1939 年 2.1 元）；播种一亩 30 钱（1939 年 20 钱），骡 2 头、人力 3 人一日播种 30 亩；脱谷粒，骡 1 头、人力 1 人付雇用费 2.8 元（1939 年 2.1 元）。大车一日使用费用 1.2 元，犁地一亩费用 0.8 元，种子一亩费用 0.3 元，骡及马一日赁借费 2 元，男工工资 0.8 元，女工工资 0.4 元。通常情况，农耕从附近有役畜的家庭雇用，给人提供吃饭而不给役畜提供饲料。若无特殊情形，通常租金是现金支付。依据作物分类，小麦所需役畜租借费是 10.5 元，高粱、粟、玉蜀黍所需役畜租借费均是 12 元（见表 5-9）。

表 5-9　　　　　　　　　**1940 年南政村役畜租借费**　　　　　　　单位：元

作物	整地	土粪搬运	播种	搬运	脱谷	秆搬运
小麦	1.5	1.5	1.5	2	2	2
高粱	2	2	2	2	2	2

---

① 从表 5-8 各农作物生产成本构成百分比可以得出，小麦直接生产费占比 68.2%，间接生产费占比 31.8%；高粱直接生产费占比 67.3%，间接生产费占比 32.7%；玉蜀黍直接生产费占比 72.7%，间接生产费占比 27.3%；粟直接生产费占比 71.1%，间接生产费占比 29.9%。

作物	整地	土粪搬运	播种	搬运	脱谷	秆搬运
粟	2	2	2	2	2	2
玉蜀黍	2	2	2	2	2	2

资料来源:《平遥南政村调查》,第 26 页。

(三) 肥料费及诸材料费

各农作物的施肥量相对较少,这并非指土地本身肥沃,而由于多数农民家畜不足,导致土地不能得到充分施肥。[①] 山西农业在技术层面与中国农业发展水准相比尚处落后状态,与河北、山东相比则远远不及,几乎从不使用农产品生产所需要的各种材料如绳索、农药、燃料之类东西,农业生产处于原始状态,技术水平极低下。农业的停滞性使施肥量必然减少,农民进行着无近代科学技术而仅仅依赖以往经验与方法的原始的农业生产,对于自然灾害缺乏应对知识,惟靠原始方法驱除,认为是天意使然。而且,战争爆发后诸多条件恶化,更强化了这一现象。肥料费微薄,占全部生产成本的 5% 左右,完全不使用化学肥料。当然,单位面积施肥量极少,其根本原因是家畜所有量不足,土粪、羊粪等价格高涨及各类肥料获得困难等。从表 5 - 10 看出,主要农作物施肥期,每 1 000 斤羊粪 1939 年价格 2 元,1940 年 3 元,涨幅为上年 1.5 倍;每 1 000 斤土粪或人粪 1939 年 1元,1940 年 2 元,涨幅为上年 2 倍。不言而喻,自给肥料的普遍施用说明在中国自给自足的小农经济根深蒂固。不仅肥料,其他自给层面的生产成本亦如此。

表 5 - 10　　　　　　**1940 年南政村自给肥料施肥期定价**　　　单位:元/每千斤

粪别	年份	小麦	高粱	粟	玉蜀黍	棉花
羊粪	1939	2	2	2	2	2
	1940	3	3	3	3	3
土粪	1939	1	1	1	1	1
	1940	1.5	1.5	1.5	1.5	1.5
人粪	1939	1	1	1	1	1
	1940	1.5	1.5	1.5	1.5	1.5

资料来源:《平遥南政村调查》,第 30 页。

[①] 该村每亩施肥量(平均)羊粪情形下,小麦、高粱、谷子、玉蜀黍各需 400 斤左右,棉花需 600斤左右;土粪情形下,小麦、高粱、谷子、玉蜀黍各需 600 斤左右,棉花需 800 斤左右。

（四）农具费

农具费极其低廉，反映出农业生产劳动手段的原始性，即农业机械化程度低。也就是说，在农具利用方面处于明显落后状态，没有近代机械化农具而仍使用原始的以耐用为特性可以自家修理的农具，完全看不到利用机械化的劳动手段，现金支出被压到最低。以1940年为例，种植小麦消耗的农具费为0.69元，占生产费的4.3%；种植高粱消耗的农具费为0.5元，占生产费的3.2%；种植玉蜀黍消耗的农具费为0.4元，占生产费的2%；种植粟消耗的农具费为0.3元，占生产费的1.7%。由此看出，农业生产中对农具的投入相当少，几乎忽略不计。

（五）灌溉费

气候和土壤是农业经济中起支配作用的自然条件。在雨量少且以黄土与冲积土为特征的山西农村，灌溉甚至是决定农业生产的重大要素，该村一般仅依靠并不充分的河川灌溉，流经村西北方的中都河是重要水源。仅依靠河川灌溉显然不够，但由于负担钻井及灌溉设备费来实施灌溉对农民来说经济上是困难的，所以该村半自耕农对水田无太多欲求，井水灌溉极少。

（六）劳动费

各类农产品的生产成本中雇农工资占比较高，劳力占农业生产中劳动手段的大部分。以人类劳动力为主体的这种农业劳动手段的落后性、停滞性并非由于自然条件特别是土壤制约导致，而因社会经济大环境造成。也就是说，低廉的农业劳动力阻止了向机械化劳动手段的农业推进。换言之，中国农业的社会经济基础介于资本主义商品经济与自给自足的自然经济之间，在如此农村内部旧生产关系基础上，为了维持其农业生产会更多地依靠利用不断挣扎的贫穷、低廉的劳动力，而不可能依靠需投入更多资金的机械设备。

大部分农民采用家庭式小农经营生产方式，依赖于劳动密集型农业生产，劳动费无论相对还是绝对都占一般农产品生产成本的高位。表5-11显示，每亩小麦劳动费6.12元，占直接生产费的55.7%，占全部生产费的38%；每亩高粱劳动费6.98元，占直接生产费的63.6%，占全部生产费的44.1%；每亩玉蜀黍劳动费9.62元，占直接生产费的65.4%，占全部生产费的47.7%；每亩粟劳动费6.08元，占直接生产费的72.5%，占全部生产费的51.5%。表5-11有关劳动费占比与表5-8可以互证。

表 5 – 11　　1940 年南政村粮食生产成本中劳动部分所占比重（每亩）

	小麦	高粱	玉蜀黍	粟
劳动费（元）	6.12	6.98	9.62	9.08
直接生产费（元）	10.98	10.98	14.7	12.5
劳动费与直接生产费比值（%）	55.7	63.6	65.4	72.5
全部生产费（元）	16.12	15.86	20.2	17.61
劳动费与全部生产费比值（%）	38	44.1	47.7	51.6

资料来源：《平遥南政村调查》，第 46 页。

雇佣劳动力在整个农业劳动中所占比重相当高。这从表 5 – 12 可以看出劳动费工资部分，小麦占 12.1%，高粱占 14.7%，玉蜀黍占 12.4%，粟占 13.5%。然而，如仅从这一事实推断农业经营进入资本主义化形态显然是错误的。一般农业经营规模相对狭小，应是农民过剩劳动力的消化理所当然朝着资本主义产业方向发展。事实上，由于中国农民阶层社会分化过程处于普遍的不成熟阶段，农民多数作为未分化的贫农不得不走向了保持自己特性的方向。因此，雇佣劳动力的多数在本质上是由非分化的贫农承担。

表 5 – 12　　　　1940 年南政村农业劳动费构成（每亩粮食）

		劳赁	劳赁占全部生产费比率
小麦	家族	4.17	25.9
	雇佣	1.95	12.1
高粱	家族	4.65	29.4
	雇佣	2.33	14.7
玉蜀黍	家族	7.12	35.3
	雇佣	2.5	12.4
粟	家族	6.7	38
	雇佣	2.38	13.5

资料来源：《平遥南政村调查》，第 47 页。

（七）土地费

土地费本身与租税费用相同，是生产成本中无直接关系的费用。但对生产者个人来说，既是与农产品生产相关的费用又是负担。在自耕农的情形下，生产费中最难权衡的是土地费，即本地资本利息。但这个问题本身已超过村民能够接受的范围。以前面每亩地土地费为例，小麦 1.03 元（占 6.4%）、高粱 1.02 元

259

（占 6.4%）、粟 1.47 元（占 8.3%）、玉蜀黍 1.34 元（占 6.6%），这一比重相对较低，说明当时田地价格、租佃价格、佃租明显涨价，使租税费用占了较高比率，故一般土地费比重较低。该村土地属黄土地质，土质良好，但因施肥不足，地况变得相对不怎么好了，这亦使之处于不利处境。同时，因一般社会经济构成的封建性，加之受战争影响经济情形恶化，田地价格、佃租处于相对较高水平的情况更严重。租税费用不论土地好坏一律征税，土地费高低大体上依佃租高低显现。

一般地，在农作物生产成本中作为生产者现金支出部分极少，生产成本的大部分由对自给物或自有资本和家庭劳动等估价费用组成。此生产手段的一部分或劳动的大部分不经流通过程，可以说是所谓自食其力。那么，生产成本中自给部分的估价就成为问题。换言之，生产成本即使如看上去那样客观存在，但实际上因生产者心意不同、计算方法不同而异。更应重视的是农业经营作为所谓家庭式小农经营与生活直接结合，农业生产作为生活的手段直接被完成。由于农业生产是生活的手段，对于生产成本而言，不得不因生活程度或经济欲求而各自相异，使构成生产成本的因素愈复杂。

通过对农业生产成本要素的量化分析，可以发现：一是农民经济窘迫、家畜持有数不足而致肥料费及诸材料费异常低廉，进而导致租税费用与畜力费高涨这一特征，造成农业生产恶性循环，农民处于赤贫处境。二是租税费、劳动费和畜力费之所以成为构成农业支出的三大指标，其根本原因在于农村衰落、农业生产力水平低下和农业技术落后。农家几乎不用近代农业机械，土地生产力受自然条件限制较大，农作物种植一般一年一作，以易于存活不怕干旱的小麦等冬季作物为主，土地不能尽其用，农业生产处于靠天吃饭状态。三是间接生产费所占农业生产费比率过高。据表 5 - 6，每亩小麦间接生产费 5.14 元，每亩小麦生产费共计 16.12 元，可知每亩小麦间接生产费占比 31.9%；每亩高粱间接生产费 4.88 元，每亩高粱生产费共计 15.86 元，可知每亩高粱间接生产费占比 30.8%；每亩玉蜀黍间接生产费 5.5 元，每亩玉蜀黍生产费共计 20.2 元，可知每亩玉蜀黍间接生产费占比 27.2%；每亩粟间接生产费 5.11 元，每亩粟生产费共计 17.61 元，可知每亩粟间接生产费占比 29.0%。

假如将耕地总面积设为 A、租种地面积设为 B、农户数设为 C、亩产量设为 D、每亩租种地的地租设为 E、每户农家的必要生产量设为 F（消费及生产消费所须生产物量），则可以得出下面的式子：$CF = AD - BE$，表示农民消费总量等于收成量总额减去地租总额之差，这个式子亦可直接改写成 $D = (CF + BE)/A$。也就是说，如其他情况不变，那么农户数 C 越大，亩产量 D 就越大；每户农家的必要生产量 F 越大，亩产量 D 越大；租种地面积 B 越大，亩产量 D 越大；每亩地租 E 越大，亩产量 D 越大；耕地总面积 A 越小，亩产量 D 越大。如上述条件是相反的情况，那么所得结果亦反之。

通过下面的简单分析便知该村中这些决定亩产量的因素是如何起作用的：第一，如不考虑其他因素，农户数基本处于稳定状态，人口一旦增加，农民生活将无法维系；第二，每户必要生产量不可能增加，因为生产消费在增加，生活消费必然缩减；第三，租种地面积不可能增加，因当时农业生产力水平低下，从生产成本来考虑，增加租种地会导致投入与产出更不平衡，对于改善生活毫无意义；第四，地租在上涨，生产投入增加，收入必然减少，同时因战时统制经济体制下农民收入量大减，导致农民只能减少租种地数量，所以对于整体量不会有增加，亩产量亦就不会增加；第五，耕地总面积不可能减少，因该村本来就有 20 户没有耕地的村民，如减少还会增加无地村民，使本已艰难的生活水平进一步处于生存边缘。换言之，该村中亩产量小的这一事实表现为生产力低下、人口过剩及消费量过少。也就是说，生产力低下使得大部分工业的生产手段没有流入农村，人口过剩使得不需要农业外来劳动力，消费量少导致工业用原料及农业外来人口量需求很小。如要增加亩产，只能增加农业投入和使用近代先进生产技术。一言以蔽之，该村亩产量小这一事实是以不合理的土地分配制度及落后的农业生产技术为条件的。

此外，为获得其他生活必需品，除必需的口粮和种子外，其余农产品都需贩卖到县城粮行、合作社，从村庄到平遥县城大约 6 公里，用马车可以往返。农户农民自己贩卖的占 70%，由县城来的商人（居间介绍买卖人）贩卖的30%。销售量多的是自己拿出来卖，销售量少的、无大车或家畜的则依赖他人，自己亦一起跟出去售卖。销售量在 5 石①以上时使用大车，一两石时使用手推车（独轮车）。骡 2 头，带 1 名搬运工租 1 辆大车时，雇佣租金 6 元/天（1939 年 4 元/天），1 辆大车的载重量是 8 石，与 1939 年没有显著不同。出售之际，在战前还要征收生产税，战时已不征收生产税，但征收 30 钱/石的出售手续费（各类粮食同）。②

由于农民困窘，借贷对于农村正常农业生产是必需的。农村借贷有多种形式，商业、高利贷资本的封建式榨取方式在农村非常广泛。1941 年 7 月，山西实业银行总部在太原开办。之后，在汾阳、崞县、曲沃、阳泉、榆次、临汾、运

---

① 一旧石为 10 斗，相当于 100 升，等于 0.574 日本石。
② 一石的出售手续费 0.3 元、搬运费 6 元/8 石 = 0.75 元，各类粮食一石的出售额为 0.75 元 + 0.3 元 = 1.05 元。根据各类粮食一石的出售费可以计算出各类粮食 100 市斤的出售费（1 斤 = 1.28 市斤）：小麦 140 斤 × 1.28 = 179.2 市斤（0.59 元）、高粱 125 斤 × 1.28 = 160 市斤（0.66 元）、粟 120 斤 × 1.28 = 153.6 市斤（0.68 元）、玉蜀黍 130 斤 × 1.28 = 166.4 市斤（0.63 元）、黍 110 斤 × 1.28 = 140.8 市斤（0.75 元）。

城、潞安、平遥、忻县设办事处。① 战时合作社的借贷关系相当普遍，收割前借贷，收割后还贷，成为农民间金融的支配形态。通过合作社借贷利率是每年1.2分，农民相互之间的民间借贷利率是每年2分，且这种在亲戚、熟人间的营利性借贷时有发生。

三、租佃与雇佣并存：南政村的土地经营形态

在所调查村庄中，尽管佃农比例极小，但不足10亩地的137户占总户数的48.2%，属于规模很小的小农经营。大多数农民都需租种他人土地或出卖劳力补充农产不足，故租佃现象普遍。此外，有16户无地，除2户经营小商业外，其他14户沦为雇农。因此，有必要对土地租佃形态进行简要分析。

由表5-13可知，该村耕地租金根据土地肥瘠程度有所差别，水田上地最贵，每亩租金7元，中地4元，下地1元；旱田上地每亩租金3元，中地2元，下地免费租种。② 租金缴纳为定额缴清和按比分配作物收成两种。该村定额现金缴纳地租这一形态最多，占97%~98%，而按比分配作物收成的仅2%~3%。一般缴纳租金在收割农作物不久之后（收割小麦后的7月和五谷杂粮收割后的10月），只有约5%的人在契约签订后一两个月左右全额缴清，还有约20%的农户先预缴一半而剩下一半在作物收割后缴纳。

之所以采取定额现金缴纳方式，主要在于现货支付或分配作物时作为租佃土地的一方上缴的现货质量渐次低下，同时受货币经济的渗透，地主用于租税费用、生活费等现金支出增多。这种情形下"国税"由地主负担，村税则地主负担40%、佃农负担60%，水利费由佃农负担；副产品秸秆全部由佃农获得。按比例分配作物（伙种地）租金一般在收割农作物不久后支付，这一形态在该村鲜见，不过2%~3%。如从租佃费比例看，生产物粮食、秸秆平分，或地主60%、佃农40%。此外，存在地主一方提供役畜、农具、种苗、肥料等，租佃农民只提供劳力这一特殊形态。

租佃制之外，还存在雇佣制。以短工为主，并非长期雇佣。据表5-13和表5-14，不同时期日工工种分耕地、碎土、土粪搬运（撒布）、播种整地、灌水、中耕、除草、收获、搬运、脱谷、防水工事等，平均日工工资141.8钱。脱谷粒由女性、小孩从事较多，这种情况下女性若提供吃饭发35钱，否则发83

---

① ［日］内田知行：《黄土の大地，1937-1945：山西省占领地の社会经济史》，东京创土社2005年版，第87页。

② 下地免费租种是因土地实在太贫瘠，根据投入与产出难以平衡，如有租金的话根本无人租种。之所以免费亦要出租是为了让土地肥力多少有所增加而不至于抛荒。

钱；小孩若提供吃饭发25钱，否则发65钱。

表5-13 1940年南政村不同作业时期日工工资

作业	时期	赁钱（钱）	食费（钱）
耕地	8月上旬	60	40
碎土	8月中旬	60	40
土粪搬运（撒布）	8月中旬	60	40
播种整地	9月上旬	60	40
灌水	11月中旬	50	40
中耕	4月上旬	80	160
除草	4月上旬	80	60
收获	6月中下旬	130	60
搬运	6月中下旬	130	60
脱谷	7月上旬	110	60
防水工事	4月上旬	80	60

注：耕地、碎土骡2头、人夫1人付4.8元，一日耕地约8亩；土粪搬运骡8头、人夫1人付2元；播种骡1头、人夫1人付3.5元；搬运骡1头、人夫1人付4元。

资料来源：《平遥南政村调查》，第22页。

表5-14 1940年南政村不同作业雇佣费

作业	时期	赁钱（钱）	食费（钱）
耕地	3月中旬	80	60
碎土	4月上旬	80	60
土粪搬运	4月上旬	80	60
撒布	4月上旬	80	60
播种整地	4月中旬	80	60
间引中耕	5月中旬	80	60
中耕除草	6月上旬	80	60
收获	10月上旬	80	45
割穗	10月上旬	80	45
搬运	10月上旬	80	45
脱谷	10月上旬	80	45
秆搬运	10月上旬	80	45

注：收割后提供吃饭发80钱，否则作为食费另加55钱，总计135钱。

资料来源：《平遥南政村调查》，第22页。

四、小结

通过 1940 年平遥县南政村土地、农作物、农户阶层、生产成本、生产方式等要素的考察可知，该村在属县 5 区 301 村中是以经营农业为主的典型村庄，亦是平遥农产资源丰富、生产状况处于上游水平的村庄，大致可以反映抗战时期该县或类似县份乃至整个山西沦陷区农村经济的衰退情势。从 1937 年底平遥县沦陷到 1939 年基本恢复生产秩序，为适应战时环境，农民对农作物种类进行了调整，棉花、豆类等经济作物转为粮食作物。当时日伪政府绞尽脑汁地进行所谓的"参战建设"，提出"基于吾国为一农业国家，税收大部出自农村之事实，同时，当此战争日显胜利之际，参战建设理应同时并进……"① 建立专门机构"纳税组合"用于强征赋税，并籍此对农村经济实施进一步控制。不过，其亦意识到中国农村的贫困及税收的苛重，"吾人以为建设今日中国农村建设之焦点为：1、农业之资本问题，2、农民之负担问题……然中国之农民，平时即已工作辛勤，享受微薄，早已实践勤劳节约，是故目前对于农民，不在提倡勤劳节约，而在设法如何削减农民之负担，废除苛捐杂税。"②

最后需要说明的是，由于全面抗战时期沦陷区的特殊性，本部分所用资料尽管基本源于日本人调查，但毫无疑义地是了解该区域社会经济和人民生活的最直接史料，以战时敌方资料来揭示历史本相或许更具说服力，亦更能暴露日本侵略的残酷性和破坏性。

第二节　晋东南潞泽地区的农家经济

《潞泽地区农业概况调查报告》是 1942 年日本华北交通株式会社关于该地区农业状况的调查成果，由"国立北京大学"附设农村经济研究所编辑并于 1943 年由新民印书馆印刷出版。该调查以山西省长治县史家庄（潞安附近）、晋城县峪南村和岗头村（泽州附近）为中心区域，内容涵盖农业地理（如疆域、地势、农业区分、气候、土壤、人口等）、农业基本要素（如土地、农作物、耕作方法、肥料、农具、役畜等）以及租税、贩卖等有关农家经济生活的方方面面。调查从

---

① 延凤：《战时农村纳税检讨》，载于《新民报半月刊》1943 年第 5 卷第 17 期。
② 昆吾：《中国之经济机构与农村建设》，载于《新民报半月刊》1943 年第 5 卷第 24 期。

1942 年 3 月初开始到月底结束，历时近一月。从当时调查的农家状况和村里庙宇可以看出，即使与河北、山东、绥远、察哈尔甚至太原附近的徐沟县相比，战前潞泽地区的农村相当富裕。这一方面因潞安盆地内各县耕地广阔而人口密度相对较小；另一方面则得益于粟、大麻、绢布及铁器等副产物外销。但自抗战全面爆发之后，该地区因其地理险要、经济富裕而成为日军重点侵掠对象，农村经济所受破坏及损失惨重。本节以战时日本人在该地区的农村实态调查资料入手，寄望通过潞泽沦陷区农村经济状况的微观考察来揭示当时整个山西沦陷区农业经济的发展趋向。

一、以农为主：潞泽地区耕地及作物与农民生活

潞泽地区按当时行政区划即上党道，由潞安盆地、南斜面地带及周边山岳地带构成，辖区计有 19 县，依照农业进行地域划分大致如下：（1）潞安盆地，包括襄垣、屯留、潞城、长治、长子、壶关；（2）南斜面地带，包括高平、晋城、阳城；（3）周边山岳地带，包括和顺、辽县、榆社、武乡、沁县、沁源、黎城、平顺、陵川、沁水。境内河流有漳河上游的浊漳河、清漳河及沁河、丹河。

相对于周边太行、太岳、中条山脉的陡峻地势，位于上党道中央的潞安盆地平坦宽阔，东西宽约 40 公里，南北长约 60 公里，海拔约 1 000 米，地下水位高，月降水量分布较稳定，春季降水多，比其他地区水量丰富、土壤肥沃，属于潞泽地区乃至山西省的粮仓，但农业生产力较低。主要作物冬小麦、粟、玉蜀黍、高粱等一年一作，蔬菜栽培则为一年两作或两年三作。受无霜期限制，棉花栽培比较困难。另外，一些直径约 10 公里及 15 公里的小盆地如泽州、沁县、武乡、黎城、沁源等盆地的农业经济亦较重要。周边山岳地带的农业生产以溪谷生产为主要特征，农业生产力受地形限制大，作物是一年一作制，剩余农产物资缺乏，日用必需物资需自外部输入，农产物卖出极不方便，在经济上不具有大的价值，陵川、沁水同属南斜面地带，农作物采用两年三作制。

与其他地方相比，潞泽地区及其周边一带、山岳地带农户耕地占比高，达到20.7%，且租佃少即所谓自耕农多，经营状况比较稳定。由于被称为山西谷仓，耕地比率相对于人口比率来说是富裕的。

（一）耕地

潞泽地区粮食足以自给，即使周边山岳地带亦很少利用日用必需品换取或购入粮食，而是供给其他地域。战前这里的粮食还运往河南、河北省和太原地区，每年输出粟和玉蜀黍合计数万吨。这些剩余粮食主要来自潞安盆地。因此，与人

均粮食消费量比，人均耕地面积要多。假设每年人均粮食消费量是 200 公斤，加上牲畜谷物消费和种子量及余剩粮食每年人均粮食消费量约 250 公斤。基于此，华北交通株式会社调查人员根据有关调查统计推断，该地区人均占有的耕地面积约为 5 亩——潞泽地区被太行、太岳和中条山脉环绕，山岳地带的山坡经常被开垦作为耕地（见表 5－15）。

表 5－15　　　　　　　潞泽地区人均耕地面积　　　　　　单位：亩

县名	人均耕地面积	报告者推断
和顺	3.18	5
辽县	10.76	5
榆社	4.81	5
武乡	2.77	5
黎城	4.64	5
襄垣	4.64	5
沁县	5.16	5
沁源	6.73	5.5
屯留	4.53	5
潞城	6.21	5
平顺	7.11	5
壶关	4.00	5
长治	3.55	3.5
长子	3.57	4
沁水	2.69	4
高平	4.77	3.5
陵川	2.98	4.5
晋城	2.64	3.5
阳城	2.43	4
平均	4.59	5

注：（1）表中"人均耕地面积"是华北交通株式会社所调查的耕地面积除以《中国实业志·山西省》（实业部国际贸易局 1937 年编印）所载人口数。（2）以上统计以假设为计算基础，先将山地和平地、一年一作及两年三作地、山地多寡等因素考虑在内，并划分为每亩年均产粮 100 斤、125 斤、150 斤地带，上述亩产 500 斤地带除外，亦包括粮食输出状况、海拔关系等。

资料来源：《潞泽地区农业概况调查报告》，第 26 页。

　　华北交通株式会社调查人员当时强调："现在的特殊环境给予从经济方面来看变得相当困难的农家经济非常大的影响。因此，在进行针对农民的租税修订之时以这一数字为基础是不合适的。"

　　由表 5-16 可以看出，潞泽地区农家户数平均比例达 80.7%，平均每户耕地面积为 30 亩，说明该地区农村以农为主。但日伪自 1940 年在山西沦陷区强制推行"粮食征购"政策，利用军事或行政力量廉价征收粮食，且总以高额比例硬派强征，估产数往往高于实际产量，并以"以粮代赋"方式掠夺更多粮食。再就是强迫种植鸦片占用了大量耕地，1940 年驻襄垣县虒亭据点日军就请来 3 名种罂粟专家，在孙家窑据点围墙里试种 10 亩罂粟，试种成功后，1941 年日军强迫虒亭、寨头、返头、孙家窑、烧土沟、东坡底、北社、后湾、大平、建华 10 个维持村的农民种植罂粟 400 余亩，老百姓因从未种植过罂粟而导致产量极低，无法达到日军规定产量，被迫交纳罚款 9 000 元。是年，日军共收回鸦片 2 万多两，百姓粮食减收六七百石。[1] 1941 年，伪山西省公署勒令长治、长子、屯留、襄垣、潞城、高平、和顺等 50 余县广种罂粟。[2]

表 5-16　　　　　　　　潞泽地区农家户均耕地面积

县别	总户数（千户）	农家户数（千户）	农家户数比例（%）	平均耕地面积（官亩）
长治	34.7	31.4	90	22
长子	30.7	30.0	98	28
屯留	20.8	16.2	78	35
襄垣	35.5	27.3	77	30
潞城	23.2	21.9	94	30
平顺	19.0	18.5	97	35
壶关	24.0	18.6	78	32
黎城	17.3	15.6	90	28
晋城	58.2	45.4	78	25
高平	46.3	32.8	71	25
阳城	39.2	30.6	78	25
陵川	26.8	21.4	80	30
沁水	22.9	18.6	81	30

---

[1]　中共山西省委党史研究室编：《抗日战争时期山西人口伤亡和财产损失课题调研成果丛书·长治卷》，山西人民出版社 2010 年版，第 111 页。

[2]　岳谦厚等：《日本占领期间山西社会经济损失的调查研究》，高等教育出版社 2010 年版，第 52 页。

续表

县别	总户数（千户）	农家户数（千户）	农家户数比例（%）	平均耕地面积（官亩）
辽县	16.0	14.0	87	30
和顺	14.8	11.0	74	30
榆社	11.6	6.4	55	30
沁县	23.8	20.1	84	30
沁源	13.9	10.8	78	30
武乡	28.2	18.8	67	30
平均			80.7	30

注：（1）总户数、农家户数、农家户数占比数据来自国民政府主计处编《中华民国统计提要（1935年）》（商务印书馆1936年版）；（2）平均耕地面积数据是报告者根据人口、每人耕地面积推算，平均值是推定数。

资料来源：《潞泽地区农业概况调查报告》，第27页。

（二）作物

潞泽地区农作物大致一年一作制，其中南部的晋城、阳城、高平（南部）属两年三作地带。潞安盆地以冬小麦、粟、玉蜀黍、高粱等为主要作物，一年一作；蔬菜则一年两作或两年三作；棉花栽培比较困难。潞安盆地通常在小麦之后栽培蔬菜和早熟的黑豆等作物。潞泽地区以高平县北方山口作为一年一作制和两年三作制地带的分界线。如就潞安和泽州附近调查情况看，潞安周边多在井水灌溉区栽培蔬菜，其播种面积占到全部耕地的一成左右；小麦种植量很少，播种情形由前一年秋季播种时的土壤水分多寡决定，每年不同。

参照调查统计数字，小麦种植面积比想象的要多，尤其从高平县南部到晋城县种植面积增多，约占耕地面积50%，这里是两年三作的典型形态。小麦在秋收后播种，耐寒性弱的大麦与其他如豌豆、蚕豆、油菜等均是春播作物。燕麦产区为和顺、辽县、沁源、平顺诸县。夏季作物中的粟、玉蜀黍、高粱、大麦、荞麦及诸如大豆、黑豆、绿豆的豆类，与潞泽地区其他作物相比具有相当的重要性。从各县情况看，黍的种植稍多一些，长治县的大麻、沁水县的亚麻、和顺县的马铃薯种植亦较多。潞安盆地一般食用油有亚麻仁油和菜籽油，故多栽培亚麻，一方面由于气候寒冷，另一方面由于亚麻纤维提取技术相对简单。

周边山岳地带基本上是狭长的溪谷山野，农作物采用一年一作制，剩余农产物资比较缺乏，农产物卖出很不方便，日用必需物资需向外购入，经济价值不大。与之相对的是以武乡、沁县、沁源、黎城等县城为中心的盆地，农业生产水平较高，经济地位相对重要。

南斜面地带海拔 600 ~ 800 米，气候条件有利于农业生产，多采用两年三作制。但山地多且人口密度大，剩余农产物缺乏。此地具有丰富的铁矿和石炭资源，过去多经营副业，相对富足。

潞泽地区各县受气候条件限制，除小麦外几乎没有秋播作物，而经济作物以陆地棉和叶烟草为主，种植面积约为陆地棉 3.5 万亩、叶烟草 1.6 万亩，主要分布于南斜面地带的高平、晋城、阳城部分地区。当地品种不明确，而通过子粒颜色等进行区分，农业生产落后。选种情况与华北地区的普遍状况相同，只进行优良穗的选种工作。通过对取样种子试播发现，在玉米和高粱中出现黑穗的相当多。因此，种子消毒势在必行，土壤消毒同样十分必要。此外，仍有必要向农民普及病虫害知识。

由表 5 – 17 可知，史家庄粟的种植比例最大，玉蜀黍次之，两者种植面积合计占总耕地面积 80% 以上。高粱少一些，只占 10%。小麦更少，仅占 2.3%。小麦之后种植的蔬菜及早熟性作物黑豆等在计算中忽略不计。该村采用一年一作制。

表 5 – 17　　　　　　　1941 年长治史家庄主要作物耕作面积

作物名称	耕地面积（亩）	占比（%）
粟	1 596.8	43.7
玉蜀黍	1 329.5	36.4
高粱	367.5	10.0
黍	110.4	3.0
黑豆	105	2.9
小麦	85.8	2.3
其他	60.7	1.7
总计	3 655.7	100.0

资料来源：《潞泽地区农业概况调查报告》，第 93 页。

由表 5 – 18 可知，峪南村是两年三作制地带，小麦种植面积占比达 46.5%。小麦之后种植黄豆 697.4 亩、绿豆 36.5 亩、休闲 14 亩、白豆 5 亩、黑豆 2 亩，种植比例分别为小麦 46.5%、粟 45%、高粱 3.7%、玉蜀黍 1.2%、其他 3.6%。

表 5 – 18　　　　　　　　1941 年晋城峪南村主要作物耕作面积

作物名称	耕地面积（亩）	所占比例（%）
小麦	754.9	46.5
粟	730.75	45
高粱	60.5	3.7
玉蜀黍	18.7	1.2
其他	58.3	3.6
合计	1 623.15	100

资料来源：《潞泽地区农业概况调查报告》，第 106 页。

岗头村主要作物有小麦、粟、豆类，小麦之后多种豆类。具体而言，小麦 98.5 亩，占 28.8%；粟 113.5 亩，占 33.2%；高粱 29 亩，占 8.5%；黍 3.5 亩。小麦之后种黑豆 42 亩，占 12.3%，玉蜀黍 3 亩、满豆 0.5 亩、黄豆 24.5 亩，占 7.2%；绿豆 27 亩，占 7.9%；休闲地 1.5 亩；其他占 2.1%。

（三）农民生活

潞泽地区粮食足以自给，具体情形见表 5 – 19。

表 5 – 19　　　　　　1941 年长治史家庄各种作物每亩播种量、
生产量与人均占有量

作物名称	耕种面积（亩）	每亩播种量	每亩生产量	总产量（斤）	人均占有量（斤）	备注
粟	1 596.8	1～2 升	1 石左右	191 616	169.9	
玉蜀黍	1 329.5	2～2.5 升	1.4～1.5 石	241 969	214.5	
高粱	367.5	1.5 升	1 石左右	45 937.5	40.7	
黍	110.4	1 升	1 石	14 352	12.7	
小麦	85.8	4～5 升	5～6 斗	—	—	年成好时 8 斗，年成不好时 3 斗
黑豆	105	4 升	7～8 斗	—	—	
糜子	—	1 升	1 石			
胡麻	—	7～8 合	3～4 斗			主要由降水量决定

作物名称	耕种面积（亩）	每亩播种量	每亩生产量	总产量（斤）	人均占有量（斤）	备注
大麻	—	2 斤	50～70 斤	—	—	一斗种子可榨 3 斤油，茎秆 30～40 斤，当时种植主要为获得种子

注：总产量＝（生产量－播种量）×耕种面积（石与斤的换算：小麦 140 斤、高粱 125 斤、粟 120 斤、玉蜀黍 130 斤、黍 110 斤）。

资料来源：《潞泽地区农业概况调查报告》，第 40 页。

表 5－19 显示，长治史家庄主要作物为粟、玉蜀黍、高粱、黍（仅以此四种主要作物为例加以说明），根据以上作物耕地面积和亩产量，其主要作物人均粮食占有量为 437.8 斤，再加上其他作物人均产量，基本可以达到 500 斤。即使一部分粮食用于交易，亦可以由农村副业、商业收入补充。所以，对史家庄而言，如无战争和经济统制影响，农民生活相当富裕。

由表 5－20 可以看出，晋城峪南村主要农作物人均每年占有量只有 158 斤，仅靠农业不足以维生。从《潞泽地区农业概况调查报告》观之，该村 191 户中完全以务农为生的农户有 28 户，仅占总户数的 14.7%。其余 163 户须依靠兼职即通过充当粮食交易中介人或修理铜器、铁器等补贴生活。

表 5－20　　　　1941 年晋城峪南村主要作物亩产量与人均占有量

作物名称	耕地面积	产量	总产量（斤）	人均占有量（斤）	茎秆（斤）	备注
小麦	754.9	5～8 斗	73 980.2	74.9	5	
谷子	730.75	1.5 石（米 8.5 斗）	74 536.5	75.4	12	
高粱	60.5	8 斗多	6 050	6.1	—	茎秆可作肥料
玉蜀黍	18.7	6～7 斗	1 458.6	1.5	—	
黄豆	—	5 斗	—	—	—	茎秆可作肥料
绿豆	—	3 斗	—	—	—	茎秆很少

资料来源：《潞泽地区农业概况调查报告》，第 41 页。

二、以副补农与半农半商：小农经济下的唯一选项

战前长治手工业和作坊业比较发达，特别是煤铁业和麻毛皮业以及粉坊、磨坊、油坊、酒坊、染坊、醋坊等遍布各乡镇、村寨。除比较富有的地主富农外，就连中农亦经营这类手工业和作坊，只是经营方式不同。由于作坊较多，各村村民大多农工兼作，除种地务农外兼作铁工、矿工或酒坊工人等。仅荫城龙山村战前就有打铁工 100 多人，西火镇洪河村有 40 多人。[①]

在正常经济状态下，仅靠从事农业劳动得来的生产物不足以支撑一家人生活，这样贫穷的农家或靠做日工或小买卖或家里的年轻人前去县城打短工，可以说有多种副业及副业收入才能支撑农家经济。这种副业和副业收入成为各村特色。潞泽地区长治县史家庄、晋城县峪南村和岗头村状况便如此。

（一）以副补农：以长治县史家庄与晋城县峪南村和岗头村为例

利用机会赚取副业收入补足自家经济不足是潞泽地区小农经济的一个特色。史家庄 189 户中有 74 户完全以务农为生（包括 64 户自耕农、10 户半自耕农），占调查户数的 39.2%，其中自耕农占调查户数的 33.9%，包括 2 户因劳力不足而出租耕地的情况。除 74 户业农户外，有 115 户须靠兼职来支撑家里经济支出。该村有的村民外出务工，远及东北奉天、热河、山东省，近在县城粮店、澡堂、杂货铺、油屋当店员或在煤矿挖煤或在粮店和木材、粮食交易所做苦力；有的做小买卖，其中贩卖粮食的较多，还有经营磨坊、肉铺、馒头铺的；有的做长工和短工补充农业收成不足，如在村内富裕的农家做苦力包括脱谷粒、搬运粮食等；有的在县公署就职，有的在治安维持会、特务机关打杂，有的在村公所任职；有的靠一技之长如补锅、做豆腐、制鞋、纺织、理发，或做教员、木匠等。

峪南村并不完全是纯粹的农村，更应该说是半农半商。从《潞泽地区农业概况调查报告》可以看出，该村 191 户中有 28 户完全以务农为生（包括 1 户寡母带 3 个幼子的农户、2 户因家中有病人而不能出去做工的农户、1 户依赖出嫁女儿生活的老人农户），占调查户数的 14.7%。除 28 户业农户外，有 163 户得靠兼职来支撑家里经济支出。因为农业耕地面积少而无法满足食物需求，通过在东沟镇谷物市场做中介人来赚取副业收入的情况非常多。更甚者，该村村民很多掌握修理铜器、铁器技术，从事补锅行当，一边补锅，一边走街串巷到山西南部、河

---

① 中共山西省委党史研究室编：《抗日战争时期山西人口伤亡和财产损失课题调研成果丛书·长治卷》，山西人民出版社 2010 年版，第 90 页。

南、甘肃、宁夏、陕西等地从事修理行当。峪南村距离泽州直线距离约 16 公里，泽州和阳城往返有定期的卡车，车程约 1 个小时。这个村子在山谷间形成，山谷南北狭长，乾河从中流过，这条河流除雨季没有河水。峪南村位于山谷西侧，和商业贸易集中区东沟镇保持着非常密切的联系。

（二）特色副业

1. 潞安地区的沤麻业

潞安大麻非常有名，进行沤麻处理提取大麻纤维成为潞安地区主要副业。潞安盆地的长治、长子两县及和顺、辽县、榆社、陵川等县产量较大。沤麻方法有热水冷水两种：一是在立秋和处暑前后现割现沤者，名为热水沤麻法，用此法沤下之麻质地细致、颜色雪白、坚韧柔软，做针线或纺织之用最合适。沤麻之时，因地方寒暖、阴晴不定，大约需一昼夜至五六天不等。二是在秋分后收获或在处暑收获后放至霜降前后始沤者，名为冷水沤麻法，用此法沤下之麻麻质粗糙、色不甚白、坚韧不柔，纺绳使用尚称相宜。沤麻时期，约 20 天。①

此地麻除一部分用于县城消费外，大部分由京汉路运出，以应京津方面需求。潞安盆地麻输出线路主要有：长治（潞安）—潞城—黎城—东阳关—涉县—武安—白错—王村—顺德—天津；长治（潞安）—潞城—黎城—东阳关—涉县—武安—邯郸—天津。

当地特有的辘辘车一次可装三四百斤大麻。抗战之前，大部分集中于北呈镇集市，而抗战期间则由潞安华北商事株式会社集中收购。当地麻长 2 米多且品质优良。战前上党道大麻输出约 300 万斤，其中 150 万斤运到天津，剩下的一半运到其他地方。大麻耕作面积、生产量、输出量如表 5-21 所示。

表 5-21　　　　　　　　潞泽地区各县大麻耕种及产量

县别	栽培面积（亩）	常年产量		1935 年产量		销量（担）		销路
		每亩（斤）	总数（担）	每亩（斤）	总数（担）	县内	县外	
长治	27 000	70	18 900	60	16 200	600	15 600	河北顺德、邯郸，河南彰德
长子	5 220	50	2 610	60	3 132	230	2 902	太谷、祁县、交城、文水
屯留	1 000	60	600	60	600	600	—	

---

① 王强主编：《近代中国实业志》19，凤凰出版社 2014 年版，第 68 页。

续表

县别	栽培面积（亩）	常年产量		1935 年产量		销量（担）		销路
		每亩（斤）	总数（担）	每亩（斤）	总数（担）	县内	县外	
襄垣	1 000	40	400	35	350	350	—	
黎城	1 300	30	390	30	390	390	—	
壶关	468	60	281	60	281	81	200	河南
陵川	3 940	50	1 970	40	1 576	250	1 326	晋城、高平，河南辉县、获嘉、林县、修武
辽县	4 785	40	1 914	30	1 436	596	480	河北顺德，河南武安
和顺	10 841	20	2 168	20	2 168	160	2 008	太原，河北获嘉、邢台
榆社	3 500	40	1 400	40	1 400	1 400	—	
武乡	1 500	60	900	50	750	750	—	
总计	62 004	—	32 113	—	28 863	5 687	23 176	

资料来源：王强主编：《近代中国实业志》19，凤凰出版社 2014 年版，第 71 页。

从表 5 - 21 可以看出，大麻主要由长治、长子输出，平年耕作面积约 3.2 万亩，输出量为 200 万斤。长治县主要产麻地带是淘清河流域，北呈镇是大麻集市中心。主要生产地位于潞安县城南至淘清河流域之间的地域，安城镇、王童村、高河镇、王董村、郭庄、柳林庄、黎岭村、北呈镇、西南呈，与长子县第二区相接。阎锡山制定的增产计划中种植千亩以上的就有 19 村，与当时产麻多的村庄一致。

大麻等级标准由大麻颜色、光泽、强力、纤维长度、节、夹杂物多少决定（见表 5 - 22）。战前大麻在北呈镇集市售卖，抗战期间则由潞安华北商事株式会社集中收购，平均收购价格是 47 元/百斤。

表 5 - 22　　　　　潞安商事株式会社收购大麻价格与等级

等级	价格（元）
特等甲	没有此等
特等乙	63
一等甲	60

等级	价格（元）
一等乙	58
二等甲	55
二等乙	53
三等甲	50
三等乙	48
等外甲	40
等外乙	37

资料来源：《潞泽地区农业概况调查报告》，第44页。

2. 泽州地区的养蚕业

养蚕曾经在山西省南部晋城、曲沃、解县、夏县、高平、阳城、沁水、霍县等地盛行。《沁水县县政十年建设计划》载，本县有桑树170 761棵、蚕茧量156 392斤，养蚕收入10余万元；《晋城县政十年建设计划》载，本县有桑树92 887棵，甚至在村营事业计划案中计划在班本村、南坪村、中脚村、东沟镇、石伏头村、辛壁村、东山村建立制丝工厂。据《陵川县志》载，以一般年景说，全年共可产茧7.2万余斤，其中绝大部分销售于市场，只有一小部分由蚕农留作自己缫丝。这样每个蚕农每年增加很大一笔收入。[1]峪南村养蚕农家达全村户数五分之一。

从表5-23可以看出，此地养蚕业从1905年开始就很兴盛，在晋城、高平、阳城、沁水还建立了蚕丝工场，用丝量达3 240斤，职工有93人，既为养蚕业提供了必要出路，又能解决一部分农村剩余劳动力的就业需求。

表5-23　　　　　　　泽州地区丝织业一览

项目	晋城县	高平县	沁水县
工场名	兴顺合	合计十三	林盛合
所在地	南庆城	南关	城内
设立年	1905	—	1907
组织	独资	—	独资
资本额（元）	220	3 000	400

[1] 中共山西省委党史研究室编：《抗日战争时期山西人口伤亡和财产损失课题调研成果丛书·晋城卷》，山西人民出版社2010年版，第269页。

续表

项目	晋城县		高平县		沁水县		
职工数（人）	6		80		5		
机械数（台）	4		15		1		
所用丝量（斤）	400		2 500		300		
产物名	乌绫	汗巾	手帕	腿带	纱	岛绫	罗底
数量	100 疋	1 600 块	50 疋	5 200 副	4 450 疋	7 520 疋	300 疋
价额（元）	400	403	175	1 040	6 670	9 000	1 500

资料来源：王强主编：《近代中国实业志》19，凤凰出版社 2014 年版，第 76～78 页。

另外，潞泽地区房子气派，河北和山东无法与之相比。究其原因，由于煤炭资源丰富、砖瓦充足或者说经济富庶。对于农村来说，饲养用畜亦是主要副业。潞泽地区和华北大部分地区一样，饲养的主要用畜为绵羊、山羊、猪、鸡等，这类用畜对于农业肥料、农家副收入及农业生产力积累极其重要。

（三）半农半商：潞安的枭贩子

除主营农业外，战前史家庄农家中兼作谷物买卖中介人的很多。潞安盆地大体可分为人口稠密农产物几乎没有剩余的县和人口稀少耕地多且剩余谷物丰富的县。这种剩余谷物多的县主要集中在盆地西部的屯留、长子及襄垣。枭贩子主要去以上 3 县集市，由斗铺集中购入谷物。因枭贩子在农民那里缺乏熟人，所以买卖难办。但在斗铺收集的粮食供不应求时，他们会自己去农村寻找合适卖家。谷物剩余地带人口密度低，对耕地而言税金、摊款等非常轻，且丘陵地带容易开垦。从山东来的移民在缓坡地带开垦了不少耕地，虽亩产量低，但面积广，剩余农产物就多了。战前此地谷物 80% 以上由枭贩子运往邯郸、丰乐、彰德等京汉路沿线地区。由于治安及沿途安全问题，枭贩子活动相当少，不仅潞安，铁路沿线其他地方的谷物价格亦受到极大影响。东线收购的谷物主要运往太原方向。在战前仅有枭贩子收购谷物，而此时合作社收购活动渐次活跃。

农民的谷物、家畜、农具及日用必需品买卖在集市上进行，这种集市分布在河北、山东、山西、东北等广大区域。潞安地区会和集是完全分离的，两者有着不同的交易内容。在会上进行家畜、农具、日用必需品交易，而集几乎限于谷物类交易。会是住在附近的人们协商交易的场所，县公署在交易时收取税金。集主要进行谷物交易，有斗铺即谷物交易商，之后又产生经纪人即买卖中介人。大集有 10 余户斗铺，小集仅一两户。集分单日和双日（日期指阴历）。这种会和集对农民来说是不可或缺的。

潞安附近主要集市和会在战前很频繁，具体集会情形如下：

大集：苏店镇（单日）、西关（从原邻村紫坊村移来，每日）、东和（双日）、荫城镇（三、六、九日）；小集：八义（三、六、八日）、北呈（单日）、北董和南董（单日）、安城和西火镇（二、五、八日）、韩店镇（三、六、九日，日军入侵后没有开过）。

会：潞安城内（阴历一月二十八日、二月十九日、三月十八日、四月八日、四月十五日、五月十三日、六月十五日、七月一日、八月一日、十月一日等）、西关（阴历九月一日至三日）、南关（阴历二月三日）、南寨村（阴历二月五日）、关村（阴历三月一日至三日）、荫城镇（阴历五月十三日开始，战前持续半月，战时仅三天）、安城镇（阴历三月三日）、高河镇（阴历十月一日）、柳林镇（阴历十月二十日）、师庄镇（阴历二月中的一日或收获后一日）、南庄（阴历三月里一日）、东和（阴历三月中的一天）、李坊（阴历收获后一日）、五龙山（阴历四月中的一天）、神下村（阴历二月二十八日）等。

抗战期间由于治安关系，城门已不能自由出入，再见不到一边集市上交易者人来人往、一边庙里演村戏的繁华场景了。不仅仅潞安地区，在其他一般城市的集市或会均如此。

三、落寞与凋弊：潞泽沦陷区农村相

日军侵略对潞泽地区农村耕地及粮食产量、家畜、租税、经济贸易方面的影响尤甚，具体情形分述如次。

（一）耕地及粮食产量

1936 年，长治县有耕地 53.05 万亩，到 1939 年即减至 38.63 万亩，绝对值减少 14.42 万亩。[1] 晋城县在日军侵入前有耕地 88.23 万亩，到 1945 年则仅 44.0771 万亩，减少一半多。粮食产量同样大减，如阳城县战前年产玉米 558 吨、谷子 1 351 吨、小麦 2973 吨，而战时只及战前 70% 左右；沁水县 1936 年粮食总产量 3 365.8 吨，1943 年则只有 1 400 吨左右，减少近 60%。[2]

---

① 长治县志编纂委员会编：《长治县志》，中华书局 2003 年版，第 241 页。

② 中共山西省委党史研究室编：《抗日战争时期山西人口伤亡和财产损失课题调研成果丛书·晋城卷》，山西人民出版社 2010 年版，第 9 页。

（二）家畜

战争造成家畜锐减，有的地方减少甚至达三四成，其中尤以马骡受损最甚。战前，牛以当地为主，驴一部分本地产而另一部分从晋西石楼等地引进。马和骡主要从张家口及宁夏、甘肃等地引进。抗战期间受交通和治安环境影响，马和骡的不足就只能由驴来替代。具体而言，史家庄役畜总计136头，其中马5匹、骡7头、驴123头（占全部役畜的90%）、牛1头；峪南村役畜总数44.5头，其中马3匹、骡4头、驴23.5头（役畜数量有零头表示共有关系，占全部役畜的53%）、牛14头；岗头村役畜总计8头，其中马1匹、骡1头、驴5头（占全部役畜的63%）、牛1头。

由调查得知，各村役畜使用密度非常高，但受战争影响，马与骡饲养和引进十分困难，数量很少。当地抗战前后马的价格分别为120元和200元、骡为150元和280元、驴为100元和200元，这反映出战争对该地区役畜存量的影响。即便家畜存量较多的史家庄，一头家畜平均要耕作26.8亩，峪南村和岗头村则分别达到36.5亩和30.4亩。与此同时，一种被称作抢犁的农具——人力犁在战争期间被当地大量使用。在这样的情况下，生产力很难达到期望的高度。

同时，由于抗战导致治安恶化，绵羊、山羊放牧受到限制，猪的饲料减少、销路不畅，鸡蛋工厂倒闭，所以绵羊、山羊、猪、鸡4种用畜比役畜受抗战影响大得多。由此可知，看起来极细微的政治混乱对于像机械齿轮样相互关联的经济影响甚巨。

（三）租税

总体来看，长治县公署征收的省税、县税比例轻微，算不上农家大负担。但所谓的摊款、村费和赋役等负担则相当沉重。日军侵占长治期间，为实现其"以战养战""长治久安"的目的，摊派名目繁多，计有款项负担如粮银、警备队经费、警察费、训练费、学费、教育费、欢送欢迎费、修路费、衣服费、修械费、会费、建筑仓库费、唱戏费、看戏费、贺喜费、追悼费、碉堡费等数十种，实物负担如"供给伪政府警备队、自卫队及训练人员所需的米面、花椒、蒜、蔬菜、钢铁、柴、煤等"。这些负担均按间、按村或按粮食摊派。①

长治县省县税征收是折合银子来计的。按照传统将赋税摊入田亩中的征税制度，以土地质量与距村子远近来划分耕地等级，上等地9亩一两银子、中等地12

---

① 中共山西省委党史研究室编：《抗日战争时期山西人口伤亡和财产损失课题调研成果丛书·长治卷》，山西人民出版社2010年版，第97页。

亩一两银子、下等地 15 亩左右一两银子。战时每户省县税相当于一两银子的土
地赋税，史家庄共有约合 362 两银子的耕地，每年在上忙粮（阴历三月）与下忙
粮（阴历九月）时期分两次征收，大约 4.4 元，上忙粮时期用现金缴纳、下忙粮时
期除现金外可用农产物缴纳，农产物换算率为粟 9 钱/斤、高粱和玉蜀黍 6 钱/斤。
由于联银券流通量不足，所以租税允许现物缴纳。在国民党军队驻屯时期，摊派
款被分摊到别的村，以 1941 年 8～12 月而言，村费开支包括：小学校、村公所、
警备队灯火费 300 元，小学校、村公所石炭费 150 元，小学校、村公所、警备队
人头费 1 270 元，村公所、警备队文具报纸费 80 元，礼品与接待费 400 元，赛
马购马费 80 元，旅费 150 元，徭役人夫临时雇佣费 300 元，其他 250 元，合计
约 3 000 元，其课税在日军入侵前除此以外没有别的，役畜、房屋等全不收税，
基本用不着摊派。但调查时该村村长担心此后附近会成为课税征收区。村长的担
心变成了事实，日军侵占该村后摊派款所带来的负担一直在增加，折算下来上等
地一亩征收 90 钱，更重的负担还未确定。在调查期间即 1942 年 3 月恰逢村戏上
演，4 天花费 200 多元，村戏演出是衡量一个村庄繁华与否的重要指标，在日军
占领后几乎看不到以往热闹非凡的村戏演出场景。

　　峪南村按耕地面积应缴税约合 110 两银子，但实际完成的钱粮税（省县税）
每年不同，如 1941 年每户征收 6.8 元联银券[1]。全村摊款征收现金和粮食，该村
1941 年收支共 13 000 余元（法币），相当于 3 400 元（联银券）。由此可见，刚
发行联银券时，一元联银券相当于法币 3.82 元。但由于日伪发行联银券的目的
是大量支取"联银券"充当军饷和抢购物资，所以贬值是必然的。1942 年"联
银"发行百元大钞，接着又设计了 500 元、1 000 元大钞并先后于 1945 年 3 月和
5 月投入流通，1945 年发行 3 000 元大钞，联银券形同废纸。[2] 在华北，截至
1945 年 8 月，伪"联银"发行的伪联银券已达"七七事变"前华北货币流通量
的 284.8 倍，对华北人民的掠夺可谓惨烈。全部耕地平均下来每亩摊款 2 元，加
上每亩 0.475 元省县税，平均每亩地租税负担约 2.5 元，其中摊款占五分之四、
省县税占五分之一。峪南村比史家庄四周环境更恶劣，农民负担更重。

（四）经济与贸易

　　日伪实行的经济统制政策对潞泽地区农产物贸易造成极大影响。"在沦陷区，
由于物资极度匮乏，日伪当局实行了严格的配给制度，其中最主要的是粮食配

---

　　[1]　"联银券"是日本侵华期间通过伪中国联合准备银行发行的货币，发行区域为伪中华民国临时政
府所属北平、河北、山东、山西及河南等日占区。
　　[2]　戴建兵、申玉山：《抗日战争时期华北经济研究》，团结出版社 2015 年版，第 87 页。

给。日伪对粮食产销实行统制。1939 年 7 月 1 日，日伪政府规定省内粮食，不经批准，不得出省。1942 年又就粮食在省内的运销作出规定，不准私人和粮商经营贩运，从而迫使大批粮商或者转入日伪的粮食配给所工作，以手续费收入维持生活，或者停业、转业……在此形势影响下，1939 年和 1940 年，山西的出口商品中，农产品出口比重大幅下降。下降幅度最大的是提取纤维类商品，其中包括日本最急需的棉花、麻和羊毛等。粮食、豆类、子仁的出口也呈缩减之势。"①

潞泽地区贸易相对比较发达，如当地采用旧式制铁法制造铁制农具，锄头、拨土板及其他铜炼铁制品大多由村里铁匠自行制造，除满足本地需求外还销往河南、河北、山东甚至东北。但日本侵华期间铸铁业衰落，农具不再向外销售。连日本调查人员都认为："当时农具的生产恢复到战前的生产额是非常必要的。因为如果不恢复，那么在华北地区铜炼铁以及铸铁的供给将陷入匮乏的境地，不得不说从缓和这种境地的层面上来看，这也具有极其重要的意义。"②

四、小结

"我国自抗战以来，民生凋弊，庐舍为墟，疮痍满目，饥寒堪虞，若不设法，急谋增加生产，以裕民生，则农村前途之危险，诚不堪设想矣。"③ 通过对 1941 年长治县史家庄、晋城县峪南村和岗头村农家经济与生活考察可知，受日本侵略影响，潞泽地区原本农业与矿产资源丰富、副业种类繁多、商业发达的优势不复存在。其四周天然的险要与内部的繁华富裕使之成为日本侵掠的重要目标，由于日军实行统制经济，作为山西乃至华北粮仓的潞安盆地，农业及农村副业和商业迅速衰落，由此甚至影响到山西其他各地甚至周边河南、河北等地经济社会发展。其经济变化情况大致可以反映抗战时期该地区乃至整个山西沦陷区农村经济的衰退情势。

进一步说，日本侵夺破坏了山西沦陷区农业生产力。如 1940 年平遥县南政村主要农作物平均亩产只有 95 斤，农业经营投入与产出极不平衡，倒挂现象十分普遍。④ 日伪经济统制则干扰了农产品经济市场。如 1943 年随着太平洋战场的扩大，日伪实行以粮代税政策，田赋额与战前最高额相比，1936 年祁县

---

① 刘建生、刘鹏生：《山西近代经济史（1840—1949）》，山西经济出版社 1995 年版，第 787、797 页。

② "国立北京大学"附设农村经济研究所：《潞泽地区农业概况调查报告》，新民印刷馆 1943 年版，第 53 页。

③ 研农：《增加农业生产复兴农村之管见》，载于《山西农学会刊》1942 年第 13～14 期合刊。

④ 岳谦厚、梁金平：《抗战时期山西沦陷区的农业经济——基于满铁平遥县南政村调查之分析》，载于《河北学刊》2017 年第 1 期。

85 625 元，1942 年下达额 106 795 元，实数 94 778 元，为战前 111%。[1] 又据日伪《华北新报》所载，"潞安地区自从国府参战之后，即在官民一体协力下，积极从事整备战时经济体制，如实行各种主要物资的统制，实施物资配给制度，虽然是创办，但是到现在已经到了'需要时则有，不需要时则无'的圆滑程度了，就因为如此，在实行低物价政策的山西省，方造成潞安地区物价最低廉的好成绩，同时当局于去年对敌地区实施经济封锁，也已经达到了预期的目的……"[2] 对此，甚至连当时的日伪舆论界都毫不避讳地指出："常谈发展农村经济，然而谈论自谈论，理想是理想，无非都是空头支票，何尝见诸实行？"[3]

第三节　太原市民的经济生活

　　近年来，关于抗战时期城市市民生活状况研究渐为学界关注，而研究中心则主要集中于北平、上海、成都、东北等地区；其中 Parks M. Coble 的《分裂城市里的生活：上海的中国资本家，1937～1945 年》侧重于上海资本家生活情形的分析，袁熹的《从工资、物价看沦陷时期北平人民的生活》一文用量化方法分析了北平市民生命指数[4]，谯珊同样通过对工资、物价的比对探讨了成都市民消费水平[5]，吕文浩的《日军空袭威胁下的西南联大日常生活》、徐杨的《试论抗战时期西南城市民众生活习俗的变迁》则重点考察了西南地区市民日常社会生活。[6] 就太原市而言，目前的相关研究仅见任吉东所作《近代太原地区的粮价动向与粮食市场——以〈退想斋日记〉为中心》一文，该文对沦陷时期太原粮价变化有所描述。[7] 本节拟通过对某些重要数据的统计和量化分析，并借鉴统计学、宏观经济学理论，仔细梳理沦陷时期太原市民生活的经济成本和收入水平，进而揭示该地区社会经济及人民生存的基本状态。

---

① 中共山西省委党史研究室编：《抗日战争时期山西人口伤亡和财产损失课题调研成果丛书·晋中卷》，山西人民出版社 2010 年版，第 271 页。

② 《上党道二年来参战实绩》，载于《华北新报》1945 年 1 月 20 日。

③ 曾业英：《追寻真实的民国》，九州出版社 2013 年版，第 253～254 页。

④ 张泉主编：《抗日战争时期沦陷区史料与研究》第 1 辑，百花洲文艺出版社 2007 年版，第 127～138 页。

⑤ 谯珊：《抗日战争时期成都市民消费生活水平研究》，载于《社会科学研究》2003 年第 3 期。

⑥ 吕文浩：《日军空袭威胁下的西南联大日常生活》，载于《抗日战争研究》2002 年第 4 期；徐杨：《试论抗战时期西南城市民众生活习俗的变迁》，载于《贵州师范大学学报》2004 年第 3 期。

⑦ 任吉东：《近代太原地区的粮价动向与粮食市场——以〈退想斋日记〉为中心》，载于《中国农史》2003 年第 4 期。

一、日本占领初期太原社会经济情状

1937 年 7 月，日本发动全面侵华战争。9 月初，日军从北部进犯山西。11 月 8 日，太原沦陷。

早在太原陷落之前，整个城市就已陷入恐慌之中，"除了公务员外，没有了人。每条大街上，都把每年植树的小坑处，掘成小小的避飞机洞。""而且白天为避飞机断绝交通，整日陷在戒严里，到了夜晚六点至十二点，街上才渐渐有人，机关也便开始办公，商店也就打开了半扇门。"① 阎锡山决定放弃太原后以省政府名义通知民众迁出城外，"在敌机乱炸中，人们都向外跑"②，"许多在京开有商号的及与之有裙带关系的山西富商们，纷纷逃到北京躲避战祸。"③ 从前线撤退下来的军队希望路过太原时补充一些冬季用品，但正式商店都已关门，惟在流动小商贩处略有所获。太原市面陷入极端混乱之中，平日受呵斥的乞丐、拾荒者在红墙内尽力收罗东西。④ 据 1937 年 12 月统计，太原商号仅留 669 户，比战前（1933 年）减少 78.3%。⑤ 这样，日军占领太原后即面临大量人口流失、整个城区残破、留守民众恐慌以及严重的社会治安问题。

日军占领太原后，"竟整整的抢掠了四十多天，城内城外共杀死老百姓四千余名"⑥；对城内幸存者仅供应面包 1 个，饮水每人只限冷水一口。⑦ 太原市郊乡绅刘大鹏在日记中记录了其亲身所见："因日军妄行毙人性命，众皆奋（愤）恨日军之大败"⑧，"里人所受日军之害者甚多，竟是抢劫物件、米粟及银钱而去，兵即贼也。"⑨ 洗劫太原后，日军组织伪清道队进行战后市区清理，包括拆除横街路口的土石壁垒、掩埋尸体等。⑩ 与此同时，日军采取以华制华政策，下令民众自 1939 年元旦改插五色共和旗（此前插日本国旗），以期得到人民支持。⑪

---

① 徐盈：《两度过太原》，高克甫编：《第八路军在山西》，南华出版社 1938 年版，第 236～237 页。

②④ 秋江：《退出太原城（一）》，载于《大公报》1937 年 11 月 18 日。

③ 张全盛、魏卜梅编著：《日本侵晋纪实》，山西人民出版社 1992 年版，第 45 页。

⑤ 任步奎：《解放前的太原商业》，见《太原文史资料》第 7 辑，太原市政协文史资料委员会 1986 年印，第 126 页。

⑥ 升平：《沦陷敌手一年来的太原》，见民族革命通讯社编：《敌人的残暴与怀柔及我们的对策》，民族革命出版社 1939 年版，第 116 页。

⑦ 《陷后太原敌人肆意屠戮》，载于《大公报》1937 年 12 月 3 日。

⑧ 刘大鹏：《退想斋日记》，1938 年 3 月 2 日，山西省图书馆藏。

⑨ 刘大鹏：《退想斋日记》，1938 年 3 月 15 日，山西省图书馆藏。

⑩ 牛新田：《山西日伪政权的建立和覆灭》，见《山西文史资料全编》第 4 卷，山西文史资料编辑部 2002 年印，第 401 页。

⑪ 刘大鹏：《退想斋日记》，1938 年 1 月 4 日，山西省图书馆藏。

1938 年初，伪太原市政公署成立。为迅速恢复秩序，伪市政公署下达"发还家产"号召，"而且迫令留在敌区的民众写信叫回他们的家族亲朋，所以一些'小布尔乔'[①] 们，便都又纷纷地返回家乡。差不多山西各地的难民返归敌区的，已经有十分之五六。"[②] 太原沦陷时期出逃商民所留空房被日本人强占，为吸引商民回并，伪政府下令户主回城后将归还房屋并偿付被占时期租金。[③] 与此同时，日军成立第十宣抚班协助伪市政公署专门招抚流亡商民，促使商民复业。又通过户口登记、发放"良民证"来稳定社会秩序、压制民众反日行为。据时人所见，"西门开放，任人出入，且有日军守护，防备红军入城扰乱。凡出入城门之人，必须向日军点头行礼，又加本县警（备）队在城门把守，并有一妇稽查出入城门之妇女，必须佩带通行证，城门楼上亦有日军，西城门内安置车儿大炮二宗，以备不预。"[④] 在这样的政治压力下，"华人特有之活泼精神，已不复见"。[⑤]

随着社会秩序相对趋于稳定，太原城内部分旧有商铺恢复营业，所卖货品大都是旧存。[⑥] 而日资则以中日合办或独资名义大量占据市场，市面日货充斥。[⑦]

二、日本占领时期太原市民生活成本

沦陷时期太原市民生活负担沉重，其生活成本主要包含捐税和不断攀升的物价。

（一）捐税摊派

伪太原市政公署自 1938 年起开始征收捐税，各种名义的税目繁多，主要包括常规捐税和临时性摊派。具体情形见表 5 - 24。

表 5 - 24　　　　1938~1940 年太原市各项捐税收入数额　　单位：元（国币）

税目	1938 年	1939 年		1940 年	
			年增长率（%）		年增长率（%）
牲畜税	10 732.83	7 942.78	-26.00	—	—
畜牙税	1 326.98	978.54	-26.26	—	—

---

① "布尔乔"即资产阶级，为法语"bourgeoisie"音译。

② 民族革命通讯社编：《敌人的残暴与怀柔及我们的对策》，民族革命出版社 1939 年版，第 67 页。

③ 《太原市商会四年工作成绩》，[伪] 山西省公署情报处编：《晋铎》1942 年 1 月 1 日新年号。

④ 刘大鹏：《退想斋日记》，1938 年 4 月 22 日，山西省图书馆藏。

⑤ 《太原惨劫》，左铭三编：《抗战第 1 期之日寇暴行录》，中央军官学校第二分校 1940 年印，第 111 页。

⑥ 淡虹：《太原近况》（1938 年 11 月 29 日），见民族革命通讯社编：《敌人的残暴与怀柔及我们的对策》，民族革命出版社 1939 年版，第 114 页。

⑦ 民族革命通讯社编：《敌人的残暴与怀柔及我们的对策》，民族革命出版社 1939 年版，第 94、116 页。

续表

税目	1938 年	1939 年		1940 年	
			年增长率（%）		年增长率（%）
屠宰税	8 509.68	20 800.58	144.43	30 655.600	47.38
契税	—	37 027.16	3 702 716.00	76 225.358	105.86
斗捐	5 273.96	2 099.20	−60.20		
斗牙税	2 926.04	1 100.80	−62.38	—	—
烟酒营业牌照税	8 122.40	19 386.47	138.68	24 959.875	28.75
市产地摊费	2 767.34	2 963.58	7.09	5 227.180	76.38
乐户捐	1 716.00	2 110.00	22.96	2 274.000	7.77
妓捐	4 342.00	6 470.00	49.01	7 559.500	16.84
屠捐	2 540.92	—	—	—	—
戏捐	3 103.64	7 285.10	134.73	13 911.724	90.96
路灯捐	1 554.47	4 575.31	194.33	5 670.850	23.94
灰渣费	32 150.00	56 369.52	75.33	72 145.435	27.99
广告捐	87.80	176.60	101.14	336.910	90.78
公益捐	150.00	150.00	0		
筵席捐	—	11 465.36	1 146 536.00	20 876.278	82.08
总计	85 304.06	180 901.00	112.07	259 842.71	43.64

资料来源：据〔伪〕中国联合准备银行编《中外经济统计汇报》1940 年第 2 卷第 1 期、1941 年第 3 卷第 3 期统计而得。

由于伪市政公署财政"每月均入不敷出"，所以厉行"开辟合理税源"。[1] 如"每人每月平均摊派灰渣费二毛，厕所费九毛，一块一毛钱按月送交市政公所，但仍然得自己去掏灰渣，自己去掏茅粪。"[2] 表 5 - 24 显示，虽然 1939 年税目较上年无太大变化，1940 年甚至减少三分之一，但所征税额却出现 112.07%、43.64% 的增幅，这并非因太原市经济水平增长，而是在所征税目中提高了税额，1940 年减收税目亦都是 1939 年比之 1938 年出现负增长的税目。到 1942 年，伪太原统税局新征税目有卷烟税、棉纱税、麦粉税、火柴税、水泥税、汽水税、啤酒税、火酒税、烟费、酒税、洋酒税、普通印花税、马票印花税、煤税、其他非

---

[1] 《三十年度太原市政一瞥》，载于《晋铎》1942 年 1 月 1 日新年号。
[2] 民族革命通讯社编：《敌人的残暴与怀柔及我们的对策》，民族革命出版社 1939 年版，第 111 页。

金属税等，各项捐税费总计 788.94 万余元。[①] 对于市民而言，"苛捐杂税日益增加，遂使人民之生活程度均到危险极点之步"。[②] 除上表常规税收外，临时性摊派按照商户、民户分别下派，名目有"剿匪"捐、防空捐、防疫捐等，甚至"人民出入来往，除佩带良民证（每张五角）外，还得购买通行证（一张一角钱，一日有效）。"[③] "斯时纷乱昼夜不安，而为政之人乃竞征敛，无论何样车辆，需要税钱，如人骑之足踏小车，每辆八角。分四番交，一次结一牌，每岁纳三元二角。所有车马、大车、人推小车，皆令出税。"[④] 太原城内及周边村庄开演的各类"傀儡小戏"费用均向"各村所凑"[⑤]；刘大鹏在 1940 年 11 月 18 日日记中写道：伪公所没有名义地"又派各户差钱，各家派大洋二元。"[⑥] 对于商户而言摊派更甚，1942 年 9 月 17 日《抗战日报》报道："近更向各商家派款，每家银行最少二万八千元，并以查封扣押对待稍事推诿者"，如此沉重的经济负担导致"市中商民多关门回家"。[⑦]

（二）物价

沦陷时期太原物价随物资紧缺和日伪政府实施的货币金融政策导致的通货膨胀而飞涨。

1. 物资紧缺

因受战争影响，太原物资极为匮乏，至 1940 年下半年"生活必需品恐慌已成寻常的事实"。[⑧]

表 5 - 25 显示，太原市所缺物资中粮粟类最甚。将粮粟类所有剩余货品全部相加为 3 803 石，约 722 570 斤。[⑨] 1940 年 12 月太原总人口为 118 839 人（不含驻军）[⑩]，若按每人每天最低平均食粮 7 两计，则存粮仅够全市市民食用不到 9 天，故"太原敌伪食量恐慌，谋在平、介、孝、汾敌占区搜掠食料四十万石，

---

① 牛新田：《山西日伪政权的建立和覆灭》，见《山西文史资料全编》第 4 卷，山西文史资料编辑部 2002 年印，第 410 页。

② 刘大鹏：《退想斋日记》，1941 年 6 月 25 日，山西省图书馆藏。

③ 民族革命通讯社编：《敌人的残暴与怀柔及我们的对策》，民族革命出版社 1939 年版，第 54 页。

④ 刘大鹏：《退想斋日记》，1938 年 8 月 6 日，山西省图书馆藏。

⑤ 刘大鹏：《退想斋日记》，1941 年 11 月 10 日，山西省图书馆藏。

⑥ 刘大鹏：《退想斋日记》，1940 年 11 月 18 日，山西省图书馆藏。

⑦ 《太原敌向商家勒索，商店关闭四百余家》，载于《抗战日报》1942 年 9 月 17 日。

⑧ 薛慧子：《今日之华北》，中央社旗报 1940 年版，第 17 页。

⑨ 按照 1929 年颁布的《中华民国度量衡法》，1 石 = 100 升，则 3 803 石为 380 300 升。按照 1 升约 1.9 斤粮食计算，则 380 300 升粮食约 722 570 斤。

⑩ 《山西省统计年编》（1940 年度），[伪] 山西省公署秘书处统计室 1941 年印，第 57 页。

'收买'、抢夺双管齐下。"[1] 除对外谋取物资外，日伪市政公署在太原市内实施经济统制，通过实行票制进行经济封锁，防止物资流失——"货物的输出入，都得经过日敌专管机关的检查，并发有'运货证'"[2]，配给量为"盐七斤，洋火一个，煤油五（原文如此——笔者，下同），棉布一丈，砂糖五"。[3] 盐票配给自1941年12月1日起实行，而民众为获得配给盐票需花票费1角。[4] 其他统制物资亦有相应票据，民众凭所分物品票按当时物价到指定地点购买。到1942年，物资短缺问题更紧迫，1941年太原市经营米粟业的商号有41家，而由于供应不足到次年仅余18家。[5] 为解决此项问题，太原市实施"勤俭增产"政策，结果市面商店有400余家关闭。[6] 其中，由于太原火柴公司倒闭，原本稀缺的火柴价格高涨。[7] 供电方面，伪市政公署进行"节电限时"措施，"每日黄昏时分，市街变得一片黑时，如同死市一般，商民大为叫苦"。[8] 越来越严重的物资短缺问题不仅影响了整个城市商业经济运作和发展，更使物价随之高涨。

表 5－25　　　　　　1940 年下半年太原市重要物品赊缺情况调查

类别	粮粟（石）							
项别	小麦	大米	小米	高粱	黑豆	黄豆	黍	莜麦
余剩数量	433	720	1 261	404	307	483	195	—
类别	布匹（匹）			煤烛（桶）		糖（斤）		
项别	洋布	市布	小粗布	煤油	洋烛	红糖	白糖	冰糖
余剩数量	2 095	2 615	8 550	43 322	2 014	73 700	37 400	56 400
类别	胰皂（打）	棉纱（斤）		卷烟（箱）	火柴（箱）			
项别	胰皂	棉花	各种棉纱	卷烟	火柴			
余剩数量	3 750	1 850		914	233 箱子			

资料来源：《山西建设工作会刊》，［伪］山西省政府建设厅 1941 年印，第 483～484 页。

2. 通货膨胀加剧

战前山西省政府创设之银行银号有山西省银行、晋绥地方铁路银号、绥西垦

---

① 《太原敌伪食粮恐慌》，载于《太岳日报》1940 年 8 月 7 日。
② 郑文安：《被陷在魔窟里的太原》，载于《国讯》1941 年港版第 6 期。
③ 《生产跃进中模范县的太原施行配给制度对敌经济封锁》，载于《国民杂志》1941 年第 12 期。
④ 《三十年度太原市政一瞥》，载于《晋铎》1942 年 1 月 1 日新年号。
⑤ 《山西省统计年鉴》（1942 年度下卷），［伪］山西省政府秘书处统计室 1943 年印，第 292 页。
⑥ 《太原敌向商家勒索，商店关闭四百余家》，载于《抗战日报》1942 年 9 月 17 日。
⑦ 《敌伪简讯》，载于《抗战日报》1942 年 9 月 10 日。
⑧ 《敌电力统制下太原市入夜漆黑》，载于《太岳日报》1942 年 9 月 9 日。

业银号、晋北盐业银号，四大银行所发钞票统称"晋钞"，发行之初信用颇佳，
是省内流通的主要纸币。1930 年受中原大战影响，发行数量骤增，虽经 1932 年
重新整理有所好转，但"受政治的影响成分较多"，至抗战爆发"迄未十分稳
固"。其中，晋北盐业银号所发行钞票于 1937 年 9 月撤销，其他三大银行所发晋
钞及少量法币、其他杂币就成为太原被占前流通的纸币。①

抗战全面爆发后，"市内金融异常紊乱，老头票②、朝鲜票和法币、晋钞混
杂"③，通货膨胀已现端倪。如晋钞对天津汇兑每百元须另加贴水二三十元，后
因战局转移则须加贴水 50 元，但银行钱庄等对于大宗汇款仍拒绝接受，币值开
始大幅贬损。④ 伪政府成立不久，朝鲜银行在原中国银行旧址开始营业，所发钞
票比中国钞票多值 2 角，严令市民商号使用。不久，伪华北临时政府于 1938 年 2
月宣告成立"中国联合准备银行"并在太原设立分行，发行金元储备不足、不兑
现的纸币——"中日满联合准备券"（简称"联银券"）办理兑换各地杂钞。伪
政府会同该行布告："凡有法币白银者须于二十日内持往兑换联合准备券，如有
不兑换即不使用者，一经发觉，即行枪决示众。"⑤ 省银行、铁路银号与垦业银
行钞票 10 元只准兑换联银券 1 元。至 1938 年底，伪中联行在整个华北占领区发
行联银券 161 963 万，但其保证基金仅 2 100 万元。⑥ 由于联银券持续大规模印
发，其币贬值情况严重，在一般民众交易上 5 元伪钞才换省钞 1 元。⑦ 到 1939 年
初，太原市已出现因纸币信用度降低而引起的"纸币荒"。刘大鹏在其日记中大
致描述了此次事件发生发展的过程：1 月 24 日，"市面周行者皆是纸币，近日有
不周行纸票之风潮，今日益紧，虽持纸票也买不出米面货物"；1 月 25 日，"纸
币闹荒之风潮日甚一日，商家竟有闭门不卖货者，则各处大罢市之风潮已在眼
前"；1 月 27 日，"纸币之荒，有人言：起于日军逼人使其所出之票而然也"；2
月 7 日，"纸币闹荒，粮价因之大涨，每斗粟每斤面，日来之价莫不加倍"。⑧ 伪
钞信用度大幅降低导致整个金融秩序混乱和物价高抬，但其发行量依然猛增。
1939 年底伪钞已发行 548 042 万元，1940 年底发行 715 033 万元。太平洋战争爆
发后物资紧张，发行量急剧增大，1942 年底发行 1 592 509 万元，1943 年底发行

① 李荣廷：《山西省钞之过去、现在与未来》，载于《经济汇报》1941 年第 3 卷第 1 - 2 期。
② "老头票"指随军流入的日本纸币，因其票面印有老头像，故称。
③ 《被阴翳遮住了的古城——太原》，见民族革命通讯社编：《敌人的残暴与怀柔及我们的对策》，民族革命出版社 1939 年版，第 96 页。
④ 李荣廷：《山西省钞之过去、现在与未来》，载于《经济汇报》1941 年第 3 卷第 1 - 2 期。
⑤ 《被阴翳遮住了的古城——太原》，见民族革命通讯社编：《敌人的残暴与怀柔及我们的对策》，民族革命出版社 1939 年版，第 96 ~ 97 页。
⑥ 纯青：《日本春秋》，大公报馆 1939 年版，第 93 页。
⑦ 民族革命通讯社编：《敌人的残暴与怀柔及我们的对策》，民族革命出版社 1939 年版，第 31 页。
⑧ 刘大鹏：《退想斋日记》，1939 年 1 月 24 日、1 月 25 日、1 月 27 日、2 月 7 日，山西省图书馆藏。

3 828 273 万元，1944 年底发行 16 225 175 万元，至 1945 年 8 月日军投降时发行量达 142 399 855 万元。[①] 1945 年春 500 元大钞开始流通，物价已为天价，常常一日数变，社会上流传"孔子拜天坛（伪钞上的新图案），五百顶一元"的童谣。[②]

物资日益短缺与日伪滥发纸币导致通货膨胀愈演愈烈，其直接表现为物价飞涨。

表 5 - 26 所示太原市零售物价总指数以 1937 年为基本权数 100，1945 年已达 37 003.91，8 年间整个商品零售物价增长 370 倍。1940 年，日军参谋部直接出面组成物价控制委员会，宣布一批重要商品价格停止在当前水平而不得再涨。同时，下令宪兵队、领事馆、伪警察署等联合组成经济警察班，负责处理违反经济法令的案件。1941 年又分批宣布"公定价格"。[③] 但这些强制性的政策丝毫不能改变物价狂飙的局面。

表 5 - 26　　　　　　　　1937 ~ 1945 年太原市零售物价指数

类别	1937 年	1938 年	1939 年	1940 年	1941 年	1942 年	1943 年	1944 年	1945 年
粮食类	100	117.10	158.48	241.15	280.61	614.07	2 098.01	4 753.95	35 263.28
副食品类	100	138.86	164.78	253.81	285.73	431.35	1 399.28	5 987.11	33 559.13
烟酒茶类	100	103.09	103.87	135.02	128.23	295.88	1 625.85	5 029.91	25 254.16
衣着类	100	111.50	153.13	209.77	270.95	380.37	1 657.46	7 766.79	55 010.76
燃料类	100	123.77	179.10	253.59	274.73	298.83	1 236.81	1 644.99	67 565.67
日用品类	100	119.46	149.05	190.07	221.76	252.31	1 352.58	7 673.96	43 863.10
医药类	100	106.92	152.65	171.09	195.70	360.81	874.46	5 926.99	36 845.65
家用器皿类	100	138.51	259.88	295.40	354.72	241.40	3 330.67	14 387.34	24 036.13
文教用品类	100	114.37	160.07	193.17	284.82	337.88	2 371.81	15 962.49	58 938.46
零售物价总指数	100	120.16	157.78	226.48	266.63	456.43	1 808.29	6 478.66	37 003.91

注：零售物价指数反映当年零售物价比之 1937 年零售物价增长情况，计算公式为零售物价指数 = 当年零售物价 ÷ 1937 年零售物价 × 权数（即 1937 年物价指数定为 100）。

资料来源：《山西省三十年物价统计资料（1928 - 1957）》，山西省统计局 1959 年印，第 230 ~ 235 页。

通货膨胀率即价格指数上升率，是经济学中衡量一段时期一个国家或地区通货膨胀状况的基本指数；其计算公式为：通货膨胀率 =（本期价格指数 - 上期价

---

① 《北方伪钞发行统计表》，载于《北方经济》1946 年第 1 卷第 1 期。

② 山西省史志研究院编：《山西通志·总述》，中华书局 1999 年版，第 372 页。

③ 孙凤翔：《日伪统治下的太原》，见《山西文史资料全编》第 4 卷，山西文史资料编辑部 2002 年印，第 424 页。

格指数）÷上期价格指数×100%。根据表5-26零售物价总指数，按照环比方法[1]可以计算出沦陷时期太原市每年通货膨胀率：1938年为20.16%，1939年为31.48%，1940年为43.54%，1941年为0.07%，1942年为101.4%，1943年为296.18%，1944年为258.28%，1945年为471.17%。按照宏观经济学理论对通货膨胀率的界定：每年物价上升比例在1%～3%之间叫作爬行通货膨胀，年上升比例在3%～6%之间叫作温和通货膨胀，年上升比例在6%～9%之间叫作严重通货膨胀，年上升比例在10%～50%之间叫作飞奔通货膨胀，年上升比例在50%以上为恶性通货膨胀。对比1938年起每年环比的通货膨胀率可以看出，1942年之前通货膨胀情况都在可控范围内，1941年起太原通货膨胀率已成为严重的恶性通货膨胀。这一时期，整个市场秩序处于混乱状态，纸币失去信用，最原始的以物易物成为主要的交换方式。

从图5-1可以直观地看出，物价自1942年大幅增长，上文已提到这一现象是因同年物资紧缺问题凸显和伪政府大规模发行伪钞而致。其中，增幅最快的为燃料类，也与日伪统治后期能源开发紧张和用于生活的煤炭比例减少有关。图5-2所反映的是日伪统治太原前期物价增长相对较为缓慢的情况。开始明显增长的1941年的诸项物资中，增幅最快的分别为粮食类、副食品类和衣着类这三大市民生活中最重要的需求品。

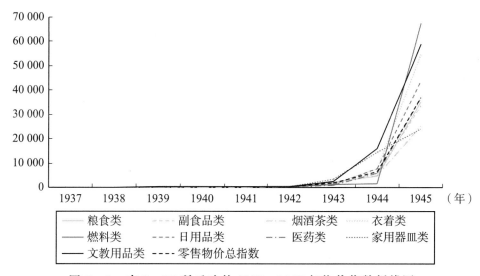

图5-1　表5-26所反映的1937～1945年物价指数折线图

---

① 表5-26所示太原市零售物价总指数为同比总指数，换算为环比零售物价总指数，1937年为100，1938年为120.16，1939年为131.48，1940年为143.54，1941年为100.07，1942年为201.40，1943年为396.18，1944年为358.28，1945年为571.17。

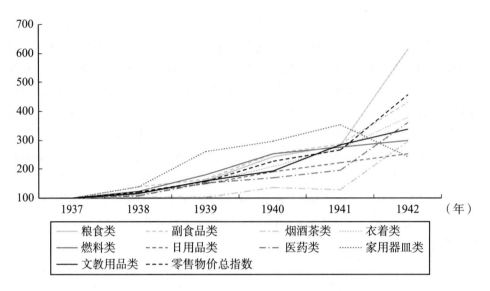

图 5 - 2　表 5 - 26 所反映的 1937 ~ 1942 年物价指数折线图

表 5 - 27 所统计之粮食类商品平均零售价格是采用各类中等货品价格，而即使是中等商品在 1940 年"一向节俭的本地人看来""也相当昂贵"。[①] 伪《中国公论》记者雨新于 1940 年采访太原市民，"棒子面一毛三四，小磨面一毛九两毛，还都买不着好的，像这里的洋面，头号的卖六块六，三号的五块六，四号的才四块一，四十多斤一袋，一斤才合多少钱？三号面起比棒子面还便宜，谁不来买？米面铺因为订有官价，不敢卖，只有一个面粉公司可以买，又远在新南门——首义门——外四五里。"而这样便宜的洋面每日规定售卖 3 000 袋亦很快宣告售罄。[②] 衣着方面，太原市普通市民主要购买价格便宜的粗布和棉麻等原料，但 1938 年"每尺粗布必须二角有余，每斤棉花七八角，每斤麻一元二角……时已秋凉，人人皆用衣服加身，乃因大乱衣物多被抢掠去，现在无衣服者满眼皆是。"[③] 到 1942 年，受物资短缺影响，土布实行配给，"每匹布七元五角，每张购买票可购半匹，价三元七角五分"，一匹土布虽标价 7.5 元，实则已卖到 15 元。[④] 时人最常穿之大中华元口胶鞋 1937 年每双 0.9 元，1945 年竟涨到 1 561.5 元，8 年间涨幅达 1 734 倍。[⑤] 表 5 - 28 所示为沦陷时期太原市职工生活费用指数，以 1937 年权数为 100，可知职工生活费用在 8 年间涨幅近 400 倍。物价腾

---

① 薛慧子：《今日之华北》，中央书报 1940 年版，第 16 页。
② 雨新：《太原杂记》，载于《中国公论》1940 年第 2 卷第 6 期。
③ 刘大鹏：《退想斋日记》，1938 年 9 月 21 日，山西省图书馆藏。
④ 《配给市民土布，市署布告周知》，载于《山西新民报》1942 年 8 月 23 日。
⑤ 《山西省三十年物价统计资料（1928 - 1957）》，山西省统计局 1959 年印，第 1220 ~ 1221 页。

高，生活负担之重已非广大市民可以承担。

表 5 - 27　　　　　　　1937～1945 太原市粮食类商品零售价格　　　单位：市斤

名称	1937 年	1938 年	1939 年	1940 年	1941 年	1942 年	1943 年	1944 年	1945 年
中等大米	0.081	0.078	0.130	0.235	0.260	0.535	1.725	6.440	29.970
中等小米	0.050	0.060	0.110	0.127	0.140	0.330	1.340	3.400	17.980
中等小麦	0.060	0.076	0.110	0.135	0.170	0.286	1.170	1.980	23.400
中等绿豆	0.060	0.076	0.093	0.133	0.180	0.311	1.400	2.000	18.050
中等玉米	0.042	0.058	0.050	0.113	0.111	0.240	0.993	2.090	9.000
中等黑豆	0.042	0.048	0.043	0.113	0.111	0.240	0.970	2.090	9.000
中等高粱	0.040	0.049	0.034	0.110	0.111	0.212	0.780	2.090	7.200
面粉	0.092	0.113	0.140	0.170	0.250	0.600	1.489	3.370	42.060
小磨白面	0.087	0.090	0.130	0.200	0.240	0.590	1.560	2.960	31.490
忻县莜面	0.078	0.082	0.130	0.210	0.245	0.370	2.100	2.470	28.410

　　资料来源：《山西省三十年物价统计资料（1928 - 1957）》，山西省统计局 1959 年印，第 1218～1223 页。

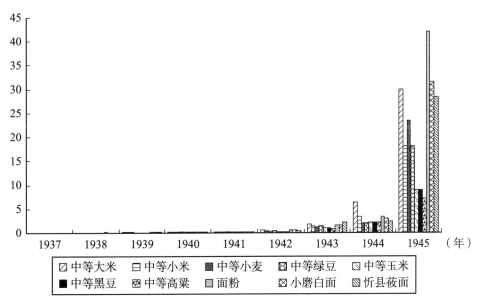

图 5 - 3　表 5 - 27 所反映的 1937～1945 年太原粮食类商品零售价格

表 5 - 28　　　　　　1937~1945 年太原市职工生活费指数

年份	1937	1938	1939	1940	1941	1942	1943	1944	1945
太原市职工生活费指数	100	119.30	154.47	218.62	251.56	429.79	1 690.18	6 764.79	39 197.37

资料来源:《山西省三十年物价统计资料（1928 - 1957）》, 山西省统计局 1959 年印, 第 230 ~ 235 页。

三、日本占领时期太原市民工资及其生活状况

日伪统治时期, 太原市民参与社会工作的人数比例较大, 自表 5 - 29 可以看出, 1940 ~ 1942 年就业人口数较稳定, 约在 60% 上下; 其中占比最大的部分为从事工业、商业的市民, 相加所占比重超过 34%。

表 5 - 29　　　　　　1940~1942 年太原市民职业统计

		1940 年		1941 年		1942 年	
		人数	比例（%）（占总人口）	人数	比例（%）（占总人口数）	人数	比例（%）（占总人口）
	总人口	118 839	—	133 951	—	141 889	—
有业	农业	2 994	2.52	3 135	2.34	2 531	1.78
	矿业	286	0.24	281	0.21	930	0.66
	工业	18 709	15.74	19 164	14.31	22 432	15.80
	商业	26 803	22.55	27 190	20.30	30 228	21.31
	交通运输业	4 159	3.50	4 812	3.59	4 785	3.37
	公务、警察	2 587	2.18	2 604	1.94	3 359	2.36
	自由职业	10 931	9.20	10 906	8.14	8 847	6.24
	人事服务、仆役	2 615	2.20	2 647	1.98	5 859	4.14
	其他	7 352	6.19	8 284	6.18	14 017	9.88
	小计	76 436	64.32	79 023	58.99	92 988	65.54

		1940 年		1941 年		1942 年	
		人数	比例（%） （占总人口）	人数	比例（%） （占总 人口数）	人数	比例（%） （占总人口）
无业	失业	616	0.56	—	—	1 328	0.94
	不事生产	533	0.44	660	0.49	1 285	0.91
	慈善机关收容	199	0.16	281	0.21	265	0.18
	老弱残废	3 116	2.61	2 353	1.76	3 329	2.34
	囚犯	352	0.30	323	0.24	345	0.24
	学生（包含失学）	7 813	6.56	7 820	5.84	5 841	4.12
	其他	29 774	25.05	43 491	32.47	36 508	25.73
	小计	42 403	35.68	54 928	41.01	48 901	34.46

注：（1）表中数据为 1940～1942 年每年 12 月统计结果；（2）自由职业包括教育、中医、西医、药剂师、律师、会计师、工程师、新闻记者、僧侣教徒、社团服务、劳动、优伶娼妓等。

资料来源：《山西省统计年编》（1940 年度），［伪］山西省公署秘书处统计室 1941 年印，第 201～203 页；《山西省统计年鉴》（1942 年度上卷），［伪］山西省公署秘书处统计室 1943 年印，第 57 页；《山西新民报》1941 年 2 月 17 日。

太原市民主要收入为从事各项工作所换取的工资，而在物价腾飞时期工资高低直接影响市民生活是否可以达到最低保障。

（一）1941 年之前太原市民工资及其生活状况

沦陷初期，军管工厂普通工人日工资 8 角左右，熟练工人 1～1.5 元左右；商店店员、劳力工日工资 5～6 角，最低 4 角。[①] 到 1940 年，社会经济有所恢复，工资体系基本稳定。表 5－30 显示 1940 年 12 月日军经营的工厂劳工工资除化学工较高外，普通劳工平均 1.31 元，且"日本人规定：每个号头内的工人上一个班，这个号头的把头就可以抽取这个工人一天工资的 10% 作为'手当费'（即管理费或手续费之类）。"也即工人并未拿到全额工资。伪山西省陆军特务机关满铁调查队在《山西省太原西山煤矿厂调查报告中》写道："诸物价腾贵，物资入手

---

① 孙凤翔：《日伪统治下的太原》，见《山西文史资料全编》第 4 卷，山西文史资料编辑部 2002 年印，第 424 页。

困难，工人生活状态颇不安定，工赁（即工资）平均 0.835 元，不能维持现状……"① 太原市其他私营工厂劳工工资因平均工作时长为 9～11 小时，低于日资工厂 10～12 小时，所以收入更低。伪山西省政府秘书处统计室调查统计的明明万记、义记太行、冉记、利生、瑞和、长发祥、兴盛、晋和裕、韩记、光华、华兴、永记、济华、义丰、同兴、晋兴、义聚、义成等 18 家太原市私营工厂劳工日均工资约 0.73 元。② 按照每月平均工作 28 天计，日资工厂劳工月收入平均23.38 元，私营工厂劳工为 20.44 元。

表 5－30   1940 年 12 月日军经营厂矿劳工工资统计

工人类别	日最低工资（元）	日最高工资（元）	工人类别	日最低工资（元）	日最高工资（元）
化学工	3.00	12.00	建筑工	0.80	1.80
饮食工	0.40	1.50	木料工	1.50	2.00
纺织工	0.70	0.90	燃料工	0.90	1.20
机械工	1.00	1.50	交通工	0.80	1.00
服用工	1.70	3.30	文化工	1.00	1.50

资料来源：《山西建设工作会刊》，[伪] 山西省政府建设厅 1941 年印，第 431～432 页。

相对而言，个体经营的普通劳工工资比上述雇工略高，日均收入如表 5－31所示可平均达到 1.365 元，月收入约 38.22 元。

表 5－31   1940 年 12 月普通劳工工资统计

工人类别	日最低工资（元）	日最高工资（元）	工人类别	日最低工资（元）	日最高工资（元）
木匠	1.50	1.80	成衣匠	1.00	1.50
瓦匠	0.80	1.00	炼砖瓦工	0.80	1.00
泥匠	1.30	1.50	纸工	1.60	1.80
油漆匠	1.50	1.70	棚匠	1.00	1.40
石匠	1.80	2.00	汽车夫	2.00	2.50
锯工	1.50	1.80	人力车夫	1.20	1.50
铁匠	1.40	1.70	马车夫	1.00	1.20

① 《腥风血雨罩西山》，见《太原文史资料》第 21 辑，太原市政协文史资料委员会 1995 年印，第17 页。

② 《山西省统计年编》（1940 年度），[伪] 山西省公署秘书处统计室 1941 年印，第 699 页。

工人类别	日最低工资（元）	日最高工资（元）	工人类别	日最低工资（元）	日最高工资（元）
玻璃匠	1.80	2.00	大车夫	1.00	1.30
雕工	2.00	2.50	搬运夫	0.90	1.10
小工	0.80	1.00	报夫	1.00	1.20
皮鞋匠	1.50	2.00	水夫	1.00	1.20
鞋匠	1.00	1.50	粪夫	1.00	1.30
裱糊匠	1.50	1.70	普通苦力	0.80	1.00
理发匠	1.20	1.50	杂役	0.80	1.00
农工	0.80	1.00	平均数	1.22	1.51

资料来源：《山西建设工作会刊》，［伪］山西省政府建设厅1941年印，第397~398页。

1940年伪太原市政公署中市长（1人）月薪380元，是普通劳工15倍；秘书（4人）和科长（3人）工资160元，股长（7人）100元，支正（1人）和统计主任（1人）100元，其他工作人员（102人）14~80元不等，而伪公署雇佣的杂役（14人）每月不过14元。[①] 在伪警察署中警长每人月饷40元，警士每人月饷32元。[②] 可见，即使在伪政府工作的人员亦只有少数官员工资较高，普通公务人员及警察工资只比普通劳工略高，并没有太大的行业差距。

表5-32所示1940年太原市普通劳工生活费中，无眷口劳工生活费平均22.5元，按照上述太原市同年工资水平基本可以满足生活支出。但按照有眷口家庭平均生活费为56元标准计算，如养活一个四口之家则家中至少需要两名有收入的成员才可支撑最基本的生活，而这在大多数太原家庭中较难实现。

表5-32　　　　　　　　　1939~1940年太原市劳工生活情形　　　　　　单位：元

年份	无眷口者月均生活费					有眷口者月均生活费				
	衣	食	住	其他	合计	衣	食	住	其他	合计
1939	2.00	9.00	1.50	1.00	13.50	5.30	27.00	2.00	2.70	37.00
1940	3.50	14.00	3.00	2.00	22.50	9.30	37.00	5.30	4.40	56.00

注：（1）有眷口者月均生活费系以每户四口为标准计算；（2）无眷口者指劳工单独生活无家属者；（3）月均生活费系全年各月平均数。

资料来源：《山西建设工作会刊》，［伪］山西省政府建设厅1941年印，第443、448页。

---

① 《山西省统计年编》（1940年度），［伪］山西省公署秘书处统计室1941年印，第189页。

② 胡晋芳：《对太原警政几点贡献》，载于《警声》1941年第2卷第6期。

国际上常常使用恩格尔系数来衡量一段时间内一个国家和地区人民生活水平状况。恩格尔系数指家庭中生存性食物支出占家庭总支出的百分比，是19世纪德国统计学家恩格尔根据比利时不同收入的家庭消费情况进行统计后得出：一个家庭收入越少，家庭收入中（或总支出中）用来购买生存性食物的支出所占比例就越大，随着家庭收入增加，家庭收入中（或总支出中）用来购买食物的支出比例则会下降。推而广之，一个国家或地区越贫穷，每个国民的平均收入中（或平均支出中）用于购买食物的支出所占比例就越大，随着国家或地区的富裕，这个比例呈下降趋势。其具体计算公式为：恩格尔系数＝食物支出金额÷总支出金额×100%。表5－32所示为伪山西省政府建设厅统计1939～1940年太原市劳工生活状况数据，据该表可以计算出：无眷口劳工1939年恩格尔系数为66.67%，1940年为62.22%；有眷口劳工1939年恩格尔系数为72.98%，1940年为66.07%。联合国粮农组织对用恩格尔系数衡量人民生活水平状况的规定为：恩格尔系数在59%以上为贫困，50%～59%为温饱，40%～50%为小康，30%～40%为富裕，低于30%为最富裕。1939～1940年太原市恩格尔系数均大于59%，可见当时太原市居民生活水平属贫困型。当然，在战争时期，考虑到参军及被抓壮丁等因素，家庭中有收入的劳力会比和平时期要少，就单个家庭来看恩格尔系数远不及上述标准，如1940年一位妇人在采访中说："我的儿子拉洋车，我们老汉摆小摊，上老下小，一家子十多口人，就是个吃，就难死人了。"[①]类似家庭在当时太原不在少数，其家庭总支出中基本上只考虑生存性食物支出，也就是恩格尔系数趋向于1，人民生活处在尽力维生水平上。

（二）1941 年后太原市民工资及其生活状况

从1941年3月10日起，伪太原劳动统制委员会成立并宣布实行劳动者统制，规定"凡地区内之劳动者及运输具，须申请委员会登录发给登录票""无持有前项登录票者，即禁止其就劳与雇佣。"雇主不经申请不可私自雇佣劳工，该委员会按照国策公司、官公事业、公益事业优先而普通民间自由企业和其他事业靠后的顺序配给（"对军及军关系事业，勿拘前项程序，得优先配给之"）。[②]同时，伪统制委员会还规定了统一的劳工工资，具体情形见表5－33。

---

① 雨新：《太原杂记》，载于《中国公论》1940 年第 2 卷第 6 期。
② 《太原劳动者及运输具统制暂行规程》，载于《山西新民报》1941 年 3 月 29 日。

表 5 - 33　　　　　　1941 年太原市雇佣劳动工人公定价格　　　　单位：元

名称	头等	二等	三等	名称	头等	二等	三等
杂役工	1.30	0.80	0.60	荷役	1.40	0.9	0.7
道路工	1.40	0.90	0.70	泥工	1.40	0.90	0.70
木工	1.80	1.30	1.00	木桄	1.80	1.30	1.00
油工	1.80	1.30	1.00	左官	1.70	1.20	0.90
炼瓦工	1.70	1.20	0.90	瓦工	1.70	1.20	0.90
涂工	1.70	1.20	0.90	石工	1.80	1.20	
铁工	1.80	1.20		力工	1.80	1.20	

资料来源：《山西新民报》1941 年 4 月 8 日。

　　前文已述 1942 年太原市通货膨胀率达 101.4%，但表 5 - 33 所示 1941 年统制下的劳工平均工资为 1.24 元，与 1940 年基本持平，意味着普通劳工在收入不变情况下生活成本将增加 1 倍。换言之，工资购买力所达到的标准大幅下降，如表 5 - 34 所示太原晋丰面粉公司工人工资状况，1941 年工人日工资仅折合小米 5.7 斤，与 1938 年相比工资实际价值减少七成。

表 5 - 34　　　　　　太原晋丰面粉公司工人工资水平

工资（日薪）			工人工资折合小米	
最低	最高	平均	1938 年平均日工资折合小米	1941 年平均日工资折合小米
0.51 元	2 元	1 元	20 斤	5.7 斤

资料来源：杨静刚：《解放前的太原晋丰面粉厂》，见《太原文史资料》第 10 辑，太原市政协文史资料委员会 1987 年印，第 148 页。

　　伪统制委员会只统一了劳工工资，并未对工作时间作出规定。所以，统制后的劳工工作时间被延长，"他们由早上六点钟上工，到晚上六点钟下工，中午只有半小时吃饭时间；有些纺织、火柴、卷烟、煤炭工厂，竟做到十四个钟头以上的工。"[1] 10 月，伪统制委员会在太原市府西街设立"劳动宿舍"，集体管理的 500 余名劳役被分配到申请劳工的各工厂中，工人每天工作 12 小时换取工钱 8 角，扣除伙食费 4.1 角、存伪劳动机制委员会 1.9 角（该委员会按月为劳工统一购买日用品），每日可实攒 2 角，以此养家几不可能。[2] 到 1943 年，"矿工连微薄的工资也领不到了，日寇只给矿工们发点黑豆、豆饼、红枣、柿

---

[1]　《太原种种》，载于《抗战日报》1941 年 10 月 3 日。

[2]　《太原敌人的"劳动宿舍"》，载于《抗战日报》1942 年 6 月 2 日。

饼就算了事。"①

除普通劳工外，伪政权公务人员生活状况同样不佳，正如某人诉言："就拿我们这样的小员们说吧，一个月挣不了几十块钱，您说够干什么的？房子一间，好几大块，洋面一袋，大块好几，还不用说穿的用的，有个三十、五十元，没买什么，就会没有了。本来生活在民国三十年，而都拿着民国二十五年的薪水，那怎么能行？"② 而日伪统治山西的最后一年，即使伪市政府局长一月薪资亦只能买到二三十斤面粉。③

综合捐税、物价、工资等多方面因素可以看出，沦陷时期太原市民生活状况整体较差，1942 年之前尚可满足基本生活需求，1942 年之后连温饱问题都难解决。日本藏相贺屋兴宣明确表示："在相当长的时间内，将无暇顾及当地居民生活，暂时将不得不执行所谓榨取方针。"④ 至日伪统治最后两年，整个社会经济已濒临崩溃，"太原在战前共有各种行业 2 851 户，到 1944 年仅剩下 1 454 户，比战前减少了 49%。剩下的这些行业中，很多是不准歇业，而处于苟延残喘的境地。"⑤ 毫无疑义，战时太原整体经济水平远非昔比，"处此乱世，人民穷困，日不聊生者所在皆是"，市民生存业已无所保障。⑥

---

① 《腥风血雨罩西山》，见《太原文史资料》第 21 辑，太原市政协文史资料委员会 1995 年印，第 18 页。

② 寄生：《苦了公务员》，载于《山西新民报》1941 年 3 月 5 日。

③ 孙凤翔：《日伪统治下的太原》，见《山西文史资料全编》第 4 卷，山西文史资料编辑部 2002 年印，第 424 页。

④ ［日］信夫清三郎：《日本外交史》下，天津社会科学院日本问题研究所译，商务印书馆 1992 年版，第 681 页。

⑤ 《山西经济资料》第 4 分册，中共山西省委调查研究室 1963 年印，第 48 页。

⑥ 刘大鹏：《退想斋日记》，1938 年 11 月 16 日，山西省图书馆藏。

第六章

太行地区所受损失调查[*]

"巍巍太行山，滔滔漳河水。"太行山是中国人民抗日战争走向胜利的奠基石。全面抗战期间，无论太行山上抑或漳河岸边，广大人民积极参军参战、大力发展生产，使整个太行山区变成八路军及其他抗日武装坚持华北抗战的"兵站基地"。同时，太行山地区人民亦因日军大规模进攻和报复性"扫荡"遭受了惨重损失。

第一节　农业资源损毁程度

太行山地区地形复杂，耕地面积少，且耕地中旱田多、水田少，丘陵、山坡地所占面积很大。随着日军侵入及其对该地区农业资源竭泽而渔的掠夺与破坏，农业发展及农村经济遭到难以估量的灾难性打击。

一、土地资源

土地资源是自然资源中最基本且不可再生或不可替代的资源，是人类社会赖以生息繁衍的物质基础，亦是农民安身立命之本，农民与土地之间自然存在着一种特有的"亲缘"关系。对于世世代代生活在这里的农民来说，土地是他们最宝

---

* 北京林业大学马克思主义学院郝正春副教授和山西旅游职业学院成二平副教授参与了本章初稿撰写。

贵的财产或最有意义的价值储存。然而，自日军入侵之后大量土地被强征占用或破坏或荒弃，导致该地区土地受损程度相当严重。

（一）修筑军事工程对土地的占用与破坏

日军为了加强对占领区的控制，自入侵以来肆意强征占用农村土地，以大规模修筑各种军事工程，如封锁沟、封锁墙、碉堡、据点、公路网，以及为割断游击区与沦陷区之间联系而制造"无人区"等。这些军事工程不仅占用了农民赖以耕作的大片良田沃土，而且密集的军事工程星罗棋布、纵横交错，又使大量土地被分割破坏。特别是1938年10月广州、武汉失陷之后，日军停止了大规模战略进攻，而采取以巩固占领区为主的方针，中日战争转入战略相持阶段。从是年10月起日军开始在华北进行大规模"扫荡"，实施残酷的"三光政策"。1939年9月，多田骏出任日军华北方面军司令官后又提出所谓"囚笼政策"作为配合日军"扫荡"所采取的战略战术，即以铁路为柱、公路为链、碉堡为锁，辅之以封锁沟、封锁墙，将抗日根据地分割成许多小块，然后实行压缩包围，形成网状和"囚笼"，以达到彻底摧毁抗日根据地和消灭抗日武装力量目的。在此方针指导之下，日军更加肆无忌惮地大量强征占用土地，以修筑公路、据点、碉堡及封锁沟、封锁墙等。

1940年8月，八路军发动了以交通破袭战为主的"百团大战"，给予日军沉重打击，日本朝野惊呼"对华北应有再认识"，并将攻击矛头进一步指向华北敌后抗日根据地。1941年，冈村宁次继任日军华北方面军司令官，提出"治安强化运动"方针，即强化对华北的进攻、统制、奴役和掠夺，将华北变为日本的殖民地。"治安强化运动"的内容是"三分军事，七分政治"，是集军事、政治、经济、文化、交通为一体的"总力战"，是原有"囚笼政策"的再扩展。根据这个方针，日军以"囚笼"为依托，将华北划分为"治安区"（即敌占区）、"准治安区"（即敌我争夺的游击区）与"非治安区"（即抗日根据地）。对"治安区"以"清乡"为主，强化保甲制，推行"圈村"政策，掠夺粮食物资；对"准治安区"以"蚕食"为主，制造"无人区"，并在这些地区广修封锁沟、封锁墙与碉堡，防止八路军深入游击区和敌占区活动；对"非治安区"则以"扫荡"为主，实行残酷的"三光政策"。根据当时日军华北方面军作战主任参谋岛贯武治大佐的叙述，日军制定这些政策的依据是："古时候中国的城市多用围墙围绕起来作为民众对敌人入侵的防护措施。在中国本土和满洲、蒙古之间建筑了万里长城，这对外敌入侵究能起到多大防御作用且当别论，但它是保护中国本土及民众的象征。值此与中共争夺民众之际，把在我保护下的民众用这样的隔离线围绕起来，划出界限加以保护，不但可保居民安定，对于促使民众向我方靠拢，也有很大效果。在准治安地区和未治安地区的交界处，修筑适当的隔离壕沟或小堡垒（岗楼、据点之类）或两者并用，是阻止共军入侵的有效方法，因而广泛采用了这种方法。这种方法对于维护铁路交通也具有成效。在京汉路两侧各十公里的地带就修筑了长达五百公里的隔离壕沟，以与共军根据地相隔绝，切断了冀中、冀南的丰富物资向其根据地运送的道路，起到经济封锁的作用。"①

所谓"封锁沟"被日军美其名曰"惠民壕"，主要修筑在日伪统治区和抗日根据地交错地带，借此来割断两区之间往来，使抗日根据地内中国军民丧失生存条件并达到彻底消灭的目的。而这一计划实际上是日军利用刺刀、枪杆子驱赶着成千上万的中国老百姓完成的，因此毁灭了沦陷区与交错区数以万计家庭和无数田地，被老百姓愤然称之为"毁民壕"。"毁民壕""长度往往达数十里，长宽和深度均在一丈五尺左右，沟底可通汽车，沟沿筑有围墙，沿着沟边五六里远即筑一碉堡，碉堡外并有铁丝网。"② 例如，1942年"晋中区太谷各据点之敌，于4月12日起强征民夫万余人，由三台村沿山边至回马范村以北，挖筑长达五十余里之封锁沟，深宽各一丈，所经之处侵占良田二千余亩，地内麦苗全被毁坏"，当地百姓处于饥寒交迫之中。③ 据统计，到1942年日军在华北强制人民挖掘的封锁沟达11 860公里，等于山海关至张家口、宁夏及外长城线的3倍，这些封锁沟都是以农民失去土地和房屋为代价的。④

此外，日军还打着"修路补路积善多"的欺骗口号，肆意掠夺土地，强迫百姓修路。1940年，日军在榆次强迫百姓修筑南要至长凝、南要至许曲宽3.2丈的汽车路，共毁坏百姓农田100余亩。⑤ 在太谷县修建环山公路纵横交叉10余条，总长计300余里，毁灭农民耕地300多亩。为防止抗日军民破坏公路，日军在道路两旁挖掘了所谓"护路沟"。1941年，仅在赵城县因挖"护路沟"损毁土地就达1 000余亩。⑥ 1942年，在太祁公路两侧挖掘1～1.5丈宽的"护路沟"，绵延数百里，民间良田被毁者不计其数。日军甚至下令各县将靠近铁路、公路、大道两旁300米以内的庄稼一律割去，谁敢违抗就按"通八路"论罪。例如，长治王村飞机场周围原是一片绿油油的田禾，不到几天就变成光秃秃的荒场。日军还特别组织了"突击工作队"，严厉督促老百姓亲手割去自己种植的庄稼。到1942年，晋东日军因修筑铁路路基强占民田3 984亩，修筑白晋路北段路基强占民田

---

① 日本防卫厅防卫研究所战史室编：《华北治安战》上，天津市政协编译组译，天津人民出版社1982年版，第419页。

② 《密造封锁沟，暗设陷人井》，载于《太岳日报》1941年12月15日。

③ 《暴敌奴役同胞万人，挖沟筑堡阴图封锁》，载于《新华日报》（华北版）1942年5月14日。

④ 裴琴：《华北敌筑万里沟》，载于《新华日报》（华北版）1942年11月20日。

⑤ 《敌人破坏春耕》，载于《新华日报》（华北版）1940年4月1日。

⑥ 《血腥弥漫下的赵城敌占区》，载于《太岳日报》1941年9月24日。

1 860 亩，修筑公路强占民田 3 535 亩，共计 9 379 亩，若每亩平均产粮以 1 石计算，则晋东敌占区民众每年少收食粮 9 379 石。[1] 太行区八年来日军共修筑据点 127 座，侵占土地 6 350 亩；修筑碉堡 726 座，侵占土地 7 260 亩；修筑炮楼 2 159 座，侵占土地 6 477 亩，仅此 3 项太行区人民就损失土地 20 087 亩。[2]

全面战争期间，日军挖掘封锁沟、封锁墙以及修建公路、铁路及碉堡、据点等军事设施强征占用了大量土地和农田，然由于当时调查统计方面因素及后来资料损毁等原因，下面仅就根据地 15 县土地受损情形以及由此引起的粮食损失作一统计，具体情形见表 6 - 1。

表 6 - 1　　　　　八年间根据地部分县份日军征占土地统计

县份	原有土地数（亩）	每亩平均产量（石）	共产粮数（石）	敌修沟墙碉堡公路占地数（亩）	共减粮数（石）
长治	29 645.1	1.04	30 830 904	4 479	12 110.67
长子	406 072.5	0.5	1 218 217.5	17 600	52 800
襄垣	713 906.28	1.0542	966 214 075	40 243	403 436
屯留	747 219	0.6	35 866 513	25 326	1 215 648
黎城	352 609.96	0.4	140 943.6	1 265.1	11 568
潞城	59 860 687	0.5	29 930 343	1 336	4 008
壶关	395 672.12	1.5	593 538.18	1 318	11 862
平顺	259 842.1	—	371 093.7	—	244 070
高平	562 085	0.9	505 876.1	2 650	2 385
沁水	205 818	0.76	156 461 068	3 424	2 602.24
武乡	534 800.45	—	1 909 791.85	982	785.7
榆社	337 470	0.6	302 482	5 300	9 540
和顺	401 097.15	0.87	348 954.5	1 323.5	1 151.5
寿阳	2 605 469	0.5	13 027 345	1 644	822
太谷	516 994.9	0.8	4 130 955.2	14 574	11 759.2
总计	67 929 391	—	1 241 852 100.63	121 464.6（平顺除外）	1 984 548.3

资料来源：《上党区八年抗日战争资财损失调查表》，山西省档案馆藏，山西革命历史档案，A128 - 4 - 7；《寿阳县财产损失调查表》，山西省档案馆藏，山西革命历史档案，A128 - 4 - 86；《太谷财产损失调查表》，山西省档案馆藏，山西革命历史档案，A128 - 4 - 85。

[1] 《晋东敌寇修路，强占民田九千余亩》，载于《新华日报》（华北版）1942 年 2 月 10 日。
[2] 《八年来敌伪在太行区修筑碉堡、炮楼耗费民力及土地荒芜统计》，山西省档案馆藏，山西革命历史档案，A128 - 2 - 8。

表 6-1 显示，全国抗战期间 14 县（平顺除外）因日军修筑封锁沟、封锁墙、碉堡、公路等项军事设施共计占用土地 121 464.6 亩，约占土地总面积的 0.18%，其中襄垣县则占全县土地面积的 5.6%，这些土地大部分属于民间上等好地。而且，由此造成的粮食损失亦十分惊人，15 县仅此就减少粮食 1 984 548.3 石。

（二）其他相关政策造成的土地荒弃与破坏

全面抗战转入相持阶段之后，日军对华北采取所谓"确保和扩大占领区"的侵略方针，并自 1938 年 10 月起开始实行"高度分散配置"和广泛杀伐的"扫荡"政策，且随着时间推移愈演愈烈，特别是 1941~1942 年又与所谓"华北治安强化运动"相结合而达到高峰。日军武力"扫荡"的主要目标是中国共产党及其领导的敌后抗日根据地，"扫荡"完全采取毁灭一切的政策，即见人杀人、见房烧房、见牛杀牛，凡农具、粮食运不走者皆烧毁。如昔阳县安丰村赵栓家中原有坡地 20 余亩，因日军在"扫荡"中抢走了牲口和农具，加上缺衣少吃所引起的精力疲衰，土地几乎全部荒芜，秋后仅收麻籽 2 斗，全家 4 口人只能在糠菜里掺上几粒麻籽充食。[1] 换言之，在日军"扫荡"之下，农村耕畜、农具、肥料等最基本的农业资本大为减少，此则成为土地荒芜的重要因素之一。再者，日军在进行"扫荡"和施行"三光政策"的同时，疯狂地强征壮丁从事各种劳役，即使老人妇女及儿童有时亦难以例外，无数同胞因此死于非命。如 1943 年日军在新绛附近修筑全长约 50 华里的"惠民壕"，在全县派征或强征苦力达 1 万人左右，这些苦力长年累月在日伪监工人员的强迫下劳动，稍不如意，轻则拳打脚踢，重则皮鞭木棒、刺刀枪托横加毒打。农民离家弃田，无暇耕种，任其荒芜。据统计，中共上党区长治、长子、襄垣、屯留、黎城、潞城、壶关、平顺、高平、沁水、榆社等 11 县民众八年来修建碉堡、据点、炮楼、公路及封锁沟等耗去人工 533 129 511 个，而 11 县战前原有人口 1 461 924 人，按此计算八年平均每人出工 365 个，加之服劳役者大多为青壮劳力，土地由此大片荒芜。[2] 此外，日军为了扩充国防产业，弥补本国和"满洲"劳力不足，从根据地掠走大批劳工，仅昔西一县在 1941 年就被抓去壮丁 300 人，占全县人口 5‰。又某 20 户人家的小村被抓壮丁达 17 人。[3]

总之，八年间，由于日军直接或间接对土地的强征占用及破坏，造成根据地土地受损严重。据不完全统计，日军八年间在和顺、潞城、榆社、昔阳、榆次、

---

[1] 《昔阳县关于安丰村典型被灾户的材料》，山西省档案馆藏，山西革命历史档案，A128-4-48。

[2] 《上党这几年来抗日战争资财损失调查表》，山西省档案馆藏，山西革命历史档案，A128-4-7。

[3] 《晋中敌寇狂暴》，载于《新华日报》（华北版）1942 年 2 月 10 日。

武乡、祁县、寿阳、平定、黎城等 10 县就占用土地 26 781.1 亩，因日军侵略荒芜土地 1 666 362.47 亩。[①] 土地是农民生存的唯一物质基础，失去土地的农民连进行简单再生产的可能都没有，一向以土地为生的农民因失去土地而面临粮食危机，或因饥饿而死或被迫背井离乡沦为难民，成为战后农村重建的一大难题。

二、粮食资源

全面抗战期间，驻扎在中国大陆的日军作战兵力多达百万，若包括后勤、文职人员及侨民，则人数更为巨大。由于战争历时久长、战线较宽，军粮耗费量远远超出日本发动战争之时预想，亦非其国力所及。因此，粮食供应问题直接决定日军能否在中国大陆长期作战。日军的粮食政策是随战争的日益推进而逐步变化的，不同时期呈现出不同的特点。

全面战争之初，由于日本蓄谋战事已久，准备充分，军需供给充足，无须为军粮等问题担忧，此时日军的主要目标集中于攻城略地以及摧毁中国军民的抗日精神，而对于粮食等物资的掠夺需求尚属其次，乃肆意进行焚毁或破坏。据《日本侵晋纪实》记述：太原失守后日军曾对西山一带进行"扫荡"，在小虎峪村抢走几头猪、牵走若干牛羊，而对百姓储存的粮食斤两未抢，乃是浇上汽油予以烧毁或破坏。当这股日军"扫荡"西山返回太原途经移村时，除在该村抓鸡杀狗、奸淫滥杀外，同样对粮食采取破坏行为。1938 年 5 月 17 日侵入襄汾东令伯村时又将该村农民刚刚收割回麦场的麦捆全部焚烧。[②] 在榆社县城内，数百间囤满金黄小米的楼房在 1939 年日军"扫荡"时悉数被焚。屯留、长子、沁县 3 县仅在 1939 年日军一次"扫荡"中就被烧毁粮食 3 000 余石。[③] 日军当时不仅肆意践踏百姓粮食，甚至连其随军配备的大米、罐头等类物品毫不珍惜，随意抛弃。[④]

随着日军速战速决战略破产，战线日益拉长，战局迅速扩大，援华军队猛增，军需供给日形紧张，尤其粮食短缺现象十分严重，于是调整战初的粮食"焚毁"策略，开始贯彻"以战养战"政策。就日军对中共领导的敌后抗日根据地及敌我交错区而言，则主要实行粮食"抢劫"政策。日军每次"扫荡"总要强征大量牲口和民夫随军出发，帮助抢运粮食，并提出"抢得一斤即可领赏"的口

① 《太行二专区战争损失调查统计材料》，山西省档案馆藏，山西革命历史档案，A128-2-11；《潞城县十一年来战争损失统计表》，山西省档案馆藏，山西革命历史档案，A128-4-81；《长治、平顺、左权等二十个县八年抗战人财物损失调查表统计表》，山西省档案馆藏，山西革命历史档案，A128-4-7；《黎城县关于八年来战争人口等损失的统计表》，山西省档案馆藏，山西革命历史档案，A128-4-41。

② 张全盛、魏卞梅编著：《日本侵晋纪实》，山西人民出版社 1992 年版，第 223 页。

③ 《八年来晋东南人民被敌蹂躏的一瞥》，山西省档案馆藏，山西革命历史档案，A128-4-8。

④ 张全盛、魏卞梅编著：《日本侵晋纪实》，山西人民出版社 1992 年版，第 224 页。

号，以激发部下抢粮欲望。1942 年 8 月，日军动员长治、夏店等 11 个据点 600 余名兵力分 10 路包围并抢劫了宋庄等 30 多个村庄，其中宋庄、东白兔及河湃 3 村被掠粮食 350 多石。同年 10 月，日军在武乡韩壁一带"扫荡"，一次烧毁粮食 60 余石，抢走 700 多石。[1] 日军对我方边沿区抢掠更频繁更严重，不但抢掠现成粮食，而且每到夏收和秋收季节即大量组织抢割队、运输队并配备武器到田地连禾苗一并抢去。如 1945 年 6 月 30 日日伪在武乡东坡村一次割走小麦 20 余亩，邵渠村 30 多亩上等小麦全部被抢割。[2]

八年间，太行地区粮食损失惨重。据统计，仅中共太行区粮食损失就达 31 574 861 石，其中被日军抢走或烧毁者 12 174 861 石，被日军以各种名义强征者 1 940 万石。[3] 同蒲南路依托太行山的祁县游击区和抗日根据地人口仅 4 万，日军在八年间抢走粮食 3 639 万公斤，烧毁 124 万公斤，平均每人每年被掠 100 公斤。[4] 又据表 6 - 2 所示，晋东南 14 县八年间损失粮食（尚属不完全统计）831 290 855.2 斤，其中损失严重的屯留被日军抢走和烧毁 7 064 万斤，长治县被抢被烧被强征粮食则更达 133 411 326 斤。

表 6 - 2　　　　　　　八年间晋东南部分县份粮食损失统计

类别/县别	被抢被烧（斤）	被强征摊派（斤）	前两项合计		
			斤数	每斤价格（元）	合价
长治市	2 344 251	3 830 531	6 174 782	12	74 097 384
长治	43 820 416	89 590 910	133 411 326	12	1 601 335 912
襄垣	35 654 400	67 359 840	103 014 240	12	1 236 170 880
长子	32 797 680	45 081 200	77 878 880	10.75	1 467 916 500
屯留	70 640 000	33 782 082	104 422 080	13	1 357 487 140
黎城	9 401 696	1 982 262	11 583 968	10	115 839 680
潞城	170 100	13 345 244	13 515 344	9	121 628 046
壶关	4 171 456.1	13 894 400	18 565 856	7	129 960 992
平顺	13 891 868.8	2 596 668.8	16 488 537.6	10	164 885 376
高平	39 447 240	85 867 040	125 314 280	25	313 285 700

① 《八年来晋东南人民被敌蹂躏的一瞥》，山西省档案馆藏，山西革命历史档案，A128 - 4 - 8。

② 《八年来日本法西斯摧毁太行区人民的概述》，山西省档案馆藏，山西革命历史档案，A128 - 2 - 5。

③ 《太行区抗战八年来所受损失统计表》，山西省档案馆藏，山西革命历史档案，A128 - 2 - 8。

④ 许瑞凤等：《论山西敌后抗日根据地的对敌粮食斗争》，见山西省史志研究院编：《抗日战争研究文集》，山西人民出版社 1999 年版，第 194 页。

续表

类别/ 县别	被抢被烧 （斤）	被强征摊派 （斤）	前两项合计		
			斤数	每斤价格 （元）	合价
沁水	10 814 700.8	4 631 859.2	15 446 560	25	386 164 000
武乡	943 293.52	111 334.98	168 740 560	10	1 687 405 600
榆社	1 600 000	3 408 000	5 008 000	10	50 080 000
和顺	16 048 000	15 678 441.6	31 726 441.6	25	793 161 040
合计	280 801 808.7	381 048 478.6	831 290 855.2	13.63	9 499 418 250

资料来源：《上党区八年抗日战争资财损失调查表》（1946 年），山西省档案馆藏，山西革命历史档案，A128－4－7；《武乡县八年来战争中群众损失统计表》（1946 年 8 月 4 日），山西省档案馆藏，山西革命历史档案，A128－4－26。

日军对粮食的"焚毁"和掠夺造成当地严重的粮食危机，百姓生活日益贫苦，往往食不果腹，只能以糠和树皮度日，饿死人现象屡屡发生，一些地方甚至出现人吃人惨状。据说晋城县城南关出现以人肉冒充牛肉出卖惨闻[1]。武乡县八年间因缺粮病饿死者达 15 230 人。[2]

三、农村经济受损的综合评估

由于日军的掠夺性破坏，太行地区农村经济呈现出一幅前所未有的破败景象。

首先，农村经济发展很大程度依赖于农业发展，而土地是农业生产中最根本的生产资料，常言"民以食为天，食以土为本"，土地增加与缩减或土地多寡将直接影响农村经济发展。全面抗战爆发之后，由于日军掠夺性破坏，太行地区大片土地或被强征占用或被迫荒芜，农业生产遭遇严重窒碍。据《（中共）上党区八年抗日战争资财损失调查表（1946 年）》（不完全统计），日军在晋东南长治市、长治、襄垣、长子、屯留、黎城、潞城、壶关、平顺、高平、沁水、武乡、榆社、和顺等地修筑壕沟、封锁墙和碉堡等军事设施占用耕地 113 889.6 亩，估计可产粮 1 979 032.41 石，而其余土地则在战争影响下大幅减产，每亩平均减产

---

① 张全盛、魏卞梅编著：《日本侵晋纪实》，山西人民出版社 1992 年版，第 230 页。
② 《武乡县八年来人口损失统计表》，山西省档案馆藏，山西革命历史档案，A128－4－26。

0.31 石，每年减收粮食 222 050 509.6 石。[1] 整个太行地区因日军破坏或强占土地而造成粮食减产的程度以及农村社会经济衰败情景由此可见。

其次，日军对人力资源大量征取使农业失去必需的劳动力。战争期间，日军采取了种种手段，用以摧毁中共抗日武装力量及最大限度地榨取根据地农业资源。例如，日军从 1938 年开始实施"囚笼政策"，在敌我交错区修筑封锁沟、封锁墙并制造"无人区"，而这些沟壕与堡垒都是以成千上万老百姓完成的，百姓为此痛苦不堪，农业生产遭受严重制约。正如伪东亚经济恳谈会华北本部长邹泉荪所供认的那样："所谓劳力负担是包括时间性的，即如以上所谈到的挖壕掘渠等工作，因属都是用在建设，而劳力因有其时间性，此时不用，过后即等于乌有，在同一时间，用之于此，便不能用之于彼，用之于彼，便不能用之于此。农民在耕种收获时期，时间至为宝贵，一刻千金，然而因为同时发生了更重要的征调，往往不得不忍痛失民时而用民力，民失其时，劳力转移，便难耕种如常，田禾荒芜，却又影响了生产。"[2] 太行山区农业生产技术落后，农业生产主要依靠大量人力投入，而日军入侵造成农村劳动力大量流失，或死于日军屠刀之下，或被强征充当劳工，或在战场上做了炮灰，农业生产因缺乏必要的劳动力而难以进行，由此造成大片土地荒芜，粮食生产难以自给，粮荒严重，甚至简单性农业再生产均无法维系，农村经济发展处于中断乃至崩溃的态势。

再次，日军对农业生产工具征用和毁坏制约了农业生产发展水平。战时，日军将农民生产工具亦作为重要征用对象并大肆征取或掠夺。正如邹泉荪所供认："物力负担之于人民，在战时是当然的要求。贫苦农民的所有物往往是有限而有限，尽力输将，有时可以提取到他们的生产工具，小而如锄镰，大而如车马，这都是从事生产的必需工具，征之甚易，再来之则甚难，去其所有，惟有再返回原始式的工作方法，无论在效力在收获，都易于受其影响，这实是应加考虑的事！"[3] 此外，日军在作战中肆意破坏农业生产工具，如日军侵入武乡八年间烧毁农具 19 123 380 件，特别是段村附近和段村到蟠龙及蟠龙到洪水沿线村庄所有农具均被烧毁。[4] 日军对生产工具征用和破坏致使农村农具短缺，农业资源日益枯竭，生产技术严重倒退。

最后，日军对粮食、农副产品及生活用品直接掠夺加速了太行山区农村经济崩溃。日军对粮食资源大量掠夺及破坏造成许多地区发生粮食危机，各种农副产

① 《上党区八年抗日战争资财损失调查表》（1946 年），山西省档案馆藏，山西革命历史档案，A128－4－7。

②③ 曾业英：《日伪统治下的华北农村经济》，载于《近代史研究》1998 年第 3 期。

④ 《武乡八年来战争损失调查》（1946 年 3 月 3 日），山西省档案馆藏，山西革命历史档案，A128－4－26。

品及生活用品极度匮乏。除此之外，日军大量砍伐当地树木，如修筑武乡至榆社公路时，就将武乡至榆社城一带树木砍去 8 万余株。[①] 据统计，和顺县八年间被日军砍去树木 77 171 株，襄垣被砍去 14 040 株。[②] 树木大面积砍伐则使土地表层植被日益稀少，水土流失严重，农业经济备受打击。

关于当时农村经济的具体受损状况可以从现存部分资料中进行观察。1940 年 12 月，日军"扫荡"辽县，仅路东六区损失如下：被杀民众 262 人，伤 36 人，烧毁房屋 19 904 间，烧毁粮食 14 820 石，损失核桃 105.9 万个，毁坏农具（仅两区）799 件，损失牲口 289 头、羊 170 头、鸡 1 410 只、猪 585 只。[③] 如此损失使该地农民根本无法进行正常农事生产与生活，到处显现出残破景象。

在襄垣县，自从日军侵入之后，该地人民就过着苦不堪言、暗无天日的地狱生活。每日见到的是鞭打奴役，听到的是无辜的屠杀与饥寒交迫的人民一批一批被刺刀威胁着去做苦工，筑碉堡、挖壕沟、开民田、修公路，每日如此，即便这样仍免不了挨打受气甚至被打死、刺死或活埋。例如，1943 年，粮食被日军全部抢走，加之灾荒遍地，百姓纷纷卖儿鬻女，走上妻离子散的逃亡之路。他们每日吃糠菜，有时甚至连这些东西都难以找到。土地荒芜，疾病流行，每日被死亡吞噬的人无以计数。[④] 襄垣县城关街八年间仅支差一项已使百姓无法承受，平均每人每月支差 20 天，土地几乎全部荒芜（详细情形见表 6-3）。其他损失有：（1）日军毁坏禾苗地 114 亩，每亩按 900 元计合洋 102 600 元；对敌支差荒芜土地 244 亩，每亩按 900 元计合洋 219 600 元；日军修筑碉堡、沟壕毁坏土地 416 亩，每亩按 900 元计合洋 374 400 元。（2）日军"九路围攻"时烧毁粮食 3 529 石，每石按 80 元计合洋 282 320 元；苛捐粮食 3 504 石，每石按 80 元计合洋 280 320 元；掠夺粮食 401 石，每石按 80 元计合洋 32 080 元；糟蹋粮食 84 石，每石按 80 元计合洋 6 720 元。（3）日军拉走和杀死牲畜骡 42 头，每头按 1.6 万元计合洋 67.2 万元；马 18 匹，每匹按 1.2 万元计合洋 21.6 万元；驴 52 头，每头按 5 000 元计合洋 2.6 万元；牛 9 头，每头按 7 000 元计合洋 6.3 万元。（4）损失家畜猪 459 口，每口按 3 000 元计合洋 137.7 万元；羊 401 只，每只按 400 元计合洋 16.04 万元；鸡 1 082 只，每只按 50 元计合洋 54 010 元。

---

① 《太行二专各县八年抗战损失统计表及阎伪顽军罪行材料》，山西省档案馆藏，山西革命历史档案，A128-2-11。

② 《和顺县八年来遭敌残塌几项数字统计》，山西省档案馆藏，山西革命历史档案，A128-4-50；《襄垣八年来民力消耗调查表》，山西省档案馆藏，山西革命历史档案，A128-4-37。

③ 《辽县区损失初步统计》，载于《新华日报》（华北版）1940 年 12 月 11 日。

④ 《襄垣县政府关于抗日战争中八年血债的统计》，山西省档案馆藏，山西革命历史档案，A128-4-37。

（5）损坏农具 19 607 件，每件平均按 120 元计共洋 2 352 840 元。[①]

表 6-3　　　　　　　　　八年间襄垣县城关街对日支差调查统计

临时差	需工 12 001 个	修房支差	需工 912 个
修路差	需工 8 241 个	修城墙	需工 16 542 个
修碉堡差	需工 1 925 个	拉道木	需工 424 个畜力
修房拉砖差	需工 1 240 个畜力	其他	无统计
合计	需工 41 285 个		

资料来源：《城关街支差统计》，山西省档案馆藏，山西革命历史档案，A128-4-37-9。

　　昔阳县留庄村 1937 年前有村民 190 余户、人口 950 人、土地 24 顷（内有租种地 9 顷），每人平均土地 2.5 亩，全年产粮 2 988 石，除去缴纳租粮 368 石后每人平均收粮 2.75 石。若将全村所有副业收入计算在内，全年各种收入每人均粮 5.84 石。群众生活实不富裕，全村挨饿受冻者 25 户，占全村户数 13% 以上。1937 年，日军侵入该村，全村损失粮食 1 494 石，烧毁农具 346 件，损坏及烧毁日用家具等折价 11 348 元，损失衣服、被褥、布匹 762 件以及牛 7 头、驴 7 头、猪 1 头、鸡 228 只，总计合洋 1 918 682 元。1938 年，全村全年损失合洋 246.9 万元。1939 年，对敌支差耗工合洋 1 136 800 元，全年对敌负担合洋 1 147 600 元。1940 年，全年损失合洋 1 503 773 元。1941 年，全年支差及财资负担合洋 147.7 万元。1942 年，被敌勒索粮食 4 650 斤、小米 1 970 斤，全年物资损失合洋 41.8 万元，伪军吃喝消耗合洋 276 400 元，对敌支差耗工 26 300 个折洋 1 288 700 元，全年总计消耗 1 655 690 元。1943 年，全年对敌消耗合洋 3 666 150 元。1944 年，全年对敌消耗 334.8 万元。[②] 从留庄村八年间所遭受的损失情况观察，该村在未遭日军入侵前尚有 25 户挨饿受冻，约占总户数九分之一，而 1937 年日军侵入的第一年就损失上年粮食产量的二分之一，由此可以想象全村挨饿受冻户数的增加趋势。特别是 1943 年和 1944 年对敌损失几乎等于事变前全村总收入，差不多所有人家都处于挨饿受冻的境遇之中。日军从 1938 年即开始强征徭役，对敌支差工数最高时竟占全村全年劳动力总时数五分之三，村民在饥寒交迫之下仍得为日军服劳役，可谓苦不堪言。

　　在日军抢掠和破坏之下农民连最基本生存保障都难以维持。如昔阳县安丰村

　　[①] 《襄垣县政府关于抗日战争中八年血债的统计》，山西省档案馆藏，山西革命历史档案，A128-4-37。

　　[②] 《关于第一区留庄村八年来敌伪暴行群众损失的调查》，山西省档案馆藏，山西革命历史档案，A128-4-48-5。

48 岁的村民杨友如，全家 5 口人，除妻子外有小孩 3 人，自己在外当劳工。由于日军频繁地抢劫与掠夺，家中衣物、粮食损失一空，全家只能以破羊皮用麻连起来当衣穿，晚上睡觉没有被子。其尽管有地 50 余亩，但除 5 亩由妻子和小孩耕种外全部抛荒，而所耕之地又因缺少肥料、劳力投入不足以及与别人合养的两头牛被日军抢走，秋后仅收豆 1.5 斗，每天只以糠菜充食，三年未进一粒盐。①

战争期间，农民因缺乏农具、粮食、耕畜而无不鸠形鹄面，奄奄待毙，同时因之失去最起码的抵抗自然灾害的能力。农民抗灾能力弱化，无疑使得无灾变有灾、小灾变大灾，大大增加了自然灾害发生的频率和破坏程度，农村地区稍遇灾荒便出现饥民遍野、饿殍塞道的悲惨景象。1942 年，根据地发生历史上少有的大旱灾且一直延续到 1943 年，而日伪军事"围剿"和经济封锁则进一步加剧了当地人民的苦难，仅中共太行区五六两专区的灾民就达 30 余万人。1944 年，根据地又发生蝗灾，随之则是瘟疫大面积流行，加上日军在"扫荡"中实行"三光政策"，灾民人数继续增加，他们在灾荒中或丧生或背井离乡向外逃荒。根据 1945 年 10 月中共太岳区《连年灾荒逃亡人口统计表》，晋城、高平、沁阳、士敏等 4 县合计逃亡 220 789 人，死亡 73 596 人，逃、死两项合计减少人口 294 385 人，未死亡人口仅剩 147 189 人。其中，晋城、高平两县最为严重，逃、死人口占到总人口二分之一（其中死三分之一、逃亡三分之二）。② 各地在灾荒中所遭损失惊人，以阳城、晋城、黎城 3 县为例，晋城、黎城仅水旱灾害涉及范围就达 31 503 平方里并损失牲口 33 819 头，黎城县 352 609.96 亩（战前）耕地中受灾者 8 203 亩，从 3 县统计中不难看出灾荒所带来的巨大灾难（见表 6 - 4）。虽然灾荒发生取决于多种元素，如自然环境等，但人为性破坏显然亦是灾荒发生的重要因素。也就是说，日军无止境掠夺与破坏加深了灾荒危害程度。

表 6 - 4　　八年间晋东南阳城、晋城和黎城 3 县水旱灾害损失调查统计

县份	旱灾面积	水灾面积	损失牲口	被毁村落
阳城	332 047.304 亩	12 165.3 亩	66 045.5 只	163 村
晋城	16 900 平方里	6 400 平方里	10 226 只	—
黎城	7 948 平方里	255 平方里	23 593 头	209 村

资料来源：《善后救济总署晋绥察分署第八工作队灾情报告表》，山西省档案馆藏，山西革命历史档案，A128 - 4 - 3 - 3。

由于日军不断侵扰及天灾人祸接踵而至，处于生存困境中的部分农民不得不

① 《昔阳县关于安丰村典型被灾户的材料》，山西省档案馆藏，山西革命历史档案，A128 - 4 - 48。
② 李玉文编著：《山西近现代人口统计与研究》，中国经济出版社 1992 年版，第 454 ~ 455 页。

背井离乡而沦为难民。在漫漫逃难路上，等待他们的既有大自然威胁又有日军进逼，许多人客死他乡。有外国记者对当时逃难路上难民悲惨状况作过如下报道："老百姓剥掉榆树皮，把它碾碎当食物吃。有的人把新麦连根拔掉；在另一些村子里，人们把花生壳捣碎来吃。路上可以看到难民们把泥土（观音土）塞到嘴里，来填满他们的肚子。"据 1938 年《满铁调查月报》统计，当时华北一些乡镇逃亡人数占到当地总人口的 50% 左右。[①] 表 6 – 5 是部分县份战时难民统计。

表 6 – 5　　　　战时晋东南部分县份难民调查统计　　　　单位：人

县份	当地难民	流离难民	成人	幼童	婴儿
黎城	131	256	285	63	39
晋城	37 086	9 036	16 370	21 773	7 979
阳城	12 227	12 373	9 132	10 448	5 020
左权	1 214	315	1 207	243	79
襄垣	775	310	502	489	94

注：离弃原籍住所逃来本县区内生活确属贫困者为流离难民。

资料来源：《黎城、晋城、阳城、左权各县难民调查表》，山西省档案馆藏，山西革命历史档案，A128 – 4 – 3 – 4；《襄垣县难民调查表》，山西省档案馆藏，山西革命历史档案，A128 – 4 – 37 – 9。

这些难民的流徙无形中加剧了流入地经济压力，无论战时还是战后社会各方为安置难民均须进行大量经济投入，从而使本已千疮百孔的根据地经济承受更大更重经济负荷。

第二节　人口资源耗损估算

日军全面侵华期间，在依靠武力疯狂掠夺物产资源之时，亦大肆掠夺、摧残和破坏人口资源。日军对人口资源的掠夺与破坏是其军事、政治、经济等为一体的"总体战"的重要组成部分。在此战略方针指导之下，日军不仅竭尽全力地毁坏人口赖以生存的物质环境，威胁人口存续与发展，而且大量屠戮人口或以各种各样方式进行凌辱和消耗，太行地区人口无论在质量上抑或数量上均遭受空前损失，对社会发展产生了严重负面影响。

---

① 孙艳魁：《苦难的人流——抗战时期的难民》，广西师范大学出版社 1994 年版，第 44 页。

一、人口损失

人口是社会发展与社会生活的主体，亦是社会生产力不可或缺的前提要素，更是"全部社会生产行为的基础和主体"。[1] 日军侵入之后"始终不渝"地贯彻"三光政策"，一方面竭尽全力地毁灭人口赖以生存的物质环境而使广大人民失去生存与发展的必要条件，另一方面对人口进行惨无人道的掠夺、杀戮、凌辱和无谓消耗，太行地区人口因此遭受的直接与间接损失异常严重。

（一）物质环境的破坏与人口损失

有学者认为，战争期间因疾病、医疗缺乏、营养不良等因素所导致的人口伤亡，要远远高于战争直接伤亡数。例如，在美国内战期间因疾病而死的人数为战死人数两倍，在美西战争中这一比率更高达 5 倍以上。[2] 中国国内目前尚无学者就如此比例问题作过专门研究，但我们可以国外学者研究成果作为基本参照系，来考虑因日本长期而残酷的侵华战争对太行地区人民赖以生存的物质环境的破坏所导致的人口磨损与消耗程度，或相应的各种人口损失的比例结构。事实上，现有的某些调查和统计结果足以提供考察这一问题的基本素材。下面就以晋东南地区调查统计为例进行说明。[3]

物质环境系指围绕人口生命维持和发展的全部自然环境和社会环境，它是人类生产生活的物质基础，亦是人们生存的物质条件。而日军在发动军事作战之时正是利用这一致命点，以极其野蛮的政策和各种各样的手法对该地区物质资源与生态环境进行竭泽而渔的掠夺和破坏，其所到之处烧、杀、抢、掠，无恶不作，大规模大面积地毁坏当地生存环境，使人口蒙受重大损失（包括直接的和间接的损失）。

第一，土地被征被占或荒芜影响粮食生产，破坏农业生态。日军在其势力所及范围之内，修筑大量碉堡、据点、封锁沟、封锁墙、"无人区"等军事设施，

---

① 《马克思恩格斯全集》第二卷，人民出版社 1972 年版，第 102 页。

② 何炳棣：《明初以降人口及其相关问题（1368－1953）》，三联书店 2000 年版，第 294 页。

③ 全面抗战开始之后山西全省划分为 7 个行政区，晋东南地区包括第三、第五行政区共计 25 县。其中，第三行政区包括沁县、沁源、安泽、襄垣、黎城、武乡、榆社、辽县（后改为左权）、昔阳、和顺、祁县、太谷、榆次等 13 县；第五行政区包括潞城、壶关、平顺、长治、长子、屯留、阳城、晋城、高平、沁水、浮山、陵川等 12 县。与行政区划相适应，"牺盟会"亦建立了沁县、长治两个中心区，1938 年 9 月合并为上党中心区。1939 年 7 月，日军侵占白（圭）晋（城）公路之后，晋东南被分割成太行区（路东）和太岳区（路西），其所属各县亦分属两区。笔者在此大体采用全面抗战开始之时的行政区划。

这些设施星罗棋布、纵横交错，占用、分割和破坏了无数良田沃土，致使大片土地或荒芜或肥力下降，农业生态惨遭浩劫，人民失去衣食之源。据不完全统计，晋东南长治市、长治、襄垣、长子、屯留、黎城、潞城、壶关、平顺、高平、沁水、武乡、榆社、和顺等地战前拥有土地 64 746 924.66 亩，若每亩平均产量以 0.79 石计，共可产粮 1 224 693 801 石，而战时日军修建沟、墙、碉堡占用土地 113 889.6 亩，这些土地可产粮 1 979 032.41 石，其余土地则因战争影响每亩平均减产 0.31 石，每年减收粮食 222 050 509.6 石。① 个别县因战争荒芜土地数目惊人，如榆社荒芜 3 400 亩、昔阳荒芜 18 900 亩、和顺荒芜 151 700 亩、榆次荒芜 52 600 亩、武乡荒芜 3 200 亩。② 常言"粮以地为本"，土地被占或荒芜必然造成粮食减产或无收，这对于"以食为天"的贫苦人民无疑是致命之击，因其"每天从黑早到夜晚在田里工作，缺少土地而热爱土地，其生命的一切意义，无不与土地有关。"③

第二，粮食大量被抢掠或破坏，人民生活难以维持。战争之初，日军气焰嚣张，见粮即大肆焚毁，民间数十年积蓄往往化为灰土。例如，榆北城内数十间囤满小米的房楼在 1939 年日军"扫荡"时全数烧毁。④ 太平洋战争爆发之后，随着战线延长和战局扩大，日军军需供给日趋紧张，粮食尤感不足，于是极力推行"以战养战"政策。从 1942 年起，日军又实施"现地自活体制"，并在占领区内实行田赋征粮，对中共领导的抗日根据地及双方交错区进行"烧""抢"政策，即能抢走的则抢，抢不走者则付之一炬。据不完全统计，八年间日军利用种种手段或烧毁或抢掠或利用季节进行"扫荡"破坏，在长治市、长治、襄垣、长子、屯留、黎城、潞城、壶关、平顺、高平、沁水、武乡、榆社、和顺等地抢走或烧毁粮食 280 801 808.7 斤，强征摊派 381 048 478.6 斤，总价值达 9 499 418 250 元（时价）。⑤ 粮食是人民基本的生存资料，当其不能满足生命或生存需要之时就会产生饥饿和死亡，继之影响人们正常生产生活。

第三，牲畜和农具等农业资本被掠与破坏，农民失去最基本的生产资料和必需的辅助生产力。日军每次"扫荡"必大规模地掠夺或屠杀牲畜，凡被劫村庄死

---

① 《上党区八年抗日战争资财损失调查表》（1946 年），山西省档案馆藏，山西革命历史档案，A128－4－7。

② 《（太行）第二专区八年来敌人占用土地与荒芜统计表》（1946 年），山西省档案馆藏，山西革命历史档案，A128－2－11。

③ ［美］白修德、贾安娜：《中国的惊雷》，端纳译，新华出版社 1988 年版，第 22 页。

④ 《八年来晋东南人民被敌蹂躏的一瞥》，山西省档案馆藏，山西革命历史档案，A128－4－8。

⑤ 《上党区八年抗日战争资财损失调查表》（1946 年），山西省档案馆藏，山西革命历史档案，A128－4－7；《武乡县八年来战争中群众损失统计表》（1946 年 8 月 4 日），山西省档案馆藏，山西革命历史档案，A128－4－26。

猪、死羊、死牛等牲畜狼藉不堪。据不完全统计，长治市、长治、襄垣、长子、屯留、黎城、潞城、壶关、平顺、高平、沁水、武乡、榆社、和顺等地战前拥有牲畜 253 231 头，八年间损失 147 750 头。① 太岳二沁（指沁源与沁县）大道及沁源城关附近 20 里以内村庄耕畜被抢殆尽，农具随民房化为乌有。沁源城关 1 000 户人家 7 000 余亩耕地仅剩驴 5 头、牛 1 头，残存农具犁 7 张，而急需运送的 5 000 多车粪土无法入地，全城没有一辆车，仅靠双肩挑送。武乡马牧等 10 村仅 1944 年就被拉走或杀戮牛 112 头、驴 163 头、骡 3 头，损失犁、耧、锄、镢等 4 种主要农具 3 359 件，而漆树坡和代家堖等十几个村子牲畜一头未剩。② 八年间，武乡总计被烧毁农具 19 123 380 件，特别是段村附近和段村到蟠龙以及从蟠龙到洪水沿线村庄所有农具均被烧毁。③ 日军拉走牲畜并破坏农具，农业生产力遭受空前打击，劫后生产难以恢复，人民生活极度困难。

第四，房屋被拆被毁或被焚烧，百姓居无定所，四处流离。1939 年日军发动"九路围攻"时，辽（县）武（乡）沿路民房被烧毁者十之八九。1940 年日军三次"扫荡"榆社，全境黑烟弥漫，燃烧之火三日未熄；和顺寺头村 478 间房屋被烧毁，全村仅剩空房 7 间；安泽县城一条大街片瓦无存。1941 年日军"扫荡"时，安泽和川以北、黑虎岭以东、屯留张店以西、二沁火适以南，方圆百里地区房屋全部烧毁，即便非常偏僻的山村亦难免其祸。据统计，八年间仅武乡县被烧毁房屋就达 1 449 150 间，特别是蟠龙上下型塘、长乐、马庄等有 10 多个村子一间未存。④ 美国记者白修德等如实地记录了当时情景："日本人刚过去，他们在乡下留下了到处焦黑的破坏的痕迹，有时骑马走过许多烧光了的乡村，走了一整天，只见一堆堆的废墟……荒山野地之间，有时忽然站着一所孤立的茅屋，屋顶已经倒下了，木头烧焦了，在无人地带站立着，成为荒凉的象征。"⑤ 除焚烧之外，日军大肆拆毁房屋，以供燃烧或修筑炮楼之用，武乡马牧等 10 余村全被拆毁，型庄一村一日被拆 300 多间；昔南马坊村不仅房子悉数被拆，就是石头窑洞亦被毁 100 多孔。即在日军所谓"治安区"，如长子城、岚水、鲍店、高平等地亦拆成了残垣断壁，或一片瓦砾。⑥ 晋东南全区民房有十之七八被焚毁。⑦ 据不完全统计，长治市、长治、襄垣、长子、屯留、黎城、潞城、壶

---

① 《上党区八年抗日战争资财损失调查表》（1946 年），山西省档案馆藏，山西革命历史档案，A128－4－7。

②⑥ 《八年来晋东南人民被敌蹂躏的一瞥》，山西省档案馆藏，山西革命历史档案，A128－4－8。

③④ 《武乡八年来战争损失调查》（1946 年 3 月 3 日），山西省档案馆藏，山西革命历史档案，A128－4－26。

⑤ ［美］白修德、贾安娜：《中国的惊雷》，端纳译，新华出版社 1988 年版，第 69 页。

⑦ 李彬等：《略论山西在抗战中的战略地位》，见山西省史志研究院编：《抗日战争研究文集》，山西人民出版社 1999 年版，第 147 页。

关、平顺、高平、沁水、武乡、榆社、和顺等地，八年间共有 531 747 间房屋被烧毁或拆除，战后急需补修者达 499 879 间。[①]

第五，其他物产如被服、资财、农林副产品、工矿商业等损失同样对人们生存与生活产生重要影响。例如，黎城全县经过几月"扫荡"，损失被服 452 376 件。1944 年日军"扫荡"昔阳安丰村，54 户人家损失被服 1 732 件。[②] 八年间，武乡人民损失衣物 1 506 890 件、家具及其他资产达 11 020 527 220 元。[③] 日军对富有特产的县份掠夺更凶，长子和长治的麻及同蒲路沿线棉花等物产受掠甚巨。对百姓几辈子积蓄下来的金银抢掠亦然。例如，1942 年 7 月日军向和顺三泉村村民刘永清索款 8 万元，因刘未能按时交出乃于 28 日进行武装抢劫，将刘氏数载积蓄的足够 6 头驴驮载又 4 大担的金银元宝悉数扫光。[④] 日军对农副产品则实行强征，1943 年潞城日军向每间征缴羊皮 20 张、牛马驴皮各 2 张、羊毛 300 斤、麻 300 斤。[⑤] 对树木乱砍乱伐，1938 年 6 月日军侵入长治后"伐尽四周树木，锯成了 3 ~ 4 尺的木段，埋在驻军所在地的周围，用刺洋槐围起来，作防御工事……"[⑥] 八年间，长治损失树木 158 196 株。[⑦] 对工矿商业的掠夺和破坏亦影响了人们正常生活。晋东南向称富饶之地，除粮食、棉花、麻等物产外，煤、铁与皮毛蕴藏颇丰，但因日军无情抢夺致使工商业倒闭、煤铁受损惊人。据不完全统计，中共太岳区被日军征集碎铁 103 366 850 斤，损失煤 46 448.6 万斤。[⑧] 武乡全县工业损失 130 万元，商业损失 8 278 万元，矿业损失 2 610 万元。[⑨] 对工矿商业掠夺使百姓所需生活和生产必需品供应不足。日军对工矿业的破坏直接造成大批工人失业，据不完全统计，战时阳城县失业工人 10 519 人，晋城县失业工人 3 600 人，黎城县失业工人 214 人；其中许多人流落街头冻馁而死。[⑩] 显然，战时人们奔波逃命，一切财产置之度外，因之造成的损失难以计数。

日军的劫掠恶化了人们赖以生存的物质环境，人民生活日趋艰难，生存状况日益恶化。沁源全县许多村庄化为瓦砾，不少良田尽数荒芜，过半群众无房居住，就是能够居住亦往往一家几辈人同睡一个坑或栖息于露天窑洞，有的人家几口人轮穿一条裤子，许多人无粮食用而只得靠出卖劳动力糊口。二沁大道上树叶

① 《上党区八年抗日战争资财损失调查表》（1946 年），山西省档案馆藏，山西革命历史档案，A128 - 4 - 7。

②④⑤⑧ 《八年来晋东南人民被敌蹂躏的一瞥》，山西省档案馆藏，山西革命历史档案，A128 - 4 - 8。

③⑨ 《武乡八年来战争损失调查》（1946 年 3 月 3 日），山西省档案馆藏，山西革命历史档案，A128 - 4 - 26。

⑥ 张全盛、魏卜梅编著：《日本侵晋纪实》，山西人民出版社 1992 年版，第 223 ~ 224 页。

⑦ 《长治八年来被敌欺侮与损失统计表》，山西省档案馆藏，山西革命历史档案，A128 - 4 - 13。

⑩ 《善后救济总署晋绥察分署第八工作队灾情报告表》，山西省档案馆藏，山西革命历史档案，A128 - 4 - 3。

树皮无存，全部被附近百姓吃光。沁源全县在 1943～1944 年就被抢走牲口 1 980 余头，县城有地 7 000 多亩而仅存驴 5 头、牛 1 头、犁 7 张（2 张是新的，5 张是坏的）；生活日常用品奇缺，全城没有一个完整的锅碗、刀案，都是互相挪借，凑合使用。该县有些村庄全村使用一个箩面箩子、一担水桶，10 余户轮使做饭锅，几个人共用一个饭碗。例如，绵上村 100 余户人家有 40 余户全家大小盖一条被子，城关 3 000 多人中有 250 多人穿着仅有的一套衣服。[①] 另据战后统计，武乡河底村全村 23 户 95 人户户受损，每户平均损失 39 928.5 元，每人平均损失 9 666.9 元。[②] 松村全村 213 户损失 2 861 825 元，每户平均损失 8 048 元，损失最多的一户达 60 090 元。[③] 墨镫村战前有地 2 792.4 亩，1943 年则减少为 2 475.07 亩。日军 1938 年发动"九路围攻"时，该村损失相当严重，死 30 多人，损失牲口 50 多头、粮食 2 000 石左右。日军"扫荡"过后，群众缺衣少吃，既无农具又无耕畜，生产情绪低落，当年抛荒土地五六顷以上。[④] 段村百姓以沙锅片代替饭锅做饭，有的甚或连送老棺材亦遭日军破坏，亲人死去不忍露骨，无奈装在破大缸里埋葬。[⑤] 从 1946 年武乡县政府的一份救济工作报告中仍可看到该地区被灾情形，当时一区各村需要救济和安置的人：马牧村 353 人，无办法难民 200 人；玉家沟村 538 人，无办法难民 200 人；南沟村 187 人，无办法难民 100 人；祁村 1 000 人，无办法难民 200 人；王家沟村 300 人，无办法难民 100 人；型庄村 700 人，无办法难民 50 人；东黄岩村 200 人，无办法难民 70 人，其中有一部分人甚至无衣蔽体。二区前后庄、东坡、西安庄等村计有无办法难民 480 人，三、四区边沿区无办法难民 400 人。一、二、三区短缺牲口 200 多头，各区农具损失殆尽。[⑥] 从县政府已经实施的某些救济工作看，百姓生活在日军劫掠之后异常艰难困苦。据县政府报告，该县三区明沙岩、寺沟村、小寨沟、马泉堂、北茅庄、岩庄、西庄等村 110 户人家有男 224 人、女 193 人，由于被日伪抢掠一空，需要救济的人家达 68 户，其中男 126 人、女 110 人，而且救济粮款多用于修房买种，几乎没有多少可供食用者。[⑦]

---

① 《八年来晋东南人民被敌蹂躏的一瞥》，山西省档案馆藏，山西革命历史档案，A128－4－8。

② 《武乡河底自然村（三区）对敌损失的种类、数目折价统计》（1946 年 1 月），山西省档案馆藏，山西革命历史档案，A128－4－26。

③ 《武乡十区松村自然村对敌损失》，山西省档案馆藏，山西革命历史档案，A128－4－26。

④ 《武乡县墨镫村土地问题调查》（1943 年 6 月），山西省档案馆藏，山西革命历史档案，A181－1－48。

⑤ 《八年来晋东南人民被敌蹂躏的一瞥》，山西省档案馆藏，山西革命历史档案，A128－4－28。

⑥ 《救济工作报告（1946 年 2 月 1 日给武专员）》，山西省档案馆藏，山西革命历史档案，A181－1－8。

⑦ 《武乡县第三区岩庄编村救济难民统计表》（1946 年 5 月 10 日），山西省档案馆藏，山西革命历史档案，A128－4－29。

经过八年战争破坏，人民积蓄空虚，基础建设损失殆尽，防灾抗灾能力大大削弱。1942～1943 年山西各地发生历史上罕见的大旱灾，其中晋东南地区尤为严重，高平、长子、阳城等县连续三年亢旱。大灾过后，1944 年又发生蝗灾。而这几年正是日军进行疯狂"扫荡"的岁月，突如其来的自然灾害使原本如履薄冰的百姓生活雪上加霜，人民病饿死者极多。如晋城、高平、沁水、阳城 4 县饿病死者就达 9.4 万人，尸体遍野，无人掩埋，不少人家由此成为绝户，更多的人家则弃乡逃亡。特别是晋城、高平两县死难 69 980 人，占两县人口 18.3%，逃亡人口则高达三分之二，高平以南和晋城以北长 90 里、宽 70 多里的地区及陵川和东丰县一带均变成"无人区"。① 陵川县 13 个灾情严重的村庄饿死和逃亡者达 2 723 人，占总人口 36.9%。② 1943 年长治日伪疯狂抢粮，9 月上旬长治四区被连抢三次，饿死人数达 700 余人。③

由于日军多年摧毁抢掠，人民饥寒交迫、担惊受怕，营养缺乏，生活失常，疫痛疾病接踵而至，特别是 1942～1943 年大灾后的情况更为险恶。武乡在日军"扫荡"之后，人民患伤寒、痢疾、疥疮者很多，洪水附近几个村每日平均病死二十五六个，武西二线村（马牧一带）可谓"户户有病人，天天有死人"，蔚家渠村 47 口人中只有两人没有病倒。④ 晋城县患疥疮、疟疾者达 284 173 人次，相当于 1945 年全县总人口的 448%。高平县患疥疮、疟疾者达 189 449 人次，相当于 1945 年全县总人口的 221%。整个太岳区各县患疥疮者计 2 146 622 人次，占全区总人口的 90%；患疟疾者计 1 643 437 人次，占全区总人口的 70%。⑤

战时山西人民因丧失基本的生存条件，或被迫背井离乡、颠沛流离而加入难民流徙的潮流，或因生活拮据而病死饿死，或因此患了难以治愈的疾病，凡此种种，人口磨损、消耗与流失空前。其具体情形可从晋东南各县部分统计数字观之，具体见表 6 - 6。

表 6 - 6　　　　八年间晋东南人口损失统计（不完全统计）　　　　单位：人

类别/县别	病饿死者	患各种疾病者	因灾荒外出流亡	少衣少食无住之难民*	合计
黎城	2 430	1 090	—	7 200	10 720
潞城	4 290	2 200	1 200	8 080	15 770

① 《八年来晋东南人民被敌蹂躏的一瞥》，山西省档案馆藏，山西革命历史档案，A128 - 4 - 8。
② 太行革命根据地史总编委会编：《太行革命根据地史稿》，山西人民出版社 1987 年版，第 171 页。
③ 刘泽民、原崇信等主编：《山西通史大事编年》，山西古籍出版社 1997 年版，第 1676 页。
④ 《八年来日本法西斯摧毁太行区人民的概述》，山西省档案馆藏，山西革命历史档案，A128 - 2 - 5。
⑤ 李玉文编著：《山西近现代人口统计与研究》，中国经济出版社 1992 年版，第 455 页。

317

续表

类别/县别	病饿死者	患各种疾病者	因灾荒外出流亡	少衣少食无住之难民*	合计
壶关	6 134	4 539	3 194	10 314	24 181
平顺	3 175	290	105	8 800	12 370
长治	1 175	3 800	6 518	10 080	21 573
襄垣	3 515	2 450	518	10 800	17 283
昔阳	4 302	9 140	—	10 600	24 042
和顺	4 313	4 350	2 967	6 200	17 830
左权	750	2 920	—	6 080	9 750
陵川	2 820	2 789	—	7 949	13 558
武乡	15 230	5 600	740	8 200	29 770
榆次	4 253	3 484	3 125	5 200	16 062
祁县	2 702	3 008	—	6 929	12 639
榆社	174	1 680	—	4 800	6 654
太谷	3 482	3 400	—	7 260	14 142
长治市	2 803	680	306	1 681	5 470
安泽	—	14 012	—	9 300	23 312
长子	8 600	88 932	1 764	16 100	115 396
屯留	2 080	25 596	312	11 700	39 688
浮山	—	43 454	—	7 500	50 954
沁县	—	57 850	—	10 300	68 150
沁水	9 100	26 377	2 341	9 100	46 918
高平	18 561	38 001	19 525	39 449	115 536
阳城	4 060	26 343	24 600	24 600	79 603
晋城	—	45 820	—	46 250	92 070
合计	103 949	417 805	67 215	294 472	883 441

注：＊原始资料中有以"流亡失所者"统计或以"少衣少食无住之难民"统计，笔者在此统一整理为一项。

资料来源：《上党区八年抗日战争的人口损失调查表》（1946 年）、《晋东南十七县八年来人口损失调查表》（1946 年），山西省档案馆藏，山西革命历史档案，A128－4－7；《太岳区八年来被敌杀伤人口及各种灾害统计表》（1946 年 6 月 24 日），山西省档案馆藏，山西革命历史档案，A71－1－75。

又据中共太行、太岳区不完全统计，八年间 8.49 万人冻馁而死，流亡在外难民约 128.7 万人。[①] 人口因日军侵略破坏而间接导致的磨损、消耗与流失由此可见。

（二）人口的掠夺、杀戮、摧残及其受损程度

1. 日军对人口直接掠夺

（1）掠夺目的。

第一，解决占领区内资源掠夺与国内资源开发劳力不足问题。日本为弥补国力方面的"先天不足"并支撑长期的侵华战争，在对外侵略战争总体设想中将占有和掠夺中国丰富的矿产资源、广阔的市场、雄厚的劳动力资源作为最主要的目标，希图藉此建立强大的军事工业体制和加强战争经济基础，达成独霸东亚进而称雄世界的国家构想。而日军在"占领区物资之开发与财力之运用，端赖乎如何运用人力，以一切财富均非不劳可致，原料之生产、产业之恢复与经营，皆须动用我国之人力。"[②] 所以，日本侵占中国东北之后为完成"产业开发计划""军事经济发展计划"及"北边振兴计划"，除在当地征募劳动力外，每年要从包括山西在内的华北输入大批劳动力。随着侵略战争全面发动，日本除对东北进行控制和掠夺外，对华北地区丰富的矿产资源和工业原料，特别是煤炭、铁矿、盐业、棉花等国防资源垂涎不已。卢沟桥事变之后，日军迅速扩大战事，占据华北主要地域，掠夺欲望愈益膨胀，急于进行所谓"开发"和"建设"，以将华北纳入"日满华"殖民经济圈，并综合利用华北丰富矿藏与廉价人力，来增强日军维持与扩大战争的国力军力。人力贫乏与其无止境的扩张欲望所形成的矛盾日益突出，而维持国内战争机器的正常高效运转就必须加快中国东北、华北等地区物产资源的掠夺步伐，并以充足的劳动力为依托。这一主体矛盾决定了日本对人口资源的进一步掠夺，其掠夺重点则置于地域广阔、人口较多的华北地区（当时日军估计华北地区，即河北、山西、山东、北平、天津以及绥远、察哈尔区域总人口为 1 亿以上）。日华北方面军参谋部编制的《华北资源要览》一书毫不隐讳地宣称："华北对日满经济来说，是原料资源和劳动力的供应地。"[③]

1939 年欧洲战争爆发，日本为应对英美等同盟国所实施的物资禁运，乃于

[①] 山西省史志研究院编：《山西通志·民政志》，中华书局 1996 年版，第 264～265 页。

[②] 《敌在占领区经济掠夺之机构及其策略》（1939 年），见秦孝仪主编：《中华民国重要史料初编》第六编四，台北中国国民党中央委员会党史委员会 1981 年版，第 989～994 页；章伯锋、庄建平主编：《抗日战争·日伪政权与沦陷区》，四川大学出版社 1997 年版，第 544～547 页。

[③] 日本防卫厅防卫研修所战史室编：《华北治安战》下，天津市政协编译组译，天津人民出版社 1982 年版，第 116 页。

1940 年 11 月 5 日决定建设以日"满"华三方为中心的"自给自足"的战争经济体制，并将之作为重要国策予以推行。这个国策纲领就是所谓的《日满华经济建设提纲》，该纲领明确规定今后主要在华北大力推进输出劳工的"劳务政策"。[①]1942 年，日军由于在太平洋战场中途岛和瓜岛战役中惨败，海空主动权尽失，国内经济环境进一步恶化，海上运输更趋困难，对中国沦陷区资源依赖程度益加强劲。随之，即采取以满足对日"满"供应为前提和以"以战养战"为目的的掠夺性统制政策，对各地工矿资源进行疯狂的竭泽而渔的劫掠，而对工矿资源掠取则主要依靠奴役无数中国廉价劳动力进行。特别是进入 1943 年之后，日军不仅在太平洋战场屡屡失手，而且本土亦不断遭受大规模轰炸，人员征调和生产资料运输陷入困境。此时，驻山西日军和勤杂人员陆续调往太平洋一带作战，该地区边陲各县或被迫放弃，或仅留少数日军和伪保安部队、警察驻守县城，人力物力顿感不足。在此情势之下，日军驻山西特务机关于同年 10 月操纵伪山西省政府成立山西"急进建设集团"（亦称"产业建设军"），企图根据山西各县市地方需要，通过拉丁抓夫组建大队、中队、小队，"协助当地日伪，从事运煤，开采煤矿、铁矿、修桥补路、运输面粉及其他物资"，以"克服劳动力不足、确保粮食和获得资材等方面的困难，期望能大量增加生产"。[②] 河本大作在 1949 年 11 月 30 日的笔供中承认，山西"急进建设集团""强制征募以太原为中心的各县青年，从事开采矿石，维修公路等劳动"。[③] 石川太郎 1954 年 9 月 17 日笔供亦承认，山西"急进建设团"成立的目的之一就是"奴役中国人民开发地下资源"。[④]在筹划成立山西"急进建设团"之时，伪山西省公署顾问室顾问甲斐政治曾言，"可将省内 19 岁至 21 岁的壮丁征集起来，进行军事管理，把他们分配到最重要的工厂和矿山，参加资源开发工作"，这样"对支援圣战和开发山西资源都有好处"。[⑤] 总之，日军普遍认为"在资源开发方面最重要的是，需要确保及圆满解决劳动力问题。"[⑥]

此外，日军在南洋等占领区的人力缺乏亦需要从华北各地补充。实际上，日

① [日] 依田憙家：《日本帝国主义と中国》，龙溪书舍 1988 年版，第 54 页。

② 《武耀先证词》，见中央档案馆、中国第二历史档案馆等编：《河本大作与日军山西"残留"》，中华书局 1995 年版，第 149 页；日本防卫厅防卫研修所战史室编：《华北治安战》下，天津市政协编译组译，天津人民出版社 1982 年版，第 358 页。

③ 中央档案馆、中国第二历史档案馆等编：《河本大作与日军山西"残留"》，中华书局 1995 年版，第 147 页。

④ 中央档案馆、中国第二历史档案馆等编：《河本大作与日军山西"残留"》，中华书局 1995 年版，第 152 页。

⑤ 张全盛、魏卜梅编著：《日本侵晋纪实》，山西人民出版社 1992 年版，第 188 页。

⑥ 居之芬、庄建平主编：《日本掠夺华北强制劳工档案史料集》上，社会科学文献出版社 2003 年版，第 303 页。

本不仅在占领区面临人力奇缺困境，就是国内情况亦如此。随着侵略战争不断升级，越来越多的日本男性青壮年被征入伍，国内从事重体力劳动的壮劳力日益匮乏，以致日本矿山业及煤炭业先后于1941年和1942年提出使用中国苦力的诉求。为适应个别企业要求，日本政府即于1942年11月27日通过《关于华人劳务者移入内地案》决议。该决议声称："鉴于内地劳务供求日益紧张，特别是重体力劳动方面的劳动力显著不足之现状……将华人移入内地，以使其参加大东亚共荣圈建设。"[1] 明确提出在日本国内使用中国劳工的政策及其主要目的。

第二，解决修筑军事工程及用于各种杂役所需人力问题。全面侵华战争期间，日本于1939年6月作出在伪"满洲国"实施"北边振兴计划"的决定，计划从是年6月至1942年3年内在苏"满"边界牡丹江、黑河、兴安北以及东安、北安等7个边境省份，构筑永久性的大规模的可攻可守的秘密军事工程，以形成集殖民、屯垦、军事和国防配套工程等多维一体的综合性军事基地。日本政府为此特拨款10亿元，预计征用劳工60万人。[2] 但该工程所属地区地多人少，难以解决庞大的人力问题，乃将目光转向人口资源丰富的华北地区，希图通过诱骗贩卖、强征抓捕的方式来推行所谓"劳务政策"。实际上，日军除在东北等地修筑军事工程外，在其他占领区同样大兴建筑。如日军占领山西之后，为了维持并巩固其统治，不仅大肆修筑碉堡、封锁墙（沟）、公路、铁路、"护村墙""护村壕"，还建岗楼、立电杆、开机场、挖隔断壕，经常驱使大批民众充当守护铁路的"肉电杆"，而这些活动均以山西各地大量劳工无偿服务为基础。特别是1940～1942年历次"治安肃正"与"治安强化运动"，日军为消除占领区最大"隐患"——中共领导的八路军及其抗日根据地，大规模地构筑封锁和围困根据地的军事工程，如战备铁路、公路、据点及碉堡等，在公路和铁道干线上实行一里一兵营、三里一碉堡、十里一据点的办法，企图以铁路和公路为"链"、据点和碉堡为"锁"的"囚笼"，将八路军各抗日根据地分割、包围、封锁，然后进行"围剿""扫荡"并各个击破。[3] 日军认为这是"治安工作的先决条件"。[4] 有关"堡垒构筑一事"亦有统筹规划，"各县有以军事需要构筑，有饬令各村普遍修筑，有择要隘村庄督令修筑等，情形不一。其关于军事需要之堡垒多为新筑，各村普通堡垒大半利用旧有围墙重加修整。至要隘村庄，有重修旧围，有重新构筑。""如长治、汾阳、临汾、沁县、翼城、永济、介休、太谷、霍县、赵城等

---

① 刘宝辰：《日本强掳华工的政策、手段和结果》，载于《历史教学》2000年第1期。
② 王承礼主编：《中国东北沦陷十四年史》，中国大百科全书出版社1991年版，第371～379页。
③ 狄民：《敌寇"强化治安"的三个时期》，载于《抗战日报》1942年1月3日。
④ 漆克昌：《日寇在华北的治安工作》，见中央档案馆、中国第二历史档案馆等编：《华北治安强化运动》，中华书局1997年版，第98页。

县，则多为军事与要隘村庄之构筑，故数目多则六七处，少则一二处；祁县、崞县则属于普通修筑旧村围，以供军事之利用，故数目多至29处至47处；其余各县或督饬各村修理，或由县计划构筑，亦均有整备。"① 这些工程所需人力甚巨，日军则需普遍地强迫民众实施"劳动服务"。正如石川太郎笔供中所承认那样：山西"急进建设团"成立的目的"主要是为第一军所属部队修筑作战用的军事工程。同时也是修建水利工程，增强日本兵的战斗力，从而为日本帝国主义的侵略战争提供有利条件。"② 此外，日军在驻地和历次"扫荡"作战中，经常役使附近民众从事各种杂役服务，如伙夫、带路、脚夫等。

第三，补充兵力不足和扩充地方伪组织。日本在占领区所推行的各种战略逐渐综合形成系统的"以华制华"政策体系，从军事战略角度考察亦即"以华制华"战略。日本以少兵临大国，不但须调动自身全部战争力量，亦妄图借助中国力量以补自身不足而谋最大战果。这种"力量"除中国财力物力外，更需中国人力，以实现"中国人打中国人"计划。随着日本占领区扩大，兵力不足矛盾日益突出。例如，1942年8月27日《晋察冀日报》发表的《敌寇铁蹄下的"蒙疆"》的专题报道就提道：在浑源、灵丘、广灵、应县、涞源等5县，据5月份统计共有据点70个，平均每个据点44人，其中日军15人，暴露了日军兵力不足、战线太长的现状。③ 在此情形下，日军开始在各地大批抓捕或强征青年壮丁组织伪军，期求在作战中特别是对占领区的"治安肃正"中大量使用伪军，以解决兵员严重不足问题。伪军担负的具体任务有：（1）配合日军对各抗日根据地进行"扫荡"；（2）守备据点；（3）进行"清乡"；（4）补充缺额等。④ 日军在各地的战争愈困难，兵力不足问题愈突出，而对伪军扶植愈强劲，使用范围愈广泛。太平洋战争爆发之后，日军在华主力不断抽调南下，对伪军需求量更大，伪军所担负的作战和守备任务更多。"'讨伐'时叫伪军先头出扰，而只派一两个兵长监军。敌人美其名曰锻炼自主的作战，其实是敌人兵少，又怕打死，故叫伪军出头，既可避免损失实力，又可达到其'以华治华'的阴谋！"⑤ 总之，"抽调我壮丁，以补充其兵额之缺陷，使我同胞自相残杀，而保存或减少敌军实力之消耗，以支持对我之长期侵略战争及节省将竭之兵力，以对付其他强国"成为日军掠夺

---

① ［伪］山西省公署警务厅编：《山西省警政年鉴》，1942年印。
② 中央档案馆、中国第二历史档案馆等编：《河本大作与日军山西"残留"》，中华书局1995年版，第152页。
③ 刘泽民、原崇信等主编：《山西通史大事编年》，山西古籍出版社1997年版，第1652页。
④ 叶剑英：《中共抗战一般情况介绍》，载于《解放日报》1944年8月10日。
⑤ 《敌寇五次"治强"在宁武》，载于《抗战日报》1943年1月7日。

人力的深层用心之一。[①]

日军为强化在华北各地的统治进而达成肃清"匪患"和确保地方治安目标，在占领区内实行严密的保甲制，设立保、甲、闾、邻等基层组织，以对人力层层布控。特别是"治安强化运动"期间，"积极充实乡村自卫力"，加紧编制保甲自卫团，"施以应急之战斗训练，整备武器防具，使之协力援助匪犯之搜查及警戒通信等工作。"[②] 这些团体包括青年团、少年团、少女团、妇女团等，任务是捉拿"八路"、站岗、放哨、送情报，以及协助"警察"实施物资检查，或协助"警队""剿匪清乡"、防守、修筑公路和调查户口等。此外，日军还强化、扩充、整顿伪县警备队，以供其所用。这些伪组织经常向伪军提供储备。日军掠夺人力的本意在于"以训编地方保安之武装队伍，保障其后方之治安，使敌军兵力得能集中于第一线，以加强进攻之锐势，而不至散漫于各处，为我个别击破。"[③]

第四，掠夺人口是日军"政治战"的重要环节。日军对人口资源的掠夺是其镇压反抗、维持统治的有效手段，是"总体战"中"政治战"的基本内容。日军认为掠夺乡村青年"是否以破坏乡村的党政、民兵各组织为直接目的，先当别论，而使党失去工作对象则是最大的打击"。因为，中共以民众为工作对象，尤其青年层，他们既是扩军的对象又是生产的源泉，通过"拔赤区青年""使党失去工作的对象，阻碍党的发展，降低赤区生产，薄其经济力量，断绝扩军的源泉，进一步破坏乡村组织，动摇党的立足点"。[④] 所以，日军图谋借抽丁之机从根本上"清除抗日分子与共产党员。凡属有民族意识与对抗日军表示同情的分子，特别有被抽出与送出关外的危险。"[⑤]

日军对人口掠夺的政治意图不仅限于躯体占有且期求精神"归顺"，最终目的则是归其所有、为其服务。日军在"人尽其才"（"以华制华"）的欺骗口号下，特别"注意到中国青年阶层的身心锻炼"，到处强迫青年人与知识分子参加所谓的"新秩序建设工作"或"和平建设"事业，企图将"勤劳奉仕"与"兴亚奉公"等奴化行为变为人民日常精神生活的一部分[⑥]；强调"青年训练"，认为"谁握有青年便有谁胜利的道理"，以致经常抽丁进行各种训练，通过这种方式来麻醉青年、掌握青年，供其奴役——用他们的话来说，即"唤起青年少年，把握他们，使之彻底认识皇军之真意""涵养其防共亲日思想""彻底改变抗日

---

① ③　《敌在占领区经济掠夺之机构及其策略》（1939 年），见章伯锋、庄建平主编：《抗日战争·日伪政权》，四川大学出版社 1997 年版，第 547 页。

②　中央档案馆、中国第二历史档案馆等编：《华北治安强化运动》，中华书局 1997 年版，第 165 页。

④　陈平编：《千里"无人区"》，中共党史出版社 1992 年版，第 91～92 页。

⑤　刘子超：《怎样粉碎敌伪"强化治安运动"的阴谋》，载于《大众日报》1941 年 8 月 19 日。

⑥　日本防卫厅防卫研修所战史室编：《华北治安战》下，天津市政协编译组译，天津人民出版社 1982 年版，第 358 页；《敌寇在雁北"施政跃进"的阴谋活动》，载于《解放日报》1942 年 12 月 19 日。

思想"等。① 在各地青年训练所教育上，着重所谓"精神教育"，先行麻醉，继而施行"军事教育"，使之在训练完毕后就能够"担任情报谍报和组织伪自卫团等工作，逐渐培植其情报人员、密探和伪武装组织的下级干部"，甚至使之成为组织伪军、改造伪军的重要基础。② 日军根据"中日亲善首先要从家庭灌输入手"的理念及"中国人易于听妇女的话"的认知，试图利用妇女来实现消灭中国民族意识和抗日思想的计划。他们特别注重对儿童进行奴化教育，以从儿童脑海里清洗"抗日思想的毒素""通过教育机关来灌输亲日思想"。日军认为"在复兴东亚工作上，不重视教育，即只是空谈，企图达到东亚新秩序的皇军，一方面以武力从事治安肃正，另一方面务必以教育的振兴，来收复兴和推进东亚文化之效。"③ 为达此目的，日军尤注重对小学教员掠夺和训练。另外，对知识分子的掠夺主要是"利用我知识分子，以安定百姓，以巩固其政权"，特别利用一部分旧知识分子和地方士绅。④ 在其看来，"日本人说一百句话不如中国人说一句话"，其根本目的就是麻痹中国人的民族意识，使之成为驯服的工具。

总的来说，日军对华北各地人口资源的掠夺除上述主要目的外，同时意识到"税收之损益，尤赖人口之增加与否以为定。"⑤ 这亦是其不断从根据地、游击区掠夺人力到沦陷区的目的之一。

（2）掠夺数量。

全面战争期间，日军为了满足人力的多方需求，每次所掠人口少则几十人，多则成百上千人，以致太行地区人口资源损失惊人，这可以从现存资料所提供的某些统计数据说明。据不完全统计，1942 年 12 月日军在长治、潞城一带捕去壮丁 500 余人。⑥ 伪山西省劳工局 1942 年关于所属战俘劳工集中营报告（1942 年 7 月 31 日）显示，劳工宿舍之劳工悉数为释放俘虏，按出身地调查统计（截至 6 月底）山西省 433 人，其中晋南 233 人、晋东南 101 人、其他地方 99 人。⑦ 又有资料记载，1943 年 2～3 月间日军即准备在山西抓丁 10 万人；其中在太谷下令抓 800 人，和顺"敌自一月开始，连续包围温源等地，捕去壮丁三百余人。"⑧

1940～1942 年末，日军在华北历次"治安肃正"与"治安强化运动"中

----

① 漆克昌：《日寇在华北的治安工作》，见中央档案馆、中国第二历史档案馆等编：《华北治安强化运动》，中华书局 1997 年版，第 95 页。

②③ 漆克昌：《日寇在华北的治安工作》，见中央档案馆、中国第二历史档案馆等编：《华北治安强化运动》，中华书局 1997 年版，第 96 页。

④⑤ 《敌在占领区经济掠夺之机构及其策略》（1939 年），见章伯锋、庄建平主编：《抗日战争·日伪政权与沦陷区》，四川大学出版社 1997 年版，第 547 页。

⑥ 《华北敌寇又大肆抓丁》，载于《新华日报》（华北版）1942 年 12 月 11 日。

⑦ 居之芬、庄建平主编：《日本掠夺华北强制劳工档案史料集》上，社会科学文献出版社 2003 年版，第 272 页。

⑧ 《各地敌寇大肆抓丁》，载于《新华日报》（华北版）1943 年 2 月 15 日。

大规模构筑军事工程消耗了大量人力，仅 1942 年修建警备道 2.6 万公里、封锁沟墙 11 860 公里、据点或碉堡 7 700 余个，无偿霸占农田 85 800 平方里（折合 4 633.2 万亩），役使民工至少 4 500 万人次以上。[1] 这些工程一般以 1～2 个月、2～3 个月为期，若平均以两月为限，即合民工七八十万人，若加上 1940 年和 1941 年修建工事各用民工 20 万人在内，日军在华北大修工事征用民工达 100 万人以上。[2] 据"华北劳工协会"称：从 1937～1942 年 6 年间，华北青壮年被掠达 559 万人之多，其中 1937 年 323 689 人、1938 年 501 686 人、1939 年 954 882 人、1940 年 120 万人、1941 年 100 万人、1942 年 1 611 321 人[3]。我们可以从这些数字看出日军对华北壮丁掠夺一年胜过一年。又据居之芬考证，1936～1945 年 8 月的 9 年 8 个月里，日本从华北贩卖强征出境的劳工总数为 704.7 万余人（千以后数字四舍五入），随行家属 223.7 万余人，两项相加 928.4 万余人。其中，掠往东北的劳工 677.9 万余人、家属 221.3 万人，掠往"蒙疆"的劳工 17.1 万余人、家属 1 万余人，掠往华中的劳工 5.9 万余人、家属近 1.5 万人，直接掠往日本本土有据可查者达 38 400 余人。以上数字并非完全统计且未将日本在华北境内各矿山残酷奴役摧残的劳工计算在内。[4] 太行根据地的情形概莫例外，据不完全统计，八年间日军在太行抗日根据地掳去 48.8 万人[5]；其中据上党区部分县市壮丁抓捕统计，长治市 119 人、长治 2 848 人、长子 2 230 人、襄垣 815 人、屯留 1 405 人、黎城 175 人、潞城 2 200 人、壶关 1 263 人、平顺 245 人、高平 4 954 人、阳城 558 人、沁水 633 人、武乡 593 人、榆社 830 人、和顺 7 979 人[6]；太岳区被俘被抓 92 648 人[7]，其中平遥 3 250 人、安泽 1 152 人、长子 1 767 人、霍县 663 人、屯留 6 200 人、赵城 1 005 人、介休 2 900 人、灵石 1 700 人、沁县 3 000 人、浮山 4 179 人、襄陵 1 120 人、洪洞 776 人、临汾 870 人、沁水 633 人、曲沃 835 人、翼城 796 人、冀氏 534 人、绛县 1 107 人、夏县 3 632 人、闻喜 2 951

---

①《敌伪"五次治安强化运动"的暴行与惨败》，载于《晋察冀日报》1942 年 12 月 8 日。

② 居之芬：《关于日本在华北的劳务掠夺体系与强制劳工人数若干问题考》，载于《抗日战争研究》2002 年第 3 期。

③《敌在华北掠夺劳力骇人听闻，六年来竟达五百六十九万余》，载于《晋察冀日报》1943 年 1 月 27 日。

④ 居之芬：《日本强掳华北劳工人数考》，载于《抗日战争研究》1995 年第 4 期。

⑤ 军事科学院外国军事研究部编：《凶残的兽蹄——日军暴行录》，解放军出版社 1994 年版，第 214 页。

⑥《上党区八年抗日战争的人口损失调查表》，山西省档案馆藏，山西革命历史档案，A128－4－7。事实上，这一统计数很不完整，如武乡县就缺少四个区（其中两个区因敌人未退而没有统计，另两个区因划区未搞好亦没有来得及统计），其他各县亦有此类情形。

⑦《太岳区八年来被敌杀伤人口及各种灾害统计表》（1946 年 6 月 24 日），山西省档案馆藏，山西革命历史档案，A71－1－75。另据《太岳区抗战八年来敌祸天灾损失统计材料》（山西省档案馆藏，山西革命历史档案，A71－1－75），被掳壮丁为 56 100 人。

人、安邑 1 334 人、安北 737 人、平陆 1 907 人、新绛 1 355 人、稷麓 789 人、稷山 566 人、盂县 2 924 人、高平 2 993 人、阳城 1 990 人、垣曲 1 462 人、晋城 14 854 人、王屋 7 065 人、济源 8 095 人、士敏 1 751 人。① 毋庸置疑，随着时间流逝，我们已很难确切地统计出日军八年间所掠人口具体数字，但仅就上述零星的或不完整的统计数据已足以令人震惊。

2. 日军对人口虐杀与摧残

日军入侵之后对当地人民大肆杀戮，人口直接损失至为严重。以日军于1940年9月第一次晋中作战为开端而对华北各抗日根据地发动的"尽灭作战"为例，此次作战的原则是"彻底扫荡歼灭敌根据地，使敌人将来不得生存"，"尽灭目标和方法"是："敌人及当地居民中的假想敌""居民中 15～16 岁有敌意的男子"统统杀之，"敌人隐藏的武器弹药爆炸器具等""敌人积藏的粮食""敌人的文件"或没收或带走或烧毁，"有敌意的村庄"则一律彻底破坏或烧毁。② 据资料显示，1940 年 10 月 2 日至 11 月 30 日，日军"扫荡"太行区和太岳区时亦下过一道命令，即"这次作战与过去完全相异，乃是在于求得完全歼灭八路军及八路军根据地。凡是敌人地域内的人，不问男女老幼，应全部杀死；所有房屋，应一律烧毁；锅碗要一律打碎，并要一律埋死或投下毒药……"③ 事实上，日军在此前及此后作战中始终贯彻这样的"尽灭目标和方法"，其中对物质环境破坏的"践行"前文已有叙述，而对人口虐杀亦然。日军依靠武力竭尽所能地对无辜平民进行杀戮与摧残，制造了一桩桩骇人听闻的惨案。笔者在此仍以晋东南地区为例且举若干实例进行说明。

在武乡，1938 年"九路围攻"时胡家庄有 40 多名群众被杀，全村几乎灭绝。据当时统计，全县共有 1 500 人被杀。1940 年 7～10 月，日军三次"扫荡"武东（即武乡），被杀 421 人，失踪 18 人，受伤 78 人。1941 年 4 月 10 日，日军在峪口村一次屠杀 90 多人。1942 年 4 月 25 日，日军连日"扫荡"洪水、蟠龙地区，群众死伤数千人，如二区温庄一个洞内被熏死 19 人，洪水附近一个窑洞内被熏死 50 多人，大有村被杀 46 人。日军在井里投放毒药，柳沟、东堡、南台等 11 村中毒死亡无数。④ 日军杀戮手段残暴，五区牛家村安木虎被日伪用石头捣

---

① 参见《太岳区八年来被敌杀伤人口及各种灾害统计表》（1946 年 6 月 24 日），山西省档案馆藏，山西革命历史档案，A71－1－75。另据《太岳区抗战八年来敌祸天灾损失统计材料》（山西省档案馆藏，山西革命历史档案，A71－1－75），被掳壮丁为 56 100 人；《冀氏县抗战八年来人口损失调查表》（山西省档案馆藏，山西革命历史档案，A172－1－2）统计，被抓壮丁为 3 534 人。

② ［日］江口圭一：《日本十五年侵略战争史（1931－1945）》，杨栋梁译，天津人民出版社 1995 年版，第 187 页。

③ 《日本暴行座谈会记录》，载于《新华日报》（太行版）1944 年 8 月 15 日。

④ 山西省武乡县县志编纂委员会编：《武乡县志》，山西人民出版社 1986 年版，第 286 页。

死，又将肚子割开，挖出肠子并挂在树上。在马牧村，日军将郝心田鼻子割掉，眼睛剜了，并用铁丝吊在梁上吊死；有人则被故意致残，如赵干车脚后筋被割断，鼻子被削；有人腿被割；有人胳臂被剁……① 日军还到处放毒，当时发现"一种是黏性的固体，一种是粉末状的，前者往往放于土炕上、房屋内，遇热（如烧热炕）即散发，后者则往往投入水井中……武乡砖壁一带，已发现此等毒品，并有人因此而中毒。"② 该县仅1942年春季以前被难同胞至少在3 000人以上。③ 在平顺，一区孝文村吴端全家男女7口人于1940年10月11日被烧死。1941年2月2日，日军100余人由左权城出发，将12户人家的小村白地哨包围，杀21人，其中宋也英、宋银祥、宋福珠3户12口人被杀绝。宋也英被石头砸死后喂了洋狗，宋三和、宋三锁被石头捣死，宋魁元、宋希元被刺刀刺死，15个小孩、妇女在柴火坑里被烧死。1942年5月19日晨，日军数千人包围壶关神郊村，先将妇女36人、小孩9人衣服脱光，尔后一一掷入水池淹死。又将群众83人以"训话"为名集中至广场一一用刀刺死，造成"五一九"大屠杀惨案。在高平，六区虞庄行政村一次被杀62人。在沁源，1943～1944年两年间惨遭杀害者达1万余人，占全县人口的12%，其中只有50户人家的王凤村就有34个壮丁被杀。④ 昔阳与和顺交界处的沾马县安丰村是一个45户人家295口人的村子，日军占领4年中杀害12人，其中4户被灭绝，因恐惧忧伤得病死者达78人。⑤ 在黎城，日军仅1943年"五月扫荡"就抓捕青壮年130余名，这些人有的被勒死，有的被刺死，有的被砍头，有的被挖眼，有的被割耳朵和生殖器，有的则被剖腹挖肠并摘了心肝。在太谷，1937年11月8日日军第20师团血洗县城，一天杀害无辜群众320余人。1938年2月初在阳邑村一次用机枪集体屠杀无辜群众四五十人，数日后在曹庄村残杀48人。同月18日，日军坂垣师团一部在南山边缘一带村庄杀害群众353人，制造了震惊山西的太谷"二一八"惨案。不久又在井神村一次屠杀村民131人。1941年10月，日军将县城100余名无家可归的贫民、乞丐集中于西门外集体活埋。两月后，又抓捕100余名贫民和乞丐作为新兵演练刺杀的活靶而刺死。八年间，太谷县计有1 200余名百姓及275名抗日干部和民兵惨死日军毒手。⑥

一些日军军官以杀人为嗜。如活动于左权、和顺、平定、昔阳一带人称"杀

---

① 《武乡八年来战争损失调查》（1946年3月3日），山西省档案馆藏，山西革命历史档案，A128 - 4 - 26。

② 《敌寇扫荡武乡，到处散放毒菌》，载于《新华日报》（华北版）1941年2月15日。

③ 《八年来日本法西斯摧毁太行区人民的概述》，山西省档案馆藏，山西革命历史档案，A128 - 2 - 5。

④ 《八年来晋东南人民被敌蹂躏的一瞥》，山西省档案馆藏，山西革命历史档案，A128 - 4 - 8。

⑤ 山西省史志研究院编：《山西通志·民政志》，中华书局1996年版，第265页。

⑥ 张全盛、魏卞梅编著：《日本侵晋纪实》，山西人民出版社1992年版，第361页。

人大魔王"的清水利一，仅在昔阳、和顺两县杀人即达 2 000 多名。清水驻昔阳时设一"留置场"（即看守所），常有 100 多名无辜百姓关在里边，每天只给 9 斤剩饭，大小便不准出来，不到一周即被折磨而死，清水则每隔十日收尸一次，用以喂养军犬。1940 年 10 月，清水亲自率领伪军包围西峪村，将全村 300 余名群众在一个大粪坑里用机枪、手榴弹杀害，就连三四岁的小孩亦未能幸免于难。该村 187 户 641 口人仅此一次就被绝灭 21 户，杀死 365 人，内有小孩 57 人。[①]而如此丧心病狂的日本人又何止一个！如晋城日军宪兵司令在城南街专设一杀人牢狱，名曰"六杠"，该牢狱是一处十数个半间大的平房，周围均是石头、牲畜，后面有不足两平方尺的窗户，中间钉着直径三寸粗的六根杠，下边是猪圈门那么大一个小口，爬下可出入一人，里边是潮湿地，进去的人衣服剥光，拉屎撒尿全在里边，炎热天气可被臭气熏死或苍蝇轰死，酷寒严冬可被冻死，若死不了则被拉到南门外刺死，常年如此不断地收拾尸体与刺杀又不断地往里边扣押，不知多少百姓在此死于非命。战后不久，除农民种地将看到的尸体收拾外，城南门外100 余亩土地上仍有层层抛野的白骨，观之莫不愤慨。[②]

日军对妇女的蹂躏与摧残更残暴。当时晋东南缠足妇女在 75% 以上，她们脚小力弱，行走困难，受害极重。在武乡县，日军 1938 年发动"九路围攻"时，于县城附近将 18 名妇女奸淫并挑腹致死。1942 年 10 月，韩壁村 40 多名妇女被敌轮奸，占全村女性的 70% 以上，且许多奸后又遇害。[③]"敌人对妇女之侮辱，其方法也日新月异。敌人除了强迫各村供应妇女，以发泄兽欲外，并强迫民众夜间早睡，不准闭门，不准点灯，以便敌人随时闯进民家，强奸妇女。反抗者立遭惨杀。敌人将青年妇女强迫组织'青年班'，每日晚间必须到敌酋处点名，所谓点名，即是将这些无辜的青年妇女拨给士兵轮奸一夜。每当敌人增防或换防时，在临行时都必须强迫妇女'欢送，欢送'，以此来夸耀'皇军'是如何深得民心！"[④] 八年间，武乡被奸淫杀害的妇女达 7 420 人。[⑤] 太行区有个叫"老扁嘴"的日军头目，一人奸污中国妇女达 57 人之多。[⑥] 许多妇女因敌蹂躏患各种传染病，如沾马沿线妇女害杨梅者占病人总数三分之二，阳城东关与五区妇女患梅毒者达五分之三，至于白带、淋病等月经病患者则随敌人兽性不断增加。[⑦] 妇女身心健康受到莫大摧残，受害情形可从表 6-7 所示数字观之。

---

① ② ③ 《八年来晋东南人民被敌蹂躏的一瞥》，山西省档案馆藏，山西革命历史档案，A128-4-8。

④ 《难活下去——武乡敌占区妇女生活之一》，载于《新华日报》（华北版）1942 年 5 月 17 日。

⑤ 《武乡八年来战争损失调查》（1946 年 3 月 3 日），山西省档案馆藏，山西革命历史档案，A128-4-26。

⑥ 张全盛、魏卜梅编著：《日本侵晋纪实》，山西人民出版社 1992 年版，第 362 页。

⑦ 《八年来日本法西斯摧毁太行区人民的概述》，山西省档案馆藏，山西革命历史档案，A128-2-5；《八年来晋东南人民被敌蹂躏的一瞥》，山西省档案馆藏，山西革命历史档案，A128-4-8。

表 6 - 7 　　　八年间晋东南部分县份妇女被奸及奸后患病调查统计

县别/类别	安泽	长子	屯留	沁县	浮山	沁水	高平	阳城	晋城	长治
被奸人数	684	1 500	886	739	1 889	981	3 120	3 585	4 132	2 820
奸后患病者	340	740	450	370	950	490	2 060	1 790	2 060	897

资料来源:《长治八年来被敌欺侮与损失统计表》(1946 年),山西省档案馆藏,山西革命历史档案,A128 - 4 - 13;《关于本县八年来几种数字的统计》(1946 年 7 月 1 日),山西省档案馆藏,山西革命历史档案,A128 - 4 - 37;《太岳区八年来被敌杀伤人口及各种灾害统计表》(1946 年 6 月 24 日),山西省档案馆藏,山西革命历史档案,A71 - 1 - 75;《八年被敌杀伤统计》,山西省档案馆藏,山西革命历史档案,A128 - 4 - 66。

　　有关晋东南人民八年间直接被日军虐杀或遭受摧残所致人口损失的具体数量已难精确统计,但从战后一些零星调查材料可推断基本受损程度或大致情形(见表 6 - 8)。

表 6 - 8 　　　　　　　八年间晋东南各地人口损失调查统计

县名	被杀人数	负伤及残废人数		遭敌蹂躏致孤寡者	合计	战前人口 (1935 年)	约占战前人口之比 (%)
		负伤	残废				
黎城	3 365	300	2 087	—	5 752	77 574	7.4
潞城	3 863	213	3 020	—	7 096	90 848	7.8
壶关	4 864	306	4 977	—	10 147	106 397	9.5
平顺	1 149	186	2 400	381	4 116	91 759	4.5
长治	1 036	114	4 854	—	6 004	183 202	3.3
襄垣	5 521	518	2 670	7 500	16 209	141 993	11.4
昔阳	13 201	2 474	700	—	16 375	119 143	13.7
和顺	9 365	7 432	1 360	—	18 157	71 786	25.3
左权	4 612	942	1 056	—	6 610	71 396	9.3
陵川	2 032	629	2 388	—	5 049	136 329	3.7
武乡	18 420	1 560	3 016	—	22 996	135 621	17.0
榆次	3 562	1 243	1 194	—	5 999	139 913	4.3
祁县	3 648	323	872	—	4 843	122 070	4.0
榆社	1 471	184	994	—	2 649	68 759	3.9
太谷	8 450	2 332	2 390	—	13 172	111 684	11.8
长治市	510	444	653	—	1 607	—	—

续表

县名	被杀人数	负伤及残废人数		遭敌蹂躏致孤寡者	合计	战前人口（1935 年）	约占战前人口之比（%）
		负伤	残废				
安泽	3 835	2 000		7 002	12 837	74 038	17.3
长子	4 215	3 143		3 297	10 655	150 567	7.1
屯留	9 200	1 310		2 436	12 946	123 517	10.5
浮山	2 152	1 988		1 428	5 568	53 441	10.4
沁县	5 900	5 600		1 700	13 200	116 778	11.3
沁水	2 855	739		1 782	5 376	106 873	5.0
高平	11 853	1 794		4 686	18 333	244 858	7.5
阳城	4 303	3 441		4 080	11 824	199 920	5.9
晋城	14 573	2 340		6 210	23 123	298 302	7.8
合计	143 955	76 186		40 502	260 643	3 117 092	8.4

资料来源："战前人口"由李玉文编著的《山西近现代人口统计与研究》（中国经济出版社 1992 年版）各县人口统计整理而来，其他则出自《晋东南十七县八年来人口损失调查表》（1946 年）（山西省档案馆藏，山西革命历史档案，A128 - 4 - 7）、《太岳区八年来被敌杀伤人口及各种灾害统计表》（1946 年 6 月 24 日）（山西省档案馆藏，山西革命历史档案，A71 - 1 - 75）、《平顺现在灾难民统计》（山西省档案馆藏，山西革命历史档案，A128 - 4 - 66）、《关于本县八年来几种数字的统计》（1946 年 7 月 1 日）（山西省档案馆藏，山西革命历史档案，A128 - 4 - 37）。

据不完全统计，八年间太行、太岳根据地被敌杀害者 255 843 人，被敌拷打者 163.6 万人，被敌致残者 9.26 万人，因战争冻馁而死者 8.49 万人，流亡在外难民 128.7 万人。[①] 毫无疑问，由于当时特殊的社会历史环境，上述统计数字并不确切，但这些数据仍可反映战时人口受损的一般情势。

二、人力资源受损程度

人力作为一种重要而特殊的资源是人类社会财富生产之源泉。在漫长的人类社会进化和发展过程中，正是人力与物力的结合才创造了人类赖以生存与发展的物质财富和精神食粮。因而，有学者将之称为人类社会"第一资源"。人力资源

---

① 山西省史志研究院编：《山西通志·民政志》，中华书局 1996 年版，第 264～265 页。

存在于人的自然生命肌体中，以人口为自然基础，其数量与质量由人口总量与质量所决定，即人口是人力资源的基础和前提。战时根据地人口受损严重，而人力资源的磨损、消耗及流失则自然与之呈正比状态。

（一）日军各种军事工程和差务人力消耗

1942 年 10 月，日华北方面军安达十三中将曾宣称：“华北碉堡已新筑成 7 700 余个，遮断壕也修成 11 860 公里长……［等于］地球外围的四分之一。”[①]到 1943 年 5 月，日军在华北大小据点增加到 9 300 多个，碉堡更达 2.9 万座，以此推算，所役用华北民力用工量不得不以亿为单位进行衡量。[②] 华北情况只不过是太行地区的扩展版而已，如藤田茂供述：1939 年 6 月 1 日至 12 月 25 日半年多时间日军在绛县白水村等地每天役使伙夫杂役 10 人，累计达 1 840 人次。而榆次全县人口 51 391 人，除去妇幼老弱等无法支差者外，能够服差役的 12 830 人八年间总计出差 561.7 万天，每人平均出工 437 天。[③] 武乡县墨镫村 1939～1940 年差务频繁，最多一家一月支差 23 天，全村牲口累死 10 余头，平均每人支差 15 天以上。[④] 寿阳县道坪村每人每年平均 50 个工，仅 1942～1944 年 3 年间就消耗民工 46 950 个，若每工以当时工价小米 5 升计，可折合小米 2 347.5 石。[⑤] 昔阳西峪村民众对日劳役用工每人每年平均达 135 个。日军侵占辽县县城之后，附近居民每天仅担水一项就须 5 人全力以赴。[⑥] 凡日军所到之处，没有哪一人不服役。正是由于日军对人力的无节制役使，才有其“宏大”工事等设施的建成。八年间各地因此而消耗的民力通过表 6-9（不完全统计）可知概貌。

上述修筑各种工事和其他差务活动可谓日军直接民力消耗，而战时和战后为恢复生产、退田还耕，以及平毁据点、碉堡和封锁沟墙等军事设施所消耗民力则为日军侵晋间接民力消耗，其大致情形由表 6-10 测之。

---

① 八路军总政治部宣传部编：《抗日战争时期的八路军与新四军》，人民出版社 1955 年版，第 120 页。

② 张国祥主编：《山西抗日战争史》下，山西人民出版社 1992 年版，第 15 页。

③ 《晋东南几个县八年来给敌人修碉堡炮楼支差及平毁差役初步调查表》，山西省档案馆藏，山西革命历史档案，A128-4-7。

④ 《武乡县墨镫村土地问题调查》（1943 年 6 月），山西省档案馆藏，山西革命历史档案，A181-1-48。

⑤ 《寿阳县政府针对八年以来的经济损失状况所做的申请救济报告及损失调查表》（1946 年 7 月），山西省档案馆藏，山西革命历史档案，A128-4-86。

⑥ 《八年来日本法西斯摧毁太行区人民的概述》，山西省档案馆藏，山西革命历史档案，A128-2-5。

表 6-9

八年间部分县市民力消耗统计表之一

敌人修筑工事等消耗民力数

县别	修碉堡		修据点		修炮楼（合）		修公路		修封锁沟墙		其他差务		小计
	座数	工数	座数	工数	座数	工数	里数	工数	次数	工数	年数	工数	工数
长治市	339	152 900	94	56 400	210	42 000	61 段	235 200	28 段	105 033	7	1 148 377	1 739 910
长治	412	138 374	56	203 643	368	324 890	460	582 680	828 次	619 372	7	905 100	394 059
长子	34	170 000	15	67 500	60	120 000	170	57 000	2 500 丈	2 500 000	7	9 806 600	12 780 000
襄垣	98	4 441 000	35	490 000	225	342 500	300	600 000	328 400 丈	6 576 000	—	7 219 200	15 668 700
屯留	41	41 000	11	20 900	10	110 000	8 条	35 000	453 亩	30 000	7	388 275.2	—
黎城	—	—	—	—	—	—	60	7 200	—	—	—	—	155 598 849
潞城	4	18 000	11	22 000	56	42 080	145	17 600	—	1 043 312	7	1 512 000	2 648 992
壶关	9	4 860	4	8 000	9	3 420	121	18 150	—	64 800	6	1 756 000	1 855 050
平顺	—	—	—	—	—	—	10	30 000	—	—	3	560 000	590 000
高平	62	3 100 000	19	855 000	95	950 000	145	50 000	60 里	88 000	7	9 226 902	14 269 902
沁水	108	111 996	317	320 804	597	207 009	2 919	21 982	398 条	3 916	7	250 560	916 287
武乡	250	374 056	37	172 460	124	48 484	240	42 180	58 里	1 149 184	—	572 017	2 358 381
榆社	7	4 000	4	35 000	11	4 560	125	11 000	—	—	6	304 140	358 700
和顺	9	270 000	1	80 000	14	280 000	1	150 000	11	358 000	—	1 296 000	2 461 000
太谷	44	80 000	12	21 960	47	12 750	325 里	16 520	135 里	33 250	7	288 000	392 480

续表

敌人修筑工事等消耗民力数

县别	修碉堡		修据点		修炮楼（台）		修公路		修封锁沟墙		其他差务		小计
	座数	工数	座数	工数	座数	工数	里数	工数	次数	工数	年数	工数	工数
榆次	17	170 000	12	120 000	—	—	9 条	1 837 500	2 条	983 600	—	5 200 000	5 611 100
寿阳	50	150 000	10	450 000	48	115 200	190 里	28 500	5 处	90 000	—	934 180	1 767 880
平定	13	65 000	13	156 000	16	88 000	6	2 144 400	9	135 000	—	351 000	2 939 400

注：表中一些类别与数字不大一致，笔者以原资料为准（下同）。

资料来源：《上党区八年来民力损失总计表》（1946 年），山西省档案馆藏，山西革命历史档案，A128 - 4 - 7；《寿阳县政府针对八年以来的经济损失状况所做的申请救济报告及损失调查表——民力消耗统计表》（1946 年 7 月），山西省档案馆藏，山西革命历史档案，A128 - 4 - 86；《平定县民力消耗调查表》（1946 年 6 月），山西省档案馆藏，山西革命历史档案，A128 - 4 - 70。

表 6 - 10

八年间部分县市民力消耗统计表之二

县别	平毁据点碉堡		平毁封锁沟墙		平毁误工数				总计		共计价洋
	座数	工数	里数	工数	小计		以上两种共工数*	每工折价（元）		
					工数					
长治市	200	16 215	20	8 559	24 774		1 764 684	100		176 468 400
长治	—	8 800	—	28 080	36 880		2 430 939	100		243 093 900
长子	94	140 000	2 300 丈	250 000	390 000		—	—		—
襄垣	—	3 021 400	—	3 201 500	62 229 000		21 891 600	100		2 189 160 000
屯留	55	230 000	45 苗	215 000	445 000		1 043 115	100		104 311 500
潞城	11	13 000	1 336 苗	4 008	17 008		2 666 000	100		266 600 000
壶关	22	16 100	70	75 300	91 400		1 946 450	100		194 645 000
平顺	—	—	—	—	—		590 000	100		59 000 000
高平	148	173 600	35	28 000	201 600		14 471 502	150		2 170 725 300
沁水	108	32 813	317	30 803	63 616		977 883	130		17 707 030
武乡	118	118 492	26	38 162	156 654		—	—		—
榆社	—	15 000	—	16 300	31 300		394 385	—		39 438 500
和顺	10	60 000	11	50 000	110 000		7 571 000	140		359 930 000
太谷	6	485	135	1 420	1 905		394 385	100		39 438 500
榆次	11	5 500	1 条	400	5 900		5 617 000	100		561 700 000

续表

县别	平毁误工数							
	平毁据点碉堡		平毁封锁沟墙		小计	以上两种共工数*	总计	
	座数	工数	里数	工数	工数		每工折价（元）	共计价洋
寿阳	3	4 200	—	—	4 200	—	—	—
平定	—	195 960	—	97 980	293 940	—	—	—
合计	786	4 051 565	—	4 045 512	64 103 177	66 764 363	110	7 344 079 930

注：* 指前两表"小计"工数总数。

资料来源：《上党区八年来民力损失总计表》（1946年），《晋东南几个县八年来给敌人修碉堡炮楼支差及平毁差役初步调查表》（1946年），山西省档案馆藏，山西革命历史档案，A128－4－7；《寿阳县政府针对八年以来的经济损失状况所做的申请数诉报告及损失调查表——民力消耗调查表》（1946年6月），山西省档案馆藏，山西革命历史档案，A128－4－86；《平定县民力消耗调查表》（1946年7月），山西省档案馆藏，山西革命历史档案，A128－4－70。

除修筑工事等人力消耗外，日军每次"扫荡"总要强迫大批民夫随军服务。特别是 1941 年之后日军每次所带民力几乎与其兵力相等，甚至民力超过兵力数倍，具体情形从战后中共太行区统计知之（见表 6 - 11）。

表 6 - 11　　八年间太行区日军"扫荡"强带民夫人力消耗统计

年月	围攻"扫荡"范围	天数	每日所带民夫（人）	共消耗劳力数
1937 年 12 月	榆太和寿祁等县六路围攻	5	200	1 000
1938 年 4 月	九路围攻	15	20 000	300 000
1939 年 1 月	和辽被占	10	6 000	60 000
1939 年 7 月	六路围攻晋东南	15	10 000	150 000
1940 年 1 ~ 3 月	冀西晋东年关大"扫荡"	5	8 000	40 000
1940 年 5 月	三四分区春季"扫荡"	7	400	2 800
1940 年 10 月	清浊漳河 3 次"扫荡"（二三四五分区）	40	8 000	320 000
1941 年 1 ~ 5 月	平汉路沿线"蚕食""扫荡"	70	1 200	84 000
1941 年 4 ~ 5 月	二三四五分区 5 月"扫荡"	7	10 000	70 000
1941 年 6 月	二四分区春耕破坏"扫荡"	5	2 500	12 500
1941 年 10 月	秋季大"扫荡"二三六分区 23 县	10	2 500	25 000
1942 年 5 月	太行全区大"扫荡"	30	40 000	1 200 000
1942 年 10 月	二六分区 7 县秋季"扫荡"	7	20 000	140 000
1943 年 5 月	二六分区各一部 9 县	11	20 000	220 000
1944 年全年	二四分区 9 次每次 3 天	27	200	5 400
1944 年秋	武榆辽襄秋季大"扫荡"	7	300	2 100
1945 年全年	二四分区 3 次	12	300	3 600
总计	—	—	—	2 636 400

资料来源：《八年来日本法西斯摧毁太行区人民的概述》，山西省档案馆藏，山西革命历史档案，A128 - 2 - 5。

人力资源被日军无节制大量无谓消耗，其再生能力大大弱化。如 1942 年 1 月，日军在武乡段村周围大修围墙与碉堡，强迫附近 25 里以内所有村庄各出民夫两名合计 160 余人，每日从早到晚只准吃一顿饭，稍一休息即遭毒打。同年，日军在昔西修筑据点时强迫当地 8 ~ 60 岁全部男丁服役，每人每天给米 6 两且不准回家、不准懈怠，遭受酷刑而死或因困饿、劳疾倒毙者则一律埋入城壕。[1] 由于日军对所役劳力失度使用，这些人即便不死不伤，其身心和体力亦难在短期内得以复原。

（二）日军"扫荡"作战人力消耗

日军"扫荡"或作战之时，当地人民一部分转移，一部分青壮年或民兵坚持对敌作战及从事各种战勤工作，数日乃至数十日无法进行生产，而"扫荡"过后又须一番善后整复，劳力消耗更大（见表6-12、表6-13和表6-14）。

表6-12　　　八年间日军"扫荡"太行区人力消耗统计

年月	围攻"扫荡"范围	天数	每次消耗劳力	消耗总数
1937年12月	六路围攻	5	150 000	750 000
1938年4月	九路围攻	15	1 460 000	21 900 000
1939年1月	和辽被占	10	150 000	1 500 000
1939年7月	六路围攻晋东南	15	450 000	6 750 000
1940年1~3月	冀西晋东年关大"扫荡"	5	1 400 000	7 000 000
1940年5月	三四分区春季"扫荡"	7	300 000	2 100 000
1940年10月	清浊漳河3次"扫荡"	40	450 000	18 000 000
1941年1~5月	平汉路沿线"蚕食""扫荡"	70	80 000	5 600 000
1941年4~5月	二三四五分区5月"扫荡"	7	260 000	1 820 000
1941年6月	二四分区"扫荡"	5	120 000	600 000
1941年10月	二三六分区秋季大"扫荡"23县	10	1 000 000	10 000 000
1942年5月	太行全区大"扫荡"	30	2 000 000	60 000 000
1942年10月	二六分区秋季"扫荡"7县	7	1 000 000	7 000 000
1943年5月	二六分区各一部9县	11	450 000	4 950 000
1944年全年	二四分区	27	120 000	3 240 000
1944年	三四分区秋季"扫荡"	7	270 000	1 890 000
1945年全年	二四分区	12	120 000	1 440 000
总计		—	—	154 540 000

资料来源：《八年来日本法西斯摧毁太行区人民的概述》，山西省档案馆藏，山西革命历史档案，A128-2-5。

---

[1]　张国祥主编：《山西抗日战争史》下，山西人民出版社1992年版，第17页。

表 6 – 13　　　　　　1939 ~ 1945 年太行区人民参战劳力统计

年月	战役范围	天数	参战劳力	共需劳力
1939 年	白晋战役（榆武）	15	10 000	150 000
1939 年	邯长战役（黎涉）	60	90	5 400
1940 年 8 月	百团大战	平均 10	400 000	4 000 000
1944 年	榆武战役	30	16 000	480 000
1945 年	和辽战役	25	2 000	50 000
1945 年	上党战役	30	100 000	3 000 000
总计		—	—	7 685 400

　　资料来源：《八年来日本法西斯摧毁太行区人民的概述》，山西省档案馆藏，山西革命历史档案，A128 – 2 – 5。

表 6 – 14　　　八年间太行区民兵自卫队反"扫荡"劳力消耗统计

年月	反"扫荡"范围	天数	每日参战人数	参战消耗劳力总数
1937 年 12 月	六路围攻	5	600	3 000
1938 年 4 月	九路围攻	15	10 000	150 000
1939 年 1 月	和辽被占	10	600	6 000
1939 年 7 月	晋东南六路围攻	15	10 000	150 000
1940 年 1 ~ 3 月	冀西晋东年关反"扫荡"	5	6 000	30 000
1940 年 5 月	三四分区春耕反"扫荡"	7	2 000	14 000
1940 年 10 月	清浊漳河 3 次反"扫荡"	40	10 000	400 000
1941 年 1 ~ 5 月	平汉路沿线反"蚕食"反"扫荡"	70	85 000	5 950 000
1941 年 4 ~ 5 月	二三四五分区 5 月反"扫荡"	7	20 000	140 000
1941 年 6 月	二四分区春耕反"扫荡"	5	2 000	10 000
1941 年 10 月	二三六分区秋季反"扫荡"	10	5 000	50 000
1942 年 5 月	太行全区反"扫荡"	30	20 000	600 000
1942 年 10 月	二六分区秋季反"扫荡"	7	20 000	140 000
1943 年 5 月	二六分区各一部反"扫荡"	11	14 679	5 331 469
1944 年全年	二四分区 9 次反"扫荡"	27	2 000	54 000
1944 年	三四分区秋季反"扫荡"	7	25 000	175 000
1945 年全年	二四分区 6 次反"扫荡"	12	30 000	360 000
总计				13 563 469

　　资料来源：《八年来日本法西斯摧毁太行区人民的概述》，山西省档案馆藏，山西革命历史档案，A128 – 2 – 5。

除上述各表所示人力消耗外，1938～1945 年太行区抗战后勤工作至少消耗劳力 2.4 亿个。[①] 这些数据不完整不全面，或者说仅是日军主要"扫荡"与围攻作战的一个基本统计，其他如日军零星的"奔袭"或包围及在边沿地区轮番搜索和频繁"扫荡"等活动均未计算在内。如 1945 年武西西沟村在 1 个月内即被日军"奔袭"包围 20 余次。若将这些劳力消耗全部统计，其数难以估量。

三、人力资源受损的经济社会影响

人力资源是整个人口的一部分，而人口是社会生活与社会发展的主体，亦是社会生产力不可或缺的前提和要素，以及"全部社会生产行为的基础和主体"。[②] 人口对社会经济发展的影响甚大，而其发生影响的核心要素则在于人口中的人力资源部分。人力资源是构成生产力诸要素中起主导作用的要素，它与人口及其他资源一样，不仅具有量的规定性，更具有质的规定性，即人力资源是质与量的统一。而且，"人力资源在数量和质量上能否做到优化供给与配置，很可能成为未来社会能否实现可持续发展的关键。"[③] 因之，战时人力资源质与量的磨损、消耗和流失必然对社会经济发展造成持久的不可估量的损失。

由于人力资源量的规定性表现为具体的劳动力人口，而劳动力人口则由许多具有不同质的有生命的个人组成，就每一个体而言，他们都要受到个体生长周期的限制，如婴幼儿期、儿童期、少年期、青年期、壮年期和老年期等，人力资源的开发和利用势必受到这一周期的影响。具体言之，每一个体在整个生命过程中只有一段时期可供社会生产活动之用，故被视为人力资源的组成部分，而人口个体的这段时期即是其具有现实劳动能力的时期。也就是说，人力资源具有个体时效性。[④] 战时人力资源不仅在量上不断耗损或流失，而且由于日军无节制无效配置，大量人力资源的时效性没有得到适当发挥或失去发挥作用的特定时段，以致形成资源浪费，并使得广大地区既无足够人力从事生产更无足够人力修复遭受毁坏的物质生态环境，进而对社会经济发展产生严重负面影响。正如先前研究成果所指出的那样："中国的经济发展以高劳动投入为特征，这在传统经济学理论中似乎处于较低层次的经济发展阶段，但在中国特定经济发展条件下却是不可逾越的，也是中国经济获得发展的最重要途径之一。"[⑤] 太行山地区此时就处于这样

---

① 《八年来日本法西斯摧毁太行区人民的概述》，山西省档案馆藏，山西革命历史档案，A128－2－5。
② 《马克思恩格斯全集》第二卷，人民出版社 1972 年版，第 102 页。
③ 李竞能：《人口理论新编》，中国人口出版社 2001 年版，第 332 页。
④ 赵秋成：《人力资源开发研究》，东北财经大学出版社 2001 年版，第 17 页。
⑤ 朱国宏、林尚立：《中国社会变迁：反观与前瞻》，复旦大学出版社 2001 年版，第 27～28 页。

一种"不可逾越的"的依赖人力或"高劳动投入"的传统农业社会阶段，一旦人力投入不足或遭遇窒碍，整个生产活动立时陷于疲敝状态。例如，"在长治、潞城敌据点附近村庄，由于敌寇的疯狂抓丁和抢拉牲口，村里男人很少，大部分田地均已荒了，满生着野草。""路西敌占区三分之一的田地尚未犁耙，田间人迹稀少。"[①] 又据襄垣王村调查：战前（1936 年）二等地每亩产粮 2 石，三等地 1.6 石，四等地 1.4 石；战时（1941 年）二等地每亩产粮 1.8 石，三等地 1.5 石，四等地 1.3 石。产量下降的根本原因在于劳动力减少、劳动力组织不够、日伪频繁"扫荡"及开会支差耽误春耕、肥料短缺、群众生产情绪低迷等因素。[②] 由此可见，人力资源配置失范以及大量无效消耗或浪费乃是整个生产停滞、衰退或产值下降的主因。

毫无疑问，日军在各地大量掠夺并消耗人力对当地社会经济发展产生了灾难性影响。例如，祁县同蒲铁路以南村庄当时总人口不过 4 万余，而村民无偿为日军服役用工竟达 1 445 378 个，按每工折小米 4 公斤计算，耗粮 5 781 512 公斤。[③] 榆次全县人口 51 391 人除妇孺老弱无法支差外，能够服役的 12 830 人八年间合计出差 561.7 万个工，每人平均出工 437 天，若每工以 100 元计，折合工资 43 700 元，每年平均差费 5 462.5 元，且各种误工损失尚未计入。[④]

日军掠夺或强征各地民众从事劳役活动之时毫不顾及农时闲忙与否，总是随心所欲地进行征集抓捕，导致农业生产凋敝、民不聊生。仅据中共太行区统计，八年间消耗劳力 1 503 584 869 个，折米 7 517 924 345 斤；荒芜土地 1 211 170 亩，折米 936 060 800 斤，两项合计折法币 248 619 554 350 元。[⑤] 正是由于日军入侵和劫掠，该地区农村生产力严重削弱，社会经济出现极度衰退或破产景象。战时许多青年特别是日占区青年为躲避拉丁抓夫纷纷逃往他乡，有的甚至剁去手指，以免日军所役，诸如此类的人力资源流失与磨损对农业生产影响同样显而易见。例如，战前太行区每个劳动力平均耕地 20 亩，1942 年则须耕种 30～40 亩。[⑥]

从人口生态学或人口经济学角度而言，"经济发展是人力资源、经济资源、

　　① 《壮丁牲口被拉尽，田园荒芜草丛生》，载于《新华日报》（华北版）1943 年 6 月 3 日。

　　② 《襄垣王村农产下降》，载于《新华日报》（华北版）1942 年 3 月 24 日。

　　③ 王乃德、程相卫：《日军对华北地区人力资源的掠夺与摧残》，载于《民国档案》1999 年第 1 期。

　　④ 《晋东南几个县八年来给敌人修碉堡炮楼支差及平毁差役初步调查表》，山西省档案馆藏，山西革命历史档案，A128－4－7。

　　⑤ 《八年来全区人民在生产战线上损失总数统计》《八年来日本法西斯摧毁太行区人民的概述》，山西省档案馆藏，山西革命历史档案，A128－2－5。

　　⑥ 太行革命根据地史总编委会编：《太行革命根据地史稿》，山西人民出版社 1987 年版，第 171 页。

自然资源三者合理结合后形成的"，但其"发展的水平及其趋势决定于人力资源"。[1] 战时乃至战后该地区可资利用的人力资源不仅因日军侵略在量上大为减少，且因这些人口的身心、文化等内在质素遭受不同程度摧残，其质量出现明显退化现象，而这种质的变化对社会经济发展的制约力更大。基于此，我们有必要简单地分析一下人力资源素质下降程度及其对社会发展产生的影响。首先，战时该地区人口身心健康呈现出令人担忧的局面，而健康素质"通常影响劳动者从事经济活动的劳动效率、工作耐力，及其一生中为社会提供劳动的数量和质量。"[2] 战争期间由于生活环境恶化，人们营养缺乏，每天摄入能量较少，加上医疗卫生条件差及疫病流行，劳动人口健康素质下降，发病率和死亡率提高，平均预期寿命缩短，从而降低了劳动年龄人口中参加生产劳动的人口比例，或劳动者从事经济活动的劳动效率、工作耐力、劳动质量和数量及其向社会提供有效劳动的时间。同时，恶化的健康状况限制了劳动力再生产（即维持和再生产出活的人体的体力和智力），而劳动力再生产则是物质资料再生产的前提条件。由此可知，人口健康因素所引起的上述后果从总体上可持久地阻滞社会经济发展。此外，心理健康作为一种精神资本亦具有巨大的社会与经济价值，然战时人们精神、心理均受到不同程度侵害，凡日军所及地区之人民多处苦闷不安状态，全村逃亡或全家自杀事件时有发生，有些人意志消沉、生活颓废，而有些人如少数知识分子则在威胁利诱之下加入"新民会""兴亚会"等敌伪组织乃至堕落为日军特务。[3] 这种情形对社会经济发展影响是隐性的，其危害则不可测量。《1993 年世界发展报告：投资与健康》指出："良好的健康状况既是人类发展最根本的目标，又是加快发展的手段。"这充分说明健康之于人类发展的重要意义。其次，战时由于文化教育资源受到严重毁坏及缺乏稳定社会环境，人们失去正常接受教育的渠道和机会，人口文化素质呈急剧下降趋势。著名经济学家于光远指出："人是生产活动的主体，生产的发展归根结底要取决于人的作用的发挥"，而人的作用的发挥不仅局限于体力的释放，还在于智力的合理恰当开发和利用。[4] 日军对文化教育机构摧毁及对各级教师迫害直接影响未来潜在人力资源的教育开发，同时对大批知识分子拘捕屠杀或变相利用，又使一部分高素质人口失去应有功效。另外，战时人们不良的身心状况在某种程度上影响掌握科学文化知识的能力。这些因素又最终导致现时和潜在的劳动人口智力水平和科学文化素质的降低，进而制约生产

① 潘纪一主编：《人口生态学》，复旦大学出版社 1988 年版，第 376 页。
② 赵秋成：《人力资源开发研究》，东北财经大学出版社 2001 年版，第 10 页。
③ 彭德怀：《敌寇治安强化运动下的阴谋与我们的基本任务》（1941 年 11 月 1 日），中共太行区党委编：《太行党六年来文件选辑补编》，1944 年，山西省档案馆藏。
④ 于光远：《人力资源及其利用》，载于《江淮论坛》1980 年第 5 期。

力提高及社会经济发展。再次，由于人力资源磨损、消耗与流失，鳏寡孤独、身体致残等无生活能力者不断增多，社会上需要抚养人口比例迅速膨胀，社会经济压力日益沉重，从而成为战时严重的社会问题，并对战后经济复兴产生极其不利的后果。如晋东南部分县份八年间因敌蹂躏而孤寡者 40 502 人，负伤残废者 76 186 人，患各种疾病者 417 805 人。① 最后，战争形成大量难民，而其中相当一部分就属于可资利用的人力资源，但这部分资源不仅在流离过程中无谓消耗且质量严重亏损。如战后山西全省总人口 11 601 026 人中有难民 1 868 362 人、流离人口 2 885 480 人，两项合计 4 753 842 人，占总数 41.06%。② 凡此种种，均对社会经济可持续发展造成严重影响。

① 《晋东南十七县八年来人口损失调查表》（1946 年），山西省档案馆藏，山西革命历史档案，A128 - 4 - 7；《太岳区八年来被敌杀伤人口及各种灾害统计表》（1946 年 6 月 24 日），山西省档案馆藏，山西革命历史档案，A71 - 1 - 75；《长治八年来被敌欺侮与损失统计表》（1946 年），山西省档案馆藏，山西革命历史档案，A128 - 4 - 13。

② 《外交部抄送抗战期间（部分）财产损失报告表暨难民及流离人民总数表致驻外使领馆代电及附表》（1946 年 3 月 26 日），见中国第二历史档案馆编：《中华民国史档案资料汇编》第五辑第三编外交，江苏古籍出版社 2000 年版，第 190 页。

第七章

善后重建中的国共博弈[*]

第一节　中共对国民政府善后救济工作的因应

　　善后救济是世界反法西斯同盟国家在战争胜利在望之时规划的一项重要事业，以帮助那些饱受战火蹂躏和法西斯奴役的国家及人民在战后尽快恢复生产与生活。而中国作为第二次世界大战中最早进行反法西斯战争的国家，既是抗击日本的主战场又是战争结束最晚的国家，其"生命之牺牲、财产之损失、预期收获成为泡影、公私事业之转变、土地之被蹂躏、人民心理之不定等等直接间接损失之巨大，同盟国中无可比拟，即历史上亦复少见。"[①] 在联合国善后救济总署（以下简称"联总"）成立之后，中国组建了"国民政府行政院善后救济总署"（以下简称"行总"）及相应的分支机构，晋绥察分署（以下简称"分署"）就是其中之一。

　　然而，随着中国内战危机的不断加剧和战争的全面升级，中共解放区的善后救济活动深深地渗入了国共双方的政治角力，乃至演变成一场激烈的民心争夺战。至于联合国善后救济总署所主张的"非政治性"救济原则亦自然不会为国共双方无条件地接纳，其效不难想见。而国民政府行政院善后救济总署晋绥察分署

---

　　* 南开大学历史学院杨曦博士参与了本章初稿撰写。

　　① 王炳文：《中国抗战损失说帖》（1946 年），见中国第二历史档案馆编：《中华民国史档案资料汇编》第五辑第三编外交，江苏古籍出版社 2000 年版，第 219～220 页。

在中共解放区的救济活动，则非常典型地彰显了这种情形。

一、晋绥察三省善后救济机构的成立

早在战前，晋绥察三省就是日本大力推行"华北五省自治运动"的核心区域。抗战全面爆发之后，三省大部分地区沦于敌手，如 1939 年山西省全省 105 县中竟有 92 县县城及附近村镇被日军占领。[1] 战争给晋绥察三省造成巨大生命和财产损失。据统计，仅山西一省人口直接伤亡即达 166 万余人（约占当时全省总人口的九分之一），财产损失约合法币 64 484 亿元（不包括战争消耗）。[2] 战争结束之后，晋绥察三省难民遍野，据国民政府行政院善后救济总署晋绥察分署统计，山西有难民 9 618 170 人，察哈尔有难民 1 399 979 人，绥远有难民 1 314 024 人，约占三省总人口的 78.8%（三省总人口 15 649 323 人）。[3] 又据《山西省三十六年度农业复兴建设计划》有关说明：八年间全省"耕地荒芜者达 1 000 万亩以上，农具和耕畜损失数量均占总数 60% 以上，大多数农民不仅无力购买种子、肥料，而生产所需之农具、耕畜亦成严重问题……经此八年抗战，损失惨重，日寇所至之区，牲畜损失殆尽，不特农业动力感觉缺乏，而作物赖以生长之肥料亦告断绝，致地力消尽，产量大减，而农村形成十室九空之现象。"[4] 而中共各根据地政府 1946 年的调查统计亦非常典型地反映了这种情形。如晋西北区直接遭敌杀害 85 810 人，间接遭敌杀害 50 288 人，被敌掠夺人口 77 815 人，漂流在外或下落不明 14 792 人；流徙难民 42 300 人，被敌致残 12 462 人，因战争而致鳏寡孤独无助 88 060 人，因战争破坏而患慢性病 44 423 人，因敌强奸而身患各种性病妇女 25 357 人；损失耕畜 253 353 头、农具 402 045 件、粮食 36 997 109 石、房屋 804 650 间、银洋 570 万元、首饰 95 万两、家畜 3 046 960 只、家禽 7 562 255 只、羊毛 155 万斤、树木 142 万株、牧草 4 224 万斤、皮革 240 万张、水渠 272 道、水坝 25 道、水车 309 架，其他物品无算。[5] 晋东南区黎

---

① 李茂盛主编：《民国山西史》，山西人民出版社 2011 年版，第 371 页。

② 《山西省人口伤亡汇报表》《山西省财产损失总表》《山西财产损失表》《山西省政府关于抗战期间人口、财产直接损失汇报表》《山西省民营事业财产直接损失审报表》《山西省克复地区内损失实情清查审报表》，山西省档案馆藏，山西旧政权档案，B13－1－75。

③ 《善后救济总署晋绥察分署工作报告》（1946 年），山西省档案馆藏，山西旧政权资料，C408。

④ 山西省农业善后推广辅导委员会编：《山西省三十六年度农业复员建设计划》，1946 年 10 月，中国第二历史档案馆藏（山西省档案馆存有缩微胶片）。

⑤ 《晋绥边区因敌灾天灾引起之人口重大损失》《晋绥边区无衣无食无住急待救济以便恢复生产能力者》《晋绥行署关于八年抗战损失的统计表》《晋绥边区因敌灾天灾所引起各种灾难民统计》《晋绥边区八年来农业损失初步统计》《晋绥八年来粮食房屋及被服财物损失统计》，山西省档案馆藏，山西革命历史档案，A90－1－28。

城、武乡等 25 县直接遭敌杀害 143 955 人，间接遭敌杀害 103 949 人，漂流在外或下落不明 67 215 人，流徙难民 294 472 人，被敌致残 76 186 人，因战争而致鳏寡孤独无助 40 502 人，因战争破坏而患各种疾病 417 805 人。① 正如晋绥察分署副署长童秀明所言：日军"劫后地方，疮痍满目，嗷嗷待哺者，何止数百万人……"②

1943 年 11 月 9 日，中、美、英等 44 个反法西斯国家于美国白宫签署《联合国善后救济总署协定》，成立联合国善后救济总署，以向遭受法西斯侵略和奴役的国家"提供衣、食、住方面的援助与救济；协助联合国家武装力量所解放的任何地区的人民预防疫病，恢复健康；安排遣送战俘和流亡者返回家园；协助恢复迫切需要的工农业生产，恢复必须的服务。"③ 中国作为抗击日本法西斯最重要的国家和东方主战场，战争期间被敌蹂躏或占领区域除东北数省外"达十八省十六市八百九十七县，面积占全国三分之一，人口约二亿余，约占全国人口的一半。"④ 为此，1945 年 1 月国民政府行政院善后救济总署在重庆珊瑚坝成立，蒋廷黻担任第一任署长。同年 10 月 1 日行政院善后救济总署晋绥察分署亦于重庆成立，负责开展山西、绥远、察哈尔三省善后救济工作。中共则在行总成立之后于 1945 年 7 月成立中国解放区临时救济委员会（简称"解救"），1946 年 8 月又改称中国解放区救济总会（简称"解总"），其中包括晋绥、晋察冀、晋冀鲁豫等分会负责争取救济物资等事宜，并在各解放区内设立各级民众性救济组织负责物资发放工作。

由于抗战甫经结束，全国人民普遍要求实现国内和平，国民政府难以将中共解放区排除在救济范围之外。在此情势下，1945 年 12 月中共代表周恩来与国民政府行总署长蒋廷黻于重庆达成《行总与中共关于共区救济的协定》，规定了行总在解放区救济工作的原则，即"救济不以种族宗教及政治信仰之不同而有歧视；救济物资发放不经军政机关而由人民团体协助办理；行总人员不得过问共区地方行政；中共可以派代表在共区协助行总人员办理救济工作。"⑤ 该协定主要在联总善后救济原则上确立了行总在中共解放区工作的公正性和非政治性宗旨，强调了解放区救济事宜仍应由行总和地方人民团体进行且行总不得干涉解放区行

---

① 《晋东南十七县八年来人口损失调查表》（1946 年），山西省档案馆藏，山西革命历史档案，A128 - 4 - 7；《太岳区八年来被敌杀伤人口及各种灾害统计表》（1946 年 6 月 24 日），山西省档案馆藏，山西革命历史档案，A71 - 1 - 75。

② 《善后救济总署晋绥察分署工作总报告》（1948 年），山西省档案馆藏，山西旧政权资料，C409。

③ ［英］阿诺德·约瑟夫·汤因比：《欧洲的重组》，劳景素译，上海译文出版社 2015 年版，第 42 页。

④ 徐义生：《善后救济工作的行政制度》，六联印刷公司 1948 年版，绪言第 1 页。

⑤ 行政院善后救济总署编纂委员会编：《行政院善后救济总署业务总报告》，1948 年印，第 286 页。

政。协定尽管给予中共方面"协助"工作的权限，但物资发放不经军政机关的要求则凸显出国民政府弱化中共深度介入善后救济的总体谋划。当时由美国领衔、国共双方参加的军事调解执行部正对各地国共军事冲突进行调处，经与太原军调小组共产党方面代表张连奎、谭庄协商，晋绥察分署"始允发给证明在晋、绥二省内该区通过工作"。① 晋绥察分署辖区内中共各解放区善后救济工作由此提上日程。

二、中共争取善后救济的两手谋略

日本宣布投降之后原有的日占区暂时出现权力真空，国民党准备夺取抗日胜利的果实，政治摩擦与军事冲突频仍发生。在山西，1945 年 9 月阎锡山不但由忻县日伪军配合向中共解放区发动进攻，② 又在上党地区点燃战火。即便 1946 年 1 月国共双方停战令生效之后，阎军的进攻依然有增无减。③ 其间，中共一方面不断通过报刊等媒介披露美国政府及其军队在中国的负面新闻，以激发民众对美国的恶感并对国共日益升级的内战危机施于强大压力；一方面又对以美国为主要来源国的善后救济物资积极争取。中共何以采取如此之"两手策略"呢？究其原因，大致如次：

第一，争取物资解决民众生活困难并奠定解放区工、农、交通事业基础。据中共材料，战后解放区难民达 2 600 多万，约占全国难民 4 200 万人五分之三。④ 以此计算，联总援助中国的 5 亿多美元物资应有 3 亿左右发往解放区。如晋冀鲁豫边区政府就要求得到 8 000 万美元的善后救济物资，太岳区政府则认为"这笔款子如果得到，我太岳区应得八百万元，每人平均可得六百元冀钞。这样对于我区的损失不能说没有相当的帮助"，对于扶助群众生产、解决群众困难"是能解决很大问题"的。⑤ 另据太岳行署拟定的救济物资分配比例看，"急赈占 33%……善后救济应占 67%，其中用于农业的应占 20%、工业 20%、交通运输业 17%。"⑥ 由此可见，中共解放区亟须利用善后救济物资来解决民众生产生活问题及发展基础设施建设。

① 《善后救济总署晋绥察分署工作报告》（1946 年），山西省档案馆藏，山西旧政权资料，C408。
② 《阎锡山扩充忻县伪军配合敌寇向我进犯》，载于《抗战日报》1945 年 10 月 3 日。
③ 《停战令生效后第八日阎军攻我有增无减》，载于《抗战日报》1946 年 1 月 29 日。
④ 中共代表团驻沪办事处纪念馆编：《中国解放区救济总会在上海》，学林出版社 1996 年版，第 4 页。
⑤ 《晋冀鲁豫边区救济分会太岳办事处第一次会议记录》（1946 年 5 月 30 日），山西省档案馆藏，山西革命历史档案，A71－2－122－2；《关于争取国际救济与办理灾情调查的几个机密问题的函件》（1946 年），山西省档案馆藏，山西革命历史档案，A71－2－112－1。
⑥ 《对救济工作简略介绍》（1946 年），山西省档案馆藏，山西革命历史档案，A71－2－112－4。

第二，宣传解放区抗战损失以争取外界同情。争取善后救济物资需进行灾情调查，故边区政府指示基层干部"只有把八年来解放区人民在艰苦抗战的各种损失的惊人数字与受灾受难的典型事例，调查清楚，宣传出去，才能感动大家，引起公正人士与国际盟友的同情。"① 同时，善后救济工作的国际背景亦促使中共方面试图通过联总、行总人员中的正义人士和进步分子能够增进对解放区的了解，进而"揭发蒋阎等欺骗阴谋"。②

第三，求取解放区的合法性独立地位。根据《中华民国国民政府联合国救济善后总署基本协定》，只有"中国政府负有在中国境内分配联总所供善后救济物资之责"。③ 基于此，中共解放区若能通过善后救济工作争取到诸如成立解放区救济分署并与其他按省划分的救济分署一道开展善后救济工作，则无疑使之成为事实上的独立的政治实体。同时，通过与联总直接发生关系，亦可在一定程度上改变对国民政府的从属关系，减弱其对善后救济物资的分配和控制权，进而"提高解放区的独立地位"。④

事实上，对于是否接受联合国善后救济物资，在中共基层干部中存有某些疑虑。以往解放区遭遇困难之时大多采取"邻区调剂办法、发扬互救精神并帮助自力更生开展自救运动"方法予以克服，⑤ 故一些干部认为争取救济物资"费好些事，还不知道能给一点不能……穷就穷，何必求人救济……"⑥ 甚至认为"救济物资顶不了啥，费上多大力气得到一点东西还不如开二亩荒地。"⑦ 不过，在内战阴云密布的环境下，即使中共上层亦很难将国民政府方面的救济行为视为一种善意释放，针对美国和国民政府可能会利用分发救济物资来骗取民众好感，中共反复强调争取民众向心力的重要性。如太岳行署下发的机密函件即指出："国民党反动派可能利用实施救济的机会倾销商品，甚至扩大其政治影响麻痹群众等。我们对可能发生的情况应有足够的估计充分，做思想准备主动的考虑适当对策揭

① 《关于争取国际救济与办理灾情调查的几个机密问题的函件》（1946年），山西省档案馆藏，山西革命历史档案，A71 - 2 - 112 - 1。

② 《关于向联总争取物质救济及进行救济工作中应注意情况的指示信》（1946年12月24日），山西省档案馆藏，山西革命历史档案，A90 - 2 - 185 - 6。

③ 行政院善后救济总署编纂委员会编：《行政院善后救济总署业务总报告》，1948年印，第257页。

④ 《关于救济工作方针及几个具体问题的决定》（1946年3月），山西省档案馆藏，山西革命历史档案，A198 - 2 - 93 - 6。

⑤ 《关于救济工作的办法》（1946年3月），山西省档案馆藏，山西革命历史档案，A71 - 2 - 113 - 4。

⑥ 《为加强进行救济工作的联合指示》（1946年6月27日），山西省档案馆藏，山西革命历史档案，A71 - 2 - 121 - 1。

⑦ 《关于上党区发放救济物资工作报告》（1946年底），山西省档案馆藏，山西革命历史档案，A198 - 2 - 92 - 1。

露反动派玩弄的各种阴谋。"① 同时，须向民众做如下宣传："1. 救济物资不是某国的东西，而是盟邦人民的东西。2. 我们在抗战中付出了巨大的牺牲现在理应获得救济。3. 这是我们争取来的，有些人是不愿意给我们救济的。4. 我们应依靠政府来给人民更大的增产致富。"② 以此来指出善后救济的本质，引导民众警惕国民政府方面的居心，强调解放区政府的"民本"关切。

尽管处此两难境遇，中共解放区政府依然提出"现在很多困难与障碍我们不应听之任之消极等待，必须主动的动员群众宣传呼吁努力争取"，强调"争取救济物资是我们必要的任务，即便得不到东西，也有他的政治意义。"并催促各地尽快建立、充实救济协会以应对即将到来的善后救济工作。③ 以太岳区为例，行署于辖区内成立救济分会太岳办事处，下辖各专署则依地组织救济协会；其中太岳一专署称岳北救济协会、二专署称岳南救济协会、三专署称晋南救济协会、四专署称晋豫救济协会，各县组织救济委员会委员人选并"由民政系统负责同志吸收地方贤达人士与劳动英雄组成，委员人数为五人或七人。"④ 虽然救济分会是民众性救济组织，但中共在组织内的影响力巨大。从中共晋冀鲁豫救济分会第一次委员会会议委员人选来看，委员有邢肇棠（中共党员）、袁致和（中共党员）、王乃堂（中共党员）、赵明甫（八路军）、阎庶苑（边区参议会参议员）、张华夷（冀鲁豫区政府）、高步青（太行区政府）、赵秉谦（冀南区政府）、程德清（耶稣教）、朱珵（卫生局）、王子真（天主教）、王悦鹿（市府）、李秀敏（妇女界）、郎二宝（职工界）、张柏园（职工兼文化界）、张同祥（商界），外有文化界、回教、慈善名流各1人。⑤ 晋绥边区亦以武新宇（中共党员）为主任委员、王连成为副主任委员、杜心源（中共党员）为秘书长组成晋绥救济分会。各救济分会经费"由政府社会事业项下筹拨"。⑥ 当晋绥察分署发给左权和平医院、潞安医院、天主堂医院与晋城医院药品之时，救济分会则决定"由党作统一处理"。⑦

---

① 《关于争取国际救济与办理灾情调查的几个机密问题的函件》（1946年），山西省档案馆藏，山西革命历史档案，A71-2-112-1。
② 《对救济工作简略介绍》（1946年），山西省档案馆藏，山西革命历史档案，A71-2-112-4。
③ 《关于争取国际救济与办理灾情调查的几个机密问题的函件》（1946年），山西省革命历史档案，A71-2-112-1；《为加强进行救济工作的联合指示》（1946年6月27日），山西省档案馆藏，山西革命历史档案，A71-2-121-1。
④ 《关于认真办理救灾调查工作的紧急指示》（1946年4月10日），山西省档案馆藏，山西革命历史档案，A71-2-112-3。
⑤ 《晋冀鲁豫救济分会第一次委员会会议记录》（1946年8月18日），山西省档案馆藏，山西革命历史档案，A71-2-122-1。
⑥ 《关于执行中国解放区救济总会晋冀鲁豫分会组织工作条例及几点具体指示》（1946年5月23日），山西省档案馆藏，山西革命历史档案，A52-2-106-15。
⑦ 《关于联总救济药品分发问题给太岳时处长的信》（1946年11月），山西省档案馆藏，山西革命历史档案，A71-2-114-5。

在建立各地救济分会之时，由于"调查统计的各种灾情数字不仅是目前争取救济物资的资本，而且是以后分配救济物资的根据"，故中共各解放区派出干部等工作人员于各地统计抗战损失数据。① 其调查并非简单的资料收集，如晋绥边区行署就提出应"组织各级干部、中小学教员学生、通讯员，在敌寇蹂躏的村庄，召开群众会，展开对敌寇的控诉活动，动员曾经遭受敌寇残害的男女老幼，将其亲身经历的或亲友所遭受的奇耻大辱、血海深仇，作生动具体的报告，领导者将群众控告的事实记录下来，报告上级，并随时在报上引导。除开群众会外，并发动人民自动的将其所遭受的凌辱与损失报告出来，进行登记，各县救济会将所有材料整理，数字列表统计。"② 同时，出于争取更多救济物资的诉求，太岳行署"通令各专县将医疗站改为群众医院……部队医院最好亦有一半专给群众预备的病床以便多得些药品"。③

毫无疑义，中共努力争取善后救济物资并推动善后救济工作积极开展的本旨在于医治战争创伤、获取外界同情及提升解放区合法地位。但由于面临严重内战威胁，中共又不能完全"敞开大门"而不采取任何防范措施，由此则导致在具体的善后救济实践中遭遇诸多挑战。

三、中共对善后救济的危机处理

1946 年 4 月，晋绥察分署第四工作队同联总视察员 3 人在察哈尔省境内解放区发放旧衣 2 130 包、面粉 2 000 小袋、旧鞋 200 包、奶粉 1 500 桶，这标志着晋绥察中共解放区善后救济工作正式开始。④ 中共对分署救济行动持欢迎态度，如周恩来关于解放区救济问题的指示电就指出："关于行总联总人员来解放区运送救济物资应给予便利迅速，另有军事及反动宣传品应查获照相，以呈报保存。一般救济物资不应扣留。但对一般人员无证据严重之特务活动不应扣留。特此告知，以防万一。"⑤ 太岳行署亦要求"在救济工作队到来时应以诚恳严肃的态度

---

① 《关于争取国际救济与办理灾情调查的几个机密问题的函件》（1946 年），山西省档案馆藏，山西革命历史档案，A71 - 2 - 112 - 1。

② 《救济委员会晋绥分会关于要求各县尽快成立县救委员会及任务的通知》（1945 年 9 月 17 日），山西省档案馆藏，山西革命历史档案，A90 - 2 - 184 - 3。

③ 《关于联合国救济总署问题给裴丽生的信》（1946 年 3 月 12 日），山西省档案馆藏，山西革命历史档案，A71 - 2 - 112 - 5。

④ 《本署已在中共区开展工作第四工作队张家口施赈初步报告》，载于《善后救济总署晋绥察分署周报》1946 年第 19 期。

⑤ 《转周恩来关于对待联总、行总人员运送救济物资问题的电示》（1946 年 7 月 11 日），山西省档案馆藏，山西革命历史档案，A71 - 2 - 115 - 6。

欢迎招待，根据边区政府与救济总署协议精神互相商讨进行工作。"① 从上述指示的内容来看，各解放区在给予分署工作人员以便利和热情招待之时，已充分注意到相关人员可能带有宣传及特务活动的危险。但从善后救济大局出发，针对威胁到解放区安全的敌对活动亦只是要求予以照相取证，一般不采取扣留等强制手段，目的在于减少善后救济工作阻力而争取更多救济物资。在物资分发上，边区政府则主张各县可召开区或村代表会民主分配，物资直接发到民众手中，由民众民主讨论处理办法；如民众愿意，可由原公平公道价格出卖，不论干部、合作社及他人均可买用，但"要防止干部的从中贱价收买等不良现象"发生。②

尽管中共对善后救济工作可能面临的问题做了有针对性的准备，但在具体实践中仍无法保证基层干部能够完全按照有关指示要求执行，如汾阳发放救济物资时"事先没有主要干部领导，又未进行精密调查、组织教育等工作，接收转运物资时亦未注意检点数量与质量，加之领导手续上有些紊乱，浪费好多人力与时间，遗失了不少物件。在村与村之间，群众与群众之间，甚至个别干部与群众之间分配物资不够精确与欠公平"。③ 诸如此类的行为亦加深了联总和行总工作人员的误解，中共则在与之交往过程中陷入被动局面。④

与此同时，部分地方政府工作人员出于防范敌特的考虑，没有严守周恩来电示要求，以致某些救济人员在进行救济工作时受到当地民众攻击，这在一定程度上影响了分署在解放区的善后救济活动，如沁县民众围攻联总驻太原代表安定远事件就是十分典型的案例。⑤

再者，随着内战不断升级，国共双方敌意加剧，国民政府业已从"救灾第一变为剿匪第一"。⑥ 此时，分署在分发物资、开展救济时须考虑所做工作是否对"支持戡乱工作上可起最大作用"或是否"密近匪区易受煽惑"。⑦ 在这种明显存

---

① 《关于争取国际救济与办理灾情调查的几个机密问题的函件》（1946 年），山西省档案馆藏，山西革命历史档案，A71 - 2 - 112 - 1。

② 《对各县救济物资分配问题上的几个意见》（1946 年 3 月），山西省档案馆藏，山西革命历史档案，A71 - 2 - 113 - 7。

③ 《晋绥分会关于干部廉洁的指示信》（1946 年 9 月 25 日），山西省档案馆藏，山西革命历史档案，A90 - 2 - 185 - 4。

④ 《关于上党区发放救济物资工作报告》（1946 年底），山西省档案馆藏，山西革命历史档案，A198 - 2 - 92 - 1。

⑤ 具体参见岳谦厚、杨曦：《传教士安定远与战后晋东南解放区善后救济》，载于《河北学刊》2018 年第 1 期。

⑥ 《从救灾第一到剿匪第一》，载于《申报》1947 年 5 月 12 日。

⑦ 《山西省建设厅、晋绥察分署、美国驻平总领事馆关于治汾、兰村筑坝修水库工程费用的计划报告请求大纲代电及美国工程师塔德对工程的要求函》（1947 年 10 月 25 日），山西省档案馆藏，山西旧政权档案，B13 - 2 - 2 - 76；《请救济大同修械厂工人生活由》（1946 年 3 月 28 日），山西省档案馆藏，山西旧政权档案，B31 - 2 - 321 - 2。

在政治倾向的背景下，分署对解放区的善后救济工作越来越具有"遇挫则止"的消极态度，更难以摆脱自身政治属性而贯彻善后救济的人道主义精神。这突出地表现在晋绥察分署运往解放区善后救济物资的总量上，具体情形见表7-1。

表7-1　　　　　　　晋绥察分署运往解放区物资统计　　　　单位：吨

物资	1946 年 4~11 月 察哈尔	1946 年 5~11 月 晋西	1946 年 6~11 月 晋东南	1946 年 6 月 绥东	1946 年 9~11 月 晋北	1946 年 10 月 晋南	1947 年 1 月之后 转交解放区	合计
总计	599.76	51.15	212.26	59.98	15.38	25.38	934.56	1 898.47
食物类	470.94	36.76	163.16	12.88	—	21.76	777.46	1 482.96
衣着类	124.13	13.35	44.71	44.71	15.38	3.62	73.75	319.65
医药类	3.69	1.04	4.39	2.39			76.21	87.72
农业类	1.00	—					7.14	8.14

注：物资中包含分署计划发给国统区但被解放军缴获后转运解放区物资，故总量高于直接所发物资数。

资料来源：《善后救济总署晋绥察分署工作总报告》（1948 年），山西省档案馆藏，山西旧政权资料，C409。

从表7-1可知，到1947年1月内战升级之后晋绥察分署转交中共解放区物资虽然仍占全部物资近半数，但其中食品、衣物两项合约占全部物资的94.95%，而医药、农业物资所占比例甚少，至于工矿器材等更无涉及。在晋绥察分署看来，"共区需要者，仅为交通医药器材及衣着；因共区无工业，故工矿器材不甚重要，而国军区则除需要食粮衣着医药器材及农业器材外尚需要大量之工矿器材。"甚至到善后救济业务于1947年12月结束时"直接运往共区物资共达一千八百余吨，按本署收到物资比较，仅占百分之七。"而据国民政府方面估计，"共军区面积约为百分之四十，国军区面积约为百分之六十；共军区人口约为百分之三十，国军区人口约为百分之七十。"[①] 善后救济物资分配的合理性与公正性不言而喻。此情此景之下，中共方面采取了如下应对措置：

首先，坚决制止各地留难救济人员行为，保障救济工作有序开展。安定远事件发生之后，立即引起边区政府重视。1946年9月5日，太岳行署向下转发了朱德总司令关于保护联合国善后救济总署工作队的命令，强调"对于国民政府行政

_____

① 《善后救济总署晋绥察分署工作总报告》（1948 年），山西省档案馆藏，山西旧政权资料，C409。

院善后救济总署送达灾民救济工作人员的来往亦应予以充分安全保证和协助。"①
10 月 7 日，晋冀鲁豫边区政府亦发表《关于发现联总行总工作人员有不妥行为时送报行署的指示》，指出："政府干部未加深查了解，亦未向行署请求指示，对救济工作人员扣留之行动，易引起不好之影响……外交有关事项，慎重注意，多请示上级，不可轻易举动。如发现联总行总人员有不妥行为时，火速报告行署，未得指示之前切勿有所表示或擅自处理。"② 以此压制地方干部和民众因对内战不满而产生的"过火行为"。

其次，积极争取富有正义感的联总、行总救济人员，孤立敌对分子。如晋绥边区政府就提出："1. 对于开始在招待生活问题上，不要使其感到太苦。对个人不要给予精神上之正面刺激，应多予个人以同情……便于谈问题但不可过分谦虚，或与之同流合污，有失自己的身份；2. 在救济工作上应严正的揭露行总领导上之不公的事实及某些办法之不合理。必须以具体事实激起其同情与良心的发现，使好人绝对同情，坏人也不得不对真理低头……利用矛盾孤立打击坏的，以取得问题之解决；3. 在政治上，可能有些特务则不易进言，对彼等不可要求过高，但经教育后，至少在他们脑子里给打上些问号……对他们最好多说事实少谈大道理；4. 其特务活动，借着救济名义向我收集各方面情报的，现发现其注意交通、地理、近代工业、军属等情况，原则上除了损失与灾情的典型材料和公开的宣传品外，绝不给予任何材料。"③

再次，大力宣传行总分署救济工作中的歧视行为，激发民众共鸣。中共为唤起民众注意、启发民众民族性与阶级性，特向辖区内民众指出："联合国人民救济中国人民的二百三十余万吨救济物资，在美帝援蒋内战的政策下，百分之九十八以上交给蒋匪区，屠杀中国人民。而对日作战最有功占全国难民十分之六的解放区，得到的物资不足百分之二……如有地主坏蛋造谣歪曲，应发动群众予应有之制裁。"④ 换言之，通过善后救济舆论管控彰显中共关切民众生存的力度，指出国民政府方面救济活动的不公行为，以提高民众政治觉悟并树立中共边区政府的威信。在物资分配与发放方面，中共边区政府则要求"必须争取以我们为主，联总行总只负监督责任，尽量避免他们与群众发生直接关系。"⑤

---

① 《转发朱总司令关于保护联合国善后救济总署工作队的命令》（1946 年 9 月 5 日），山西省档案馆藏，山西革命历史档案，A71 - 2 - 118 - 10。

② 《关于发现联总行总工作人员有不妥行为时送报行署的指示》（1946 年 10 月 7 日），山西省档案馆藏，山西革命历史档案，A198 - 2 - 91 - 1。

③④ 《关于向联总争取物质救济及进行救济工作中应注意情况的指示信》（1946 年 12 月 24 日），山西省档案馆藏，山西革命历史档案，A90 - 2 - 185 - 6。

⑤ 《关于救济工作方针及几个具体问题的决定》（1946 年 3 月），山西省档案馆藏，山西革命历史档案，A198 - 2 - 93 - 6。

最后，强化对地方干部自私腐化行为的监控，平息民众不满。晋绥边区政府要求在物资分发上"要派强干部，到乡间亲自动手，并走群众路线求得周密确切。"① 分发时"要责成工作团经过贫雇农大会或其代表会讨论进行，发放前先经自然村贫雇农会议讨论决定领受物资对象与每人数量。"② 晋冀鲁豫边区政府则要求"分发物资首先情况要了解，要有可靠的调查材料才能分配适当。"③ 太岳行署要求物资分发须"召开区村代表会经过村民讨论（原则是一般救济照顾特殊）分发到区村，再由应领户派代表或委托村合作社统一拍卖，否则由群众自己竞争廉价出售，会使群众吃亏，愿自用的听其自便，但各级政府不得代替应由救协会与群众自由处理原则。"④

从上述举措看，中共一方面强调改进工作方式以杜绝分配不公、加强舆论引导以聚集民心，另一方面又强调在保护军事机密前提下尽力缓解善后救济开展的阻力，惟提出救济工作须以解放区政府为主，力避国民党方面救济人员与民众发生直接关系。实际上，随着时间推移，中共对联总、行总的舆论抨击不断升级，甚至在1947年8月直接提出联总若不能公平分配则应立即退出中国。⑤ 不过，在具体实践中，中共仍努力创造与分署、联总救济人员的良好工作关系，乃至对救济物资种类、数量均不作任何特别要求，以"争取到更多的救济物资"。如太行行署就提出："对救济物资，我们的方针应该是有什么要什么，给什么要什么，能要到什么就要什么。"要"粉碎国民党反动派对他们的造谣欺骗……争取中间分子对我们的同情，孤立特务分子……扩大我们的政治影响，加强外交资本。"⑥这种"一手硬""一手软"或"软硬兼施"的策略取得明显效果。如晋冀鲁豫、晋绥、晋察冀边区政府的抗战损失统计数据多次被"解总"用以抗议国民政府在救济物资分配问题上的不公行为，并直接导致联总内部职员于1947年8月提请联总停止单独援助国民政府。⑦ 而一些行总、联总人员则在了解解放区情况之后

① 《关于向联总争取物质救济及进行救济工作中应注意情况的指示信》（1946年12月24日），山西省档案馆藏，山西革命历史档案，A90－2－185－6。

② 《关于救济衣物发放问题的通知》（1947年12月14日），山西省档案馆藏，山西革命历史档案，A90－2－185－8。

③ 《关于上党区发放救济物资工作报告》（1946年底），山西省档案馆藏，山西革命历史档案，A198－2－92－1。

④ 《关于分拨救济物资的指示》（1946年9月22日），山西省档案馆藏，山西革命历史档案，A71－2－115－1。

⑤ 《解总驻沪代表发表声明》，载于《晋察冀日报》1947年8月29日。

⑥ 《关于救济总署往来交际的指示》（1947年9月6日），山西省档案馆藏，山西革命历史档案，A52－2－106－10。

⑦ 《联总职员向联总提出声请书要求立即停止单独援蒋》，载于《新华日报》（太岳版）1947年8月25日。

"对我非常敬佩，要我们的各种书报，出去为我们宣传。"① 中共解放区亦由此继续得到了尽管微乎其微却对于自己十分重要的某些救济物资，如晋冀鲁豫边区政府称"物资较蒋方所得实在微乎其微，但在我区财政数字上来看都是不小的数目。"② 至于普通民众，则由此对国民政府的不满情绪与日俱增，如阳城东关民众说："只给牛奶还能不给白糖？有的说白糖还不够国民党用呢？哪能发到群众手里？"长治市民众称："听说联合国给我们的物资很多都被国民党扣下或贪污了，要求联合国将物资直接送到解放区，因为解放区八年来的损失最大、难民最多。"③ 吴城县民众开门见山地指出国民党的救济活动"是收买人心的"。④

四、中共化解善后救济危机的内在功力

中共方面与联总的善后救济原则并不完全吻合。中共主张"救济物资不可太宽，过分分散，作用不大，反对平均分配，救济对象应以照顾到贫苦、烈属、抗属、荣退军人、赤贫户、受灾严重地区（包括天灾敌顽等）、生产建设有困难的。"⑤ 其中照顾"抗属"等抗战有功人员则与联总所强调的"非政治性"原则发生冲突，但在当时情境下有其合理性，由此赢得了解放区民心军心。同时，中共在物资分发过程中不但有效、公平、直接地发放于民众手中，甚至采取调换、折价出卖等一系列配套措施，亦使民众真正得到了实惠。

中共能够有效驾驭或影响辖区内负责分发物资的各救济协会并贯彻自己的救济原则，从而使善后救济物资分发带有显著的民众动员色彩。如晋绥察分署发放营养物资的流程为先由医院检查难民体质是否需要补充营养品，"而后对难民登记造册发给供应凭证，最后调查、分发而已。"⑥ 解放区物资分发须"责成工作团经过贫雇农大会或其代表会讨论进行，发放前先经自然村贫雇农会议讨论决定

---

① 《关于向联总争取物质救济及进行救济工作中应注意情况的指示信》（1946 年 12 月 24 日），山西省档案馆藏，山西革命历史档案，A90 - 2 - 185 - 6。

② 《关于发放救济物资的公函》（1946 年 7 月 4 日），山西省档案馆藏，山西革命历史档案，A198 - 2 - 93 - 7。

③ 《关于上党区发放救济物资工作报告》（1946 年底），山西省档案馆藏，山西革命历史档案，A198 - 2 - 92 - 1。

④ 《关于向联总争取物质救济及进行救济工作中应注意情况的指示信》（1946 年 12 月 24 日），山西省档案馆藏，山西革命历史档案，A90 - 2 - 185 - 6。

⑤ 《对各县救济物资分配问题上的几个意见》（1946 年 3 月），山西省档案馆藏，山西革命历史档案，A71 - 2 - 113 - 7。

⑥ 《善后救济总署特种营养品供应办法（三十五年五月二日核准施行）》，载于《善后救济总署晋绥察分署周报》1946 年第 19 期。

领受物资对象与每人数量。"① 即将物资分配大权交给"贫雇农大会或其代表会"，而其代表成员则是中共的忠实支持者和拥护者。又如 1946 年 4 月 17 日张家口市收到联总 340 包救济衣服之后，即召开市救济委员会、各区民政股长及妇联主任联席会详细讨论如何发放问题。据此次救济工作总结记载，"为了发的合适，决定各区首先调查发放对象。市救委会动员学生及救济院难民，把原包衣服按男、女、童、婴及冬夏衣服等分类，再根据各区调查难民中男、女、童、婴及少数民族难民之人数多少，分发衣服……各区救济委员会将难民分为三等：孤、寡、残废，最贫的抗属为第一等，稍有生产能力不能维持生活者为第二等，免强维持生活但目前买不起衣服者为第三等，最贫苦的发给好衣服，次贫苦者次之。"② 从中可以看出中共"反对平均分配"及"照顾贫苦、抗属"等基本理念和原则。除此之外，中共边区政府在物资发放之后还要进行必要的检查和善后处理，因为善后救济物资中有些物品并非民众尤其农民所需。对于这类物资，边区政府规定可以"换成群众需要的必需品救济"，同时因担心民众在竞价出售不适用物资过程中吃亏，又决定"应领户派代表或委托村合作社统一拍卖，愿自用的则听其自便。"③ 中共举措受到民众好评，如张家口市民马丁氏称："我穷了一辈子，受了二十多年苦，也没有这样的世界，又发给我们粮食，又叫领衣服，又叫选举政府，真是活菩萨啊。"小商人郭海龙说："这回外国发给我衣服我很痛快，我要了七八年饭，自八路军来张家口，才获得政府救济，这回又发给我洋服，把我变成洋学生，我感谢联合国救济总署，更拥护民主政府。"④晋绥察分署对于此类物资则不加区分地直接发放，收到物资的民众因所得物品并不合身而讥讽道："穿上这玩意，完全可以开个美国丑角服装博览会了！"⑤

中共解放区物资分配中出现的某些干部多拿多占现象主要集中在皮鞋、西服等类似物资方面，而这又非民众生活必需品，不少救济物资发放报告显示绝大多数民众"对于皮鞋不很需要"且"女人高跟鞋占 40%，不适合于群众使用……（西装）粗看很干净、漂亮、美观，但实际都不耐用了。"⑥ 对此，边区政府明

---

① 《关于救济衣物发放问题的通知》（1947 年 12 月 14 日），山西省档案馆藏，山西革命历史档案，A90－2－185－8。

②④ 《张家口发放联总救济衣服工作总结》，载于《救济工作通讯》1946 年第 2 期。

③ 《关于上党区发放救济物资工作报告》（1946 年底），山西省档案馆藏，山西革命历史档案，A198－2－92－1；《关于分拨救济物资的指示》（1946 年 9 月 22 日），山西省档案馆藏，山西革命历史档案，A71－2－115－1。

⑤ 李蓼源：《沧桑巨变光辉前程》，见《山西文史资料》第 82 辑，山西文史资料编辑部 1992 年印，第 169 页。

⑥ 《关于物资分发问题给时处长及张、史科长的信》，山西省档案馆藏，山西革命历史档案，A71－2－114；《关于上党区发放救济物资工作报告》（1946 年底），山西省档案馆藏，山西革命历史档案，A198－2－92－1。

令衣服与皮鞋必须全部发给民众，或拍卖变现后换成民众必需品全部发放。如沁县"全部卖洋270余万元，屯留衣服卖洋140余万元，换成群众需要的必需品……"① 至于国民政府方面，据祁县人王登云回忆，其在县城吉星园面馆做挂面时亲眼看见老板仓库里"一袋袋写着美国字的面粉，整整齐齐地码放了满满一间屋子……每缸能装三百斤的缸装了十七八个，还没装完……倒空的美国字面粉袋，全部回收起来送回去。"② 这与晋绥察分署1946年5月9日出台的《善后救济总署晋绥察分署收缴救济面粉空袋处理办法》中关于面粉空袋回收要求相吻合，揭示出国民党官员利用善后救济物资大发国难财的丑相。不仅如此，参加分署工赈活动的难民理应"照常的工作，取得正常待遇"，但其利益同样受到了侵害。③ 如太原工赈难民在修筑太原市马路、汾河防泛工程、城南排水工程后，救济分署发放的澳洲面粉即被杨贞吉、刘俊、李鸿林等官员换成豆饼和"二难粥"（即一种"操不住喝又稠"的劣质食物）。④ 实际上，分署本身亦存在贪腐问题。据当时中共方面的报告材料称：该署第八工作队"队长俞白桦是西北大学农学院的一个助教，据说生活一点办法都没有，书籍都卖光了……这次到了工作队经常说这回生活好了，也穿上新衣服了。他的工作态度是交代下上级就可以了，因此他的工作队他想少用些人，自己从中搞点钱……编制是个人经费按四十人发，实际工作人员为二十人……第八工作队自己即把下层工作交给解放区县救济协会来替他做"了，似勿须防范救济人员与民直接接触。⑤

此外，国民政府方面千方百计地压低或缩减中共解放区善后救济物资乃至仅仅救济被国军占领的解放区城镇的行为，在客观上将民众推向了中共怀抱。如国民党军队侵占察哈尔省大片解放区后，晋绥察分署即制定了《察省复员期中急赈业务实施计划》，该计划提出"在交通未恢复前而各地难民又待救迫切时，本处队（察哈尔办事处和第四工作队）应分别在省垣、宣化及铁路沿线各城镇举办现金救济。"⑥ 嗣后又派遣察哈尔办事处副主任张志端等5人携款4 000万元前往张家口办理急赈。⑦ 而中共解放区则只能将有限的救济物资发给"各县最贫苦之无

---

① 《关于上党区发放救济物资工作报告》（1946年底），山西省档案馆藏，山西革命历史档案，A198-2-92-1。

② 王登云：《舒卷任风——王登云回忆录》，华夏出版社2013年版，第19页。

③ 蒋廷黻：《善后救济总署干什么？怎样干？》，出版地不详，1945年版，第15页。

④ 姜善继、许来明：《政卫系特务头子杨贞吉》，见山西文史资料编辑部编：《山西文史精选——阎锡山特务组织内幕》，山西高校联合出版社1992年版，第270页。

⑤ 《关于联合国救济总会安定远第八工作队情况给牛、裴主任的信》（1946年8月28日），山西省档案馆藏，山西革命历史档案，A71-2-114-2。

⑥ 《察省复员期中急赈业务实施计划》，载于《善后救济总署晋绥察分署周报》1946年第45期。

⑦ 《第四工作队派员飞张家口察省急赈》，载于《善后救济总署晋绥察分署周报》1946年第43期。

衣缺衣村庄，以贫雇农为对象"①；或以县为单位依人口和各县实际分三类发放，分配原则为三个类型结合人口计算，以分配物资总数的 80% 按人口平均分配，以其余 20% 按照灾情实际分配。② 特别是当国民政府将救济物资运往解放区视为"资敌"行为之后，解放区善后救济的窘困程度可以想见，而民众对国民党的不满则出现"井喷"现象。如 1946 年 7 月中共军队攻克沁县并将晋绥察分署囤积的善后救济物资立即发给民众，民众则感叹道："不是咱八路军收复沁县，这物资哪能到手！"③

汤因比曾言，善后救济事业是"第二次世界大战所遗留下来的黑暗中的一次短暂的闪光"。④ 但在中国国内危机难以化解或国共军事冲突不断升级的情势下，善后救济工作不可避免地受到政治因素干扰，联总的"非政治性"救济原则自然不会为国共双方无条件地接纳。从中共解放区政府应对整个善后救济工作的措施看，尽管因国民政府方面掣肘而在救济物资争取上无法达成预期目标，但通过揭露或宣传联总、行总、分署不公行为凝聚了民心。而国民党方面虽将联总善后救济物资中的绝大多数用于自己辖区内救济和恢复，却未能赢得民众拥戴，内中原因或可成为破解中共最终成功的"秘钥"之一。

第二节　安定远解放区善后救济使命的终结

安定远⑤是全面抗战时期在山西进行传教活动的天主教传教士，讲一口流利的汉语。其曾于比利时鲁文大学攻读神学学位，1938 年毕业来华成为天主教传教士雷鸣远⑥的学生，后在山西省洪洞县教区任神父并任教于当地学校。1945 年抗战胜利之后，安定远进入联合国善后救济总署驻华办事处工作并担任联总派驻晋绥察分署代表，参与了其间国民政府行政院善后救济总署所属晋绥察分署对解放区的救济活动，亲历了中共太行、太岳两区或晋东南解放区善

---

① 《关于救济衣物发放问题的通知》（1947 年 12 月 14 日），山西省档案馆藏，山西革命历史档案，A90 - 2 - 185 - 8。

② 《太岳区各县救济来款、救济物资分配底稿》（1946 年 8 月），山西省档案馆藏，山西革命历史档案，A71 - 2 - 115 - 2 - 1。

③ 《太岳区各县救济来款、救济物资分配底稿》（1946 年 8 月），山西省档案馆藏，山西革命历史档案，A71 - 2 - 115 - 1 - 1。

④ ［英］阿诺德·约瑟夫·汤因比：《欧洲的重组》，劳景素译，上海译文出版社 2015 年版，第 24 页。

⑤ 安定远，比利时人，生于 1915 年，卒于 2008 年。

⑥ 雷鸣远，比利时人，生于 1877 年，卒于 1940 年。

后救济的各种矛盾冲突。

一、安定远介入中国战后善后救济

中国是第二次世界大战中最早进行反法西斯战争的国家，同时又是最晚结束战争的国家。据战后国民政府行政院善后救济总署估计，战争期间被敌蹂躏地区或被敌占领地区除东北数省之外，"达十八省十六市八百九十七县，面积占全国三分之一，人口约二亿余，约占全国人口的一半。"[①] 日军占领区域多是经济、交通发达地区，其"以战养战"政策使沦陷区或交战区民众既遭受了物质财富的劫难，更忍受了因战争所致天灾、疾病和饥馑的折磨，甚至在战乱中随时有丧失生命之可能。据统计，至 1946 年 6 月除东北数省外全国范围内尚有 4 000 万人亟待救济。[②] 战争与天灾使民众处于束手待毙境地，以 1946 年湘桂饥馑为例，尽管行总及当地分署从事抢救，但饿毙者"仍不下二三万人"。[③] 山西作为抗战主战场之一，是遭受战争破坏最严重省份。据统计，山西全省在抗战期间伤亡人口达 2 764 364 人，财产损失计 6 732 347 019 448.52 元（法币）。[④] 又据晋绥察分署统计，1946 年省内难民达 9 618 170 人，几占总人口 64%；全省房屋受损率平均在 30% 以上，主要城市则在 50% 以上。[⑤] 长期战争使农业生产急剧衰落，由于水利设施荒废及日军拉夫、征地、烧杀与抢掠，直到 1949 年粮食产量仅达 2 595 705 吨，远不及 1936 年的 3 367 410 吨。[⑥] 境内各工矿企业普遍"机具缺乏，复原不易，工人失业甚多。"[⑦] 如战前规模宏大的西北实业公司"复员后残存不及十分之一"，所余各厂因日军只顾使用不管修理而多破旧。[⑧] 交通损失惨重，铁路、公路多不能通车，车辆倍感缺乏。如战前举全省之力修筑的同蒲铁路，据战后行政院善后救济总署统计，受损里程达 820 公里。[⑨] 而原本经济较落后的解放区更是雪上加霜，以晋冀鲁豫边区所属太行区为例，全区损失财产洋 238 589 238 447 元，折法币 1 192 946 192 235 元；按全区 5 314 047 人计，人均损失洋 44 897 元，折法币 224 485 元。战争期间太行区被杀 170 043 人，病饿死 495 961 人，另有负

① 徐义生：《善后救济工作的行政制度》，六联印刷公司 1948 年版，第 1 页。
② 行政院善后救济总署编纂委员会编：《行政院善后救济总署业务总报告》，1948 年印，第 67 页。
③ 行政院善后救济总署编纂委员会编：《行政院善后救济总署业务总报告》，1948 年印，第 71 页。
④ 《山西省政府关于抗战期间人口、财产、直接损失汇报表》（1946 年），山西省档案馆馆藏，山西旧政权档案，B13 - 1 - 75。
⑤⑦ 《善后救济总署晋绥察分署工作报告》（1946 年），山西省档案馆馆藏，山西旧政权资料，C408。
⑥ 山西省地方志编纂委员会编：《山西通志·农业志》，中华书局 1994 年版，第 225 页。
⑧ 行政院善后救济总署编纂委员会编：《行政院善后救济总署业务总报告》，1948 年印，第 183 页。
⑨ 行政院善后救济总署编纂委员会编：《行政院善后救济总署业务总报告》，1948 年印，第 31 页。

伤 59 839 人，合计 725 843 人。战争对人民生产生活破坏严重，仅 1938 年 4 月日军对根据地发动"扫荡"时即使"武乡、榆社县城变为废墟，辽武沿线房屋焚烧十分之六。"① 日军所到之处鸡犬不宁、人民逃散，或转山头或藏窑洞风蚀雨浸、日晒夜冷、饥饱不均；因缺粮和灾害引发的瘟疫疾病接踵而至。日军对能够运走物资"虽破铜烂铁亦均运走"②，其暴行甚至连"伪军家属不能幸免"。③太行区不过广大根据地一个缩影而已。

　　1943 年 11 月，中、美、英等 44 国于美国白宫签署《联合国善后救济总署协定》，成立联合国善后救济总署，以向遭受法西斯侵略的国家提供战后救济援助。国民政府为接受联总对华物资分配，于 1945 年 1 月成立行政院善后救济总署，同时在全国设立 15 个分署进行善后救济，其中包括负责山西、绥远、察哈尔 3省救济活动的晋绥察分署。解放区民众对联总可能提供的善后救济援助寄予厚望，各地分署成立之后即致电联总中国分署要求派员前往救济。④ 晋冀鲁豫边区政府则认为，"这笔款子果能获得用来扶助群众生产、解决群众困难是能解决很大问题"的。⑤ 以太岳区为例，当时边区政府预估联总向中国所提供救济物资的价值，太岳区应得之数合冀钞 16 亿元，此数"大于太岳区全负担数与贷款数之一倍"。⑥ 所以，中共方面对联总、行总援助解放区的救济工作持欢迎态度。而联总作为善后救济物资的提供者对物资使用、发放拥有监督权，国民政府则是否按照联总精神进行善后救济对其未来争取国际援华物资具有很大影响。加上当时国内普遍要求和平、反对内战的呼声，国民政府不可能公开将解放区排斥在外。行总方面由此提出中共控制区救济工作的原则为"救济以战灾区域的人民为对象，不以种族宗教信仰而有差别待遇"。⑦ 作为行总下设机构的晋绥察分署亦宣称："对各区难民，本一视同仁之原则，工作地区之划分及物资分配，毫无轩轾。"⑧ 在此背景下，安定远作为联总派驻晋绥察分署代表开始前往晋东南解放区进行善后救济。

---

　　①③ 《八年来日本法西斯摧毁太行区人民的概述》（1946 年），山西省档案馆藏，山西革命历史档案，A128－2－5。

　　② 中共山西省委党史资料征集研究委员会、太行革命根据地史编写组编：《太行革命根据地大事记述》初稿，1986 年印，第 129 页。

　　④ 《太行区各团体致电联合国救济总署中国分署要求派员进行救济工作》，载于《晋察冀日报》1946年 1 月 28 日。

　　⑤⑥ 《关于争取国际救济与办理灾情调查的几个机密问题的函件》（1946 年），山西省档案馆藏，山西革命历史档案，A71－2－112－1。

　　⑦ 国民政府行政院新闻局：《两年来的善后救济》，1947 年印，第 39 页。

　　⑧ 《善后救济总署晋绥察分署工作报告》（1946 年），山西省档案馆藏，山西旧政权资料，C408。

二、安定远首赴解放区与救济协定的签订

1946 年 2 月下旬，安定远与行总晋绥察分署工作人员一行由太原前往晋冀鲁豫边区并于 3 月 4 日抵达河北邯郸。中共方面深知安定远此行目的，一方面通过组织群众向困难地区捐助以表明解放区政府有能力从事救济工作，并向联总及行总有关人员传递"边区政府在救济工作上已有成绩"的信息[①]；另一方面向安定远等明示解放区在战争中损失惨重，并对其表示解放区急需联总、行总物质援助。安定远亦认为解放区是遭受战争祸害及天灾损失最严重的地区，极应得到救济。[②] 1946 年 3 月 5 日，晋冀鲁豫边区政府主席杨秀峰等与安定远商谈救济事宜，但双方在援助金额和设置解放区救济分署问题上产生分歧。

第一，援助金额问题。中共方面提出晋冀鲁豫边区至少需要 8 000 万美元救助资金，其中晋东南解放区所需 2 000 万美元应由晋绥察分署给予帮助，并强调"这数字不大，只等于群众损失的五万分之一。"安定远则认为晋冀鲁豫解放区要求 8 000 万美元援助数额过高，"联合国救济总署不是替日本人赔偿而是救济，只能给他一部（分）维持生活。"[③] 作为联总工作人员的安定远十分清楚联总计划援助中国总金额不过 5 亿多美元，若除去华北地区在战争中所受损失，华中、华南和广大沿海收复区亦需救济，故拒绝了解放区政府要求。

第二，解放区救济分署设置问题。晋冀鲁豫边区政府希望以邯郸为中心另设分署，以对解放区救济。从实际情况来看，晋冀鲁豫边区横跨山西、山东、河北、河南 4 省，而行总分署则以省为单位设置，负责山西地区善后救济业务的晋绥察分署若与地处河北省的邯郸频繁往来颇为不便，故设解放区救济分署在行政上有利于对整个地区进行救济。但当时国民政府企图在全国推行"军令政令统一"，很难想象会同意设置解放区救济分署而使边区在法理上成为真正的政治实体，且解放区分署设立远非安定远本人所能决定。因此，安定远表示"这个事很成问题"。[④]

从双方分歧来看，解放区政府一方面希望从联总与行总分署获得尽可能多的救济物资，以"医治"战争创伤；另一方面要求单独成立解放区救济分署，以使国民政府和联总承认解放区的合法地位。当时重庆政治协商会议甫经结束，国内尚有建立民主联合政府的可能。为尽快展开对解放区救济活动，安定远和解放区政府最终以 1945 年 12 月周恩来与行总署长蒋廷黻所达成的救济协议为基础，于

[①] 《联救总署代表到达太行调查灾情》，载于《晋察冀日报》1946 年 3 月 7 日。

[②] 中共代表团驻沪办事处纪念馆编：《中国解放区救济总会在上海》，学林出版社 1996 年版，第 18 页。

[③④] 《与联总晋绥察办事处行总晋绥察分署代表商谈经过》，载于《救济工作通讯》1946 年第 1 期。

3月6日签订《联合国中国善后救济总署、晋绥察分署与晋冀鲁豫边区政府关于救济工作的商谈协定》。根据协定，双方承诺对于善后救济物资"不得籍此作私人营利及供给任何军队之使用"；晋绥察分署方面保证工作人员遵守边区纪律，"如有违反边区法律情事者，愿以边区法律处置"；解放区成立民众性质的救济机关时"政府得以参加"。解放区政府则保证为分署工作人员发放"护照"，保护其安全；保证所有救济物资及现金完全用于救济福利事业及难民身上；外国教会人员前来边区布教、办理慈善救济事业者应受边区法律保护。[①] 同时，为便于分署对晋东南解放区进行救济，晋冀鲁豫边区政府主席杨秀峰口头同意在长治设立一个办事处，"受太原分署与边区分会共同领导，这样既能保持边区统一，又照顾按省救济。"[②] 可以看出，边区政府与分署一致认同善后救济物资使用对象应限于福利事业及难民，解放区政府则通过协议要求行总人员不得干涉边区行政、违反边区法令；分署则使解放区政府承认分署有权参与解放区善后救济活动，并保证工作人员人身安全，以及为分署救济活动提供便利。但双方之前的分歧尤其援助总额大小的争执则暂时搁置，这一问题日后最终成为中共方面指责对方救济诚意的立论之点。

由于当时国内和平气氛较浓，双方所希望的仍是尽快达成共识，以对解放区进行善后救济。尽管救济金额分歧仍未解决，但双方所签订的《协定》回避了这一问题。根据双方达成的协定，晋绥察分署开始向晋冀鲁豫边区输送救济物资。据不完全统计，截至1946年8月，晋绥察分署共向晋东南地区16县运来牛奶102 173磅、衣服48 896斤、皮鞋12 904斤、奶粉49大桶，并且给解放区内的和平医院及晋东医院各运去100箱牛奶。其中各县详细分配情形如表7-2所示。

表7-2　　　　　　　　晋东南第一次分配各县救济物资统计

类别	县别	人口（人）	牛奶（磅）	衣服（斤）	皮鞋（斤）	奶粉（大桶）
第一类	平顺	107 673	5 577	2 667	704	2
	陵川	136 082	7 047	3 374	890	3
	壶关	150 236	7 777	3 724	983	3
	士敏	68 233	3 533	1 691	447	1
	晋城	278 488	14 425	6 904	1 823	4
	高平	213 307	11 048	5 289	1 396	5

---

① 《联合国中国善后救济总署、晋绥察分署与晋冀鲁豫边区政府关于救济工作的商谈协定》（1946年3月6日），山西省档案馆藏，山西革命历史档案，A71-2-119-1。

② 《与联总晋绥察办事处行总晋绥察分署代表商谈经过》，载于《救济工作通讯》1946年第1期。

类别	县别	人口（人）	牛奶（磅）	衣服（斤）	皮鞋（斤）	奶粉（大桶）
第二类	长治市	31 626	1 352	647	171	1
	长治	197 817	8 465	4 060	1 069	4
	黎城	134 329	5 748	2 749	126	3
	阳城	204 913	8 769	4 196	1107	5
	沁水	81 850	3 502	1 675	442	2
	和顺	82 290	3 520	1 684	444	2
第三类	襄垣	141 000	5 611	2 684	708	3
	屯留	116 500	4 636	2 217	585	2
	长子	164 365	6 539	3 127	825	4
	潞城	116 200	4 624	2 212	584	2
合计		2 224 909	102 173	48 896	12 904	49

资料来源：《太岳区各县救济来款、救济物资分配底稿》（1946 年 8 月），山西省档案馆藏，山西革命历史档案，A71 - 2 - 115 - 2。

解放区以县为单位、以人口和各县实际分三类发放，分配原则为三个类型结合人口计算，以分配物资总数的 80% 按人平均分配，其余 20% 按照灾情实际分配，比例为 5：2：1。[①] 由上表可知，解放区并未简单地将物资平均分配，而采取了按各县人口总数结合实际需要重点发放，这有利于充分发挥善后救济物资的救济效用，使物资发放到真正需要的民众手中。需要指出的是，分署运到的物资数量很少，以分配物资中衣服为例，受灾最严重的第一类县人均得约 0.02479 斤（保留小数点后 5 位，下同），第二类约 0.02048 斤，第三类约 0.01903 斤。

三、安定远二赴解放区与救济工作的困局

1946 年 6 月，安定远再次偕同分署第八工作队携带物资前往晋东南长治地区。但与前次不同的是国共关系已发生重大变化，一方面阎锡山所部多次违抗军调小组停战令向解放区发动进攻并通过铁路等交通设施布置内战兵力，时任山西省人民公营事业董事长张耀庭就在电文中提到"同蒲两路在此非常时期军运日益

---

① 《太岳区各县救济来款、救济物资分配底稿》（1946 年 8 月），山西省档案馆藏，山西革命历史档案，A71 - 2 - 115 - 2。

繁剧"①；另一方面中共主导的报刊媒介不间断地报道国民党特务潜入解放区施行破坏的各种新闻。② 虽然安定远此行目的是考察救济物资发放情形，以及向解放区运送面粉、牛奶、药品等物品，履行联总、行总对解放区人民进行善后救济的任务，但内战阴霾终使国共双方采取敌视态度，安定远等的善后救济工作因双方矛盾而遭遇挫折，具体分述如次：

第一，解放区面对可能的内战危险没有放松自卫的准备。中共物资分发原则亦不完全符合联总主张的原则，而认为"救济物资不可太宽，过分分散，作用不大，反对平均分配，救济对象应以照顾到贫苦、烈属、抗属、荣退军人、赤贫户、受灾严重地区（包括天灾敌顽等）、生产建设有困难的。"③ 这则显然具有一定倾向性，即面向贫苦群众及参加抗战有功人员，与联总善后救济的"非政治性"原则有冲突。安定远作为联总工作人员对此持反对态度。

由于中共方面与联总在善后救济物资使用原则上存有分歧，安定远与解放区代表发生关于潞安和平医院性质的争论。当安定远于1946年8月下旬到达潞安和平医院，听闻该院系被军区领导且主要给军队看病而针对老百姓者少时则表示："联总的规定和他与边区的协议保证物资不给军队使用，和平医院是否参加药品分配需要讨论。"④ 事实上，解放区成立的和平医院多由军队医院改建民用医院而来，因一方面据解放区政府所知总署准备给的药品"只发给群众治疗的医院"；另一方面则是解放区多以农村为主，原有医疗资源匮乏，故地方上建立医院很难不向军队方面请求帮助，医院军民性质模糊。安定远首次访问解放区并参观长治和平医院时，看到内有群众病员40余人、军人病员仅3人，且对医院预留一个床位专为贫苦群众免费住院使用（分署规定20%床位为贫苦群众用）的做法感到非常满意，而此次则一改之前主张将药品完全供给长治和平医院的态度。⑤ 安定远的表态立即遭到中共代表反对，解放区救济总会晋冀鲁豫分会晋东南办事处主任马健和潞安医院院长宋子平坚称医院工作人员已复原且与军队无关。最终药品分配问题以解放区方面保证药品不供给军队，且使用时须加盖医院、医生印章得以解决。经过这些争执之后，双方并没有进一步加强沟通，从而

---

① 《山西省营董事会关于善后急救物资处理、平抑物价、私自接收美国物资等问题的函、手谕》（1946年7月10日），山西省档案馆藏，山西旧政权档案，B30-1-1055。

② 《大同阎军派遣特务化装潜入解放区破坏》，载于《抗战日报》1945年5月14日。

③ 《对各县救济物资分配问题上的几个意见》（1946年），山西省档案馆藏，山西革命历史档案，A71-2-113-7。

④ 《关于上党区分发救济物资的总结》（1946年底），山西省档案馆藏，山西革命历史档案，A198-2-92-2。

⑤ 《关于联合国救济总会安定远在沁县的情况给牛、裴主任的信》（1946年9月14日），山西省档案馆藏，山西革命历史档案，A71-2-114-1。

将善后救济原则同解放区客观现实结合起来并寻求面对冲突的解决之道。相反，由于安定远作为善后救济物资供给方有建议第二批物资是否起运的权力，解放区政府乃将安定远及分署工作人员视为防范对象，安定远由此加深了对解放区的误会。① 客观地来看，安定远对物资分配态度无疑合乎人道主义及联总救济原则，但与中共在严峻环境下的抉择发生冲突，加深了安定远对解放区救济活动的怀疑并最终给双方合作带来不利影响。

第二，中共方面对行总在解放区的活动心存疑虑，原因在于行总隶属于国民政府行政院，处理业务要"秉承中央的指示"。负责建议和设计善后救济方案的晋绥察善后救济审议委员会构成人员中几乎均为国民政府晋、绥、察三省官员，甚至包括正在指挥军队进攻中共解放区的阎锡山、傅作义而没有一个公开的共产党人。② 此外，晋绥察分署作为行总一个分署，署长张彝鼎有在南京国民政府长期任职的经历，中共自然怀疑国民政府前往解放区进行救济的动机。③ 这一时期中共出于对美国干预中国内战的担心，不断通过媒体揭露美国、美军在中国的负面消息，以此希望激发民众对美恶感，从而降低美国插手中国内战的可能。中共于1946年9月发起"美军退出中国运动周"之时明确提出，此运动要"揭露美军暴行"。④

在此矛盾心理之下，中共一面对联总和分署抱以期望，一面又不得不对联总、分署保持防范。在中共看来，安定远及分署在解放区的活动有"给以群众小恩小惠，建立美国与国民党的威信，搜集我方的情报，在群众中做些破坏活动"的潜在危险。⑤ 基于此，中共力图将救济物资的美国及国民党色彩减到最低，并提示民众警惕国民政府救济解放区的居心。中共对民众强调了以下三点："1. 救济物资不是某国的东西，而是盟邦人民的东西；2. 我们在抗战中付出了巨大的牺牲，现在理应获得救济；3. 这是我们争取来的，有些人是不愿意给我们救济的。"⑥ 同时，解放区出于防范敌特需要很难不对分署工作人员加强戒备，当安定远等自沁县、左权接洽救济工作之时沿途各村对其严格检查，一日仅行24

---

① 《关于联总救济分配等问题给牛、裴主任的信》（1946年8月30日），山西省档案馆藏，山西革命历史档案，A71-2-118-2。

② 晋绥察善后救济审议委员会秘书处编：《晋绥察善后救济审议委员会第一次审议会议记录》，1946年印，第4~5页。

③ 张宪文、方庆秋编：《中华民国史大辞典》，凤凰出版社2002年版，第1064页。

④ 中央档案馆编：《中共中央文件选集》第16册，中共中央党校出版社1992年版，第299页。

⑤ 《关于向联总争取物质救济及进行救济工作中应注意情况的指示信》（1946年12月24日），山西省档案馆藏，山西革命历史档案，A90-2-185-6。

⑥ 《对救济工作简略介绍》（1946年），山西省档案馆藏，山西革命历史档案，A71-2-112-4。

里。① 安定远和分署工作队效率无疑受到影响。解放区方面对安定远等的防范可以从马健报告中得到证实，据其所说："安定远来时，沁县公安局把安定远做了很详细的检查，把笔记本一页一页的看了，把汽车上的油箱也开了，把尺寸都量了……"② 而当安定远行至沁县时恰逢沁县解放，清算"青修惨案"③ 的愤怒民众"将美帝国主义反动派的援蒋内战给群众对美国的仇恨"发泄到安定远等联总工作人员身上，对其进行围攻并要求承认"青修惨案"的错误，武乡政府秘书更将安定远短期扣留。④

战争环境之下，出现围攻、扣留联总工作人员等一系列"过火"行为，⑤ 这非但不利于进一步争取联总救济物资，亦违反了朱德总司令于 1946 年 8 月 25 日发布的解放区各机关对联总、行总工作人员救济工作"必须予以充分有力保证与协助，不得有任何阻挠或妨害"的命令。⑥ 对此，解放区政府开始"灭火"工作。1946 年 10 月 7 日，晋冀鲁豫边区政府发出《关于发现联总行总工作人员有不妥行为时送报行署的指示》明确提出："为争取救济物资与外人同情，悉将联总行总协议与朱总司令命令深入传达，使各级干部能够彻底了解掌握。外交有关事项，慎重注意，多请示上级，不可轻易举动。如发现联总行总人员有不妥行为时，火速报告行署，未得指示之前切勿有所表示或擅自处理。"⑦ 但问题已经发生，安定远与善后救济对象即解放区民众之间显然产生巨大疏离，而安定远的遭遇除给分署救济工作带来困难之外，只能加深联总、行总工作人员对解放区政府的恶感。

第三，国民政府尽管承认"共区人民，于抗战期间，同被战祸，其待救之情，正与其他地区相同，亦应在救济之列"，但在一定程度上口惠而实不至。⑧而且，阎锡山为恢复在山西的绝对统治地位视中共和八路军为主要敌人。出于向联总争取救济物资的诉求，国民政府方面不得不对联总要求援助解放区这一体现

① 《关于联总救济分配等问题给牛、裴主任的信》（1946 年 8 月 30 日），山西省档案馆藏，山西革命历史档案，A71 - 2 - 118 - 2。

② 《关于联合国救济总会安定远在沁县的情况给牛、裴主任的信》（1946 年 9 月 14 日），山西省档案馆藏，山西革命历史档案，A71 - 2 - 114 - 1。

③ "青修惨案"即被阎锡山收编的沁县伪军段炳昌部杀害沁县民兵所酿事件。据中共方面记载，起因是第八工作队中的特务分子向段炳昌密报，但似与安定远无涉。参见中共山西省委党史资料征集研究委员会、太行革命根据地史编写组编：《太行革命根据地大事记述》初稿，1986 年印，第 281 页。

④⑤ 《关于上党区发放救济物资工作报告》（1946 年底），山西省档案馆藏，山西革命历史档案，A198 - 2 - 92 - 1。

⑥ 《转发朱总司令关于保护联合国善后救济总署工作队的命令》（1946 年 9 月 5 日），山西省档案馆藏，山西革命历史档案，A71 - 2 - 118 - 10。

⑦ 《关于发现联总行总工作人员有不妥行为时送报行署的指示》（1946 年 10 月 7 日），山西省档案馆藏，山西革命历史档案，A198 - 2 - 91 - 1。

⑧ 行政院善后救济总署编纂委员会编：《行政院善后救济总署业务总报告》，1948 年印，第 102 页。

出国际人道主义精神的要求尽量满足，但这种近乎"资敌"的救济行为在其看来已得不偿失，尤其在内战越演越烈的情势下。一方面国民政府利用物资分配和运输上的有利条件一再压低解放区物资分配运输量，以晋绥察分署情况来看，从1945年10月至1946年7月共收物资9 258.63吨、发出物资7 395.84吨，按分署划定的3省按6∶2∶2比例分配计算山西应分物资4 437.5吨，但到1946年7月运往山西解放区的物资不过251.3吨，仅占本省分配物资的5.7%。[1] 另一方面分署部分工作人员对解放区救济工作缺乏基本的热情，尽管1946年3月联总取得对中国境内所供应物资分配事先同意权并直接参加了各种物资分配决定，[2] 然各项善后救济业务的执行机构仍隶属于国民政府行总及其各地分署，影响了联总物资分配决定的贯彻力。当安定远等人在沁县因民众误会而与之发生冲突后，行总晋绥察分署第八工作队队长俞白桦干脆对安定远说："以我个人的意见，第八工作队就不必在沁县救济他们了。"[3] 由此看来，需要"配合政府既定计划"的晋绥察分署难以在国民政府敌视解放区的立场下保持公正态度。[4]

四、国共双方围绕救济事宜的角力

尽管安定远在解放区第二次善后救济活动中遇到诸如群众围攻、医院性质争论及同行分署工作人员消极情绪等一系列困难，但其仍未放弃救济工作。其间，安定远与解放区代表讨论了救济物资运输费用、剩余物资处理分配和医院间药品分配原则。据中共统计，安定远偕同分署第八工作队运来的物资计有旧衣1 002包、旧皮鞋499包、牛奶5 384箱、奶粉148桶、白面196袋、药品49个又3箱[5]，总计救助上党地区19县灾民。[6] 安定远等的工作使解放区政府承认："我区进行工作的外国人系比利时与荷兰人，在办理慈善事业上尚抱有一点热忱。"[7] 但随着国共内战升级，国民党方面出于对解放区敌视而对之采取限制和封锁政策，解放区政府亦对所获援助总额大为不满，分署救济工作日暮穷途。国民党方

---

① 行政院善后救济总署编纂委员会编：《行政院善后救济总署业务总报告》，1948年印，第107页。

② 赵庆寺：《合作与冲突——联合国善后救济总署对华物资禁运述评》，载于《安徽史学》2010年第2期。

③ 《关于上党区发放救济物资工作报告》（1946年），山西省档案馆藏，山西革命历史档案，A198 - 2 - 92 - 1。

④ 行政院善后救济总署编纂委员会编：《行政院善后救济总署业务总报告》，1948年印，第1页。

⑤ 《关于上党区发放救济物资工作报告》（1946年底），山西省档案馆藏，山西革命历史档案，A198 - 2 - 92 - 1。

⑥ 《往来本边区之各地救济机关人员表》，载于《救济工作通讯》1946年第2期。

⑦ 《关于分拨救济物资的指示》（1946年9月22日），山西省档案馆藏，山西革命历史档案，A71 - 2 - 115 - 1。

面则借安定远被围攻一事来掩饰其歧视政策。

解放区初始对联总和分署救济持欢迎态度，原因在于希望能够争取足够援助以弥补在抗战中的损失，甚至建立或发展水利、工业等事业。然联总和分署并未能够达到中共期望，甚至连其宣称的"一视同仁"均未做到。1947年2月晋绥察3省解放区面积及人口按国民政府估计，"面积约为百分之四十，国军区面积约为百分之六十；共军区人口约为百分之三十，国军区人口约为百分之七十。"① 又据其统计，行总连同分署运往3省解放区善后救济物资总计1 985吨，仅占分署总收到27 751.67吨的7.15%。② 不但运来物资之中多为食品、旧衣，机械等器材设备数量极少且质量无法保证。如张家口接收该项物资之时，"当场查出鞋袜二百包实际一百五十三包；面粉二千袋实只一千二百八十四袋，而且是不能用的黑面；旧衣三千包实只二千五百包。"③ 而安定远等运来的药品中则"大部分是火线上的救急包、纱布等，其中除两箱零星药品、两副消毒器与一小箱手术器材外，其余全是棉花、纱布、医生病人衣服。"④ 由此得知，分署无论数量还是质量对解放区救济均欠公允。而分配不公必招致解放区不满。分署运来的物资对解放区来说不仅没有满足救济和发展工矿、医疗等事业需要，反起到麻痹民众"民族仇恨心和阶级性"作用，建立了"美国与国民党的威信"。在此情形之下，中共一方面决定在物资分发上"要派强干部，到乡间亲自动手，并走群众路线求得周密确切"；另一方面启发民众"民族仇恨心和阶级性"，对民众宣传揭露"联合国人民救济中国人民的二百三十余万吨救济物资，在美帝援蒋内战的政策下，百分之九十八以上交给蒋匪区，屠杀中国人民；而对日作战最有功占全国难民十分之六的解放区，得到的物资不足百分之二。"同时指出，"对地主坏蛋的造谣歪曲，要发动群众应予有力制裁"。在中共应对策略之下，解放区民众在谈及善后救济时则表示："救济总署发下物资很多，但分到的并不多，一定是蒋介石劫夺了吧！"⑤

在国民政府方面，安定远一行在解放区遭遇围攻或扣留正好成为其宣传中共破坏善后救济的有力证据。一如其报告所言："六月间派第八工作队偕同联总人员，携带物资到晋东南长治区发放，至沁县后，经联总视察，安定远数次与共方交涉，不得要领，致未能进入该区工作。现该项物资，仍存沁。"而后"沁县被陷，工作人员，被迫返署，八月间，再度派员前往，联总人员安定远，备受凌

---

① 《善后救济总署晋绥察分署工作总报告》（1948年），山西省档案馆藏，山西旧政权资料，C409。

② 行政院善后救济总署编纂委员会编：《行政院善后救济总署业务总报告》，1948年印，第103页。

③ 《为加强进行救济工作的联合指示》（1946年6月27日），山西省档案馆藏，山西革命历史档案，A71-2-121-1。

④⑤ 《关于上党区发放救济物资工作报告》（1946年底），山西省档案馆藏，山西革命历史档案，A198-2-92-1。

辱，随从工友武子文被害。"① 并以此声称分署工作人员因这些事件视解放区救济工作为畏途。② 另一方面国民政府尽力对在解放区民众中进行善后救济的工作人员进行打压。如曾担任分署社会福利科科长的孟石兰在将奶粉、面粉和其他一些救济物资送到解放区时，因被人举报以枪支弹药和电讯器材暗中资"敌"不得不辞职南下。③

国民政府方面对处于不同政治力量控制之下的区域到底持有何种救济态度，或许可从其对同处战争状态下的中阳和大同两地的救济行为中找到答案。对中共控制下的中阳，分署专员将所运物资"迁至山内，后情势缓和，又运往中阳。"④而对国民党方面守卫的大同，分署第六工作队则不惜"冒弹雨急赈难民"⑤，甚至不计成本空运救济物资。⑥ 事实上，分署救济工作在一定程度上是与国民政府共进退的。如分署第七工作队在忻县工作时发生战事，代县、繁峙、定襄等国民党县政府及驻军相继撤走，第七工作队在相关地区业务专员即先后返队。⑦ 这无怪乎在同样情况下分署会采取"待情势缓和"和"冒弹雨急赈"两种不同的策略。当国共内战全面升级之后，国民党方面更借口"交通阻塞""战乱不止""共区粮食实已足用"⑧ 等各种理由拖延乃至停止对解放区救济，阎锡山则毫不顾及省内解放区粮食是否"实已足用"而假冒全省105县名义领取物资。⑨ 国民政府亦对已决定分发解放区的救济物资部分改配"国军区"。如分署在分配一批医药器材时决定按国共两区各半分配，联总北平分处亦来函嘱咐"将配定之一千四百件交中共区"，但国民政府方面以中共区医疗机构过少而对此表示异议，最终这批物资"奉总署电示改配国军区"。⑩ 尽管解放区政府为晋绥察分署救济活动减少阻力采取了一些行动，但到善后救济业务于1947年12月结束时"直接运往共区物资共达一千八百余吨，按本署收到物资比较，仅占百分之七"，其因

---

① 《善后救济总署晋绥察分署工作总报告》（1948年），山西省档案馆藏，山西旧政权资料，C409。

② 《善后救济总署晋绥察分署工作报告》（1946年），山西省档案馆藏，山西旧政权资料，C408。

③ 《热心女子教育事业的孟石兰》，见山西文史资料编辑部编：《山西文史精选——山西近代名人辑要》，山西高校联合出版社1992年版，第315页。

④ 《中阳物资发放经过》，载于《善后救济总署晋绥察分署周报》1946年第49期。

⑤ 《大同被围时第六工作队冒弹雨急赈难民》，载于《善后救济总署晋绥察分署周报》1946年第42期。

⑥ 《大同灾情严重急需空运物资救济六工作队李队长返署谈》，载于《善后救济总署晋绥察分署周报》1946年第40期。

⑦ 《第七工作队业务近况》，载于《善后救济总署晋绥察分署周报》1946年第42期。

⑧ 行政院善后救济总署编纂委员会编：《行政院善后救济总署业务总报告》，1948年印，第108页。

⑨ 中共代表团驻沪办事处纪念馆编：《中国解放区救济总会在上海》，学林出版社1996年版，第47页。

⑩ 《第八十三次署务会议记录》，载于《善后救济总署晋绥察分署周报》1947年第67期。

"系共方政治军事之影响所至"。[①] 这显然是负责善后救济的晋绥察分署救济不力的掩饰之词。

五、小结

安定远在晋东南解放区两次救济活动中无疑付出一定心力，不但促成分署与晋冀鲁豫边区政府签订善后救济协议，还亲自偕同分署第八工作队运去一批救济物资并救济了 19 县部分灾民，在某种程度上减轻了人民苦痛。然在两个政权严重对立的情势下，联总、行总、分署对解放区的善后救济事业不可能不遭遇挫折。尽管中共在救济物资使用上部分与联总原则冲突，但根源在于中共面临严峻的战争形势。晋绥察分署作为国民政府一方控制之下的救济机构，其所标榜的"对各区难民，本一视同仁之原则"或物资分配"毫无轩轾"都难以突破政治约束而实现善后救济所预设的人道主义精神。安定远虽然从事有益于改善解放区人民生产生活的救济活动，且作为联总代表力所能及地监督、督促救济行为并为解放区送去一定数量救济物资，但最终因分署在数量分配上缺乏公道而在人道主义精神上失掉了信誉。

安定远和分署对解放区救济尽管未能使中共得到期望的援助总额，但中共通过揭露联总、分署对救济物资分配不公获得了民众支持；国民党方面以善后救济中的国共冲突为借口将联总救济物资大部用于自己统治区救济和恢复之上，则加深了解放区民众对国民党的恶感。从解放区善后救济结果来看，最终失败的只有安定远所代表的联总及其在解放区所进行的善后救济事业，正如汤因比所言："联总在中国的工作，从许多方面来看也是失败的最惨的。"[②]

[①] 《善后救济总署晋绥察分署工作总报告》（1948 年），山西省档案馆藏，山西旧政权资料，C409。
[②] ［英］阿诺德·约瑟夫·汤因比：《欧洲的重组》，劳景素译，上海译文出版社 2015 年版，第 99～100 页。

参 考 文 献 [*]

[1]［美］安娜·L.斯特朗：《中国人征服中国人》，刘维宁等译，人民出版社 1984 年版。

[2]［美］白修德、贾安娜：《中国的惊雷》，端纳译，新华出版社 1988年版。

[3] 日本防卫厅防卫研修所战史室编：《华北治安战》，天津市政协编译组译，天津人民出版社 1982 年版。

[4] 长治县志编纂委员会编：《长治县志》，中华书局 2003 年版。

[5] 陈厚裕主编：《左权县人物志》，山西古籍出版社 1998 年版。

[6]《程子华回忆录》，解放军出版社 1987 年版。

[7]《邓小平文选》，人民出版社 1989 年版。

[8] 冯田夫、李炜光：《中国财政通史（革命根据地卷）》，中国财政经济出版社 2006 年版。

[9]"国立北京大学"附设农村经济研究所：《潞泽地区农业概况调查报告》，新民印刷馆 1943 年版。

[10] 国民政府行政院新闻局编：《两年来的善后救济》，1947 年印。

[11]［美］韩丁：《翻身——中国一个村庄的革命纪实》，韩倞等译，北京出版社 1980 年版。

[12] 韩延龙、常兆儒主编：《中国新民主主义革命时期根据地法制文献选编》，中国社会科学出版社 1984 年版。

[13] 河北省社会科学院历史研究所编：《晋察冀抗日根据地史料选编》，河北人民出版社 1983 年版。

[14] 河南省财政厅、河南省档案馆编：《晋冀鲁豫抗日根据地财经史料选编》河南部分，档案出版社 1985 年版。

---

* 馆藏档案和报刊资料略。

［15］胡仁奎：《游击区经济问题研究》，黄河出版社 1939 年版。

［16］华北解放区财政经济史资料编辑组编：《华北解放区财政经济史资料选编》，中国财政经济出版社 1996 年版。

［17］皇甫建伟、宋保明编著：《烽火巾帼》，山西人民出版社 2012 年版。

［18］［日］江口圭一：《日本十五年侵略战争史（1931－1945）》，杨栋梁译，天津人民出版社 1995 年版。

［19］［美］杰克·贝尔登：《中国震撼世界》，邱应觉等译，北京出版社 1980 年版。

［20］晋察冀日报史研究会编：《晋察冀日报社论选（1937－1948）》，河北人民出版社 1997 年版。

［21］《晋察冀抗日根据地》史料丛书编审委员会编：《晋察冀抗日根据地》，中共党史资料出版社 1991 年版。

［22］晋冀鲁豫边区财政经济史编辑组等编：《抗日战争时期晋冀鲁豫边区财政经济史资料选编》，中国财政经济出版社 1990 年版。

［24］晋绥边区财政经济史编写组、山西省档案馆编：《晋绥边区财政经济史资料选编》，山西人民出版社 1986 年版。

［25］晋绥察善后救济审议委员会秘书处编：《晋绥察善后救济审议委员会第一次审议会议记录》，1946 年印。

［26］居之芬、庄建平主编：《日本掠夺华北强制劳工档案史料集》，社会科学文献出版社 2003 年版。

［27］军事科学院《刘伯承军事文选》编辑组编：《刘伯承军事文选》，解放军出版社 1992 年版。

［28］军事科学院《谭政军事文选》编辑组编：《谭政军事文选》，解放军出版社 2006 年版。

［29］《康克清回忆录》，解放军出版社 1993 年版。

［30］［美］孔飞力：《中国现代国家的起源》，陈兼、陈之宏译，三联书店 2013 年版。

［31］李烈主编：《贺龙年谱》，人民出版社 1996 年版。

［32］《李雪峰回忆录（上）——太行十年》，中共党史出版社 1998 年版。

［33］李玉文编著：《山西近现代人口统计与研究》，中国经济出版社 1992 年版。

［34］李运昌《回忆录》编写组：《李运昌回忆录》，法律出版社 2005 年版。

［35］刘奋昂主编：《飒爽英姿巾帼虹——吕梁妇女英雄谱》，山西人民出版社 2012 年版。

［36］吕正操：《冀中回忆录》，解放军出版社1984年版。

［37］罗贵波：《革命回忆录》，中国档案出版社1997年版。

［38］《毛泽东选集》，人民出版社1991年版。

［39］穆欣：《晋绥解放区鸟瞰》，山西人民出版社1984年版。

［40］南开大学历史系编：《中国抗日根据地史国际学术讨论会论文集》，档案出版社1985年版。

［41］［日］内田知行：《黄土の大地，1937－1945：山西省占领地の社会经济史》，创土社2005年版。

［42］《聂荣臻回忆录》，解放军出版社1984年版。

［43］《聂荣臻回忆录》，解放军出版社2007年版。

［44］彭德怀传记编写组编：《彭德怀军事文选》，中央文献出版社1988年版。

［45］秦孝仪主编：《中华民国重要史料初编》第六编，台北中国国民党中央委员会党史委员会1981年版。

［46］秦孝仪总编撰：《总统蒋公大事长编初稿》，台北中国国民党中央党史委员会1978年印。

［47］山西大学晋冀鲁豫边区史研究组编：《晋冀鲁豫边区史料选编》，1980年印。

［48］山西省档案馆编：《太行党史资料汇编》第一、第二卷，山西人民出版社1989年版。

［49］山西省档案馆编：《太行党史资料汇编》第三、第四卷，山西人民出版社1994年版。

［50］山西省档案馆编：《太行党史资料汇编》第五、第六、第七卷，山西人民出版社2000年版。

［51］山西省档案馆编著：《二战后侵华日军"山西残留"》，山西人民出版社2007年版。

［52］山西省地方志办公室编：《民国山西实业志》，山西人民出版社2012年版。

［53］山西省地方志编纂委员会编：《山西通志·农业志》，中华书局1994年版。

［54］山西省妇女联合会编：《晋绥妇女战斗历程》，中共党史出版社1992年版。

［55］［伪］山西省公署警务厅编：《山西省警政年鉴》，1942年印。

［56］山西省史志研究院编：《山西通志·民政志》，中华书局1996年版。

［57］山西省史志研究院编：《山西通志·总述》，中华书局1999年版。

［58］山西省史志研究院编：《太岳抗日根据地重要文献选编》，中央文献出版社 2006 年版。

［59］山西省史志研究院、中共内蒙古自治区党史研究室：《晋绥革命根据地史》，山西古籍出版社 1999 年版。

［60］《山西省统计年编》（1940 年度），［伪］山西省公署秘书处统计室1941 年印。

［61］《山西省统计年鉴》（1942 年度下卷），［伪］山西省政府秘书处统计室 1943 年印。

［62］山西省武乡县县志编纂委员会编：《武乡县志》，山西人民出版社 1986 年版。

［63］太行革命根据地史总编委会编：《财政经济建设》，山西人民出版社1987 年版。

［64］太行革命根据地史总编委会编：《大事记述》，山西人民出版社 1991 年版。

［65］太行革命根据地史总编委会编：《党的建设》，山西人民出版社 1989 年版。

［66］太行革命根据地史总编委会编：《地方武装斗争》，山西人民出版社1990 年版。

［67］太行革命根据地史总编委会编：《群众运动》，山西人民出版社 1989 年版。

［68］太行革命根据地史总编委会编：《太行革命根据地史稿》，山西人民出版社 1987 年版。

［69］太行革命根据地史总编委会编：《土地问题》，山西人民出版社 1987 年版。

［70］田西如：《中国抗日根据地发展史》，北京出版社 1995 年版。

［71］魏宏运主编：《二十世纪三四十年代太行山地区社会调查与研究》，人民出版社 2003 年版。

［72］魏宏运主编：《晋察冀边区财政经济史资料选编》，南开大学出版社1984 年版。

［73］谢忠厚等：《晋察冀抗日根据地史》，改革出版社 1992 年版。

［74］［日］信夫清三郎：《日本外交史》，天津社会科学院日本问题研究所译，商务印书馆 1992 年版。

［75］行政院善后救济总署编纂委员会编：《行政院善后救济总署业务总报告》，1948 年印。

[76] 徐义生：《善后救济工作的行政制度》，六联印刷公司 1948 年版。

[77] ［日］岩井茂树：《中国近代财政史研究》，付勇译，社会科学文献出版社 2011 年版。

[78] 阎伯川先生纪念会：《阎伯川先生要电录》，台北七海印刷有限公司 1996 年版。

[79] 杨成武：《敌后抗战》，解放军文艺出版社 1985 年版。

[80]《杨尚昆回忆录》，中央文献出版社 2001 年版。

[81] ［加］伊莎白·柯鲁克、［英］大卫·柯鲁克：《十里店——中国一个村庄的革命》，龚厚军译，上海人民出版社 2007 年版。

[82] ［日］依田熹家：《日本帝国主义と中国》，龙溪书舍 1988 年版。

[83] 榆社县志编纂委员会编：《榆社县志》，山西古籍出版社 1999 年版。

[84] 岳思平主编：《八路军》，中共党史出版社 2005 年版。

[85] ［美］曾小萍：《州县官的银两——18 世纪中国的合理化财政改革》，董建中译，中国人民大学出版社 2005 年版。

[86] 张明远：《我的回忆》，中共党史出版社 2004 年版。

[87]《张平化回忆录》，湖南人民出版社 1989 年版。

[88] 张全盛、魏卞梅编著：《日本侵晋纪实》，山西人民出版社 1992 年版。

[89] 章伯锋、庄建平主编：《抗日战争·日伪政权与沦陷区》，四川大学出版社 1997 年版。

[90] 赵秀山：《抗日战争时期晋冀鲁豫边区财政经济史》，中国财政经济出版社 1995 年版。

[91] 中共代表团驻沪办事处纪念馆编：《中国解放区救济总会在上海》，学林出版社 1996 年版。

[92] 中共晋西区党委编：《统一战线政策材料汇集——各阶层政治动向》，1941 年 12 月印。

[93] 中共晋西区党委编：《政权建设材料汇集——村选》，1941 年 12 月印。

[94] 中共山西省委党史研究室编：《太行革命根据地土地问题资料续编》，1984 年印。

[95] 中共山西省委党史研究室、山西省档案馆等编：《太岳革命根据地财经史料选编》，山西经济出版社 1991 年版。

[96]《中共中央北方局》资料丛书编审委员会编：《中共中央北方局·抗日战争时期卷》，中共党史出版社 1999 年版。

[97] 中共中央文献研究室编：《刘少奇年谱》，中央文献出版社 1996 年版。

[98] 中共中央文献研究室编：《毛泽东年谱（1893 - 1949）》，中央文献出

版社 2013 年版。

　　［99］中共中央文献研究室等编：《毛泽东军事文集》，军事科学出版社、中央文献出版社 1993 年版。

　　［100］中共中央文献研究室等编：《朱德军事文选》，解放军出版社 1997年版。

　　［101］中共中央文献研究室、中央档案馆编：《建党以来重要文献选编（1921－1949）》，中央文献出版社 2011 年版。

　　［102］中共中央组织部等编：《中国共产党组织史资料》抗日战争时期，中共党史出版社 1993 年版。

　　［103］中国第二历史档案馆编：《中华民国史档案资料汇编》第五辑第三编，江苏古籍出版社 2000 年版。

　　［104］中国抗日战争史学会、中国人民抗日战争纪念馆编：《日本对华北经济的掠夺和统制》，北京出版社 1995 年版。

　　［105］中国人民解放军历史资料丛书编审委员会编：《八路军·回忆史料》一，解放军出版社 1988 年版。

　　［106］中国人民解放军历史资料丛书编审委员会编：《八路军·回忆史料》二，解放军出版社 1989 年版。

　　［107］中国人民解放军历史资料丛书编审委员会编：《八路军·回忆史料》三，解放军出版社 1991 年版。

　　［108］中国人民解放军历史资料丛书编审委员会编：《八路军·文献》，解放军出版社 1994 年版。

　　［109］中华妇女联合会编：《中国妇女运动史》，春秋出版社 1989 年版。

　　［110］中华妇女全国联合会编：《蔡畅邓颖超康克清妇女解放问题文选（1938－1987）》，人民出版社 1988 年版。

　　［111］中华全国妇女联合会妇女运动历史研究室编：《中国妇女运动历史资料（1927－1937）》，中国妇女出版社 1991 年版。

　　［112］中华人民共和国财政部《中国农民负担史》编辑委员会编著：《中国农民负担史》，中国财政经济出版社 1990 年版。

　　［113］中央档案馆编：《中共中央文件选集》，中共中央党校出版社 1991年版。

　　［114］中央档案馆编：《中国共产党抗日文件选编》，中国档案出版社 1995年版。

　　［115］中央档案馆、中国第二历史档案馆等编：《河本大作与日军山西"残留"》，中华书局 1995 年版。

［116］中央档案馆、中国第二历史档案馆等编：《华北"大扫荡"》中华书局 1998 年版。

［117］中央档案馆、中国第二历史档案馆等编：《华北治安强化运动》，中华书局 1997 年版。

教育部哲学社會科学研究重大課題攻関項目
成果出版列表

序号	书　名	首席专家
1	《马克思主义基础理论若干重大问题研究》	陈先达
2	《马克思主义理论学科体系建构与建设研究》	张雷声
3	《马克思主义整体性研究》	逄锦聚
4	《改革开放以来马克思主义在中国的发展》	顾钰民
5	《新时期　新探索　新征程 ——当代资本主义国家共产党的理论与实践研究》	聂运麟
6	《坚持马克思主义在意识形态领域指导地位研究》	陈先达
7	《当代资本主义新变化的批判性解读》	唐正东
8	《当代中国人精神生活研究》	童世骏
9	《弘扬与培育民族精神研究》	杨叔子
10	《当代科学哲学的发展趋势》	郭贵春
11	《服务型政府建设规律研究》	朱光磊
12	《地方政府改革与深化行政管理体制改革研究》	沈荣华
13	《面向知识表示与推理的自然语言逻辑》	鞠实儿
14	《当代宗教冲突与对话研究》	张志刚
15	《马克思主义文艺理论中国化研究》	朱立元
16	《历史题材文学创作重大问题研究》	童庆炳
17	《现代中西高校公共艺术教育比较研究》	曾繁仁
18	《西方文论中国化与中国文论建设》	王一川
19	《中华民族音乐文化的国际传播与推广》	王耀华
20	《楚地出土戰國簡册［十四種］》	陈　伟
21	《近代中国的知识与制度转型》	桑　兵
22	《中国抗战在世界反法西斯战争中的历史地位》	胡德坤
23	《近代以来日本对华认识及其行动选择研究》	杨栋梁
24	《京津冀都市圈的崛起与中国经济发展》	周立群
25	《金融市场全球化下的中国监管体系研究》	曹凤岐
26	《中国市场经济发展研究》	刘　伟
27	《全球经济调整中的中国经济增长与宏观调控体系研究》	黄　达
28	《中国特大都市圈与世界制造业中心研究》	李廉水

序号	书　名	首席专家
29	《中国产业竞争力研究》	赵彦云
30	《东北老工业基地资源型城市发展可持续产业问题研究》	宋冬林
31	《转型时期消费需求升级与产业发展研究》	臧旭恒
32	《中国金融国际化中的风险防范与金融安全研究》	刘锡良
33	《全球新型金融危机与中国的外汇储备战略》	陈雨露
34	《全球金融危机与新常态下的中国产业发展》	段文斌
35	《中国民营经济制度创新与发展》	李维安
36	《中国现代服务经济理论与发展战略研究》	陈　宪
37	《中国转型期的社会风险及公共危机管理研究》	丁烈云
38	《人文社会科学研究成果评价体系研究》	刘大椿
39	《中国工业化、城镇化进程中的农村土地问题研究》	曲福田
40	《中国农村社区建设研究》	项继权
41	《东北老工业基地改造与振兴研究》	程　伟
42	《全面建设小康社会进程中的我国就业发展战略研究》	曾湘泉
43	《自主创新战略与国际竞争力研究》	吴贵生
44	《转轨经济中的反行政性垄断与促进竞争政策研究》	于良春
45	《面向公共服务的电子政务管理体系研究》	孙宝文
46	《产权理论比较与中国产权制度变革》	黄少安
47	《中国企业集团成长与重组研究》	蓝海林
48	《我国资源、环境、人口与经济承载能力研究》	邱　东
49	《"病有所医"——目标、路径与战略选择》	高建民
50	《税收对国民收入分配调控作用研究》	郭庆旺
51	《多党合作与中国共产党执政能力建设研究》	周淑真
52	《规范收入分配秩序研究》	杨灿明
53	《中国社会转型中的政府治理模式研究》	娄成武
54	《中国加入区域经济一体化研究》	黄卫平
55	《金融体制改革和货币问题研究》	王广谦
56	《人民币均衡汇率问题研究》	姜波克
57	《我国土地制度与社会经济协调发展研究》	黄祖辉
58	《南水北调工程与中部地区经济社会可持续发展研究》	杨云彦
59	《产业集聚与区域经济协调发展研究》	王　珺

序号	书 名	首席专家
60	《我国货币政策体系与传导机制研究》	刘 伟
61	《我国民法典体系问题研究》	王利明
62	《中国司法制度的基础理论问题研究》	陈光中
63	《多元化纠纷解决机制与和谐社会的构建》	范 愉
64	《中国和平发展的重大前沿国际法律问题研究》	曾令良
65	《中国法制现代化的理论与实践》	徐显明
66	《农村土地问题立法研究》	陈小君
67	《知识产权制度变革与发展研究》	吴汉东
68	《中国能源安全若干法律与政策问题研究》	黄 进
69	《城乡统筹视角下我国城乡双向商贸流通体系研究》	任保平
70	《产权强度、土地流转与农民权益保护》	罗必良
71	《我国建设用地总量控制与差别化管理政策研究》	欧名豪
72	《矿产资源有偿使用制度与生态补偿机制》	李国平
73	《巨灾风险管理制度创新研究》	卓 志
74	《国有资产法律保护机制研究》	李曙光
75	《中国与全球油气资源重点区域合作研究》	王 震
76	《可持续发展的中国新型农村社会养老保险制度研究》	邓大松
77	《农民工权益保护理论与实践研究》	刘林平
78	《大学生就业创业教育研究》	杨晓慧
79	《新能源与可再生能源法律与政策研究》	李艳芳
80	《中国海外投资的风险防范与管控体系研究》	陈菲琼
81	《生活质量的指标构建与现状评价》	周长城
82	《中国公民人文素质研究》	石亚军
83	《城市化进程中的重大社会问题及其对策研究》	李 强
84	《中国农村与农民问题前沿研究》	徐 勇
85	《西部开发中的人口流动与族际交往研究》	马 戎
86	《现代农业发展战略研究》	周应恒
87	《综合交通运输体系研究——认知与建构》	荣朝和
88	《中国独生子女问题研究》	风笑天
89	《我国粮食安全保障体系研究》	胡小平
90	《我国食品安全风险防控研究》	王 硕

序号	书　名	首席专家
91	《城市新移民问题及其对策研究》	周大鸣
92	《新农村建设与城镇化推进中农村教育布局调整研究》	史宁中
93	《农村公共产品供给与农村和谐社会建设》	王国华
94	《中国大城市户籍制度改革研究》	彭希哲
95	《国家惠农政策的成效评价与完善研究》	邓大才
96	《以民主促进和谐——和谐社会构建中的基层民主政治建设研究》	徐　勇
97	《城市文化与国家治理——当代中国城市建设理论内涵与发展模式建构》	皇甫晓涛
98	《中国边疆治理研究》	周　平
99	《边疆多民族地区构建社会主义和谐社会研究》	张先亮
100	《新疆民族文化、民族心理与社会长治久安》	高静文
101	《中国大众媒介的传播效果与公信力研究》	喻国明
102	《媒介素养：理念、认知、参与》	陆　晔
103	《创新型国家的知识信息服务体系研究》	胡昌平
104	《数字信息资源规划、管理与利用研究》	马费成
105	《新闻传媒发展与建构和谐社会关系研究》	罗以澄
106	《数字传播技术与媒体产业发展研究》	黄升民
107	《互联网等新媒体对社会舆论影响与利用研究》	谢新洲
108	《网络舆论监测与安全研究》	黄永林
109	《中国文化产业发展战略论》	胡惠林
110	《20世纪中国古代文化经典在域外的传播与影响研究》	张西平
111	《国际传播的理论、现状和发展趋势研究》	吴　飞
112	《教育投入、资源配置与人力资本收益》	闵维方
113	《创新人才与教育创新研究》	林崇德
114	《中国农村教育发展指标体系研究》	袁桂林
115	《高校思想政治理论课程建设研究》	顾海良
116	《网络思想政治教育研究》	张再兴
117	《高校招生考试制度改革研究》	刘海峰
118	《基础教育改革与中国教育学理论重建研究》	叶　澜
119	《我国研究生教育结构调整问题研究》	袁本涛 王传毅
120	《公共财政框架下公共教育财政制度研究》	王善迈

序号	书　名	首席专家
121	《农民工子女问题研究》	袁振国
122	《当代大学生诚信制度建设及加强大学生思想政治工作研究》	黄蓉生
123	《从失衡走向平衡：素质教育课程评价体系研究》	钟启泉 崔允漷
124	《构建城乡一体化的教育体制机制研究》	李　玲
125	《高校思想政治理论课教育教学质量监测体系研究》	张耀灿
126	《处境不利儿童的心理发展现状与教育对策研究》	申继亮
127	《学习过程与机制研究》	莫　雷
128	《青少年心理健康素质调查研究》	沈德立
129	《灾后中小学生心理疏导研究》	林崇德
130	《民族地区教育优先发展研究》	张诗亚
131	《WTO 主要成员贸易政策体系与对策研究》	张汉林
132	《中国和平发展的国际环境分析》	叶自成
133	《冷战时期美国重大外交政策案例研究》	沈志华
134	《新时期中非合作关系研究》	刘鸿武
135	《我国的地缘政治及其战略研究》	倪世雄
136	《中国海洋发展战略研究》	徐祥民
137	《深化医药卫生体制改革研究》	孟庆跃
138	《华侨华人在中国软实力建设中的作用研究》	黄　平
139	《我国地方法制建设理论与实践研究》	葛洪义
140	《城市化理论重构与城市化战略研究》	张鸿雁
141	《境外宗教渗透论》	段德智
142	《中部崛起过程中的新型工业化研究》	陈晓红
143	《农村社会保障制度研究》	赵　曼
144	《中国艺术学学科体系建设研究》	黄会林
145	《人工耳蜗术后儿童康复教育的原理与方法》	黄昭鸣
146	《我国少数民族音乐资源的保护与开发研究》	樊祖荫
147	《中国道德文化的传统理念与现代践行研究》	李建华
148	《低碳经济转型下的中国排放权交易体系》	齐绍洲
149	《中国东北亚战略与政策研究》	刘清才
150	《促进经济发展方式转变的地方财税体制改革研究》	钟晓敏
151	《中国—东盟区域经济一体化》	范祚军

序号	书　名	首席专家
152	《非传统安全合作与中俄关系》	冯绍雷
153	《外资并购与我国产业安全研究》	李善民
154	《近代汉字术语的生成演变与中西日文化互动研究》	冯天瑜
155	《新时期加强社会组织建设研究》	李友梅
156	《民办学校分类管理政策研究》	周海涛
157	《我国城市住房制度改革研究》	高　波
158	《新媒体环境下的危机传播及舆论引导研究》	喻国明
159	《法治国家建设中的司法判例制度研究》	何家弘
160	《中国女性高层次人才发展规律及发展对策研究》	佟　新
161	《国际金融中心法制环境研究》	周仲飞
162	《居民收入占国民收入比重统计指标体系研究》	刘　扬
163	《中国历代边疆治理研究》	程妮娜
164	《性别视角下的中国文学与文化》	乔以钢
165	《我国公共财政风险评估及其防范对策研究》	吴俊培
166	《中国历代民歌史论》	陈书录
167	《大学生村官成长成才机制研究》	马抗美
168	《完善学校突发事件应急管理机制研究》	马怀德
169	《秦简牍整理与研究》	陈　伟
170	《出土简帛与古史再建》	李学勤
171	《民间借贷与非法集资风险防范的法律机制研究》	岳彩申
172	《新时期社会治安防控体系建设研究》	宫志刚
173	《加快发展我国生产服务业研究》	李江帆
174	《基本公共服务均等化研究》	张贤明
175	《职业教育质量评价体系研究》	周志刚
176	《中国大学校长管理专业化研究》	宣　勇
177	《"两型社会"建设标准及指标体系研究》	陈晓红
178	《中国与中亚地区国家关系研究》	潘志平
179	《保障我国海上通道安全研究》	吕　靖
180	《世界主要国家安全体制机制研究》	刘胜湘
181	《中国流动人口的城市逐梦》	杨菊华
182	《建设人口均衡型社会研究》	刘渝琳
183	《农产品流通体系建设的机制创新与政策体系研究》	夏春玉

序号	书　名	首席专家
184	《区域经济一体化中府际合作的法律问题研究》	石佑启
185	《城乡劳动力平等就业研究》	姚先国
186	《20世纪朱子学研究精华集成——从学术思想史的视角》	乐爱国
187	《拔尖创新人才成长规律与培养模式研究》	林崇德
188	《生态文明制度建设研究》	陈晓红
189	《我国城镇住房保障体系及运行机制研究》	虞晓芬
190	《中国战略性新兴产业国际化战略研究》	汪　涛
191	《证据科学论纲》	张保生
192	《要素成本上升背景下我国外贸中长期发展趋势研究》	黄建忠
193	《中国历代长城研究》	段清波
194	《当代技术哲学的发展趋势研究》	吴国林
195	《20世纪中国社会思潮研究》	高瑞泉
196	《中国社会保障制度整合与体系完善重大问题研究》	丁建定
197	《民族地区特殊类型贫困与反贫困研究》	李俊杰
198	《扩大消费需求的长效机制研究》	臧旭恒
199	《我国土地出让制度改革及收益共享机制研究》	石晓平
200	《高等学校分类体系及其设置标准研究》	史秋衡
201	《全面加强学校德育体系建设研究》	杜时忠
202	《生态环境公益诉讼机制研究》	颜运秋
203	《科学研究与高等教育深度融合的知识创新体系建设研究》	杜德斌
204	《女性高层次人才成长规律与发展对策研究》	罗瑾琏
205	《岳麓秦简与秦代法律制度研究》	陈松长
206	《民办教育分类管理政策实施跟踪与评估研究》	周海涛
207	《建立城乡统一的建设用地市场研究》	张安录
208	《迈向高质量发展的经济结构转变研究》	郭熙保
209	《中国社会福利理论与制度构建——以适度普惠社会福利制度为例》	彭华民
210	《提高教育系统廉政文化建设实效性和针对性研究》	罗国振
211	《毒品成瘾及其复吸行为——心理学的研究视角》	沈模卫
212	《英语世界的中国文学译介与研究》	曹顺庆
213	《建立公开规范的住房公积金制度研究》	王先柱

序号	书　名	首席专家
214	《现代归纳逻辑理论及其应用研究》	何向东
215	《时代变迁、技术扩散与教育变革：信息化教育的理论与实践探索》	杨　浩
216	《城镇化进程中新生代农民工职业教育与社会融合问题研究》	褚宏启 薛二勇
217	《我国先进制造业发展战略研究》	唐晓华
218	《融合与修正：跨文化交流的逻辑与认知研究》	鞠实儿
219	《中国新生代农民工收入状况与消费行为研究》	金晓彤
220	《高校少数民族应用型人才培养模式综合改革研究》	张学敏
221	《中国的立法体制研究》	陈　俊
222	《教师社会经济地位问题：现实与选择》	劳凯声
223	《中国现代职业教育质量保障体系研究》	赵志群
224	《欧洲农村城镇化进程及其借鉴意义》	刘景华
225	《国际金融危机后全球需求结构变化及其对中国的影响》	陈万灵
226	《创新法治人才培养机制》	杜承铭
227	《法治中国建设背景下警察权研究》	余凌云
228	《高校财务管理创新与财务风险防范机制研究》	徐明稚
229	《义务教育学校布局问题研究》	雷万鹏
230	《高校党员领导干部清正、党政领导班子清廉的长效机制研究》	汪　曣
231	《二十国集团与全球经济治理研究》	黄茂兴
232	《高校内部权力运行制约与监督体系研究》	张德祥
233	《职业教育办学模式改革研究》	石伟平
234	《职业教育现代学徒制理论研究与实践探索》	徐国庆
235	《全球化背景下国际秩序重构与中国国家安全战略研究》	张汉林
236	《进一步扩大服务业开放的模式和路径研究》	申明浩
237	《自然资源管理体制研究》	宋马林
238	《高考改革试点方案跟踪与评估研究》	钟秉林
239	《全面提高党的建设科学化水平》	齐卫平
240	《"绿色化"的重大意义及实现途径研究》	张俊飚
241	《利率市场化背景下的金融风险研究》	田利辉
242	《经济全球化背景下中国反垄断战略研究》	王先林

序号	书　名	首席专家
243	《中华文化的跨文化阐释与对外传播研究》	李庆本
244	《世界一流大学和一流学科评价体系与推进战略》	王战军
245	《新常态下中国经济运行机制的变革与中国宏观调控模式重构研究》	袁晓玲
246	《推进21世纪海上丝绸之路建设研究》	梁　颖
247	《现代大学治理结构中的纪律建设、德治礼序和权力配置协调机制研究》	周作宇
248	《渐进式延迟退休政策的社会经济效应研究》	席　恒
249	《经济发展新常态下我国货币政策体系建设研究》	潘　敏
250	《推动智库建设健康发展研究》	李　刚
251	《农业转移人口市民化转型：理论与中国经验》	潘泽泉
252	《电子商务发展趋势及对国内外贸易发展的影响机制研究》	孙宝文
253	《创新专业学位研究生培养模式研究》	贺克斌
254	《医患信任关系建设的社会心理机制研究》	汪新建
255	《司法管理体制改革基础理论研究》	徐汉明
256	《建构立体形式反腐败体系研究》	徐玉生
257	《重大突发事件社会舆情演化规律及应对策略研究》	傅昌波
258	《中国社会需求变化与学位授予体系发展前瞻研究》	姚　云
259	《非营利性民办学校办学模式创新研究》	周海涛
260	《基于"零废弃"的城市生活垃圾管理政策研究》	褚祝杰
261	《城镇化背景下我国义务教育改革和发展机制研究》	邬志辉
262	《中国满族语言文字保护抢救口述史》	刘厚生
263	《构建公平合理的国际气候治理体系研究》	薄　燕
264	《新时代治国理政方略研究》	刘焕明
265	《新时代高校党的领导体制机制研究》	黄建军
266	《东亚国家语言中汉字词汇使用现状研究》	施建军
267	《中国传统道德文化的现代阐释和实践路径研究》	吴根友
268	《创新社会治理体制与社会和谐稳定长效机制研究》	金太军
269	《文艺评论价值体系的理论建设与实践研究》	刘俐俐
270	《新形势下弘扬爱国主义重大理论和现实问题研究》	王泽应